18세기
유럽의 사상

몽테스키외에서 레싱까지

폴 아자르 지음
이용철 옮김

18세기 유럽의 사상

몽테스키외에서 레싱까지

초판 1쇄 펴낸날 | 2017년 1월 31일

지은이 | 폴 아자르
옮긴이 | 이용철
펴낸이 | 김외숙
펴낸곳 | (사)한국방송통신대학교출판문화원
　　　　서울특별시 종로구 이화장길 54 (03088)
　　　　전화 02-3668-4764
　　　　팩스 02-741-4570
　　　　홈페이지 http://press.knou.ac.kr
　　　　출판등록 1982. 6. 7. 제1-491호

출판위원장 | 이긍희
편집 | 마윤희·정미용
본문 디자인 | 티디디자인
표지 디자인 | 이상선
인쇄 | 한국소문사

ISBN 978-89-20-02193-0 93160

값 35,000원

＊ 잘못 만들어진 책은 바꾸어 드립니다.

La pensée européenne au XVIIIe siècle
De Montesquieu à Lessing

머리말

이 책에서 거의 모든 장은 의식의 문제를 제기하고 있다. 그리고 우리에게까지 미친 충격파를 기록하지 않고 있는 장은 거의 없다. 1715년에 모든 것이 시작한다는 말은 아니다. 우리는 이미 앞선 연구에서 유럽 의식의 위기의 시작을 1680년경으로 잡았다. 이후 다른 연구자들이 르네상스의 사상이 어떤 경로로 18세기의 사상과 합류하게 되었는지를 밝혀냈다.[1] 그러나 1715년부터 유례없는 확산 현상이 발생했다. 어둠 속에서 싹을 틔우고 있던 것이 밝은 햇빛 속으로 나왔다. 극소수의 학자들의 성찰에 불과하던 것이 대중에게 파급되었다. 소심한 것이 도발적으로 바뀌었다. 고대, 중세, 르네상스를 물려받은 우리로서는 그 과도한 무게로 짓눌리고 있지만, 우리는 바로 18세기의 직계 후손이다.

그러나 관계를 확정하고 결론을 도출해 내는 수고는 다른 연구자들에게 맡기고자 한다. 우리는 과거의 예언자 역할을 하고 싶지

---

1 로시 M. Rossi, 『이신론과 근대 유물론의 기원 *Alle fonti del deismo e del materialismo moderni*』, 피렌체, 1942; 르노블 R. Lenoble, 『메르센 또는 기계론의 탄생 *Mersenne ou la naissance du mécanisme*』, 1943; 팽타르 R. Pintard, 『17세기 전반기 박학자들의 무신앙적 자유사상 *Le libertinage érudit dans la première moitié du XVIIᵉ siècle*』, 1943.

않았다. 더욱이 교조주의자나 신봉자의 역할은 말할 것도 없다. 그래야만 했거나 그럴 수도 있었을 사실들이 아니라 있던 그대로의 사실들이야말로 우리가 파악하고자 노력했던 유일한 것이었다. 그 사실들을 객관적 진실 안에서 재현해야 한다는 의무보다 더 절대적인 것은 없었고, 역사에 충실하고자 하는 고려보다 더 소중한 것은 없었다.

우리가 본 광경은 다음과 같다. 먼저 커다란 비판의 함성이 일어났다. 신참들은 선배들이 자신들에게 온통 환상과 고통뿐인 잘못된 사회를 물려주었다고 비난한다. 그들은 몇 백 년의 과거가 단지 불행한 결과만을 낳았을 뿐이라고 말하면서 그 이유를 묻는다. 또한 그들은 위험을 무릅쓰고 앞서 나간 몇몇 사람만이 막연하게 작성했던 소송 서류를 갖고 그 소송을 매우 대담하게 공개적으로 추진한다. 곧 피고가 등장한다. 다름 아닌 그리스도이다. 18세기는 종교개혁으로 만족하지 않았다. 18세기는 십자가를 무너뜨리고자 했다. 18세기가 지우고자 했던 것은 하느님으로부터 인간에게 전달되는 전언, 즉 계시라는 개념이었다. 18세기가 파괴하고자 했던 것은 삶에 대한 종교적 이해였다. 이러한 이유로 이 연구의 제1부는 '기독교에 대한 소송'이 되었다.

또한 이 대담한 사람들은 세계를 재구축하게 될 것이다. 그들은 이렇게 믿었다. 그들의 이성의 빛이 이 지상을 덮고 있는 커다란 어둠을 흩어 버리고, 그들은 자연의 계획을 재발견하고 잃어버린 행복을 되찾기 위하여 오직 그 계획을 따라가기만 하면 될 것이다. 그들은 신권(神權)과 아무런 관련이 없는 새로운 권리, 모든 신학으로부터 독립된 새로운 도덕, 신민을 시민으로 변화시키는 새로운 정치 등을 정립하게 될 것이다. 그들은 자기 자녀들이 과거의 오류를 다시 범하지 않도록 교육에 새로운 원리를 부여하게 될 것이다. 이제 하늘이 땅 위로 내려오게 될 것이다. 그들이 세울 밝고 아름다운 건물 속에서 자신들의 존재 이유와 위대함과 행복을 자신들 밖에서 찾을 필요가 더 이상 없는 세대들이 번성하게 될 것이라고. 우리는 그들을 그들의 작업 속에서 추적할 것이며, 그들의 이상 도시, 즉 '인간들의 도시'의 기획과 그 하부구조들을 살펴볼 것이다.

그러나 사상을 연구할 때 그 사상들이 그 발전 과정에서 원래의 순수성을 간직하고 있었던 것처럼, 그리고 그 실천에서 추상 개념의 군건한 논리를 보존하고 있었던 것처럼 접근해서는 안 된다. 연속적인 시대들은 그 뒤에 버려진 작업장만을 남겨 놓을 뿐이다. 각 시대는 미처 형성되기도 전에 분해된다. 새로 온 다른 사람들은 그 시대가 그 자리에서 발견했던 사람들을 압박했던 것처럼 다시 또 그 시대를 압박한다. 그러면 그 시대는 그 뒤로 그 시대가 꿈꾸었던 질서 대신에 더욱 커진 혼란을 남기면서 떠나간다. 우리는 지금껏 존재했던 가장 명석한 정신들을 만나게 될 것이다 그러나 그 명석함에도 불구하고 그들 역시 자신들의 투명한 철학 속에 모순점들을 남겨 놓았고, 시간이 흐르면서 그들의 철학은 이러한 모순들로 손상을 받게 될 것이다. 우리는 살아 있는 사유들을 너무나 단순하게 몇 줄로 줄이는 대신 그들의 이상적 완벽함 속으로 미끄러져 들어간 불완전함을 고려해야 할 것이며, 또한 어떤 이론이 의도에 따라 확립되는 방식만이 아니라, 그 이론을 끌고 가는 피할 수 없는 변화 과정을 설명해야만 할 것이다. 그것이 '해체'라는 제목을 붙인 우리 작업의 제3부가 될 것이다.

우리는 영역 — 아마 어느 누구도 그 영역이 너무 좁다고 이야기하지는 않을 것이다 — 을 제한하기 위해 하나의 그룹으로 묶을 수 있는 정신의 소유자들만을 살펴보았다. 『마농 레스코 *Manon Lescaut*』의 저자 아베 프레보, 『파멜라 *Pamela*』와 『클라리사 *Clarissa*』의 저자 새뮤얼 리처드슨, 『젊은 베르터의 고뇌』의 괴테는 우리의 연구에서 제외되었기 때문에 단지 그 반대 항목으로서만 언급되었다. 우리는 감수성이 풍부한 인간(l'homme sensible)을 대표하는 사람들을 의도적으로 무시했다. 또한 18세기를 관통해 흐르는 격랑을 따라가지도 않았다. 우리는 철학자들, 합리주의자들만을 제한적으로 다루었다. 그 건조함으로 인해 격정적인 사람들과 신비주의자들이 반대로 부각되는 건조한 영혼의 소유자들. 상대의 심리 속으로 쉽사리 들어가지 않는 전투적인 영혼의 소유자들. 숲이나 산과 바다에 감동받지 않는 영혼의 소유자들 혹은 무정한 지성의 소유자들. 스피노자, 벨, 페늘롱, 보쉬에, 라이프니츠와 같은 사람들이 올라갔던 정상까지는 도달하지 못했던 사람들. 이 숭고한 천재들의 아류들. 하지만 그들도 재능 있는 작가들이며 사상의 드라마에서 1급 배우들이기도 했다. 그들은 자신들이 본 세계를 비겁하게 그냥 내버려두고자 하지 않았다. 그들은 대담하게 시도했다. 그들은 아마 우리가 이제는 이해할 수 없을 정도로 본질적 문제들에 대해 집착하고 있었던 것으로 보인다. 직업, 여가, 유희, 그들의 지성의 소모조차도 영원한 문제들에 비해서는 단지 부차적인 것으로 보았다. 진리란 무엇이며 정의란 무엇인가? 또한 삶이란 무엇인가? 이러한 고뇌가 결코 그들에게서 떠난 적이 없었고, 그들은 언제나 동일한 요구사항들로 돌아왔다. 저녁에는 그것들로부터 벗어났다고 믿었지만 결국은 아침에 일어나면 다시 그것들을 찾는 것이다.

이러한 전체적 조망 속에서 다른 그룹을 연구할 가치가 있는데, 그것은 불안한 심성의 소유자들, 의지가 약한 사람들, 향수에 젖은 영혼의 소유자들이다. 사랑으로 그리고 신적인 사랑으로 불타오르는 욕망의 존재들을 바라보고, 그들의 외침과 호소에 귀를 기울이고, 그들의 감동과 황홀한 체험에 참여하고, 그들과 함께 어둠의 풍요함을 발견하고, 그들과 함께 밤의 태양들을 보는 수고를 할 가치가 있다. 18세기의 지성사를 완성하려면 프랑스 혁명 전까지 감수성이 풍부한 감정의 인간(l'homme de sentiment)이 탄생하고 성장하는 과정을 고찰해야 할 것이다. 이미 우리가 시작했던 이 과업을 앞으로도 계속해 나가야 할 것이다. 그리고 고대인들이 "만약 네가 충분히 산다면(si vis suppeditat)"이라고 말하곤 했던 것처럼, 우리가 충분히 산다면 아마도 언젠가는 이 과업을 완수할 것이다.

차례

제1부

기독교에 대한 소송

제1장

전방위적 비판

아스모데[1]는 풀려났다. 이제 그를 사방에서 볼 수 있었다. 그는 집 지붕들을 들어 올리고 사람들의 풍속을 살펴보았다. 그는 거리를 다니며 행인들에게 질문했다. 그는 교회로 들어가서 신자들의 신앙에 대해 조사해 보았다. 이것이 바로 그가 가장 좋아하는 놀이였다. 그는 더 이상 피에르 벨[2]의 서글픈 잔인함, 열정적 무거움으로 자신을 표현하지 않았다. 그는 껑충거리고 까불며 히죽거리는 악마였다.

17세기는 불경스러움으로 막을 내렸고, 18세기는 빈정거림으로

1　(역주) 아스모데Asmodée는 스페인 작가 게바라Guevara의 동명소설로부터 착상을 얻은 르사주의 소설 『절름발이 악마*Le Diable boiteux*』에서 나오는 악마이다. 그는 병에 갇혀 있다 주인공 덕분에 풀려나 그에게 지붕과 벽을 꿰뚫어 보는 능력을 주어 사회의 전 계층에서 일어나는 일들을 보게 해 준다.

2　(역주) Pierre Bayle(1647~1706): 『역사 비평 사전*Dictionnaire historique et critique*』의 저자인 그는 여기서 오류를 걸러 내는 방법으로서의 회의를 모든 것에 적용하여 인간의 어리석음을 들춰 내면서 이성의 기를 꺾으며 동시에 신앙의 초월성을 주장했다.

시작했다. 오랜 역사를 지닌 풍자는 손을 놓고 가만히 있지 않았다. 호라티우스와 유베날리스가 되살아났다. 그러나 이 장르는 한계에 도달했다. 그래서 소설이 풍자적으로 되었고, 희곡, 촌철 시, 팸플릿, 비방문, 풍자문 등이 넘쳐났다. 신랄한 독설, 비꼼, 조롱, 광고 문구에 불과했지만 사람들은 이것들로 즐거운 시간을 보냈다. 작가들이 임무를 감당치 못할 경우, 풍자 화가들이 그들을 도와주었다. 이것이 시대의 징후였다. 런던에는 의사이자 문헌학자이며 정치가인 한 지식인이 있었는데, 그의 이름은 존 아버스넛[3]이었다. 그는 자기 주변에 영국 사상의 가장 대표적 인물들을 규합했다. 그들은 모두 함께 즐겁게 전례 없는 스크리블레루스 클럽을 창설했다. 이 클럽은 당대의 상식을 풍자로 매도하는 것을 주목적으로 삼았으며, 1713년 유럽에 전방위적 비판의 시대가 도래했다는 사실을 알리는 것 같았다.

이러한 격랑이 이는 바다 위에 세 개의 항로가 새겨졌다. 먼저 고상한 주제를 비속화하기. 『텔레마크 Télémaque』[4]는 익살스럽게 개작되었다. 『일리아스』에 순박한 애정과 사랑으로 충만한 부드러운 대목이 있다면 그것은 안드로마케가 헥토르에게 이별을 고하는 장면일 것이다. 그의 곁에 서서 그녀는 울기 시작한다. 그리고 그의 손을 잡고 욕설을 하며 그에게 말한다. "당신은 그 혈기 때문에 망할 거야. 이렇게 어린 아들이나 불쌍한 나는 생각도 안 해?" 그러니

---

3 (역주) John Arbuthnot(1667~1735): 스코틀랜드 출신의 물리학자이자 풍자가로 런던의 스크리블레루스 클럽의 회원이 되어 스위프트와 알렉산더 포프 등에게 영향을 주었다.
4 (역주) 원래 페늘롱 Fénelon의 교육적 소설인데 마리보 Marivaux가 익살스러운 연극으로 개작했다.

고대는 더 이상 거룩하지 않다. 아니 이제 어떤 것도 더 이상 거룩하지 않다. 헥토르가 안드로마케를 어떤 말로 받아들이는지 보자.

> 저런! 참 징징거리기도 하는구려!
> 아무리 징징거려 봤자
> 헥토르는 바윗덩어리보다 단단하고
> 당신의 눈물은
> 한겨울의 콧물 정도로나 생각한다오.[5]

평범한 주제들을 서사시적 어조로 다루는 희극적 영웅 이야기의 취향이 점점 퍼져 나가 마침내 유행이 되었다. 사람들은 사소한 주제들은 부풀리고 위대한 주제들은 깎아내리는 일을 즐겼다. 뽑힌 머리 한 터럭, 수녀들이 아끼는 앵무새의 엉뚱한 말, 칼싸움을 즐기는 대학생들의 어리석은 행동 등은 서사시의 정신을 우스꽝스럽게 만들기 충분했고, 조롱을 시대정신의 대표적 태도들 중 하나로 만드는 데 기여했다.

동시에 빈정거리는 여행객들이 도착했다. 그들은 유럽을 새로운 시선으로 바라보는 척하면서 유럽의 나쁜 버릇, 결점, 악덕 등을 드러냈다. 터키의 스파이 다음에 시암 사람이 와서 모험을 하고, 몽테스키외의 『페르시아인의 편지 *Lettres persanes*』가 출간되면서 페르시아 사람들이 그 뒤를 이었다. 1721년에 페르시아 사람들이 등장했을 때, 그들은 열렬한 환영을 받았다. 아! 그들이 자신이 살던 하렘의 이야기는 잊고 그들이 프랑스에서 느낀 순진스러운 놀라움을

---

5 마리보, 『익살시로 개작된 호메로스, 혹은 익살스러운 운문으로 쓰인 일리아스』, 1716.

이야기할 때 얼마나 재기 발랄하고 예리했던가! 그들은 자리를 바꾸었을 뿐인데, 이러한 매우 단순한 조작을 통해 프랑스적인 삶이 갑자기 그것을 덮고 있던 습관이라는 외피를 벗고 드러나게 된다. 편견이란 일상적인 관습과 그것을 행사하는 데 따르는 익숙함에 의해 가려져 있고, 불완전하게 살 수밖에 없는 사회에 필요한 거래를 통해 때때로 정당화되었지만, 이제 제 모습 그대로, 즉 편견으로 나타나게 되었다. 제도들도 그 의례적인 후광, 그 근거가 된 필요성, 그리고 그것들이 제공했던 편리함에 대한 추억, 또 그것들을 보호해 왔던 오랜 관용 등이 발가벗겨져 시효가 끝난 것으로 드러났다. 존경의 휘장이 찢어지고, 그 휘장 뒤로 비논리성과 비합리성만이 남아 있었다. 페르시아 사람들은 이러한 작업을 너무나 교묘하게 능란함과 자연스러움을 뒤섞어서, 또 경쾌하고 장난스럽게, 또 매우 확고한 도전 의지를 갖고 해치워서 우리는 거기에 빠져들어 자신도 모르게 참여하게 된다. 그들과 공모자가 되지 않았다면 정말 바보로 간주될 정도이다. 또 너무나 활기차고, 관찰이 너무나 정확하고, 표현이 너무나 확실하며, 묘사가 너무나 세밀하여, 찬탄은 저항을 압도한다. 마치 그들이 너무도 기민하고 예쁘게 집을 부수어서 바로 집주인이 그들에게 감사하며 칭찬하는 것 같다.

페르시아 사람들이 물러가자, 올리버 골드스미스[6]는 병풍 뒤에 있던 중국인을 이끌어 내어 런던을 활보하게 한다. 세계 시민인 리엔 치 알탕지는 고향의 벗들에게 자신이 받은 인상을 전하며 삼손이 머리털 덕분에 힘을 갖고 있었던 것처럼 가발을 뽐내는 **고상한**

---

6 (역주) Oliver Goldsmith(1728~1774): 아일랜드 출생의 영국 소설가이자 시인이며 극작가. 1762년 『페르시아인의 편지』를 모방한 중국 철학자의 편지인 『세계 시민』을 출간했다.

체하는 신사들(fine gentlemen)을 조롱한다. 얼굴에 덕지덕지 화장을 한 고상한 체하는 숙녀(fine ladies)들은 두 개의 얼굴을 갖고 있다. 낮에는 아름다운 가짜 얼굴이고, 저녁이면 늙고 추한 얼굴이다. 그는 자신에게 몰려들던 아름다운 여인들, 특히 사랑하는 마음을 바치러 왔다가 자신의 시계를 갖고 도망간 어떤 여인에 대해 말한다. 그는 대담하게 이 웃음 짓는 사랑스러운 그림들 사이에 훨씬 더 깊이 새겨진 윤곽을 가진, 또 더욱 걸쭉하고 검은 잉크를 바른 몇 장의 동판부식화를 끼워 넣기도 한다. 성 바오로 성당의 천장에 매달린 깃발들을 보라. 새것이라면 그나마 중국 돈 몇 푼의 가치가 있겠지만 지금은 아무런 가치도 없는 천 조각들이다. 그 깃발들을 빼앗겨 프랑스인들은 명예를 상당히 훼손당했다고들 말한다. 반면 영국인들은 그것들을 쟁취하여 명예를 드높였다고 한다. 그런데 유럽 국가들의 명예란 구멍 난 천 조각들에 달려 있는 것인가? 떠들썩하게 거리를 가로지르는 행렬을 보라. 그것은 어떤 귀족의 행렬이다. 그는 예전에 그의 선조 중의 한 명과 결혼한 부엌데기 아가씨와 그녀가 은밀한 호의를 베풀었던 마구간 총각의 후손으로, 아가씨로부터는 많이 먹고 과음하는 취향을, 총각으로부터는 말에 대한 사랑을 이어받았다. 이것이 귀족이라고 불리는 자들의 정체이다.

이 중국인은 세 번을 돌고, 인사를 한 후 무대 뒤로 사라진다. 1767년에 한 휴론족 인디언[7]이 랑스 만에 상륙하여, 케르카봉 수도원 원장과 그의 누이인 케르카봉 양을 분노케 하고, 기분대로 결혼하기를 원하며 위그노 및 얀센주의자들과 위험한 관계를 맺고 베르사유를 혼란에 빠뜨린다. 단지 순박하기 때문에, 일자무식이기 때문에 그는 편견이 없다. 오류에 의해 왜곡되어 본 적이 없는 그의

<hr>

7 (역주) 1767년 볼테르가 출간한 『순박한 사람 L'Ingénu』의 주인공

이해력은 그 올바름을 간직하고 있다. 우스벡과 리카 그리고 레디,[8] 리엔 치 알탕지의 뒤를 이어서, 그는 처음으로 있는 그대로의 상황을 본다고 자부한다. 그러나 이 인디언은 교화되어 왕의 군대에 들어가고 철학자이자 대담한 용사가 되며, 그래서 자기 본연의 가치를 잃게 된다. 스페인은 또다시 어떤 외국인을 불러들일까 궁리한다. 스페인은 아프리카인을 선택한다. 모로코인 가젤 벤 알리는 마드리드와 지방을 연구하고 벤 벨리에게 쓴 일련의 편지들 속에서 스페인의 풍속을 묘사하며 스페인의 영광과 몰락의 원인을 지적한다. 그리고 이미 스페인을 치유하기 시작한 처방들을 내놓는다. 이 것이 18세기 후반부에 등장한 호세 카달소[9]의 『모로코인의 편지 *Cartas marruecas*』이다. 이 나리들 사이에 공백을 메우기라도 하듯 얼룩덜룩한 인물들, 터키인들, 중국인, 낯선 야만인, 페루인, 시암 사람, 이로쿼이 인디언, 인도인들이 흥겹게 비판적 카니발을 이끌어 간다.

마지막 세 번째 방법으로 또 다른 여행자들, 집을 결코 떠나 본 적이 없는 상상의 여행자들이 유럽을 부끄럽게 할 놀라운 나라들을 발견한다. 그것은 칸다하르 왕국, 여전사들의 섬, 주민들이 중국인들만큼이나 오래되고 수가 많고 문명화된 중앙아프리카의 한 나라, 형제를 사랑하는 이들의 도시, 아고이엔 철학자들의 공화국 등이다. 사람들은 모두가 논리적이고 행복한 이 존재하지 않는 유령들의 미덕을 지치지 않고 찬양했다. 또한 옛적의 유토피아들이 다시

---

8 (역주) 『페르시아인의 편지』에 등장하는 페르시아 사람들
9 (역주) José Cadalso(1741~1782): 스페인의 작가로 스페인을 유랑하는 무어인 여행자 가젤 벤 알리Gazel Ben Aly가 스페인 생활을 통찰력 있게 비판하는 『모로코인의 편지』(1793)로 유명하다.

인쇄되기도 했다. 도밍고 곤살레스[10]가 되살아나서 달까지 올라갔다. 사람들은 새로운 유토피아들을 쓰기도 했다. 니콜라스 클리미우스[11]는 지하 세계로 내려가서 거기에서 식견이 풍부하고 현명한 포투앙인들의 왕국을 만나고, 햇빛에 닿으면 그 자리에서 녹아 버리는 주민들이 사는 얼음의 땅, 까치들의 땅을 방문한다. 배 한 가운데 붙어 있는 입으로 말하는 머리가 없는 사람들, 오른쪽 넓적다리에 심장이 붙어 있는 보스탄키스인들까지 굳이 언급하지는 말자. 상상에서 나온 헛소리들이기는 하지만 그 진정한 의도는 저버리지 않는다. 그것은 영국, 독일, 프랑스, 네덜란드, 그리고 일반적으로 문명화되었다고 자처하는 모든 나라에서 삶이 얼마나 불합리한 것인지, 궁극적으로 이성의 법칙에 복종하기로 결단을 내린다면 삶이 얼마나 아름다워질 수 있는지를 보여 주고자 하는 것이다.

1726년부터 이 많은 유토피아들에 대해 이 장르의 거장인 조너선 스위프트[12]의 영향력이 느껴지기 시작했다. 아이들이 걸리버 여행기를 독점하여 그들이 가장 좋아하는 장난감으로 삼았기 때문에, 우리는 여전히 그 가공할 영향력을 보는 데 어려움을 겪고 있는 것이 사실이다.

그러나 스위프트는 인간을 다루었다. 그는 인간을 아주 작게 줄

---

10 (역주) Domingo Gonsales: 프랜시스 고드윈Francis Godwin(1562~1633)은 영국 성직자 겸 문학가로 영국 문학사상 처음으로 우주여행을 다룬 『달세계의 인간』의 작가로 유명하다. 『달세계의 인간』은 그의 사후 도밍고 곤살레스라는 가명으로 1638년 출간되었다.

11 (역주) Nicolas Klimius: 덴마크의 작가 올베르가 쓴 『니콜라스 클리미우스의 지하 세계 여행』의 주인공이다.

12 (역주) Jonathan Swift(1667~1745): 아일랜드 출신의 소설가로서 『걸리버 여행기』로 유명하다.

어들게 하거나 거대하게 확대하고, 인간을 우리 삶의 정상적인 모든 형태들이 전도되는 나라들로 데리고 간다. 그는 우리가 일찍이 받았던 가장 커다란 교훈인 상대성이라는 교훈을 주는 데 만족하지 않는다. 그는 모든 것을 휩쓸어 버리는 생동적인 필체로 열을 올리면서 우리가 믿고 존경하고 사랑하라고 배웠던 모든 것을 공격했다. 정치 지도자란 무지하고 멍청하며 허영에 찬 범죄자들이다. 왕들은 줄넘기를 가장 잘할 줄 아는 사람들에게 푸른색, 검은색 혹은 붉은색 휘장을 수여한다. 정당들은 삶은 달걀의 뾰족한 끝을 잘라야 좋은지 밋밋한 끝을 잘라야 좋은지 알아내기 위해 사생결단을 내린다. 학자들이란 미친 사람들로서, 라가도 아카데미의 어떤 학자는 겨울을 대비하기 위해 오이로부터 태양을 추출해서 유리병에 가둬 놓으려고 한다. 또 어떤 학자는 지붕부터 시작해서 집을 짓는다. 어떤 학자는 맹인인데 색깔을 만들고 또 어떤 학자는 거미줄을 갖고 비단을 대체하려고 한다. 철학자들이란 헛도는 미친 두뇌의 소유자이다. 이들 중 어떤 사람이 주장했던 것치고 터무니없고 이상하지 않은 것은 없다. 러그낵 왕국에서 걸리버는 죽지 않는 사람들을 만나는데, 이들의 이름은 스트럴드브럭이다. 불멸이란 얼마나 끔찍하고 불쾌한가! 어떤 집안들에서는 이마에 얼룩이 있는 아이들이 태어나는데, 그들은 영원히 살도록 예정되어 있다. 30세 때부터 그들은 우울해진다. 80세에 그들은 노년의 온갖 비참함에 짓눌리고 게다가 그들을 기다리고 있는 노쇠함에 대한 의식으로 고통받는다. 90세에 그들의 치아와 머리는 다 빠진다. 식욕도 잃고, 기억력도 없어진 상태이다. 200세, 500세가 되어 멸시받고 천대받는 쓰레기처럼 되어 유령보다 더 끔찍한 소름 끼치는 존재로 전락하여 의지할 곳도 희망도 없다. 마침내 스위프트는 우리의 존재 자체를 가증스러운 것으로 만들어 버린다. 말들의 나라에는 야후라 불리는 냄새를 심하게 풍기는 짐승이 노예 상태로 산다. 야후들은 긴 머리카락이 얼굴과 목까지 내려와 덮고 있다. 그들의 가슴, 등, 그리고 앞다리는 두꺼운 털로 뒤덮여 있다. 염소처럼 턱에는 수염이 나 있다. 눕거나 앉을 수 있고 뒷다리로 설 수도 있다. 그들은 달리거나 점프를 하거나 발톱으로 나무를 기어오를 수도 있다. 암컷은 수컷보다 몸집이 약간 작다. 그들의 젖가슴은 앞다리 사이에 달려 있고 때로 땅바닥에 스친다. 이 역겨운 야후들이란 바로 다름 아닌 인간들이다. 『걸리버 여행기』를 다 읽고 나면 그 제목을 바꾸어 브롭딩낵 왕국의 젊은 여자 거인인 글럼달클리치의 도서관에 있는 책의 제목을 붙이고 싶어진다. 『인류의 약점에 관한 소론』.

그래서 그의 성을 따르는 적자이든 사생아이든 걸리버의 아들들은 번성해서 비판하기를 좋아하는 하나의 종족을 이룰 지경이 된다. 그 종족은 신랄한 말을 던지는 사람들, 부적응자들, 때로는 단지 몽상가에 불과한 사람들로 이루어져 있다. 그들은 정원으로 변화된 사막에서, 이상향이 숨겨져 있는 섬들에서, 그룬카오프의 해변에서, 어느 지도에도 나와 있지 않은 망가후르 군도에서 더 훌륭한 정치체제, 더욱 순수한 종교, 자유, 평등, 그리고 행복을 발견해 낼 줄 알았던 인류를 그 시대에 보여 줄 것이다. 우리가 이 모든 선(善)을 획득할 수 있다면, 무엇 때문에 우리의 비참함 속에서 계속 끌려 다닐 것인가? 우리의 악덕 때문이다. 그리고 우리의 악덕은 단지 우리의 오래된 착오로부터 비롯될 뿐이다.

이것이 바로 전방위적인 비판이다. 이것은 문학, 도덕, 정치, 철학의 모든 영역에서 행해졌으며, 이 논쟁적 시대의 핵심이다. 나는 비평이 이보다 더 저명한 대표들을 가졌거나, 더 보편적으로 이루어졌거나, 유쾌하게 보이면서도 더 신랄했던 시대를 알지 못한다.

하지만 그 비판이 우리 존재의 급격한 변화를 요구하지는 않는다. 그것은 17세기 모럴리스트들의 비난의 대상이었던 변치 않을 이기주의를 공격하지는 않는다. 우리의 천성을 변화시켜 성인이 되거나 신과 같이 되라고 요구하지 않는다. 이렇게 항의하는 사람들의 심리에는 두 가지 경향이 섞여 있다. 하나는 분노이고 다른 하나는 희망이다. 그렇게 암울한 조너선 스위프트도 하늘의 검은 구름들 한가운데로 약간의 쪽빛을 엿보게 한다. 그는 사람이라 불리는 동물을 증오하며 그의 여행이 엄청난 염세주의를 밑자락에 깔고 있다고 선언한다. 그러나 그도 갑자기 덜 비관적인 말을 할 때가 있다. 설명할 길 없이 우리 안에 들어온 이성의 씨앗이 자라나고 정치는 상식과 신속한 일 처리로 귀결되며, 전에는 오직 하나의 이삭이나 하나의 풀잎밖에 없었던 대지 위에 두 개의 이삭, 아니 두 개의 풀잎만이라도 키워 낼 수 있다면 우리 인류에 대하여 완전히 절망할 필요는 없을 것이다. 오만함이라는 우리의 본질적 악덕으로부터 벗어난다면 우리는 덜 불합리하고 덜 불행할 것이다. 그러나 우리는 우리의 비참함을 악화시키고 다른 비참함을 더 만들어 냈다. 그렇지만 새로운 지혜, 단순하고도 소박한 양식, 우리의 천성에 더 적합한 삶의 개념이 우리가 아직 써 본 적은 없지만 여전히 우리가 손을 뻗으면 얻을 수 있는 치료제가 아닐지 누가 알겠는가?

더구나 다른 사람들이 반발을 하고 나섰다. 그들의 비관주의는 우주적이지 않다. 그것은 우주 전체로 확산되지 않으며, 우리의 인간 조건 전체에 관여하지 않는다. 그들은 오히려 그들의 분노를 유발시키는 현재를 고발하면서도 그들이 그 현재를 변화시킬 수 있다고 믿는다. 그들의 적은 그들이 세상에 나오면서 본 있는 그대로의 사회 상태이다. 그것을 파괴하고 대체하면 미래는 더 나아질 것이다.

항상 하나의 요구가 그들의 비판을 따라다닌다. 1728년에 그 자신 거장은 아니었지만 아버스넛, 포프,[13] 스위프트와 같은 거장들의 친구였던 존 게이[14]는 「거지의 오페라」라는 제목을 붙인 작품을 발표한다. 이것은 처음에는 별 의미 없는 농담처럼 보였을 뿐이다. 런던의 이탈리아 오페라는 그의 신경을 거슬린다. 그는 장식음으로 기교를 부리는 그 대단한 가수들, 그리고 거친 브리튼 남자들의 남성적 성격에 걸맞지 않는 그 과장된 감정과 멍청한 줄거리를 조롱한다.

이것들을 조롱거리로 만들기 위해 왕과 여왕, 감미로운 여주인공, 서정적 연인들, 나이 들고 점잖은 아버지, 처녀들의 뒤를 돌보는 존경받는 여성 보호자들 대신에 좀도둑, 소매치기, 매춘부, 노상강도들이 등장한다. 오페라, 열정적 고백, 달빛 아래의 연인, 아버지의 저주, 달콤한 죽음의 장면 등 모두가 사회 저변층에서 희화화되었다. 음악은 민요시, 옛 노래, 런던의 소호 사람들이 읊조리는 노래 가락이 주류를 이루었다. 거친 브리튼 사람들의 남성적 성격에 걸맞지 않는 가식, 수사, 번지르르한 **이탈리아식 허튼수작**은 조롱의 대상이 되었다.

그런데 이러한 비열한 행위는 더 멀리 나아갔다. 장물아비이자 역할을 나누어 주고 음모를 조직하고 이익을 배분하고 자기 부하들을 보호하고 그들이 체포되면 감옥에서 꺼내 올 능력이 있고 그들이 의무를 이행하지 않으면 징벌할 수도 있는 천재적인 피첨 씨[15]가 이끄는 도둑떼의 활동은 개인들에게서 훔친 것을 자기 수하들에게

---

13 (역주) Alexander Pope(1688~1744): 영국의 시인이자 비평가
14 (역주) John Gay(1685~1732): 영국의 시인이자 극작가
15 (역주) 「거지의 오페라」에 등장하는 인물로 거지들의 왕을 자처한다.

나누어 주는 장관들, 정의 위에 그들만의 정의, 법 위에 그들만의 법을 가진 정치인들을 모방하고자 했다. 더구나 그 작품이 우롱하는 것은 바로 귀족 계급이다. 요컨대 피첨 씨, 입심 세고 민중의 지혜를 담은 고사성어를 언제라도 뱉어 낼 준비가 되어 있는 그의 부인, 깡패 조직에서 가장 아름다운 장식품이자 가장 유용한 그의 딸 폴리. 선술집에 모이는 사기꾼들, 싸구려 술 냄새를 풍기는 매춘부들, 이러한 군상들의 세계가 궁정을 드나들고 성에 살며 마차를 타고 산보하며 최고의 지위를 누리는 멋진 영주들이나 귀족 부인과 다를 것이 무엇인가? 차이가 하나 있다면 외관이 다를 뿐이다. 정서도 같고 습관도 같다. 또 필요하다면 저지르는 범죄들까지 똑같다. 겉치장을 멋지게 한 이런 사람들은 그들의 이익이나 쾌락만을 추구하는 것 이외에는 신경 쓰지 않는다. 명예를 말하지만 언제든지 배반할 준비가 되어 있지 않은가? 미덕을 논하지만 사실은 온갖 악덕을 일삼지 않는가? 불륜을 저지르고 도박에서 속임수를 쓰며 돈만을 노리지 않는가? 그들은 맹수들이다. 원하는 만큼 한껏 까다롭게 군다. 귀족들이 거리의 깡패들을 모방하는 것인지, 거리의 깡패들이 귀족들을 모방하는 것인지 정확히 알 수가 없다. 그들끼리 결판을 내라고 내버려 둔다면 거리의 부랑자들이 승리를 거둘 것이다. 거지들은 이 위선자들보다 더 낫다. 그 많은 격식을 내던진 채 살기 위하여 필요한 것을 획득하고, 성실하고 피로를 모르며 용감하고, 매일 그들의 자유와 생명을 내걸기를 주저하지 않으며, 친구를 돕고 그를 위해 죽을 준비가 되어 있고, 자신들의 규약에 충실한 이 '실용적 철학자들'은 세상의 부를 더 공평하게 분배하려고 또 불평등한 운명을 개선하려고 애쓴다.

세월이 흘러도, 완전히 다른 나라와 다른 문학 장르를 들여다보아도 동일한 사회적 불안을 다시 보게 될 것이다. 롬바르디아의 장인의 아들인 파리니[16]는 신부가 되고 가정교사가 되는 식으로 귀족 사회에 가까이 가면서 그 사회를 비판하고 고발한다. 1763년에 그는 두 편의 걸작 시「아침」을 발표하고, 이어서「정오」를 발표한다. 그는 작품의 주인공인 젊은 귀족이 아침 늦게 일어나 정오경까지 보내는 단지 몇 시간의 삶을 묘사하고 있는데, 그 삶은 단지 게으르고 무기력하고 한가로울 뿐이다. 하는 일이라고는 아무것도 없다. 본차이나 도자기에 늘 마시는 커피를 마시고, 자기 춤 선생, 노래 선생, 프랑스어 선생과 잡담을 하고, 집에 온 단골 재단사에게 대금을 주기는 거절한다. 화장대 앞에서 오랫동안 시간을 보내면서, 그의 머리를 말아 주고 분을 바르는 미용사에게 욕설을 해 댄다. 애인이 유부녀이지만 남편이 보고 있는데도 버젓이 애인의 집에 간다. 감미로운 요리들을 앞에 두고도 투정을 부리고 되는대로 떠들어 대다가 자신이 알지 못하는 주제에 대해 결정적 판단을 내린다. 그는 잘난 체하고, 거만하며 잔인하다. 그의 마차는 앞에서 재빠르게 길가로 피하지 못하는 행인들을 무참히 짓밟고 간다. 그의 장점은 무엇일까? 그는 병역 복무를 하지 않았다. 그의 선조들처럼 조국을 방어해 본 적이 없는 것이다. 허리에는 전쟁터에서는 사용하지 않는 궁정용 검을 차고 있을 뿐이다. 그는 자신의 이름과 지위와 특권을 누릴 자격이 없다. 파리니는 구석구석 그를 쫓아다니며 조롱하고 꾸짖는다. 때때로 분노가 그를 사로잡는데, 그것은 과장도 없고 외침도 없는 울분이다. 비할 수 없는 밀도와 힘을 가진 그의 글 속에서 회한과 희망이 스쳐 지나간다.

---

16 (역주) Giuseppe Parini(1729~1799): 이탈리아의 산문작가이자 시인으로 귀족사회를 풍자한 시「하루Il giorno」로 알려져 있다.

그것은 아마도 거짓말일 테지만, 전설에 따르면
사람들이 평등한 시절이 있었다고 한다.
평민과 귀족이라는 낱말을 모르던 시절이……

이러한 상황이 세기말까지, 피가로까지 그리고 유럽 전체로 확산된다. 비판은 호소, 요구, 요청으로 귀결된다. 이 불만에 찬 여행자들, 이 불평에 찬 방랑자들은 무엇을 원하는 것일까? 이 고소인들은 무엇을 원하는 것일까? 그들은 왜 자신의 위엄을 내세우는 법체계나 자신의 신성한 특징을 주장하는 종교 등을 비롯해 어떠한 것도 예외를 두지 않고 검토를 행하는 것일까? 그들은 자신이 어떤 재산을 빼앗겼다고 생각하는 것일까? 그것은 바로 행복이다.

제2장

행복

오 행복이여! 우리 존재의 목적과 목표!
너의 이름이 무엇이든, 너는 좋음, 기쁨, 쾌적함, 만족이어라!

거의 주문에 가까운 이러한 기도가 자주 다시 등장할 것이다. 포프가 『인간론 *An Essay on Man*』에서 마치 절규하듯이 모아 놓고 또 가능한 모든 낱말들을 덧붙인 이 낱말들은 끊임없이 다시 사용되고, 분석되고, 규정될 것이다. 그 당시의 사람들은 인간들이 경솔한 말을 내뱉을 때에 화를 내는 질투심 많은 신들을 두려워하지 않았다. 오히려 그들은 자신들의 행복의 몫을 원한다고, 그것을 가질 것이라고, 아니 이미 가지고 있다고 외쳤다. 프랑스에서는 『행복에 대한 성찰』, 『행복에 대한 서한』, 『행복한 삶에 대하여』, 『진정한 행복의 체계』, 『행복론』, 이탈리아에서는 『행복에 대해』, 『행복의 기술』, 『행복론』, 독일에서는 『언제나 기뻐하는 기술의 추구』, 『행복의 기술』, 『인간의 지복에 대하여』, 영국에서는 『행복에 대해서』 등등. 바로 이렇게 그들은 거리낌 없이 여러 다른 언어로 자신들이 쓴 책들의 제목을 행복과 결부시켜 붙였다. 새로운 발견들이 개인에게 만족을 주고 나서 대중에게 이익을 주는 것처럼 그들은 행복의 혜택을 확장시켰다. 프랑스어로 쓰인 『시민사회와 함께 사는 사람들의 행복에 기여하면서 자신도 행복해지는 것에 대한 시론』, 『대중의 행복의 원인들』, 『공공의 행복에 대하여』, 이탈리아어로 쓰인 『공공의 행복에 대하여』, 『공공의 행복』, 『공공의 행복에 대한⋯⋯ 고찰』, 『공공의 행복에 대한 성찰』, 영어로 쓰인 『국민의 행복에 대하여』 등이 그 예들이다. 이 문제에 대한 가장 훌륭한 논문들을 손쉽게 읽기 위해 그들은 그것들을 모아 책으로 만들어 그것에 '행복의 신전'이란 이름을 붙였다. 아름다운 신전이 거기 행복한 언덕 위에 서 있었다. 환희가 문 앞에 서 있었고 마침내 삶의 위대한 축제를 시작하라고 사람들을 초청하고 있었다.

누가 더 비판적인가라는 경쟁뿐만 아니라 또 다른 경쟁이 사람들을 사로잡고 있었다. 사람들은 서로 경쟁적으로 반복해서 모든 진리들 중 가장 중요한 것은 우리를 행복하게 해 주는 데 기여하는 것이며, 모든 기술들 중 유일하게 중요한 것은 우리를 행복하게 해 주는 것이고, 철학이란 모두 우리를 행복하게 해 주는 효율적인 수단으로 환원되며, 요컨대 유일한 의무는 행복해지는 것이라고 주장했다. 새로운 시대의 성배(聖杯)가 된 행복의 추구를 그들은 시로 옮겼다. 프랑스의 아폴로가 되겠다고 작정한 엘베시우스[1]는 볼테르[2]에게 조언을 구했다. 볼테르가 아름다운 시를 쓰기 위해서 먼저 아름다운 주제가 필요하다고 대답하자, 그는 고심 끝에 자신의 행복 그리고 인류의 행복이 가장 합당한 주제라고 생각했다. 선의 신인

---

1 (역주) Claude Adrien Helvétius(1715~1771): 프랑스의 유물론 철학자
2 (역주) Voltaire(1694~1778): 본명은 프랑수아-마리 아루에 François-Marie Arouet. 프랑스의 작가, 철학자로 프랑스 계몽주의 운동을 이끌었다.

아후라 마즈다가 악의 신인 아리만에 대한 투쟁에 종지부를 찍고 결정적 승리를 획득할 때가 가까워졌다. 그것을 알린 것은 바로 아후라 마즈다 자신이다.

지옥이 사라지고 하늘이 땅으로 내려왔다⋯⋯.

사람들은 행복의 추구를 소설 속에도 옮겨 놓았다. 1759년 사려 깊고 현명한 새뮤얼 존슨[3]은 아비시니아 황제의 아들인 주인공 라셀라스에게 자기 대신 모험을 시킨다. 그는 그 나라의 법에 맞추어 그리고 계승 순위에 따라 왕권을 물려받기를 기다리며 세상과 동떨어진 계곡 속에 유폐되어 있었다. 그에게는 만족을 위해 부족한 것이 하나도 없었는데도 그 상황을 견딜 수 없어 했다. 얼마 후 그는 자신이 갇힌 너무나 완벽한 감옥을 떠날 계획을 세운다. 그는 그곳에서 빠져나와 시골과 도시들을 방문하며 서양과 동양이 등을 맞대고 있는 카이로로 가는데, 그곳은 온갖 삶의 양태들을 볼 수 있는 곳이다. 그는 고대의 지혜의 비밀을 은닉하고 있음직한 피라미드 안까지 들어간다. 그의 체험이 점점 그를 실망시키자, 그는 점점 자신 없는 목소리로 이렇게 중얼거린다. "틀림없이 행복이 어딘가에 있을 텐데⋯⋯." ― 1766년 빌란트[4]는 소설 『아가톤 이야기 *Geschichte*

---

3 (역주) Samuel Johnson(1709~1784): 영국 시인이자 비평가로 후에 문학적인 업적으로 박사 학위가 추증되어 보통 '존슨 박사'로 불린다. 17세기 이후 영국 시인 52명의 전기와 작품론을 정리한 10권의 『영국 시인전』은 말년의 대작으로 특히 유명하다.

4 (역주) Christoph Martin Wieland(1733~1813): 계몽주의 시대에 활동했던 독일의 소설가이자 시인으로 유머와 위트, 이국 취미를 독일 문학에 도입했고 역사 소설을 개척했다.

des Agathon』에서 아가톤으로 하여금 고대 그리스의 여러 지역을 여행하게끔 한다. 그는 여행 중 속인들과 현인들에게, 그리고 화류계 여자들과 고행자들에게 질문한다. "당신이 행복을 발견했다면 나에게 말해 주시오. 행복이 어디에 있소?"

그들은 꿈을 꾸었다. 남위 40도에서 50도 사이의 지역에 꿈의 왕국이 펼쳐져 있었다. 그 수도인 헬리오폴리스는 대리석만큼이나 아름다운 벽옥 빛 돌로 건축되고, 그 집들은 겨울이면 직물과 카펫으로 장식되고 여름이면 모슬린과 옥양목보다 더 가볍고 더 화려한 색채의 색감 천으로 장식된다. 내벽은 중국의 옻보다 더욱 완벽한 니스로 도배되어 있다. 전원은 풍요롭고 인구가 많다. 정원을 가꾸듯이 정성스럽게 경작된 대지는 세상에서 가장 풍요로운 수확을 가져다준다. 거기에는 다이아몬드 산과 루비, 에메랄드, 황옥과 같은 수많은 보석들이 보인다. 강변에는 사금이 나고, 바다는 진주, 호박, 산호를 품고 있다. 나무, 초원, 잔디밭의 초록색은 비할 데가 없고, 울타리까지도 어디서도 볼 수 없는 화려한 색깔을 뽐내며 향기를 내뿜는 꽃들로 덮여 있다. 거기서는 채소와 과일도 맛있고, 포도주는 감미롭고, 맑은 샘물도 풍부하다. 고요한 하늘, 신선한 공기, 우리의 기후보다 조금 더 부드럽고 변화는 적은 기후가 그 완벽함을 더하여 그곳 주민들은 펠리시앵[5]이라는 그 멋진 이름에 손색이 없었다.[6]

그들은 상상의 날개를 펴고 현실에서 도피했다. 로빈슨 크루소

---

5 (역주) '지복을 누리는 사람들'이라는 뜻
6 라세 후작Marquis de Lassay, 『남반구의 대지에 사는 펠리시앵 민족의 왕국 여행기 *Relation du royaume des Féliciens, peuples qui habitent dans les terres australes...*』, 1727.

의 뒤를 이어 불확실한 물결 위에 몸을 맡겼고, 바다의 모험과 위험을 아랑곳하지 않았다. 폭풍이 일어나 선박들을 침몰시키지만, 조난자는 항상 상륙할 해변, 관대한 자연, 풍요로운 계곡, 사냥감, 과일들을 발견한다. 또 그 곁에는 반려자가 있거나 그렇지 않으면 그녀를 우연히 만난다. 그리고 이 부부는 사회를 다시 구성하는데, 그 사회의 지혜는 나이 든 유럽을 부끄럽게 만든다. 이런 일은 어딘가 있는 유토피아인 펠젠부르크 섬[7]이나 세상에서 가장 행복한 섬 혹은 만족의 나라[8]라고 불리는 도달하기 훨씬 더 어려운 섬을 배경으로 일어난다. 학자들과 경박한 사람들, 전문가와 문외한, 젊은이와 여인들과 늙은이들을 막론하고 모두 동일한 갈증에 사로잡혀 있다. 바르샤바에서 '귀족 대학'은 그 가족들에게 자기 대학의 학업이 우수함을 보여 주려고 1757년에 이 생애에서의 인간의 행복을 주제로 다루는 열 명의 애송이 연사들을 공개적으로 키워 냈다. 파리의 살롱에서는 사랑의 지도가 행복의 지도로 대체되고 있었다. 연극 무대에서는 3막 산문으로 된 철학적 연극 「행복한 사람」을 볼 수 있었다. 비밀결사체 중에는 행복 기사단이 있었고, 그 회합에서는 다음과 같은 노래를 불렀다.

행복의 섬은
공상이 아니라네
향락이 지배하는 곳

7 (역주) 요한 고트프리트 슈나벨Johann Gottfried Schnabel은 1731년에 『펠젠부르크 섬Die Insel Felsenburg』 1권을, 1732년에는 2권을 발표하여 독일에서 커다란 성공을 거두었다.

8 (역주) 지놀트 폰 슈츠P. B. Sinold von Schütz가 1728년 발표한 소설의 제목

사랑의 어머니가 지배하는 곳

형제들이여, 달려가세,

키테라⁹의 물결을 가로지르세

그러면 우리는 그곳을 발견할 것이네.

　동시대인들의 풍속을 그리면서 퓌지외 부인¹⁰은 이렇게 쓰고 있다. "행복은 큰 공과 같다. 그것이 굴러갈 때면 우리는 그것을 쫓아가고, 그것이 멈추면, 그것을 발로 민다. 지치면 발길을 멈추고 공이 그저 굴러가게 내버려 둔다……." 몽테스키외의 말을 믿는다면, 사람들은 결코 지치지 않았다. "자신이 전혀 행복한 적이 없었다고 평생 생각해 왔고, 아마도 그것을 증명한 모페르튀 씨¹¹는 방금 행복에 대한 소책자를 출판했다."

　시대는 몇몇 고정관념에 사로잡혀 있었고, 그 관념들을 다시 다루는 것에 전혀 싫증을 내지 않았다. 충분하게 증명하고 설득했다는 것을 확신하지 못하는 듯 동일한 문구와 동일한 전개를 선호했다. 우리는 여기서 그 시대의 태도들 중 하나, 그리고 그 시대의 열정들 중 하나에서 그 시대를 보고 있음을 말해야겠다. 사실 전쟁은 끊이지 않았다. 스페인 왕위 계승 전쟁, 오스트리아 왕위 계승 전쟁, 7년 전쟁, 근동 지역의 전쟁, 신세계까지 이어진 전쟁 등. 때때로 페스트나 기근으로 인해 몇몇 지방이 황폐화되었다. 여느 때와

---

9 (역주) 사랑의 여신 아프로디테의 신전이 있어 사랑의 쾌락을 상징하는 그리스의 섬

10 (역주) Madeleine de Puisieux(1720~1798): 프랑스의 작가이자 모럴리스트

11 (역주) Pierre-Louis Moreau de Maupertuis(1698~1759): 프랑스의 수학자이자 물리학자

마찬가지로 사람들은 사방에서 고통을 받고 있었다. 그러나 유럽 지성계는 유럽이 가능한 가장 좋은 세계 속에서 살고 있다고 믿고 싶어 했다. 그들은 낙관론에 의지했다.[12]

그것은 영원한 환상이 영원히 이어지는 역사이다…….

— 그렇지 않다. 이러한 요구는 그들에게 하찮은 것으로 보이기 때문에 이러한 요구를 감히 드러내지 못하는 절망하는 시대들, 고통스러워하는 시대들도 있다. 영(靈)과 육(肉)에 심각하게 상처를 받아서 더 나은 내일이 있다고 감히 믿을 엄두를 못 내며, 자신이 세계의 비참함 전부를 내면에 안고 있다는 사실을 알고 있는 시대들이 있다. 우리의 치유 불가능한 비참함을 확인하고 그들의 믿음을 피안에 두며 피안으로부터 심판을 기다리는 신앙의 시대들도 있다. 이 시대들은 영원에 내기를 건다.

18세기의 합리주의자들이 생각했던 것과 같은 행복은 그 고유의 특징들을 갖고 있었다. 오늘 당장 누릴 수 있는 즉각적 행복이 중요했다. 성급한 이들에게 내일은 이미 너무 늦은 것처럼 보였다. 내일은 기껏해야 보충적인 것을 가져올 수 있을 뿐이다. 내일은 이미 시작한 과업을 계속할 수 있을 것이다. 그러나 내일이 변화하라는 신호를 보낼 수는 없을 것이다. 행복은 주어지는 것이라기보다는 정복해야 할 것이었다. 즉 그것은 의지적인 행복이다. 그 구성 성분에 어떠한 비극적 요소도 들어가서는 안 되는 행복이다. 인류는 안심하기를! 혼돈과 불확실과 불안은 그치기를! 안심하라. 여러분은 숲으로 둘러싸인 아름다운 초원 속에 있다. 은빛 개울이 에덴동산과

---

12 라이프니츠와 포프의 낙관주의에 대해서는 이 책 제3부, 3장 「자연과 선, 낙관주의」 참조

도 같은 초원을 가로지르고 있는데, 여러분은 그것을 보기를 거부한다. 감미로운 향기가 꽃으로부터 퍼져 나온다. 그러나 여러분은 그것을 느끼기를 거부한다. 찬란한 백합꽃, 감미로운 과일이 여러분에게 주어지지만 여러분은 그것을 거부한다. 장미 나무로 가까이 갈 때, 그 가시에 찔려 스스로를 다치게 한다. 잔디밭을 가로지르면, 도망가는 뱀을 쫓아 뛰어가게 된다. 그리고 나서 여러분은 한숨을 쉬고, 탄식을 하며 우주가 여러분에 대해 공모하고 있다고 생각하며 차라리 태어나지 않았더라면 좋았을 뻔했다고 말한다. 여러분은 단지 정신 나간 사람에 지나지 않으며 불행을 자초하고 있다.[13] 아니면 여러분은 유령을, 끔찍한 여신을 즐겨 떠올린다. 그녀는 검은색 옷을 입고 있고 피부에는 수천 개의 주름이 잡혀 있다. 얼굴빛은 창백하며 눈동자는 공포에 질려 있다. 그녀의 손에는 채찍과 전갈이 들려 있다. 여러분은 그녀의 목소리를 듣는다. 그녀는 기만적인 세계의 매혹으로부터 등을 돌리라고 조언한다. 기쁨은 인류의 몫이 아니며 고통받고 저주받기 위해 태어났으며, 하늘 아래 있는 모든 피조물은 고통받고 있다고 말한다. 그러면 여러분은 죽음을 청한다. 하지만 '두려움'과 '근심'을 시녀로 거느린 '불안'의 딸인 '미신'이 이렇게 말하고 있다는 것을 알지 못하는가? '신의 섭리'가 대지를 고통의 거주지로 만들었다고 하기에 그것은 너무나 아름답다. 조물주가 여러분을 위해 준비한 혜택들을 누리기 거부하는 것은 무지와 사악함을 증명하는 것이다.[14]

　다름 아닌 바로 하느님 안에 융합되는 것을 지향했던 신비주의

13　우츠I. P. Uz, 「언제나 행복해지는 기술에 대한 시론Versuch über die Kunst stets fröhlich zu sein」, 『서정시 Lyrische Gedichte』, 1749.

14　새뮤얼 존슨, 《한담하는 사람 The Rambler》, 44호, 1750년 8월 18일.

자들의 행복, 하느님 아버지와 함께한다는 생각으로 자신 안에서 어린아이의 영혼보다 더욱 단순하고 신뢰할 수 있는 영혼을 느꼈던 페늘롱[15]과 같은 이들의 행복, 교회에 의해 인도되고 교리에 의해 통제되는 것을 느끼는 부드러움과 언젠가 거룩한 지고의 존재 오른편에 있게 될 선택받은 자들 중에 들어갈 수 있을 것이라는 확신에서 오는 보쉬에[16] 같은 사람들의 행복, 율법에 순종할 것을 받아들이고 영원한 보상을 바랐던 의인들의 행복, 자신들이 바치는 기도에 빠진 순박한 사람들의 행복 그리고 기타의 사람들이 느끼는 종교적 지복과는 공통점이 전혀 없다……

과거 스승들의 뒤를 이었던 이들은 천국의 기쁨이나 하늘나라를 미리 맛보는 것에 대해 더 이상 신경을 쓰지 않았다. 그들이 원하던 것은 오로지 지상의 행복이었다.

그들의 행복은 절대를 열망하지 않고 가능한 것에 만족하는 방법이었다. 모든 것을 잃을까 두려워 모든 것을 얻는 것은 제외하는 평범한 중간의 행복. 매일매일 찾을 수 있는 혜택을 평안히 소유하는 인간의 행복이었다. 그것은 또한 계산된 행복이었다. 불행과 행복을 계산하면, 결국 승리하는 것은 행복이다. 심지어 그들은 수학적 작업까지 시행했다. 삶의 이득의 총계와 피할 수 없는 고통의 총계를 내어 전자에서 후자를 빼면 이익이 결국 남게 되는 것을 보게 될 것이다. 플러스 점수를 그 강도로 곱한 총계와 다른 한편 마이너스 점수를 그 강도로 곱한 총계를 비교하여 저녁 때 34점의 즐거움과 24점의 고통의 결과를 얻는다면, 만족스러운 삶을 살고 있는 것

---

15 (역주) François de Salignac de la Mothe Fénelon(1651~1715): 프랑스의 신학자이자 대주교

16 (역주) Jacques-Bénigne Bossuet(1627~1704): 프랑스의 종교인으로 설교가로 유명하다.

으로 자처해야 할 것이다.[17]

그것은 조립된 행복이었다. 거울 속에서 스스로를 비쳐 보는 대로 『페르시아인의 편지』의 저자 몽테스키외를 보자. 그 당시의 모든 사람처럼 그가 기획했던 '행복에 대한 시론'보다는 자신의 사적인 수첩들에 기록한 단상들을 이용해 보자. 그가 그토록 완벽하게 성공한 삶의 방향을 어떻게 이끌어 나가는지 살펴보자. 실증적 자료로부터 출발하리라고 몽테스키외는 공공연하게 말한다. "나는 '천사'의 조건을 열망하지 않으며 그것을 얻지 못한다고 불평하지도 않으리라. 나는 상대적인 것에 만족할 것이다. 이러한 원칙이 일단 결정적으로 받아들여진다면, 나는 기질이 이 문제에서 큰 역할을 한다는 것을 확인한다. 그리고 이 점에서 나는 어느 한 방향으로 쏠리지 않는다." "건강을 보존하기 위한 수단으로 사혈 등을 하는 사람들이 있다. 내 경우, 과식했을 때는 식단을 조절하고, 밤을 새웠을 때는 잠을 자고, 슬픔, 기쁨, 노동이나 한가함 등으로 곤란함을 갖지 않도록 하는 것 외에는 다른 방법이 없다." 그의 영혼은 모든 것에 애착을 느낀다. 그는 동터 오는 새벽과 저물어 가는 밤을 동일한 기쁨으로 맞는 사람들에 속한다. 그가 전원에서 지내는 것을 더 좋아한다고 해서 파리를 싫어하는 것은 아니다. 오직 나무들만이 보이는 그의 고향에서나 해변의 모래알만큼이나 많은 사람들로 붐

---

17 울러스턴William Hyde Wollaston, 『자연종교 개설Religion of Nature delineated』, 1722; 프랑스어 번역, 「행복에 대하여De la félicité」, 『자연종교 개설Ébauche de la religion naturelle』, 2장, 헤이그, 1756, p. 110의 각주. "작가는 즐거움과 고통의 정도를 숫자로 비교하는데, 우리는 이러한 비교의 관념을 어쩔 수 없이 제시해야만 한다. 왜냐하면 독자는 이를 통해 작가가 끊임없이 산술을 인용하는 이 장에 나오는 너무나 추상적인 명제들에 더욱 쉽게 접근할 수 있기 때문이다" 등등.

비는 대도시에서 똑같이 쾌적함을 느낀다. 게다가 이러한 삶에 필요한 안락함을 수입이 변변치 못한 사람들이 그러하듯이 능란하게 활용할 수 있어야 할 것이다. 엽전들이 쌓여 마침내 찰랑거리는 은화들이 되듯이 사소한 즐거움들의 짧은 순간들이 모여서 마침내 만족할 만한 행복을 만들어 내는 것이다. 우리의 고통에 대해서 신음하지 말도록 하자. 오히려 그 고통들이 우리를 기쁨으로 이끈다고 생각하기로 하자. 수도자에게 단식을 시키면 그는 새롭게 채소에 대한 맛을 알게 되지 않을 수 없을 것이다. 또한 적절한 고통에는 어떤 매혹이 없지 않으며, 격렬한 고난은 우리에게 상처를 줄 때 우리의 관심을 사로잡는다는 사실을 생각하자. 우리를 위하는 것이 우리를 반대하는 것보다 얼마나 더 나은지 이해할 수 있는, 그런 정신 상태를 가져 보자. 삶에 적응하기로 하자. 삶이 우리에게 적응하는 것은 아니지 않은가? 우리는 우리 자신이 사는 만큼 지속되는 도박에 뛰어들었다. 능란한 도박꾼은 나쁜 패가 나올 때는 쉬고 좋은 패가 돌아올 때 자기 카드를 활용해 게임을 승리로 마무리 짓는 반면, 서투른 도박꾼은 항상 잃게 마련이다.

무미건조한 행복이다. 그러나 당시 너무나 많은 심리서적들이 그것과 비슷했다. 순수한 지복과 초인적인 환희를 대체하기 위해서 사람들은 여러 가지 다양한 성분들을 만들었다. 사람들은 기쁨을 복권시켜 그 안에 집어넣었다. 왜 그토록 오랫동안 기쁨에 반대했던가? 왜 그것을 추방했던가? 그것은 우리의 본성의 일부가 아니었던가? 쾌락, 삶의 매혹……. 오직 광신주의자들만이 그들의 기쁨을 절제와 육체적 고통, 금욕에서 찾을 수 있을 것이다. 즐거움은 우리를 신으로 만들고 금욕은 우리를 악마로 만든다.[18]

---

18 「프리드리히 2세가 볼테르에게」, 레무스베르크, 1737년 9월 27일.

왜 나 또한 내 육체를 비탄과 고뇌로 소진시켜야 하는가?

왜 살아 있으면서도 삶의 기쁨을 빼앗겨야 하는가?[19]

죽음, 죽음 그 자체는 통상 죽음에 부여된 끔찍한 모습을 버려야한다. 너무 진지한 죽음들은 그에 따르는 꾸민 모습 때문에 경멸할만하다. 진정으로 위대한 사람들은 농담을 하면서 죽을 수 있었던이들이다.[20]

이러한 혼합물 속에 사람들은 건강을 편입시켰다. 더 이상 병을잘 이용해 신앙심을 키워 달라고 기도하는 것이 아니라 병이 오지않도록 예방하는 것이다. 정직하기만 하면 가능한 한 더 많은 부를갖기를 원했다. 문명의 온갖 물질적 혜택들을 구했다. 사람들은 아직까지는 안락한 상태에 이르지 못하고 있었지만 편리성에 더 많은가치를 부여하기 시작했다.

평범한 처방들 중에 다르장 후작[21]의 처방이 있다. "진정한 행복은 다음의 세 가지로 이루어진다. 첫째, 전혀 범죄를 저지르지 않아스스로를 책망할 일이 없어야 한다. 둘째, 하늘이 우리에게 부여한상태, 우리가 머물러야만 하는 상태에서 행복할 줄 알아야 한다. 셋째로 완벽한 건강을 누려야 한다." 샤틀레 후작부인[22]의 처방은 다

---

19 하게도른Hagedorn, 「청춘Die Jugend」, 1730.

20 델랑드André-François Boureau Deslandes, 『농담을 하면서 죽은 위인들에 대한 성찰Réflexions sur les grands hommes qui sont morts en plaisantant』, 1712.

21 (역주) Marquis d'Argens(1703~1771): 프랑스의 작가로 회의론적 사상을퍼뜨리는 데 기여했다.

22 (역주) Marquise du Châtelet(1706~1749): 프랑스의 과학자이자 철학자이며 볼테르의 연인으로 유명하다.

음과 같다. "행복하기 위해서는 편견을 버리고 덕을 갖추어야 하며 취향과 정열을 갖고 또한 환상을 품을 줄 알아야 한다. 왜냐하면 우리가 느끼는 기쁨의 대부분은 환상의 덕분이기 때문이다. 환상을 잃어버린 자는 불행하다…… 이 세상에서 할 수 있는 것은 쾌적한 감각과 느낌을 얻는 것 밖에는 없다는 것을 아는 것으로 시작해야 한다." 우주적 질서는 피조물들이 행복하기를 원한다. 그렇지 않다면 무엇 때문에 피조물들이 생명을 받았겠는가? 이러한 우주적 질서를 신봉해야 한다는 생각은 종종 어떤 이들에게는 더욱 애매하게 나타났지만, 그들의 선배들의 태도와는 매우 다르게 근원적 원인을 찾던 사상가들에게서는 더욱 분명하게 확정된 것으로 나타난다.

수많은 세계들이 자신들에게 정해진 한계 속에서 빛을 발한다. 수없이 많은 별들이 자기 궤도 속에서 움직이고 있는 하늘의 영기 가득한 공간 속에서 모든 것은 질서에 종속되어 있다.

존재하는 모든 것이 생겨난 것은 질서를 위해서이다. 그것은 부드러운 미풍과 폭풍을 모두 지배한다. 그 질서의 사슬은 곤충부터 사람까지 모든 존재들을 연결시킨다.

우리의 제1법칙은 모든 피조물의 행복이다. 나의 생존의 유일한 목적인 만물의 행복을 나의 잘못된 행동으로 방해하지 않는다면 나는 행복할 것이다.[23]

---

23 우츠, 「행복Die Glückseligkeit」, 『서정시』 1749; 후버Huber 번역, 「우츠 씨의 오드, 행복Ode de M. Uz, La Félicité」, 『독일 시선Choix de poésies allemandes』, 2권, 1766.

이처럼 새로운 사상의 조류가 공개적으로 표명되고 있었다.

우선, 절대를 더 이상 갈망하지 않게 되었다. 게다가 사람들은 이러한 포기가 평안한 것이기를 원했다. 삶이란 잔이 더 이상 담즙처럼 쓴 고난으로 차 있지 않고 그 고난 자체도 쓰지 않다고 사람들은 믿는 척했다. 아니 거의 믿었다. 사람들은 "세계의 도덕 체계를 이상적 완성(사실 우리가 도달할 수 없는 것, 즉 이상적 완성은 이해하기도 불가능하다)의 바로 밑에 있는 거점에 위치시켰다. 어쨌든 이 거점은 우리에게 행복하고 평안하며, 적어도 견딜 수 있는 상태를 만들어 주기에 충분한 단계이다."[24]

그 결과로, 사람들은 하늘을 지상으로 데려왔다. 하늘과 땅 사이에 더 이상 질적 차이가 있을 수 없었다. 다른 삶이 있을 수 있다고 가정한다면, 그 행복한 삶을 불행으로 값을 치르고서 얻어야만 한다고 어떻게 믿을 수 있는가? 세계의 창조자와 주관자가 이승과 다음 생에서 동일한 목표에 이르기 위한 수단들을 서로 반대되는 것으로 만들어 놓기를 원했을까? 행복해지기 위해 먼저 고통으로 시작하기를 원했을까? 하느님은 우리가 살아 있을 동안에는 행복을 박탈하고 죽은 후에 행복을 주려는 장난을 치실 리 없다. 만약에 미래가 있다면 현재와 미래가 본질적으로 다르지 않았다. 우리가 자연적으로 얻을 수 있는 최대한의 행복을 얻기 위해 수행해야 하는 행위는, 만약에 영원한 행복이 있다면, 그 영원한 행복으로 우리를 인도할 바로 그런 행위였다. 단절이나 모순은 없다. 우리 존재는 계속 우리 존재일 것이다. 피안에 천국이 있다면 우리의 육적 존재

---

[24] 볼링브로크Bolingbroke, 『애국심에 대한 서한 *A Letter on the Spirit of Patriotism*』, 1737.

는 불멸성 속에서도 그와 비슷한 모습일 것이다.[25]

철학은 실천을 통해 인도되어야 했다. 철학은 행복의 방법들을 탐색하는 것 이외의 것이 되어서는 안 되었다. "자연의 빛(la lumière naturelle)이라고 부르는 것보다 훨씬 더 보편적이고, 모든 사람들에게 훨씬 더 일률적이고, 가장 어리석은 이에게나 가장 현명한 이에게도 똑같이 존재하는 자연의 원리가 있다. 그것은 행복해지고자 하는 욕망이다. 우리가 준수해야 할 행동의 규칙을 이끌어 내고, 믿어야 할 진리를 확인해야 하는 것이 이 원리를 통해서라고 말하는 것은 모순된 일일까?…… 하느님의 본질, 내 자신의 본질, 세계의 기원과 목적 등에 대해서 알고 싶을 때, 내 이성은 헷갈리고 모든 종파들은 나를 똑같은 어둠 속으로 인도한다. 이러한 동일한 어둠 속에서 이 깊은 밤 속에서 내가 갖고 있는 행복해지고자 하는 욕망을 채울 수 있는 유일한 체계를 만난다면, 나는 이 체계가 진리라고 인정해야 하지 않을까? 나를 행복으로 인도하는 체계라면 나를 속일 수 없는 체계라고 믿어야 하지 않을 것인가?"[26]

마침내 행복은 하나의 권리가 되었다. 권리 개념이 의무의 개념을 대체했다. 행복이 모든 지적 존재의 목표, 모든 행위가 귀결되는 중심이 되었기에, 그것이 첫 번째 가치가 되었기에, '나는 행복하고 싶다'라는 주장이 모든 법률과 모든 종교 체계에 선행하는 법령의 제1조항이기에, 더 이상 우리가 행복을 누릴 자격이 있는지 물어보지 않고 우리의 권리인 행복을 얻었는지 물었다. 즉 '내가 행복한가?'란 그 다른 질문이 '내가 올바른가?'라는 질문을 대신한 것이다.

이와 달리 생각하는 사람들은 시대에 뒤떨어진 자들이다. 스토

---

25 모페르튀, 『도덕 철학 시론 *Essai de philosophie morale*』, 1749.
26 모페르튀, 위의 책.

아철학자였던 젊은 보브나르그[27]는 플루타르코스를 읽으면서 눈물을 흘리며 열광했고, 자신의 내면에서 덕 그 자체를 위해 덕을 쌓고 영웅주의의 아름다움을 위해 영웅주의를 고양하려고 노력했다. 그런데 그의 친구이자 사촌인 격정적인 미라보[28]가 보기에는 그가 틀렸다. 우리의 유일한 목적이 되어야 할 행복을 달성하기 위해 확정된 계획을 짜야 할 때 보브나르그는 길을 잃고 헤매고 있는 것으로 보였기 때문이다. 18세기 여인의 눈에는 클레브 공작부인[29]이 잘못이었다. 왜냐하면 그녀는 느무르 공작으로부터 사랑받고 그를 사랑하면서도 자신의 행복을 거부하고, 그녀의 의사와는 관계없이 억지로라도 그녀를 행복하게 만들고 싶어 하는 남자를 피해 사막으로 들어가 은거하기 때문이다. 역사는 잘못 이해되어 왔다. 왜냐하면 어떤 민족이 더 종교적이고, 더 절제하며 더 전투적이었는지를 규명하려고 하는 학자들은 옳지 않기 때문이다. 그들이 했어야 할 일은 누가 가장 행복했는지를 찾아내는 것이다. 이집트인들은 행복하지 않았다. 높은 수준의 문명에도 불구하고 그리스인들도 행복하지 않았다. 제국의 무력에도 불구하고 로마인들도 행복하지 않았다. 기독교에 복종한 유럽도 행복하지 않았다. 이 오래된 불운을 고칠 수 있는 약을 가져오기 위해 또 현재에 유용하기 위해, 역사학자들은 다음의 두 개의 질문을 자신에게 물어야만 했다. 1년에 며칠이나 그리고 하루에 몇 시간이나 불편을 느끼지도 않고 불행해지지

---

27 (역주) Luc de Clapiers de Vauvenargues(1715~1747): 18세기 전반의 모럴리스트로 인간의 정념을 찬양했다.

28 (역주) Victor Riqueti, marquis de Mirabeau(1715~1789): 프랑스의 중농주의 보급에 공헌한 케네의 제자

29 (역주) 라파예트 부인Madame de La Fayette의 소설 『클레브 공작부인La Princesse de Clèves』(1678)의 동명 주인공

않으면서 일할 수 있는가? 삶을 유지하고 여유롭게 사는 데 필요한 것을 얻기 위해 1년에 며칠이나 그리고 하루에 몇 시간이나 일해야 하는가? 사실, "모든 조건 속에는 모든 존재를 가능한 한 최선의 상태로 인도하는 저항할 수 없는 매력이 존재한다. 모든 입법자들에게 신탁의 구실을 할 이러한 물질적 계시를 탐색해야 하는 곳은 바로 여기이다." 샤틀뤼 후작[30]이 1772년 「공공의 행복에 대해서, 또는 역사의 다양한 시기에서의 인간들의 운명에 대한 고찰」이란 논설에서 표명한 위의 문장은 매우 의미심장하며, 미래에 이 의미는 더욱 발전하게 될 것이다.

18세기의 선구자였던 루이 14세 시대의 몇몇 사람들을 제외하고는 모든 사람이 틀렸다. 그 결과 신랄한 비판, 계속되는 질책, 지켜지지 않은 약속과 배신에 대한 불평들이 생겨났다. 그리고 그로부터 행복에 대한 호소가 나왔으며, 인간 이성과 계몽을 통해 매우 가까운 장래에 일종의 수리가 있을 것이라는 생각이 일어났다.

---

30 (역주) François Jean de Beauvoir, marquis de Chastellux(1734~1788): 프랑스의 군인이자 문인

제3장

이성, 계몽

신자들에게 이성은 무덤의 문을 지나서 하느님을 마주 보는 날을 기다리는 동안 죽음을 피할 수 없는 피조물들에게 부여된 신성한 불티이고 진리의 조각이었다. 그러나 새로운 세대에게 그것은 이미 지나가 구식이 된 시대의 환상에 불과하게 될 것이다.

행복을 정의할 때처럼, 유럽 사상은 여기에서 우선 겸손한 자세를 취하지만 곧 오만한 자세가 그 뒤를 잇게 된다. 유럽 사상의 최초 법령은 내적으로 희생을 예고한다. 유럽 사상은 자신의 이해력이 미칠 수 없는 곳에 위치한 실체와 본질을 파악할 능력이 없음을 고백한다. 그리고 사람들은 차례로 등장했다 소멸해 간 체계들, 매번 결정적인 것처럼 보였지만 매번 허망한 것으로 판명되는 설명들을 아주 오랫동안 축적해 왔다고 선언한다. 건널 수 없는 장벽들을 넘으려고 애쓰는 것은 광인의 놀음이자 위험한 놀이이다. 너는 여기까지 왔으나 더 이상 앞으로 나아가지 못할 것이다.[1] 너의 힘이 제한하는 그 경계에 멈추어라. 어느 누구도 그것을 넘어서지 못했으며

---

1 (역주)『불가타 성경』,「욥기」, 38:11.

앞으로도 그럴 것이다. 이러한 조건하에서만 너는 네가 정복한 것의 안정성을 확보할 수 있을 것이다. 이성은 권좌에 오르면서 자신이 결코 확고하게 지배할 수 없는 지방들이 있다는 것을 알고 그 지방들을 무시하기로 결심한 왕과도 같다. 바로 그렇게 함으로써만 자신이 관리하는 지방들은 더 잘 지배할 수 있게 될 것이다. 영원한 최대 적수인 회의주의는 지나친 야망으로부터 비롯되었다. 오만한 회의주의는 환멸을 느낀 후 그 뒤에 폐허만을 남겨 놓을 뿐이다. 지혜로운 절제의 덕분으로 회의주의는 극복될 것이다.

이처럼 제한된 이성은 무엇인가? 우선, 사람들은 이성에서 모든 생득적 성격을 부정한다. 이성은 우리의 영혼이 형성되는 것과 동시에 형성되며 영혼과 함께 완성된다. 이성은 의미의 소여에 작용하면서 우리에게 추상적 개념을 부여해 주는 내적 활동과 혼동되고, 여러 기능들로 분화된다. 그다음으로 우리는 곧 이성의 연역 기능으로 넘어간다. 추론한다는 것은 지식에 아무것도 추가하지 않는 부연일 뿐이다. 왜냐하면 연역은 최초의 소여 속에 지식이 있고 모든 다른 지식들은 그로부터 흘러나온다고 전제하기 때문이다. 그러나 사람들은 특히 이성의 판별적 가치를 강조한다. 진리란 개념들에 대해서 우리가 단정하는 적합성과 부적합성의 관계이다. 대부분의 경우, 우리는 이 관계를 알아차리지 못한다. 왜냐하면 우리에게는 매개념이 없기 때문이다. 멀리 떨어진 두 개의 건물이 있다고 하자. 정확하게 그 둘이 얼마나 닮고 얼마나 다른지를 구별하는 것은 불가능하다. 하지만 그 두 건물에 길이 측정기나 먹줄을 적용하면 그것을 알게 되리라. 눈으로는 우리가 인식할 수 없는 이 두 건물의 관계를 세울 수 있기 때문이다. 이러한 것이 이성의 역할이다. 애매하고 의심스러운 것을 앞에 두고 이성은 작업에 착수하여 판단하고 비교하며 공통의 척도를 사용하여 발견하고 판결을 내린다. 이성의 기능만큼 고등한 기능은 없다. 왜냐하면 이성은 진리를 밝히고, 오류를 고발하는 임무를 맡고 있기 때문이다. 모든 과학과 철학은 이성에 의지한다.

사람들은 이성의 본질에 대해 왈가왈부하는 것은 쓸데없는 일이고, 반대로 이 훌륭한 일꾼이 하는 일을 관찰하고 그 방법과 성취를 알아보는 것이 가장 유익한 일이라고 생각했다. 이성은 감각들이 기록하는 사실을 관찰한다. 이성은 처음에는 뒤얽혀 보이는 덩어리로서 제시되는 사실들을 그 혼돈으로부터 추출하며, 그것들을 해석하지 않고 어떤 가정도 제시하지 않으며, 그 사실들을 순수한 상태에서 포착하고 있는 그대로 간직하려고 한다. 분석이야말로 이성이 가장 선호하는 방법이다. 공허한 언어적 유희에 만족하고 자기도 모르게 시간을 허비하는 과거의 사람들처럼 선험적 원리로부터 출발하는 대신에, 이성은 현실에 매달린다. 분석을 통해 현실의 요소들을 구별하고 인내심을 갖고 그 요소들을 수집한다. 이것이 이성의 최초의 작업이다. 두 번째 작업은 그 요소들을 비교하고 그 요소들을 연결하는 관계들을 발견하며 그로부터 법칙들을 이끌어 내는 것이다.

이는 길고도 지난한 작업이다. 어쨌든 이성은 이성을 벗어나는 사실들에 외적인 힘을 가해 더 가까이에서 관찰하기 위해 사실들을 반복해 재현시킬 수 있고 그 관계의 정확성을 검증할 수 있는데, 이는 형이상학자들은 모르지만 이성은 높게 평가하는 실험이라는 방법 덕분이다. 이성은 어둠을 걷어 낸 사실을 포착하고 그것을 검증하고 사실로 다시 돌아오는 일련의 활동을 신중하게 진행한다. 중간 결과와 최종 결과 사이에서 실험은 오류에 대한 일종의 보증과 보장, 우리 감각의 약점과 우리의 게으름에서 생겨나는 소홀함, 우리 상상력의 일탈, 이전 세대들이 겪었던 정신병에 대한 치료제로서 자리 잡는다. 또한 실험은 거짓의 신전을 붕괴시킬 유용한 힘이 될 것이다. 디드로[2]의 소설인『경솔한 보석들 *Les Bijoux indiscrets*』의 주인공인 망고귈은 철학적 관심과는 전혀 상관없는 오락에 아무리 빠져 있다고 할지라도 여전히 이성에 열광한다. 이 때문에 디드로는 그에게 상징적 꿈을 꾸게 하는데, 그 꿈속에서 실험에 대한 그의 열정이 넘쳐나고 실험은 수호신의 영역으로 격상된다. 망고귈은 그리스 신화에 나오는 말의 몸에 독수리 머리와 날개를 가진 괴물이 자신을 태우고 이상한 건물 속으로 데리고 가는 꿈을 꾼다. 그 건물에는 전혀 기초가 없다. 흔들리는 기둥들이 아득히 높이 세워져 있고 구멍 뚫린 궁륭에 의지하고 있다. 입구에 모여 있는 사람들은 퉁퉁 부어 있거나, 호리호리하고, 근육도 없고 무력해 보이며 거의 모두가 기형이다. 군중을 가로질러 그는 연단에 당도하는데, 거미줄이 둥근 천장 대신 그 위에 펼쳐져 있고 거기에서 흰 수염 노인이 빨대로 비눗방울을 불고 있는 중이다. 사실 그것이 교조주의적 정신들이 작업하는 방식이다. 그런데 멀리서 한 아이가 점점 다가오는 것이 보인다. 그의 사지는 한 걸음을 뗄 때마다 점점 굵어지고 늘어난다. 그는 그 성장의 과정에서 수많은 형태를 취한다. 그는 하늘로 긴 망원경을 조준하고, 추를 이용해 물체의 추락을 조사하고, 수은 튜브로 공기의 무게를 확인한다. 그는 거인이 된다. 그의 머리는 하늘에 닿고 발은 심연 속에 잠겨 사라지고 팔은 남극과 북극으로 각각 뻗어 나간다. 그는 오른손으로 횃불을 휘두르는데 그 빛이 수심을 비추고 지구의 심부까지 파고들어 간다. 그는 다름 아닌 '실험'이다. '실험'은 낡은 건물로 다가선다. 그 기둥들은 흔들리고 궁

---

2 (역주) Denis Diderot(1713~1784): 프랑스의 백과전서파를 대표하는 계몽주의 철학자이자 작가

룡은 함몰되며 바닥은 갈라진다. 그 파편들이 무서운 소리를 내며 무너지고 어둠 속으로 떨어진다.

이성은 그 자체로 충분하다. 이성을 소유하고 편견 없이 이용하는 사람은 결코 속지 않는다. 진정한 이성은 속지 않고 결코 속이지도 않는다. 이성은 확실하게 진리의 길을 따라간다. 이성은 권위를 필요로 하지 않는다. 오히려 이성은 권위와 정확히 반대이며 권위는 오류의 주범이었을 뿐이다. 이성은 고대인과 근대인의 전통도 필요로 하지 않는다. 모든 착오는 모든 상황에서 합리적 검토를 하지 않고 맹목적으로 믿었던 것으로부터 비롯되었다. 디드로가 상상했던 가설들의 주랑과 아마 같은 지역에 피에트로 베리[3]가 상상했던 '무지의 사원'이 있다.[4] 무지(無知)가 한 낡은 성에 살고 있다. 성은 고딕 양식의 건축물이며, 정문에는 하품하는 거대한 입이 새겨져 있다. 우유부단한 사람들, 수다를 떠는 사람들, 여신의 이름도 자신들이 거주하는 장소도 알지 못하는 멍청한 사람들로 이루어진 군중이 광대한 건물을 가득 채운다. 벽은 소름 끼치는 그림들, 난파와 내전, 죽음과 불임(不姙)의 그림들로 덮여 있다. 높은 연단에서 야윈 노파 하나가 매 순간 과장된 어조로 반복해서 말한다. "젊은이들이여, 젊은이들이여, 내 말을 들어 보오. 자신을 믿지 마십시오. 여러분이 내면에서 느끼는 것은 환상일 뿐이에요. 고대인들을 믿어요. 그리고 그들이 행한 모든 것이 잘되었다고 믿으세요." 동시에 늙어 빠진 한 노인이 소란을 피우며 외친다. "젊은이들이여, 젊은이들이여, 이성은 하나의 공상에 불과해요. 진실과 허위를 구별하고

---

3 (역주) Pietro Verri(1728~1797): 이탈리아의 철학자이자 경제학자이며 역사가

4 피에트로 베리, 「무지의 사원」, 《일 카페 *Il Caffè*》, 1764년 6월 10일.

싶다면 대중의 견해를 쫓아가세요. 젊은이들이여, 젊은이들이여, 이성은 공상이에요." 동일한 스타일의 그림들이 우리에게 실험과 무지를 보여 주는데, 실험은 체계들을 파괴하고 무지는 과거에 대한 믿음, 오래된 교훈들에 대한 동의, 자유로운 판단에 반대하는 편견들에 대한 순종 등을 권유한다.

한 개인이 자신의 지적 작용의 가치에 대한 확신을 가질 필요가 있을 때 그는 일종의 인식표를 소유하는데, 그것은 바로 이성의 보편적 성격이다. 사실 이성은 모든 사람에게 동일하다. 이성은 어떤 예외도 포함하지 않는다. 먼 나라들에서 인류의 다양한 행동들 중 결코 이해될 수 없는 상반되는 점들을 발견했다고 주장하는 여행가들은 사실은 피상적 차이나 무시해도 좋을 정도의 예외들만을 본 것일 뿐이거나 아니면 관찰을 잘하지 못했거나 거짓말을 한 것이다. 과거에 항상 존재하지 않았던 것과 현재 어디에나 존재하지 않는 것은 비합리적인 것이다. 진리의 기준은 공간과 시간에서의 확장성이다. 합리주의자들은 그들의 개인적인 적대자인 광신자들에 대해 불쾌해할 이유들이 많은데, 그중 가장 중요한 이유들 중 하나는 이 광신자들이 감정과 감동과 같은 매우 개인적인 것을 믿었다는 것이다. 그래서 그들의 생각과 행동은 혼란에 이르렀다. 세계에서 가장 문명화된 시민들로부터 미시간 호수의 인디언 휴론족까지, 야만인 바로 전 단계에 있는 비참한 호텐토트족까지, 북에서 남까지, 동에서 서까지 자연은 이성의 목소리를 통하여 스스로를 표현한다.

이성의 탁월함은 그의 유효성에서 정점을 이룬다. 이성은 과학과 기술을 완성하고 이렇게 해서 우리가 더욱 편안해지고 안락해지기 때문이다. 이성은 감각 그 자체보다 더욱 확실하게 우리가 느끼는 즐거움의 특질이 정확히 무엇인지 알게 해 주고 그럼으로써 어떤 즐거움을 포기하고 택해야 할지 알려 준다. 불행이란 지식의 결여이거나 잘못된 판단일 뿐이다. 이성은 지식의 결여를 치유하고 잘못된 판단을 교정해 준다. 과거가 항상 약속만 하면서 주지는 않았던 것을 이성은 성취할 것이며, 그로 인해 우리는 행복해질 것이다. 이성은 구원을 가져다줄 것이다. "철학자에게 이성이란 성 아우구스투스에게서 은총과 같은 가치일 것이다"라고 뒤마르세는 말한다. 이성은 빛이기에 이 세상에 와서 모든 사람들을 밝혀 줄 것이다.

빛(la lumière), 더욱 정확히 말하면 빛들(les lumières). 하나의 광선이 아니라 대지를 아직도 뒤덮고 있는 거대한 어둠 위로 투사되는 빛의 다발이기에 단수로서의 빛이 아니라 복수로서의 빛은 우리가 앞으로 보게 될 몇몇 낱말과 함께 이 시대가 반복해서 언급하기를 즐겼던 마술과 같은 낱말이었다. 현자들이 불붙였던 그 빛들이 현자들의 눈에 얼마나 감미로웠던가! 얼마나 아름답고 강렬했는지! 미신을 믿는 사람들, 교활하고 사악한 사람들은 그 빛들을 얼마나 두려워했는지! 마침내 빛들은 찬란히 반짝이고 있었다. 빛들은 이성의 장엄한 법칙으로 발산되었다. 빛들은 거인처럼 성큼성큼 걸어나가는 철학을 동반하고 뒤따라갔다. 그 세기의 아이들은 빛을 받고 있었다. 이 달콤한 은유는 무한히 연장되었다. 그들은 횃불이었다. 또 그 빛이 그들의 사유와 행동의 흐름을 인도하는 등잔, 동터 오는 새벽, 햇살, 항구적이고 균일하며 지속적인 태양이었다. 그들 이전에 인류는 길을 잃고 헤매었다. 왜냐하면 그때는 어둠에 잠겨 있었고, 암흑과 무지의 안개 그리고 올바른 길을 감추고 있는 구름 가운데 살아야 했으며 눈이 가리개로 가려져 있었기 때문이다. 아버지들은 장님이었지만 아들들은 빛의 아이들이 될 것이다.

이 빛의 이미지가 세상만큼이나 오래된 것이란 사실, 아담의 아들들이 밤을 두려워하다가 동이 트는 것을 보고 마음을 놓았을 때 그 이미지가 태어났을 것이라는 점이 그들에게는 별로 중요하지 않았다. 심지어 그것이 신학적인 것이라는 사실도 중요하지 않았다. "나는 세상의 빛이니 나를 따르는 자는 어둠에 걷지 않으리라." 그들은 자신들이 그것을 발견하기라도 한 것처럼 그것을 가로채 자신의 것으로 삼았다. 빛, 혹은 빛들. 이것이 그들이 자신들의 깃발에 새긴 경구였다. 왜냐하면 처음으로 한 시대가 스스로 빛을 자신의 이름으로 선택했기 때문이다. 빛의 세기가 시작되었고, '계몽(Aufklärung)'의 시대가 시작되고 있었다.

시간이 흘러 과거의 의식을 검토하기에 좋겠다고 판단했을 때 칸트는 질문한다. **계몽이란 무엇인가?** 그가 대답하기를 그것은 인간에게서 성장의 위기, 유년기로부터 탈출하고자 하는 의지라고 했다. 지난 세기에 인간이 후견하에 머물러 있었다면, 그것은 그의 실수로 인해서였다. 그는 이성을 사용할 용기를 갖고 있지 않았다. 그는 항상 외부의 명령을 필요로 했었다. 그러나 그는 다시 중심을 잡았고 스스로의 힘으로 생각하기 시작했다. **알 용기를 가져라(Sapere aude)**. 게으름과 비겁함으로 인해 수많은 사람들이 일생 동안 미성년으로 머무르게 되고 이로 인해 소수의 다른 사람들이 용이하게 지배할 수 있게 된다. 나를 위해 어떤 의견을 제시하는 책, 내 도덕률을 위해 내 양심을 지도하는 사람, 내 식이요법을 전담하는 의사가 있다면, 내가 개인적으로 노력할 필요가 없다. 내 이웃이 나를 대신해서 곰곰이 생각해야 할 불쾌한 일을 맡아 줄 것이다. 대다수의 사람들이 성년에 도달하는 것을 두려워하도록 하는 것이야말로 자신들이 다스리는 가축 무리를 우선 바보로 만드는 것부터 시작하던 관리자들이 신경 쓰는 부분이다. 그들은 이어서 영원한 아이들에게 홀로 걷고자 한다면 어떤 위험이 도사리고 있는지를 보여 준다. 그 결과 개인들은 이 제2의 천성으로부터 탈출하는 것이 어려운 나머지 그 천성을 사랑하기에 이른다. 하지만 계몽 철학에 접근하는 대중이 생겨나는 것은 불가능하지도 않고 심지어 피할 수 없는 현상이기도 하다. 왜냐하면 강력한 영혼의 소유자들이 이러한 제약에서 벗어나 본보기를 보여 주기 때문이다. 그 본보기의 덕목은 천천히 작용할 수밖에 없다. 사람들은 혁명을 통해 전제주의를 무너뜨리고 억압을 종식시킬 때라도, 지속적인 어떤 것에도 도달하지 못하고 심지어는 새로운 편견들을 만들어 내곤 한다. 반대로 일종의 진화를 통해 심원한 개혁이 실행되기도 한다. 자유라는 이름으로 지칭하는 것 중에서 가장 건전한 형태의 자유, 자신의 이성을 공적으로 사용할 수 있는 자유, 그 자유가 이러한 개혁의 핵심이다. 그러나 여기에 항의의 외침 소리들이 높아진다. 장교는 자신의 사병들에게 말한다. "생각하지 말고 그저 훈련하라." 징세청부업자는 말한다. "생각하지 말고 그냥 지불하라." 사제는 말한다. "생각하지 말고 믿으라!" 사실은 어떤 한계가 필요하며, 그것은 계몽에 해를 끼치기보다는 오히려 유리하다. 생각하고 말하는 자유는 교양인과 학자에게 한계가 없지만 사회에서 하나의 기능을 수행하면서 토론의 여지없이 그것을 실행해야만 하는 사람들에게는 제한되어 있다. 군복무 중 상관의 명령을 받는 한 장교가 그 명령의 적절성에 대해 추론하기 시작한다면, 또 사제가 사도신경을 가르치면서 그 내용의 결점을 예비신자들에게 증명하기 시작한다면, 그것은 극히 위험한 일일 것이다. 요컨대 사회 기제의 유기적 기능은 급격한 변화 없이 지속되어야 한다. 그러나 동시에, 그 사회 기제를 지휘하는 사람들의 정신 속에서 어떤 변화가 일어나야 한다. 그것은 그들을 생각하는 존재로 임명하는 변화이고, 점진적으로 후견 상태를 자유 상태로 대체하는 변화이다. 두 개의 차원이 존재하는데, 행동의 차원은 잠정적으로 변화되지 않은 상태로 남아 있고, 이성의 차원에서는 결국 행위를 지배할 진화가 준비되고 있다. 왜냐하면 사상의 작업은 결코 멈추지 말아야 하는 의무를 갖기 때문이다.

해방의 장이 열렸다. 우리는 아직 도착하지 않았지만, 결코 멈추지 않을 것이다. 그리고 우리는 성공의 길에 서 있다.[5] 그것이 계몽이 그렇게 보이고 싶어 했던 것과 같은 그 가장 고귀하고 이상적인 형태의 계몽이었다.

사상사에서 계몽이 지배력을 확립하는 데 여러 가지 요인들이 기여했는데, 벨의 영향과 비코[6]의 실패 그리고 볼프[7]의 성공과 로크[8]의 승리 등이 그것이다.

벨은 끊임없이 행동했다. 그를 논박하는 것은 그에게 적선하는 일이었다. 그가 세상을 떠나고 50년, 75년이 지나서도 사람들은 그를 여전히 처음처럼 악착같이 공격했다. 그만큼 그는 지속적으로 회의론자들의 선두에 나타났다. 사실 그가 쓴 『역사 비평 사전』은 도서관의 상석에 있었다. 그것은 계속 출판되었고 번역되었다. 판을 거듭할수록 내용이 추가되든 발췌본이나 요약본으로 축소되든, 언제나 그것은 권위를 비평으로 대체하고자 할 때 사람들이 모든 무기를 꺼내 오는 무기고 구실을 했다. 다소간 직접적인 관계를 맺고 있는 제자들은 종교인들에게는 불구대천의 원수인 벨의 중심 사

---

5 칸트, 「'계몽이란 무엇인가'라는 질문에 대한 답변Beantwortung der Frage: Was ist Aufklärung?」, 1784.

6 (역주) Giambattista Vico(1668~1744): 이탈리아의 철학자로 예술을 지식보다 우위에 놓았다는 점에서 낭만주의에 들어와 비로소 조명을 받기 시작했다.

7 (역주) Christian Wolff(1679~1754): 독일의 철학자, 법학자이며 수학자

8 (역주) John Locke(1632~1704): 영국의 철학자이자 정치사상가

상을 활용했다. 즉 그것은 종교와 진리는 양립 불가능하며, 종교와 도덕은 서로 관련이 없다는 생각이다. 그 제자들은 기독교인들이 신앙이 없는 사람들보다 더 훌륭하다고 볼 수 없다고, 무신론자들의 공화국이 가톨릭이나 개신교인들의 공화국보다 더욱 덕성스럽고 더욱 공평무사할 수 있다고 계속 떠들어 댔다. 벨이 애용하는 방법들 중 끊임없이 사용되는 방법이 하나 있었는데, 그것은 어떠한 어려움이 이성에 의해 해결될 수 없기에 곤란에서 벗어나기 위해서는 믿음에 의탁해야만 하며 그렇기 때문에 신앙은 불합리함을 해결해 주는 원군이라는 것이다. "성경에 혼돈이 존재한다고 쓰여 있고 무질서가 성경에 의해 채용되면, 우리는 아마 그것을 믿을 것이며 어쩌면 더할 나위 없이 열렬히 믿을 것이다. 우리는 여기에서 단지 우리 이성의 기만적인 빛에 따라서 말하고 있을 뿐이다……."[9] 학생인 볼테르는 더 버릇이 없지만 우리는 그의 스승인 벨의 가르침을 분명히 알아본다. 종종 그리고 결국 이 영향력은 세분화된다. 그러나 그것이 혜성이든 스피노자[10]든 역사든 혹은 성경이든 벨은 사람들의 기억 속에 존재하고 사람들을 인도한다.

여기에서 우리의 어조를 조금 누그러뜨려야 한다면, 이 숭배가 어떤 순간에 덜 열렬한 것이 되었다고만 말할 수 있겠다. 1700년경에는 극도로 대담해 보였던 것이 1750년경이 되어서는 상대적으로 평범해 보였다. 이제 시간이 흐름에 따라 그 격렬함이 누그러진 전범을 예전보다 덜 필요로 하게 된다. 철학 사전의 다윗 항목 이후로, 그 외의 많은 다윗 항목들이 등장해 사람들은 그 충격에 익숙해

---

9 볼테르, 『무지한 철학자, 모든 것이 영원한가? *Le Philosophe ignorant. Tout est-il éternel ?*』

10 (역주) Baruch Spinoza(1632~1677): 네덜란드의 철학자

졌다. 추종자들은 처음에는 당연히 의심하는 자세를 취하고 조심성을 보여야겠지만 그 이후에는 긍정적 행동이 이어져야 한다고 생각한다. 탁월한 회의론자들이 용납하지 않았던 그 긍정적 태도 말이다. 『역사 비평 사전』에서 『백과전서 *Encyclopédie*』로, 오류의 모음에서 인간 지식의 목록으로, 하나의 진화가 명확히 나타나고 피에르 벨의 시대는 극복된다.

이탈리아가 잠바티스타 비코의 말에 귀를 기울였다면, 르네상스 때처럼 이탈리아가 유럽의 안내자가 되었다면, 우리의 지적 운명이 달라지지 않았을까? 그렇다면 18세기의 선배들은 명료하다고 해서 모든 것이 진리라고 믿지는 않았을 것이다. 반대로 "명료함이 인간 이성의 덕이 아니라 악"이라는 것을 깨달았을 것이다. 왜냐하면 명료한 개념은 완결된 개념이기 때문이다. 또한 인간의 최초 기능은 이성이 아니라 상상력이라는 것을 믿게 되었을 것이다. 상상력 다음에 온 이성은 우리의 영혼을 메마르게 했을 뿐이어서 그들은 아마 실낙원을 그리워하게 되었을 것이다. 그랬다면 대지의 표면을 밝혀야 한다고 생각하지 않고 반대로 사물에 대한 설명은 시간의 깊은 곳에서, 즉 역사로부터 온다는 것을 알았을 것이다. 그랬다면 우리가 더 나은 미래를 향해 곧장 나아가는 것이 아니라 반대로 모든 민족들이 야만에서 벗어나 문명으로, 그리고 다시 문명에서 벗어나 야만으로 돌아가는 영고성쇠의 체계에 종속되어 있다는 사실을 알았을 것이다. 그들의 모든 사유와 세계관이 전도되었을 것이다.

이 사상의 영웅, 독창적 천재, 일시적 패배 속에서도 세기의 흐름에 다른 물길을 내길 원했던 이 사람을 찬양해야 한다. 그로 하여금 학교에 가지 못하게 했던 병 덕분에, 그리고 더 이상 성찰은 하지 않고 앵무새처럼 반복하는 선생들의 부족함을 단번에 알아챈 그의 자존심 덕분에, 그는 아직도 수많은 신봉자들을 거느리고 있던 스콜라학파의 영향을 받지 않았다. 그 자신의 힘 덕분에 그는 유행하는 이론들, 예를 들면 데카르트 이론의 영향을 받지 않았다. 비코에 따르면 데카르트는 사람들에게 알지 않아도 된다고 하면서, 또 사람들이 명료한 인식을 신뢰하기만 하면 알려는 노력과 인내를 무시해도 된다고 가르치면서 정신을 둔하게 만들었다. 명료한 인식이란 가장 짧은 시간에 최소한의 노력으로 모든 것을 알고자 하는 우리 본성의 게으름을 장려한 바 있기 때문이다. 비코는 당시의 새로움을 대표하던, 런던에서 막 도착한 로크의 영향을 받지 않았다. 게다가 그의 기질은 노예제도의 억압, 힘센 자들의 권력, 가난, 그리고 그의 직업적 활동의 실패에 굴하지 않았다. 어려움 속에서 그는 계속 공부하고 연구하며 매우 다양한 학문의 연구에 몰두하여 마침내 자신의 연구가 충분하다고 판단했을 때 책을 출판했다. 이 책은 다름 아니라 국가들의 본질, 사람들의 권리, 진실로 인류의 진화를 주관하는 법칙에 대한 새로운 학문의 원리를 제시하려고 했던 『모든 민족의 공통된 본성에 관계된 신학문의 원칙 *Principi d'una Scienza Nuova intorno alla natura delle nazioni, per li quali si ritrovano altri principi del diritto delle genti*』이다. 이때가 1725년이었다. 이 책으로부터 각 민족, 그리고 모든 민족들이 역사를 살면서 무의식적으로 창조하는 역사, 또한 역사를 인류의 생성으로 인식하면서 의식적으로 창조하는 역사가 바로 인식의 주체와 객체라는 위대한 개념이 도출되었다. 그에게 역사는 살아내고 있는 현실이었다. 또한 역사는 우리가 우리 뒤에 남겨 놓는 모든 증언들이었다. 이 증언들은 추억이기에 앞서 삶의 양상이다. 역사는 동굴의 최초의 돌들로부터 문명의 가장 세련된 산물들, 즉 일찍이 말해지거나 쓰였던 모든 언어들, 일찍이 세워졌던 모든 기관들, 모든 습관과 풍습들, 모든 법률들까지를 포함한 기념물들 모두이다. 비코가 건드리는 것은 모두 금으로 변했다. 언어는 낱말들의 추상적 과학이 아니라 우리의 이전 심리적 상태를 어떻게 반영하고 있는지 탐색하면서 읽어야 할 일련의 비문(碑文)이다. 시는 더 이상 기교의 결과, 노력 끝에 극복된 어려움, 이성의 원칙에 부합할수록 더욱 완벽해지는 성공이 아니라, 우리의 자발적이고 순진한 영혼이며 시간이 흘러감에 따라 점점 타락해 가고 있는 원초적 가치이다. 『일리아스』와 『오디세이아』는 그 시대의 거칠음에서 비롯된 몰취향과 특이한 아름다움으로 가득한 그리고 눈먼 음유시인에 의해 솜씨 좋게 쓰인 서사시가 아니라, 지속되는 시간의 한순간에 포착되어 우리에게까지 도달한, 우리가 말했던 목소리들 중의 하나, 우리의 존재 형태들 중의 하나이다. 새로운 과학은 더 이상 기하학이나 물리학이 아니라 그 총체가 인류와 삶을 구성하는 기호들의 해석이었다.

잠바티스타 비코는 학자들, 나폴리의 동향인들, 그리고 네덜란드의 잡지를 통해 유럽에 작가들을 알리고 그들에게 명성을 부여했던 장 르클레르Jean Leclerc와 같은 이들을 상대로 글을 썼지만 소득이 없었다. 우선 그의 조국 이탈리아도 그랬듯이, 유럽은 그의 말에 귀를 기울이지 않았다. 하지만 그는 라틴어에서 원주민의 문명의 자취를 보여 주면서 이탈리아가 갖고 있는 작위들 중 하나를 추가했다. 그의 『이탈리아인들의 가장 오래된 지혜에 관하여 De antiquissima Italorum sapientia』에서 지혜는 다시 자기 자신이 되기에 걸맞는 민족 이외에는 누구에게도 빚진 것이 없는 지혜이다. 훨씬 시간이 지나고 나서야 사람들은 이러한 호소에 귀를 열고 이를 수용하게 된다. 그 당시에는 이 글에 대한 반향이 없었다. 이 개혁자는 제자도 없고 추종자도 없었다. 그의 사상은 영향력을 발휘하지 못했고 그의 민족조차 그를 받아들이지 않았다.

크리스티안 볼프는 매우 박학한 교수였다. 그의 초상화, 즉 그의 엄숙한 가발과 목을 가리고 있는 두꺼운 넥타이, 너무 많이 읽고 써서 튀어나온 눈, 학자의 자신감으로 가득한 용모를 보기만 해도 그가 어떤 사람인지 짐작할 수 있다. 그는 1704년 할레 대학에서 가르쳤는데, 수학으로 시작해서 그런지 항상 기하학의 흔적을 가지게 된다. 그리고 나서 직업적인 철학자가 되었다. 1712년에 그는 자신의 첫 위대한 저서인 『인간 오성의 힘과 지혜의 인식에서의 오성의 올바른 사용에 대한 합리적 사유 Vernünftige Gedanken von den Kräften des menschlichen Verstandes, und seinen richtigen Gebrauche in Erkenntnis der Wahrheit』를 발표했다. 그때부터 그는 계속 강의했고 그의 강의안을 출판했다. 1703년부터 1753년까지 67권을 출판했는데, 그중의 몇몇 저서는 여러 권으로 이루어져 있었고 많은 책들은 4절판이었다. 매년 그의 빛나는 명성 속에서 그의 강단 주위로 많은 추종자들이 모여들었다. 그는 독일에서 사상의 대가가 된 것이다.

그는 라이프니츠[11]의 학생이 되고 싶어 했다. 그러나 조건이 있었는데, 그것은 사람들이 학생이라는 말을 협의의 의미로 받아들이지 않으며, 또 그를 더 위대한 사람의 이론을 단순히 전파하는 사람으로 간주하지 않으며, 그가 그 유산을 변화시키고 수정하며 개선해서 단순한 수탁자 이상이 되었다는 사실을 제대로 인정해 주어야 한다는 것이었다. 라이프니츠-볼프의 철학. 둘이서 나눠 가지지만 가장 아름다운 부분은 그의 몫이다. 라이프니츠는 그에게 출발점을

---

11 (역주) Gottfried Wilhelm Leibniz(1646~1716): 독일 계몽주의의 선구자로 신에 의한 예정 조화로 세계의 통일성이 이루어지며 따라서 세계는 가능한 한 최선의 질서를 갖춘 세계라는 낙관론을 피력했다.

제공해 주었고, 거기서부터 그는 더욱 높이 비상하며 날아올랐던 것이다.

신정론의 저자가 펼친 웅장한 타협적 사상으로부터, 그는 곧 체계적 사상을 만들었다. 그리고 그 체계적 사상을 정언적인 단언들, 거의 교조주의로 이끌었다. 그에게 철학은 가능성, 모든 가능성의 학문이었다. 그때부터 그는 모든 가능태를 잘 폐쇄된 격실들 속으로 편입시켜 어떤 것도 넘쳐나거나 새어 나가지 않도록 했다. 그는 균열이 없는 정의들 속에 그 가능태들을 감금했다. 그의 번역자이자 숭배자인 포르마이[12]는 이렇게 해석한다. "학문은 그것이 견고하게 연결된 진리들의 결합으로부터 연유하고 어떠한 오류도 섞이지 않을 때만 학문이라고 불리거나 불릴 수 있다. 볼프 씨는 사람들이 그때 구축하기보다는 그저 축적해 오던 철학적 인식들의 난삽한 무더기를 실재적이고 진정한 학문으로 변화시키는 데만 푹 빠져 오롯이 그의 일생을 바쳤다." 오, 그가 거울로 여겼던 아름다운 직선의 바둑판 무늬여. 존재자는 그 칸 속에 맵시 좋게 갇혀 있었다.

철학

Ⅰ. 이론적인 것은 다음과 같이 분류된다.

  1. 논리학

  2. 형이상학. 그 부분들은 다음과 같다.

    a. 존재론

    b. 일반 우주론

---

12 (역주) Johann Heinrich Samuel Formey(1711~1797): 독일의 목사이자 문인

c. 심리학

　A. 경험 심리학

　B. 추론 심리학

d. 자연 신학

3. 물리학은 다음과 같다.

a. 실험 물리학

b. 교의적 물리학. 여기서 그 원인들이 다음과 같이 간주
된다.

　A. 작용인

　B. 목적인

Ⅱ. 실천적인 것은 다음과 같이 분류된다.

1. 보편 실천 철학

2. 윤리학 혹은 도덕론

3. 경제학 등

4. 정치학[13]

크리스티안 볼프가 참의 기준을 제공하려고 했을 때, 이러한 형식적 엄격함에 대한 집착이 다시 나타났다. 자체 내에 모순을 포함하고 있지 않은 모든 것은 참이다. 명료함이 진리의 표징이며 애매함은 오류의 표징이다. 사물의 이해는 그 개념에 혼돈이나 어둠이

---

13 포르마이, 「볼프 씨의 삶과 작품들에 대한 간략한 보고서 Mémoire abrégé sur la vie et les ouvrages de M. de Wolff」, 『볼프 씨가 라틴어로 쓴 위대한 작품에서 추출한 자연법과 국제법의 원리 Principes du droit de la nature et des gens, extrait du grand ouvrage latin de M. de Wolff』, 3권, 암스테르담, 1758, in-12, 1권, p. 156.

없다면 순수한 것이고, 어둠과 혼동을 포함하고 있다면 순수하지 못한 것이다. 그에게 중요한 것은 어떤 사실의 실재성이 아니라 사실에 대한 추론의 적용, 추론이 엄밀한 연결, 오류가 없는 전개이다. 그것은 존재와 그 존재를 나타내야 할 진술이 일치하는 것보다 일단 주어진 진술의 여러 부분들이 일치하는 것이다. 이렇게 말한 후 그는 그의 저술에 찬사를 보냈고 그것이 완전하다고 생각했다.

신, 세계 그리고 영혼에 대한 합리적 사유. 그리고 인간에 대한 합리적 사유. 사회에 대한 합리적 사유. 속인들에게는 독일어로, 학자들을 위해서는 라틴어로 표현된 합리적 사유와 합리적 철학을 갖고 그는 우선 그의 조국을, 이어서 이웃 나라들을 휩쓸었다. 그의 경력에 언짢은 사고가 있었다는 것은 사실이다. 1721년 7월 12일 할레에서 그는 오랜 시간 사용하여 위험성이 없어졌을 공자의 가르침이 내포한 숭고한 도덕이라는 주제를 다시 끄집어내어 중국인들의 도덕에 관해 연설했다. 그것은 공자의 가르침이 어떤 신적인 계시의 효과가 아니라 이성에 의한 완전히 인간적인 지혜, 합리적 지혜의 영향으로 사람들을 선에 이르게 한다는 내용이었다. 곧 경건주의 교수들, 그의 동료들, 그의 적수들은 파렴치하다고 외쳤다. 이 사건은 대학 사회를 동요시킨 후, 군주인 프리드리히 빌헬름 1세의 귀에까지 이르렀다. 전설에 따르면, 한 신하가 군대의 양성에만 몰두하여 군인-왕이라는 별명이 붙은 왕에게 그 볼프 씨가 예정 조화설을 가르치는데 이는 결정론으로 이르며 그렇게 되면 폐하의 군사들은 기계에 불과하여 탈영을 하더라도 그 기계들을 처벌하는 것은 잘못된 것이라는 지적을 했다고 한다. 이에 왕은 발끈하여 그를 추방하고 만일 그가 24시간이 지난 후에도 할레에 있다면 교수형에 처하라는 명령을 내렸다. 그러나 설욕할 기회가 왔다. 프리드리히 2세가 즉위하자, 왕은 그를 그가 있던 도시의 대학 강단으로 다시 불렀다. 거기에서 그는 영광을 반추하는 것밖에는 거의 할 일이 없었고, 1754년 숨을 거둘 때까지 그렇게 지냈다. 그는 엄청난 명성을 얻게 되었지만 그 명성은 곧 바람에 실려 사라졌다. 사람들은 그에게는 철학자란 이름이 너무 약하고 그는 현자라고 말했다. 여러 민족들 전부가 그를 존경했다. 프랑스인들은 최상의 명예인 학술원 회원으로 그를 임명했다. 사유와 철학을 독점하고 있다고 자부하는 영국인들은 그의 여러 저서들을 번역함으로써 그에게 확실한 찬양을 보냈다. 이탈리아인들은 일찍부터 그의 재능을 알아보았으며 로마에서나 이탈리아의 여러 학교들에서 그의 저서들을 처음으로 추천했다. 나폴리의 군주는 면허장을 통해 자기가 다스리는 주들의 대학들에 볼프의 시스템을 도입하기까지 했다. 북구의 국가들도 그에 대해 냉담하지 않았다. 러시아는 제정 학술회의 명예 교수직을 부여했고 인근의 왕국들도 볼프에게 극찬을 보냈다. 그러나 이러한 떠들썩한 환호성은 곧 잦아들었고 크리스티안 볼프는 이제 철학사 개론에서만 그 묘비명을 남기게 되었다. 그는 죽었는가? 아니면 자신의 감동을 정신에 전달할 줄 알았던 전인격으로 우리 사이에서 영원히 살고 있는 것이 아닌가?

그는 항상 실증 종교에 동조했다. 그는 스피노자, 로크, 벨을 논박했다. 그는 '영국인들의 역겨운 자유사상'이나 '프랑스인들이 퍼뜨리는 이신론, 유물론, 회의주의'를 논박했다. 죽음이 닥치기 약두 시간 전에, 이제 마지막 고통 속으로 들어갈 것을 예감하며, 그는 모자를 벗고 극도의 쇠약함 속에서도 모든 노력을 다해 손을 모으고 말했다. "이제, 나의 구주 예수님, 이 시간 동안 저를 강하게 하여 주시옵소서……." 기도하고 소망하는 기독교인의 태도였다. 하지만 그의 사유 밑바닥에서는 결코 기독교인이 아니었다. 그에게 도덕은 합리적인 것이었다. 신앙 역시 합리적 정신 작용으로, 그것은 기적을 믿을 정도로 나가지 않는다. 그에게 신은 결국 인간 이성의 산물에 지나지 않았다. 후대 사람들은 크리스티안 볼프를 이런 방향으로 해석하게 된다.

존 로크에 이르면 우리는 매우 놀라게 된다. 사실 첫눈에 그의 절대적 지배력은 경쟁자가 없고 어떤 반역도 허용하지 않는 것으로 보인다. 1690년 그가 집필한 『인간 오성론An Essay Concerning Human Understanding』은 사유의 새로운 방향을 제시했다. 칸트에 이르기까지 이 저술은 철학자들의 애독서였다. 『인간론, 나의 견해와 로크의 견해의 유사성』이란 저서에서 나온 엘베시우스의 말은 대다수에게 적용된다. 그를 따르는 무리들은 굉장히 많았고, 그를 읽지 않거나 애독하지 않거나 찬양하지 않는 사람은 손가락으로 꼽을 정도였다. 나는 자신이 살던 시대를 그처럼 풍미하면서 빚어 나간 사유의 조정자가 일찍이 있었는지 알지 못한다. 그는 학교와 대학 그리고 학자들의 모임, 아카데미를 벗어나 일반인들에게까지 다가갔다. 그는 지적 유행의 필요불가결한 장식품 중의 하나가 되었다. 포프는 다음과 같은 이야기를 전한다. 초상화를 부탁한 한 젊은 영국 여인이 화가에게 자신을 로크의 두꺼운 책을 손에 들고 있는 모습으로 그려 달라고 부탁했다. 골드스미스에 따르면, 프랑스의 젊은 멋쟁이들은 그들의 섬세하고 세련된 장식품으로 만족하지 않았다. 그들은 자신들의 정신 또한 로크에 의해 장식되기를 희망했다. 「가짜 아녜스」란 희곡에서 데투슈는 자신이 사랑하지 않는 구혼자를 물리치기 위하여 미친 여자 행세를 하는 처녀를 무대에 등장시킨다. 이 처녀는 로크의 『인간 오성론』에서 제시된 인식 이론을 설명하면서 완전히 정신이 멀쩡함을 보여 준다. 종종 주요 저서들이 아니라 거의 알려지지 않은 그의 저서들을 암시하거나 인용하거나 환기하는 것은 사람들이 마치 별 생각 없이 금화를 꺼내어 닦는 것을 즐기는 것처럼 로크를 자신들의 기억에서 언제나 끄집어낼 수 있을 정도로 소중히 여기고 있었음을 보여 준다.

모든 본질적 문제들, 적어도 신앙, 도덕, 정치, 교육 등의 문제들을 자발적으로 다루고 이 모든 중요한 주제들에 대해서 지워지지 않는 흔적을 남긴 저자들은 매우 드물다. 그런데 존 로크가 바로 그런 사람들에 속한다. 오늘날 사람들은 그가 문학 분야에서까지도 혁명적 업적을 이루었음을 발견한다. 그 이유는 단지 로크가 글쓰기의 기술이 규칙과 규범들을 적용하는 데 있지 않고 오히려 영혼의 내적 활동으로부터 유래함을 보여 줌으로써 오래된 수사학과 문법을 단번에 무너뜨렸을 뿐만 아니라, 인상과 감각 등에 그전까지 인정되지 않았던 자리를 부여했기 때문이다. 스턴[14]은 슈아르[15]에게 "저는 자연에 빚진 것은 하나도 없습니다"라고 말했고, 슈아르는 그 이상한 영국인이 자신을 놀리고 있는 것이 아닌지 의아하게 생각했다. "내가 쓴 모든 것은 오랫동안 공부한 몇몇 작품들 덕분인데, 그것은 구약과 신약 성경 그리고 어렸을 때부터 시작해 일생 동안 계속 읽은 로크입니다." 이러한 의미에서 로크는 자아에 강한 인상을 주는 현상들 앞에서 자아의 일관된 혹은 일관되지 않은 반응을 기록하는 문학, 즉 인상 문학 혹은 감각 문학의 원조가 된다.

이렇게 폭넓고 깊은 영향력은 어디로부터 오는 것일까? 도처에서 등장하는 이러한 숭배 행위는 어디로부터 나오는 것일까? 로크

---

14 (역주) Laurence Sterne(1713~1768): 『트리스트럼 샌디 *Tristram Shandy*』로 유명한 아일랜드 출신의 영국 소설가

15 (역주) Jean-Baptiste-Antoine Suard(1732~1817): 프랑스의 문학가이자 신문기자

는 존재의 문제 앞에서 그 세기가 취하고 싶어 했던 태도를 미리 보여 주었다. 알 수 없는 것에 대해 엄숙하게 포기하는 것, 그것은 로크로부터 나온다. 「모든 정부들은 제약을 받아야 한다」는 칙령도 그에게서 나온다. 우리에게 유용하지 않은 것은 우리에게 필요하지 않은 것이라는 생각도 그의 것이다. 즉 선원이 대양의 심연 속으로 잠수할 필요는 없다. 자신의 지도 위에 암초, 해류, 그리고 항구들을 표기하는 것으로 충분하다. 로크가 그 생각을 어디에서 취했든, 영혼 안에 선천적인 것은 아무것도 없으며, 우리의 추상적 관념 그리고 우리의 이성 자체도 영혼이 기록하는 감각들과 영혼이 감각들에 작용하는 작업의 결과라는 생각도 그의 것이다. 지식이란 우리 안에서 우리가 포착하는 소여들 간의 관계에 불과하며 진리란 이 관계의 일관성이라는 생각도 그의 것이다. 인간을 오직 인간으로 환원시킨 것도 로크이다. 로크는 경험주의의 원천이다.

횃불을 든 이들이 전진하고 있었고, 진리는 자신이 숨은 처소로부터 나오려고 하는 참이었다. 그들은 스스로를 자랑스럽게 진리의 친구들, 진리를 사랑하는 사람들이라고 불렀다. 그 앞면에 지혜의 상징 미네르바가 새겨진 메달 위에 그들은 ‘*Sapere aude*(알 용기를 가져라)’라는 경구를 새겨 넣었다. 그들은 ‘자유로운 시선과 명료함으로 가득 찬 정신’[16]을 갖고 행진하고 있었다.

거친 무지가 만들어 낸 것이
계몽의 세기의 밝은 빛 속에서 사라진다.[17]

---

[16] 빌란트, 『사물들의 본성 *Die Natur der Dinge*』, 1권, 77~78행.

[17] 샤바농 Michel Paul Guy de Chabanon, 『철학의 세기에 시의 운명에 관하여 *Sur le sort de la poésie en ce siècle philosophe*』, 1764.

제4장

기독교인들의 신에 대한 소송

하지만 그 자리는 차 있었다.

이 대담한 사람들은 1800년 전부터 그때까지 유럽의 문명과 혼동되어 왔던 삶의 개념이 자신들이 나가는 길 앞에 놓여 있는 것을 보았다. 기독교는 사람들이 태어날 때부터 그들에게 주어진 조건이었고, 사람들을 빚어 왔으며, 사람들을 가르쳤다. 그것은 생활의 중요한 행위들에 상벌을 가했고, 절기와 날과 시간을 규정했고 죽음의 순간을 해방으로 변화시켜 놓았다. 눈을 들 때마다 그들은 골고다 언덕에 세워졌던 것과 똑같은 십자가가 교회와 성당에 있는 것을 보았다. 종교는 아주 깊이 그들 영혼의 한 부분을 이루고 있어서 그들의 존재 자체와 혼동되었다. 종교는 나눔을 허용하지 않고 사람들의 마음을 전적으로 요구했다. 즉 나와 함께하지 않은 자는 나에게 반대하는 것이다.

기독교 신앙은 살아서 작동하고 있었다. 새로 온 사람들은 그 뿌리 깊은 힘에 부딪혔다. 기독교 신앙은 인생이란 천국으로 가는 일종의 여정, 준비, 시련의 길이라고 가르쳤다. 반면 새로 온 사람들은 현재에 그들의 모든 기회와 기쁨을 맡겼다. 기독교 신앙에 따르면 이성은 우리를 일정한 정도의 지식까지는 인도하지만 언제나 궁극적으로는 어떤 신비와 마주치게 되기 때문에, 우리가 할 수 있는 유일한 일은 바로 그때부터 우리를 도와주며 미래의 어느 날 우리의 눈과 하느님의 진리 사이에 놓여 있는 베일을 관통하게 해 주는 초월적 이성을 신뢰하는 길뿐이다. 그러나 이들은 온전히 인간의 이성을 신뢰하려고 했다. 기독교 신앙은 인류가 저주받았기 때문에 가장 고상한 사람들도 타락한 상태에 있으며 우리의 고상한 열망 속에도 죄에 대한 끔찍한 성향이 혼재해 있다고 말한다. 유일한 해결책은 우리 자유의 반대급부인 원죄를 인정하는 것이다. 자신이 하늘의 부르심에 응답할 자격이 있음을 보이면 그 죄로부터 씻김을 받을 수 있을 것이다. 그러나 이들은 이 저주와 최초의 흠결을 보지 못하고 있었다. 기독교 신앙은 권위와 전통을 내세운 반면 이들은 권위에서는 남용만을, 그리고 전통에서는 오류만을 보았다.

그리하여 전례 없던 갈등이 싹텄다. 나무를 보존하기 위하여 희생시킬 수 있는 가지들과 같은 이단들과 분파들의 막연한 협박이나 부분적 주장이 더 이상 문제가 아니었다. 적들은 이제 바로 뿌리를 공격하고 있었다. 고립된 반항이나 개인이나 종파에 국한된 저항, 신학자들 간의 논쟁이 문제가 아니었다. 완전한 정복에 대한 열망이 일깨워졌고 이 욕망은 충족되기를 원했다. 백주 대낮에 대중 앞에서 대중을 위해 충돌이 발생했다. 치열한 양 진영 간의 전투가 이 시대에 고통스러운 성격을 부여한다.

기독교와 계몽철학이 순수한 상태로 대립되었다는 말은 아니다. 그리스도의 옹호자들 중에는 바리새인들과 성전의 장사꾼들이 있었다. 상황이 그들의 이익을 위하여 조성되어 있으므로 그것을 변화시킬 필요가 전혀 없다고 확신하는 권력층과 부유층도 있었다. 논쟁의 한가운데로 들어가는 것보다 그저 유죄를 선고하고 벌을 주는 것이 더 편하다고 생각하는 완고하고 편협한 사람들의 집단도 있었다. 또 외적 의례를 준수하면 영혼의 구원을 얻는다고 믿고, 명백히 미신 같은 것을 건드리려고 하면 파렴치하다고 외치는 거짓 신앙인들의 무리도 있었는데, 이들은 이름만 기독교인으로 교양인이나 우상 숭배자들보다도 더 이교도적인 사람들, 자비가 없는 무리였다.

마찬가지로 반대 진영에도 종교적 심성이 완전히 결여되어 있어서 신을 찾는 사람들의 고뇌와 기도하며 위안을 구하는 이들의 불안을 전혀 이해하지 못하고 이해할 수도 없는 영혼의 소유자들이 있었다. 이들은 기독교인들이 마음 약한 사람들이거나 사기꾼들이라고 생각했다. 그들로서는 믿어야 할 필요를 전혀 느끼지 못하므로 종교를 희화화거나 왜곡시켰다. 그들에게 기독교는 일종의 음모인데, 너무나 투박한 음모여서 사제들과 왕들의 압박, 땅을 차지하기 위하여 결합한 이 양자의 압박 사이에서 기독교가 어떻게 태어나고 지속되었는지 상상하기 어려울 정도였다. 그들에게 기독교는 역사를 통해 거짓말과 범죄만을 만들어 냈을 뿐이며 자신들이 겪고 있는 모든 고통은 기독교가 사라지는 날 사라질 것이라고 생각했다. 그들은 교회가 용인했었거나 때로 참여했던 폐습들이 신앙의 본질이라고 생각했다. 그들의 말에 따르면, 신앙이란 무지한 자와 어리석은 자들에게나 어울리는 어처구니없는 맹신이었다. 분별력에 비추어 참으로 보이는 것을 믿는 것이 아니라 허위로 보이는 것을 믿는 일이었다. 이스라엘, 아브라함, 야곱의 하느님을 숭배하는 대신 그들은 '인간 본성에 대한 미신적 숭배'[1]를 채택했다. 정당성이

---

1 그림Grimm, 《문학통신Correspondance littéraire》, 3권, 1757년 12월, p. 449.

입증된 인간 본성.[2] 우리의 비참함이 우리 인간 조건에서 온 것이 아니라 우리의 비참함을 해석하여 고귀한 것으로 만들고자 하는 종교, 그리고 그리스도로부터 온 것처럼 생각했다.

혼란스럽고 종종 증오에까지 이르는 대립들, 서로 접점을 찾지 못하는 논쟁들, 변호를 불러일으키지 못하는 비판들, 비판에 대답하지 않는 변호들, 신랄함과 난폭함이 꼬리를 물었다. 또 토론이 군중 앞에서 벌어질 때 나타나는 특징인 일탈과 오류와 혼란이 끊이지 않았다. 이러한 와중에도 불구하고 여기서 제기된 문제는 유럽이 계속 기독교 안에 남을 것인가 그렇지 않을 것인가 하는 문제였다.

이러한 상황 속에서 전례 없는 소송이 열렸다. 즉 신에 대한 소송이었다. 사람들은 가톨릭 신자들의 하느님과 마찬가지로 개신교인들의 하느님도 문제를 삼았다. 그러나 개신교인들의 신이 이성에 더 가깝고 계몽사상에 더 우호적이라고 판단하여 그들의 신은 약간 정상참작이 되었다. 그러나 대체적으로 사람들은 제네바와 로마, 성 아우구스티누스와 칼뱅을 구별하려고 하지 않았다. 그 기원이 공통되며, 계시에 대한 믿음이 공통되었기 때문이다.

한 비평가는 ― 우리는 여기에 그의 말을 그대로 옮겨 놓는다 ― 그것은 마치 언제 생겨났는지 모르는 어떤 소문이 마침내 더 이상 흘려 넘기기에는 너무 끈질기게 지속되는 것과 같다고 말하는데, 그 소문은 밤새 은밀하게 떠나간 신이 알려진 세계의 경계를 막 넘어서서 인류를 포기하려 한다는 것이다. 그 당시에 신이 심판에 회부되었다는 사실을 기억하자. 식자층에서 이 사건은 그 시대의

---

2 토머스 첩Thomas Chubb, 『정당성이 입증된 인간 본성Human nature vindicated』, 런던, 1726.

유명한 소송이었고, 우리가 이해하기 어려울 정도로 사람들의 감정을 흥분시켰다. 작가들뿐만 아니라 독자들도 모두 자신들의 불멸의 영혼을 돌보아 줄 신이 있는 것인지, 혹은 신도 존재하지 않고 우리가 돌보아야 할 불멸의 영혼 따위도 없는 것인지 진지하게 알고 싶어 했다. 보통 사람들에게 문제는 다음과 같았다. 우리들은 자비로운 지성에 의해 통치되는 세계에 살고 있는 것인가, 아니면 맹목적인 힘에 의해 통치되는 세계에 살고 있는 것인가? 이 문제는 책, 강단, 살롱, 하인들이 나간 후 만찬장 등 도처에서 논의되던 문제였으며 사람들을 뜨겁게 달구어 놓던 문제였다. 오늘날 양자이론을 모르거나 소홀히 하는 철학자를 상상하기 어려운 것처럼 당시 이 문제를 모르거나 소홀히 하는 철학자는 상상할 수 없었다…….[3] 피고가 기독교인들의 신이라는 것을 명시한다는 조건하에서 이 생생한 묘사의 관찰은 정확하다.

사실 유럽에서 교류되던 편지들 속에서 이 소송이 언급되고 있었다. 신문, 서한시, 서정시, 찬가, 산문에 같이 쓰이던 가벼운 짧은 운문들까지 이에 대해서 떠들고 있었다. 왕궁에서도 마찬가지였다. 안스바흐의 캐롤라인[4]은 리치몬드의 은자의 처소(허미타주)를 울스턴,[5] 클라크,[6] 로크, 뉴턴의 흉상으로 장식하고 버틀러 주교[7]는

---

3 『18세기 철학자들의 천상의 도시 *The Heavenly City of the Eighteenth Century Philosophers*』, 칼 베커Carl L. Becker, 뉴헤이븐, 예일 대학 출판부, 1932.

4 (역주) Caroline von Brandenburg-Ansbach(1683~1737): 호헨촐러른 가문 출신으로 영국 조지 2세의 부인

5 (역주) Thomas Woolston(1669~1731): 영국의 이신론자로서 예수의 기적을 순수한 우화로 설명하는 저서들을 발간하여 1729년 법원에 소환되어 죽을 때까지 감옥에 갇혀 있었다.

6 (역주) Samuel Clarke(1675~1729): 영국의 신학자

매일 저녁 7시부터 9시까지 종교의 진리에 대해 발표하기 위해 이곳에 오곤 했다. 라인스베르크와 포츠담에서, 스타니스와프 아우구스트 왕[8]의 궁정에서, 상트페테르부르크에서 러시아의 예카테리나 여제 앞에서 토론이 벌어졌다. 탕생 부인[9]이나, 데팡 부인,[10] 마드무아젤 쥘리 드 레스피나스[11]가 이끌던 살롱과 대화에서 그것에 대한 소식이 전해졌다. 학술회의에서도 그것에 대한 암시가 있었다. 파리의 『백과전서』 사무실에서도 그 소송을 다시 시작했다. 베를린에서는, 부딪치는 술잔의 소리와 파이프 담배 연기 사이에서 판결을 알고 싶어 하는 동일한 관심으로 모인 동료들이 술집의 의자 위에서 이 소송에 대한 이야기를 나누고 있었다. 과학자들은 이 소송 서류에 끼워 넣을 어떤 새로운 증거를 자연에서 발견할 희망을 갖고 실험실에서 현미경을 들여다보고 있었고, 외국으로 떠나는 여행자들은 그곳에서 이 소송을 다루고 해결할 어떤 방식을 찾을까 알고 싶어 했다. 디드로는 친구 돌바크[12]의 별장에 있으면서, 실컷 먹고 마시며 웃고 농담하며 저속한 익살극에 몰두하고 있었다. 그러

---

7 (역주) Samuel Butler(1774~1839): 영국의 성직자이자 박학한 학자

8 (역주) Stanilaw August(1732~1798): 독립 폴란드의 마지막 왕

9 (역주) Madame de Tencin(1682~1749): 당대 유명 살롱의 운영자이자 소설가

10 (역주) Madame du Deffand(1697~1780): 프랑스의 서간문 작가이자 사교계의 살롱 운영자

11 (역주) Mademoiselle Julie de Lespinasse(1732~1776): 프랑스의 서간문 작가이자 사교계의 살롱 운영자로, 그녀의 살롱은 달랑베르를 중심으로 해서 백과전서파 철학자들의 아지트 역할을 했다.

12 (역주) Paul Henri Dietrich d'Holbach(1723~1789): 독일 출신으로 프랑스로 귀화한 프랑스의 계몽사상가이다. 살롱을 열어 유명한 철학가와 문학가를 초대했다.

나 이 소송에 관련되지 않은 모든 것은 그저 잊힐 한순간의 여흥에 지나지 않는 것처럼 의식하지 못하는 사이에 자기도 모르게 "별것 아닐 수 없는 이 문제들"로 다시 돌아왔다. "일반적인 감각 능력, 감각하는 존재의 형성, 그 존재의 통일성, 동물들의 기원, 그들의 생존 기간, 이와 관련된 모든 문제들은 별것 아닐 수 있는 문제들이 아니다. 지고의 지성을 부정하거나 인정하는 것은 별것 아닌 것이 아니다……."[13]

그리고 언제나처럼 소송을 제기한 측에서는 원한과 적개심이 있게 마련이다. 세기가 거듭될수록 책임감은 높아져 갔다. 더 이상 설명을 요구하기를 미룰 때가 아니었다. 기독교인들의 하느님은 항상 모든 권력을 가지고 있었고 그것을 잘못 사용해 왔다. 사람들은 그를 신뢰했지만 그는 사람들을 기만했다. 그의 권위 아래서 사람들은 오직 불행으로 끝나는 경험만을 했다. "종교가 없다면, 우리는 조금 더 쾌활할 텐데."[14] 왜 하느님의 나라는 이 세상에 속하지 않는 것일까 ? "종교가 사람들에게 세속적인 것에 대한 애착을 억제하기보다는 강화시켜 주면 좋겠다."[15]

> 어떤 압도적 승리, 어떤 어울리지 않는 승리를
> 그대는 초라하게 거두려고 노력하고 있는가?
> 계몽된 정신을 가진 그대가 믿을 수 있을 것인가?
> 구약과 신약의 공상적인 이야기를

---

13 디드로, 『달랑베르의 꿈 *Rêve de d'Alembert*』, 2권, 투르뇌 출판사, p. 135.

14 디드로, 『총사령관 부인과의 대화 *Entretien avec la Maréchale*』, 전집, 2권, 투르뇌 출판사, p. 514.

15 엘베시우스, 『인간론 *De l'homme*』, 1부, 8장.

이 미친 신비주의자들의 신성한 꿈들을.
게으른 광신자들, 어리석고 경건한 늑대인간들은
헛된 영광을 위하여 진정한 기쁨을 버린다.
기쁨이 모든 합리적 존재들의
목적이며 의무이자 대상이다…….

합리적이라고? 바로 이것 자체가 합리적이지 않다. 그것은 심지어 논리적이지도 않다. 우리의 논리와 이성의 규칙으로 판단한다면 신의 섭리가 내포하는 계획은 모순적이었다. 그것이 「우라니아에게 보내는 서한시」에서 자신의 회한을 요약하면서 볼테르가 말하는 바이다.

나는 이 신을 사랑하고 그에게서 아버지의 모습을 보고 싶다.
그러나 사람들은 우리가 증오해야 할 독재자를 보여 준다.
그는 자신과 유사한 인간들을 창조했다.
인간을 더욱 비참하게 만들기 위하여
그는 우리에게 비난받아 마땅할 마음을 주었다.
우리를 벌할 수 있는 권리를 갖기 위하여
그는 우리로 하여금 쾌락을 사랑하게 만들었다.
영원한 기적으로 인해 결코 끝나지 않을
끔찍한 고통으로 우리를 더욱 잘 괴롭히기 위해서
그는 자신을 닮은 인간을 창조했다.
갑자기 그가 인간을 만든 것을 후회하는 모습을 본다.
마치 직공이 자신의 작품의 결함을
미처 알지 못했었던 것처럼…….

아니면 이 모든 비난들을 하나로 요약한다면 다음과 같을 것이다. 신은 우리에게 수수께끼를 하나 냈다. 그 수수께끼를 설명할 수도 있었지만, 그것을 원치 않았다. 어느 날 라 콩다민[16]은 수수께끼를 하나 궁리해 내 자기 주위에 빙 둘러 모인 친구들에게 읽어 주었다. 그들이 즉시 답을 찾아냈기 때문에 그는 깜짝 놀랐다. 그런데 사실 그는 종이 뒷면에 큰 글자로 답을 써 놓았던 것이다. 아! 왜 신은 이렇게 하지 않았을까? "신이 이처럼 경솔하지만 선량한 라 콩다민처럼 우리를 다루었다면, 5~6천 년 전부터 머리를 감싸고 고민하지 않아도 되었을 것을…… 그 답을 찾기 위하여 다른 세상에 속한 수성에 사람들을 보내는 것은 그들을 조롱하는 것과 같다."[17]

분위기는 바로 이랬다. 이 전투 역사의 큰 윤곽을 다시 그려 보기 전에 깊은 원한을 품고 있던 이 시대를 대표하는 영혼들을 살펴보기로 하자. 한 명의 이탈리아인, 한 명의 프랑스인, 한 명의 독일인이 그들이다.

교회의 권력 침해에 대한 세속 권력의 방어는 새로운 것이 아니었다. 그것은 사실 오랜 논쟁의 목적이기도 했다. 그 논쟁은 다음과 같은 양상을 띠게 되었다.

피에트로 잔노네[18]는 1676년 5월 7일 풀리아에서 태어났다. 그는 스콜라철학을 공부했고, 그후 법학을 배우기 위하여 나폴리로 갔다. 로마법, 교회법, 봉건법, 역사, 교회사, 철학 등 가상디주의자에서 데카르트주의자가 된 그는 모든 것을 배웠다. 그는 심술궂

---

16 (역주) Charles Marie de La Condamine(1701~1774): 프랑스의 탐험가이자 과학자이며 백과전서파

17 그림, 《문학통신》, 7권, 1770년 9월, p. 119.

18 (역주) Pietro Giannone(1676~1748): 이탈리아의 역사가

지 않았다. 성격이 강직했고 정직했으며 정의에 대한 신뢰를 갖고 있었다. 하지만 까탈스러웠다. 까다롭고 논쟁을 좋아했다. 고집이 셌고, 고정관념에 사로잡혀 있었는데 그는 이것에 자신의 삶을 바치려 하고 있었다. 성직자들은 항상 정부의 대권(大權)을 찬탈하고 싶어 했다. 그들의 주장은 결코 적법하지 않았다. 잔노네는 이러한 사실을 나폴리, 이탈리아, 그리고 유럽에 보여 주려 하고 있었다. 그래서 그는 『나폴리 왕국의 세속사 *Istoria civile del regno di Napoli*』를 매우 급하게 열정적으로 집필했고, 책은 1723년 나왔다.

그러나 이것은 완전히 역사서에 속하지는 않는다. 왜냐하면 작가는 그 자료들의 정확성에 그리 면밀히 신경을 쓰지 않았고, 논증에 열중한 나머지 쉽게 다른 이의 재물을 취했기 때문이다. 그것은 예술 작품이 아니라 파성추와 투석기였다. 잔노네를 제대로 이해하고 싶다면 그에게서 모험이나 전투 이야기, 풍경화, 고고학적 성찰을 기대해서는 안 된다. 그의 의도는 순전히 세속적인 것이었다. 필요한 만큼 과거로 거슬러 올라가고, 또한 당대까지 밀고 나가면서, 여러 다양한 우여곡절들을 통해서 전개되긴 했지만 결국 단 하나의 투쟁이 있었을 뿐이라는 사실을 증명하려고 했다. 그것은 베드로의 계승자들과 카이사르의 계승자들 간의 투쟁이었다. 인간의 약점을 이용하고, 심약한 영혼들을 유혹하며, 병자들과 죽어 가는 자들의 침상에서 피안의 공포를 만지작거릴 준비가 항상 되어 있는 교회는 언제나 탐욕을 부리며 돈, 부동산, 온갖 종류의 이익을 축적하면서 여러 세기에 걸쳐 자신의 사명에 거스르는 행동을 해 왔다.

『나폴리 왕국의 세속사』를 이끌어 가는 움직임은 격정적이고 어조는 신랄하다. 자주 등장하는 수사법은 반복이다. **교회 정치**, 승려와 세속 재산. 잔노네는 절규한다. 보다시피 교회 정치는 여러 세기 동안 동일했소! 사제들은 세속의 재산을 갈취하려 했소! 동일한 논거들이 점점 더 열기를 내뿜으며 다시 반복된다. 교회와 상관없이 구원을 받으려고 하는 사람들이 가끔 교회에 대해 보이는 일말의 애착은 그 독설 속에서 사라져 버렸다. 국가의 옹호자인 잔노네는 자신의 격분에 스스로 도취한 성상 파괴론자가 되었다. 성화, 성유물, 순례, 이적들에 대해 말하는 태도로 사람들은 그를 알아보았다. 사제들에 대한 증오심, 교계제도에 대한 경멸, 자신이 받는 공격에 대해 그가 방어 수단으로 취했던 반어법도 그의 특징이었다. 자신의 반대자들의 환심을 사기 위하여 그는 교황이 전 세계의 주인이며 교황이 인류의 영원한 구원을 보장하기 위하여 벌금, 투옥, 지하 감옥, 유형, 추방 등 모든 수단을 사용할 권리가 있다는 것을 믿는 척했다. 교황의 권한이 이 지상과 바다에만 제한되는 것이 아니라, 지옥, 연옥, 천국에까지 확장되어 천국에서 천사들에게 명령을 내릴 수 있을 정도라고 믿는 척했다……

피에트로 잔노네는 불굴의 주장을 계속 굽히지 않았다. 논쟁적인 글을 계속 발표하고, 『나폴리 왕국의 세속사』를 구해 내고 보급하려고 하며, 공격을 거듭했기 때문에 위험이 없지 않았다. 요주의 인물이 되고 한동안 파문을 당한 그는 빈으로 피신했고 그곳에서 그가 대권을 지지했던 황제의 보호하에 들어갔다. 그러나 1734년, 나폴리가 오스트리아령으로부터 벗어나고 황제가 잔노네에 대한 흥미를 잃자, 잔노네는 서둘러 이탈리아로 돌아갔다. 베네치아로 갔으나 추방당하고, 밀라노에서도 쫓겨난다. 그러자 제네바로 가는데, 거기에서는 환대를 받는다. 사부아는 그가 이 도시에 머물며 자신의 사상을 전파시키는 것이 위험하다고 판단하고 그를 함정으로 유인한다. 그는 친구라고 믿었던 어떤 이가 불러 피에몬테의 한 마을로 갔는데, 도착하는 날 밤 바로 거기서 체포된다. 그는 구금되고 여러 감옥을 전전하다 토리노의 성채에서 1748년 생을 마감한다.

생전에 「세 왕국」이란 미발표된 원고가 있는데, 그 원고는 그의 사상의 완결판이다. 세상에는 세 개의 왕국이 있었는데, 첫 번째 왕국은 지상의 왕국이다. 그 원고를 보면, 그곳은 온통 지상적이며, 히브리 문명과 그 믿음 체계는 불멸의 희망이나 피안의 삶을 완전히 배제한다. 모세는 율법에 복종하는 사람들에게 오직 물질적 보상, 비옥한 밭, 수많은 가축, 건강, 번영만을 약속했다. 그는 영혼이 죽음에서 벗어나야 한다고 전혀 생각하지 않았다. 이집트인들은 창의력이 풍부한 그리스인들에게 상상력을 제공해서 그들은 지옥의 강의 늪지, 저승의 아케론 강, 낙원 등을 꾸며 냈다. 그러나 이렇게 피안의 풍경이 전개되는 와중에도 지상적인 것에서 나오는 비유적 표현만이 계속될 뿐이다. 그러고 나서 천상의 왕국이 온다. 복음서는 지금은 육적이고 죽을 운명인 인간이 천상적이고 불멸의 존재가 되는 길에서 메시아가 인도자 역할을 하도록 어떻게 하느님이 자신의 말씀을 이 세상에 보내셨는지를 말해 주고 있다. 그런데 이 원고에 따르면 구원은 신앙보다는 매우 간단한 도덕률을 실천함으로써 얻어진다. 예를 들어 저속하고 비열한 사람이나 심약한 사람도 거기에 적응할 수 있을 정도이다. 세 번째로, 교황의 통치라는 가증스럽고 괴로운 통치가 온다. 사람들은 원시 기독교의 기초 위에, 기독교의 정신과 완전히 배치되는 건축물을 세워 놓았다. 이들은 의인과 불의한 이를 구분하는 율법을 장악하고 그들 마음대로 어떤 행동은 금지하고 어떤 행동은 허가하며 하늘의 문을 열고 닫는 일이 자신들에게 달려 있는 것처럼 대중으로 하여금 믿게 만들었다. 군주들의 무지와 백성들의 어리석음을 이용하여 세속의 재산이 하늘의 재물과 교환될 수 있다고 가르쳤다. 기부와 기증이 영혼을 회복시킬 수 있다고 가르쳐 그들로부터 천국에 들어갈 수 있는 권리를 사게 했다. 그러므로 결국 지상의 왕국으로 되돌아온 셈이다. 따라서 하늘의 왕국을 다시 정복하기 위해서는 교회의 문을 닫아야 한다는 것이다.

사제 사회에서 하위층에 있는 사람들이 자신들의 운명에 대해 만족하지 못하여 자신들의 비참함에 대해 불평하며 고위층에 있는 사람들로부터 멸시를 받은 것이 처음 있는 일은 아니다. 그런데 고위층의 한 사람으로부터 이러한 항의가 터져 나온 것은 처음이었다.

샹파뉴 지방의 에트레피니에 한 훌륭한 신부, 외모로 판단하건대, 적어도 꽤 훌륭한 신부가 살았다. 그는 교회에 여러 명의 박사를 배출한 유복한 집안 출신이었다. 교양 있는 그는 서재의 책들을 읽는 데 푹 빠져 있었다. 그는 그 지방의 영주와 분란을 겪었고, 그래서 그를 위해 기도하라고 신도들에게 권하기를 거부했다. 랭스의 대주교는 그를 비난했고 그에게 공개 사죄를 요구했다. 이 명령이 내려진 후 첫 번째 일요일, 강단에 오른 그는 이렇게 응답했다. "이것이 시골의 불쌍한 신부들의 운명입니다. 대주교들은 그들을 경멸하고 그들의 말을 듣지 않습니다. 그들은 오직 귀족들에게만 귀를 기울입니다. 이 지역의 클레리 영주님을 위해 기도합시다. 그가 이제 앞으로 더 이상 고아들을 착취하지 않도록 회개하기를 기도합시다." 당연히 이러한 언급은 사태를 해결하지 못했고, 불공평한 싸움이 계속되었다. 전하는 얘기에 따르면, 영주는 신부가 설교를 하는 동안 일요일마다 교회 창 밑에서 뿔피리를 불도록 시켰다고 한다. 장 멜리에 신부[19]는 호의적인 평가를 받지 못했지만 자신의 직무에 충실했고, 다른 모험은 하지 않고 1729년에 세상을 떠났다.

---

19 (역주) Jean Meslier(1664~1729): 프랑스의 신부이자 계몽주의 철학자

그런데 그는 이러한 열정으로 가득한 유고집을 3부 남겨 놓았다. 200년이 지나고 난 후에도, 그것을 전율 없이 읽을 수 없다. 쓰라린 심정이 분출된다. 원한과 증오가 응축되어 있다. 저항에 대한 호소이지만 정작 멜리에 자신은 공개적으로 시도할 엄두를 내지 못했다. 스스로의 비겁함을 책망하지만 그 자책은 그가 종교와 하느님에게 보내는 저주의 광란 속에 편입된다. 성직에 몸담게 된 것에 대해서, 정통 교회의 사제가 된 것에 대해서, 핍박을 받은 것에 대해서, 모든 믿음을 거부한 것에 대해서, 그리고 입을 다문 것에 대해서 분노했다. 일생 동안 억제해 온 분노를 100번도 넘게 터뜨릴 지경이었다고 그는 설명한다. 그러나 자신의 대담함을 징벌하기 위해서 극도의 형벌을 가할 것을 주저하지 않을 사제들의 분노와 독재자들의 잔인함 앞에 자신을 노출시키고 싶어 하지는 않았다.

멜리에 신부의 유고는 사람들의 마음 한가운데에 있는 행복에 대한 소망으로부터 출발했다. 왜 이 소망이 항상 거부당했을까? 그 이유는 일부의 사람들은 권력을 원했고, 또 다른 이들은 성스러움의 명예를 원했기 때문이다. 종교 권력과 정치 권력의 두 축이 세워지면서, 세상의 불행은 영원히 확정되었다. 왕과 사제들은 함께 그들의 죄악을 채웠다.

열정의 물결이 휩쓸고 갔다. 종교들은 그저 사기일 뿐이다. 종교들은 혼돈, 분열과 전쟁 등의 결정적 원천이다. 그러므로 종교는 신성한 제도가 아니다. 가톨릭이 자신의 사명이 예외적 성격을 가졌음을 증명하기 위해 제시하는 증거들은 모두 허위들이다. 그러므로 그것은 신으로부터 온 제도가 아니다. 그 가르침은 자연의 가르침과 반대이다. 왜냐하면 가톨릭은 고통을 신성시하기 때문이다. 또한 그 가르침은 믿음을 요구한다는 점에서 이성의 가르침과도 반대이기에 하늘로부터 온 제도가 아니다. 가톨릭은 사람들 사이의

의롭지 못한 불균형을 용인한다. 그러므로 그것은 하늘로부터 온 제도가 아니다. 살육과 학살을 찬양하기 위해서 가톨릭은 **감사의 찬송**을 부르게 한다. 그러므로 그것은 신성한 제도가 아니다. 장 멜리에의 논조는 이렇게 이어진다. 가톨릭의 영혼은 가장 관용적이지 않고 가장 자비롭지 않다. 광신주의를 혐오하면서도 가장 광적인 영혼, 그리고 저주에만 열정을 보이는 영혼이다. 교회에 출석하는 농부의 가장 겸손한 심정 속에도 살아남아 있는 하늘의 부름을 가톨릭은 전혀 듣지 않았다. 성경으로부터 가톨릭은 속뜻을 읽지 못하고 오직 문자만을 보았을 뿐이다. 가톨릭은 상징이 무엇인지 전혀 알지 못했다. 기도가 결코 없었던 것 같다.

마찬가지로 권력의 사용이 어떤 사회적 필요에 부응할 수 있으리라고는 전혀 생각하지도 않았던 것 같다. 제왕들을 없애야 하고 그러기 위해서는 봉기를 일으키고 세금 납부를 거부하며 일부 권세를 부여받은 이 괴물들을 때려눕혀야 했다. "이 주제에 대해서 옛날에 학문도 없고 지식도 없었던 한 남자의 소망이 생각난다. 하지만 이 남자는 내가 여기서 비난하는 가증스러운 권력 남용과 의식들을 건전하게 비판할 수 있는 양식을 가지고 있었다. 그는 지상의 모든 제왕과 귀족 들이 사제들의 창자로 교살당하게 되기를 소원했다." 이런 끔찍한 언사는 미래의 브루투스와 카시우스,[20] 자크 클레망,[21] 라바야크[22] 같은 사람들의 말이기도 하다.

---

20 (역주) 브루투스Brutus와 카시우스Cassius는 카이사르 암살 음모의 주동자들이다.

21 (역주) Jacques Clément(1567~1589): 성 도미니코회의 수사로서 1589년 앙리 3세를 시해했다.

22 (역주) François Ravaillac(1577~1610): 앙리 4세의 시종으로 그를 1610년 시해했다.

그는 자신의 개인적 불행의 탓을 하느님께 돌린다. 그는 신에게 최종적 책임이 있다고 생각했다. 아니 차라리 그 생각 자체가 사람들이 잘못 품고 있는 허위 개념이었다. 장 멜리에는 무신론자라고 스스로 선언했다. 신성모독에 취해 그 절정에 도달했다가, 더 이상 파괴할 것이 아무것도 없게 되자 도취에서 깨어나, 그는 오직 슬픔과 낙담만을 느꼈다. 그의 입에는 재의 쓴맛만 남았다. 이제 그는 움직일 수 없는 자신의 동반자, 즉 그가 밤낮으로 작성하고 검토하던 원고지에 자신의 마지막 속내를 털어놓았다. 자신 앞에 그저 허무만을 직면하고 있는 한 사람의 절망적인 고백이었다. "이후에 그에 대해 무엇을 생각하든, 판단하고 말하든 나는 당황하지 않는다. 사람들이 적응하든, 자신들이 원하는 대로 통치를 하든, 그들이 현명하든 미쳤든, 선하든 악하든, 내가 죽은 후에 그들이 원하는 모든 것을 나에게 행하거나 말하더라도 나는 전혀 개의치 않는다. 나는 이 세상에서 일어나고 있는 일에 이미 더 이상 관심이 없다. 내가 이제 곧 함께 가게 될 죽은 이들은 더 이상 아무것도 괘념치 않고 신경 쓰지 않는다. 그러므로 나는 **무**로 끝낼 것이다. 사실 나는 이제 더 이상 **아무것도** 아니며, 곧 **무**가 될 것이다."

루터교 사제가 자신의 신앙을 포기하고 자유사상을 갖게 된 것이 처음 있는 일은 아니었다. 이 시대의 한 사람인 요한 크리스티안 에델만[23]에게서 이러한 변화가 취하는 양상이 다음에 서술되었다.

그는 잔노네나 멜리에에 비해 그렇게 깊이 17세기에 뿌리를 내리지 않았다. 그는 1698년에 태어났다. 그는 진로를 사제직으로 잡

---

23 (역주) Johann Christian Edelmann(1698~1767): 독일의 경건주의자이자 초기 계몽주의자

앉고, 여러 학교를 거친 후에 1720년 이에나 대학교에서 신학을 공부했다. 그는 설교를 시작했고 소치니주의[24]에 대해서 매우 열정적으로 반박하기도 했다. 하지만 그는 자신을 가르친 교수들에 대해서는 가장 나쁜 평가를 내렸다. 그들로부터 배운 것은 전혀 가치가 없었고 신학자들은 틀에 박힌 쓸데없는 것만 가르친다고 생각했다. 그는 그들을 떠나는 것이 행복했다. 그는 목사가 될 충분한 시간이 있어서 서두르지 않았다. 그래서 세상을 알기 위해서 먼저 가정교사의 직업을 가졌다. 그는 거기에서 안정을 찾을 수 있었다. 지식과 권위와 매우 예민한 호기심 등 그의 역할에 필요한 어떤 것도 그에게 부족하지 않았다. 가을에는 사냥, 겨울에는 스케이트와 무도회 등 귀족들의 여흥을 누리는 데 친숙하여 기쁨을 누렸다. 그는 아름다운 공작부인을 바라보는 것을 두려워하지 않았고, 그녀 또한 그를 바라보았다. 이처럼 그의 생이 흘러갈 수도 있었으리라. 그러나 그는 안정을 추구하지 않았다. 그에게 가장 부족한 것은 안정성이었다. 그는 오만함으로 똘똘 뭉쳐 있었다.

고트프리트 아르놀트[25]의 『중립적인 교회사와 이교사 Unparthe-yische Kirchen und Ketzer Historie』가 그의 손에 들어왔고 그에게 결정적 영향을 주게 되었다. 고트프리트 아르놀트가 옳았다. 진정한 신앙을 유지하고 있는 것은 정통파가 아니라 이단들이었다. 루터주의여 안녕! 모든 교회여 안녕! 그가 드레스덴에 있을 때 어느 날 아침 그는 자신에게 말하는 목소리를 들었다. '순전한 진리를 써

---

24 (역주) 기독교의 주요 교리인 삼위일체설을 부인하는 자유주의적인 기독교 사상으로 16세기 이탈리아의 렐리오 소치니 Lelio Sozzini와 그의 조카 파우스토 소치니 Fausto Sozzini에서 기원했다.

25 (역주) Gottfried Arnold(1666~1714): 독일의 경건주의적 신비사상가이자 시인이며 교회사가

라.' 이 신비로운 부름에 순종하여, 그는 책상에 앉아 '순전한 진리'란 제목의 연작집이 될 첫 원고를 쓰기 시작했다. 거기에서 그는 종교들 간의 차이가 없음을 보여 주려고 했다.

진리는 정통 교회에 있지 않다. 진리는 어디에 있는가? 아마도 경건주의자들에게? 그도 한때는 경건주의자였다. 그는 영감주의자들의 종파에 속하기도 했다. 모여서 기도하고 찬송하며 바벨탑과 그곳의 불행한 거주민에 대해 얘기하고 무릎을 꿇고 이마를 바닥에 대고 하늘의 영감을 기다렸다. 그리하여 요한 크리스티안 에델만은 기도하고 찬송하며 기다렸다. 그는 신참자를 보러 직접 온 그들의 수장을 알게 되고, 그가 자신을 별로 좋아하지 않는다는 것을 알기까지는 열성파에 속했다. 진실은 여전히 비(非)정통에게 있었지만 신비주의자들에게 있지는 않았다.

어느 날 「요한 복음」에서 '하느님은 말씀이시라'는 구절이 그의 주의를 끌었다. 이것을 읽자 큰 기쁨과 확신이 그를 감쌌다. 신은 이성이었다. 신은 이성이다. 그때까지 미신에 빠져 있어서 그가 그 부름에 귀를 기울이지 않았던 이성이 마침내 되돌릴 수 없이 그에게 다가왔다. 누군가 그를 산 정상에 옮겨다 놓은 것처럼 갑자기 거대한 지평을 발견한 것 같았다. 그동안 지하 감옥에 투옥된 노예였던 그를 갑자기 석방해서 빛, 태양, 자유를 되돌려받은 것 같았다. 혹은 무덤의 문들이 부활을 위하여 열린 것 같았다. 그에게 이제 유일한 사명이란 사람들에게 가서 이성을 숭배하라고 설교하러 가는 일이다. 그는 삼각모와 가발을 벗어던지고, 긴 소매와 고급 천으로 된 가슴 장식이 있는 옷을 던져 버렸다. 수염을 기르고 수도사의 옷을 입었다. 대로로 나아가 대중에게 조롱의 대상이 되었다. 스피노자의 사상이 그의 뇌리 속을 맴돈다. "신은 세계에 내재하는 본질이다." 그가 할 일은 신학자들이 경멸하는 스피노자를 더욱 잘 아는 일이 된다. 그래서 그는 베를린에 있는 한 친구에게 편지를 써서 혹시 스피노자의 책들이 중고로 나올 경우 구입해 달라고 부탁한다. 새로운 발견은 놀라움과 기쁨을 주었다. 스피노자는 경멸해야 할 사람이기는커녕 세상에 대한 진정한 설명을 제시해 준 유일한 사람이었다. 『신학 정치론 *Tractatus theologico-politicus*』을 읽고 담대해진 에델만은 성경의 오류를 보여 주며 모세의 가면을 벗기려 한다. 그리고 그는 1741년 『이성의 신성 *Die Göttlichkeit der Vernunft*』을 출판한다.

그때 그의 역할은 끝이 났다. 그는 사회로부터 따돌림을 받았다. 그는 불경건의 표본이었고 사탄의 심부름꾼으로 간주되었다. 그의 책들은 압수되어 불태워졌다. 그의 책들을 유통하려고 하는 사람들은 벌금형에 처해졌다. 그는 독일 북부에서 방랑하다가 더 이상 책을 출판하지 않는다는 조건으로 그를 받아 준 베를린으로 돌아오게 된다. 이 조건은 아마도 가장 견디기 힘든 것이었을 것이다. 그가 말년을 어둠 속에서 보내게 된 것이 아마도 그의 가장 큰 슬픔이었을 것이다.

제5장

계시종교에 반대하여

계시종교는 적이었다. 철학자들이 줄곧 한 일은 신자들에게 계시가 법적으로 볼 때도 나타날 수 없으며 사실적으로 볼 때도 나타나지 않았다는 것을 증명하고, 논리적으로 볼 때 그것은 논리적인 검토를 받으면 허위로 판명이 나며 역사적으로 볼 때 그것이 근거를 두고 있는 증언들은 전혀 믿을 만하지 못하다는 사실을 입증하는 것이었다.

계시는 기적의 영역에 속하고, 이성은 기적을 허용하지 않는다. 기적은 초자연적인 것의 영역에 속하고, 이성은 자연의 진리만을 허용한다. 이성이 계시를 검토하자마자 계시에는 모순적인 것이 있고 따라서 오류가 있음이 드러난다. 종교에서 정말로 종교적인 것은 단지 미신에 불과하다. 따라서 이성은 이 뿌리 깊은 미신을 공격하고 척결해야 한다. 오직 합리적인 믿음만이 있을 뿐이다. 신성 자체도 이 합리적인 것으로 환원되어야 한다. 당시 성가대의 모든 지휘자들이 공통적으로 그리고 모든 언어로 말했던 것이 바로 이것이었다. 유럽 지도에서 이러한 말이 나왔던 주요 중심지들을 쉽게 확인할 수 있는데, 그곳들은 다음과 같다.

소문들이 무성했고 연속적으로 추문들이 터져 나왔다. 그 하나하나가 너무나 요란스러워 그 큰 소리를 무시할 수 없었고 무시되지도 않았다. 일련의 도발적인 작품들이 등장했는데, 그 결과 매번 분노의 아우성이 일어났다. 매우 다양한 지역에서 온갖 사람들이 줄줄이 등장하여 서로 교대하면서 똑같이 도전적 발언들을 쏟아냈다. 영국이 바로 이러한 장면을 보여 주었는데, 그 예는 오래전부터 영국에서 생겨났던 바이다.

1715년 『나사렛 사람 예수』의 저자인 톨런드[1]나 자유사상가인 콜린스[2]는 여전히 활동하고 있었다. 그러나 그사이를 못 참고 다른 사람들이 나타나 "성직과 교리를 떠받치는 기둥들을 흔들어 댔다." 먼저 토머스 고든[3]이 등장했고 다음으로 '분노한 울스터니'라고 알려진 울스턴이 뒤를 이었다. 학구적인 사람이었던 그는 케임브리지에서 학위를 땄고 교단에 들어갔는데, 명석한 달변가여서 앞길이 창창했다. 그런데 이단에 정신없이 빠져들었다. 다음으로 역시 케임브리지에서 수학하여 신학 박사가 되고 그 대학의 도서관 사서가 된 미들턴, 그다음으로 옥스퍼드 출신으로 가톨릭으로 개종했다가 다시 개신교로 또 개신교에서 전투적인 이신론으로 넘어간 틴들[4]이 뒤를 잇는다. 동시에 뚱뚱하고 키가 작은 토머스 첩[5]이 등장했는데,

---

1 (역주) John Toland(1670~1722): 합리주의적 철학자이자 자유사상가로 계몽주의 철학의 선구자로 간주된다.
2 (역주) Anthony Collins(1676~1729): 영국의 자유사상가
3 (역주) Thomas Gordon(1691~1750): 스코틀랜드 출신의 작가이자 공화주의 사상을 가졌던 영국의 반정부 인사(Commonwealthman)였다. 그는 영국 정치 제도의 부패와 도덕성 결핍을 비난했고 독재의 가능성에 대해 경고했다. 또한 광신적인 성직자에 맞서 원시 기독교를 옹호했다.
4 (역주) Matthew Tindal(1657~1733): 탁월한 영국의 경건주의 작가로 당시 기독교의 합의된 내용에 대해 커다란 논쟁을 불러일으켰다.

그는 교육을 제대로 받지 못해 철자를 맞게 쓰는 데 어려움을 겪었고, 처음에는 장갑을 만들다가 양초를 만드는 노동자가 되었다. 그다음으로 프리메이슨 지파인 필라레트(Philalèthe) 회원인 토머스 모건,[6] 그다음으로 대중을 위해 글을 쓰는 학교 선생님 피터 아넷.[7] 짧은 팸플릿, 소책자, 학술적인 작품들이 분노한 산문으로 시장을 덮고 있었다. 사람들은 그들을 일자리에서 쫓아내고, 그들의 작품들을 소각하고, 그들을 비난하고 구금했지만, 소용이 없었다.

매번 새로운 공격이 가해졌다. 성공회 교회와 그 교계제도와 성직록과 모든 교회에 대한 공격. 기적에 대한 공격. 단지 각 개인의 영성적 삶과 도덕적 부활의 상징에 불과한 구세주 생애에 대해 복음주의자들이 내리는 해석에 대한 공격. 무엇보다도 신의 개입에 대한 공격. 종교는 사물들의 도덕적 조화나 신의 자의적 의지에 기초를 두고 있다. 만약 신이 사물들의 도덕적 조화에 순응한다면 그는 현명하고 선량하다. 반면에 만약 신이 자의적 의지를 갖고 있다면 그는 현명하지도 선량하지 않으며, 선과 악 사이에서 변덕스럽게 선택한다. 그러나 신이 사물들의 도덕적 조화에 따른다면 그의 개입은 불필요한 것이 된다. 왜냐하면 분별력을 부여받은 인간은 스스로의 힘으로 선과 악을 분별할 수 있고 사물들의 도덕적 조화라는 법칙에 복종하는 것이 정당하다라는 사실을 받아들일 수 있기 때문이다. 그러므로 자연종교로 되돌아가야 하며, 신이 부조리하고 사악할 경우에만 기독교가 필요하다고 추정된다.

모든 측면에서 사람들은 기독교라는 요새를 맹렬히 공격했다.

---

5 (역주) Thomas Chubb(1679~1747): 영국 작가로 이신론자

6 (역주) Thomas Morgan(?~1743): 영국의 이신론자

7 (역주) Peter Annet(1693~1769): 영국의 이신론자이자 초기의 자유사상가

어떤 사람은 구약이 허위라는 사실을, 또 어떤 사람은 사람들이 그리스도에 부여했던 역할을 실은 성자 베드로에게 돌려야만 한다는 점을 입증하려고 열심히 노력했다. 어떤 사람은 로마 교회와 이교가 정확히 일치점을 보이고 있다는 사실을 입증했고, 또 다른 사람은 신의 마음에 꼭 드는 인간인 다윗이 비열한 범죄자에 불과했다고 비난했다. 모든 사람들이 계시를 이성으로 대체하고 있었다.

이러한 의미에서 가장 의미심장한 논문은 아마도 틴들의 「창조만큼 오래된 기독교 혹은 자연종교의 새로운 간행물인 복음Christianity as old as the Creation: Or, the Gospel, a Republication of the Religion of Nature」(1730)일 것이다. 틴들은 상황이 다를 수는 없을 것이라고 설명한다. 신은 완벽하기 때문에 세상에 완벽한 법칙을 부여했으며, 그것은 어떠한 첨가나 삭제나 변화를 용인하지 않는다. 그러므로 기독교의 법은 그것이 등장했을 때에는 자연종교의 약화된 의미를 복원하는 데 유용할 수도 있었겠지만 실질적으로 새로운 것을 가져다줄 수 없었고, 최초의 그리고 유일한 법칙의 반복에 불과할 수밖에 없다. 계시라는 생각은 정확히 말해 받아들일 수 없으며 위험하고, 잘못된 상상력과 미신과 악습의 원천으로 종교 교육을 대체하는 철학 교육을 실행함으로써 시급히 폐기되어야만 한다.

1760년경 불은 꺼졌다. 1740년경부터 불길이 잦아들기 시작한 것이다. 이 시기 영국에서 분위기가 변한다. 여론이 방향을 돌렸다. 사람들의 영혼 속에서 신의 제단을 모독하는 이성의 힘과는 다른 힘들이 자라났다. 그러나 이 격렬한 사유는 계속적으로 외국에 자양분을 공급했다. 볼테르가 이러한 생각을 발견해서 광범위하게 사용했고, 돌바크 남작은 번역과 재가공을 통해 그것을 퍼뜨리게 된다. 영국 이신론자들의 영향력은 독일 사상에 훨씬 더 강렬한 영향을 미쳤고, 독일의 사상가들은 그들로부터 인용거리나 증언이나 대담한 언행과 불경함보다는 자극을 찾았다. 그들의 저술은 역사가들과 성경 주석학자들의 서가에 꽂히게 되며, 교수들은 그것들을 학생들에게 읽을거리로 주게 되며, 지식인 잡지의 논평들에 실리게 된다. 런던을 여행하는 독일인들 중 이신론자들은 그들에게 그 자리에서 문의하고 자신들이 진 빚을 큰 소리로 외치면서 즐거워하게 될 것이다. 성경을 합리적으로 설명하고자 했던 요한 로렌츠 슈미트[8]는 1741년 틴들의 저서 『창조만큼 오래된 기독교 혹은 자연종교의 새로운 간행물인 복음』을 번역하게 되는데, 영국에서부터 온 경향이 독일의 사상적 경향에 합류하지만 그것과 융합하지는 않으면서도 그 효과를 촉진했다고 말할 수 있다.

프랑스인들은 다르게 행동했다. 그들은 성경 주석가들의 연구에 열중하지 않았다. 성경 주석가들은 성경을 연구하고, 힘들여 히브리어 혹은 그리스어만을 배우며, 비평가의 기능을 엄격히 수련하며 리샤르 시몽[9]을 부활시킨 저자들인데, 그들 중 유명한 작가들은 거의 없었다. 프랑스인들은 그들에게 유용해 보이는 논거들을 다양한 작품들 안에 모으고, 그 논거들을 강조하는 데 만족했다. 요컨대 그들은 학자들이 아닌 다른 독자층, 즉 사교계 인사들, 부르주아, 여성들, 일반 대중을 겨냥했다. 대개의 경우 그들이 호소하는 재판관은 일체 꾸밈이 없는 양식(良識)이었다. 그들은 생생하고 신속한 방식으로 일부러 난관들에 부딪혀 그것들이 극복될 수 없다는 사실을

---

8 (역주) Johann Lorenz Schmidt(1702~1749): 독일의 신학자이며 철학자
9 (역주) Richard Simon(1638~1712): 프랑스의 성경 주석가인 그는 프랑스어로 된 성경 비판의 진정한 선구자로 간주된다.

순식간에 보여 주었다. 형이상학적인 애매함이나 독자들의 반감을 불러일으킬 수 있는 장황한 설명을 조금도 늘어놓지 않았고 박학을 과시하지도 않았다. 꼼꼼한 구성, 즐거움을 주는 문체, 경쾌한 형태가 그들의 특징이었다.

그들은 모든 주제에 대해 명석함과 빛나는 단순성의 외관을 부여했다. 그러나 가벼운 겉모습 아래 사유의 바닥에는 심각하고 지속적인 관심사가 자리 잡고 있었다. 볼테르는 영국에서 돌아와 자신이 발견한 것을 이야기했는데, 만약 그의 이야기에 철학적 주제가 담겨 있지 않았다면 그것은 더욱 예리한 통찰력과 풍부한 재치를 보여 주기는 하지만 이미 많은 다른 여행기들이 나온 후 등장한 여행기에 지나지 않았을 것이다. 그러나 이 영국 편지가 철학 서한이 되었음을 보라.[10] 이 편지들은 종파들의 자유와 종교들에 대한 비차별, 그리고 저자가 말하는 것처럼 영혼의 불멸성이라는 사소한 문제들을 다루었기 때문이다. 몽테스키외는 이미 많은 다른 로마 역사서들이 나온 후 로마 역사를 저술했다. 그런데 어떤 특정한 경우에, 민족들의 위대함과 몰락을 설명하기 위해 신의 의지를 내적 요인으로 대체했던 것이다. 또한 그는 법학 저서를 썼는데, 문제가된 것은 다름 아닌 **신권**의 권위였다. 많은 이류 작가들에게서도 사정은 다르지 않았다. 투생[11]은 그 세기의 풍습을 연구했는데, 인간의 역사라는 영원한 희극의 일시적인 양상을 단지 묘사하기보다는 그의 논증은 종교로부터 도덕을 분리하는 경향을 보이고 있다. 엘베

---

10 (역주) 볼테르의 『영국 편지*Letters Concerning the English Nation*』의 프랑스어판 제목은 『철학 서한*Lettres philosophiques*』이다.

11 (역주) François-Vincent Toussaint(1715~1772): 프랑스 백과전서파이자 문인으로 『풍속론』의 저자로 유명하다.

시우스는 인간을 연구했는데, 이 인간은 신비와 내세가 없는 인간이다.

어떤 다른 나라보다도 프랑스의 작가들은 수가 많았고, 자기들끼리의 논쟁을 제외하면 공동의 적에 대해서 밀접한 유대감을 갖고 있었다. 그들은 수많은 재능 있는 사람들과 몇몇 천재들을 자기 편으로 삼고 있었다. 그림[12]이 1770년 새해 첫날에 발표한 「철학 강론」[13]에서 말했듯이, 아주 경미한 신호에도 토마 형제,[14] 그레트리 형제,[15] 네케르 자매,[16] 레스피나스 자매, 수녀원장 조프랭[17]이 그들을 도우러 왔다. 그리고 필요하다면 도움을 줄 사람들이 정말 많았다. 떠들썩한 사건을 통해 그들의 세가 점점 불어나는 것이 분명히 드러났는데, 그들은 프라드 신부[18]의 논문, 『백과전서』의 출판 정지, 『정신론 De l'Esprit』의 처벌, 마르몽텔[19]의 『벨리사리우스 Bélisaire』

---

12 (역주) Friedrich Melchior Grimm(1723~1807): 바바리아 출신의 외교관이자 문학가로 정기간행물 《문학통신》으로 유명하다. 그는 루소와 디드로의 친한 친구였는데, 디드로와 함께 루소와 결별했다.

13 (역주) 그림은 「철학 강론」에서 백과전서파를 일종의 종파로 비유하고, 백과전서파 일원들을 기독교 호칭을 사용해 형제, 자매, 수녀원장 등으로 부르고 있다.

14 (역주) Antoine Léonard Thomas(1732~1785): 프랑스의 시인이자 문학비평가이며 특히 웅변으로 유명했다.

15 (역주) André-Ernest-Modeste Grétry(1741~1813): 프랑스의 작곡가

16 (역주) Madame Necker(1737~1794): 스위스 출신의 여성 문인이자 살롱운영자

17 (역주) Marie Thérèse Rodet Geoffrin(1699~1777): 프랑스 계몽주의에서 매우 중요한 역할을 했던 여인들 중 한 사람으로, 1750년부터 1777년에 걸쳐 그녀는 살롱을 운영하면서 당대의 가장 영향력 있는 철학자들과 백과전서파 인물들을 주위에 끌어들였다.

18 (역주) Jean-Martin de Prades(1720~1782): 프랑스의 신학자이자 백과전서파

에 대한 소르본 신학부의 금지 처분 등의 사건에서 매번 공권력에 의해 패배를 당했지만 여론에서는 승리를 거두었다. 마르몽텔은 신학부 감독관에게 다음과 같이 썼다. "선생님, 사람들이 저를 판단하는 것은 제 정신에 의거해서가 아니라 제가 사는 시대의 정신에 의거해서라는 점을 덧붙여 주십시오." 멀리서 사람들은 결코 싫증을 내지 않고 호기심을 품은 채 프랑스의 상황들이 촉발하는 이 싸움들을 지켜보고 있었는데, 이들은 명석한 관념에 대한 열정을 가장 강렬한 열정으로 갖고 있는 프랑스인들이 대표하는 것이 시대정신이며 매번 관건이 되는 것도 시대정신이라는 사실을 잘 감지하고 있었다.

그들은 시대와 장소를 불문하고 계시종교를 알지 못한 상태에서도 사람들이 잘살 수 있음을 입증했거나 어떤 종교이든 그것에 반항했던 모든 사람들에게 도움을 요청했다. 그들은 중국인, 이집트인, 이슬람교도들을 앞에 내세웠고, 그리스인들로부터는 소크라테스의 동상과 에피쿠로스의 동상을 요구했다. 로마인들에게서는 그 유명한 옹호자인 루크레티우스, 제신들의 숭배는 우주의 이성을 숭배하는 것임을 볼 줄 알았던 그 유명한 선구자이자 결정론자인 키케로, 그리고 철학자 세네카를 빌려 왔다. 그들은 배교자 율리아누스가 기독교인들에 반대한 연설을 번역하여 그를 부활시켰고, 신과 인간들을 조롱했던 사악한 황제인 그 콘스탄티누스 대제를 증오했다. 그들은 이탈리아의 위대한 합리주의자들을 불러들였는데, 사실 이들을 그리 잘 알지 못했지만 그 이름을 인용하는 것은 유용하고 영예로웠기 때문이다. 이들은 대의를 위해 고통을 받았던 자유사상

---

19 (역주) Jean-François Marmontel(1723~1799): 백과전서파이며 역사가이자 극작가이고 소설가

가들이기도 했는데, 예를 들면 조르다노 브루노,[20] 카르다노,[21] 캄파넬라,[22] 폼포나치[23] 그리고 그들의 계승자 바니니[24]이다. 프랑스인들에게 모든 자유사상가들은 그들의 조상이었고 영국인들은 그들의 이웃이었던 것이다.

반대자들은 다른 말투를 쓰면서 다시 공격을 시작했다. 최초의 계시, 성스러운 사명을 맡기에는 너무나 완벽하게 자격이 없었던 그 불쌍한 유대인들, 에즈라가 편집한 모세 5경, 성경, 기적, 기적의 증인들에 반대했고, 오직 거짓말만 하고 게다가 예언할 의도조차 갖고 있지 않았던 예언자들에 대해서 반대했으며, 복수심이 강하고 잔인하며 정의롭지 않은 여호와에 대해서 반대했다. 여호와 신에게서 좋은 것이 있다면 그것은 오로지 외국인, 문명이 더 앞선 동방의 민족들로부터 나왔다. 복음서의 저자인 그 가련한 무식한 어부들에 대해서, 복음에 대해서, 심지어 예수라는 인물에 대해서도 반대했다. 교회와 교회의 교리에 대해서, 신비에 대해서, 아담의 자손들 모두를 얽매는 원죄라는 생각 자체에 대해서 반대했다. 교

---

20 (역주) Giordano Bruno(1548~1600): 이탈리아의 사상가이며 철학자로 이단이라는 혐의로 화형을 당했다.

21 (역주) Girolamo Cardano(1501~1576): 이탈리아의 수학자이자 철학자이고 동시에 의사인 그는 이단으로 처벌받았다.

22 (역주) Tommaso Campanella(1568~1639): 이탈리아의 철학자인 그는 유토피아 이야기인『태양의 나라』의 저자로 유명하다. 유물론을 역설하는 텔레시오의 설에 마음이 끌려『감각 철학』을 써서 종교재판에 회부되기도 했다.

23 (역주) Pietro Pomponazzi(1462~1525): 이탈리아 르네상스의 대표적인 아리스토텔레스주의 철학자로 신앙과 이성의 공존을 설명하고 이성의 상대적 독립성을 강조했다.

24 (역주) Giulio Cesare Vanini(1585~1619): 이탈리아의 철학자로 무신론자라는 죄목으로 화형을 당했다.

회 조직, 성사, 세례, 고해, 영성체, 미사에 반대했고, 수도사와 수녀, 신부, 주교, 교황에 반대했으며, 기독교의 도덕과 성인들과 기독교적인 미덕과 애덕에 대해 반대했다. 기독교 문화, 고딕의 시대이며 암흑의 시대인 중세에 대해 그리고 미친 짓이었던 십자군에 반대했다.

반대자들은 설교를 희화화했고 외설적인 이야기와 음탕한 일화들을 지어 냈는데, 약간의 관능적인 방탕함은 그들의 논쟁에 거리낌 없이 섞여 있곤 했기 때문이다. 또 갑자기 교부들처럼 행세하며 기독교인들에게 그들 자신의 법률에 따라 살지 않는다고 비난했다. 그리고 다음 순간 그 법을 우롱했다. 마지막으로 그들은 기독교에 아무것도 남겨 두지 않았다. 사악함의 흔적 이외에는 역사에서 아무런 흔적도 남겨 두지 않았고, 단지 논의될 수 있는 가치도 미덕의 허울까지도 남겨 두지 않았다.

독일에서는 더욱 늦은 진행을 통해 동일한 목적이 달성되었다. 그것이 본질적인 결과를 획득하기 위해서 1780년대를 기다렸다는 것이 사실이라면 말이다. 그 진행은 이중적이었기에 더욱 복잡했는데, 그 하나는 세속적이고 상당 부분 외국에서 도입된 것이고 또 다른 하나는 심원한 것으로 루터파 의식의 존재 자체와 관련되어 있다.

프로이센의 왕태자가 1736년 8월의 편지에서 볼테르에게 최초로 호소한 것은 자신의 안내자이자 스승이 되어 달라는 부탁이었는데, 그 호소가 유일한 경우였다면 이상했을 것이다. 사실 독일이 경험하고 있던 전반적인 술렁거림의 와중에서 그리고 특별히 혁신을 필요로 하는 분위기에서 이미 베를린은 당시 가장 근대적인 문명을 대표하고 있는 나라인 프랑스에 관심을 보였다. 베를린뿐만 아니라 독일 전역에 걸쳐 왕족들과 귀족들은 그들의 아버지들이 베르사유

궁전을 감탄스럽게 바라보았던 것과 똑같이 파리를 감탄스럽게 바라보았다. 젊은 빌란트의 삶에서 일어났던 변화를 상기해 보자. 그는 감성 쪽으로 기울었고 감성의 열락과 토로에 몰두했으며, 스위스인 학교에 들어갔는데 스위스 사람들은 그에게 자연에 대한 사랑과 심성의 시를 권유했다. 그런데 그가 변해서 예전 친구들에게 등을 돌리고 계몽의 편으로 다가간 것은 바르트하우젠 성을 드나들었기 때문이다. 그곳의 성주인 슈타디온 백작은 그에게 유행하는 문체를 가르쳤고 조금이라도 그 시대의 취향에 맞추기 위해서는 사람들이 프랑스에서 하는 것처럼 생각하고 쓰는 것이 중요하다고 말해 주었다. 이러한 영향력 아래서 진실한 빌란트는 볼테르의 정신을 가진 빌란트가 되었다.

독일 계몽주의자의 책을 읽으면 가끔은 오직 메아리만을 듣고 있는 듯하다. 독일인 저자가 되풀이하는 말은 우선 런던과 파리에서 들렸다. 예를 들면 1750년 부유한 상인의 아들이자 사교계 인사인 미하엘 폰 로엔[25]이 출간하고 1751년 번역자들을 믿지 못해 그 자신이 정성껏 프랑스어로 옮긴 작품 『그 분야에서 유일하고 그 원칙에서 보편적인, 신학자들의 논쟁에 의해 타락되고 여러 종파로 분열된, 그렇지만 그리스도 안에서 통합된 진정한 종교La véritable religion, unique dans son espèce, universelle dans ses principes, corrompue par les disputes des théologiens, divisée par plusieurs sectes, réunies en Christ』가 그렇다. "내가 교회에 속해 있지도 않으면서 종교적 문제를 논의하는 것에 대해 놀라지 않기를 바란다. 이 주제는 모든 기독교인들과 관계 있으며, 공동선과 인간의 행복과

---

25 (역주) Johann Michael von Loën(1694~1776): 독일의 정치가이며 종교적이고 정치적인 주제에 대한 글을 남겼다.

연관 있다. 가장 오래된 민족들의 역사를 검토할 때 나는 모든 곳에서 미덕과 마찬가지로 사람들이 신이라고 부르는 것에 대해 단순하고도 공통된 개념들을 본다. 신은 자연과 계시에 의해 자신을 드러낸다. 유일하고 동일한 진리가 자연과 계시를 일치시킨다. 이 둘 사이에는 모순이나 차이가 있을 수 없을 것이다. 만약 계시가 자연의 법칙과 어긋나거나 다르다면 그것은 진리에서 벗어나 있는 것이다. 마찬가지로 미덕은 종류가 단 하나이고 결코 변하지 않는 단 하나의 명령으로 귀결된다. '네가 모시는 신인 주 예수를 네 모든 마음과 영혼과 힘과 생각으로 사랑하고 네 이웃을 네 자신과 같이 사랑하라……'" 이런 방식으로 사유하는 데는 본질적으로 새로운 것이 없다. 런던의 템스 강변이나 파리의 센 강변에서 사는 어떤 이신론자들도 이를 기꺼이 받아들일 수 있을 것이다.

그런데 우리들이 보지 못했고 게다가 우리가 볼 수 없는 것은 그것이 성경의 본문을 검토하고 계시의 정통적 이해에서 점점 더 멀어지는 박학한 학자들의 끈기를 요하는 작업이라는 사실이다. 얼마나 많은 목사의 아들들이 마을 근처의 중등학교에서 강의를 들은 후 대학교에 등록하고 박사나 교수가 된 후 성경을 해석하면서 그들의 확신을 입증하거나 파괴하기를 원했던가! 그들은 히브리어를 알고 있었을 뿐만 아니라 몇몇 또 다른 동방의 언어들을 알고 있었다. 또한 동료인 전문가들을 위해 논문과 박사 논문과 두툼한 책들을 썼다. 그들은 여기에서 종교에 대해 덮어놓고 비우호적인 언행들을 쏟아 내지 않았다. 반대로 변함없는 존경과 향수를 품고 있었고, 심지어는 이견들이 늘어나고 신앙이 없는 사람들이 증가하는 현상을 앞에 두고 이성이 사라져 버린 통일성으로 다시 이끌 중재 원칙을 제공할 것이라는 희망까지 내비쳤다.

이것이야말로 독일 대학들의 계몽주의이다. 그것은 영국의 반란보다 더 학문적이고 온건해서, 영국으로부터 몇몇 원칙들은 받아들였지만 그 격렬함에는 찬성하지 않았다. 또한 그것은 프랑스의 계몽주의보다는 덜 불손했는데, 그 협력은 받아들였지만 그 재치와 농담은 악취미로 보았기 때문이다. 지그문트 야콥 바움가르텐[26]은 1730년 부교수가 되었고 1743년에는 할레 대학 신학부 정교수가 되었다. 그의 어조는 단조로웠고 목소리는 약했고 강의는 듣기 따분했기 때문에 학생들은 강의가 매력적이어서가 아니라 그의 인간적 품격과 엄청난 박식함 때문에 강의를 들었다. 그는 볼프처럼 경건주의와 합리주의의 사이에 위치했고, 그에게 순수한 기독교에 접근하는 실마리를 부여하는 것이 틀림없는 '이성'이라는 낱말을 큰 기쁨을 갖고 입 밖에 냈다. 그는 "나는 이성적이고 기독교 신자인 독자들을 상대한다"고 말한다. 그는 강의를 하고 나서 교회의 역사를 썼다. 그것은 필연적으로 '본문에 근거를 두는 서술'일 수밖에 없었다. 사람들이 그래야만 한다고 상정하는 그런 본문이 아니라 있는 그대로의 본문, 그것이 그의 원칙이었다. 고트프리트 아르놀트가 지적한 것과 같이 그는 이교도들에 대한 편애로 나가지 않았지만 적어도 그들에 대해 지속적인 관심을 보이고 있다. 그는 또한 이교도들의 역사인『종파들 혹은 예배 모임들, 그리고 기독교 외부나 내부에서 벌어진 그들의 분쟁과 분열에 대한 역사 개요』[27]를 썼다.

---

26 (역주) Siegmund Jakob Baumgarten(1706~1757): 독일 신교 신학자. 철학자인 알렉산더 고틀리프 바움가르텐의 형이다.

27 바움가르텐,『종파들 혹은 예배 모임들, 그리고 기독교 외부나 내부에서 벌어진 그들의 분쟁과 분열에 대한 역사 개요 Abriss einer Geschichte der Religionsparteien oder Gottesdienstlichen Geselschaften und derselben Streitigkeiten sowohl als Spaltungen, ausser und in der Christenheit』, 할레, 1775.

또한 그가 출간한 두 잡지 《할레 도서관으로부터의 소식》(1748~
1751)과 《주목할 만한 책들에 대한 소식》(1752~1758)에서 이단들을
연구해 모두 합쳐 20권 분량의 책을 썼다. 그런데 그가 발굴해 낸
이 책들은 대부분의 불경건한 책들을 위한 것이 아니면 무엇이겠는
가? 물론 그는 이 불경건한 책들을 반박하고 종교의 적들에 맞서
내세워야만 하는 훌륭한 저자들을 추천한다. 그러나 그는 그 때문
에 종교를 무너뜨리기 원하는 사람들로 이루어진 지식인들의 동아
리에 덜 들락거리는 것은 아니어서, 마치 위험하게 유혹에 견디는
쾌락을 스스로에게 부여하는 것처럼 보인다.

그의 동료인 크리스티안 베네딕트 미하엘리스[28]가 강의하는 강
의실에 있다고 상상해 보자. 그는 예언자 예레미아[29]를 설명하고 있
다. 그는 예레미아를 제대로 이해하기 위해 제일 먼저 할 일이 그를
자기 시대에 재위치시키는 것이라고 말한다. 시대적 상황은 예언들
을 해명하는 빛이다. 이렇게 되면 머지않아 예언들을 신의 개입 없
이 일어난 단순한 역사적 사건으로 간주하게 될 수도 있다. 사실 역
사는 시대의 빛인 것처럼 예언의 빛이기도 해서, 역사가 없다면 모든
것은 암흑과 어둠으로 가득 차 있다. 또 그는 신약을 마치 헤로도토
스나 폴리비오스처럼 설명한다.[30] 신약은 서로 다른 교훈들을 제공

---

28 (역주) Christian Benedikt Michaelis(1680~1764): 독일의 동양학 학자
이자 복음주의 신학자

29 크리스티안 베네딕트 미하엘리스, 『신학과 할레 철학 교수의 예레미아 서
론 Theologiae ac Ph. Prof. Halensis prolegomena in Jeremiam』, 할레 마그
데브루지케, 4판, 1733.

30 크리스티안 베네딕트 미하엘리스, 『신중하게 수집하고 판단한 신약성경의
다양한 교훈에 대한 비판적 논의 Tractatio critica De Variis lectionibus Novi
Testamenti caute colligendis et dijudicandis』, 할레 마그데부르지케, 1749.

하는데, 그 저자들은 아마 영감을 받았겠지만 그 원문을 필사한 사람들은 영감을 받지 않았다는 사실을 생각하면 그것은 매우 자연스러운 일이다. 그로부터 무의식적이든 의도적이든 많은 잘못들이 생겨나는데, 그것들은 사기에까지 이를 수 있다. 이러한 가르침들 중 선택하기 위해서는 일종의 방법이 필요하다. 교부들이 제시하는 가르침은 번역자들이 제시하는 가르침보다 가치가 떨어지며, 번역자들이 제시하는 가르침은 수사본이 제시하는 가르침보다 가치가 떨어진다. 세속 저자들에게 적용되는 학문의 동일한 규칙들이 성경의 저자들에게도 적용된다.

이것은 또한 요한 아우구스트 에르네스티[31]가 말했던 바인데, 그는 라이프니츠의 문헌학자이자 『진짜 키케로 *Germanorum Cicero*』를 쓴 저명한 라틴 문학 전공자이며 또한 그에 못지않은 저명한 성경 주석가였다. 그는 단호히 하나의 텍스트는 여럿이 아닌 단 하나의 의미를 제시한다고 말한다. 비유적인 의미는 없으며 분명한 의미가 있는데, 그것은 언어의 용법에 달려 있다. 왜냐하면 결국 기호와 의미의 관계는 인간의 제도에 속한 것으로 다름 아닌 인간들이 사용하는 용법에 종속되어 있기 때문이다. 그것은 문법의 문제이다. **문법 선생들이 가르치는 문법 외에 어떤 다른 의미도 존재하지 않는다.** 인간이 쓴 책이든 신이 쓴 책이든 마찬가지로 다루어져야만 한다. 성경은 먼저 문법적으로 이해되지 않았다면 신학적으로 이해될 수 없다. 비평은 문헌학적이다. 만약 그렇지 않다면 비평은 없다.[32]

---

31 (역주) Johann August Ernesti(1707~1781): 독일의 합리주의적 신학자이자 문헌학자로서 최초로 신약과 구약의 해석학을 명백히 분리했다.

32 요한 아우구스트 에르네스티, 『신약성경의 번역 지침과 그 교훈의 내용 *Institutio Interpretis Novi Testamenti ad usus lectionum*』, 1761.

이러한 학자들의 심리는 매우 이상하다. 그들은 스스로에게도 털어놓지 않지만 더욱 대담한 시도들을 준비한다. 그들이 한 작업의 결과를 분명하게 보게 될 사람들은 바로 그들의 후계자들이고, 반대로 학자들 자신은 더욱 전통에 집착한다. 바움가르텐은 자신의 호기심과 역사적이고 과학적인 노고 때문에 계시종교와 결별하기에 이르지는 않았다. 그는 습관과 기질과 의지의 측면에서는 보수주의자였지만 첨단적인 정신의 측면에서만은 개혁자였다. 에르네스티는 우리가 앞서 보았듯이 가장 엄격한 문헌학적 방법론을 사용할 것을 권하면서도 스스로 모순됨을 느끼지 않고 이러한 방법으로 인해 신적 영감이나 그 결과인 무오류성을 잊어서는 안 된다고 생각한다. 그는 우리에게 완벽한 신학자에 대한 정의를 다음과 같이 제시한다. 그는 동시에 두 역할을 하는 사람인데, 그 하나는 문법학자들과 공통적이고 다른 하나는 개별적이고 그 자신에게만 속한다. 이 문장이야말로 균형의 의지를 가장 잘 드러내고 있는데, 다른 사람들은 이미 이러한 균형을 유지하기가 불가능하다고 생각하고 있었다.

왜냐하면 비평은 다시 거세져 자신의 길로 가고 있었기 때문이다. 요한 다비드 미하엘리스[33]는 크리스티안 베네딕트 미하엘리스의 아들로 할레에서 교수였던 아버지처럼 괴팅겐에서 대학 교수가 되었다. 그러나 신학 교수가 아니라 철학 교수였다. 그가 만약 철학 교수였다면 그는 아우크스부르크 신앙 고백[34]에 동의해야만 했을

---

33 (역주) Johann David Michaelis(1717~1791): 프러시아의 유명한 성경학자이자 교수

34 (역주) 아우크스부르크 신앙 고백은 1530년 아우크스부르크에서 군주에게 제출된 루터파의 신앙 고백으로 1580년 수정되었다. 그 적용은 루터파의 모든 교회에서 의무적이다.

텐데, 그는 그것을 원치 않았다. 소심할 정도로 양심적이고 스스로 모든 원칙들을 다시 세우려고 할 정도로 독립적이며, 문법학자, 언어학자, 역사가, 성경 주석가였던 그는 동양학에 새로운 활력을 불어넣는 동시에 그의 학파가 과학을 위해 요구하는 주장을 결정적으로 표명했다. 1750년 신약성경의 독서를 위한 입문서를 출판하고[35] 그것을 다시 고치고 손질하고 증보하여 1787년부터 1788년에 걸쳐 4판까지 펴냈다. 그는 신약성경의 영감은 그 진실성보다 덜 중요하며, 신이 이 책들 중 단 한 권에도 영감을 불어넣지 않았다 할지라도 또 사도들과 복음서 저자들이 그들이 있는 것을 기술하는 재주 외에 다른 도움을 받지 않았다 할지라도, 그들의 작품이 진실하며 충분할 정도의 신빙성을 갖고 있다고 인정한다면 기독교는 여전히 진실할 것이라고 말한다. 왜냐하면 신약의 영감에 대해 의심을 품고 심지어 그것을 부정한다 하더라도 신약의 진리는 굳게 확신할 수 있기 때문이다. 사실 역사적 사실은 그럼에도 불구하고 건재할 것이다. 몇몇 사람들은 이러한 견해를 공개적으로 표명하거나 혹은 개별적으로 이러한 견해를 갖고 있었는데, 이러한 사람들을 신을 믿지 않는 사람들로 취급하는 것은 부당할 것이다. 정말로 사도들이 쓴 책들이라고 증명될 수 있는 책들, 그것들만 정전에 들어가야 할 것이라고 주장한 후, 그는 신약성경을 두 개의 그룹으로 나눈다. 첫 번째 그룹을 구성하는 글들은 사도인 마태오, 요한, 베드로, 야고보, 유다가 쓴 복음서이다. 다른 글들은 사도들이 아니라 그들의 조력자나 동료들이 썼는데, 말하자면 성 마르코 복음서나 성 루가

---

[35] 요한 다비드 미하엘리스, 『신약성경 입문*Einleitung in die gottlichen Schriften des Neuen Bundes*』.

복음서 그리고 사도행전이다. 그가 두 번째 그룹의 책들을 연구하기 시작했을 때 그는 그것들을 배제하지 않았다. 그러나 마치 우리가 이러한 사유의 준엄한 진행 과정에 대한 추가적 증거를 필요로 하는 것처럼, 그는 그 주제를 깊이 파고들수록 더욱 두 번째 그룹의 책들을 첫 번째 그룹의 책들과 비교하게 되었고 그의 의심은 더욱 깊어졌다. 그는 세 번째 판에서 자신이 도달하게 될 결론에 대해 확신하지 못하면서 여전히 찬반토론을 제시했다. 그리고 네 번째 판에서 그는 부정적으로 기운다. 이 작품들이 진짜가 아니라면 그것들을 버려야 한다. 교회의 권위 — 그것에 대해 그는 우리에게 교회의 권위는 이단자들이란 무엇인가를 알아야 한다는 문제를 전제할 것이라고 말한다 — 나 양심의 내적 감각이나 도덕적 유용성의 어떤 특징을 내세울 수는 없다. 그것은 순전히 텍스트의 문제, 문헌학의 문제, 역사학의 문제이다. 중요한 것은 오직 진정한 연관이다. 그래서 요한 다비드 미하엘리스는 루가 복음과 마르코 복음을 제외하게 된다. 그리고 이렇게 하면서 그는 기독교에 제대로 봉사하고 있다는 느낌을 갖게 된다. 그의 논리는 다음과 같다. 기독교의 적대자들이 복음에 대해 제기하는 주요한 반대들은 루가 복음에 관계된다. 성 루가를 버리고 또 같은 의심을 받고 있는 성 마르코를 버려라. 그러면 실제로 완전히 해결할 수 없는 모순들을 부각시킬 수 있는 가능성을 그 적대자들에게 제거하면서 그들의 무기를 빼앗을 수 있다.

그러나 그 결말은 기독교의 본질 자체가 한 사람의 신학자에 의해 공격을 받고 수정되었다는 것이다. 사람들은 그가 더 이상 진정으로 기독교인이 아니라고 말했고, 그때 그는 자신이 조롱과 모욕을 받았다고 생각했다. 요한 잘로모 젬러[36]는 바움가르텐의 애제자로 스승에게 끊임없이 찬양과 감사를 늘어놓았다. 인적 관계는 직접적이고, 또한 경력도 동일하다. 그는 1752년 할레 대학에서 신학

교수가 되었다. 그는 대담했고 지적으로 탁월했다. 그의 목소리는 당시의 대논쟁에서 강력한 반향을 불러일으켰다. 그에게 종교는 도덕성이었고, 종교의 역사는 인간 도덕성의 진보의 역사이다. 개인의 특성에 따라 더욱 강렬하거나 덜 강렬한 내면의 삶이자 존재 밑바닥에서 솟구쳐 나오는 샘인 종교는 자발적이고 자유로운 힘이다. 당신이 외부로부터 개입해서 그 힘을 한 방향으로 유도하려 한다면, 당신은 그 본성을 변질시키고 그 에너지의 팽창을 방해하는 것이 된다. 권위는 종교의 가장 커다란 적이다. 그런데 교조주의자들은 무엇을 하고 있는가? 신학자들은 어떻게 행동하는가? 그들은 거꾸로 일한다. 이 근시안을 가진 사람들은 시간에서 흘러가는 순간을, 일시적 사건을 오려 냈다. 소멸할 운명에 처한 문명에서, 유대교와 기독교에서, 단 하나의 종교만을 보기를 원했다. 그 상대적인 가치들에 과감하게 하나의 절대적 성격을 각인시켰다. 이런 것이 그들의 잘못이다. 그들은 종교적 감정의 어떤 일정한 표현을 신성불가침의 종교로 만들었다. 그들은 지역적 형태로부터 결정적인 법을 도출해 내어 그것을 모든 시대 모든 나라에 유일하게 유효한 것으로 선언했다. 변해야만 할 것을 절대 변하지 않을 것으로 만들었다. 그리고 그들의 오해는 다음 수백 년에 걸쳐 영향을 미쳤다. 그것은 마치 모든 사람들의 몸에 영원히 하나의 옷을 입히는 것과 같은데, 오늘날의 유행은 그 옷을 유통시켰지만 내일의 유행은 그 옷을 폐기할 것이다. 마찬가지로 그들은 모든 사람들에게 그 옷을 입혔지만, 그것은 곧 가장무도회를 위한 복장에 불과해졌다. 젬러는

---

36 (역주) Johann Salomo Semler(1725~1791): 독일 교회 사가이자 성경 주석가이며 교회의 자료들과 교의의 역사에 대해 비판했다. 그는 '독일 합리주의의 아버지'로 알려져 있다.

계속해서 말한다. 이는 끔찍한 일이다. 그들은 한 무더기의 규칙과 교훈과 의식들의 무게로 신앙의 본질을 억눌렀다. 그들은 믿음의 심원한 힘인 선한 의지를 외적인 계율의 준수와 낡아 빠진 제례로 바꾸어 버렸다. 바로 이 같은 교회의 지도자들이, 그들이 도달한 한 시점에서, 지역적인 신학과 우연한 신의 현현과 상황에 기인하는 사회조직을 유일한 교의와 구원의 유일한 조건의 반열에 올려 놓았다.

젬러는 정말이지 결코 자신을 신앙이 없는 사람으로 생각하지 않았다. 그는 낡은 학파의 신학자와 정통주의자들이야말로 나쁜 기독교인들이라고 생각했다. 이단 또한 신앙의 임시적인 의복이며 영원한 믿음의 일시적인 표현인데, 그들은 그렇지 않다는 듯이 이단자들을 거리낌 없이 파문했기 때문이다. 기독교의 적은 계시에 대한 모든 생각들을 거부하는 사람들이었는데, 계시는 그가 마침내 그 진정한 의미 — 끊임없이 새로워지는 신과 인간 사이의 소통 — 를 부여했던 하나의 사실로서 남게 될 것이다. 그는 비평의 이름으로 자신이 그 후 어떻게 계시가 이해되기 바라는지를 보여 주었다. 그는 신약 연구에 전념했고, 이런저런 텍스트를 인정하고 다른 이런저런 텍스트를 배제할 특별한 이유도 없고 정전 텍스트들 사이에서 선택할 이유도 없다고 주장했다. 왜냐하면 모든 것들은 어느 정도까지는 역사적으로 설명할 수 있는 신앙의 지역적이고 일시적인 형태를 보여 주고 있기 때문이다. 마찬가지로 그는 자신이 어떤 기존의 입장 없이 실행한다고 생각하는 더할 나위 없이 엄격한 방법에 따라 구약 연구에 전념했는데, 관건이 되는 것은 다름 아닌 유대인의 민족적 작품이라고 선언했다. 성경들은 종교를 계시하기 위해 쓰인 것이 아니다. 왜냐하면 그것들은 영원한 계시의 진실들에 반대하는 주장들을 담고 있기 때문이다. 그런데 그는 언제나 바로 이 영원한 계시로 돌아온다. 유대인들의 신은 자연의 신이 아니며, 유대인들의 진리는 자연법칙에서 나오는 도덕성이 아니다. 유대인들은 영혼의 불멸성을 믿지 않는데, 영혼의 불멸성이라는 생각이 그들에게 생겨난 것은 나중에 외국의 영향을 받은 후 그러니까 바빌론과 페르시아의 유수 이후에서이다. 그러므로 성경을 진리이자 삶으로 제시하고자 하는 것은 이치에 맞지 않는다. 성경은 세월의 흐름을 거슬러 올라가면서 볼 수 있는, 예를 들면 이교도들에게서도 볼 수 있는, 영원한 계시를 반영하는 그렇게나 많은 모습들과 마찬가지로 가치를 갖는 하나의 모습이며 이미지이다. 왜냐하면 이교도들 역시 영원한 진리의 한순간을 반영하고 있으며, 진정한 도덕성이 있을 때면 언제나 그들에게도 진정한 종교가 있었기 때문이다.

제6장

기독교 호교론

기독교가 국가와 이해관계를 같이하는 곳이면 어디서든 국가는 기독교를 구하려고 달려왔다. 스페인에서 불경건한 작품들의 출판은 물론 보급까지도 특히 어려웠다. 왕권 옆에 혹은 그 위에서 종교 재판이 감시하고 있었다. 포르투갈에서도 마찬가지였다. 1739년 10월 18일, 안토니우 주제 다 시우바[1]는 리스본의 화형대 위에서 교수형을 당하고 화형에 처해졌다. 1778년에도 프란시스쿠 마누엘 두 나시멘투[2]가 대홍수를 믿지 않고 원죄의 교리를 조롱했다는 죄목으로 고발되어 투옥되었다. 그는 몰래 빠져나와 겨우 소송을 피했다. 신권에 대한 모든 공격이 대역죄가 되는 프랑스에서는 검열, 출판업자들의 특권, 주교들과 성직자회의에서 선고하는 유죄판결, 고등법원의 개입, 왕의 비준을 통해 봇물처럼 밀려 오는 불신앙을

---

1 (역주) Antonió José da Silva(1705~1739): 식민지인 브라질에서 태어난 포르투갈의 극작가로 유대교를 믿는다는 종교적인 문제로 교수형에 처해졌다.

2 (역주) Francisco Manuel do Nascimento(1734~1819): 포르투갈 시인

저지하려고 시도했다. 분열된 이탈리아에서의 상황은 일정치 않았다. 토스카나는 관대했고 그곳에서는 『백과전서』가 재출판될 수 있었다. 프랑스화된 파르마 대공국도 별로 엄격하지 않았다. 상업도시인 베네치아의 사람들은 상품의 성격에 대해서는 기꺼이 눈을 감았다. 반면 로마는 엄격했고, 피에몬테는 피곤하고 폭력적인 조치들을 취했다. 오스트리아에서 마리아 테레지아는 특히 의심을 품고 있었다. 빈에서 검열 기관은 금서목록의 유통을 금지시켰는데, 그 제목만 읽어도 작품들을 읽고 싶다는 호기심을 가질 수 있었기 때문이다. 그래서 검열 기관은 그 책들의 존재 자체가 알려지지 않는 것이 더 낫다고 생각했다. 철학자들의 활동이 더욱 적극적으로 되어 감에 따라 엄격함도 강도가 더해졌다. 심지어 세기 초에는 눈을 감고 있었던 나라들에서조차 금지와 금제가 심해졌다.

개신교도들 사이에서는 생각을 자유롭게 표현할 수 있다는 합의가 있었다. 그럼에도 불구하고 독일에서 볼프는 할레의 교단과 프로이센 국가들로부터 추방되었고, 에델만은 박해를 받았으며, 요한 로렌츠 슈미트는 투옥되었고, 카를 프리드리히 바르트[3]는 해직되었다. 베를린은 원칙상 모든 도시들 중 가장 관용적인 도시였고, 다른 곳에서 무신앙으로 내몰린 추방된 사람들을 받아들였다. 그러나 신뢰하지 않을 수 없는 증인인 레싱[4]에 따르면 정치가 문제가 되자마자 상황은 완전히 달라졌다. 베를린에서 신앙에 대해서는 원하는 대로 허튼소리를 해 대도 아무런 문제가 없었다. 그러나 정치를 논

---

3 (역주) Karl Friedrich Bahrdt(1741~1792): 독일의 합리주의적 신학자이자 논쟁가

4 (역주) Gotthold Ephraim Lessing(1729~1781): 독일 계몽주의의 대표적 사상가이며 『현자 나탄』을 쓴 극작가이자 조형예술과 시의 본질을 논한 『라오콘』을 쓴 예술비평가로도 유명하다.

할 생각을 하면 이른바 그 자유라는 것이 노예 상태라는 것을 알게 되었다. 심지어 영국에서조차 종종 탄압이 이루어지곤 했다. 1779년까지 가톨릭 신자들은 지속적으로 '관용 헌장'에서 배제되었다.

이러한 사정은 참고 사항으로 유의하고, 만약 기독교가 자신을 방어하기 위해 단지 세속의 도움만을 받아들였다면 자신에게 가해진 비난들 일부에 대해서는 자신이 무죄임을 입증할 수 있었을 것이라는 점은 인정하도록 하자.

철학은 특히 프랑스에서 공론의 문제가 되었기 때문에, 어느 곳에서보다 프랑스에서 철학자들에 반대하는 사람들은 동일한 영역에서 전투를 받아들였고, 적어도 전투를 받아들이려고 시도했다.

그들은 가끔 성공을 거두곤 했다. 그들은 자신들의 적수를 조롱하기 위한 이름을 찾았는데, 그것은 카쿠악[5]이다. 1757년 『카쿠악 족 이야기 L'Histoire des Cacouacs』는 파리에서 유행하기 시작했다. 남위 48도 부근에서 카리브족보다 더 잘 알려지지 않은 종족이 새로이 발견되었다. 카쿠악족은 혀 아래 숨겨진 독을 무기로 삼고 있다. 아무리 부드러운 어조로 말하더라도 그들이 말할 때마다 이 독이 흘러나와 멀리까지 퍼졌다. 그들은 어떤 권위도 인정하지 않았고, 모든 사물의 상대성을 가르쳤으며, 끊임없이 진리란 말을 반복했다. 오만한 그들은 우주를 자신들의 발아래 두었고, 신의 지혜를 경멸하며 '자연'을 신성시했다. 그들은 자신들의 교묘하지만 잘못된

---

5 (역주) 카쿠악(Cacouac)은 1757년경 계몽주의의 반대자들에 의해 백과전서파 작가들을 조롱하기 위한 목적으로 만들어졌다. 이 신조어는 kakos(나쁜)라는 그리스어와 couac(못된)이라는 낱말을 합성하여 만들어졌다.

원칙을 갖고 점점 더 세력을 확장해 나갔다. 그런데 수적으로는 열세였지만 용감한 사람들로 이루어진 민족이 그들에게 전쟁을 선포했다. 전쟁이 시작되었고 카쿠악족은 떠들썩하게 전진했다. 그들은 만약 상대에게 야유라는 가공할 무기가 없었다면 승리했을지 모른다. 야유를 받은 카쿠악족은 지리멸렬하게 패주했다.

몇몇 말들은 정곡을 찔렀다. "카쿠악족의 말을 믿는다면, 그들의 기원은 사다리를 타고 하늘을 공격하고자 했던 거인족까지 거슬러 올라간다." "카쿠악족은 모든 측면에서 자연을 연구했다. 그들은 사원을 세우지 않았는데, 그것이 종교의식처럼 보일지 모르기 때문이기도 하고 또 알아야 하지만 경배해서는 안 된다는 원칙을 거인족이 그들에게 부여했기 때문이기도 하다." 그들이 쓴 책들 중 하나라고 추정되는 책의 제목은 『종교가 없어도 지낼 수 있는 사람들을 위한, 그리고 신이 아무것에도 관여하지 않는다는 조건으로 신을 인정하는 보편 종교 초안』이다. 자콥 니콜라 모로[6]가 『유용한 의견 *Avis utile*』과 『카쿠악족 이야기에 유용한 새로운 연구 보고*Nouveau mémoire pour servir à l'histoire des Cacouacs*』에서 취한 방식의 예를 보면, 그는 그들을 과장하기 위해 디드로가 쓴 「젊은이여, 이 책을 잡고 읽으시오」처럼 익살스러움과 패러디와 잘 고른 인용문을 덧붙였다. 그는 성공을 거두고 여러 사람들이 그를 모방했으며 철학자들의 분노를 샀다. 철학자들은 적절히 조롱을 사용하기를 원했지만 사람들이 그들에 대항해 조롱을 사용하는 것은 용납하지 않았다.

---

6 (역주) Jacob Nicolas Moreau(1717~1803): 프랑스의 역사가이자 사료편찬가로 구체제의 열렬한 옹호자였다.

곧 그들은 무대 위로 올려졌다. 팔리소[7]가 「철학자들 Les Philosophes」(1760)이라는 희극에서 어떻게 그림, 엘베시우스, 디드로, 마드무아젤 클레롱,[8] 장-자크 루소[9]를 희화화했는지 모든 사람들에게 알려졌는데, 네 발로 걸어서 무대 위로 등장해 주머니에서 상추 한 장을 꺼낸 장-자크 루소는 특히 웃음거리가 되었다. 반면 이에 대한 저항과 역습의 작업 전체는 사람들에게 덜 알려졌다. 아브라암 쇼메[10]는 『백과전서』를 공격했는데, 그것은 그에게 필생의 십자군 운동이었다. 그는 능란하고 격렬한 입담을 총동원하여 『백과전서』의 약점들을 파악해 공격하고 그 전체에 생명력을 불어넣는 정신을 희화화했다. "나는 디드로 씨가 스타킹을 만드는 일이나 셔츠를 재단하는 다양한 방식들에 대해 정확한 묘사를 했는지 알려고 애쓰지 않았다. 그러나 나는 『백과전서』가 인간과 인간의 본성, 목적, 행복에 대해 내게 어떤 생각을 부여하는지 시간을 들여 꼼꼼히 생각했다." 또 그는 엘베시우스의 『정신론』을 격파했는데, 그는 유리한 입장에 있었다. 랭게[11]는 견디기 힘든 타격을 가했다. **철학?** "그 이름은 지혜의 사랑을 의미한다. 철학은 자랑스럽게 그 뜻을 자기 것으로 삼았다. 마치 사람들이 자신들의 행동과는 아무런 관계가 없는 상징들을 자신들의 문장에 채워 넣는 것처럼 말이

---

7 (역주) Charles Palissot de Montenoy(1730~1814): 프랑스의 극작가로서 볼테르의 예찬자이자 제자였지만 모순적이게도 반계몽주의적 입장을 취하여 디드로와 백과전서파를 공격했다.

8 (역주) Mademoiselle Clairon(1723~1803): 프랑스의 유명한 여배우

9 (역주) Jean-Jacques Rousseau(1712~1778): 제네바 출신으로 프랑스에서 활동한 작가이자 철학가

10 (역주) Abraham Chaumeix(1730~1790): 프랑스 비평가

11 (역주) Simon-Nicolas-Henri Linguet(1736~1794): 프랑스의 변호사이자 작가로 철학자들과 얀센주의자들에 반대했다.

다. 종종 비겁한 사람이 자신의 가문에 사자를 그려 넣는다." "종교적 광신은 대지를 피로 물들였지만 철학적 광신은 사람들로부터 힘과 미덕을 앗아 갔다." "토론하고 권력자들의 권리를 검토하고 미덕과 악덕에 관해 이야기하는 따지기 좋아하는 철학자는 너무 겁쟁이어서 복종할 줄 모른다. 그가 주장하는 이른바 계몽의 빛에 의해 시들은 그의 마음은 단지 두려움에만 민감하다. 조국, 명예, 의무라는 말에 환멸을 느끼고, 그 말들과 그 말들의 관계를 분석하는 데 익숙한 그는 더 이상 그 말들이 갖는 힘도 감미로움도 알지 못한다."

가장 전투적이었던 것은 프레롱[12]이다. 브르타뉴 출신으로 고집불통이었던 그는 매번 자신의 실패를 딛고 일어섰다. 그는 여기저기서, 되도록이면 권력자들을 상대로 주먹을 날려 바스티유, 뱅센, 포르레베크 감옥에 갇혔고 풀려 나면 거의 숨 돌릴 겨를도 없이 다시 전의를 가다듬었다. 그가 출간한 『백작부인의 편지 *Lettres de la Comtesse*』, 『작금의 몇몇 글들에 관한 편지 *Lettres sur quelques écrits de ce temps*』는 출판이 정지되었다. 그러나 그는 아랑곳하지 않고 《문학연감 *L'Année littéraire*》을 쓰기 시작했고 싫든 좋든 죽을 때까지 그것을 끌고 나갔다. 그는 평범한 사람이 아니었다. 그는 필력이 좋았고, 문학적 감수성과 취향이 있었다. 그는 새로운 것들을 좋아했으며, 사회의 악을 보았고 개혁을 요구했다. 삶의 쾌락을 즐겼고, 관대했고 심지어는 낭비벽이 있던 그의 성격 또한 평범하지는 않았다. 그는 철학자와 마주치면 곧 격노했다. 그들 중 어떤 사람의 이름도 그의 글에서 빠지지 않았다. 그는 심지어 볼테르마저 겁내지 않았다. "비겁한 놈들이 배반하면서 가했던 상처들이 투지

12　(역주) Élie Catherine Fréron(1718~1776): 18세기 프랑스의 비평가이자 논쟁가로서 볼테르와 사이가 좋지 않았다.

를 꺾기는커녕 오히려 불타오르게 만드는 격투기 선수의 열정을 갖고 나는 다시 경기장에 들어섰다." 그는 자기를 기다리고 있는 것이 욕설, 집요한 독설, 골탕 먹이기, 복수라는 것을 알고 있었지만, 이러한 보복을 유발시키는 데서 즐거움을 느꼈다. 그는 완수해야 할 사명이 있었다. 철학자들은 기독교가 위안을 주는 데 반하여 자신들이 혼란과 환멸과 절망을 주고 있다는 사실을 알아차리지 못하는 것처럼 보였다. 바로 프레롱이 그들의 오류를 고발할 것이다. 그는 신의 굴레에서 벗어난 민족이 그 후에 계속해서 인간의 굴레를 견뎌 낼 수 있다고 철학자들이 생각한다면 그들은 미쳤다는 것을 그들에게 보여 주게 될 것이다. 그는 전통에서 유익한 것을 수호하려고 했다. "우리 시대보다 더 선동적인 작가들이 넘쳐흐른 시대는 없었다. 이들은 시인 리니에르[13]를 본받아 오직 신에 반대할 때만 재치가 있다. 그들은 자신들이 인류의 사도라고 자처한다. 그러나 그들은 자신들로부터 이 삶의 고통을 누그러뜨릴 수 있는 유일한 희망을 빼앗는 것이야말로 나쁜 시민이 되는 것이며 사람들에게 실제적인 악을 행하는 것이라는 사실을 알지 못한다. 그리고 그것이 사회의 질서를 전복시키고, 가난한 사람들과 약자들로 하여금 부유한 사람들과 강자들에 대해 분노를 품도록 자극하고, 법률만큼이나 신성한 제약에 묶인 수백만의 사람들의 손에 무기를 쥐어 주는 일이라는 것을 알지 못한다…… 종교에 대한 이렇게 경멸할 만한 증오심은 게다가 정신의 힘보다는 오히려 정신의 나약함을 표시한다. 만약 사람들이 내심으로 종교를 두려워하지 않는다면 종교에 반대

---

13 (역주) François Payot de Linières(1628~1704): 프랑스의 시인으로 방종한 노래들과 풍자가요들을 썼다. 당대의 비평가 부알로는 그를 방탕하고 반종교적이라고 비난했다.

해서 말하지도 않고 글도 쓰지 않을 것이다. 종교를 풍자의 대상으로 삼는 산문가들과 시인들은 도적들이 무서워 있는 힘을 다해 노래하면서 두려움을 감추며 떨고 있는 여행자들과 비슷하다."

철학자들의 반대 진영에 속한 사람들은 철학자들이 낡은 집에 불을 밝힌다고 하면서 신중하지 못하게 불을 질러 놓은 꼴이라고 생각했다.

만약 우리가 당시 유행하던 상상력을 이용해서 책장들이 공중에 난무하고 책 표지들이 서로 부딪치는 책들의 전쟁을 묘사하고자 원한다면, 그것이 우리에게는 쉬울 것이다. 왜냐하면 그것은 거의 비유가 아니라 사실이었기 때문이다. 종교에 반대하는 작품들이 그렇게나 많이 출간된 적도 없었지만, 종교를 옹호하는 책들이 그렇게나 많이 출간된 적도 없었다. 당시 사람들은 그런 책들로만으로도 도서관을 몇 개 만들 수 있었을 것이라고 말했다. 유럽 어떤 나라에서 발간되든 당시 신문들에서 공격적인 논설들보다 더 넓은 지면을 차지한 논설의 부류가 하나 있었는데, 그것은 기독교를 옹호하는 논설의 부류였다.

다른 반대자들은 유물론을 옹호하기 위해 고대인들을 내세웠는데, 호교론자들은 그 고대인들을 반박했다. 다른 반대자들은 세상의 모든 자유사상가들에게 도움을 청했는데, 마찬가지로 호교론자들은 저명한 신앙의 옹호자들을 내세웠다. 그들은 사람들의 영혼을 주님에게 데려오기 위해 보쉬에의 위대한 음성을 되살려 냈다. 사람들이 성경을 공격한 반면, 동 칼메[14]는 성경을 옹호하기 위해 일

---

14 (역주) Antoine Augustin Calmet(1672~1757): 프랑스의 베네딕트파의 승려

생을 바쳤다. 모세 5경이 모세에게서 나온 것이 아니라는 말이 있었던 반면, 이에 대해 의사인 아스트뤼크[15]는 그 책이 서로 다른 출전을 드러내는 것처럼 보이는 것은 정말 진실이라고 대답했다. 거기서는 신을 엘로힘이라고 부르는 전통이 보이는가 하면 신을 여호와라고 부르는 전통이 보이기도 한다. 그리고 만약 원한다면 여전히 또 다른 전통들을 볼 수도 있다. 그러나 모세가, 말하자면 그에게로 흘러 들어간 여러 회고록을 갖고 작업했다는 사실을 받아들인다면 상이점들은 사라진다. 반대자들이 애용하는 논거들 중의 하나는 유대 전통에서 보이는 정신적 가치들이 다른 동방종교들의 영향력에서 나왔다는 주장이다. 그러므로 이에 대해 역으로 사람들은 이교의 위대한 우화들과 예배와 신비는 단지 히브리의 역사와 관습과 전통의 변질된 모방에 불과하다는 것을 입증하게 될 것이다. 몇몇 비평가들은 교회의 초기 건립사와 교회 전통의 전부를 깎아내렸다. 그때 플뢰리 신부[16]의 『교회사 *Histoire ecclésiastique*』가 나왔는데. 알피에리[17]는 자기가 젊었을 때 그 36권 전부를 읽었다고 말하곤 했다. 그리고 루터파에서는 톨런드의 적수인 모스하임[18]의 대작인 『고대와 근대 교회사 강요 4권 *Institutionum historiae ecclesiasticae antiquae et recentioris libri quatuor*』(1726)이 등장했다. 철학자들은 이단적 작품들의 전집에서 그들의 부정적 논거를 끌어왔다. 그러므

---

15 (역주) Jean Astruc(1684~1766): 프랑스의 의사이자 살롱 운영자였던 탕생 부인의 애인으로 유명하다.

16 (역주) Claude Fleury(1640~1723): 프랑스의 교회사 학자

17 (역주) Vittorio Amedeo Alfieri(1749~1803): 이탈리아의 시인이자 극작가

18 (역주) Johann Lorenz von Mosheim(1694?~1755): 독일 신교 교회의 신학자이자 역사가

로 신자들이 확신을 강화하기 위해 찾을 또 다른 전집들과 또 다른 선집들이 출간될 것인데, 요한 알베르트 파브리시우스[19]의 『기독교의 진실을 입증하는 논거 선집과 성경 실라버스*Delectus argumentorum et Syllabus Scriptorum qui veritatem religionis christianae... asseruerunt*』(1725)를 예로 들 수 있다. 이단들은 대학을 통해 퍼져 나갔지만, 대학의 연설과 논술과 학위논문은 학생들을 다시 정통 교리로 돌려보냈다.

어떤 시도든 그것은 항상 반작용을 불러일으켰다. 소치니 학파를 공격하고 이신론자들에게 전쟁을 선포하고 무신론자들의 씨를 말리자. 악의 씨는 로크에게서 나왔으니, 이 철학자를 철학을 통해 반박하자. 사람들은 기하학적 증명에 대해서만 말하니, 기독교의 진리를 기학학적으로 증명하자. 정기간행물에 대해서는 정기간행물로, 편지에는 편지로, 사전에는 사전으로, 시에는 시로 대응하자. **기독교 철학, 복수한 종교**…….

호교론은 우선 자기 자신의 입장을 강화하고 전통적인 논거를 주의 깊게 검토하려고, 말하자면 스스로 확신을 갖고자 애썼다. 호교론자들은 교부들과 과거의 위대한 신학자들의 책들을 다시 읽었고, 자신의 내부 역량을 끌어 모았다. 수아송의 주교인 피츠 제임스[20]는 1750년 9월 29일 몽테스키외에게 다음과 같이 편지를 썼다. "악의 뿌리를 근절하기 위해서는 완전히 무너져 버린 신학 교육을 부활하고 종교를 잘 알고 옹호할 수 있는 성직자들을 양성하기 위해

---

19 (역주) Johann Albert Fabricius(1688~1736): 독일의 고전 학자이자 성경 연구가

20 (역주) François, duc de Fitz-James(1709~1764): 프랑스의 고위 성직자 이자 신학자

힘쓰는 것을 심각하게 고려해야 할 것입니다. 기독교는 너무나 아름다워서 저로서는 기독교를 알면 반드시 사랑하게 될 것이라고 생각합니다. 기독교에 대해 신성모독적인 말을 하는 사람들은 그들이 기독교를 모르기 때문입니다. 우리가 보쉬에, 파스칼, 니콜,[21] 페늘롱 같은 호교론자들을 다시 살려 낼 수 있다면, 그들의 교리와 그들의 인격만을 생각하는 것만으로도 천 번의 검열보다 더 많은 효과를 거둘 수 있을 것입니다."

그래서 호교론자들은 아직도 스콜라철학의 언어를 알아듣는 사람에게는 스콜라철학의 언어로 말했지만, 그것을 알아듣지 못하는 사람에게는 다른 언어로 말할 줄 알았다. 이성은 왜 안 되겠는가? 이성과 종교가 반드시 적이 되어야만 할까? 반대로 교회는 항상 그 둘을 결합시켰다. 우리는 사물에 대해 우리가 갖고 있는 관념에 따라서만 대상을 인식할 수 있으며, 우리의 판단은 우리의 관념이 명석한 만큼만 확실하다. 동의한다. 그렇지만 애매하고 제한적이고 종종 부정확하기도 한 우리의 관념이 도달할 수 없는 영역이 있다는 사실을 아무도 부인하지 않는다. 신이 우리를 속일 수 없다는 것은 모든 이신론자들이 쉽게 동의하는 사실이다. 그런데 신은 우리에게 믿음을 제외하고 다른 방식으로는 우리가 접근할 수 없었을 진리들을 계시했기 때문에, 우리는 그 진리들을 믿어야만 한다. 그러므로 신비에 대한 믿음은 결코 이성에 반하는 것이 아니다. 반대로 이성은 우리에게 신의 권위에 이렇게 복종하라고 명한다. 그래서 당대의 가장 왕성한 호교론자들의 한 사람인 베르지에 신부[22]는

---

21 (역주) Pierre Nicole(1625~1695): 프랑스 얀센주의파의 주요 저술가들 중 한 사람

22 (역주) Nicolas-Sylvestre Bergier(1718~1790): 프랑스의 신학자

독자들에게 성 바울의 **이성의 봉사**[23]라는 말을 환기시킨다.

사실들, 그것들은 왜 안 되겠는가? 호교론자들은 침묵을 지켜서
는 안 된다. 또한 억압이 아니라 설득과 자비와 부드러움을 사용해
야 한다. 왜냐하면 자발적인 종교 이외에 진정한 종교란 없으며, 인
간의 어떠한 힘도 난공불락인 자유의 성채를 무너뜨릴 수 없기 때
문이다. 그러므로 호교론의 의무는 반대자들의 논거를 듣고 그들에
게 그들 자신의 생각에 맞추어 대답하는 것이다. 또 다른 저자인 우
트빌 신부[24]가 이러한 태도를 취했는데, 1722년 출판된 그의 저서
『사실들에 의해 입증된 기독교*La Religion chrétienne prouvée par
les faits*』는 세기말까지 여러 번에 걸쳐 재판을 찍었다. 그는 올바른
방법에 따라 사실들의 확실성을 보증하는 특징들을 정립하려고 공
을 들었다. 그다음에 기적들이 ─ 성경이 기술하고, 그것을 직접 눈
으로 보거나 그 시대에 살던 진지하고 진실한 증인들에 의해 알려
지고 공개된 사실들에 관계하고, 그 이후의 사실들과 연관이 있으
며, 심지어 그것들을 부정하는 것이 이익이 되는 사람들까지도 인
정한 ─ 반박할 수 없는 사실들의 특징을 갖고 있으며 그 사실들 앞
에서는 굴복할 수밖에 없음을 입증했다. 자연법칙들과 모순이 되든
그렇지 않든 사람들은 그 기적들을 받아들여야만 했다. 게다가 그
것은 단지 우리의 나약한 지성에만 모순으로 보였을 뿐이며, 만물
의 연관관계를 볼 수 있고 우리에게는 대립적인 것들을 하나로 융
합할 수 있는 신의 지성 앞에서 모순은 사라졌다.

---

23 『기독교 호교론*Apologie de la religion chrétienne*』, 5장, 1769. 같은 저자
　　의 『이신론 자체에 의해 반박된 이신론*Le Déisme réfuté par lui-même*』,
　　1765를 볼 것.

24 (역주) Claude François Alexandre Houtteville(1686~1742): 프랑스의
　　성직자

사실들, 이성, 그리고 또 다른 힘. 그 힘은 사실들을 관찰하는 이성에서 생겨나지만 후에 이성을 초월하여 열광과 감정이 된다. 사람들은 그때 자연의 경이로움을 발견했다. 질서에 따르는 그 연속적인 힘, 무한히 큰 것과 무한히 작은 것을 다스리는 그 조화, 존재들과 사물들에 산재한 그 아름다움, 이것들은 우리의 감사가 그 창조주까지 올라가야 한다고 요구하지 않는가? 그저 현상들을 관찰하는 것은 신을 정당하게 평가하는 데 충분하지 않을 것이다. 찬가가 신에게까지 올라가도록 하라! 단지 신의 현존만을 확인하는 것으로는 너무나 부족하다. 지성의 동의하에 감동하는 심성이 말하도록 하는 것이 합당하다. 영국에서는 더햄[25]이, 그리고 얼마 안 되어 네덜란드에서는 니에우벤티트[26]가 이러한 감사의 행위, 이러한 감정의 분출, 이러한 서정적 폭발을 시작했다. 그 신호는 이를 요구하고 있었던 정신의 소유자들에 의해 매우 신속하게 감지되어서 점점 퍼져 나갔고, 곧 유럽의 모든 나라들은 자국의 언어로 창공이 주의 영광을 노래한다는 말을 되풀이했다. 제목은 다양했지만 감정은 모두 같았다. 우리는 이성의 분야만을 다루기 때문에, 여기서 우리가 그 역사를 늘어놓을 필요는 없겠다. 그러나 이러한 감정은 바로 합리적 검증에서 도출된 것이며, 호교론은 그것을 활용했다. 선과 아름다움으로부터 호교론은 진리를 위한 논거를 끌어왔다. 1741년이 되자마자 『아름다움에 대한 시론*Essai sur le beau*』에서 앙드레

---

25 (역주) William Derham(1657~1735): 영국의 성직자이자 자연주의 철학자

26 (역주) Bernard Nieuwentijt(Nieuwentydt)(1654~1718): 네덜란드의 의사이자 물리신학자로 자연에서의 질서와 조화와 섭리를 증명하려고 노력했다.

신부[27]는 무명의 작가들에게서 뿌리를 내리고 사건들과 사람들의 영향으로 완숙해져 마침내 『기독교의 정수 Génie du Christianisme』[28]에 이르게 될 생각을 표명한다. "우리는 기독교 철학자에게 어울리게 신에 대해 말했다. 우리는 도처에서 지고한 신에 관계된 종교와 믿음의 매우 긴밀한 일치를 보여 주면서 신의 존재를 증명했고 그의 본성을 설명했으며 그의 활동을 묘사했다. 어떤 때는 훨씬 깊이 있게 신 자신 안에서 신을 관조하면서, 우리는 자연의 경관으로서 나타나는 신성보다 더 위대하고 더 감탄스럽고 더 무서운 것이 없다는 사실을 보기도 했다. 또 어떤 때는 신이 우리에 대해 어떻게 행동하고 있는지를 더욱 가까이에서 지켜보면서, 바로 이러한 신성의 경관보다 더 훌륭하고 더욱 사랑스러운 것은 없다는 사실을 알기도 했다. 우리로서는 그것을 보는 것보다 설명하는 것이 더 어렵다."

영국 성공회의 호교론자들은 분투했다. 버클리[29]는 경기장으로 내려가서 자신이 위대한 철학자들이라고 믿는 '삼류 철학자'들을 건드렸다.[30] 신앙이 없는 사람들은 너무 멀리 그리고 너무 빨리 나갔

---

27 (역주) Yves-Marie André(1675~1764): 예수회 신부로 철학자이자 작가

28 (역주) 낭만주의의 선구자 샤토브리앙Chateaubriand의 저서로 1802년 출간되었다.

29 (역주) George Berkeley(1685~1753): 아일랜드의 경험주의 철학자로 정신적인 것을 제외한 모든 것은 감각기관에 의해 지각되는 경우에만 존재한다고 주장했다.

30 『알키프론 혹은 하찮은 철학자; 자유사상가라 불리는 사람들에 반대하는 기독교 호교론을 포함하는 일곱 편의 대화 Alciphron, or the minute Philosopher; in seven Dialogues, containing an Apology for the Christian Religion, against these who are called Freethinkers』, 런던, 1732.

다. 스위프트는 그들에게 기독교를 공격할 수는 있지만 없앨 수는 없다고 말했다. 한 무리의 사람들은 기독교가 단지 거짓이며 심지어 더 이상 탐구 주제가 될 가치도 없으며, 기독교가 오랫동안 사람들의 즐거움을 방해했기 때문에 마치 보복처럼 그것을 비웃기만 하면 된다고 주장했다. 그런데 그것은 기독교를 포기할 이유가 되지 못했다. 그것은 차라리 그 진정한 가치를 복원시켜야 할 이유였다. 선량한 기독교인들을 비웃고 그들을 당황하게 만드는 것이 유행이었다. 시대에 적합한 이유들을 통해 사람들은 그들을 안심시키고 그들에게 신앙의 진실에 대한 신뢰감을 돌려주게 될 것이다. 소송이 있었기 때문에 사람들은 심판하게 될 것이다. 이것은 비유가 아니었다. 왜냐하면 피고인들 중의 한 사람인 셜록 주교는 재판관과 배심원단과 배심원장이 등장하는 정식 소송을 제기할 생각을 품었기 때문이다. 이 소송은 런던이나 지방에서 사람들이 매일 보는 소송과 비슷했는데, 차이가 있다면 법정에 선 증인들이 예수의 부활을 주장하는 사람들이라는 사실이었다.[31]

재판관: 배심원 여러분, 저는 여러분에게 양쪽의 논거를 막 요약 설명해 드렸습니다. 이제 여러분은 이 점에 대해 숙고하시고 판단을 내리셔야 합니다.
(배심원단이 심의한 후 배심원장이 일어나서 말한다.)
배심원장: 재판장님, 우리는 판결을 내릴 준비가 되었습니다.
재판관, 배심원들을 향해: 여러분은 합의가 되었습니까?
배심원들: 예.

---

31 『예수의 부활을 목격한 사람들에 대한 재판 *The Trial of the Witnesses of the Resurrection of Jesus*』, 런던, 1729.

재판관: 어느 분이 발언하시겠습니까?

배심원들: 배심원장이요.

재판관: 그러면 당신 의견은 어떻습니까? 사도들은 예수의 부활
  에 대해 위증의 죄가 있습니까, 없습니까?

배심원장: 무죄입니다.

성경 해석학자들, 신학자들, 역사가들, 설교 작가들 중 두 사람이 부각된다. 글로스터의 주교인 워버턴[32]은 특이한 성격의 소유자였다. 강력하고 거칠었으며, 엄청난 독서가에 엄청나게 일을 많이 했고 엄청나게 논쟁을 좋아하는 사람으로, 교단에 들어오기 전 소송법을 공부했고 소송에 대한 실제 경험을 꽤 갖고 있었다. 근대적이었던 그는 로크에게서 새로운 철학을 배우고 벨에게서 회의주의에 대해 배우는 것을 겁내지 않았다. 역설을 즐기는 그는 자기 나름의 방식을 갖고 있었는데, 그는 적수들에게 모두 동의하는 것처럼 보이다가 그들이 승리했을 때 기습적으로 그들을 격퇴시켰다. 예를 들면 그의 저서 『교회와 국가의 동맹*Alliance between Church and State*』(1736)이 그렇다. 교회는 별도의 집단으로 국가에 대해 권리가 없다. 또한 별도의 집단인 국가도 교회에 대해 권리가 없다. 이 최초의 주장에 대해 영국 성공회 반대자들은 즐거워하지 않을 도리가 없었을 것이다. 그리고 철학자들은 바로 성직자 내부에서 새로운 친구를 찾았다고 믿지 않을 도리가 없었을 것이다. 그러나 워버턴은 계속해 말한다. 종교는 국가를 필요로 한다. 또한 국가는 타락하기를 원치 않는다면 종교를 필요로 한다. 국가는 국가의 공복들에게서 국가의 안정성을 보장하는 원칙들, 예를 들면 선과 악 사이

---

32 (역주) William Warburton(1698~1779): 영국의 학자이자 성직자

의 자연적이고 본질적인 차이를 부인하는 것을 용인할 수 없을 것이다. 국가가 그들로부터 이러한 보장을 요구하는 것은 합법적이다. 이 양자의 권력에서 복종 관계는 없지만 확고한 동맹 관계는 존재한다. 그리고 워버턴은 끝에 가서 자연법과 인권이라는 기본적 법칙의 이름으로 공인된 종교를 옹호했다.

그가 2년 후 발표한 『신의 사절 모세 *The Divine Legation of Moses*』라는 작품은 훨씬 더 시끄러웠다. 누구라도 유능한 입법자는 종교와 세속 정부를 건립할 때 변덕스럽게 되는대로 행동하기는커녕 자신의 이유와 목적을 갖고 있다는 전제를 받아들일 것이다. 보통의 종교가 유지되기 위해서는 미래 상태에 대한 믿음이 필요하다. 보통의 정부는 사회가 잘 돌아가기 위해 상벌 원칙에 대한 믿음이 필요하다. 그런데 미래 상태에 대한 믿음이나 상벌의 원칙이 모세의 법에는 들어가 있지 않다. 모세가 유능한 입법가라는 사실이 틀림없다고 가정하면 이로부터 어떤 결론을 끌어낼 것인가? 그는 일상적인 가치, 순전히 인간적인 종교만으로도 충분한 가치에 근거를 둔 것이 아니라 특별하고 예외적이고 초인적이고 신적인 가치에 근거를 두었다……. 워버턴의 삼단논법이 설득력이 있다는 것은 반박될 수 있을 것이다. 그런데 그것이 효력이 있었다는 것은 볼테르의 응수가 넉넉히 증명하는 바이다.

장로교파 아버지로부터 태어나 성공회 주교로 죽은, 그리고 영국 성공회 반대자로 출발해 영국 성공회 준봉주의자로 끝을 맺은 조지프 버틀러[33]는 완전히 다르다. 그가 이렇게 바뀌게 된 것은 야망 때문이 아니었다. 왜냐하면 그는 소박하고 검소했으며, 허영이나 과시가 없었기 때문이다. 그는 삶에서 진리를 추구하고 기독교

---

33 (역주) Joseph Butler(1692~1752): 영국 국교회의 주교이자 철학가

의 미덕을 실천하는 것 외에 다른 목적이 없었다. 그는 자연과 이성을 출발점으로 받아들였다. 사람들은 로크를 따라 인간의 정신이 관찰할 수 있는 것을 넘어서는 것은 어떤 것도 받아들이기를 원치 않았기 때문에, 그는 경험주의를 자신의 논증의 기초로 삼았다. 이로 인해 그는 시의적절하게 호기를 잡고 힘을 발휘하여, 그의 책 『자연적이며 동시에 계시된 종교가 자연의 구성과 운행에 대해 갖는 유사성 *The Analogy of Religion, Natural and Revealed, to the Constitution and Course of Nature*』(1736)이 엄청난 성공을 거두게 되었다.

그는 가장 높은 차원의 진리는 분명히 증명할 수 있는 확실성이지만 일상적인 삶에서 우리가 사용할 수 있는 수단은 그러한 확실성이 아니며 우리는 개연적 확실성에 만족해야 한다고 말했다. 그에 따르면 개연적 확실성은 가벼운 추측에서 시작하여 점점 더 확실성의 정도가 강해지면서 가장 강력한 심증적 확신으로 진행된다. 우리는 1월 어느 특정한 날 영국에 안개가 낄 것이라고 추측할 수 있다. 1월 어떤 날 동안 안개가 낄 것이라면 더욱 개연성이 높아진다. 겨울 동안 안개가 낄 것이라는 것은 심증적으로 확실하다. 바다의 밀물과 썰물을 관찰하고 동일한 현상이 다시 일어날 것이라고 주장하는 사람은 단지 가정을 말하고 있다. 그러나 밀물과 썰물은 며칠, 몇 주, 몇 달, 몇 년, 몇 세기 동안 일어났기 때문에 우리는 내일 그것이 일어나리라고 확신을 갖고 말할 수 있다. 이러한 추론은 원인과 결과 전체를 알 수 있는 완벽한 지성에게는 가치가 없겠지만 적어도 우리 인간의 한정된 지성에는 가치가 있다. 사실 경험이 입증하듯이 유사성은 우리의 판단을 결정하고 우리의 행위를 지배한다.

그것은 마찬가지로 자연종교의 정당성을 보장한다. 영혼의 불멸성에 대한 믿음을 최대한 단순화하면 그것은 결국 기지(既知)의 상태에서 미지의 상태로의 이행이다. 그런데 이러한 이행이라는 관념은 우리 눈앞에서 일어나는 바와 같은 자연의 작용과 일치하지 않는가? 번데기가 나비로 바뀌고, 기어 다니는 것들이 날개가 달린 것들이 되고, 벌레들이 고치를 뚫고, 새끼 새가 알 껍질을 깨고 가장 놀라운 변화를 겪는 것처럼 말이다. 마찬가지로 혹은 유사하게, 우리 인간도 육체적 죽음 이후 새로운 삶으로 들어갈 가능성이 있다. 종교는 우리로 하여금 처벌받는 고통을 두려워하고 미덕을 보상받는 즐거움을 기대하게 한다. 자 그렇다면, 우리가 방탕하면 좋았던 건강이 일정 기간을 지나서 나빠지고 우리의 행동이 반듯하면 마침내 힘과 건강을 얻는 것과 마찬가지로 우리가 창조주에 대해 죄를 지으면 그것은 고통으로 나타날 것이고 우리가 도덕법을 준수하면 그것은 즐거움으로 나타날 것이라는 점은 가능하고 개연성이 있고 심증적으로 확실하다.

계시종교 — 그것은 우리 내면에 있는 정확성에 대한 욕구를 충족시킨다는 점에서만 자연종교와 다르다 — 에 대해 말하면, 신앙이 없는 사람들이 부딪치는 장애물은 그리스도의 중재이다. 중재, 아직도 그것은 우리 삶을 지배하고 우리가 고맙게 받아들이는 사실들 중 하나가 아닌가? 모든 피조물들은 다른 피조물들의 매개를 통해서 태어나고 그것들로부터 영양을 공급받고 보살핌과 보호를 받는다. 우리에게 모든 필요는 다른 피조물들을 통해 충족된다. 그러므로 인간과 신의 중재자가 왔다는 것, 우리의 더러운 죄를 씻어 주시기 위해 강생한 그리스도가 왔다는 것은 유추를 통해 예상을 하고 믿어야 한다.

이러한 설득력 있는 목소리는 신앙인들의 마음에 들었다. 왜냐하면 그들은 이를 통해 자신들이 시대에 뒤처진 사람들이 아니며 자신들 역시 항상 원했던 근대인이라는 이름을 요구할 수 있다는 말을 들었기 때문이다. 또한 이 목소리는 신앙이 없는 사람들이 그로부터 그들 자신의 특징들 중 몇몇을 다시 본다는 점에서 그들을 깜짝 놀라게 만들었다. 그것은 유일하게 올바른 것으로 제시된 방법인 관찰과 경험을 따른 추론이었다. 더럼의 주교인 조지프 버틀러는 대중에게 일종의 철학적 안도감을 제공했다는 것에 대해 만족해했다. 진실로부터 따온 가정은 너무 강력해 보여 이신론은 자신이 졌다고 생각해야만 했다.

여기서 아직 역사에 기입되지 않았던 새로운 현상, 당시의 언어를 사용해 말하면 '계몽된' 기독교가 엿보인다. 이는 완전히 유럽적 운동이자 기독교적 운동으로, 기독교에서 그 주변을 둘러싸고 형성되었던 표피층들을 제거하고, 아무도 더 이상 기독교를 몽매주의라고 비난할 수 없을 정도로 그 교리 내에서 매우 자유주의적인 믿음을 제공하며, 아무도 더 이상 그 실천적인 효용성을 부정할 수 없을 정도로 그 도덕 내에서 순수한 믿음을 제공하는 경향을 보였다. 이는 일종의 타협이 아니라 18세기 동안 문명의 기초를 이루었던 동일한 가치들이 여전히 가치 있고 영원히 가치가 있을 것이라는 확고한 자신감이었다.

이 위대한 노력을 개략적으로나마 기술하려고 한다면, 아리스토텔레스주의는 다른 세대에 속한다는 사실을 이해하고, 이전 세대가 추방했던 데카르트를 수용하고 그에게 영혼의 정신성을 옹호하는 논거를 요구했던 사상가들을 상기하는 일부터 시작해야 할 것이다. 이들은 신앙을 실천하면서도 로크를 찬양하던 기독교 사상가들로, 로크의 불가지론을 따르기를 거부하면서도 그가 발견했던 풍부한 심리학적 사실들을 이용했다. 가장 뛰어난 학자들을 예로 들자면 라구사의 보스코비치 신부,[34] 스위스의 할러[35]와 보네,[36] 파리의 레오뮈르,[37] 독일의 오일러[38]가 있는데, 이들은 실험적 방법이 무신앙으로 이르기는커녕 궁극 목적성의 관념을 강화시킨다는 것을 보여주었다. 도덕론자들도 예를 들 수 있는데, 이들은 군주에게 그의 권력의 기초가 오직 더욱 엄격한 의무에 세워져 있음을 상기시켰고, 일찍이 철학자들이 군주로부터 요구한 것보다 훨씬 더 많은 것을 요구했다. 현자이자 독신자인 무라토리[39]가 그랬는데, 그는 삶을 관찰하지 못할 정도로 그렇게 현학에 빠지지 않았고, 때때로 의심의 유혹을 받기도 했지만 자신의 교의를 안식처로 삼았다. 통치자들은 오직 국가의 이익만을 염두에 두어야 하며, 악을 저지르는 것을 금지하고 모든 사람들의 이익에, 심지어 그들 적의 이익에까지 기여할 것을 명령하는 신의 법률, 즉 '다른 사람들에게 그들이 당신을 위해 했으면 하는 것을 행하라'는 황금률을 모든 사안에서 따라야 한다. 왜냐하면 이데올로기적 논설이 별로 없어서 사회적 고통을 치유하는 가장 좋은 방법은 여전히 자비였기 때문이다. 그리고

---

34 (역주) Roger Joseph Boscovich(1711~1787): 라구사 출신으로 물리학자이자 천문학자이며 동시에 신학자로 예수회 신부였다.

35 (역주) Albrecht von Haller(1708~1777): 스위스의 의사이자 과학자이며 동시에 시인이자 철학자이며 문학비평가

36 (역주) Charles Bonnet(1720~1793): 제네바의 자연사학자이자 철학자

37 (역주) René-Antoine Ferchault de Réaumur(1683~1757): 프랑스의 물리학자이자 자연사학자

38 (역주) Leonhard Euler(1707~1783): 스위스 출신의 물리학자이자 수학자로 독일과 제정 러시아에서 대부분의 삶을 보냈다. 열렬한 가톨릭 신자로 성경의 무오류성을 믿었다.

39 (역주) Ludovico Antonio Muratori(1672~1750): 역사가로서 이탈리아 사료 편찬의 창시자로 간주된다. 그는 또한 작가이자 언어학자이며 문법학자였다.

이신론자들이 주장한 '너희들은 서로를 사랑하라'는 유일한 법칙은 사실 그들의 것이 아니라 그리스도로부터 나온 것이다. 사람들은 신자들에게 관용을 설교하고 미신을 규탄한 사제와 주교들을 어둠의 망각 속에서 꺼냈다. 그리고 사람들은 18세기가 낳은 성자들을 찾았다.

우리들은 가톨릭 수도회들의 노력을 잊지 말아야 할 것이다. 루이르그랑 고등학교에서 약 40년 동안 교수직을 수행했고 예수회에서 발간되는 《트레부지(紙) *Mémoires de Trévoux*》의 협력자였던 예수회원인 뷔피에 신부[40]의 예를 들어 보자. 그가 쓴 글을 읽으면 우리는 로크 씨가 그 시대에서는 인간 정신의 작용들을 밝히려고 시도했던 최초의 사람이며 알맹이 없는 체계들로 빠져들지 않았다는 것을 배우게 될 것이다. 이러한 점에서 로크의 철학을 데카르트나 말브랑슈[41]의 철학과 비교할 때, 그들의 철학이 소설이라면 그의 철학은 역사인 것처럼 보인다. 뷔피에 신부의 합리적인 철학은 상식의 철학이었고, 이후 영국에서 토머스 리드[42]가 이를 계승해서 발전시킬 정도로 풍부한 결실을 맺었다. 사회생활에 대한 그의 생각은 소심하거나 시대에 뒤떨어지지 않았다. 자연의 평등은 결코 놓쳐서는 안 되는 원칙이었다. 역할들, 이를테면 신민의 역할이나 군주의 역할이 불평등한 것이지 인간들이 불평등한 것은 아니다. 모든 점

---

40 (역주) Claude Buffier(1661~1737): 폴란드 출신으로 프랑스 예수회원이 되었다. 역사와 문법과 철학에 대한 많은 저서를 쓴 작가이다.

41 (역주) Nicolas Malebranche(1638~1715): 프랑스의 가톨릭 사제이자 성직자로 데카르트 철학을 아우구스티누스의 사상 및 신(新)플라톤 철학과 종합하려고 시도했다.

42 (역주) Thomas Reid(1710~1796): 영국의 철학자로 스코틀랜드 상식 학파(Scottish School of Common Sense)의 창설자이다.

에서 뷔피에 신부는 "인간 지성의 가장 덜 의심스러운 명석성을 따르라"는 것만을 염두에 두었다.

베네딕트파의 한 신부를 예로 들어 보자. 그렇게나 소박하고 솔직하고 정력적인 페이호오 신부[43]에 끌리지 않기란 어렵다. 그는 자기 자신을 문학 공화국의 자유 시민이라고 불렀고, 그 명칭에 걸맞았다. 계몽주의로 향하는 길에서 왜 스페인이 늦어졌는가라는 문제는 18세기 전반기에 철학자들이 즐겨 다룬 주제들 중의 하나였다. 그런데 자신의 좁은 방에서 스페인을 앞으로 나가도록 이끈 사람이 바로 페이호오이다. 그에게는 비판 정신이 부족하지 않았고 심지어 모든 문제에 비판 정신을 행사했다. 사람들은 열 번째 파도가 항상 가장 세다고 말한다. 보자, 그것은 사실이 아니라 대중의 편견일 뿐이다. 사람들은 향일성 식물의 꽃은 항상 태양을 향한다고 하지만, 그것도 틀렸다. 사람들은 코코넛 음료를 마신 지 얼마 되지 않아 무엇을 먹으면 위험하다고 하지만 이러한 소문 역시 실험하면 거짓으로 판명난다. 그러므로 소문들은 거부하고 오직 제대로 입증된 사실들만을 믿자. 해박한 페이호오는 신학자, 역사가, 문학가, 과학자였다. 그는 베이컨과 뉴턴을 찬양했는데, 그에게 이들은 실험적 진리를 의미했다. 그에게 데카르트는 경솔한 천재로 보였지만 천재이긴 했다. 그는 필요한 경우 데카르트를 편들며 논쟁을 벌였다. 개혁가인 그는 자신들의 특권을 정당화하지 못하는 귀족들과 재판의 지연과 고문에 반대해 글을 쓰는 것을 두려워하지 않았다. 애국자인 그에게는 세상에서 자기 조국보다 더 소중한 것은 없었다. 세계주의자인 그는 여러 국민들 사이에서 이루어지는 가장 폭넓은 소통에

---

43 (역주) Benito Jerónimo Feijoo y Montenegro(1676~1764): 스페인의 작가이자 성직자

찬성했고, 당파성을 없애는 편에 섰고, 세계 평화를 지지했다. 그리고 그는 이 모든 것이었기 때문에, 또한 골수 기독교 신자였다. 그는 사람들이 거짓 기적을 믿고 유치한 종교상의 의례와 종교를 과거에 결부시키는 방식에 의해 종교의 품위를 떨어뜨렸다고 생각했다. 사유에 재갈을 물리고 과학의 숨통을 조른 것은 신성한 교리가 아니라 부당하게 빼앗긴 그 권위들이다. 그래서 그는 스페인의 사상을 마비시켰고 18세기 한복판에서도 여전히 그것을 마비된 상태로 붙잡아 놓고 싶어 하는 거짓 아리스토텔레스주의와 싸웠다. 몇 백 년 동안 철학자라고 불리는 사람들이 아리스토텔레스의 저서들 앞에서 머리를 쥐어짰다. 이 얼마나 어처구니없는 일인가? 차라리 자연을 공부하는 편이 더 나았으리라! 오직 스콜라철학의 논쟁이라는 방법 외에는 다른 방법을 사용하지 않는 사람은 비열한 카쿠스의 덕이 되도록 행동하는 것인데, 그 괴물은 간계를 사용해 헤라클레스를 자기 굴로 끌어들여 연기를 내뿜어 그의 눈을 멀게 하여 그의 무기를 쓸모없게 만들었다. 페이호오는 이러한 함정에 빠지지 않고, 가톨릭 신앙으로부터 사람들이 신전에 들여온 밀수입품들을 치워 버릴 것이다. 그는 전통과 혁신 모두를 아주 편안하게 느꼈다.

혁신을 전통에 통합하는 것, 학교의 낡아 빠진 생각을 학교에서 치워 버리는 것, 사람들의 정신을 사실들을 관찰하도록 이끄는 것, 베이컨과 뉴턴을 찬양하도록 권하는 것, 포르투갈 사람들을 나르시시즘에서 벗어나게 하고 그들을 비판과 개인적 판단에 익숙하게 만드는 것, 그들을 잠에서 깨워 유럽의 지성적 삶에서 다시 자리를 잡도록 이끄는 것, 이것은 위대한 과업이었고, 또한 『올바른 공부법』(1746~1747)의 저자인 프란체스카파의 신부 루이스 안토니우 베르네이[44]의 과업이었다. 그리고 그의 후계자들도 여전히 성직자들,

오라토리오 수도회의 수도사들이었다.

이러한 계몽된 가톨릭 신앙을 아마도 가장 잘 대표하는 인물을 꼽아 보라면, 사제인 안토니오 제노베시[45]를 꼽아야 할 것이다. 그는 원래의 입장에서 흔들리지 않았다는 점에서 그런 평가를 받아 마땅한데, 그의 입장은 다음과 같았다. 기독교를 공격하는 사상가들은 기독교를 잘 모르고 있으며 그러므로 그것을 왜곡하고 있다. 그들을 반박하기 위해 기독교를 내적으로 알고 있고 굳건히 기독교를 실천하며 그로부터 진수를 추출하는 사람의 등장이 필요하다. 바로 그때 그는 작업에 착수했다. 그는 계시종교에 반대하는 입장에 서 있던 모든 사람들의 책을 읽었고 필요할 때는 그들을 인용해서, 그가 쓴 책은 그들의 기억으로 가득 차 있다. 마찬가지로 그는 호교론자들의 책을 읽었고 그 시대가 즐겨 제기하고 되풀이 다루던 모든 문제들, 관념의 기원, 자연법, 합리론과 경험론, 낙관주의를 계시종교의 입장에서 주저 없이 논의했다. 그는 자기 적수들과 기독교 교리 자체에 대한 깊은 지식을 통해 또한 자신의 행동을 통해 기독교 교리를 옹호했다.

그는 젊었을 때 아리스토텔레스 학파였으며 찬반을 가리는 뛰어난 논쟁가였다. 1736년 서품을 받고 다음 해에 나폴리에 도착했는데, 당시는 갈리아니 추기경이 학문의 개혁을 시도했던 시기였다. 그는 개혁파에 들어갔다. 그는 데카르트주의자가 되었고 이후 로크의 사상을 접했고 부분적으로 그것을 받아들였다. 대학에서 형이상학 교수에 이어 윤리학 교수가 된 그는 1743년부터 시대의 획을 긋

---

44 (역주) Luís António Verney(1713~1792): 포르투갈의 계몽주의자로 신학자이자 철학자

45 (역주) Antonio Genovesi(1712~1769): 나폴리의 철학자이자 경제학자

는 『형이상학 개론 _Elementa metaphysicae_』을 출간했다. 그리고 이제 그의 삶에 영향을 미친 방법들 중 가장 확실한 방법을 계속 사용했는데, 그것은 젊은이들의 영혼에 다가서는 것이었다. 그는 자신의 학생들에게 다음과 같은 말을 반복했다. 선생들의 말을 맹신해서는 안 되며, 믿음은 합리적 검토에서 나와야 하며 단지 내면의 불길을 끄기만 하는 편협한 신앙과 혼동되지 말아야 한다. 그리고 가톨릭 신앙은 근대 철학과 대결하는 것을 두려워해서는 안 되는데, 그 이유는 근대 철학이 잘못되었을 때는 그것을 논박해야 하며 그것이 지혜에 일치할 때는 그것을 이용해야 하기 때문이다. 정치의 영역에서 그는 모든 것을 더욱 격렬한 방식으로 다시 시작했다. 왜냐하면 제노베시는 나폴리와 유럽에서 무엇보다 중요한 이해관계의 변동에 기여했기 때문이다. 국시를 합법화하고 민간 정부의 신정적 기원으로 거슬러 올라가고, 기존 권력 구조를 공고화하는 것보다 더 중요한 것은 백성들의 권리를 주장하고 그들의 행복을 보장할 개혁을 요구하는 것이다. 봉건주의가 무겁게 짓누르고 있는 나폴리에서 군주와 백성들 사이에서 이 양자의 이익에 적대적인 중간 권력에 맞서는 일종의 합의가 이루어졌다. 제노베시는 이 합의를 강력히 두둔하는 사람들 중의 한 사람이었다. 이러한 그의 견해 때문에 그는 로마에서 위험한 인물이 되었고 고발당했으며, 자신이 원했던 신학교수직을 얻지 못했다. 그러나 그는 정통 신앙에서 벗어나지 않았다. 그는 금욕주의자가 아니어서 고기를 좋아했고 살레모의 맛있는 포도주를 즐겁게 마셨다. 그러나 정신에서 그는 골수 기독교 신자로 남았으며, 모든 기독교의 미덕들 가운데 가장 순수한 미덕인 자비에 충실했다. 그는 습관적으로 다음과 같이 말했다. "나는 '복음'을 정말 좋아하는데, 그 본질은 사랑이다. 사랑이란 이 말은 얼마나 달콤한가! 그리고 오직 사랑만이 지배한다면 우리의 삶은 얼마나 행복할 것인가!"

철학 사상이 이 민족에서 저 민족으로 이전되는 것과 마찬가지로 기독교 사상이 이전되는 추이들을 뒤따를 필요도 있을 것이다. 가장 호기심을 불러일으키는 추이들 중 하나는 유럽의 다양한 국가들에서 이루어진 자선 학교(Scuole pie), 즉 피아리스트(Piariste) 성직자들의 활동인데, 그 활동은 직접적으로 이루어졌고 로마에서 공부를 끝내려고 오거나 혹은 다시 시작하려고 온 외국인들을 통해 전파되기도 했다. 이들의 개혁적인 영향력은 헝가리, 남부 독일, 오스트리아와 그 속지들, 폴란드로 펴져 나갔다. 폴란드가 18세기 중엽경 비로소 근대화되고 학교 프로그램을 혁신할 필요를 느꼈을 때, 피아리스트인 코나르스키 신부[46] 는 가장 자유주의적인 취지에서 베이컨, 가상디,[47] 데카르트, 말브랑슈, 로크, 제노베시를 공부할 것을 권했다. 알 용기를 가져라는 우리가 이미 보았듯이 개혁가들의 신조였고, 그들은 진실의 탐구를 자신들 삶을 지배하는 유일한 법으로 삼기를 원했다. 그래서 스타니스와프 아우구스트는 코나르스키의 메달 초상화에 알 용기를 가져라는 명구를 새겨 놓도록 했다.

머릿속에서 포도밭의 일꾼들을 한자리에 모으자. 검은색 법의와 흰색 법의 그리고 거친 모직물로 된 법의를 입고 분주하게 움직이는 성직자들을 상상해 보자. 그들 가까이에 성공회 신부와 주교들을, 루터파의 목사와 교수들을, 프랑스의 목사들 그리고 또 평신도

---

46 (역주) Stanislas Konarski(1700~1773): 폴란드의 교육자이자 시인이며 폴란드 계몽주의의 선구자

47 (역주) Pierre Gassendi(1592~1655): 프랑스의 물리학자이며 수학자이자 철학자로 원자론적 자연학과 목적론적 신학을 결합시키려고 시도했다.

들을 불러들이자. 항상 새롭게 시작되는 꿈, 가톨릭 신자와 개신교 신자들의 화해와 그리스도의 제자들을 한자리에 모을 교회들의 통합이라는 꿈을 잊지 말자. 우리는 신랄한 공격을 보았기 때문에 격렬한 방어를 상상할 수 있을 것이다.

제 7 장

불신앙의 확산, 얀센주의, 예수회의 추방

보쉬에나 페늘롱 같은 인물은 나타나지 않았다. 파스칼 같은 인물도 오지 않았다. 제르딜 추기경[1]은 로크를 논박했지만, 그렇다고 로크의 사상이 전파되는 것을 막을 수는 없었다. 크루자즈[2]가 포프에 맞서 무엇을 할 수 있었겠는가? 존 릴런드[3]는 신구약 성경과 계시를 변호했지만 흄[4]의 미소를 지워 버릴 수 없었다. 그들은 종교의 훌륭한 옹호자들이었지만 천재가 필요했을 때였다.

그 논쟁가들은 종종 자신들의 의도와는 달리 지루했고 무거웠다. 그들의 긴 서론, 현학적인 설명, 둔중한 문장들은 대중의 눈높

---

1 (역주) Hyacinthe-Sigismond Gerdil(1718~1802): 사부아 출신의 성직자로 추기경을 지냈다.

2 (역주) Jean-Pierre de Crousaz(1663~1750): 스위스의 철학자로서 개신교 목사였으며 로잔에서 철학교수로 일했다. 르네 데카르트의 추종자로서 피에르 벨, 라이프니츠, 크리스티안 볼프 등과 맞섰다.

3 (역주) John Leland(1691~1766): 영국 장로교의 사제

4 (역주) David Hume(1711~1776): 스코틀랜드 출신의 경험주의 철학자이자 경제학자이며 역사가

이에 맞지 않았다. 그들은 할아버지 세대처럼 추론했다. 당대의 사람들은 그들의 말을 더 이상 알아들을 수 없었다. 아니면 새로움을 추구한답시고 그저 우스꽝스러운 모방을 하곤 했다. 펠그랭 신부[5] 또한 기독교의 진리를 그 당시 유행하던 곡조에 맞추어 표현하면서 새로움을 추구하고 있다고 생각하고 있었던 것일까? 그는 주기도문을 「주여, 한 여인을 저에게 주셨습니다」라는 조콩드[6]의 곡조에 맞추고, 사도신경을 「잠자는 미인이여 깨어나라」라는 곡조에, 「일반적인 죄를 이기기 위하여」는 아르미드[7]의 「사랑이여 나에게 무엇을 원하는가?」라는 곡조에, 「회개의 필요성에 대해서」는 스페인의 춤곡 폴리아[8]에 맞추고 있었다. 『천문-신학』, 『물리-신학』, 『수(水)-신학』 등이 과연 사람들을 납득시킬 수 있었을까? 레서는[9] 『곤충-신학』을 발간하면서 자신의 작품이 계속 읽힐 것이라고 생각했을까? 하느님은 가장 해로운 곤충들이 가장 번식력이 없는 종에 속하도록 만드셨다. 하느님은 곤충들이 유용하기를 원하셨다. 사실 어떤 나라들에서는 곤충을 먹는다. 메뚜기가 없었다면 세례 요한은

---

5 (역주) Simon-Joseph Pellegrin(1663~1745): 프랑스의 종교인이면서 동시에 시와 시편가 그리고 찬송가를 썼다.

6 (역주) 소위 조콩드Joconde 곡조는 두 개의 버전으로 존재하는데 1721년부터 그 곡조의 존재를 확인할 수 있다. 이 곡조의 정확한 기원은 알려져 있지 않은데, 17세기부터 광범위하게 사용되고 있었다. 「난봉꾼 조콩드」란 희극 오페라가 있는데 이 작품은 1814년에 쓰인 것이다.

7 (역주) 「아르미드Armide」는 장-바티스트 륄리Jean-Baptiste Lully의 비극 오페라이다.

8 (역주) 15세기에 포르투갈에서 처음 등장한 춤곡인데 스페인에서 크게 유행했다.

9 (역주) Friedrich Christian Lesser(1692~1754): 독일 출신의 루터파 신학자이자 역사가

사막에서 굶어 죽었을 것이다. 곤충들은 신학적 가치를 가지고 있다. 곤충들은 하느님이 죄인들을 징벌하는 도구였다. 그 재앙으로부터 벗어날 길이 없었기에 더욱 두려운 도구였다. 곤충들은 사법적인 가치를 가지고 있었다. 고대의 법들은 간음한 자들을 개미굴 속에 벌거벗은 채로 들어가게 하거나 벌떼들의 침에 내주도록 함으로써 곤충들로 하여금 그들을 처벌하게 했다.

카쿠악의 대적자들은 야유에 능하지 못한 반면, 카쿠악은 탁월하게 야유를 써먹었다. 그네[10]나 노노트[11] 같은 이들은 존경받을 만한 사람들이었지만 조롱을 받았다. 프레롱의 공적을 강조하고, 그를 올바르게 평가하려고 할 때, 사람들은 자신도 모르게 볼테르가 그의 이름에 붙여 놓은 잔인한 풍자시를 떠올린다.

어느 날인가, 깊은 계곡에서
뱀 한 마리가 장 프레롱을 물었다네
무슨 일이 일어났을까?
숨진 것은 뱀이었다네.

존경받는 법관이자 불운한 문필가였던 퐁피냥 후작 장-자크 르프랑[12]은 아카데미 프랑세즈 입회 연설에서 철학자들을 비판했다. 바로 그 볼테르가 그의 목덜미를 잡고 늘어져 놓지 않았다. 르프랑은 볼테르의 놀림감이 되었다. 여기 또 다른 풍자시가 있다.

---

10 (역주) Antoine Guenée(1717~1803): 프랑스의 가톨릭 신부이자 호교론자로 볼테르의 적수였다.

11 (역주) Claude-Adrien Nonnotte(1711~1793): 프랑스의 가톨릭 신부이자 논쟁가로서 볼테르에 반대하는 글을 쓴 작가로 알려져 있다.

12 (역주) Jean-Jacques Lefranc(1709~1784): 프랑스의 시인

예레미야가 왜 평생 그렇게

울었는지 그대는 아는가?

왜냐하면 예언자로서 그는

언젠가 르프랑이 예레미야서를 번역할 것을 예견했기 때문이

라네.

볼테르가 계속 보내는 서한시, 풍자시, 계속 반복되는 농담 등
이 르프랑을 압박한 나머지 그는 더 이상 집 밖으로 나올 엄두를 내
지 못할 정도였다. 볼테르는 퐁피냥 후작 르프랑을 제거했다.

정신적 삶의 기록되지 않는 부분들인 대화, 성찰, 점점 더 인구
에 회자되는 말들을 누가 멈추게 만들 것인가? 철학은 클럽과 회
합, 카페, 차 테이블 주위에 있었다. 누가 그것을 막을 수 있겠는
가? 철학은 널리 퍼져 나가며 사방으로 스며들어 갔다. 어디에서
그것을 잡을 것인가? 경찰들은 사복을 입고 팔레루아얄 공원이나
뤽상부르 공원의 나무 아래서 담소를 나누는 산책객들 사이로 잠입
했다. 그들은 보고서에 종교에 반대하는 언사들, 무신론적 대화, 심
지어 신부들까지 그런 대화를 하는 것을 들었다고 기록했다. 이 모
든 불경건한 사람들을 체포하는 것은 불가능했다. 금석학 아카데미
의 회원이자 문필가인 니콜라 부앵댕[13]은 프로코프 카페에서 자리
를 잡았는데, 그는 거기에서 자유사상가로 알려졌다. 그는 자신만
의 은어를 사용했다. 자유는 잔느통, 종교는 자코트, 하느님은 존재
씨(氏)라고 불렀다. 그의 말을 듣고 있던 한 형사가 그에게 물었다.

---

13 (역주) Nicolas Boindin(1676~1751): 프랑스의 작가이자 극작가로 프로
코프 카페에서 공공연히 무신론을 주장했다.

"존재 씨라는 사람이 어떤 사람인지 물어봐도 되겠습니까? 그 사람 행실이 안 좋아 그에 대해서 불만이 많으신 듯한데요?" 그는 대답한다. "아 네. 선생, 그 사람은 경찰 끄나풀이랍니다." 심지어는 연극 대사도 의심의 대상이 될 수 있었다. 그렇지만 박수갈채를 보내는 관객을 투옥할 수 있을 것인가? 『텔레마크』와 같은 영광스러운 책조차 철학적 선동에 이용될 수 있다. 그렇다고 『텔레마크』를 재판소의 계단 위에서 불살라야 할 것인가? 마침내 기독교인들 또한 환경을 구성하는 모든 요소들의 영향에서 벗어날 수 없게 되었다.

때때로 서적 행상인이 대문을 두드리고 현금을 받고는 아래와 같은 장르의 원고를 두고 갔다. 『계시록과 신약의 다른 부분들을 동시에 반박하는 역사론』, 『가장 유명한 세 명의 사기꾼인 모세, 예수, 그리고 마호메트에 대한 역사 비평적 시론』, 『장 멜리에의 감정론 발췌』, 『장 멜리에 유고집』, 『물질적 영혼』, 그리고 이와 유사한 제목의 책들이 모두 합쳐 100여 종이 넘었다. 프랑스에는 비밀 조직이 존재했다. 거기에 프레레,[14] 미라보, 뒤마르세[15]가 적극적으로 가담했고 그것은 프랑스 전역에 영향을 미쳤다. 원고의 제공자들, 기획자들, 필경사들, 가정까지 배급해 주는 사람들, 귀족과 중산층 그리고 성직자들까지 포함되는 고객들이 파리와 심지어 지방에까지 존재했다. 그것은 금지된 물품을 다루는 수익 높은 사업이자, 그 깊이를 알 수 없을 정도로 심대하게 여론에 영향을 미치는 교묘한 기술이었다. 책의 인쇄가 너무 위험해 보일 경우, 이러한 기획이 책을 대신하는 경향을 보였다. 또한 필요할 때는 이를 통해 최신작들

---

14 (역주) Nicolas Fréret(1688~1749): 프랑스의 역사가이자 문법학자

15 (역주) César Chesneau Dumarsais(1676~1756): 18세기 프랑스의 문법학자

이 유통되었다. 그림은 1755년 8월 《문학통신》을 구독하는 외국의 독자들에게, 볼테르의 「동정녀」¹⁶의 원고들이 조금씩 쌓이고 있으며, 5루이 내지 10루이만 지불하면 14개의 시편을 구입하는 것이 불가능하지 않다고 알리면서 그들을 유혹했다.

아무리 막으려고 해도 독자들만 있다면, 서적까지도 인쇄되고 보급될 수 있었다. 어떤 작품이 검열에 걸리거나 서적 조합의 출판 허가를 획득하지 못했다고 해서 출판이 되지 않는 것은 아니다. 불법 인쇄기나 쉽사리 은닉할 수 있는 이동식 인쇄기 덕분에 출판이 가능했고, 그렇게 출판된 책은 극장이나 공원, 더 나아가 왕이나 왕가, 종단에 소속된 특권적 장소에서도 팔려 나갔다. 또한 원고들은 국경을 넘어 런던, 벨기에의 리에주와 부용, 독일의 쾰른, 스위스의 제네바와 이베르동 등 여러 곳으로 퍼져 갔다. 그리고 네덜란드까지도 마다하지 않고 갔는데, 그곳에는 금지된 서적을 제작하는 소규모 출판사들이 자리 잡고 있었다. 다른 곳에서 인쇄되고 제본된 책들은 다시 원래 있던 곳으로 돌아갔다. 어떤 책이 엄격하게 금지될수록 그 책들을 찾는 구매자들이 늘어난다는 것은 공공연한 사실이었다. 투생의 책 『풍속론』에 대해 《문학통신》은 이렇게 쓰고 있다. "당국은 이 작품을 소각시킴으로써 항상 그러하듯이 이 책에 대한 호기심을 증폭시켰다." 달랑베르¹⁷는 1770년 6월 10일 프리드리히 2세¹⁸

---

16 (역주) 원제는 「오를레앙의 동정녀 *La Pucelle d'Orléans*」라는 시로, 볼테르가 1730년 집필을 시작해 1752년 제네바에서 14개의 시편으로 나왔고, 1762년 21편의 시편으로 이루어진 공식 판본이 나왔다. 그사이 수많은 불법 판본들이 여러 도시에서 나왔다.

17 (역주) Jean le Rond D'Alembert(1717~1783): 프랑스의 수학자이자 철학자이며 백과전서파로 디드로와 함께 『백과전서』의 발행을 이끌었다.

18 (역주) 프리드리히 2세(1712~1786): 프로이센 왕국의 제3대 국왕

에게 다음과 같이 썼다. "저는 폐하께서 애써 논박하신 『편견에 대한 시론』이란 글을 전혀 모릅니다. 그러나 이 책이 파리에 소개되었고 심지어 매우 비싸게 팔린 것으로 알고 있습니다. 어떤 책이 어떤 주제를 다루거나 어떤 사람들을 공격하면 그것은 사람들이 그 책을 열광적으로 찾게 되는 충분한 동기가 됩니다. 또 정부에서 이러한 종류의 저작물들을 금지하려는 조치를 취할 때 그 책들의 가격은 천정부지로 뛰어오르기 쉽습니다. 이러한 조치들로 오히려 작가는 그가 가진 가치 이상의 영광을 누리게 됩니다." 가장 인상적인 경우는 레날 신부[19]의 『두 인도에서의 유럽인들의 상사들과 교역에 대한 철학적·정치적 역사 *Histoire philosophique et politique des établissements et du commerce des Européens dans les deux Indes*』[20]의 경우이다. 이 책은 프랑스에서는 대중으로 하여금 최고 권위에 대해 반대하도록 선동하고 사회질서의 기본원칙들을 전복하도록 하려는 경향을 가진 신성모독적이고 불경건한 책으로 낙인찍혀, 판금되고 요주의 대상이 되고 찢기고 불태워졌다. 그러나 20판이 발행되었고 그보다 더욱 많은 복사본들이 나왔으며 책은 전체가 아니라 부분으로도 팔려 나갔고 그 작가는 인기의 절정을 누렸다. 요컨대 대중의 편견을 연구하고 『대중의 편견 *Les Préjugés du public*』이라는 책을 쓴 모럴리스트 드넬[21]은 정상적으로 허가를 받은 책은 거의 팔리지 않는다고 주장하고 있다. 오히려 표제에 '인가'라는 표식이 없을 때, 그리고 5~6명의 방문판매자의 손에 들려서 그들이 겁

---

19 (역주) Guillaume-Thomas François Raynal(1713~1796): 프랑스의 작가이자 사상가이며 신부

20 (역주) 동양의 인도와 신대륙에서의 유럽 상사들의 역사를 다룬 저술로 상당한 성공을 거두었다.

21 (역주) Denesle(?~1767): 프랑스의 작가

먹은 모습으로 가가호호 몰래 방문하여 정상가의 10배 가격으로 팔 때 잘 팔린다는 것이다.

피에트로 베리는 밀라노에 살고, 알레산드로[22]는 로마에 살고 있다. 이 두 형제는 활발히 서신을 주고받는다. 그 편지들 속에서 그들은 신간, 특히 금지된 책들에 대해서 주로 이야기한다. 이 금지된 신간들이 이동하는 경로는 다음과 같다. 밀라노로 오는 것은 스위스를 통해 그리고 파르마와 토스카나의 서적상들을 통해 오는데, 플뢰리의 건전한 『교회사』를 운반하는 우편배달부와 공모하여 선동적인 소책자들이 소포 속의 책들 사이에 숨겨져서 운반된다. 로마에서 알레산드로는 피에트로에게 편지를 쓴다. "나는 『백과전서』를 받지 못했습니다. 하지만 책은 로마로부터 12마일 떨어진 곳에 와 있습니다. 그것을 들여올 방법이 있습니다. 나는 그것을 치비타베키아로 오도록 했습니다. 거기에서 기회를 보아 로마 근교로 오도록 할 것입니다. 그리고 추기경의 마차 속에 숨겨져서 아무런 문제없이 로마로 들어올 수 있을 것입니다. 런던에서 내게 오는 모든 책들은 이런 식으로 들여왔습니다."(1770년 12월 29일)

1764년 베네치아에서는 경계와 주의를 강화했다. 어떤 서적상도 외국에서 오는 책들이 담긴 짐을 베네치아 공화국의 관리가 입회하지 않고는 열어 볼 수 없게 되었다. 따라서 이제는 경찰을 속여야 했다. 책들이 독일로부터 올 경우, 짐들을 파도바에서 개봉했다. 거기에서 작은 짐으로 나뉘어 브렌타 강을 따라 내려오는 배들에 실려지거나 필요하면 우편을 통해 보내졌는데, 그 여정은 산마르코 광장의 서적상에서 끝난다. 바다를 통해서 운송될 경우, 배에서 짐

---

22 (역주) Alessandro Verri(1741~1816): 이탈리아 밀라노 출신의 경제학자이자 정치가로 피에트로 베리의 동생이다.

을 부려 항구로 가는 작은 배들에 잠시 접근하여 금서들을 가져오고 허가받은 책들을 그 자리에 대신 놓는 방법으로 짐을 바꿔치기 했다. 때로 화물은 베네치아에서 머물지는 않고 단지 거쳐 가도록 발송되었다. 그러면 허위 증서를 통해서 그 화물이 계속 운송되지 않도록 해 베네치아에서 낚아챌 수 있었다. 외교면책권도 한몫했다. 이러한 모든 방법에도 불구하고 책들을 압수하는 데 성공한 단속 경찰의 보고서에서는 다음과 같은 책들이 있었다. 로크, 콜린스, 맨더빌,[23] 볼링브로크,[24] 흄의 책들, 벨, 다르장 후작, 엘베시우스, 돌바크 남작의 책들, 루소의 『에밀 Émile』, 『사회계약론 Du Contrat social』, 볼테르의 「동정녀」, 『백과전서에 대한 질문들 Questions sur l'Encyclopédie』, 『순박한 사람』. 이외에도 물론 음란한 출판물들이 넘쳐났다.

새로운 장벽을 만들면 새로운 틈새가 생겨났다. 가장 통제가 강한 스페인 같은 나라들에서조차도 이단 사상은 때로 전혀 예기치 못한 형태를 취해 성공적으로 침투해 들어간다. 여행 중에 만난 외국 작가와의 개인적 교문, 겉으로 보기에는 평범하지만 몇몇 의미심장한 문장들이 섞여 들어간 서신, 혹은 어떤 사상을 논박하고 그에 대해 분노하면서도 결국 그것을 소개하는 역할을 하는 신문 서평 등이 그것이다. 이 모든 것은 무역이나 밀매와는 다른 경로였다. 제네바의 가브리엘 크라메르, 암스테르담의 마르크 미셸 레와 같이 이러한 책들의 보급에 일조한 수많은 서적상인들 중 한 사람인 프

---

23 (역주) Bernard Mandeville(1670~1733): 네덜란드 출신의 영국 작가로 『꿀벌의 우화』로 유명하다.

24 (역주) Henry St. John Bolingbroke(1678~1751): 영국의 정치가이자 문필가

랑수아 그라세는 1765년 4월 8일 로잔에서 루소에게 다음과 같은 편지를 보낸다. "경애하는 동포인 루소여, 나는 마드리드의 성 도미니코회의 성당에서 어느 일요일 대미사가 끝나고 설교 단상에서 수많은 멍청한 사람들이 보고 있는 데서 당신의 4절판 『에밀』이 불태워지고 있는 것을 보았습니다. 바로 이 일로 인해 여러 스페인의 영주들과 외국 궁정 대사들이 무슨 수를 써서라도 그 책을 손에 넣으려고 하며 책의 배달을 부탁했지요. 이 소식을 듣고 당신은 웃지 않을 수 없겠지요."

공모자들은 통치자들 자신들로부터 나왔다. 프랑스 국왕은 말제르브[25]를 출판담당관으로 임명한다. 그런데 말제르브는 자신만의 정책을 갖고 있었다. 그는 개인적으로 문인들의 자유가 국가에 도움을 준다고 생각하고 있었다. 다른 한편으로는 국가 전체가 불법 행위를 장려하는 마당에 법을 실행할 길이 없었다. 그의 정책은 호평을 받았다. 그러나 왜 말제르브에게 출판을 방해하고 금서들의 유통을 저지하는 공무를 맡겼던 것일까? 프랑스 국왕은 종교를 보호했고 퐁파두르 부인[26]은 철학을 보호했다. 프랑스 국왕은 피롱[27]이 아카데미 회원이 되는 것을 원하지는 않았지만 대신 그를 달래 주

---

25 (역주) Chrétien Guillaume de Lamoignon de Malesherbes(1721~1794): 프랑스의 법률가이자 정치인이다. 언론과 출판을 감독하는 출판총감으로 재직할 때 백과전서파에게 많은 도움을 주었다.

26 (역주) Madame de Pompadour(1721~1764): 부르주아 출신으로 루이 15세의 애첩이 되었고, 백과전서파를 후원했다.

27 (역주) Alexis Piron(1689~1773): 프랑스의 시인이자 극작가로 루이 15세는 그의 프랑스 아카데미의 선출을 승인하지 않았다. 그러나 그는 그 대신 퐁파두르 부인의 연금을 받게 된다.

기 위해 연금을 주고 싶어 했다. 갑자기 정의감이 있는 모든 사람들을 경악하게 만드는 잔인한 조치들이 취해진다. 잔노네가 반역죄로 투옥되고, 칼라스[28]는 바퀴에 매다는 고문을 당한다. 그 후 가혹함은 진정되고 사람들은 잊고 만다. 사람들은 불운한 사람들을 공격하지만, 돌바크 남작은 모든 사람들에게 식사를 대접하면서 공개적으로 무신론자임을 고백한다. 『에밀』 작가에 대한 구속영장이 내려지지만, 그러면서도 자기 친구들에게 루소에게 이 사실을 미리 알려 줄 시간을 주고 또 그에게는 도주할 시간까지도 마련해 준다. 도중에 담당 경찰들을 만나지만 오히려 그들은 루소에게 경의를 표하는 인사를 한다. 볼테르의 반종교적인 서적들은 판금되지만, 여러 사람들, 특히 그의 친구 다밀라빌[29]에 의해서 보급되었는데, 세무국 부(副)대신인 다밀라빌은 서한과 소포에 재정부 장관의 인장을 찍는 업무를 맡고 있었다. 사람들은 무신론자 네종[30]의 원고들이 독약과도 같다는 것을 잘 알고 있었지만, 그는 스당의 서적 통제관인 그의 형에게 편안하게 원고들을 보냈다. 거기서 원고들은 다시 리에주로, 그리고 리에주에서 암스테르담으로 보내졌다. 매우 경건했던 마리아 테레지아[31]가 총애했던 조언자인 반 스비텐[32]이 그녀가

---

28 (역주) 장 칼라스Jean Calas는 툴루즈의 상인으로 개신교도였는데, 아들의 자살에 대해 살인 혐의를 받고 바퀴에 매다는 고문을 당하고 나서 사형에 처해졌다. 그 후 볼테르의 도움으로 사후 복권되었다.

29 Étienne Noël Damilaville(1723~1768): 프랑스의 문인으로 볼테르, 디드로, 달랑베르의 친구였다.

30 (역주) Jacques-André Naigeon(1738~1810): 프랑스의 예술가이자 무신론 철학자

31 (역주) Maria-Theresia(1717~1780): 합스부르크 군주국의 통치자

32 (역주) Gerard van Swieten(1700~1772): 네덜란드 출신의 유명한 의사로 마리아 테레지아의 주치의 역할을 하면서 적극적으로 종교 활동을 펼쳤다.

비판했던 책들을 오스트리아의 검열에서 빼내려고 노력을 아끼지 않았던 사실은 논리적으로는 설명할 길이 없다. 또한 프리메이슨이 로마 가톨릭에 의해서 분명히 유죄판결을 받았을 때인데도 불구하고 바로 그 마리아 테레지아가 명백히 프리메이슨으로 알려진 로렌 후작 프랑수아 에티엔을 남편으로 삼았다는 사실 역시 설명할 길이 없다. 리에주의 대주교좌에는 또 다른 신봉자인 델브뤼크 주교가 앉아 있었는데, 그는 철학자들을 널리 보호했고 오스트리아 공국 내에서 불경건의 보루였던 《백과전서 신문》의 편집자인 피에르 루소[33]를 각별히 보호했기 때문이다. 이 신문은 루뱅의 신학부에 의해 이단으로 판정받았고, 1759년 4월 27일 폐간되었다. 피에르 루소는 추방되는데, 부용에 정착하여 《백과전서 신문》의 작업을 이어받은 《부용 신문》을 창간했고 자신을 추방했던 황제로부터 보조금을 받았다. 권력이 보호하던 교회에 대항해서 권력과 철학이 은밀하게 결탁한 논리적으로는 이해할 수 없는 상황이었다.

사실상 이러한 금지는 사람들이 원했다면 지속적이고 엄격할 수 있었을 것이다. 그러나 사실 너무 그물코가 넓은 그물을 펼쳐 놓았기 때문에 그 사이로 빠져나가는 것이 그리 어렵지 않았다. 광신주의와 무정부 상태가 발작적으로 되풀이되었다. 그 시대는 안락함을 추구했기 때문에 모순적이었다. 사람들은 삶의 즐거움에 영합하는 시대정신에 저항하는 듯했지만 결국은 굴복했다. 독립의 물결이 완만하게 통제되지 않고 있었다. 균열을 봉합하면 즉시 그 균열은 더 벌어졌다. 모순의 시대였다. 귀족들은 자신들의 특권에 집착했지만 자신들을 비난하는 철학자들과 뜨거운 교분을 맺고 있었다. 너무나

---

33 (역주) Pierre Rousseau(1716~1785): 프랑스의 언론가이자 극작가

의심스럽고 또 그렇다고 알려진 모험가들이 궁정에 출입할 수 있었다. 프랑스 성직자 모임은 세금을 내기를 거부하면서 스스로 정한 액수의 자발적 기부를 고집하며 정부에 저항하고 있었다. 그렇지만 동시에 무신앙자에 대해서는 그들의 권위를 주장했다. 프랑스의 칼뱅주의자들은 계속 박해받고 쫓기며 시민의 권리를 박탈당했다. 약 75년 동안의 노력 후에야 이러한 엄격한 조치들은 완화되거나 폐지되었다. 한편 이러한 엄격함은 수도원장들을 수도원으로 소환하는 일, 거의 귀족 계급에서만 주교단을 뽑는 관행을 막는 일, 공공연히 품행이나 믿음에서 빈축을 사는 꼴불견스런 성직자들을 엄벌하는 일에서는 이미 효력을 상실하고 있었다. 신학자들은 그들의 의무이니만큼 교리 면에서는 타협하지 않았지만, 인기 있는 설교자는 강단에서 교리에 대해 말하고 싶어 하지 않았고 더 이상 사람들의 빈축을 사지 않을 정도로 자연 도덕에 가까운 도덕적 경향을 비판하려 하지 않았다. 개신교회 안에서도 이러한 교리적 포기가 확인되고 있었다. 경건주의가 정통 신앙을 약화시키는 데 영향을 미쳤다는 점에 대해서는 우리의 주제와 거리가 멀기에 말하지 않겠지만, 루터주의의 지도자들이 보인 합리주의적 경향을 상기해 보기로 하자. 프랑스의 칼뱅주의는 박해에 맞서 용감하게 스스로를 지키면서도 그들만의 독특한 요소들 중 몇 가지는 양보를 하고 말았다. 심지어 제네바의 어떤 목사들은 소치니주의의 극단적 결과들을 받아들이지 않기 위해서 말을 바꾸어야 했고, 철학자들은 목사들이 그런 상황에 빠지는 것을 보면서 즐거워했다.

폴 발레리[34]는 『페르시아인의 편지』에 대해 설명하면서 이러한 타협들로부터 생겨나는 심리를 탁월하게 규정하고 있다. "질서는

---

34 (역주) Paul Valéry(1871~1945): 프랑스의 시인이자 평론가

항상 개인을 억압한다. 무질서는 사람들로 하여금 치안이나 죽음을 원하도록 만든다. 이 둘은 인간의 본성이 절대로 편할 수 없는 양극단의 상황이다. 사람들은 가장 자유롭고 동시에 가장 도움을 받는 아주 쾌적한 시대를 모색한다. 그런데 그런 시대는 한 사회 체제의 종말이 시작되는 지점에서 온다. 이제 질서와 무질서 사이의 감미로운 순간이 지배한다. 권력과 의무의 조정이 가져다주는 가능한 모든 행복이 획득되기 때문에, 바로 그때야말로 그 체제의 최초의 이완을 즐길 수 있다. 제도들은 아직도 유지되고 있다. 그것들은 위대하고 웅장하다. 그 안에 있는 가시적인 어떤 것이 변질된 것은 아니지만, 그것들은 이제 그럴듯한 외관만을 가지고 있을 뿐이다. 그것들의 효력은 이제 모두 발산되었고, 그 미래는 알지 못하는 사이에 소진되었다. 그것들의 성격은 더 이상 성스럽지 않다. 아니 그보다는 성스러운 것 이상이 아니다. 비판과 경멸이 그것들을 약화시키고 그것들로부터 가까운 미래의 모든 가치를 박탈해 버린다. 사회체제는 조금씩 자신의 미래를 잃어 간다……."[35]

양센주의는 끝장이 났다. 그 근거지인 포르루아얄은 파괴되었고 양센주의에 대해서 더 이상 아무 소리도 들려오지 않았다. 1713년 9월 8일, 「위니게니투스 대칙서 Bulle Unigenitus」는 1671년 발행되었던 『복음서의 도덕 Morale de l'Évangile』이란 책에서 나온 101가지의 제안을 이단으로 단죄했는데, 이 책은 오라토리오 수도회의 신부인 케넬[36]에 의해서 『도덕적 성찰 Réflexions morales』이란 새로

---

35 폴 발레리, 「『페르시아인의 편지』에 붙이는 서문 Préface aux *Lettres Persanes*」, 『바리에테 *Variété*』, II, 1930.

36 (역주) Pasquier Quesnel(1634~1719): 프랑스 얀센주의 신학자

운 제목으로 여러 번 재출간되었다. 이는 이단적 제안들이었는데, 그리고 나서 모든 것이 다시 시작되었다. 오랜 세월에 걸쳐 얀센주의는 유럽의 종교적 양심을 다양한 정도로 흔들어 놓을 것이었다.

얀센주의는 위트레흐트에서 꽃이 핀다. 가브리엘 뒤 파크 드 벨가르드[37]는 얀센주의의 사도가 되어 저술과 서신 그리고 개인적 활동을 통해서 위트레흐트를 이단으로 정죄받은 얀센주의의 저항과 활동의 본거지로 삼는다. 얀센주의는 네덜란드 전역으로 퍼져 나갔으며 빈의 궁정에서는 반 스비텐이 이를 설교했다. 스페인에서는 왕권의 옹호자인 교회법 학자들이 얀센주의를 동맹으로 삼았다. 포르투갈에서, 로마의 예수회 신학교 콜레기움 제르마니쿰에서, 나폴리에서, 롬바르디아와 토스카나 등에서도 마찬가지였다. 1780년에 피스토이아의 주교로 임명된 시피오네 데 리치는 친구 벨가르드가 보내 오는 선전용 소책자들을 환영했고 자신의 교구에서 얀센주의 색채가 강한 교리문답을 채택했다. 또한 동일한 성격의 목회 서신을 작성했으며, 케넬의 작품을 찬양했고, 그의 사상에서 영향을 받은 글들이 나오는 출판사들을 두둔했고, 《교회 소식》의 전통을 잇는 《교회 연감》이라는 피렌체의 정기 간행물을 격려했다. 그가 모은 교구회의의 90개 제안은 1786년 9월 18일 교황청에 의해 단죄되었다.

프랑스의 경우, 국왕은 「위니게니투스 대칙서」의 등록을 명령했지만, 고등법원은 칙령을 거부하는 사람들을 옹호했다. 주교들의 의견도 분열되고 일종의 종교 전쟁이 이어졌다. 얀센주의의 광신자들은 생메다르 공동묘지에 있는 파리스 부사제의 무덤 앞에서 경련

---

37 (역주) Gabriel Du Pac de Bellegarde(1717~1789): 프랑스 얀센주의 신학자

을 일으켰고[38] 이후 생메다르 묘지는 폐쇄되었다. 가짜 기적들이 줄
지어 일어났다. 수녀들은 그들이 믿는 얀센주의의 신앙의 증거를
보여 주기 위해 사람들로 하여금 그녀들을 짓밟게 하고, 장작개비
로 때리게 하고 널빤지로 누르게 하고, 십자가에 못 박게 했다. 성
사를 받기 원하는 신자들은 칙령에 복종하는 사제들이 발행한 고백
표를 받아야 성사를 받을 수 있도록 했다. 얀센주의의 신봉자들은
고백표 없이는 성사를 시행하지 않으려는 사제들을 고등법원에 고
발했고, 고등법원은 이들을 고소했다. 고등법원은 왕권에 대해서
긴 투쟁을 시작했지만 패배하고 말았다. 여론은 나눠지고 분열되었
다. 찬성자와 반대자들이 서로 신랄하게 비난했다. 사람들의 마음
은 혼란스럽고 날카로워졌다.

그 결과들도 마찬가지로 심각했다. 신앙의 가장 미묘한 문제까
지도 대중에 의해 논의되었고, 가장 무지한 사람들도 칙령에 의해
서 단죄된 조항들이 케넬 신부의 책에 있는지 아닌지를 자신들이
마음대로 결정할 수 있다고 믿었다. 그래서 '악마처럼 고집이 센' 사
람들, 여편네들이나 하녀들까지도 대부분의 사람들이 전혀 이해하
지 못하는 사실, 분별, 해석들에 대해서 죽도록 싸우는 일이 일어났
다.[39] 종교 문제에 사법 권력이 개입하도록 요청을 받았는데, 너무
자의적으로 판단을 했기에 신뢰를 잃게 되었다. 교계제도는 위협을
받았다. 왜 사도들의 직접적 계승자인 주교들의 권위는 안 되고 교

---

38 (역주) 성자로 여겨지던 프랑수아 드 파리스 부사제Diacre François de
Pâris가 숨진 후 그의 무덤을 방문한 사람들에게서 치유의 기적이 연달아
일어나기 시작한 사건을 말한다. 소문을 듣고 더욱 많은 환자들이 몰려 왔
으며, 그들이 비의지적인 진동과 경련에 사로잡히는 현상이 일어났다. 정
부는 이러한 현상을 사악한 것으로 판단하고 탄압을 가했다.

39 『바르비에 변호사의 일기Journal de l'avocat Barbier』, 1729.

황의 권위는 되는가? 복음의 사역자인 신부들이 왜 주교들보다 권위가 없는가? 기독교 공동체의 일원으로서 결정할 때 신자가 왜 신부들보다 권위가 없어야 하는가? 하급 사제들은 주교들을 반박하라는 부추김을 받았고, 지상권이 교권에 항의했다. 이러한 혼돈 속에서 합리주의자들은 좋은 조롱거리를 발견하고 그것을 활용하는 것을 잊지 않았다.

얀센주의가 자신이 수호하려던 종교를 내부적으로 침식하고 말았다는 것은 확실하다. "얀센주의자들의 습관과 행태는 세속적 사회에서 교회 권위의 영향력을 약화시켰다. 교회는 철학자들에 대항해서 단결할 필요가 있었을 텐데, 그 내부에서 균열을 보이고 있었다. 1767년에 출판된 작은 입문서를 손에 들고 순례에 나선 독실한 신자들은 파리에서 포르루아얄이 있는 레샹까지 십자가의 길을 걷기라도 하듯이 13개의 순례처를 지나가며 얀센주의의 지고의 의식을 거행하면서 자신들도 모르는 사이에 얀센주의가 자신들이 그렇게도 증오하던 볼테르나 디드로의 병참기지가 되어버렸다는 사실을 짐작하지 못하고 있었다.[40]

그런데 철학자들은 얀센주의가 내포한 엄격함과 가혹함의 어떤 요소가 자신들의 안이함과 극단적인 대립을 보이고 있다는 사실을 깊이 느끼고 있었다. 그렇지만 얀센주의가 마지막 불길을 태운 후 재밖에 남지 않았을 때, 아마도 대중의 의식으로부터 엄격함과 가혹함의 어떤 요소가 사라졌던 것으로 보인다.

예수회의 추방은 동시대 사람들을 놀라게 했다. 그만큼 예수회

---

40 아노토 G. Hanotaux가 출판한 전집 『프랑스 국사 Histoire de la nation française』의 6권, 편집자 조르주 고요 Georges Goyau의 『종교사 Histoire religieuse』, 인용문은 6장 「구체제 교회의 종말」.

는 아직도 강력해 보였던 것이다. 예수회 신부들은 부유했으며 그 수도 많았다. 유럽의 모든 가톨릭 국가들에서 젊은 엘리트들은 그들이 운영하는 학교를 다녔으며. 그들은 국왕들과 왕비들의 양심을 지도했다. 중국에 선교단을 파견했으며 남아메리카의 스페인과 포르투갈의 식민지에서 그들의 권위는 절대적이었다. 그런데 몇 년 만에 모든 것이 무너졌다. 그들의 종말은 신속하고도 충격적인 비극과 같았다.

예수회 신부들에 가해진 비난들은 너무나 진부하고 너무나 종종 반복된 것이어서 이미 다 낡은 것으로 보였다. 사람들은 계속해서 그들의 도덕률이 너무 무르고 항상 타협에 호의적이며 죄를 봐 줄 준비가 되어 있고 그들의 미묘한 결의론은 죄인들을 합리화시키는 데 이용된다고 비난했다. 그들의 신은 요청하지 않은 사람들에게도 은혜를 베풀며 모든 잘못들 가운데서도 그 잘못들을 정당화할 수 있는 동기를 찾기 때문에 나약하고 불공평하다. 그리고 예수회 신부들은 하늘을 잊어버리고 이 세상의 일에 너무 간여하고 있었다. 그러나 이것들은 이미 패배한 적수인 얀센주의의 신봉자들이 끊임없이 읊조리던 오래된 비난들이었다. 그런데 세기의 중반에 와서 이러한 비난들이 다시 반복되고 늘어나며 격렬해지고 위협적인 것이 되었다. 예수회의 활동은 모두 악의적으로 해석되었고, 그들의 실수는 모두 범죄가 되었다. 그들을 반대하는 여론이 거센 파도처럼 일어나 그들을 휩쓸어 버렸다.

그 시작은 리스본에서부터였다. 1759년에는 오예라스 백작이었고 1770년에는 폼발 후작이 된 세바스티앙 주제 디 카르발류 이 멜루[41]

---

41 (역주) Sebastião José de Carvalho e Melo, conde de Oeiras e marques de Pombal(1699~1782): 포르투갈의 정치가

가 그 신호를 알렸다. 그는 런던에서 대리대사였고, 빈 대사였다. 1750년에 주제 1세가 즉위하고 얼마 지나지 않아 왕은 그를 내각으로 불러들였다. 그는 권력을 획득하고 곧 독재적으로 되어갔다. 포르투갈을 개혁하는 것, 그것이 바로 원했던 것이다. 또한 그는 포르투갈 국내의 무질서를 바로잡고 가난을 탈피하여 번영을 꾀하고자 했다. 그리고 개혁은 즉각적이어서 방법의 선택, 그것의 적법성과 도덕성을 따지지 않았다. 그에게 적법성과 도덕성이라는 두 낱말은 거의 아무런 의미가 없었다. 그는 국가의 권위, 국가의 전면적이고 지고한 권력에 방해가 되는 모든 것을 산산조각냈다. 그는 예수회원들과 부딪쳤고 그들과 싸우기 시작했다. 그들의 약점과 결점 그리고 예수회가 야기한 질투와 증오 등을 활용하며 그들과 전쟁을 벌였다. 또 기회가 있을 때마다 그들에게 개별적으로 타격을 가했다. 그리고 마침내 결정적 조치가 취해졌는데, 그는 1757년 예수회원들이 왕가의 고해신부가 되는 것을 금지했고 그들을 궁정에서 추방한 것이다. 1758년에는 왕국 전체에서 그들의 설교와 고해 사역을 금지시켰다. 같은 해 9월 3일 포르투갈 국왕 주제 1세에 대한 시해 시도가 있었다. 폼발은 예수회가 이 음모에 가담했다고 주장하며 예수회원 10명을 체포하고 3명을 구금했다. 1759년 1월 19일, 신부들은 가택 연금 상태에 처해졌고 그들의 재산은 몰수당했다. 9월 17일 103명의 예수회 회원이 추방되어 리스본 항구를 떠났다. 10월 5일에는 9월 3일자 칙령이 반포되었는데, 그 내용은 예수회원들을 완전히 추방해서 포르투갈 영토 내에 머물 것을 금지하며 만약 이를 어길 시 사형에 처한다는 것이었다. 음모에 가담한 것으로 지목된 예수회원 중에는 말라그리다 신부라는 사람이 있었다. 대신인 폼발은 본국으로부터 부름을 받기 전에 머물렀던 식민지들에서 그리고 포르투갈에서 그와 다툼이 있었다. 신부의 지하 독방에서 그가 작성한 원고 두 편이 압수되었다. 하나는 성녀 안나의 생애에 대한 것이고, 다른 것은 적(敵)그리스도에 대한 것이다. 이는 그를 종교재판에 이단으로 회부하기에 충분한 증거였다. 종교재판소는 그의 유죄를 확정했고 그는 1761년 9월 21일 새벽 4시에 화형에 처해졌다. 오예라스 백작으로서는 유럽에서의 자신의 승리를 알리기 위해 이 화형과 화형식의 불꽃이 필요했는지도 모른다.

프랑스에서도 예수회는 무척 인기가 없었다. 예수회원들에 대한 징벌이 준비되고 있던 차에 그들은 스스로 두 가지 방식으로 징벌을 자초했다. 먼저 베뤼예 신부[42]는 1728년 『하느님 백성의 역사 Histoire du peuple de Dieu』란 제목의 책을 발간했다. 발간되자마자 그 책은 여론의 질타를 받았다. 나중에 1753년에 그는 그 책의 2부를 발간했는데, 교회 당국은 그 책을 이단으로 정죄했다. 1758년에는 3부가 나왔는데, 이전 못지않게 비난을 받았다. 베뤼예 신부의 생각은 성경이 번역되더라도 여전히 애매하며 완전하고 논리 정연한 이야기를 구성하지 않는다는 것이었다. 성경에는 불명확한 부분이 있어서 설명이 되어야 할 필요가 있으며, 또한 기술된 사실들의 건조함을 보충하기 위해서 세속사가 보여 주는 정치적·도덕적 성찰이 필요하다는 것이었다. 요컨대 그는 성경과 복음 그리고 사도들의 이야기조차도 구성이 고르지 않고 전개 방법이 사람들의 마음에 들지 않기 때문에 그것들을 교정할 필요가 있다고 주장했다. 교정이 이루어진 후 여러 다른 부분들이 함께 잘 연결되면 하나의 통일체가 형성될 것이고 각 부분이 하나의 전체적 목적에 부합될 것이다. 성경의 등장인물들은 서로 일치 협력하여 한 장면을 완전히 결말에 이르기까지 중단되지 않는 상태로 유지할 것이고, 그 장면

---

42 (역주) Isaac-Joseph Berruyer(1681~1758): 프랑스 역사가

에서 주인공들은 생각하고 말하고 행동할 것이다. 그들의 행위는 지시로 알려지는 것이 아니라 묘사될 것이며 그들의 말은 귀에 들리고 그들의 감정은 드러날 것이다. 이러한 멋진 계획을 베뤼예는 밀고 나갔는데, 어떤 비난도 그가 그 일을 추진하는 데서 보인 집요함, 자기만족, 자기도취, 무분별에 타격을 가하지 못했다.

베뤼예 신부의 상급자들은 단호하게 그를 부인했지만 분노는 교단 전체에 떨어졌다. 예수회의 적들은 예수회원들이 이제는 단지 도덕적 타협에 머무는 것이 아니라 성경 자체를 모독하고 있다고 말할 수 있는 유리한 입장에 서게 되었다. 바로 그것이 그들의 전략이었다. 그들은 예수회가 자신들이 사랑하는 세상 사람들의 지지와 인심을 잃지 않기 위해 신앙의 대상들에 대해 단호하지 못했으며, 삼위일체 하느님, 성처녀의 품 속에서 육화하시고 혐오스러운 나무 십자가 위에서 돌아가신 하느님을 경박하고 부패한 사람들에게 전하지 않았고, 복음을 온전히 설교하지 않았다고 주장했다. 그리고 예수회원들은 가시관과 십자가가 없는 예수님을 내세우는 변장한 이신론자들에 지나지 않는다고 공격을 계속했다.[43]

예수회의 교황청 담당부장이며 총시찰관인 라 발레트 신부[44]는 마르티니크에서 자신이 운영하는 식민지 사업체들과 지점들에서 손해를 보았다. 그는 마르세유의 도매상인들에게 물품으로 대금을 지불하려고 했는데, 그 배가 영국의 초계 함대에 의해 나포되었다. 마르세유의 상업 재판관이 유죄판결을 내려도 예수회원들은 돈을

---

43 『성경과 교회의 전통과 믿음이 예수회의 베뤼예 신부와 아르두앵 신부의 소치니주의적인 경박한 체계를 반박하고 있음을 보여 주는 신학 서한, 고티에 신부의 유작……』, 3권, 1756, pp. 359 이하.

44 (역주) Antoine Lavalette(1708~1767): 프랑스 예수회 신부

지불하기를 거부하고 고등법원에 상고했다. 이후 예수회원들은 고등법원의 명에 따라 교단조직 법규집을 제출하고 고등법원은 그것을 검토하기 시작했으며, 결국 교단은 패소했다. 1761년 7월 3일, 파리 고등법원의 차장 검사인 졸리 드 플뢰리[45]는 예수회의 존재가 국가에 위험이 된다는 요지의 논고를 낭독했다. 지방의 고등법원 몇몇 곳에서도 마찬가지였다. 브르타뉴 고등법원의 검사장인 루이-르네 드 카라되크 드 라 샬로테[46]의 「예수회 교단조직 법규집에 대한 보고서」는 특히 성공을 거두었다. 그 보고서의 요지는 예수회가 교황에게 심지어 세속적 영역에서까지 절대 복종을 맹세했으며, 교황은 그의 권한을 예수회 총장에게 위임했고, 따라서 예수회는 국가와 국가의 법률 그리고 국가의 본질 자체에도 반한다는 것이었다. 그러므로 예수회를 징벌해야 하며 가장 시급한 일은 예수회가 맡고 있는 청소년 교육을 박탈해야 한다고 주장했다. 그리고 그 보고서에 내재되어 있는 생각은 수도 성직자 수가 급속도로 늘어나서 불필요하며 위험하다는 것이다. 그것은 일상의 무게를 감당하고 있는 재속 성직자, 주임신부, 보좌신부에게 해가 된다. 그런데 예수회는 교단들 중 귀족 계급이었다. 그러므로 예수회를 공격함으로써 여타의 모든 사제 조직들을 흔들 수 있었다. '문명화된 국가에서 그 성격상 받아들일 수 없는' 단체인 예수회를 공격하는 포고문들이 계속 발표되었고, 마침내 1764년 11월 18일 프랑스 국왕은 매우 기독교적인 자신의 왕국에서 예수회를 추방했다.

---

45 (역주) Jean-François Joly de Fleury(1718~1802): 프랑스의 정치인

46 (역주) Louis-René de Caradeuc de La Chalotais(1701~1785): 브르타뉴의 사법관으로 얀센주의자

다음은 매우 가톨릭적인 국가인 스페인의 차례였다. 스페인 왕
실은 로마와 반목하고 있지는 않았지만 편한 관계는 아니었다. 스
페인 왕실은 로마에 반대해 자신의 특권들을 지키려고 했기 때문이
다. 그래서 로마의 가장 훌륭한 종복인 예수회원들은 인기를 잃기
시작했다. 그곳에서도 사람들은 예수회원들을 개별적으로 공격하
는 한편 다른 교단들이 예수회에 대해 가지고 있던 적대감을 이용
하며 예수회를 해산하기로 결정했다. 1766년 민중봉기가 일어나자
국왕 카를로스 3세는 파랗게 겁에 질려 즉각 마드리드를 떠났다.
폭동이 진압되자, 주동자들을 찾아내야 했다. 예수회가 이 폭동에
일부 책임이 있다고 말하는 것보다 더 간단한 일은 없었다. 증거가
부족하다면, 이미 비방문 전쟁으로 여론을 구워 삶아 놓지 않았는
가? 구실을 찾는 것은 그리 어렵지 않았지만, 예수회가 탄생한 나
라, 아직도 많은 연결 고리를 가지고 있는 나라에서 그 실행 방법을
찾는 것은 더 어려웠다. 사람들은 혼란이 일어날 수 있다고 두려워
할 수 있었다. 1767년 행정 당국은 마드리드에서는 3월 31일에서 4월
1일 사이의 밤에, 그리고 지방에서는 4월 1일에서 4월 2일 사이의
밤에 열어 보도록 된 봉인된 서한을 받았다. 그 서한에는 곧 무장
병력의 지원을 받아 예수회원들의 가택을 점유하고 신부들을 집결
시켜 왕이 서명한 24시간 내의 추방 명령을 그들에게 낭독하라는
명령이 들어 있었다. 신부들은 호위를 받으며 집결 장소로, 그리고
모이자마자 그들이 스페인을 영원히 떠나게 될 항구로 인도되었다.
그것은 너무나 신속하게 이루어져 마드리드에서는 200명의 예수회
회원이 동이 트기 몇 시간 전에 추방되었다.

예수회를 무너뜨린 힘은 우선 새로운 시대정신, 즉 계몽주의였
다. 철학자들은 예전에 이러한 사건을 감히 드러내 놓고 소망하지

는 못했는데, 이에 대해 놀라움과 기쁨을 표명한 철학자들 가운데 가장 명백하게 의견을 표명한 이는 「프랑스에서 예수회의 파멸에 대해서」(1765)를 자신의 회고록에 담은 달랑베르였다. 그가 독자들에게 하는 설명에 따르면, 이 사건은 인간 정신사에서 하나의 기원을 이룩, 세기가 만들어 낸 가장 놀라운 사건 중의 하나로 꼽혀야만 한다. 지진, 전쟁, 연맹의 붕괴, 왕에 대한 테러와 같은 반열에 포함되며 가장 사람들의 주의를 끌 만한 사건이다. 예수회는 다른 수도회들보다 더 우월했다. 그 이유는 예수회원들이 과학과 예술 분야에서 차지하는 탁월한 위치, 그들의 정연한 행동과 단정한 품행, 그리고 인간의 나약함에 도덕을 적절히 적용시키는 능란함 때문이었다. 루이 14세 시대에 예수회는 가장 융성했다. 그러나 지상을 지배하고자 한 나머지 예수회는 추락하고 말았다. 합리적 정신을 가진 사람들은 세상을 포기한 신앙인들이 다음에는 세상을 지배하려고 하는 것을 이해하지 못한다. 라 샬로테는 정말 적절히 다음과 같이 말했다. "수도자의 정신은 국가의 재앙이다. 이 정신에 영감을 받은 사람들 중에서 예수회가 가장 해롭다. 왜냐하면 그것은 가장 강력하기 때문이다. 그러므로 예수회로부터 시작해서 그 해로운 단체의 멍에로부터 벗어나야 한다." 무리의 우두머리들을 쓰러뜨리면 나머지는 숲속으로 흩어지듯이, 다른 수도회들이 차례로 타격을 입게 될 것이다. 달랑베르는 이 중대한 결과를 불러일으킨 사소한 원인들에 대해 성찰하면서, 또 사제들과 수도사들과 가장 밀접하게 관련되어 있는 국가에서 폭풍우가 시작된 점과 소멸해 가는 타락한 종파가 예상과는 전혀 다르게 아르노,[47] 파스칼, 니콜 같은 얀센주

---

47 (역주) Antoine Arnauld(1612~1694): 프랑스의 사제이자 신학자이며 철학자로 얀센주의자

의자들이 할 수 없었던 일에 종지부를 찍은 점에 대해 성찰하면서, 승리의 영광이 돌아가야 할 진정한 적수를 지목한다. 그것은 다름 아닌 계몽철학이었다. 철학이 예수회에 결정적 타격을 가했다. 얀센주의자들은 그저 청원자에 불과했다.

그다음으로 예수회를 무너뜨린 힘은 국가의 본능과 의지였다. 국가는 결정적으로 종교로부터 분리되기 시작하면서, 자신의 위에 있거나 자신과 대등해서 자신이 통제할 수 없는 세력을 인정하려고 하지 않았다. 부르봉 왕가는 가장 격렬하게 반응했다. 왜냐하면 부르봉 왕가는 가장 가톨릭적인 왕정의 국왕들로서 그들은 로마의 하수인들과 절연할 필요성을 더욱 절실히 느끼고 있었기 때문이다. 프리드리히 2세는 자신이 다스리는 개신교를 믿는 주들에서 예수회원들을 받아들였다. 왜냐하면 그의 권력은 막강해서 예수회를 두려워할 것이 전혀 없었기 때문이다. 자신의 어머니 마리아 테레지아와 함께 오스트리아 제국의 공동섭정이었던 요제프 2세[48]가 슈아죌[49]에게 한 속내 이야기를 믿는다면, 그는 예수회를 기꺼이 추방하고자 했다는 것이다. "예수회와 관련되는 것과 그들을 제거하고자 하는 당신의 계획에 대해 나는 당신에게 전적으로 동의하고 있습니다. 나의 어머니에게는 너무 많이 기대하지 마십시오. 예수회에 대한 애착은 합스부르크 왕가에서는 대대로 물려받은 것이며, 교황

---

48 (역주) Joseph Ⅱ(1741~1790): 신성로마제국의 황제로 계몽주의 사상에 기초된 개혁 정책을 펼쳤다. 특히 종교 분야에서 로마 교황의 국내 간섭을 배제하고 예배의 자유를 보장하며 교회에 속한 토지를 환원토록 하는 정책을 펼쳤다.

49 (역주) Étienne-François, comte de Choiseul(1719~1785): 프랑스의 정치가로 루이 15세 치하에서 1758년부터 1770년까지 공식적인 직책은 아니었지만 수상직을 수행했다.

클레멘스 14세는 그 증거를 갖고 있습니다. 그러나 카우니츠[50]는 당신의 친구이고 그는 여제로부터 자신이 원하는 것을 얻어 냅니다. 그는 예수회원들을 제거하고자 하는 데 있어서 당신의 편이기도 하고 퐁발 후작의 편이기도 하며, 일을 적당히 하는 법이 없는 친구입니다. 슈아죌이여, 나는 그 사람들을 누구보다도 잘 알고 있습니다. 그들이 실천했던 모든 계획들과 이 세상에 어둠을 퍼뜨리고 브르타뉴의 피니스테르 곶(串)으로부터 북해까지 유럽을 혼란하게 만들고 지배하기 위해 들이는 그들의 노력을 잘 알고 있습니다. 예수회는 독일에서는 특권적 지식인들이고, 프랑스에서는 학자들이며, 스페인과 포르투갈에서는 국가의 대신들이고 파라과이에서는 왕들이었습니다…… 지금까지는 그랬지만 이제는 곧 바뀌게 될 것입니다."

예수회가 베네치아 공국, 파르마 대공국, 시칠리아 왕국으로부터 추방되고 난 후, 예수회의 저항이 좀 있었지만 곧 무산되었다. 1773년 7월 21일 「주님과 구세주 칙령」에 의해서 예수회는 제거되었다.

이 칙령에서 클레멘스 14세는 모든 기독교 국가들에게 예수회를 척결함으로써 공동의 적의 공격이 임박한 마당에 교회의 평화를 회복하자고 호소했지만 소용이 없었다. 신자들은 혼란에 빠졌다. 목회자들은 무종교의 확산을 한탄했다. 반면에 철학자들은 무종교의 확산을 끊임없이 자랑했다. 둑은 이제 무너졌고, 불신앙의 물결이 올라오고 있었다.

---

50 (역주) Wenceslas Antoine de Kaunitz(1711~1794): 오스트리아 왕가에 속한 보헤미아의 외교관이자 정치가로 계몽군주제의 신봉자로 개혁 정책을 이끌었다.

그 당시 사유의 방향을 이미 정한 철학자들은 그들의 오래된 기독교적 심성을 진정 뿌리째 뽑아냈을까? 신앙이 철학자들의 반란의 가장 깊숙한 곳에서 그들을 여전히 사로잡고 있지 않았을까? 그래서 철학자들은 모든 문제들을 결코 기독교의 바깥에서가 아니라 기독교와 관련하여 제기했던 것이 아닐까? 역설적으로 기독교에 대한 그들의 격렬한 증오심은 결코 정복되지 않은 끈질긴 힘의 존재를 드러내 보여 주고 있지 않은가?

그래도 그들은 스스로가 자유롭다고 믿었다. 사상사의 연구자들이 철학자들에 관해 우선 기입해야 할 것은, 그들 앞에 놓여 있던 기독교적 유럽을 비기독교적 유럽으로 변화시키는 데 들인 엄청난 노력이다. 그리고 다음으로 연구해야 할 부분은 그들이 제거한 것을 대신해 어떤 것을 새로이 놓을 것인지를 제안했는가라는 문제이다.

제2부

인간들의 도시

제1장

자연종교

인간들의 도시는 땅을 덮고 있던 무질서한 건축물들과 실패한 건물들만을 떠받치고 있던 오래된 기초들까지 일단 파괴된 이후 단순한 선들에 따라 건축될 것이다. 평평하게 고른 지반 위에 인간들의 도시는 그 논리적 구축물들을 세울 것이다. 이 도시의 일꾼들은 과거를 활용하거나 세부 조정을 통해 과거를 개선하려는 지루한 작업을 모색하지 않을 것이다. 그 대신에 그들은 주민들을 위해 완벽한 계획을 수립하여, 마침내 시민들은 바벨탑만을 거처로 삼고 불확실한 천국만을 희망으로 갖는 상황에서 벗어나게 될 것이다.

이 일에 손을 걷어붙인 대담한 이들에게 용기를 주는 하나의 부적과도 같은 낱말이 우리가 이미 보았던 이성이나 빛(계몽)과 같은 낱말들에 추가되었는데, 그것은 바로 '자연'이었다. 이들은 이 낱말에 훨씬 더 효율적인 힘을 부여했다. 왜냐하면 사실 자연은 빛의 원천이며 이성의 보증이기 때문이었다. 자연은 지혜이며 선(善)이었다. 인간이 자연에 귀를 기울이기로 동의한다면 더 이상 착오를 일으키지 않게 될 것이므로 인간은 자연의 자비로운 법에 복종하는 것으로 충분했다.

따라서 우선 종교 또한 자연종교가 되어야 했다. 종교는 자연의 발현일 뿐이기 때문에 자연적이다. 또한 종교는 자연이 우리 안에 심어 놓은 본능을 따라가며 우리로 하여금 진리와 거짓, 선과 악을 구별하도록 해 주기 때문에 자연적이다. 게다가 종교는 우리로 하여금 언젠가 죽어야 하는 우리의 삶을 시련으로 간주하게 만드는 대신 시련 없이 우리의 행복만을 원하는 자연법에 복종할 것이기 때문에 그렇다. 예언자들은 이미 오래전부터 자연종교의 도래를 예고해 왔다. 천천히 자연종교는 의식하지 못하는 사이에 대중 속으로 깊이 파고들어 와 있었고 이제 백주에 그 모습을 드러냈다. 그런데 자연종교의 도래가 '놀라운 사건'이 되어 버린 것은 그 내용 때문이 아니라 그 오만함과 대담함과 열성적인 전도 때문이었다.

사람들이 신을 버리지 않았을지라도, 신은 너무 멀리 떨어져 있고 희미해지고 창백한 모습으로 있어 더 이상 그의 존재로 사람들의 도시를 성가시게 하지 않을 것이다. 더 이상 그의 진노로 인간의 도시를 동요시키지도 않을 것이고 그의 영광으로 도시에 혼란을 일으키지도 않을 것이다. 이신론, 아니 유신론조차 더 이상 믿음을 전제로 하지 않을 것이다. 믿음이란 신의 존재에 대한 기본적이며 충분한 확인에 이르는 순수한 지적 작업의 결과이기 때문이다. 창조된 세계로 눈길만 한번 돌려 보아도 그 경탄할 만한 결과물들을 확인하기에 충분하다. 그런데 원인이 없는 결과란 있을 수 없다. 그러므로 제1원인을 추정해야만 한다. 시계공 없이는 시계가 있을 수 없는데, 우리 눈앞에 잘 가는 시계가 있다. 그러므로 그것을 만들고 조정하는 능수능란한 작업자가 존재하는바 그것이 신이라는 것이다.

무슨 목적으로 신은 세계를 무(無)로부터 끌어낸 것일까? 이 질문은 대답하기 곤란하다. 하지만 아무도 세계를 고안한 것이 아니며 세상이 되는대로 작동되고 아무런 목적도 지향하지 않는다는 가정을 받아들이는 것이 훨씬 더 곤란할 것이다. 이성적 존재들이 이성의 개입 없이 창조되었을 것이라고 말하는 것과 같기 때문이다. 그러므로 논리적으로 당연히 말이 안 되는 것보다 이해하기 어려운 것을 선택하고, 아직은 사람들을 만족시키는 부득이한 해결책인 제1원인을 인정하도록 하자.

이신론은 일종의 정화 작업을 수행했다. 로마 교회, 개신 교회, 그리고 모든 교회들과 모든 분파들에서 우리에게 미신적으로 보이는 것을 모두 제거해 버리면, 그 끝에는 신이 남을 것이다. 미지의 신, 인식할 수 없는 신. 그래서 사람들은 신에게서 오직 '존재'만을 보존했다. 즉 모든 가능한 수식어들 중 가장 애매하면서도 가장 존경스러운 수식어를 붙여 신을 '지고의 존재'라고 불렀다.

성사, 전례, 교회, 성전, 사원 등이 무슨 소용이 있는가? 이성의 섬은 돔이나 종탑이 없어도 아주 아름다울 것이다. 사제나 목사나 왜 필요한가? 신은 영혼 속에 거하는 내적 예배를 통해서만 경배를 받을 수 있다. 일반적으로 제1의 존재를 인정하고 때때로 자신의 마음을 그를 향해 올려 드리는 것, 자신이 살고 있는 환경에서 명예가 손상되는 행위를 삼갈 것, 사회에 대해서 일정한 의무를 완수하는 것, 이것이 필요한 유일한 것이고 나머지는 모두 부수적인 것이다. 이 의무 중에서 신자들을 진정한 경배로부터 멀어지게 만드는 종교 예배는 제외된다. 설교를 듣느라 신자들은 자신들의 이웃을 구하는 일을 소홀히 하곤 했다. 오르공은 자기 딸 필로테가 유일한 피붙이였다. 그가 의식불명에 빠졌을 때, 그녀는 향수 박하수의 냄새를 맡게 했다. 하지만 그것은 그에게 도움이 되지 않았다. 그런데 미사 시간이 급했다. 필로테는 자기 아버지를 신과 하녀에게 맡기고 미사보와 기도책을 챙겨서 성당으로 달려갔다. 미사는 길었다. 그것은 평신도회의 성체강복식이었다. 오르공은 아무 도움도 받지 못한 채 죽는다…… 그러나 필로테는 교회 종소리가 자신을 부르는 신의 목소리이며 핏줄의 부르짖음보다 하늘의 계명을 우선하는 것이 영웅적 행동을 하는 것이라고 믿었다. 그리고 또 그녀는 헌신적으로 신에게 자기 아버지의 생명을 희생으로 바쳤고, 헌신에 따른 희생이 더 한층 큰 만큼 그것이 더 칭송받을 만하다고 믿었다. 이신론자인 투생은 이 이야기[1]를 하면서 필로테가 성호를 긋는 것을 멈추게 될 때야 비로소 사람들이 아무런 방해도 받지 않고 유덕한 행동을 하게 될 것이라고 생각한다.

십자가 위의 하느님의 아들, 만군 천사들, 성인들의 거룩히 변화된 얼굴 등의 이미지를 포기하고, 크리스마스가 오면 신자들을 구유 주위로 모이게 하고 부활절에는 할렐루야를 합창하게 만드는 전통을 버리게 할 것. 아이들까지도 더 이상 신에게 몸의 이미지를 부여하고 우리를 인도하는 팔과 축복하는 손을 상상하는 권리를 갖지 못하게 될 것이다. 우리가 아이들을 우상숭배자로 만들지 않기를 바란다면, 초등학교 교사들이 학생들로 하여금 신이라는 존재가 표현될 수 있다고 믿게 하는 것을 목적으로 삼는 모든 표현과 암시를 금지시키는 것이 중요하리라. 학자였던 포탱 부사제에 대한 이야기가 있다. 그는 어느 날 사막의 교부들을 방문했다. 그리고 그들 중에서 세라피옹이라는 성스러운 수도자를 발견했다. 그는 매우 엄격하며 흠잡을 데 없는 행실을 지니고 있었다. 하지만 그는 신을 사람들과 유사하게 상상하는 습관이 있었다. 포탱은 늙은 세라피옹에게 말을 잘해서 그의 잘못을 깨닫게 해 주고는 여행을 계속했다. 그러나 그때부터 세라피옹은 기도하고 싶을 때 크나큰 절망에 빠졌다. "아 나는 얼마나 불쌍한 사람인가, 그들은 나에게서 신을 빼앗

---

1 투생, 「미덕에 관한 서론」, 『풍속론』, 1748.

아 갔다. 이제 누구를 붙잡을지, 누구를 경배할지, 누구에게 기도를 드려야 할지 더 이상 모르겠다……."[2] 불쌍한 세라피옹에 대해 그리고 그의 회한과 눈물에 대해 이신론자들은 한 치의 관용도 베풀지 않고 오직 경멸만을 보였을 것이다.

이신론자들은 신의 항구성이 보존된다면 그것은 가톨릭교 자체가 결코 도달하지 못했을 보편성을 자신들에게 보장해 줄 것이라고 희망했다. 사실 그들에 따르면 그리스도의 종교란 비교적 최근에 와서야 시작되었고 지상의 일부 주민들에게만 선포되었기 때문에 이중으로 제한된 종교였다. 반면에 이신론은 광대한 시간과 공간에서 추종자들을 모집했다. 우리는 우리의 종교가 세상만큼이나 오래된 것이라고 주장한다. 그것은 아담, 셋, 노아의 종교이고, 세르[3]의 주민들이 숭배했던 리Li와 샹티Changti와 치안Tien, 갠지스 강가의 민족들이 숭배했던 브라마 신의 아버지인 비르마Birmah, 고대 페르시아인들이 아후라 마즈다라고 명명한 위대한 존재, 그리스의 플라톤이 기념했던 데미우르고스, 원로원에서 그 당시 알려진 지구의 4분의 3을 통치하던 당시 로마인들이 모시던 매우 선하고 매우 위대한 주피터 등은 모두 한 동일한 신, 지고한 존재의 여러 다양한 표현일 뿐이다.[4] 은하계의 별들에 거주민들이 있다면 그들도 이신론자들일 것이다. "나는 오늘 밤 명상했다. 나는 자연의 관조에 깊이 빠져 있었다. 나는 속인들은 찬미할 줄 모르는 이 무한한 천체들의 광대함, 운행, 관계를 찬미했다. 나는 이러한 광대한 우주를 주

---

2 장 브레몽Jean Brémond, 『사막의 신부들 Les Pères du désert』, 2권, 1927, pp. 524~526.

3 (역주) 흔히 중국을 뜻하던 카타이Cathay의 옛 명칭

4 볼테르, 『신의 숭배자들 혹은 신에 대한 찬미 Les Adorateurs ou les louanges de Dieu』, 1769.

재하는 지성을 더욱 찬미했다. 나는 생각했다. 이 광경에 눈이 부시지 않는다면 그는 장님임이 틀림없다. 이 우주의 창조자를 알아보지 못한다면 바보일 것이 틀림없다. 그를 숭배하지 않는다면 미친자일 것이다. 나는 어떤 찬미를 그분께 드려야 하는가? 이 찬미는 우주의 모든 곳에서 동일해야 하지 않을까? 은하계의 어떤 별에 살고 있는 어떤 생각하는 존재도 우주의 모든 곳에서 드리는 것과 똑같은 찬미를 드리지 않겠는가? 시리우스 별에서나 우리에게나 빛은 동일하다……"[5]

더 이상 어느 누구도 배제되지 않을 것이며 정죄되지 아니할 것이다. 모든 인간 존재가 이 보편 종교에 참여한다. 그들의 광활한 대륙에서 길을 잃었던 아메리카 대륙의 사람들도 여기에 참여했고 기독교의 계시 이전에 살았던 선의의 모든 이방인들도 이 종교에 참여했다.

이신론에 비해서 무신론의 위력은 어느 정도였을까? 우선 그 추종자들 중에서 자유사상가 전통의 몇몇 계승자들을 꼽아 보자. 예를 들어 "그 유명한 부앵댕[6]이 자신의 무신론을 공개적으로 설파하던 프로코프 카페를 포기할 수밖에 없었을 때, 키가 작고 꼽추였던 메에강 신부[7]가 그 자리를 대신하고자 했다. 단지 말로 교의를 설파하는 것으로 만족할 수 없었던 그는 별로 잘 만들어지지 못한 한 권의 책을 썼다. 『조로아스터 *Zoroastre*』란 제목의 이 책에서 그는 모든 계시를 부인하고 자연주의를 확립하고자 했다. 이 소책자로 그

---

5 볼테르, 「종교」 항목, 『백과전서에 대한 질문들 *Questions sur l'Encyclo-pédie*』, 1771.

6 (역주) Nicolas Boindin(1676~1751): 프랑스의 작가이자 극작가

7 (역주) Guillaume-Alexandre de Mehegan(1721~1766): 프랑스의 문학가이자 문학 교수

는 바스티유 감옥에 1년 이상 감금되었다."[8] 자신의 나라를 떠나야만 했던 불행한 피에몬테 출신의 알베르토 라디카티 디 파세라노[9]는 모든 사람들 그리고 자기 자신에게도 화가 나서 고국을 떠나 영국으로 갔고, 거기서 토머스 모건과 교유했다. 영국에서 네덜란드로 건너가 그곳에서 죽었는데 장례식을 치를 비용조차도 남기지 않았다. 가톨릭에서 칼뱅주의자가 되고, 칼뱅주의자에서 이신론자가 되고, 이어 무신론자가 된 그에 따르면 이 세상에는 정의가 없고 죽어서는 영생도 없으며, 태초나 종말의 개념은 불합리한 것이며, 죽음이란 단지 원소들의 분해에 불과하며 자연은 그 원소들을 갖고 새로운 존재들을 빚어내는 것이다. 그러므로 죽음을 두려워해서는 안 된다. 만약에 불행하다면 자살하면 그만이다.

그러나 이렇게 열광적인 무신론자들은 그들의 부정적 주장에 덜 적대적이게 된 사람들 전체에 비추어 돌출적으로 보인다. 사람들은 무신론자를 범죄자로 여기는 대신 그들에게 정상참작의 여지를 흔쾌히 제공했다. 즉 무신론자는 단지 착각하고 있을 뿐이라는 것이다. 사실 두 종류의 무신론자가 있었다. 사악하고 비도덕적인 무신론자들은 종교가 그들의 삶을 비판하기 때문에 종교에 반대한다. 이런 사람들은 영벌을 받아 마땅하다. 그러나 선하고 합리적이며 아름다운 것을 사랑하는 유덕한 무신론자들도 있지 않았던가? 그들은 인류를 사랑하며 사교적인 태도를 보이지만, 단지 그들이 타고난 정직함의 결과로 편견 속에 빠졌다. 왜냐하면 그들은 미신을 젖먹이 때부터 접해 왔고, 미신을 종교와 혼동했기 때문이다. 이는

---

8 그림,《문학통신》, 2권, 1754, p. 218.

9 (역주) Aberto Radicati di Passerano(1698~1737): 이탈리아의 자유사상가

용서할 수 있는 오해이다. 열광주의자나 광신자보다는 무신론자를 올바른 길로 들어서게 하는 것이 훨씬 더 쉽다.

벨의 역설을 채택한 많은 사람들은 무신론자를 변호하기 위해 무신론자들이 잘못이 있을지라도 그들을 사람들 중 가장 질이 나쁜 부류로 분류해서는 안 될 것이라고 조심스럽게 덧붙였다. 또한 무신론자란 이름을 남용하지는 않았던가? 대중의 편견을 일소하고 싶어 한 것 외에는 다른 잘못이 없었던, 매우 존경을 받아야 할 철학자들의 신용을 떨어뜨리기 위해서 이 이름을 사용하지는 않았는가? 소크라테스 같은 훌륭한 사상가들에게도 무신론자란 이름을 붙이지 않았는가? 사람들은 바니니를 무신론자란 이유로 화형에 처했지만, 바니니는 무신론자가 아니었다.

어떤 위대한 천재가 오랜 성찰, 깊은 연구, 반듯한 품행, 편견에 대한 완벽한 거부 등으로 무신론에 이를 수 있으며 무신론이 몇몇 재사들의 약점일지 모른다는 것이 인정되었고, 또 18세기의 소설들 중 가장 유명한 루소의 『신(新) 엘로이즈』에서 처음으로 무신론자인 볼마르가 호감을 주는 주인공의 모습으로 그려졌다. 이러한 사실들에 비추어, 전적인 엄격함에 이어서 약간의 관용이 등장하고 있음을 알 수 있는데, 이는 그 이전의 정신 상태에 대한 최초의 변형이 이루어지고 있음을 보여 준다. 그리고 그 두 번째 변형은 다음과 같다.

철학적 유물론으로의 이동.

정신은 특징상 물질과 다르다는 것보다 더 확실한 사실은 없었다. 그런데 이 차이는 기독교인으로 남고자 했던 인물인 로크와 단호하게 이신론자로 남고 싶어 했던 또 다른 인물 볼테르에 의해서 사라졌다. 어떤 생각들이 원래 의도에서 빗나가 잘못 받아들여지고, 바로 이러한 오해로 인해 성공을 거둔 예는 없지 않다. 정신은 물질과 다르지 않다는 생각 역시 그 생각을 해낸 사람의 의도에서 벗어나 그를 배반했다. 신의 전능을 더욱 두드러지게 강조하기 위해 만들어진 이 생각은 정신과 물질을 뒤섞어 버리고, 어떤 범주에 속하는 철학자들 모두에게 그들이 영혼이라는 가설로 불렀던 것의 무용성을 입증하는 데 도움이 되었다.

사실 로크는 청교도적 의식을 간직하고 있었다. 그는 복음서를 자기 신앙의 기준으로 삼았으며 사람들이 그를 불신자로 분류할 때 괴로워했다. 그러나 그는 우리 인식의 좁은 한계를 지적하기 위하여 우리가 열망하는 확실성을 발견할 수 없다는 점을 싫증이 날 정도로 강조했다.

예를 들어 우리는 정사각형, 원, 그리고 동등함에 대한 관념들을 가지고 있다. 그러나 우리는 아마도 결코 정사각형과 동등한 원을 찾을 수 없을 것이며, 그런 경우가 존재하는지도 확실히 알 수 없을 것이다. 우리는 물질과 사유라는 관념들을 가지고 있다. 그러나 아마도 순전히 물질적인 존재가 사유를 하는지 아닌지를 알 수 없을 것이다. 왜냐하면 우리 자신의 관념을 관조한다고 해도 계시가 없다면 전능한 신이 적절히 배치된 몇몇 물질계에 지각하고 생각하는 힘을 부여했던 것이 아닌지, 그렇지 않으면 이렇게 배치된 물질에 사유하는 비물질적인 실체를 연결해 고정시켜 놓았는지를 아는 것은 불가능하기 때문이다……[10]

---

10 『인간 오성론』, 4권 3장. — 여기서는 피에르 코스트Pierre Coste 번역판을 따른다.

볼테르는 비할 바 없이 탁월한 로크에게 자신의 『철학 서한』의 열세 번째 서한을 헌정하려고 했을 때 이 구절 앞에서 놀라 멈춰 섰다. 그는 우리의 신학자 나리들과 정면충돌을 피하기 위해서 로크를 약간 재미있게 만들면서 그의 사상을 전파했다. 신학자들은 영혼의 영성을 너무나 확실하게 보아서 할 수만 있다면 그것을 의심하는 육체들을 불태워 버릴 수 있는 사람들이었기 때문이다. 그는 친구들에게 보내는 내밀한 글에서만 바로 이런 식으로 말했고, 대중을 위한 글에서는 더욱 신중함을 보였다. 하지만 그의 태도는 그렇다고 덜 단호한 것은 아니었다.

로크는 본유관념을 파괴한 이후에…… 마침내 인간 지식의 범위, 보다 정확히 말해 인간 지식의 무(無)를 생각한다. 바로 이 장에서 그는 겸손하게 다음과 같은 표현을 쏟아 놓는다. 순전히 물질적인 존재가 사유를 하는지 아닌지를 우리는 아마도 결코 알 수 없을 것이다.

이 점에 대해서 신학자들과 신자들은 경고를 보냈다.

사람들은 로크가 종교를 전복하려고 한다고 외쳤다. 그러나 이 사건에서 종교는 전혀 문제가 아니었다. 그것은 신앙이나 계시와는 매우 무관한 순전히 철학적 문제였다. 물질이 사유할 수 있으며 신이 사유를 물질에 전달할 수 있다고 말하는 것에 모순이 있는지를 담담히 검토하기만 하면 되었다.

볼테르는 열 번이고 스무 번이고 이 동일한 생각으로 되돌아왔다. 그는 자신만의 방식으로 이 주제를 매만지면서 그것을 빛나게 만들었고 새로운 울림과 의미를 부여했다. 사실 그보다 앞서 『인간 오성론』이 출판되자마자 옹호자들과 반대자들이 이 주제에 대해 숨 가쁘게 논쟁을 벌였다. 잉글랜드의 우스터 주교인 에드워드 스틸링 플릿[11]의 격렬한 항의에 로크는 답변을 했는데, 그의 번역자인 코스트가 그것을 다음과 같이 요약했다. "로크 씨는 결국 신의 전능함은 물질에도 사유를 부여할 정도가 될 수 있다는 주장에 논리적 모순이 없다는 것을 말하고자 한다. 그 이상의 것은 없다." 벨은 모든 간결한 문구들로부터 그 내용을 추출하는 것을 자신의 임무로 삼았기에, 이 대답의 정확한 뜻이 무엇인지 물어보았다. "로크 씨의 이 학설은 우리를 곧장 한 가지 종류의 물질만을 인정하도록 유도한다. 이 물질은 그 속성들 중 하나를 통해 공간과 결합될 수도 있고 또 다른 속성들 중 하나를 통해 사유와 결합될 수도 있다. 일단 이렇게 가정하고 나면 어떤 실체가 사유를 하면 그것은 비물질적이라는 결론은 더 이상 내릴 수 없을 것이다." 콜린스와 톨런드는 이 논거를 자신들이 이용할 수 있음을 간파했는데, 이것이 그들의 적수로부터 나왔기 때문에 더욱 소중했다. 그들은 심술궂게 쾌재를 불렀다. 라이프니츠는 자연종교 자체도 극도로 약화될 수 있다는 사실에 괴로워했다. 여러 사람들이 영혼을 육적인 것으로 만들고, 또 다른 이들은 신을 육적인 것으로 만들고, 로크와 그의 옹호자들은 영혼이 물질인지 아닌지 또 소멸하는 것인지 아닌지를 의심하기 때문이다. 클라크는 라이프니츠에게 응답하며 다시 수정을 가했다. 로크 씨의 저술 중 몇몇 부분을 보면 그가 영혼의 비물질성을 의심한다고 생각할 수 있는 것이 사실이지만, 로크 씨의 저술에서 오류

---

11 (역주) Edward Stillingfleet(1635~1699): 영국의 신학자이자 논쟁적 작가로, 특히 설교로 유명했다.

를 제외하고는 아무것에도 찬동하지 않는 유물론자들만이 이러한 견해를 추종하고 있었다. 이미 이러한 생각은 50년 전부터 시작되었으며, 따라서 수많은 토론과 해석이 따라붙은 상태였다. 볼테르가 이러한 생각을 다시 수면 위로 떠오르게 했을 때, 그는 그것이 너무 단순하고도 명료해서 그전까지는 사람들이 극복할 수 없다고 믿었던 어려움이 일순에 사라진다고 생각했다. "로크에 대한 나의 편지는 다음과 같이 귀결될 수 있습니다. 인간의 이성은 신이 물질에 사유를 부가할 수 없다는 것을 증명할 수 없을 것입니다. 내 생각에는 이러한 명제는 밑변과 높이가 동일한 두 삼각형이 합동이라는 사실만큼이나 진실합니다."[12]

볼테르 이후로 유심론의 반대자들 또한 이 문제가 해결되었다고 생각했으며 이 논거를 결정적인 것으로 간주했다. 왜 실체의 이중성을 보존해야 하는가? 로크가 적절히 말했듯이 영혼은 물질적일 수 있다.

과학적 유물론의 시도.

가장 대담한 철학자들을 도와주던 과학자들은 그들을 또한 약간 경멸하면서 모든 생명은 물질로, 그리고 물질로서만 설명된다고 말했다. 왜냐하면 과학자들은 철학자들을 자신들의 다변에 만족하며, 오직 사실만을 고려한다고 주장하면서도 말만 갖고 추론하는 사람이라고 보았기 때문이다. 반면 과학자들 자신들이 생각하기에 자신들은 자연을 직접 관찰하면서 말을 하고 자연이 무엇인지 안다. 그들이 여러 저작들을 통해서 짐승에게 영혼이 있는지 없는지 하는 문제에 대한 논의를 끈질기게 이어 간 것은 바로 유심론자들이 그

---

12 「라 콩다민 씨에게 보내는 볼테르의 글」, 1734년 6월 22일.

들에게 매우 소중한 논거를 제공한다고 믿었기 때문이다. 그들은 몇몇 유기체들은 영혼이 없이도 잘 살 수 있다고 말했다. 에피쿠로스의 체계, 원자들과 원자들의 조합들, 수없이 많은 우연들 중 하나가 세계를 만들었다는 생각이 계속 그들을 사로잡았다. 그러나 그들에게 이 체계들은 생명 현상을 완전히 해명할 수 없는 것처럼 보였고, 이것들을 새롭게 갱신하는 것이 중요했다.

여러 독창적인 천재들이 바로 그 일을 했다. 은퇴 외교관인 브누아 드 마이예[13]는 이집트에서 영사로, 아비시니아[14]에서 대사로, 리보르노에서 영사로, 레반트와 바르바리아 해안에서 프랑스 상사 감독관으로 근무했는데, 1748년에 『텔리아메드 혹은 바다의 감소와 육지의 형성과 인간의 기원에 대한 인도 철학자와 프랑스 선교사 간의 대화Telliamed, ou Entretiens d'un philosophe indien avec un missionnaire français, sur la diminution de la mer, la formation de la terre, l'origine de l'homme』를 출간했다. 현자들과 기적의 나라들인 동방에 대한 추억들, 상상적 여행의 전통, 퐁트넬[15]과 그의 『대화Entretiens』의 영향, 당대의 관심사에 부응하고자 하는 욕망, 왜 산의 정상에서 조개껍질이 발견되는지에 대한 질문, 아직 미완성인 진리, 그리고 전체적으로 보면 순진한 맹신들······ 바다의 경계는 정해지지 않았다. 그것은 뒤로 물러나고, 바다의 공간은 감소된다. 그것은 확실한 측량들을 통해 증명이 된다. 다른 한편 거의 그만큼이나 확실한 탐색을 통해 바다의 바닥이 산과 계곡들의 배치와 유

---

13 (역주) Benoît de Maillet(1656~1738): 프랑스의 외교관이자 지구의 역사 이론인 『텔리아메드』의 저자
14 (역주) 에티오피아의 이전 명칭
15 (역주) Bernard Le Bovier de Fontenelle(1657~1757): 과학 사상의 보급자이자 문학가이며 계몽주의의 선구자

사하다는 사실이 밝혀지고 있다. 그러므로 이전에는 바다가 육지 전체를 덮고 있었을 것이다. 산 정상들에서 발견되는 조개들이 그 증거이다. 그러므로 대홍수란 과학적 사실에 대한 하나의 해석일 뿐으로, 그것은 신의 개입을 상정하지 않는다. 그러므로 우리의 행성은 물질의 느린 진화를 통해 형성된 것이며, 여기서 느닷없이 단번에 이루어진 창조의 개념은 배제된다. 태양계의 관찰을 통해 확인할 수 있듯이 영원한 물질은 변화하는 형태를 띤다. 태양계에서 모든 것은 단지 상대적으로 고정되어 있는 것이다. 몇몇 별들이 사라진 후 다른 별들이 나타난다. 우리 지구의 운명도 불확실하다. 아마도 언젠가는 마르고 검게 탈지도 모른다. 바다 요정이나 인어들의 존재가 증거하는 것처럼 생명은 바다에서 태어났을지도 모른다……

최초에 씨앗들만이 있는 혼돈이 있었고 그것들이 수정(受精)되고 나서 혼돈이 조직을 이루기 시작했다. 땅과 물, 공기와 불이 성장하기 시작했다. 돌과 금속들이 생성되기 시작했다. 산들과 봉우리들의 형태가 천천히 만들어지고 식물들이 나타났다. 자연은 실험을 계속하며 인간을 만들어 내기에 이르렀다. 로비네[16]와 1768년에 발간된 그의 저서 『존재의 형태들의 점진적이고 자연적으로 형성되는 것에 대한 철학적 고찰 *Considérations philosophiques de la gradation naturelle des formes de l'être*』에 따르면 그것이 우리 행성에서의 생명의 기원이었다. 이러한 장대한 전망에 덧붙여 로비네는 화석에서 발견되는 자취들, 손가락이나 귀 혹은 넓적다리뼈나 심장의 모양을 가진 돌들은 자연의 실험들로서, 자연은 서투르지만 인내심을 갖고

---

16 (역주) Jean Baptiste Robinet(1735~1820): 프랑스의 철학자로 콩디야크의 영향을 받아 감각론적 경험론을 주창했다. 그는 모든 물질이 감각을 갖고 있으며 세계 전체를 생물의 연속적 진화 과정이라고 생각했다.

인간을 만들어 내기 위한 최초의 습작들을 그려 냈다고 말했다.

의사 하틀리[17]는 계시의 권위를 주장하고 심지어 신학, 그 나름의 신학을 구성하기까지 했는데, 그것은 영원한 형벌의 가능성을 배제하는 것이었다. 동시에 그는 사유란 대뇌 수질 섬유의 운동으로 환원되며 영혼은 물질적이라고 주장했다.

화학자 프리스틀리[18]는 이신론자이며 목적론자로서 합리적 기독교의 옹호자였다. 영혼은 물질적이며 이 사실을 증명하는 것을 두려워할 필요가 없다. 이러한 사실로 인해 우리는 물질에 사유의 능력을 부여하신 지고한 존재를 더욱 숭배해야 한다.

모페르튀, 그리고 모든 사람들 중 가장 소란스러운 라 메트리.[19] 그는 유물론이 구원이며 진리라고 목이 터져라 외쳤다. 자연으로부터 시작해야 한다고 말했다. 자연은 감정도 없고 지식도 없는 힘으로서 생명을 줄 때 맹목적인 만큼 그것을 파괴할 때도 순진무구하다. 자연이 어떻게 작용을 하는 것일까? 자연은 세상 속에 널리 퍼져 있다가 결국 다시 만나는 모든 종의 씨앗을 만들어 내는 것일까? 그것은 일종의 진화 과정을 따르기 때문에 그 첫 세대들은 불완전하고 기괴하며, 필수적인 요소를 모두 갖추게 될 존재들만이 살아남는가? 확실한 것은 모든 해부학적·생리학적 실험들은 우리가 영혼이라고 부르는 것이 사실은 육체의 부속물에 불과하다는 사실을 보여 준다는 점이다. 영혼의 현상은 사실 육체의 상태에 결부되어 있다. 병에 걸리면 영혼도 변질되고 아편을 맞으면 진정된다.

---

17 (역주) David Hartley(1705~1757): 영국의 철학자이자 의사
18 (역주) Joseph Priestley(1733~1804): 영국의 목사이자 화학자
19 (역주) Julien Offray de La Mettrie(1709~1751): 프랑스의 의사이자 철학자

커피나 포도주를 마시면 흥분하고, 굶주리면 잔인하고 야만적으로 된다. 나이와 함께 청소년기, 성숙기, 쇠퇴기를 겪고 풍토에 따라서도 변화한다. 요컨대 영혼은 물질과 구분되어 존재하지 않는다. 영혼은 물질이다. 영혼이란 우리가 전혀 모르는 공허한 낱말로서, 단지 우리 내부에서 생각을 담당하는 부분을 지칭하기 위해 사용할 뿐이다. 사유란 전기처럼 유기 물질의 한 속성에 불과하며, 운동 능력이며 불가입성(不可入性)이며 연장(延長)이다. 영혼의 연구는 자연사에 속하는데, 1745년 라 메트리의 『영혼의 자연사 *Histoire naturelle de l'âme*』가 나왔다. 인간은 완전히 기계적인 전체 생명체들과 어떤 특권에 의해서도 구별되지 않는다. 1747년 『인간 기계론 *L'Homme machine*』이 나왔다. "인간이 기계적인 존재라는 것, 생각하고 느끼며 푸른색과 노란색을 구별하는 것처럼 선과 악을 구별한다는 것, 즉 지성과 확실한 도덕적 본능을 가지고 태어났다는 것은 원숭이나 앵무새로 태어나 쾌락을 추구하는 것보다 더 모순적인 일이 아니다." 이런 말을 해도 괜찮다면 인간은 식물인데, 식물도 일종의 기계이기 때문이다. 1748년 『인간 식물론 *L'Homme plante*』이 나왔다. "인간을 일종의 식물로 바라보는 사람은 인간을 일종의 기계로 파악한 사람과 마찬가지로 이 아름다운 종인 인류에 잘못한 것이 없다. 인간은 자궁 속에서 배아로서 성장한다. 인간의 육체는 시계처럼 고장이 나기도 하고 수리가 되기도 하는데, 때로는 자신 자신이 갖고 있는 태엽 — 이것의 작용은 대개의 경우 순조롭다 — 의 힘으로, 또는 그 태엽을 알고 있는 사람들 — 이들은 시계공이 아니라 화학 물리학자들이다 — 의 기술에 의해서 회복이 된다." 이러한 필연성을 받아들이기로 하자. "나일 강이 그 범람에 대해서 죄가 있지 않고, 바다가 그 재해에 대해 죄가 있지 않듯이, 우리가 우리를 지배하는 원시적 힘의 충동을 따른다고 해서 범죄자는 아니다." 아니 차라리 이 필연성을 기뻐하기로 하자. "왜 내가 아직도 사람들에 대해 약간의 존중심을 갖고 있는지 아시오? 그것은 내가 그들이 진정으로 기계라는 것을 믿기 때문이요. 만약 그렇지 않다면, 인간들이 만든 사회 중 훌륭한 사회는 거의 없을 것이요. 유물론은 염세주의의 해독제라오."

수많은 모험과 소동들을 거치면서 라 메트리는 프리드리히 2세의 보호를 얻게 되었다. 볼테르는 그를 '무신론자 왕'이라고 불렀다. 그는 평균인보다 더 많은 물질을 가지고 있었는데, 뚱뚱하고 볼이 통통했으며 배가 불룩 나왔고, 거대한 체구의 탐식가였기 때문이다. 1758년 11월 11일 그의 기계는 소화불량 끝에 사망했다.

무신론의 보급은 마침내 수많은 저술들 속에서 나타났는데 그 중 특히 두 권, 『자연의 체계 *Le Système de la nature*』(1770)와 이 책의 요약본인 『상식, 또는 초자연적 사상에 반대되는 자연 사상 *Le Bon sens, ou idées naturelles opposées aux idées surnaturelles*』(1772)에서 잘 표현되었다. 전문적인 무신론자가 있었고, 그의 책은 학자들과 무지렁이들, 귀족 부인들과 하녀 모두가 읽었는데, 그는 돌바크 남작인 폴 티리였다. 원래는 힐데스하임에서 태어난 독일인이었는데, 파리에 유학을 왔다가 거기에 그대로 체류했다. 개인용 대저택, 일주일에 두 번씩 베푸는 훌륭한 만찬, 쾌적한 별장으로 그는 엄청난 영향력을 발휘할 수 있었다. 많은 저명한 유럽인들이 루아얄 생토노레가(街)나 그랑발 성에서 환대를 받았다. 남작에게 재능이 있었던 것은 아니다. 그의 생각들은 여기저기서 긁어모은 것이며 그의 산문은 무겁고 문체는 간결하지 못했다. 그의 과장된 웅변도 그의 산문을 고무시키기에 충분치 못했고 그저 부풀어 오르게 할 뿐이었다. 그의 성격도 완벽한 것이 아니었다. 극단적이고 변덕스러웠다. 그의 절친한 지인들 중 한 사람이었던 디드로의 표현을 빌리면, 유쾌하고 신랄하며 유유자적하면서도 신경질적인 사티로스, 괴짜면서 개구쟁이 같은 거동의 소유자, 자기 친구들을 불쾌하게 만들고 거칠게 다루게 하는 수시로 바뀌는 기분의 소유자, 관대하며 기꺼이 친절을 베풀지만 또한 자기 주변 사람들의 삶을 어렵게 만드는 가혹함도 가질 수 있는 심성의 소유자였다. 좋은 시기들이 나쁜 시기들을 보상했지만 항상 그런 것은 아니었다. 그는 사람들을 끌어당기는 동시에 밀어냈다…… 그러나 그는 부자였고 사교적이었으며 가장 훌륭한 사교계에서 눈에 띄는 자리를 차지하고 있었다. 그는 근면했고 활동적이었다. 그는 자신의 내면에서 절대적인 소명을 느꼈다. 그의 임무는 모든 종교를 깎아내리고 가능하다면 말살하는 것이었다.

기독교에 대한 저주는 결코 끝이 없었다. 종교에 반대해서 이미 출판된 수많은 책들에 그는 또 다른 많은 책들을 추가시켰고 대중에게 가장 지독한 반(反)교권주의를 주입시켰는데, 예를 들면 『성인들의 그림 Le Tableau des saints』, 『성직자들의 사기에 대하여 De l'imposture sacerdotale』, 『가면이 벗겨진 성직자들 Les Prêtres démasqués』, 『종교의 잔인함에 대하여 De la cruauté religieuse』, 『파괴된 지옥 Enfer détruit』 등이 그것이다. 그 수가 너무 많아 정확한 목록을 작성하는 데는 어려움이 있고 그가 직접 집필한 부분과 그의 조력자들이 기여한 부분을 구별하기가 어렵다. 고대나 근대의 서적 중에서 자신의 의도에 부응하는 책들이 있으면 그는 그 책들을 번역하게 했다. 그의 기획에 유용한 원고를 손에 넣게 되면 그것을 세상에 내놓았다. 고(故) 불랑제[20]가 남겨 놓은 『그 관습을 통해

---

20 (역주) Nicolas-Antoine Boulanger(1722~1759): 프랑스의 문인, 철학자

밝혀낸 고대 *L'Antiquité dévoilée par ses usages*』[21]에 관한 원고가 대표적이다. 그 원고에서 저자는 우리의 종교적 사유는 대홍수가 극소수의 생존자들에게 남겨 놓은 공포심으로부터 비롯되었음을 입증했다. 돌바크는 작업장, 가게, 사무실을 지휘하며 극히 단순하면서도 격렬한 선전문들을 찍어 냈는데, 그것들은 심지어 형제들마저 피곤하게 만들어서 그들은 마침내 그가 무신론을 독실한 신앙으로 삼은 사람이라고 보게 되었다.

다른 몇몇 인물들이 그와 함께하며 그의 활동을 발전시켰다. 이제는 천대받고 멸시받지 않지만 자존심이 강했던 사람들로 이루어진 소수 집단은 사회에서 한 자리를, 그것도 제일 높은 자리를 요구하기를 두려워하지 않았다. 왜냐하면 그들은 스스로 현자라고 주장했으며 현자가 신보다 우위에 있다고 덧붙여 말했기 때문이다. 불랑제, 네종, 샤를-프랑수아 뒤퓌,[22] 실뱅 마레샬,[23] 제롬 랄랑드[24] 등이 가장 잘 알려진 인물들이었는데, 이들은 유사한 태도, 심지어 편집광적 태도를 보여 주고 있다. 디드로의 추종자인 네종은 돌바크 남작의 납품업자이자 남작의 작품을 수정 보완하는 일을 담당했으며 그의 『철학 집록 혹은 종교와 도덕에 대한 잡학 총서 *Recueil philosophique, ou mélanges de pièces sur la religion et la morale*』 (1770)에서 성무일과서와는 반대라고 할 수 있는 비종교적인 주요 글들을 모아 놓았다. 실뱅 마레샬은 프랑스의 루크레티우스가 되고자 했으며 도전적인 시를 썼다.

---

21 (역주) 이 작품의 원저자를 돌바크라고 추정하는 사람들도 있다.

22 (역주) Charles-François Dupuis(1742~1809): 프랑스의 과학자이자 정치가

23 (역주) Pierre Sylvain Maréchal(1750~1803): 프랑스의 작가이자 시인

24 (역주) Jérôme Lalande(1732~1807): 프랑스의 천문학자

신들이 있다고 인정한다면 미덕이란 전혀 없다.

그는 『무신론자들의 사전Dictionnaire des athées』을 편찬한다. 그는 아벨라르[25]로부터 조로아스터, 버클리, 보카치오, 나지안주스의 그레고리우스,[26] 쥐리외,[27] 철학자 볼프, 시인 영[28]에 이르기까지 전혀 예상치 못했던 인물들을 싣는다. 또한 영국 국민, 브라질 국민, 칠레 국민, 그리고 미국 국민 전체도 등재된다. 이 사전은 편집광의 작품이다. 그리고 그 「서문」도 자기 과시로 가득 차 있으며 허영심이 작열하여 별 가치는 없지만 그나마 이제 막 태동하고 발전하는 사상의 심화를 보여 주고 있기는 하다. 무신론자는 자연인이다. 그는 인식의 한계를 인정하고 이러한 제한된 인식으로 어떻게 신에 도달할 수 있는지를 이해하지 못하는 사람이다. 현재의 행복만을 추구한다면 그것을 실현하기 위해 신을 필요로 하지 않는다. "그에게는 하늘에 신이 있는지를 아는 문제는 달에 동물들이 살고 있는지를 아는 문제보다 더 중요하지 않다." 모든 기독교 문명이 오류에 근거하고 있다는 것을 인정하는 사람은 그 오류가 완전히 소멸되기를 원한다. "모든 것 속에 혼재한 이 오래되고 중대한 오류를 완전히 그리고 전면적으로 파괴해야 한다. 이 오류는 모든 것,

---

25 (역주) Pierre Abélard(1079~1142): 프랑스의 철학자이자 신학자로 여제자 엘로이즈와의 연애사건으로 유명하다. 말년까지 이단 시비로 고통을 받기도 했다.

26 (역주) Gregorius Nazianzenus(329~390): 소아시아 나지안주스 출생의 신학자이자 교회 박사

27 (역주) Pierre Jurieu(1637~1713): 프랑스 출신의 칼뱅주의 목사로 신학자이며 작가

28 (역주) Edward Young(1683~1765): 영국의 시인

심지어 미덕까지 변질시켰으며, 약자들에게는 함정이 되었고, 강자들에게는 지렛대가 되어 주었으며, 천재들에게는 장벽이 되었다. 이러한 막대한 오류를 완전히 그리고 전면적으로 파괴하는 것은 세상의 모양을 바꾸어 놓을 것이다."

그들은 떠들썩하기는 했지만 그만큼 실질적인 영향력을 갖지는 못했다.

동시대인인 필라티[29]는 이탈리아보다 무신론자와 이신론자가 많은 곳은 세계 어디에도 없다고 선언했다. 이탈리아 사상의 표출은 우리에게 그 반대되는 사실을 보여 주고 있지는 않지만, 그가 이신론자와 무신론자를 혼동하고 있다는 사실은 그의 주장을 약화시키기에 충분하다. 영국에서 심리학의 발달은 심리학을 신앙의 부정으로 인도하기는커녕 오히려 신앙으로 돌아오게 한다. 프랑스의 엘베시우스는 신학자들이 유물론자라는 말을 너무 남용해서, 그 말이 계몽 정신의 동의어가 되었으며 책들이 굉장한 인기를 끈 유명한 작가들을 지칭하고 있다고 진술했다. 그것은 논쟁의 일단에 지나지 않는다. 다음의 일화는 유명하다. 대사의 비서가 되어 파리로 돌아온 흄은 한 만찬에서 무신론자를 단 한 명도 본 적이 없기 때문에 무신론자들이 있다는 사실을 믿을 수 없다는 말을 했다. 주인이 그에게 대답했다. "식탁에는 18명이 있습니다. 그중 15명은 무신론자이고 나머지 세 명은 아직 생각을 정하지 못했습니다." 그런데 그는 돌바크 남작의 집에 있었다. 독일 계몽주의자들의 모든 노력은 무신론이 아니라 신에 대한 합리적 인식을 정립하는 것을 목적으로 삼았다.

---

29 (역주) Carlo Antonio Pilati di Tassullo(1733~1802): 이탈리아의 법학자

사람들은 이러한 불경건한 자들을 화형에 처할 것을 요구하지는 않았지만. 그들의 책들은 여전히 반감을 불러일으켰다. 라 메트리는 『인간 기계론』을 할러라는 학자에게 헌정했는데, 할러는 모욕을 당했다고 판단하여 1749년 5월 《학자 신문Journal des savants》에 엄중한 항의문을 보냈다. "『인간 기계론』을 쓴 익명의 작가가 위험하고도 근거 없는 내용을 지닌 이 책을 내게 헌정했는데, 나는 신과 종교와 나 자신을 위해 지금 입장을 밝혀야 하겠습니다. 《학자 신문》의 저자 여러분께서는 여러분의 신문에 지금의 선언을 넣어 주시기 바랍니다. 나는 이 책이 나의 견해와는 완전히 반대이기 때문에 이 책에 반대합니다. 나는 그가 내게 이 책을 헌정한 것을 익명의 작가들이 신사들에게 책을 헌정하는 풍습에 비추어 본다고 하더라도 너무나 잔인한 모욕이라고 생각합니다. 나는 대중 여러분이 내가 이 『인간 기계론』의 작가와 어떤 관계도 일면식도 없고 서신을 교환하거나 교유하거나 했던 일이 없다는 것을, 그리고 이 작가와 어떤 견해라도 일치하는 것이 있다면 그 자체를 가장 큰 불행으로 간주할 것임을 확실히 알아 주기 바랍니다." 할러는 신앙인이었다. 그러나 달랑베르, 프리드리히 2세, 볼테르는 신앙인이 아니었지만 『자연의 체계』를 논박했다.

　　무신론자들에 대항해서, 이신론자들은 그들의 논거를 하나하나 반박하면서 수없이 많은 주장을 쏟아 냈다. 무신론자들은 움직이지 않고 죽어 있는 것처럼 보이는 물질들이 일정한 방법으로 조합되면 움직임, 지능, 생명력을 갖게 되는 것이 실험을 통해 증명된다고 말한다. 이신론자들은 그것은 사실이 아니라고 말한다. 무신론자가 물질과 운동이 모든 것을 설명하기에 충분하다고 주장하면 이신론자들은 그것은 사실이 아니라고 말한다. 물질이 영원하고 필요하다고 말하면 그것도 사실이 아니라고 말한다. "신이 존재하지 않으며 물질이 영원한 필연성에 의해 스스로 움직인다고 감히 단언할 때는 유클리드의 명제를 증명하듯이 그것을 증명해야 한다. 그렇게 하지 못한다면 당신들이 주장하는 그 학설의 근거는 추론에 불과할 뿐이다. 인류가 가장 관심을 두는 문제에 대한 근거가 어찌 그 모양인가."[30]

　그러나 무신론자들은 호락호락 당하지 않았다. 그들은 이신론자들이 신앙 행위에 그러하듯이 이신론에 경멸적인 태도를 취했다. "한 유물론자가 어느 날 나에게 이렇게 말했다. 이신론자는 기독교인이 될 만큼 나약하지도 않고 무신론자가 될 만큼 용기도 없는 그러한 부류의 사람이다."[31] 철학에 열광한 어떤 여성 숭배자가 볼테르에 대해 한 말이 회자되었다. 그는 이신론자이면서도 편협하다. 이 심약한 정신의 소유자들, 궁극적 원인이 있다고 주장하는 사람들은 신비 없는 종교란 말로 무엇을 의미하고자 했을까? 그것은 용어 자체에 모순이 있는 것이 아닌가? 왜 소심하게도 그들은 자신들이 생각할 수도 없다고 말하는 신을 보존하려고 했던 것일까? 이신론자, 낙관주의자, 열광주의자의 신과 신앙인, 미신을 믿는 자, 헌신주의자의 신 사이의 차이는 단지 열정의 다양성과 기질의 다양성에 있다. 이신론과 미신 사이에는 백지장 한 장의 차이밖에 없다.[32] 이신론자와 종교를 인정하는 또 다른 모든 광신적 신봉자들은 통속적 표현으로 이 사람을 보라(Ecce homo)[33]고 지칭될 수 있다. 반면에

30　볼테르, 「무신론자와 무신론」, 「신」 항목, 『철학 사전Dictionnaire philosophique』.

31　보놈 신부P. Bonhomme, 『기독교와 비교한 이신론 혹은 반(反)우라니아 여신L'anti-Uranie ou le déisme comparé au christianisme』, 1763.

32　돌바크 남작, 『상식, 또는 초자연적 사상에 반대되는 자연 사상』, §Ⅲ.

33　(역주) 빌라도가 가시나무 관을 쓰고 자주색 옷을 입은 채 나온 예수를 가리키며 군중에게 한 말이다.

누구 앞에서도 무릎을 꿇지 않는 사내대장부는 무신론자로서 **이 대장부를 보라**(*Ecce Vir*)라고 지칭할 수 있을 것이다…….[34]

공동의 적에 대항해 함께 싸우기 위해 잠깐 동맹을 맺고자 했던 그들은 점점 더 명확하게 그들의 사상이 본질적인 문제에서 차이가 나는 것을 보게 되면서 이러한 용어로 신랄하게 설전을 벌였다.

18세기는 전반적으로 이신론의 세기였지 무신론의 세기는 아니었다. 그러나 좋든 싫든 간에 이 세기는 무신론에 자리를 내주어야 했다. 이신론자들이 신앙인들의 소심함을 비난한 것과 동일하게 무신론자들은 이신론자들의 소심함을 비판했다.

---

34 실뱅 마레샬, 『무신론자들의 사전』, VIII, 「서문」.

제2장

자연과학

학문은 자연에 대한 학문이 되어야 했다. 자연사가 1위에 올랐고 기하학이 그 뒤를 이었다.

물론 많은 사람들은 여전히 수학을 선호했는데, 수학은 가장 아름답고 가장 명확하고 가장 견고하며 가장 체계적인 이성의 훈련으로 여겨졌기 때문이다. 유럽에는 저명한 수학자들이 전혀 부족하지 않았고, 오히려 풍부했다. 라니[1] 같은 사람이 항상 있었는데, 그에 관한 이야기가 다음과 같이 전해져 온다. 그가 죽게 되었을 때, 어떤 다정한 위로도 도움이 되지 않았다. 모페르튀가 나타나 그의 입을 열게 하리라고 장담했다. "라니 선생님, 12의 제곱은 얼마이죠?—144입니다." 환자는 힘없는 목소리로 대답하고서는 더 이상 아무 말도 하지 못했다.

그러나 기하학은 사람들이 부여했던 우월한 위상을 잃었다. 왜냐하면 사람들이 기하학이 지식에 더 이상 아무것도 추가해 주지 않으며, 이미 설정된 원리를 연역적으로 전개하는 것에 그쳐 그 결

---

1 (역주) Thomas Fantet de Lagny(1660~1734): 프랑스의 수학자

과 현실을 파악할 수는 없다는 사실을 결정적으로 알아차렸기 때문이다. 자연에는 기하학자들이 말하는 두께가 없는 평면, 넓이가 없는 선, 차원이 없는 점, 기하학자들이 상정하는 가정적 규칙성을 갖는 물체가 존재하지 않으므로, 기하학은 방정식으로 이루어진 환상에 불과한 것처럼 보인다. 운동과 연장으로 세상을 다시 만들어 보고자 하는 것은 환상에 불과하다. 그것은 데카르트의 환상이었는데, 이미 그 지배적 영향력은 사라졌다.

뉴턴이 지배하는 시대가 왔다. 그는 수학이 물리학에 봉사하게 했고 그럼으로써 수학에 제자리를 찾아 주었다. 뉴턴은 추상적 개념이나 공리가 아니라 사실에서 출발해서 정식으로 확인된 다른 사실에 도달했으며 자연으로부터 자연의 법칙을 추출해 냈기 때문에 새로운 세대는 그를 우상으로 받들었다. 뉴턴은 몰이해의 시기로부터 빠져나왔고, 사람들은 가장 의심이 많은 사람들에게도 뉴턴을 설명했다. 그의 제자들은 대학 강단과 학술원에서 그의 저서들을 설명했고, 그 내용은 무궁무진한 것처럼 보였다. 볼테르가 명쾌한 프랑스어로 그랬던 것처럼, 그리고 알가로티[2]가 『부인들을 위한 뉴턴주의*Il Neutonianismo per le dame*』에서 이탈리아어로 그랬던 것처럼, 일반 대중도 뉴턴을 이해할 수 있게 되었다. 그의 영광은 점점 더 확실해졌다. 뉴턴이 계산한 지구의 크기를 확인하기 위해 1735년에 페루에, 그리고 1736년에 토르네오에 파견된 학자들은 실험을 한 후 뉴턴이 틀리지 않았다고 보고했다. 오랜 전통의 소르본 대학에서조차도 뉴턴의 옹호자들이 나왔다. 새로운 사상을 가장 늦게 채용하지만 일단 채용한 사상은 고집스럽게 지켜 내는 중등학

---

2 (역주) Francesco Algarotti(1712~1764): 이탈리아의 작가로 볼테르와 친분을 맺기도 했다.

교들도 뉴턴의 사상을 채택했다. "만유인력 이론에 대한 영국과 네덜란드의 열광은 일찍이 데카르트의 상상적 소용돌이 이론에 대한 프랑스의 열광보다 훨씬 더 강력하다. 변호사들이 직업을 포기하고 만유인력을 연구하려고 나서고, 성직자들은 그것 때문에 신학 공부를 모두 빼먹는다……."[3]

갈릴레오는 동일한 영광을 누리지는 못했지만 보상을 받았다. 1737년 그의 유골은 이탈리아가 저명인사들의 죽음을 기리는 피렌체의 산타크로체 교회로 엄숙한 분위기 속에서 이장되었다. 한편 수학과 물리학보다 덜 추상적이고, 덜 고상하며 더 쉽게 접근할 수 있는 학문, 말하자면 더 자연적인 학문을 상징하는 사람이 있었으니, 그가 바로 베이컨 대법관이다. 선구자, 현자 중의 현자, 공허한 가정의 적대자, 사상의 거장인 그는 이성의 제국을 회복시켰고 길을 냈고 난관들을 없애고 앞으로 해야 할 일들을 지시했다. 그는 철학자들 중 가장 위대하고 보편적인 철학자였으며 실험의 천재였다. 베이컨은 단순하면서도 열정적인 어조로 형식 논리는 진리를 발견하는 것보다는 오류를 공고화하고 영구화하는 데 더 적절하다고 강조했다. 또한 삼단논법은 지성을 연결할 뿐이지 사물들에 도달하지 못하며, 선생들의 말을 맹목적으로 따르지 말고 더 이상 우상을 숭배하지 말고 방법을 바꾸고 관찰을 수행하며 실험에 의존해야 한다고 말했다. 그는 『신기관Novum Organum』이 나오고 약 100년 후에 싹이 트고 자라서 유럽 전역을 뒤덮는 수확을 갖고 올 사상의 씨를 뿌렸다. 자연의 해석과 인간의 지배에 대한 아포리즘.

---

3 다르장 후작Marquis d'Argens, 「성찰Réflexion Ⅲ」, 『상식의 철학La Philosophie du bon sens』, 20부, 1746.

한눈에 보기에도 표층부터 열광이 감지된다. 도처에서 **호기심으로 충만한 이들**이 일에 착수한다. 어떤 이는 나비 수집을 시작하고, 어떤 이는 식물 채집을 시작하며, 어떤 이는 외국에서 프리즘을 가져와서 빛의 굴절을 연구하고, 또 어떤 이는 망원경을 가져와서 토성의 고리를 보려고 했다. 자신의 애첩을 기쁘게 하려던 어떤 이는 그녀에게 희귀한 곤충을 보냈고, 그것은 그녀의 진열장에 자리를 잡았을 것이다. 학자처럼 보이고 싶은 사람은 자연사 전시실을 묘사한 책을 출판했다. 여행을 하는 사람들은 상자, 그물, 가위, 확대경들을 지니고 다녔다. 제르생[4]은 단지 그림만 파는 것이 아니라, 조개껍질도 판매했다. 대영주들도 모범을 보였다. 파산을 하려면 사업가로 파산하는 것보다는 화학자로 파산을 하는 편이 더 낫다고 말했다. 적어도 학문은 건질 수 있다는 것이다. 이러한 풍조는 왕들에게도 전염된다. 루이 15세는 총서를 소유하고 싶어 하고, 왕태자는 물리 수업을 듣는다. 조지 3세[5]는 식물학자이고 주앙 5세[6]는 천문학 연구에 참여한다. 비토리오 아메데오 3세[7]는 제르딜 추기경과 함께 놀레 신부[8]의 실험을 되풀이한다. 파리의 그레브 광장 근처에 있는 무통가(街)에서 실험 물리를 강의하는 놀레 신부의 문 앞에는 전율을 느끼고 싶어 하는 귀족 부인들을 태운 마차들이 몰려든다.

---

4 (역주) 프랑수아 제르생François Gersaint(1694~1750)은 그림, 도자기, 가구 등 로코코 시대의 실내 장식품들을 판매했던 상인으로 노트르담 다리 위에 가게를 갖고 있었다.

5 (역주) George Ⅲ(1738~1820): 영국의 왕

6 (역주) João V(1689~1750): 포르투갈의 왕

7 (역주) Vittorio Amedeo Ⅲ(1726~1796): 사르데냐의 왕

8 (역주) Jean-Antoine Nollet, abbé Nollet(1700~1770): 프랑스의 물리학자로 특히 전기 연구에 몰두했다.

부르주아들도 이 운동에 참여한다. 플뤼슈 신부[9]는 젊은이들에게 『자연의 경관*Le Spectacle de la nature*』을 보여 주거나, 그들의 호기심을 자극하고 그들의 정신을 연마시키기에 가장 적합한 진기한 것들을 보여 준다.

그 최초의 외관에 강한 인상을 받은 사람들이 그 외관을 지탱하고 있는 것을 찾을 때, 그들은 곧 그러한 노고 — 유행은 단지 그것을 이용할 뿐이다 — 의 중대성을 확인하게 된다. 신문에는 과학 출판물에 대한 서평에 상당히 많은 면을 할애해서 그러한 서평이 신문을 거의 점령하게 된다. 물리학, 식물학, 의학 서적 등은 점점 더 많아지고, 그러한 서적들이 속한 학문 분과가 발전함에 따라 기존의 책들은 금방 낡은 것이 되어 새로운 것들로 교체되어야 했다. 이렇게 늘어나는 책들과 새로운 내용을 예고하는 보고들에 학술원은 문을 활짝 열어 놓는다. 1744년 프리드리히 2세에 의해 다시 문을 연 베를린 아카데미, 1725년에 창설된 상트페테르부르크 아카데미, 1739년에 문을 연 스톡홀름 아카데미, 1745년에 개원한 코펜하겐 왕립학회 등이 그랬다. 하지만 볼로냐의 학술원, 파리의 과학 아카데미, 런던의 왕립학회 등은 그들의 전통을 지키고 각각의 아카데미는 외국인들을 자신의 작업에 참여시키는 것을 명예롭게 생각했다. 아카데미의 재판정에서 논의된다는 것은 명예였고 환영받는 일이었다. 1746년 볼테르는 「우리 지구에서 일어난 변화와 사람들이 아직도 그 증거라고 우기는 화석화에 대한 논문」을 써서 이탈리아어로 번역해 볼로냐 학술원에 보내고, 그것을 영어로 번역해 런던

---

9 (역주) Noël-Antoine Pluche, abbé Pluche(1688~1761): 프랑스 신부로 자연사의 베스트셀러 『자연의 경관』을 쓴 작가로 유명하다.

왕립학회에 보내고, 심지어는 상트페테르부르크 아카데미에 보내기 위해 라틴어로 번역할 생각까지 했다. 1735년 상트페테르부르크 아카데미는 리스본 아카데미에 몇몇 책들을 기증했는데, 당시 그곳의 의장은 전에 부알로[10]를 번역했던 바로 그 늙은 에리세이라 백작[11]이었다. 백작은 장황하고 화려한 언사로 감사 연설을 하면서, 금빛 종이 위에 기록된 자신의 아카데미 회원들의 저술들을 북방의 빙산으로부터 발송한 시바의 여왕, 동양의 무녀에 대해 말했다. 또한 그는 베이컨, 대수와 기하를 결합시킨 명민한 정신의 르네 데카르트, 자연철학에서 증명 가능한 것을 증명했고 그가 발견한 원리들이 정확하게 지켜지는 영국의 가장 위대한 철학자 뉴턴에 대해서 말했다. 그의 연설에는 오래된 수사와 새로운 취향의 표현이 동시에 나타나 있다.

그 움직임은 이중적이다. 그 하나는 연구자들을 그들이 사는 지방, 왕국, 대륙으로부터 벗어나게 해서 창조된 모든 것을 조금씩 정복하려는 확장의 의지이다. 『파도바의 쾌적한 정원에 심어진 식물목록』, 『뉘른베르크의 식물상』, 『파리의 식물군』, 『웁살라의 정원』, 『라플란드의 식물군』, 『폴란드 왕국의 신기한 자연사』, 『영국의 자연사』, 『코친차이나[12]의 식물상』 등이 그 예이다. 사람들은 아직도 몇몇 미지의 땅이 존재한다고 막연히 생각하고 있었기 때문에 탐험에 나서는 배에는 자연사학자들이 동승했고, 그들은 그때까지

---

10 (역주) Nicolas Boileau-Despréaux(1636~1711): 프랑스 고전주의의 대표적인 비평가

11 (역주) Francisco Xavier de Meneses, conde da Ericeira(1673~1743): 포르투갈의 군인이자 시인

12 (역주) 코친차이나Cochinchina는 인도차이나 반도에 있는 베트남 남부의 옛 이름

사람들에게 알려지지 않았던 식물군과 동물군의 견본들을 갖고 돌아왔다. 조사가 진척됨에 따라 식물과 동물의 종류는 엄청나게 늘어나고 더 이상 그 수를 셀 수 없는 지경에 이른다. 오늘 기록한 숫자는 내일이면 쓸모가 없어질 것이다. 쉴 새 없이 가져오는 것들로 정신을 못 차릴 지경이었다. 생명, 거대한 생명이 사람들이 예전에 생명에 대해 갖고 있던 개념을 전복시킨다. 동시에 집중이 이루어진다. 호기심이 가장 많은 이들은 실험실에 틀어박혀 바로 이 번식력이 강한 생명들을 끌어모았다. 그들은 신비스러운 실험을 수행하고, 자르고, 해부하고, 현미경을 들여다보고 기이한 물질이 담겨 있는 플라스크를 흔들어 본다. 실험실의 학자가 탄생했다. 대개의 경우 가장 단순한 기구들도 없는 빈약한 실험실들이었다. 장비를 제대로 갖추지 못한 연구가들은 벨벳 천으로 된 그들의 옷을 벗어 던지고 레이스가 달린 소매를 걷어 올리기를 여전히 망설였지만, 그래도 어쨌든 영웅적으로 실험의 모험을 살기 시작하고 있었다.

그 각각이 승리의 추억에 결부되어 있는 여러 이름들이 연속적으로 등장했다. 예를 들면 천문학에서는 카시니의 가계,[13] 지질학에서는 요한 고틀로프 레만[14]과 오라스 베네딕트 드 소쉬르,[15] 식물

---

13 (역주) 17세기부터 19세기에 걸쳐 카시니Cassini 가문에서 여러 명의 천문학자가 배출되었는데, 카시니 1세로 불리는 장-도미니크 카시니Jean-Dominique Cassini(1625~1712), 장-도미니크의 아들로서 카시니 2세로 불리는 자크 카시니Jacques Cassini(1677~1756), 자크의 아들로서 카시니 3세로 불리는 세자르-프랑수아 카시니César-François Cassini(1714~1784), 세자르-프랑수아의 아들로서 카시니 4세로 불리는 장-도미니크 카시니Jean-Dominique Cassini(1748~1845)가 있다.

14 (역주) Johann Gottlob Lehmann(1719~1767): 독일의 지질학자, 화학자

15 (역주) Horace-Bénédict de Saussure(1740~1799): 스위스의 지질학자이자 박물학자

학에서는 칼 폰 린네,[16] 그리고 쥐시외 가문의 다섯 명,[17] 곤충학에서는 르네-앙투안 페르쇼 드 레오뮈르, 샤를 보네, 물리학에서는 빌렘-야콥 슈라베잔데,[18] 레온하르트 오일러, 알레산드로 볼타,[19] 생리학에서는 헤르만 부르하버,[20] 프리드리히 호프만,[21] 알브레히트 폰 할러, 카스파르-프리드리히 볼프,[22] 라차로 스팔란차니,[23] 게오르크 에른스트 슈탈,[24] 조지프 프리스틀리, 칼 빌헬름 셸레[25]가

---

16 (역주) Carl von Linné(1707~1778): 스웨덴의 자연사학자로 식물 분류법의 근대적 기초를 세웠다.

17 (역주) 세 명의 형제인 앙투안 드 쥐시외Antoine de Jussieu(1686~1758), 베르나르 드 쥐시외Bernard de Jussieu(1699~1777), 조제프 드 쥐시외Joseph de Jussieu(1704~1779), 그리고 그들의 조카인 앙투안-로랑 드 쥐시외Antoine-Laurent de Jussieu(1748~1836)와 그의 아들인 아드리앵 드 쥐시외Adrien de Jussieu(1797~1853)는 왕립식물원과 과학 아카데미에서 함께 혹은 뒤를 이어 일했다. 특히 세 형제는 동시에 아카데미 회원이었다.

18 (역주) Willem Jacob 's Gravesande(1688~1742): 네덜란드의 법학자이자 외교관

19 (역주) Alessandro Volta(1745~1827): 이탈리아의 물리학자로 볼타 전지 등 전기에 대해 큰 업적을 남겼다. 전압의 단위인 볼트는 그의 이름에서 나온 것이다.

20 (역주) Herman Bœrhaave(1668~1738): 네덜란드의 식물학자이자 의사이며 인문학자

21 (역주) Friedrich Hoffmann(1660~1742): 독일의 의학자이자 화학자로 할레 아카데미에서 의학과 화학과 해부학을 가르쳤다.

22 (역주) Caspar Friedrich Wolff(1733~1794): 독일 출신으로 발생학의 창설자들 중 한 사람

23 (역주) Lazzaro Spallanzani(1729~1799): 이탈리아의 생물학자

24 (역주) Georg Ernst Stahl(1659~1734): 독일의 의학자이자 화학자

25 (역주) Carl Wilhelm Scheele(1742~1786): 스웨덴의 화학자로 산소의 최초 발견자로 알려져 있다.

있었다. 그들을 한 전문 분야에 한정하는 것은 종종 잘못을 저지르는 일이 된다. 한 인물에게서 모든 재능이 동시에 발견되고 있었다. 모든 인물을 거명할 수 없으므로 몇몇 전설적 인물들만 생각해 보기로 하자. 껍질을 벗긴 개구리의 근육 수축을 유도하는 갈바니[26] 같은 인물, 파이프와 증류기 앞에 있는 무게 있고 잘생긴 라부아지에[27] 같은 인물 말이다.

그들은 다양한 국적을 갖고 있었다. 사실 이 거대한 작업에 그 대표들을 보내지 않는 나라는 거의 없었다. 사실 그들은 여러 국가들 사이에서 하나의 나라를 형성했다. 그 나라의 백성들은 전쟁 중에도 그들의 작업을 계속했고, 의사소통이 너무나 어려웠던 와중에서도 서로 신호를 보냈다. 그들은 서로를 점검했고 서로를 인정했고 서로 축하했다. 그것은 학자들의 이상적인 공화국이었다.

그것은 그리 쉽지 않았다.

야망이 너무나 컸다. 사람들은 납으로 된 신발을 신고 신중히 나아가야만 발전한다고 되풀이해서 말했다. 그러나 사람들은 너무나 경쾌하게 도약하고 있어서 마치 날개를 단 것 같았다.[28] 또한 엄청난 계획에 뛰어들기도 했다. 예를 들어 1719년 신생 보르도 아카데미는 다름 아니라 지구의 역사와 지구에서 일어난 모든 변화, 일반적인 변화와 특별한 변화 모두, 이를테면 지진과 홍수나 다른 원인에 의한 변화들을 육지와 바다의 변화, 섬, 강, 산, 계곡, 호수, 만,

---

26 (역주) Luigi Galvani(1737~1798): 이탈리아의 해부학자

27 (역주) Antoine Laurent de Lavoisier(1743~1794): 프랑스의 화학자

28 (역주) 앙투안-루이 데스튀 드 트라시Antoine-Louis Destutt de Tracy. 그는 "인간 지성에 주어야 할 것은 날개가 아니라 오히려 납으로 된 신발이다"라고 말했다.

해협, 곶 등의 형성과 소멸, 그리고 그것들이 보이는 모든 변화에 대한 정확한 묘사와 함께 기록하고자 했다. 또한 사람의 손으로 이루어진 공사가 지구에 새로운 모습을 부여한 경우도 마찬가지였다…… 보고서들은 기엔 고등법원 수석판사인 몽테스키외에 보내게 되어 있었고, 그가 우편요금을 지불하게 되어 있었다. 그가 많은 돈을 지불해야 했을까? 이 계획은 결코 실현되지 않았다.

사람들은 더 이상 기적을 원하지 않았다. 그러나 특히 아직까지 방법이 확립되지 않은 상황에서 초자연적인 것으로부터 멀어지기에는 어려움이 있었다. 사람들은 가정을 원하지 않았다. 그러나 난처해질 때마다 가정을 하나쯤은 만들어 내는 것이 편리했다. 페스트가 마르세유와 프로방스를 휩쓴다. 페스트는 무엇이며 어떻게 전파되는가? 그것이 전염되지 않는다고 주장하는 것은 정말 어처구니없을 것이다. 그것은 전염되지만 단지 전염병처럼 전파된다. 전염병은 잘못된 섭생으로부터 나온다. 그것은 상처, 소변, 땀 등을 통해 전염된다. 그러므로 침대, 옷, 환자가 만지는 모든 것을 통해서 전염된다. 페스트의 본성은 어떠한가? 그것은 장독들, 메두사의 입자들, 안티몬 입자들, 아침이면 물고기처럼 움직이다가 정오에는 새처럼 날고 저녁이면 죽는 작은 벌레들로 이루어져 있다. 그것은 곤충들 같은 것으로 이루어져 있으며 피부의 가장 작은 모공을 통해 스며들어 오는데, 추위를 많이 타기 때문에 특히 겨울에 그렇게 들어온다. 치료 방법은 어떻게 되는가? 커피로, 혹은 많은 양의 물을 섭취해서, 예전에 어른들이 지시했듯이 산성 음료로, 황산이나 레몬주스 방울을 섞은 쇠채 뿌리를 달인 물로, 금빛 염료로, 토사제로, 강심제로, 하제 알약으로, 발한제로, 혹은 가래톳 위에 몇 시간 동안 약초가 든 거즈로 찜질을 하거나 병든 조직을 태우기 위한 달군 돌을 올려놓는 것으로. 리옹, 몽펠리에, 파리, 취리히, 런던에서 사람들은 서로 언쟁을 벌였다. 그러나 환자들은 여전히 죽어 나 갔다.

체계의 정신에서 벗어나기 위해서는 그것을 저주하는 것으로는 충분하지 않았다. 사람들은 가장 어려운 문제, 이를테면 발생이나 유기체의 형성이라는 문제를 공략했다. 그리고 관찰이 충분히 축적되기 전에 이론들을 내놓았다. 그러면 즉시 다른 이론들이 또 나왔다. 곧 이러한 혼란은 풀기 어려울 정도로 뒤얽혔다. 생물이 발생할 때 이미 그 개체의 모양이 결정되어 있다는 전성설(前成說), 즉 생명체는 후손의 모든 생식세포를 상자에 포장된 형태로 내포하고 있다는 설? 생물의 형태가 발생 과정을 통해 점진적으로 결정된다는 후성설(後成說)? 거푸집 또는 자궁?[29] 이러한 설명들 중에서 어떤 하나의 우월성을 증명하기 위하여 사람들은 끊임없이 격론을 벌였다. 과학은 길을 벗어나 더 이상 전진하지 못하고 있다고 말할 수도 있었을 것이다.

오류는 종종 그 흥행적 성격으로 사람들의 주의를 끌었다. 1748년 영국의 물리학자인 존 터버빌 니덤[30]은 자연발생이 일어나는 것을 관찰했다. 그가 자신이 계획한 실험에 대해서 직접 설명하는 것을 들어 보기로 하자. 그는 모든 가능한 오류에 대해서 주의를 기울였고 놀라운 결과를 얻었다. "나는 매우 뜨거운 육즙을 떠서 유리병에

---

29 이러한 이론들은 다음 글들에서 명쾌하게 설명되어 있다. 조립설은 모페르튀, 『유기체의 형성에 관한 시론 *Essai sur la formation des corps organisés*』, 9 · 10절. 후성설에 대해서는 샤를 보네, 「발생 La Génération」, 『자연의 관찰 *Contemplation de la nature*』, 7부, 10장. 거푸집 또는 자궁에 관해서는 뷔퐁, 『동물들의 자연사 *Histoire naturelle des animaux*』, 3 · 4장.

30 (역주) John Turberville Needham(1713~1781): 영국의 자연사학자이자 사제

넣고 코르크 마개로 막았다. 매우 세심하게 막아서 유리병을 완전히 밀봉한 것과 같았다. 나는 이렇게 외부 공기를 차단해서 사람들이 내 유리병 안의 움직이는 물체가 대기 중에 퍼져 있는 곤충이나 알에서 나온 것이라고 말할 수 없게 만들었다. 조금 더 유동성을 갖도록 내가 부은 극소량의 물은 육즙의 6분의 1 정도밖에 안 된다고 생각하는데, 이 물 속에 약간의 생식세포가 포함되어 있다고 생각할까 봐 물을 끓여 넣었다…… 나는 모든 주의를 소홀히 하지 않아서, 심지어 유리병의 마개를 막은 후 그 병을 통째 뜨거운 재 속에 넣기까지 했다. 이는 병목을 채우고 있는 미량의 공기 속에 무엇인가가 들어 있을 경우, 그것을 파괴하고 재생 능력을 잃도록 만들기 위해서였다…… 나의 유리병은 4일 만에 현미경으로 볼 수 있는 생체들로 가득 찼다……." 그것은 멋있었지만 사실이 아니었다. 그러나 아무리 외부에서 유입되는 생식세포들을 배제하려고 애를 썼어도 그가 확인한 생명의 발효는 그 생식세포들로부터 일어났다는 것을 증명하기 위해, 니덤의 이론을 검토하고 확인하고 반박하는 데 수년이 걸렸다. 정지와 지지부진 그리고 다시 후퇴가 있었다…….

사상사가 우리에게 펼쳐 보여 주는 모든 모험들, 예기치 못했던 사상의 파생 관계들, 패배로 끝나는 승리들, 풍요로운 실패 등이 여기에서 그 절정의 상태로 다시 등장한다. 과학 정신에 물든 식물학자들은 객관적으로 관찰된 사실들에만 근거한 식물의 분류 방법을 찾기를 열망했다. 투르느포르[31] 이후에 린네는 그의 『자연의 체계Systema naturae』(1735)로부터 성공을 거두었다고 믿었다. "처음으로 종(種)을 위해 자연의 특질을 이용하기를 창안한 것은 바로 나

---

31 (역주) Joseph Pitton de Tournefort(1656~1708): 프랑스의 식물학자인 그는 최초로 식물에서 속(屬)의 개념을 명확히 정의했다.

다……." 그러나 동시에 이 식물학자들은 동료인 또 다른 학자들과 마찬가지로, 또 그들이 공언하든 공언하지 않든 그들의 스승인 철학자들처럼, 세계와 그 산물을 미리 구상된 체계 속에 편입시키고자 했다. 그들은 소위 존재의 대(大)사다리를 상상했다. 존재들은 어떠한 발판도 빠지지 않은 이 사다리에 따라서만 정돈될 수 있었다. 한 발판에서 다른 발판으로 옮기는 것은 너무나 미세한 정도의 차이밖에 없어서 구별하기가 어려웠지만, 분명히 차이는 존재했다. 불연속은 원천적으로 배제되었다. 어떠한 자리도 빈 채로 남아 있을 수 없었다. 한 계열의 내부 단계들에서 단절은 존재하지 않았고, 동물계와 식물계 사이, 식물계와 광물계 사이에도 단절이 존재하지 않았다. 인간과 더 상위의 존재인 천사들 사이에도 미세한 연계가 존재했다. 정상에는 신이 완전히 분리되어 있는 상태로 존재했다. 어떻든 모든 칸들이 채워져야만 했다. 사람들이 아직도 그 칸을 채우고 있는 존재들을 알아내지 못한다 할지라도 그것들은 언젠가는 밝혀질 것이었다. 그 결과 스스로가 사실에 봉사하고 있다고 선언하는 바로 그 사람들이 좋든 싫든 선험적 체계에 사실을 종속시키고 있었다.

고정된 종의 학설로부터 생명의 진화 사상으로 넘어가기 위해서는 길고 힘든 전투가 필요했다. 그렇지만 이국적 기후의 영향하에서 어떤 동물과 식물들이 변화했다는 사실을 확인하지 않을 수 없었다. 토양의 심층에서 사라진 존재들의 흔적을 발견하는 고생물학이 가져온 결과들을 받아들여야만 했다. 퇴화 현상과 잡종 형성의 현상을 기록하는 생리학의 결과도 인정해야 했다. 그러나 저항이 없지는 않았다. 사람들은 모페르튀를 기이한 두뇌의 소유자로 생각했다. 그를 방문한 사람들은 그의 집이 동물원 같다고 놀라서 말했다.

모든 종류의 동물들이 가득하여 집이 깨끗할 수가 없었으며 그는 다른 종류의 동물들을 교배시키는 것을 즐기고 있었다. 라 메트리는 훨씬 더 미친 것처럼 보였다. 그는 최초의 생명체들은 매우 불완전해서 식도가 없는 생물체나 내장이 없는 생물체가 틀림없이 있었을 것이며, 필요한 장기들을 모두 갖춘 가장 강한 동물들만이 생존했다고 단언했다. 라마르크의 생물변이설이 점차 등장하는 것을 보기 위해서는 무지와 편견이 갖는 엄청난 무게를 들어 올려야 했다.

오랜 고통, 낙담, 좌절감, 그러나 또한 기쁨과 환희가 있었다. 이 시대의 생명력을 불어넣는 떨림을 빼놓는다면 이 시대를 제대로 설명하지 못할 것이다.

오 경이롭도다! 오 곤충들의 놀라운 세계여! 샤를 보네는 진디를 관찰하면서 가장 놀라운 현상을 발견했다. 진디는 수컷의 개입이 없이도 처녀 생식으로 번식한다. 오 식물들의 놀라운 세계여! 아브라암 트랑블레[32]는 수상 식물의 가지를 관찰하면서 그것들의 길이가 늘어나기도 하고, 더듬이 혹은 팔을 옮기기도 하고 수축하기도 하며 심지어 자리를 옮기기까지 하는 것을 보았다. 이것들이 동물들인가? 그는 이 폴립들을 여러 조각으로 잘라 본다. 그러면 각각의 조각들은 또 다른 폴립을 만들어 낸다. 이것들은 식물이고, 접붙이기로 번식한다고 생각한다. 그러나 이것들은 식물이 아니다. 폴립들은 작은 벌레들을 잡아서 입을 통해 몸의 공동으로 집어넣고 소화시킨다. 이것들은 동물이다. 아니, 동물인 동시에 식물이다.[33] 레오뮈르는 트랑블레의 몇몇 실험을 다시 해 본다. "처음에 내가 둘

---

32 (역주) Abraham Trembley(1700~1784): 스위스의 자연사학자
33 아브라암 트랑블레, 「일종의 연수 폴립의 역사에 도움이 되는 논문」, 1744.

로 잘라 놓은 폴립으로부터 점차 두 개의 폴립이 형성되는 것을 보았을 때 고백하건대 내 눈을 믿기 어려웠다. 그것은 수백 번을 본 뒤에도 익숙해질 수 없는 사실이었다." 사람들은 여기에 덧붙여서 마디말이라는 민물 벌레나 땅에 사는 벌레까지도 조각을 내 보았다. 그때마다 그것들은 그 조각들부터 다시 살아났다. 스팔란차니는 달팽이의 더듬이와 머리를 잘라 보았다. 더듬이는 다시 자랐고 머리도 다시 생겨났다. 적혈동물인 도롱뇽에 대들어 다리를 자르자 다리들이 다시 자라났다. 기적의 시대로 돌아온 것 같았다. 자연적 기적의 시대로! 식물들은 숨을 쉬었다. 공기는 이제 단지 4원소 중의 하나가 아니었다. 그것은 다시 분리할 수 있는 기체들로 구성되어 있었다. 신세계의 필라델피아에서 벤저민 프랭클린이라는 사내가 번개, 즉 소위 하늘의 정기를 채집했다는 소식이 들려왔다. 그는 신들로부터 그것을 훔쳐 왔다. "나는 기적들을 이야기하기에도 지친다."[34]

벌써 보상이 이루어지고 있었다. 지식으로부터 권력이 탄생했다. 자연을 앎으로써 자연을 지배하게 되었다. 사람들은 물질을 굴복시켰다. 근본 원리, 본질과 실체 등에 대한 헛된 연구를 그만두기를 얼마나 잘했는가? 최초 원인들로부터 우리가 필요로 하는 효과를 확실하게 만들어 낼 수 있는 방법을 찾은 이상 최초 원인이 무엇이 중요하겠는가. 이러한 변화로부터 그 풍성한 유용성이 생겨났다. 겉으로는 가장 사리사욕과 무관해 보이는 과학이 도달한 것은 실제적 유용성이었다. "학자들의 발견은 인류의 승리이다."[35] 인간

---

34 샤를 보네, 『유기체에 대한 고찰 *Considérations sur les corps organisés*』, 11장, 1762.

35 조제프 랑동 Joseph Landon, 『프랑스 희극배우 X양에 대한 성찰 *Réflexions de Mademoiselle X, comédienne française*』, 1750, p. 54.

은 절대 약하지 않다.[36] 인간이 약하다는 생각은 더 이상 옳지 않았다. 그의 힘은 나날이 커져 갈 것이었다.

과학을 통해서 삶은 좋아지고 아름다워진다. 또한 새로운 후광에 둘러싸여 과학을 소유하며 또한 자연이 방황할 때 올바로 교정해 주며 삶의 고통을 치료해 주는 이, 즉 의사가 나타났다. 무대에서는 디아푸아뤼스[37]를 계속 습관처럼 비웃었지만 레이던의 부르하버, 제네바의 트롱셍,[38] 파리의 보르되[39]는 유럽의 명사로 새로운 권력을 구현했다. 종두에 대한 긴 토론에 사람들이 참여했고, 마지막으로 천연두가 퇴치되었다. 라 메트리는 "모든 것이 치료의 위대한 기술에 굴복한다"라고 외치는 동시에 그의 동료들에 대해 가한 자신의 혹평을 잊어버렸다. "의사만이 조국에 지대한 공헌을 하는 유일한 철학자이다…… 의사는 인생의 폭풍우 속에서 헬레네의 쌍둥이 형제들[40]과도 같다. 마법과 마술! 그를 보기만 해도 피가 진정이 되며 동요된 영혼에 평온이 찾아 오고 죽어 가는 환자의 마음에 감미로운 희망이 생겨난다. 천문학자가 일식을 예보하듯이 그는 삶과 죽음을 예고한다……."[41] 의사야말로 정말 유일한 철학자이며,

---

36 새뮤얼 존슨, "인간은 약하지 않습니다. 그의 동료가 대답했다. 지식은 권력 이상입니다", 『라셀러스Rasselas』, 12장, 1759.

37 (역주) 디아푸아뤼스Diafoirus는 몰리에르의 희극 「상상병 환자」에 등장하는 엉터리 의사

38 (역주) Théodore Tronchin(1709~1781): 스위스 출신의 의사인 그는 명의로 유명했다. 『백과전서』의 협력자였다.

39 (역주) Théophile de Bordeu(1722~1776): 프랑스의 의사이자 철학자로 생기론의 대표자

40 (역주) 트로이 전쟁의 원인이 된 헬레네의 형제 카스토르와 폴리데우케스는 절망적인 상황에서 구원자로 등장하는 선원들의 보호자이다.

41 라 메트리, 「『인간 기계론』의 헌사Dédicace de L'Homme machine」, 1748.

실험의 이름으로 말하는 유일한 사람이다. 왜냐하면 "현상들을 보았고, 평정한 혹은 격동하는, 건강한 혹은 부서진, 착란 상태거나 혹은 멀쩡한, 때로는 어리석었다가 때로는 현명했다가 때로는 떠들썩했다가 때로는 빈사 상태였다가 때로는 움직이다가 때로는 살아 있다가 때로는 죽어 가는 기계를 관찰한 사람으로는 그가 유일하기" 때문이다.[42]

1750년 2월 14일 뷔퐁[43]은 그 전 해에 3권이 출간된 『자연사 Histoire naturelle』로 성공을 거두었다. 초판을 대량 인쇄했음에도 6주 만에 모두 절판되었다. 벌써 2판과 3판을 찍어 냈고, 이것은 곧 나올 예정이었다. 이 책은 독일어, 영어, 네덜란드어로 번역되었다. 뷔퐁은 당대의 가장 위대한 천재적 과학자는 아니었지만 가장 대표적인 과학자였다.

그는 새로운 『방법서설』이라고 할 수 있는 『자연사를 다루는 방법에 관해서 De la manière de traiter l'histoire naturelle』를 집필했다. 그 책에서 그는 수학의 권위를 떨어뜨리고, 사람들이 기하학적 명증성보다 사실의 확실함을 요구한다고 선언했다. 하나의 혁명이 다음 문장에 나타나 있다.

여러 종류의 진리가 있고, 사람들은 수학적 진리를 최우선 순위로 놓는 것에 익숙해져 있다. 그러나 이것은 그저 정의(定義)의 진리들일 뿐이다. 이 정의들은 단순하지만 추상적인 가정(假

---

42 디드로, 「로크」 항목, 『백과전서』.

43 (역주) Georges-Louis Leclerc de Buffon(1707~1788): 프랑스의 자연사 학자이자 계몽사상가

定) 위에 서 있다. 이 분야에서의 모든 진리는 이러한 정의들로 구성된, 그러나 항상 추상적인 결과일 뿐이다. 우리는 가정을 세웠다. 그리고 그것을 온갖 방법으로 조합했다. 이 조합체가 수학적 과학이다. 이 학문에는 그러므로 우리가 입력한 것 외에는 아무것도 없다. 반대로 물리학적 진리는 결코 자의적이지 않고 전혀 우리에게 종속되어 있지 않다. 우리가 세운 가정에 근거하는 대신에 물리학적 진리는 사실들에 근거를 두고 있다. 수학에서 사람들은 가정을 하고 물리학에서 사람들은 제시하고 밝힌다. 수학은 정의들이고 물리학은 사실들이다. 추상 과학에서는 정의에서 정의로 나아가지만 실제적 과학에서는 관찰에서 관찰로 나아간다. 전자의 경우에는 명증성에 이르고 후자의 경우에는 확실함에 이른다.

뷔퐁은 인간을 우주의 중심에 놓으려는 의지를 모순에 이를 정도로 밀고 나갔다. 그는 린네가 제안한 식물의 분류를 좋아하지 않았다. 식물에 국한되지 않고 피조물 전체를 다룰 그 자신의 분류는 다른 원칙에서 나올 것이다. 한 개인이 모든 것을 잊어버린 것 같은 상태에서 깨어난다. 그는 시골에 있고 거기서 동물, 새, 물고기, 돌들이 그의 새로워진 눈앞에 펼쳐진다. 처음에는 아무것도 구별하지 못하고 모든 것을 혼동하기 때문에 혼란스러울 것이다. 그러나 곧 그는 생명체와 무생명체의 차이를 인식하게 될 것이다. 생명체에서 그는 곧 동물과 식물의 차이를 판별할 수 있을 것이고, 이로부터 광물계, 식물계, 동물계라는 최초의 대분류를 하게 될 것이다. 바로 이 사람은 동물들을 바라보며 얼마 안 되어서 육지, 수상, 대기 중에 사는 생명체들에 대한 개별적인 관념을 갖게 될 것이다. 그로부터 네발짐승, 조류, 어류의 구분을 하게 될 것이다. 네발짐승의 경우 자신과 가지는 관계에 의거해서 그들을 세분하게 될 것이다. 그의 삶에 가장 유용한 것들, 즉 말, 개, 소가 첫 번째 자리를 차지할 것이다. 친숙한 동물들의 목록이 다 차면, 그는 같은 장소에 살 수밖에 없는 동물들, 말하자면 토끼, 사슴, 다른 야생동물을 다룰 것이다. 마지막으로 그의 호기심은 코끼리, 단봉낙타 등 이국적 풍토 속에 사는 존재들로 옮겨 갈 것이다. 그의 야심은 인간과의 유사점과 차이점에 따라 비슷하게 생긴 것들을 함께 모으고 다른 것을 분류하는 것이며, 완벽한 묘사의 방법을 통해 얻어진 자연의 초상화를 사람들에게 제공하는 것이었다.

그의 『지구의 역사 Histoire de la terre』와 『자연의 시대들 Les Époques de la nature』은 과학의 정태적 개념에 대해 진화의 개념을 대체하는 데 도움이 되었다. 그는 이 현실세계의 전체와 세부를 포착하고자 야심을 품었는데, 그는 이 현실세계가 그 이전의 존재 상태에서 그리고 그 과거의 변천 과정을 통해 형성되는 것을 볼 때만 그것을 알 수 있음을 증명했다. 그는 고원, 골짜기, 평원, 바다, 늪, 강, 동굴, 심연, 화산, 함몰된 산, 갈라지고 부서진 바위, 땅 속으로 묻힌 지역 등 지구의 혼란스러운 양상으로부터 출발하여 지질학의 도움으로 지구의 깊은 곳을 침투해 들어갔다. 수천 년에 걸친 불과 홍수의 활동으로 그는 이 수수께끼를 설명했다. 그 자신의 호언장담대로 세계의 기록보관소를 샅샅이 뒤졌고 시간의 영원한 도로 위에 이정표들을 세웠다.

모든 것이 그를 심지어 그의 잘못까지도 일종의 상징으로 만드는 것처럼 보였다. 그는 사실 때로 실수했고, 자기가 쓰는 현미경보다 더 좋은 니덤이 빌려 준 현미경을 사용하면서 잘못 관찰했다. 그는 준비를 잘하지 못했고 결과들을 제대로 확인하지 못했다. 사소한 일들은 자신에게 걸맞지 않는 열등한 작업이라고 생각한 적도 있었다. 체계의 반대자이면서도 그는 자궁과 거푸집의 이론에 깊이 빠져 있었고, 그것을 오랫동안 그리고 열렬히 지지했다. 그러나 그가 과오를 범했다면 그것은 스스로의 지혜에 어긋나는 것이었고 그가 항상 견지하던 규칙에 어긋나는 것이었다. 그 결과 그는 오류를 범할 수 있을지라도 자신의 뒤에 올 사람들에게 그 자신을 논박할 수 있는 방법을 남겨 놓았다.

그는 노력과 인내심의 상징이었고 그것이 그의 천재성이 되었다. 남들이 쓸데없는 일이나 즐거움, 게다가 자신들의 업무와 관계없는 일에 허비하는 시간, 그 소중한 시간을 그는 자신의 작품이나 '왕의 정원'이나 '자연사'에 모두 쏟아 넣었다. 그는 편안함, 사교생활, 여행의 유혹에 빠지지 않고 이탈리아에 단지 몇 달만 머물렀고, 영국에서는 과학 학습을 위해 꼭 필요한 기간 동안만 체류했을 뿐이다. 자신의 삶을 자신의 의지대로 지배하던 그는 자신의 기질과 성격과 힘을 단련한 후 최고의 노력을 조용하게 경주했다. 그의 기상 시간, 식사 시간, 산책 시간 등은 결코 변하지 않았다. 그는 자신의 일을 결코 끝내지 못할 것을 알아서 결코 휴식을 취하지 않는 사람 같았다.

그는 과학의 도덕성, 그 엄격한 규칙의 양심을 상징했다. 그는 또한 과학이 주는 희망을 상징했다. "적어도 우리가 알게 될 때까지는 항상 실험들을 축적하고 가능한 한 모든 체계적 정신을 멀리하자. 언젠가 우리는 그 자료들을 어디에 위치시켜야 할지 쉽게 알게 될 것이다. 그 자료들을 갖고 하나의 체계 전체를 건립할 만큼 운이 좋지는 않을지라도 그 자료들은 우리가 그 체계를 세우는 데 기여할 것이며 아마도 우리의 기대치를 훨씬 넘어 그 일을 진척시킬 것이다."[44]

그에게는 황혼이 오지 않았다. 그는 늙으면서 재능이 찬란하게 꽃피었다. 그의 결점들, 이를테면 그 성격의 어떤 물질적인 면모, 잘 고른 협력자들로부터 도움을 받는 요령, 신속하고 손쉬운 사랑에 대한 취향, 그의 모든 결점들은 예찬으로 인해 희미해졌다. 아카데미 프랑세즈 40명 회원 중의 한 사람이며, 과학 아카데미 종신 감사 그리고 런던, 에든버러, 베를린, 상트페테르부르크, 피렌체, 필라델피아, 보스턴 아카데미의 회원인 그는 영광에 둘러싸여 격찬과 극진한 대접을 받았다. 그래서 그는 자신의 정원에서는 아들이 그의 영광을 위해 세운 기념물을, 자신이 매우 소중하게 생각하는 왕의 정원에서는 자기 자신의 동상을 볼 수 있었다. 그의 거주지인 몽바르는 볼테르가 거주한 페르네 못지않은 순례지가 되었다. 프로이센의 왕자 앙리[45]는 매우 저명한 그 인사를 방문하러 왔고 이어서 그에게 백조들을 묘사한 도자기로 된 식기 한 벌을 보냈다. 장-자크 루소는 무릎을 꿇고 그 집 대문의 문턱을 껴안았다. 사람들은 그에게 시를 보냈고, 그 시에서 그를 창조적 정신이자 최고의 천재로 찬양했다. 네케르 부인은 그를 '모든 세기들의 인간'으로 불렀다. 러시아의 예카테리나 여제는 자필 편지에서 그에게 "뉴턴이 첫발을 디뎠다면 그는 두 번째 발을 디뎠다"고 썼다. 13개의 테라스를 한 바퀴 돌아보고 그 걸작이 만들어졌던 간소하고 가구도 없는 작업실을 본 후 사람들은 그 저자에게 시선을 돌려 위풍당당한 자태와 잘생기고 평온하고 78세의 나이에도 불구하고 여전히 원기 왕성한 얼

---

44 뷔퐁, 스티븐 헤일스Stephen Hales가 쓴 『식물 정역학La Statique des végétaux』의 번역 서문, 1735.

45 (역주) Heinrich Friedrich Ludwig(1726~1802): 하인리히 프리드리히 루트비히는 보통 프로이센의 앙리Henri de Prusse라는 이름으로 알려져 있다. 프리드리히 2세의 형제이다.

굴을 보았다. 우동[46]은 그를 모델로 한 흉상에서 그의 진중함과 기품을 표현할 수 있었지만 그의 눈빛의 광채와 그의 아름다운 백발과 대조를 이루는 검은 눈썹 색깔을 재현할 수는 없었다. 그는 우동이 그를 표현한 바와 같은 인간과 닮았다. 그 사람은 바르고 고결한 자세로 서 있다. 그의 자세는 사령관의 자세이다. 그의 얼굴은 하늘을 바라보고, 그의 위엄 어린 성격이 새겨져 있는 당당한 면모를 나타낸다.

과학 분야에서는 사실의 정확한 관찰로부터 출발해야 한다는 그렇게나 단순한 진리를 강조하기 위해서 이 모든 작업, 이 모든 노고, 이 모든 논쟁이 필요했던가? 물론이다. 그 진리는 이미 여러 번 주장되었다. 그것은 미래에도 여전히 주장되어야 할 것이다. 클로드 베르나르는 단지 베이컨에 되돌아오게 될 뿐이다. 마치 밀물이 여러 세기를 거치고 여러 세대를 거쳐 발견된 섬들을 다시 덮어 버리는 것처럼, 그래서 엄청난 수고와 재능을 들여 매번 그것들을 다시 가리켜야 하는 것처럼 모든 일들이 진행된다.

---

46 (역주) Jean-Antoine Houdon(1741~1828): 프랑스의 조각가로 계몽주의 사상가들의 흉상과 동상을 많이 만들어 '계몽주의의 조각가'라고 불린다.

제3장

법

그로티우스,[1] 푸펜도르프,[2] 컴벌랜드,[3] 라이프니츠, 그라비나[4] 등의 업적을 잘 활용하기 위한 작업이 시작된다. 이 작업의 목적은 유럽과 온 세상으로 하여금 자연법이라는 오직 하나의 법만이 존재하며 다른 모든 법들은 자연법으로부터 파생한다는 사실을 깨닫도록 하기 위해서이다.

여전히 자연법을 감히 공격하는 사람들을 논박하고, 힘을 인간 관계의 유일한 원리로 삼았던 과거의 사악한 홉스에게 타격을 주기 위한 작업이 시작된다. 아직도 혼동 상태에 있는 지식에 정의를 내

---

1 (역주) Hugo Grotius(1583~1645): 근대 자연법의 원리에 입각한 국제법의 기초를 확립하여 국제법의 아버지로 불린다.

2 (역주) Samuel von Pufendorf(1632~1694): 근대적 자연법학을 제창한 독일의 법학자

3 (역주) Richard Cumberland(1631?~1718): 영국의 모럴리스트이자 법 철학자

4 (역주) Giovanni Vincenzo Gravina(1664~1718): 이탈리아의 문인이자 법학자

리고 그것을 발전시켜 학문으로 전환시키고, 가능하다면 이론으로
부터 실천으로 이행하기 위한 작업이 시작된다. 유럽 전역에서 자
연법 교육이 늘어난다. 1777년 왕립 대학에 자연법 교수직이 신설
된다. 창조자들의 시대는 끝나고 교수들의 시대가 왔다.

그 작업들은 에세이나 연구 논문 또는 장황한 설명들의 형태를
취하고 있어 전문가들만의 우중충한 일처럼 보였다. 그런데 사실
이 작업은 삶의 중심에서 일어나는 엄청난 노력이었다. 이 노력은
그때까지 이루어진 모든 노력들과 부합하는 동시에 그 모든 노력들
을 아우르는 노력이다. 이 노력은 신으로부터 세계를 움직이는 법
을 빼앗으려는 노력이다. 신이 이성 외의 다른 것이 아니게 될 때
비로소 신은 그 속성들에서 법과 관련을 맺게 될 것이다.

요한 고틀리프 하이네케,[5] 『자연법과 국제법의 원리 *Elementa juris naturae et gentium*』(1730)

요한 고틀리프 하이네케(라틴어 이름은 하이네키우스Heineccius)는
매우 학식이 풍부한 사람이었고 할레 대학에서는 잠시 자리를 비웠
을 뿐 곧 다시 되돌아왔다. 그 정도로 그는 그 대학이 잘 맞았다. 그
는 최고 수준의 법학자이며 고전주의자였다. 그는 자연법과 법률학
의 결합을 완성시킬 교재를 학생들에게 만들어 주고자 했다. 사실 법
률학은 자연법의 정신에 의해 영감을 받지 않는다면 힘을 받을 수가
없을 것이다. 근본적으로 보면, 법률학은 인간사에 적용되는 자연법
일 뿐이기 때문이다. 자연법의 정의는 다음과 같다. "자연법이란 신
이 인간에게 올바른 이성을 통해 선포한 법률의 총체이다. 자연법을

---

5 (역주) Johann Gottlieb Heinecke(1681~1741): 독일의 법학자

학문으로서 고찰하고자 한다면, 자연 법률학은 올바른 이성을 통해서 표현되는 최고 입법자의 의지를 알 수 있는 구체적 방식이 될 것이며, 발생 가능한 모든 특수한 경우들에 적용할 수 있을 것이다."

크리스티안 볼프, 『과학적 방법에 의해 고찰된 자연법 *Jus naturae methodo scientifica pertractatum*』(1740~1748)

크리스티안 볼프는 적극적으로 참여하고 계속 연구한다. 자연법을 일종의 논리학으로 만들고 삶과 함께 진실을 표상하는 체계적인 큰 그림 속에 그것을 집어넣은 것이 그의 임무이다.

사람은 영혼과 육체로 구성되어 있다. 육체의 장기들이 육체를 보전하려고 하는 것처럼 이성은 영혼을 그 완성으로 인도하려고 한다. 그러므로 우리의 행위는 내적으로 선한 것이 되기도 악한 것이 되기도 한다. 즉 그 완성에 기여하는 것은 선한 것이 되고 그것을 방해하는 것은 악한 것이 된다. 이것이 인간들과 사물들의 본질 속에 충족 이유율을 갖고 있는 자연법이 원하는 바이다. "진리에 항상 밀접하게 연결되어 있는 자연은 진리의 영원한 앙숙인 모순을 허용하지 않는 것처럼 자연에 어울리는 인간 행위들의 유일한 방향은 인간의 행동들이 자연적인 이성과 동일한 목적론적 이성에 의해 결정되어야 하며, 이렇게 그 행위들은 함께 동일한 목표를 지향해야 하는 것이다." 그렇다면 법을 살펴보기로 하자. 우리가 이 자연의 의무를 충족시킬 수 있기 위해서는 자연의 요구를 수행할 능력을 가져야만 하며 이 능력이 없다면 우리는 그것을 완수할 수 없을 것이다. 여기에서 바로 사물들을 사용하거나 어떤 행위를 완수해야 할 법이 나온다. 사회에서의 조직은 개인에게 부과되는 의무들과는 다른 의무들을 만들었고, 사법, 공법, 국제법이라고 우리가 부르는 다른 법들이 생겨나게 되었다. 볼프는 수완을 부려 이러한 전제들로부터 개별적인 모든 경우를 파생시켰다. 그는 세부사항을 상술하고, 영역과 그로부터 생겨나는 각각의 법과 거기에 부과되는 의무들에 대해 말한다. 즉 증여, 계약, 가계약, 부부, 부모와 자식, 주인과 타인의 공동체에 결부되는 의무와 권리, 부권, 국법, 국제법 등을 상술한 것이다. 그의 증명의 논리 앞에서 그를 숭배하던 사람들 중 한 사람인 포르마이는 감탄한다. "자연은 인간의 육체와 정신이 가능한 한 건강하기를 바란다. 이성도 또한 동일한 것을 바란다. 자연과 이성이 항상 합력하여 움직이는 사람을 상상해 보라. 그는 완전한 인간일 것이다. 이것이 볼프의 모든 논증이 의지하고 있는 대원칙이다. 어떠한 철학자도 그처럼 빛나고 풍요한 논증을 사용한 적이 없다." 사실 법률학에는 아직도 부족한 점이 있었다. 그러나 볼프는 훌륭한 작업을 통해서 그것을 거의 완성의 경지에 올려놓았다. 법률학은 이제 사용하기 위해서 몇 가지 부품만 조정하면 되는 기계와도 같았다. 볼프의 지식을 이용하여 볼프가 놓친 덜 명확한 것을 바로잡을 다른 사람이 나타날 것이었다. 완전히 개발된 이 시스템이 다른 시스템의 잔해들 위에 확립되고 모든 법학자들에게 안내자로 이용될 때가 올 것이다.

스트뤼브 드 피에르몽,[6] 『자연법의 기원과 기초의 새로운 연구*Recherches nouvelles de l'origine et des fondements du droit de la nature*』(1740)

---

6 (역주) Frédéric-Henri Strube de Piermont(1704~1790): 독일 출신의 외교관이자 언론인 그리고 법학자

프레데리크 앙리 스트뤼브 드 피에르몽은 1732년부터 자연법의 정의에 대해 저자들과 교수들이 의견의 일치를 이루지 못하고 있음을 확인하고, 그 자신의 지식을 참조하여 『자연법의 기원과 기초의 새로운 연구』를 출간했다. 그는 큰 비밀을 알아냈다고 믿었다.

가장 예전의 철학자들은 자연법이란 용어로 모든 피조물의 영원하고 불변적인 질서를 지칭했다. 로마의 법학자들은 모든 동물들에게 주어진 자연의 지침을 자연법으로 이해했다. 대부분의 모럴리스트들은 자연법을 이성에 의해 제정된 규칙으로 규정했고 오직 인간에게만 적용되는 것으로 제한했다. 사실 자연법은 그렇지 않다. 모든 피조물들은 오직 자기 보존을 위해서만 만들어졌을 수 있다. 그렇지만 이성의 어떤 동일성은 인간으로 하여금 다른 존재들의 보존도 생각하게끔 만든다. 그러므로 모든 인간은 자신 자신을 보존하고 자신과 연결된 타인들을 보존해야 한다. 즉 인류를 영속하게끔 해야 한다. 이것이 법 혹은 자연법의 유일하고도 위대한 제1원칙이다.

관념들 사이에 나타나는 관계들을 고찰하는 데에 머무는 이성만으로는 법이 우리에게 가르쳐야 하는 내용을 발견할 수 없다. 우리의 다른 기능인 의지도 이 부분에서는 무능력하다. 반대로 열정은 영혼의 동인이다. 열정은 실행을 보장하는 힘을 수반한다. 열정이 우리로 하여금 자연법을 적용할 수 있도록 해 준다.

프랑수아 리셰르 도브,[7] 『법과 도덕의 원리에 대한 시론 Essai sur les principes du droit et de la morale』(1742)

직업은 청원심사관이며 가문으로 보면 퐁트넬의 조카인 도브는

---

7 (역주) François Richer d'Aube(1688~1752): 프랑스의 법학자

영원성과 보편성을 가진 자연법은 폐기될 수 없으며 해석자를 필요로 하지 않으며 모든 사람들의 마음속에 새겨져 있다고 생각했다. 인간은 물질적 존재이기 때문에 자신을 보존하는 성향을 갖는다. 또한 인간은 정신적 존재이기에 자신의 행복을 추구한다. 우주의 최고 주인인 신에 의해 보증된 자연은 이 법의 원동력인데, 이 법은 사회의 이익과 합치된다.

장-자크 뷔를라마키,[8] 『자연법의 원리 *Principes du droit naturel*』 (1748)

제네바의 자연법과 민법 교수였던 장-자크 뷔를라마키는 대담한 성격의 다변가이며 기하학적이고 분석적이며 자신이 생각하는 것보다 더 독단적인 인물로서 쉬지 않고 정의를 내린다. 법의 개념, 더 나아가 자연법의 개념은 인간의 본성과 관계가 있기 때문에 그는 인간에 대한 정의를 내린다. 또한 그는 인간이 당연히 지향하는 행복에 대한 정의를 내린다. 또한 그는 진리를 식별하고 오류와 구별할 수 있는 충분한 힘을 자신 안에 가진 자연적으로 올바른 오성에 대한 정의를 내린다. 인간의 열정도 극복할 수 없는 자명한 이치에 대한 정의를 내린다. 그리고 항상 완성의 개념을 수반하는 이성과 덕에 대한 정의를 내린다. 이처럼 충분히 준비를 하고 그는 법의 개념에 접근한다.

자연법이란 말은 신이 모든 사람들에게 부과하는 법을 의미한다. 그리고 이 법은 사람들이 자신들의 본성과 상태를 주의

---

8 (역주) Jean-Jacques Burlamaqui(1694~1748): 스위스의 법학자이자 작가

깊게 고찰하면서 오직 이성의 빛을 통해서 발견하고 알 수 있는 것이다.

자연법은 바로 이 동일한 법들의 체계, 총체 혹은 조립이다.

요컨대, 자연법학은 자연법칙들의 인식에 이르고 그것들을 개발하여 인간의 행위에 적용시키는 기술이 될 것이다.

자연법은 또한 다음과 같다.

이성이 행복에 도달하기 위한 확실하고 단축된 방법으로 분명히 인정하는, 그리고 이성이 그렇다고 동의하는 모든 것.

"신이 모든 사람들에게 부과하는 법." 뷔를라마키는 신권의 흔적을 좀 보존할 것인가? 우리가 말하고자 하는 것은 신은 사물들의 자연과 인간 본성의 창조자이기에, 이러한 일련의 자연과 본성을 통해서 우리가 어떤 방식으로 판단하고 적절하게 행동할 결심이 합리적으로 서 있다면, 창조주의 의도는 아주 자명해서 우리는 창조주의 의지가 무엇인지를 더 이상 모를 수 없을 것이다. 그러므로 이성의 언어는 신의 언어 그 자체이다. 신은 이성이고 이성은 인간의 이성이기 때문에, 의무는 신으로부터 생겨나지 않는다. 이는 그 명령을 만드는 원칙에 대한 선행적 동의를 통해서만 자기 상관의 명령에 복종할 수 있다는 의미에서 그렇다. 요컨대, 신은 이성으로 흡수되고 이성은 자연으로 흡수되어서, 과거의 신권은 자연적이고 합리적인 권리가 된다. 신권으로부터는 어떠한 흔적도 남아서는 안 된다. 『백과전서』에서 정의하는 「법」 항목에 도달해야만 한다.

법이 지상의 모든 민족을 통치하는 한, 법은 일반적으로 인간

의 이성이다. 각 국가의 정치법과 민법은 이 인간 이성이 적용
되는 다양한 개별적 경우들에 불과해야만 한다.

마르틴 휘브너,[9] 『자연법의 역사에 대한 시론 *Essai sur l'histoire du droit naturel*』(1757)

얼마나 사람들은 자연법이 태초부터 온 지상의 모든 인간의 마음에 새겨져 있다는 것을 증명하고 싶어 했던가. 얼마나 자연의 상태로 거슬러 올라가 바로 이 법 이론을 실험적 자료들에 근거를 두어 주장하고 싶어 했던가. 샹파뉴의 숲에서 야생의 소녀를 발견했다거나 하노버의 숲속에서 야생인을 발견했다는 소식은 얼마나 큰 반향을 일으켰는지! 그들에게 질문을 하고 자연 그대로의 자연의 응답을 기록할 수 있을 것이라 믿었다. 연극과 소설은 상상력을 통해 이 사람들의 대답에서 실망스러운 부분을 보충했다. 「논쟁 La Dispute」이란 제목의 희극에서 마리보[10]는 최초의 부정이 남자로부터 나온 것인지 여자로부터 나온 것인지를 찾고 있다. 그가 무대에 올린 왕자가 그것을 결정한다. "세상과 그 첫사랑들이 예전 그 모습 그대로, 혹은 예전에 그랬던 것이 틀림없을 그 모습 그대로 우리 눈앞에 다시 나타날 것이다……." 철학자였던 왕자의 아버지는 아직도 요람에 있는 네 명의 아기를 사회와의 모든 접촉으로부터 떨어져 있는 외딴 장소로 옮기게 했다. 이 두 명의 소년과 두 명의 소녀는 따로 양육되어 서로 보지 못한 상태로 성장했다. 때가 되어

---

9 (역주) Martin Hübner(1723~1795): 국제법으로 저명한 덴마크의 법학자

10 (역주) Pierre de Marivaux(1688~1763): 프랑스의 극작가이자 소설가로, 우아하고 세련되고 고답적인 문체로 유명하다.

그들의 울타리로부터 나와서 서로 만날 수 있는 자유를 그들에게 주었다. "사람들은 그들이 함께 나눌 교류를 세상의 첫 시대로 간주할 수 있다." 그러나 마리보는 결정을 하지 못한다. 그리고 누구로부터 부정이 시작되는지 우리는 알지 못할 것이다. 왜냐하면 두 성이 서로에게 비난할 일이 아무것도 없으며 악덕과 미덕이 그들 모두에게 있다는 것이 결론이기 때문이다. 자신의 소설『자연의 학생 *L'Élève de la nature*』(1766)에서 보리외[11]는 더욱 대담하다. 한 남편이 아내로부터 다음과 같은 양보를 받아 냈다. 즉 그들에게 여섯 명보다 더 많은 아이가 생긴다면, 나머지는 자연에 질문을 던지는 데 맡겨 보기로 한 것이다. 막내인 일곱째가 태어나자 아이를 사람들과 접촉하지 못하게 우리 안에 가두었고 조그만 회전식 창구를 통해 음식물을 넣어 주었다. 그리고 그 우리는 무인도로 옮겨졌다. 이 소설의 주인공은 20세가 되어서야 다른 사람들과 접촉을 시작했다. 그런데 선하고 이성적이었던 그는 가정을 이루었고 그 가정은 이후 완벽한 사회가 되었다.

　문학은 설명을 하지 않는다. 그러나 적어도 우리는 자연법의 역사를 그려 볼 수 있을 것인데, 마르틴 휘브너라는 덴마크인이 최초로 이러한 시도를 했다. 그에게는 다음과 같은 도취적인 문구를 반복하는 것이 기쁨이었다. "나는 오직 이성의 빛에 의해서만 인도를 받는 사람처럼 추론했다. 우리를 확실하게 행복으로 인도하기 위해 오직 이성이 명령한 의무적인 규율들의 체계나 모음을 자연법이라고 부른다. 자연법의 개념은 재론의 여지없이 인간의 본성과 관련되어 있다. 즉 그것은 인간의 본질에 결부된다. 인간은 행복해지기

---

11 (역주) Gaspard Guillard de Beaurieu(1728~1795): 교육적 작품들을 쓴 저술가

를 소망한다. 인간은 오직 자신의 행복을 위하여 행동한다. 그러나
자신을 항상 자극하는 이 욕망을 충족시키기 위해서 그리고 자신이
그렇게나 끈질기게 설정하는 이 목적에 도달하기 위해서 인간은 자
신을 그곳으로 인도하기에 적합한 방법에 애착을 가져야만 한다.
그러므로 인간은 약간의 규칙들이 필요하다. 그것은 우리 행위를
인도할 규칙들이고 인간의 행복에 도달하기 위한 수단들인데, 그것
을 우리는 자연법이라고 부른다. 말하자면 인간의 본성 자체가 자
연법의 최초 박사였다⋯⋯.″ 인간은 오래된 과거로부터 자연법 박
사의 전형적이었던 위인들을 차례로 발굴해 냈다. 대홍수 이전 시
대의 역사를 우리에게 전해 주고 자연법의 매우 간략한 요약본을
우리에게 제공해 준 존경할 만한 작가가 있었으니, 그는 모세였다.
그다음으로 중국인들, 그리스인들, 그리고 고대의 몽테스키외와 같
았던 소크라테스에 의해서 자연법이 명백하게 인정되었다. 광신주
의와 흡사한 정치적 자만을 가졌음에도 불구하고 키케로, 세네카
그리고 에픽테토스, 마르쿠스 아우렐리우스와 같은 로마인들도 이
에 속한다. 고딕 시대이며 야만 시대인 중세에는 예상대로 쇠퇴가
일어났다. 그러나 르네상스는 잘 생각하는 법을 가르쳤다. 베이컨
이 두각을 나타냈다. 그리하여 그로티우스, 푸펜도르프, 컴벌랜드,
볼프, 바르베라크,[12] 뷔를라마키에게 이르렀다. 영국과 덴마크는
자연법에 의해 정복되었다. 독일에서는 거의 지나칠 정도로 화려한
성공을 거두었다. 수많은 지방을 거느린 이 광대한 제국은 말하자
면 넘치고 남을 만큼 대학들이 많았다. 그리고 각 대학에는 자연법
교수의 자리가 생겼다. 에세이, 요약본, 논집들도 너무 많이 나와서

---

12 (역주) Jean Barbeyrac(1674~1744): 프랑스 법학자로 자연법에 대한 푸
펜도르프의 저술 번역으로 알려져 있다.

오래전부터 그 계보를 놓칠 정도였다. 꼭 필요하다면 그것들을 모두 수집해서 그 비용을 댄다면 도서관 전체를 채울 수도 있을 것이다. 심지어 이 나라에서는 전혀 연구할 자질이 없는 사람들조차 그들의 문필 활동을 이어 가기 위해 적당한 활동을 선택하지 못할 때 종종 이 분야를 파고들었다. 물론 자연법의 반대자들도 있었다. 스피노자와 같은 의심이 많은 사람들이나 벨, 맨더빌, 볼링브로크와 같은 이단자들이 있었다. 그러나 그들의 글은 이미 인정된 진리에 대해서 더 이상 아무것도 할 수 없거나 거의 할 일이 없었다.

가에타노 필란지에리,[13] 『입법학 La scienza della legislazione』 (1783~1788)

괴테는 자신에게 비코란 노작가를 알게 해 준 가에타노 필란지에리를 나폴리에서 만났는데, 그를 극찬했다. "그는 인간의 행복과 제대로 이해된 자유를 시야에서 놓치지 않은 존경받을 만한 젊은이들 중 한 사람이었다. 그는 풍채를 보면 군인, 기사, 사교계의 신사였다. 그러나 이 귀족적 풍모는 미묘한 도덕적 감정의 표현에 의해 부드러움을 더하고 있었으며, 전체적으로 몸에 배어 있어서 그의 말과 존재 자체로 매우 매력적으로 빛나고 있었다." 베네데토 크로체[14]는 그를 이성의 복음이라는 새로운 복음의 사도라고 불렀다.

『입법학』과 함께 법은 그 역사적 사실성을 완전히 상실하고 하나의 이념이 되어서, 그 이념이 실천될 때 삶을 혁신시키게 된다.

---

13 (역주) Gaetano Filangieri(1753?~1788): 이탈리아의 법학자이자 철학자
14 (역주) Benedetto Croce(1866~1952): 이탈리아의 관념론적 철학가이자 역사가

역사에 대한 지식은 사실 한심스러운 혼돈을 보여 줄 수 있을 뿐이다. 경험을 통해서 우리는 여러 나라에서 여러 시기에 여러 입법자들에 의해 제정된 많은 법들을 알고 있다. 반대로 사실들을 체계적인 학문으로 환원시켜 보자. 그러면 모든 것이 간단해지고 선한 것이 될 것이다. "단순하고도 오류가 없는 자연이여, 자연의 계획을 관찰하면 할수록 나는 인간의 계획을 더욱더 혐오하게 된다. 자연의 계획을 따라가려고 노력할수록 나는 인간들의 계획으로부터 멀어지는 것이 더 만족스러워진다……." 확실한 정의로부터 출발하여 일련의 원리들을 통해 우리는 형법, 민법, 정치법, 종교법이 어때야 하는지, 그리고 교육, 가족, 소유 등이 어떤 것이 되어야 하는지 알게 될 것이다. '우리 조상인 원시인들'이 살던 어두운 숲속에 "현명한 입법자"가 대로를 내어서 우리를 정의와 행복으로 인도할 것이다. 군주들은 그의 목소리를 경청하고 그의 조언을 따를 것이다. "이 신성한 직무는 진리의 집행자들과 평화로운 철학자들에게 속한다." 인류애가 이기심을 대체할 것이며 공평무사가 악습을 없애 버릴 것이다. 사람들은 오래된 양피지와 주석과 주해를 찢어 버리고 더 이상 선례를 들먹이지 않을 것이며, 소송인과 변호사와 재판관은 순수한 자연법의 사도들이 될 것이며 세상은 구원을 받을 것이다. 이렇게 말하면서 가에타노 필란지에리는 흥분한다. 자신이 격렬한 열정으로 격앙되는 것을 느낀다. 그는 설교하고 교리를 가르친다. 과거의 오류들을 생각하면서 괴로워하고 또 그렇다고 말한다. 미래의 발전 가능성을 볼 때는 열광한다. 그는 이성으로만이 아니라 가슴으로 말하고 있다.

그렇지만 왜 법에는 그 커다란 무질서가 있는가? 또 이 혼잡과 혼란이 있는가? 어쨌든 어리석거나 사심이 있는 입법자들, 신성한 위임의 불충실한 수호자들인 입법자들의 배반 때문인가? 동감이다. 그러나 사람들은 이것이 너무 빠른 단정이라고 느꼈다.

　몽테스키외는 위대하다. 왜냐하면 그는 설명하고자 하는 의지를 갖고 있었기 때문이다. 질서가 무질서 속에서 나타나는 정점을 포착하기 위하여 그는 자신의 삶의 목적을 가장 높은 정상을 향해 올라가는 것으로 삼았다. 많은 땅을 소유하고 있으며 그곳에서 안주하고 있지만 만족하지 않고, 지역에서 명성을 얻고도 만족하지 않으며, 『페르시아인의 편지』가 유럽적 차원에서 성공을 거두어 문학적 영광에 도달했지만 만족하지 않고 있는 그의 모습을 보는 것은 아름다운 일이다. 휴식을 취하기는커녕 다시 길을 떠난다. 그는 오직 가장 오르기 어려운 것에 대한 야망을 품고 있었다. 정말이지 열심히 공부했고, 정말이지 많은 책들을 읽었다. 가장 내용이 풍부한 책들과 가장 별 볼 일 없는 책들을 다 읽었다. 그가 좋아하는 책들과 그에게 '차갑고, 따분하고, 무미건조하고, 거칠게' 보이는 책들을 '우화에 나오는 사투르누스가 돌을 삼키듯이' 먹어 치웠다. 때가 되자 그는 서재에서 나왔다. 그는 더욱 가까이에서 법의 작용과 사람들의 생활을 보기 위해서 자신이 매우 사랑하는 귀옌, 자신의 직무, 자신의 조국을 떠났다. 그는 다시 프랑스로 돌아와서 라브레드 지방에 정착하고, 습득한 엄청난 양의 지식을 전체적으로 파악하기 위해서 다시 공부하고 책을 읽고 성찰에 잠겼다. 모든 지식들이 정리되고 모든 생각들이 성숙되었을 때, 그는 더 높은 곳에서 다른 이들이 잘 보지 못했던 것을 조망하기 시작했다. 그토록 많은 지식과 지성, 명석함을 그렇게 놀라울 정도로 발휘하는 것. 선택해야 할 주제와 그것을 다루는 방법과 문체에 대한 분명한 의식. 진리를 넘어서는 것에 의해 휩쓸려 가지 않도록 해 주는 절제. 목적으로부터 벗어나게 만드는 모든 것들—애정까지도 포함되는 정념, 가짜 행복에 대한 사랑, 여가의 안락함, 마지막으로 보상─로부터 그를 지켜 주었던 신성한 이기주의. 인간사의 장관을 조망할 곳은 바로 이곳에 서이다.

몽테스키외, 『법의 정신 De l'esprit des lois』(1748)

가장 넓은 의미에서 법은 사물의 본성에서 유래하는 필연적인 관계이다.

그는 자신의 시대가 품고 있던 불안을 느꼈다. 로마인들의 법과 프랑크족의 법, 아프리카의 법과 아시아의 법, 신세계의 법, 수천 년 전 아직도 미개했던 사람들의 삶을 관장했던 법, 오늘날 런던 재판소나 파리 고등법원의 판결들을 통제하는 법들이 보이는 다양성과 불일치를 일말의 절망감 없이 고찰하기란 불가능하다.

몽테스키외는 관찰을 통해 첫 번째 깨달음을 얻었다. 아무리 변덕스러워 보일지라도 법은 항상 하나의 관계를 전제로 한다. 국민들을 위해 만들어진 법은 국민들과 관련되어 있다. 법은 정부, 국가의 크기, 기후, 지형의 성질, 삶의 유형, 주민들의 종교와 재산과 인구와 상업과 풍속과 예의범절 등과 관련되어 있다. 법들 사이에는 관계가 있으며, 법은 그 기원과 입법자의 목적과 관련되어 있다.

이 관계는 어떻게 수립되는가? 이 관계는 한 존재의 필연적 결과이다. 이 관계는 주어진 존재로부터 그 삶의 발현으로 나아간다. 물질적 세계가 있다는 것은 세상의 물질적 본성에 적절한 법들이 존재한다는 것이며, 천사가 있다는 것은 천사의 본성에 적절한 법들이 존재한다는 것이며, 동물들이 있다는 것은 그 동물의 본성에 적절한 법이 존재한다는 것이다. 심지어 신까지도 그 자신의 법을 갖고 있다. 신은 세계의 창조자와 보존자로서 세계와 관계를 맺는다. 신이 창조 때 사용한 법칙은 그가 세계를 보존하기 위해 사용하는 법칙과 동일하다. 신은 법칙들을 알기 때문에 그것들에 따라 행동한다. 신은 그 법칙들을 만들었기 때문에 그 법칙들을 안다. 그가 법칙들을 만든 것은 그것들이 자신의 지혜와 권능과 관계가 있기 때문이다.

이 관계는 임의적이지 않고 논리적, 즉 합리적이다. 이 관계는 사물들보다 먼저 있었던 원초적 이성에 의해 통제된다. 지적인 존재들이 있기 전에 그 존재들은 잠재태로 있었다. 그러므로 그들은 잠재적으로 올바른 관계를 가지고 있었다. 잠재태로부터 현실로 이행하면서 이 올바른 관계는 그 관계들을 전제한 이성에 따르게 된다. 실정법이 명하거나 금지하는 것 외에는 그 자체로 올바른 것도 없고 올바르지 않은 것도 없다고 말하는 것은 우리가 이 원을 그리기 전에 모든 반지름이 동일하지 않았다고 말하는 것과 마찬가지이다. 모든 법들이 이와 마찬가지이다.

인간의 경우와 관련된 법들을 고찰해 보자. 인간은 물질적 존재이다. 그러므로 그는 그 자체로 자연의 법칙에 복종해야 한다. 그러나 인간은 또한 지적 존재이다. 그러므로 그는 이 지성에 적절한 법들을 가지게 될 것인데, 인간의 지성은 제한되어 있고 게다가 무지와 오류의 지배를 받는 정념에 의해 종종 빗나간다. 그래서 이러한 법은 인간이 창조자로부터 멀어지게 될 때 그를 창조자에게 다시 돌아가게 하는 종교법이 될 것이다. 그리고 그 법은 인간이 자기 자신을 망각하게 될 때 그를 다시 스스로에게 돌아가게 하는 도덕법이 될 것이다. 또한 그 법은 그를 다시 사회에 대한 개인의 의무로 돌아가게 하는 정치법과 민법이 될 것이다.

몽테스키외는 법의 신적 기원을 고려하고 싶어 하지 않는다. 그는 신학자가 아니라 정치학 저술가이다. 하늘에 기원을 둔 종교이든 땅에 그 기원을 가진 종교이든, 몽테스키외는 세속국가가 그 종교들로부터 끌어낼 수 있는 이익과 관련해서만 세계의 다양한 종교들을 검토한다. 몽테스키외는 자신의 책에는 오직 인간적 사유의 방식에서만 진리인 것들이 있다는 것을 잘 알고 있다. 그러나 몽테스키외의 이러한 배제 자체, 설명, 그가 저서에서 신적 권리의 대표자들이 세속적 영역을 침해할 때마다 역사의 진행 과정에서 발생한 유감스러운 결과들을 보여 줄 때 보이는 세심한 주의와 마찬가지로 그가 신경을 쓰면서 취하는 조심성은 몽테스키외의 사유의 근저를 보여 준다. 그는 자연법과 신권의 결별을 공식적으로 확인한다.

그는 붓을 놓는다. 그의 움직임은 완결되었고, 그가 한 관찰들은 그 움직임을 유일한 원리로까지 고양시켰다. 법의 본질인 이 원리로부터 세계의 모든 법들이 파생된다.

실천 면에서 그것은 다른 문제였다. 라 샬로테가 브르타뉴 고등법원에서 예수회원들에 대해 구형을 내렸을 때, 그는 자신이 61개의 기관과 종교단체들의 규칙들을 자연법의 원리에 비추어, 그리고 신적이고 인간적인 실정법들, 특히 프랑스 왕국의 법률들에 비추어서 살펴볼 것이라고 선언했다. 그러나 자연법의 원리에 대해서는 그 이후로 한 번도 언급하지 않았다. 모렐리[15]가 오래전부터 자연법에 대한 기초적 개론을 요구하던 유럽 전역의 욕망에 부응하여 『자연의 법전 Code de la nature』을 출판했을 때 그것은 유럽에서

---

15 (역주) Étienne-Gabriel Morelly(1717?~1782?): 프랑스의 공상적 공산주의자

이미 동종의 개론들 중 하나에 불과하게 되었다. 법 이론에 대해 쓴 모든 책들 중에서 유용한 법안이 나와서 상속, 계약, 재정, 범죄 등의 문제에 대해 유럽의 모든 법정에서 채택되었다면 바람직했을 것이다. 그러나 그로티우스의 인용문, 푸펜도르프나 『법의 정신』 의 인용문 등은 파리나 런던의 법정의 판결문을 결코 만들어 내지 못했다.[16]

그러나 표면상으로는 아무것도 변화시키지 않았던 사상들이 무 르익고 있었고 정의의 의지가 강화되고 있었다. 세속 권력이 그들 의 힘을 남용한다고 생각하고 있던 인간들의 도시는 각 개인에게 속하며 그 자체로 그들의 권리를 보호해 주는, 포기할 수 없는 가치 에 대한 정의를 내리려고 모색하고 있었다. 도시는 그 가치가 효력 이 있기를 원했다. 사실인즉 그 가치가 현실에 영향을 미쳤다. 사상 이 삶을 변화시켰다. 유럽에는 아직도 종교재판이 화형대의 불길을 피워 올리는 나라들이 있었다. 그 불길이 꺼진다면, 누가 철학자들 에게 이러한 선행에 기여한 그들의 몫을 부인할 것인가?

노예제도에 대해서 어떤 사람들은 정복 전쟁의 결과로, 어떤 이 들은 식민지 개발의 필요성으로, 또 어떤 이는 교역의 이득으로, 또 다른 이들은 확립된 관습으로 설명하려고 했지만, 그것은 자신의 모든 자식들에게 평등한 존엄성을 부여하는 자연에 의해서는 정당 화될 수 없었고, 피부색의 차이가 불행과 치욕으로 이어진다는 것 을 인정할 수 없는 이성에 의해서도 정당화될 수 없었다. 그래서 천 천히 노예제도를 폐지하려고 애쓰는 사유의 움직임이 일어나고 있 었다. 여론에 영향을 미치는 그리고 이를 통해 권력에 영향을 미치

---

16 볼테르, 「법」·「법의 정신」 항목, 『백과전서에 대한 질문들』.

는 반(反)노예 문학이 점진적으로 만들어지고 있었다. 『법의 정신』의 제15권 5장의 구절은 우리의 기억 속에 남아 있다. "문제가 되는 이 사람들은 머리부터 발끝까지 흑색이다. 그들의 콧대는 주저앉아 있어서 그들을 동정하기도 거의 불가능하다. 그토록 지혜로우신 신이 이렇게 새까만 육체 속에 선량한 영혼을 집어넣으셨을 것이라고 상상하기란 어렵다." 이어서 몽테스키외는 자신을 구해 달라고 기독교의 자비심에 호소한다. "이 사람들이 인간이라고 생각하기가 불가능하다. 왜냐하면 그 사람들이 인간이라고 가정한다면, 우리 자신이 기독교인들이 아니라고 생각하기 시작할지도 모르기 때문이다." 여전히 동일한 어조 — 여기서 조롱은 억제된 분노와 다르지 않다 — 로 그는 말한다. "소인배들은 우리가 아프리카인들에게 가하는 부당한 행위를 과장해서 말한다. 그런데 사실 그 부당성이 그들이 말하는 것과 같다면, 자신들끼리 헛된 협약을 그토록 많이 맺는 유럽의 군주들의 머릿속에 자비와 동정을 위한 일반 협약을 맺을 생각이 떠오르지 않았을까?" 그는 이렇게 말하면서 노예 상인들이 트리폴리의 시장에서 노예들을 파는 일을 막지는 못했지만, 시장이 문을 닫고, 노예 상인들이 쫓겨 다니며 노예들이 해방되는 날을 준비하고 있었다.

한 용감한 그룹이 밀라노에서 결성되었다. 중산층과 귀족 계급의 몇몇 젊은이들이 부모들의 복고적인 취향에 맞서 싸우기로 결심했다. 그것은 세대가 바뀔 때마다 흔히 일어나는 일이지만, 그들의 경우 그것은 단순한 반항 이상이었다. 자신들의 전투적 기질을 잘 나타내기 위해서, 그들은 '주먹들의 모임'이라는 도발적 이름을 지었다. 그들은 《일 카페 Il Caffè》라는 이름의 잡지를 발간했다. 왜냐하면 편집자들이 토론의 중심 장소였던 이상적 카페에서 만나기로 되어 있었기 때문이다. 그 주동자는 피에트로 베리[17]였는데, 그는 여러 회원들 중 베카리아[18]라 불리는 행동이 굼뜬 소년을 거느리고 있었다. 체사레 베카리아는 한가했는데, 도시 귀족의 아들이었기 때문이다. 그는 실제보다 더 무기력하고 게을러 보였다. 그의 주변이나 시대의 정신이 아니었다면, 그는 이러한 조건들로 인해 무용한 삶을 보내게 되었을 것이다. 무엇인가 큰일을 하고자 막연히 바라면서, 그는 교양을 쌓았다. 자신의 사유를 자극하는 작가들, 즉 프랑스 철학자들을 우선적으로 읽었다. 그들의 영향과 더불어 친구들과 활동이 활발한 도시의 영향을 받아 무기력 상태로부터 깨어나고 있었다. 우선 그는 화폐에 대한 글을 썼고, 자신의 길을 모색하면서 마침내 젊은 시절의 무기력과 중년의 공허 사이에서 길을 찾았고 1764년에 걸작 『범죄와 형벌 *Dei Delitti e delle Pene*』을 써냈다.

그는 시대의 환상에 대한 대가를 치렀다. 법이 만들어질 때부터 이성의 작품이 아니었다는 것은 참 불행한 일이다. 사람들이 부당하게도 고대의 정복 민족의 법, 즉 로마법 아래서 살고 있다는 것은 불행한 일이다. 로마법은 12세기에 콘스탄티노플에 살던 한 군주에 의해 자의적으로 완성되었고, 중세의 몽매주의의 산물인 또 다른 혼합물이 거기에 추가되었다. 그래서 로마법은 자연법의 기준에 맞추어 완전히 새롭게 고쳐야 할 것이었다.

그러나 그 이후, 베카리아는 현명하게도 자신이 특히 더 잘 알고 있는 영역에 집중했다. 왜냐하면 그는 예전에 밀라노의 감옥 시찰

---

17 (역주) Pietro Verri(1728~1797): 이탈리아의 계몽주의 사상가로 18세기 밀라노의 가장 유명한 기관지 《일 카페》를 창간했다.

18 (역주) Cesare Beccaria(1738~1794): 이탈리아의 법학자이자 경제학자로 근대 형법 사상의 기초를 마련했다.

관이어서 피고인들과 대화를 나누고 범죄자들의 말을 들었으며, 그의 감수성은 그가 목격한 부당함에 충격을 받았기 때문이다. 소송의 비일관성, 판사들의 변덕, 형법의 잔인성 등은 아직도 고소장에 명기되어 있지 않았다. 그는 이러한 고소장을 작성할 작정이었다. 법의 본질은 사회적인 것이고, 그 본질에서만큼이나 적용 면에서도 계속 사회적이어야 했다. 그 기원이 무엇이든지 간에, 법률은 사회의 지주 이외의 다른 것이 아니었다. 그러므로 사회의 선과는 무관한 원리에 따라서가 아니라 범죄의 사회적 중요성에 따라서 재판하고 징벌하는 것이 적절했다. 그 결과 징벌의 서열 전체가 완전히 바뀌었다.

동일한 자료들에 의거해 판단하면, 피해가 회복 불가능해진 이후에 죄인을 처벌하는 것보다 실수를 미연에 방지하는 것이 더 나았다. 그 역시 사회조직의 일원인 피고를 우선 범죄자로 취급하는 것은 잘못된 일이다. 사회는 범죄자가 아닌 한 사람에게 사회의 대표들 앞에서 자신을 해명하라고 요구하는 것이고, 사회의 대표들은 그에게 모든 정신적 자유를 보장해야 했다. 형벌을 사회에 가해진 실제적 피해의 정도가 아니라 범죄의 고의성에 따라 조정하는 것 역시 잘못된 일이다. 가혹함과 잔혹함을 정의와 혼동하는 것도 잘못된 일이다. 우리는 경험을 통해 가혹함이 공익에 반대되는 결과만을 가져온다는 것을 알고 있다. 취조의 방법 중 가장 불공정한 것은 고문이다. 은밀히 남아 있던 고문은 징벌의 본질적 동기인 본보기의 역할을 하지 못했다. 고문을 이기는 강건한 흉악범은 판결을 벗어날 수 있었고 고문에 견딜 수 없는 (무고한) 사람들은 자신들이 저지르지도 않은 잘못을 고백해야 했다는 점에서 그것은 가장 어처구니없는 짓이었다. 혐오스러우며 그 자체로 범죄인 고문은 문명국을 자처하는 모든 나라로부터 사라져야만 했다.

『범죄와 형벌』에 의해 베카리아는 즉시 고문을 폐지하지는 못했다. 그러나 그것을 통해 고문이 점차 형법전서로부터 사라지게 될 것이었다. 아마도 그의 책에서 입법자들의 마음을 흔들고 그를 통해 법에 영향을 미치지 않았던 구절은 하나도 없었을 것이다.

제4장

도덕

이것은 큰 시험이었지만, 사람들은 주저 없이 그것을 받아들였다. 열매를 보고 그 나무를 알듯이, 철학의 가치는 선행의 실천으로 평가된다. 기독교의 도덕률을 완전히 거부한 이상, 그보다 더 숭고하고 순수한 도덕률이 필요했다. 새로운 도덕률을 찾아내지 못한다면, 철학자들의 작업은 미완성으로 남게 되는 것이다.

사람들은 스토아 도덕을 원하지 않았다. 제논을 여전히 존중하지만 그보다는 에피쿠로스를 선호했고 전제군주제를 반대한 세네카를 찬미했다. 그렇지만 세네카는 사람들을 기쁨으로 인도하기에는 너무 엄격한 조언을 하는 사람일 것이다. 그렇다고 사교계의 도덕률도 더 이상 원하지 않았다. 랑베르 부인[1]이 자기 아들과 딸에게 준 교훈, 체스터필드 경[2]이 아들에게 준 교훈, 그리고 수많은 다른

---

1 (역주) Marquise de Lambert(1647~1733): 유명한 살롱 운영자로 교육적이고 도덕적인 작품들을 남겼다.

2 (역주) Philip Dormer Stanhope, 4th Earl of Chesterfield(1694~1773): 영국의 정치인이자 작가로 자신의 아들에게 보내는 교육적 편지들로 유명하다.

편지들과 조언과 논설 등에는 17세기의 자취만이 남아 있다. 17세기 사교계의 교양 있는 신사(honnête homme)의 이상은 더 이상 우리가 따라야 할 모범이 아니라 시대에 뒤떨어진 인물일 뿐이다. 사람들이 신사의 자질을 흠모하기에는 그 자질이 너무 값싸게 획득되었다. 신사가 남겨준 유산은 상당한 자아도취, 손쉽게 얻은 재산, 사람들에게 갈채를 받는 악덕으로 이루어졌고, 미덕은 그것과 전혀 상관이 없었다. 세상의 모든 신사들은 단 한 명의 유덕한 인간에 미치지 못한다.

사람들은 더 이상 영웅을 원하지 않았다. 그동안 영웅을 너무 칭찬해서 이제 사람들은 영웅을 성가시게 생각하고 짜증을 낸다. 그러나 영웅을 표적으로 삼고 그를 향해 화살을 쏜다고 해도 우리에게는 그를 쓰러뜨릴 화살이 충분치 않을 것이다. 왜냐하면 영웅은 사람들의 마음을 파고들어 와서 온전히 존경의 대상으로 자리를 잡고 있었기 때문인데, 우리가 영웅을 파괴하는 것이야말로 우리의 급선무일 것이다. 너무나 찬양받은 영웅은 단지 거만하고 무모한 파괴자, 파렴치한 도적이고 희대의 흉악범이다. 이 허영에 찬 인간에게는 무대와 구경꾼이 항상 필요하다. 그는 찬란한 빛을 내며 영광으로 둘러싸여 있다. 그러나 가까이에서 그를 지켜보면, 우리는 인류에게 재앙인 그의 야심을 볼 수 있다. 고대인들이 그를 격찬하고 싶다면 그렇게 해라. 그러나 그들과는 다른 우리들은 그를 증오한다. 수백 년이 흘러도 우리는 똑같은 증오심을 우리의 아이들에게 불어넣을 것이다. 대지를 황폐하게 만드는 성가시고 소란스러운 군주들을 위인이라고 부르지 말자. 위인이라는 이 아름다운 이름은 "유용하고 쾌적한 것에서 두각을 나타냈던 사람들에게만 붙이기로 하자. 지방의 약탈자들이 영웅일 뿐이다."[3] 영웅들의 동상을 무너뜨리자. 대신 그 자리에 침략자들을 물리치기 위해 군대를 지휘할 수밖에 없어 마지못해 전장으로 나가 신속한 승리를 거두고 돌아와서는 월계관을 내려놓고 곧 철학자로 되돌아간 군주들 — 테라송 신부[4] 책의 주인공인 세토스가 그 예이다 — 의 동상을 세우도록 하자. 이집트의 왕위를 물려받을 예정이었던 세토스는 박해를 받고 추방되어 "미지의 종족들을 만나 그들을 가장 잔인한 박해로부터 해방시켜 주고 그들의 입법자가 되면서 귀양의 긴 시간을 보낸다. 이집트로 돌아오는 길에 그는 용맹을 발휘하여 한 강력한 국가를 코앞에 닥쳐온 적으로부터 구하고, 승리의 대가로는 자신을 공격했던 왕이나 압제자의 휘하에 있다가 패배한 백성의 해방만을 요구한다. 마침내 조국으로 돌아온 세토스 왕자는 그가 적이나 적수로 여겨야 마땅할 사람들에게 은혜를 베푸는 사람이 된다……."[5] 세토스나 그와 같은 사람이야말로 가짜가 아닌 진짜 영웅주의, 평화로운 영웅주의를 표상하며 계몽된 정신을 소유한 사람들이 따라야 할 유일한 모범이 된다.

아마도 어떤 시대에도 이처럼 모럴리스트들이 분주한 적이 없었을 것이다. 그러나 이들은 인간의 마음을 연구하는 모럴리스트들은 아니었다. 사람들은 인간의 마음이 어떻게 구성되었는지를 안다고 생각하며 인간의 마음은 언제나 어디서나 동일하기 때문에 거기서 새로이 발견할 것이라고는 없다고 믿었다. 이 모럴리스트들은 도덕의 이론가들이지 심리학자들이 아니었다. 그들은 우선 우리의 행위에 지침을 제공하고자 했다. 관건이 된 것은 이성의 빛에 의해 계몽된 도덕을 다시 만드는 것이었다.

---

3 「볼테르가 티리오Thieriot에게」, 1735년 7월 15일.
4 (역주) Jean Terrasson(1670~1750): 프랑스의 성직자이자 문인
5 테라송 신부, 「서문」, 『세토스Séthos』, XV-XVI, 1731.

디드로는 평소의 강력한 문체로 이러한 논쟁의 내용을 짧은 단락으로 요약했다. "우리 불행의 간략한 역사를 알고 싶으십니까? 자 보십시오. 자연인이 한 명 있었습니다. 이 사람의 내부에 인공적인 인간을 한 명 주입시켰습니다. 일생 동안 지속된 전투가 동굴 속에서 벌어졌습니다. 때로는 자연인이 더 강했지만, 또 때로는 도덕적이고 인공적인 인간이 그를 쓰러뜨렸습니다. 누가 우위를 점하든 이 슬픈 괴물은 양쪽으로 잡아당겨지고 불로 달군 집게로 고문당하고 고통을 받고 바퀴 위에 묶이고 언제나 불행했습니다……."[6] 아니면 더 간략하게 단 한 줄로 요약한다. "덕이 있는 사람에게 도덕적인 것은 자연적인 것과 마찬가지이다."[7]

"정말이지 자연을 그 최초의 작용으로 거슬러 올라가 보자. 우리의 감각은 쾌적하거나 불쾌하며, 그것은 우리에게 기쁨 혹은 고통을 가져다준다. 경험으로부터 출발해서 우리는 손해와 이익이라는 추상적 개념으로 이행한다. 일찍이 영혼 속에 새겨진 흔적들은 지워지지 않게 되어 악인의 마음을 괴롭히고 유덕한 사람을 위로하며 입법자에게는 모범이 되어 준다."[8] 자연의 명백한 의지 속에서 자연을 쫓아가 보면, 우리는 자연이 선하며 인간의 행복을 지향한다는 것을 알게 될 것이다. 그러므로 바로 이 점에서도 자연의 법에 복종해야 한다. 우리는 최초의 오류를 범했다. 즉 인간이 못되고 사악하게 태어난다고 생각하거나 적어도 원죄 이후로 즉시 그렇게 되었다고 믿었던 것이다. 그로부터 인간을 억압하려고 하는 우울한

---

6 디드로, 『부갱빌 여행기 보유 *Supplément au voyage de Bougainville*』, 1772.
7 「라이프니츠주의」 항목, 『백과전서』.
8 디드로, 『프라드 신부의 변호 *Apologie de M. l'abbé de Prades*』, 전집, 1권, p. 70.

도덕이 탄생했다. 반대로 우리를 행복하게 해 주는 본능과 행복해 지는 수단을 우리에게 제공하는 이성을 장려하자. 바르트는 도덕 혹은 풍속의 학문, 또는 행복의 지침서[9]를 쓰게 될 것인데, 이 낱말들 안에서 하나의 혁명이 고스란히 완수될 것이다.

정념은 자연적인 현상이므로 이를 제거하려고 하는 것은 착오이며 또한 불가능한 일이기도 하다. 정념은 식물의 수액과도 같아서 우리의 생명을 유지시키며, 식욕이 우리 육체의 생명에 필수불가결한 요소인 것과 마찬가지로 우리 영혼의 생명에도 필수적이다. 우리가 굶주림과 목마름을 부정할 수 있겠는가? 정념은 유용하다. 그 것을 증명하기 위해서 사람들은 하나의 비유를 반복하면서 이 책에서 저 책을 통해 그것을 서로에게 전해 주었고, 모든 작가들은 각자 이 주제에 약간의 변화를 추가했다. 선장들이 바람 한 점 없는 잔잔함을 두려워하고 비록 폭풍우가 될지언정 그들의 배를 밀어 줄 바람을 기대하는 것처럼, 정념은 우리가 충분한 주의를 기울이지 않으면 그 속에 우리를 함몰시킬 수도 있지만 우리에게 활기를 부여한다. 정념이 없다면 우리는 삶을 항해할 수 없을 것이다. 정념을 인도하는 도덕은 자연이 인간에게 가리키는 행복으로 향한 길을 따라갈 수 있도록 해 줄 키, 나침반, 지도가 될 것이다. 게다가 쾌락 또한 복권되어야 한다. 그것은 지고의 존재가 그의 피조물들에게 준 선물이다. 여러 단계의 감각 중에서 쾌락은 우리가 자연적으로 추구하는 감각이며, 우리가 갈망해야 할 선과 피해야만 할 악을 우리에게 지시해 주는 감각이다. 가장 생생한 형태의 쾌락인 관능은 인

---

9 카를 프리드리히 바르트, 『부르주아 계급을 위한 도덕 지침서 *Handbuch der Moral für den Bürgerstand*』, 할레, 1790, p. 81.

류의 번식과 연결되어 있다. 따라서 그것은 철학과 양립하지 못할 이유가 전혀 없다. 볼테르는 말한다. "나는 매우 관능적인 철학가이다."

한편 자연은 이성적이기에 모든 피조물들 사이에 합리적 관계를 설정해 놓았다. 선이란 이러한 관계를 인식하고 이 관계에 논리적으로 순종하는 것이며 악이란 이러한 관계를 인식하지 못하며 이 관계에 불순종하는 것이다. 결국 범죄란 언제나 잘못된 판단으로부터 기인하는 것이다. 논리학자들은 이러한 원리로부터 극단적 결과를 추출하는 것을 주저하지 않는다. 예를 들어 어떤 사람이 말을 훔친다면, 그는 그 말이 다른 사람의 소유라는 사실을 이해하지 못하고 그 말에 관해 실수를 저지른 것이다. 도둑질을 하지 않기 위해서는 더 잘 이해하는 것으로 충분하다는 것이다.

이성은 세계의 위대한 법칙이다. 지고의 존재조차도 이론적으로는 도덕의 기원인 진리에 따르고 있다. 그러므로 도덕은 지고의 존재로부터 발원하는 것이 아니라 그보다 더 위에 있는 영원한 이성으로부터 나오는 것이다. 무한한 힘의 행사를 상상하려면, 이 힘으로부터 독립된 가능태들이 존재할 수 있다고 가정해야 할 것이다. 마찬가지로 신적 의지의 현현을 생각하려면, 이 의지로부터 독립된 의지들이 존재할 수 있다고 가정해야 할 것이다. 그렇지 않다면 신적 의지가 스스로를 창조했다는 것인데, 이는 생각하기가 불가능하다. 마찬가지로 신성으로부터 독립된 도덕성이 존재하지 않는다면, 이 신성의 도덕적 속성들은 존재할 수 없을 것이다.

경험적 자연 혹은 합리적 자연. 도덕은 자연적이 되어야 하거나 존재하지 않아야 했다.

이 원리들의 결과는 여러 갈래로 갈라질 것이다. 만약 우리가 여기서 공통되는 의지들을 표시하고 싶다면, 우리는 그 시대의 대부분의 모럴리스트들에 의해서 적어도 두 개의 전제가 확실한 것으로 인정되고 있었다는 사실을 확인하게 된다.

그 첫 번째 전제는 이기심의 합법성이다. "사심이 없는 사랑은 없다."—"순수한 자연이 우리를 위해서 우리에게 불어넣은 이 강한 애정은 우리의 육체와 영혼에 대한 우리의 의무를 강요한다."[10]—"안락함에 대한 사랑은 삶 자체에 대한 사랑보다 훨씬 강해서 그것이 도덕과 맺는 관계는 중력이 역학에 대해 맺는 관계와도 같다."[11] 데피네 부인[12]이 갈리아니 신부에게 보낸 1769년 9월 29일의 편지는 이를 좀 더 산문적으로 표현한다. "제1법칙은 자신을 돌보는 것입니다. 그렇지 않나요?"

이것은 부정할 수 없는 사실이다. 게다가 이 사실은 모든 사람들이 이해할 수 있는 이익을 제공한다. 기독교나 철학이 지구상에 도덕을 가져온 것이 아니다. 아마도 사람들은 도덕을 권장하기 위해 내세우던 동기들에 대해 오해했던 것 같다. 이를 위해서는 일반인들에게 신적인 사랑이나 순수한 지혜에 대한 사랑 같은 것보다 더 일반적이고 단순한 원리인 이기심을 전면에 내세워야 할 것이다.[13]

그러나 우리가 말하고자 하는 것은 제동장치 없는 이기심의 분

---

10 투생, 『풍속론』, I, 1, 1748.

11 「책들의 운명」, 《일 카페》, 전반부, 1764.

12 (역주) Louise d'Épinay(1726~1783): 프랑스의 문학가로 루소의 친구이자 후원자이며 그림의 애인이었다. 그러나 이후 루소와 결별하고 앙숙이 되었다.

13 프리드리히 2세, 『도덕의 원리로서 고찰된 이기심에 대한 시론 Essai sur l'amour-propre envisagé comme principe de morale』, 1770.

출이 아니다. 이성은 우리의 이익을 추구하도록 이끄는 만족감을 통제해야만 한다. 우리의 이성은 선택한다. 우리의 이성은 우리가 추구하는 행복이 우리의 가장 고귀한 속성에 의해 포기된 야만인의 행복도 아니며 도달할 수 없는 천사의 행복도 아님을 보여 준다. 이성은 즐거움들의 질을 구별하며 절제의 법칙에 따라 그 즐거움들의 등급을 정한다. 이성은 그것들이 절대적 영향력을 갖고 지배할 위험이 있으면 즉시 그것을 포기하라고 우리에게 충고한다. 간단히 말하면 이성이 지배자로 남는다. "악덕은 무엇이고, 미덕은 무엇일까? 내 생각에 악덕이란 단지 욕구와 욕망과 정념의 지나침, 남용, 잘못된 적용일 뿐인데, 그것들은 그 자체로는 자연적이며 잘못된 것이 없을 뿐더러 유용하고 필요하기까지 하다. 미덕이란 이성의 규칙에 따라 그러므로 종종 욕구와 욕망과 정념의 맹목적인 충동에 반대하여 그것들을 절제하고 다스리고 이용하고 적용하는 것이다."[14]

여기에서 첫 번째 주장의 한계를 강조하는 두 번째 주장이 등장한다. 즉 우리의 이익 추구가 타인들의 이익에 해가 되어서는 안 된다는 것이다. 마찬가지로 전체의 행복 없이는 개인의 행복도 없다.

현자

당신의 생각에 인간의 의무는 무엇인가요?

개종한 신도

행복해지는 것입니다. 이 목적으로부터 타인의 행복에 기여

---

14 볼링브로크, 『역사 연구와 이용에 대한 서한*Letters on the Study and Use of History*』, 세 번째 편지, 1752.

해야 할 필요성, 다른 말로 하면 유덕해져야 할 필요성이 생깁
니다.[15]

미덕은 사회성과 같다. 돌바크 남작은 이러한 사회성을 고결하
다고 정의 내렸다. "사회성은 인간에게 자연스러운 감정으로 습관
을 통해 강화되고 이성에 의해 양육된다. 자연은 인간에게 감각을
줌으로써 그에게 즐거움에 대한 애착과 고통에 대한 두려움을 불어
넣었다. 사회는 자연의 작품이다. 왜냐하면 인간을 사회 속에 위치
시키는 것이 바로 자연이기 때문이다…… 인간은 사교적이다. 왜냐
하면 그는 안락함을 사랑하고 안전한 상태 속에서 기쁨을 느끼기
때문이다. 이러한 감정은 자연스러운 것이다. 즉 그 감정은 자신을
보존하려는, 자기 자신을 사랑하며 자신의 삶을 행복하게 만들고
그러기 위해 열심히 그것에 도달하는 수단을 손에 넣으려는 존재의
본성 또는 본질로부터 흘러나온다. 모든 것은 사회생활이 유익하다
는 사실을 인간에게 증명한다. 그는 습관을 통해 사회에 애착을 갖
고, 동료 인간들의 도움을 받지 못하게 되자마자 자신이 불행하다
고 생각한다. 이것이 사회성의 진정한 원리이다."[16] 그런데 『철학
개요』의 제4장에서 다음과 같이 말했던 달랑베르야말로 아마도 이
러한 관계를 가장 잘 표명한 사람이었던 것 같다. "도덕은 학문의
원리가 되는 진리들과 그 진리들의 연결 면에서 아마도 모든 학문
중에서 가장 완벽한 학문일 것이다. 여기에서는 모든 것은 반박할
수 없는 단 하나의 사실적 진리 위에, 인간들이 서로에 대해 갖는

---

15 디드로, 『대원칙들에 대한 서문Introduction aux grands principes』, 전집,
   2권, p. 85.
16 돌바크, 「사회성에 대하여De la sociabilité」, 『자연정치La politique
   naturelle』, 담론 1, 1773.

바로 그 상호적 필요성 위에, 그리고 이러한 필요가 그들에게 부과하는 상호적 의무 위에 확고히 세워져 있다. 이러한 진리가 전제된 후, 모든 도덕 규칙들은 이 진리로부터 필연적 연관성을 통해 나온다. 도덕과 관련된 모든 질문들은 우리의 마음속에 그 대답이 항상 준비되어 있다. 열정이 때때로 그것을 따르는 것을 방해하지만, 결코 그것을 파괴하지는 못한다. 모든 질문들의 해답은 언제나 많든 적든 다양한 가지들을 통해서 모든 도덕적 의무들의 원리인 제대로 이해된 우리의 이익이라는 공통된 줄기로 귀착된다."

그렇다면 개인의 이익과 집단의 이익은 결코 대립되지 않을까? 결코 대립되지 않는다. 표면적으로 후자는 포기와 단념과 희생을 요구하는 것처럼 보인다. 그러나 결국 그것들은 그것들에 동의한 사람들의 이익으로 돌아간다. 완전한 이기주의자는 스스로 고립되면서 스스로를 처벌하게 될 것이다. 상호성은 절대적이다. 타인들을 위해 일하면서 우리는 자신을 위해 일하는 셈이 된다. 각 개인의 의무는 모든 사람들의 의무이다.

그러나 여행을 해 보고 역사를 들여다보면, 토양과 지역에 따라 도덕의 기이한 변주를 발견하게 된다. 아주 먼 나라들에서 늙은이를 잡아먹는 야만 부족들이 발견되었다. 스파르타인은 도둑질에 존경을 표한 반면에 아테네에서는 도둑질을 하면 광산으로 보내는 벌을 주었다. 고대 로마에서는 누이와 결혼하는 것이 금지되어 있었지만, 이집트에서는 아버지의 누이와 결혼하는 것이 허용되어 있었다······ 이에 대해 사람들은 사실 어떤 가치들의 해석에 대한 편차는 있지만 허용과 금지의 개념 자체는 변하지 않는다고 대답했다. 몇몇 개별적 경우들이 있다고 해서, 그것들이 모든 정신에 간직되어 있으며 모든 마음에 새겨져 있는 일반 이익의 법칙보다 중시될 수는 없었다.

B - 자연법칙은 무엇인가?

A - 정의를 느끼게 해 주는 본능.

B - 무엇을 정의와 부정의라고 부르는가?

A - 우주 전체에 그렇게 보이는 것을.[17]

여기에서도 약간의 어려움은 없지 않지만, 사실의 보편성은 이성의 보편성과 부합되었다. 결국, 도덕은 '실험과학'이나 '실험심리학'처럼 구성되었다. 그 결과 모든 것이 단순해지고 자명해졌다. 단지 몇몇 기본적 공식만을 따르면 되었다. 다른 이들이 너에게 하면 싫어할 것을 다른 이에게 행하지 말라. 내가 받고 싶은 대로 남에게 하라. 하느님을 사랑하라. 의로워라. 그러면 악한 이들은 사라지거나 거의 사라질 것이다. 몇몇 완고한 사람들과 교정 불가능한 이들만이 악을 저지를 것이다. 착한 이들에게 보상을 해 주고, 공공 축제에서 그들에게 상을 주면, 그들의 수는 나날이 늘어 갈 것이고, 곧 모든 사람들이 행복해질 것이다.

새로운 방법으로 대중을 정복해야 했다. 나날이 독자층을 늘려 나가는 교화적인 신문들과 대중의 눈높이에 맞춘 어렵지 않은 서적들을 통해 대중에게 영향을 미치게 될 것이다. 중국의 변경에 티베트라는 광대한 나라가 펼쳐져 있는데, 티베트는 달라이 라마의 정신적 영도하에 있었다. 중국의 황제는 저명한 박사를 그에게 사자

---

17 볼테르, 「자연법과 호기심의 네 번째 대화Quatrième entretien de la loi naturelle et de la curiosité」, 『철학 대화 ABC Dialogues philosophiques, l'A. B. C.』, 1768.

로 보냈다. 그는 6개월간 그곳에 머문 후에 갖가지 보화와 신기한 물품을 가지고 북경으로 돌아왔다. 그 물품 중에는 가장 오래된 고대의 원고가 있었는데, 그것은 도덕 개론으로 고대 힌두교의 고행주의자나 브라만의 언어로 기록되었기 때문에 번역이 된 적이 없었다. 박사는 그것을 중국어로 번역했다. 나중에는 중국어에서 영어로 번역되었는데, 유럽에서 실제로 점차 널리 보급되어 유럽이 가장 이득을 보았다.[18] 이 책은 실질적 지혜, 우선은 인간의 본성에 대한 정확한 지식과 인간의 힘의 범위를 언급하고 나서 진정한 행복을 줄 수 있는 개인적 미덕들과 동일한 행복을 지향하는 사회적 미덕들의 추구를 다루었다. 놀라운 우연의 일치에 의해, 문체에서 나타나는 어떤 동양적인 색조의 따뜻함을 제외하고는, 고행주의자나 브라만이 주는 조언들은 기독교가 지상에 나타나기 훨씬 이전에 나타났음에도 불구하고, 18세기 철학자들의 조언과 정확하게 닮아 있었다.

교리문답? 아이들에게도 영향을 주기 위해서 철학적 교리문답을 왜 쓰지 못하겠는가? 적의 전략을 모방하는 것은 나쁜 일이 아니다. 자라나는 세대를 정복하지 못하는 이는 아무것도 정복하지 못한다. 그리하여 더 이상 믿음이 아니라 실험과 이성에 근거를 둔 작은 교리문답이 등장하는 것을 보게 된다. 달랑베르도 젊은이들에게 자신의 철학 원리를 교육할 교리문답을 쓰고자 했다. 그림은 자신의 고객인 군주들에게 문예 공화국의 소식을 제공하는 것만으로 항상 만족한 것은 아니었고, 어떤 생각이 떠오르면 즐겨 자신의《문

---

18 도즐리Dodsley, 『인간 삶의 경제학, 옛날 브라만이 쓴 인도어 원고로부터 번역 *The Economy of human life, translated from an Indian manuscript, written by an ancient Bramin*』, 더블린, 1741.

학통신》에서 그 생각을 발전시켰다. 그는 시간을 두고 그 생각을 내버려 두었다가 다시 꺼내어 매만지곤 했다. 그는 생각하기를 인간은 개선 가능성으로 인해 동물들과 구별된다고 보았다. 말과 곰들은 3천 년 전이나 지금이나 별반 다를 것이 없었다. 그런데 인간은 개선 가능성에도 불구하고 거의 진보하지 못하고 있었다. 왜냐하면 그는 여러 차례 자연으로부터 멀리 떨어져 나갔기 때문이다. 별 신통치 못한 실험들을 하고 자신의 힘들 중 가장 좋은 부분을 잃어버린 후에야 인간은 자연으로 돌아온다. 우리들은 어디로부터 그의 오류가 생겨났는지를 잘 알고 있다. 예를 들어 아이들에게 기독교의 기초 원리들을 교육하는 것은 올바른 이성에 명백히 어긋나는 일이다. 따라서 전 세계에 보편적으로 정립되어 있는 바로 이러한 관습에서 가장 불합리하고 또 종종 가장 위험한 견해들이 인간 정신에 대해 발휘하는 절대적 권위의 원천을 찾아야 한다는 것은 분명하다. 여러 나라 전체가 이런 어리석은 일에 익숙해져 있었다. 인류와 사회의 교리문답이 종교의 교리문답보다 선행되어야만 했다. 왜냐하면 우선 인간이 되고, 그다음 시민, 기독교인이 되어야 하기 때문이다. 인류의 교리문답은 젊은이들에게 인류의 권리와 의무를 가르치고, 사회의 교리문답은 사회의 권리와 의무 그리고 그들이 태어난 나라의 정부의 법률을 가르쳐야 할 것이다. 몽테스키외라면 두 번째 교육을 담당할 자격이 있었을 것이며 소크라테스는 첫 번째 교육을 담당하기에 더할 나위 없이 좋았을 것이다. 한편 그림은 이렇게 말하고 나서 개인적으로 모험을 시도했다. 「아이들을 위한 교리문답 시론」(1755)에 담은 15개의 짧은 단락이 그에게는 충분한 것으로 여겨졌다.

훨씬 나중에 생-랑베르도 같은 모험을 시도했고 그림보다 큰 성공을 거두었다. 왜냐하면 12~13세의 아동을 위한 『보편적 교리문

답』은 그 세기의 도덕 원칙들을 그 본질 면에서 포함하고 있었기 때문이다.[19]

문: 인간은 무엇인가?

답: 감각적이며 합리적인 존재.

문: 감각적이고 합리적인 존재로서 인간은 무엇을 해야 하는가?

답: 즐거움을 추구하고 고통을 피해야 한다.

문: 즐거움을 추구하고 고통을 피하려는 욕망은 인간에게서 이기심이라고 불리는 것이 아닌가?

답: 그것은 이기심의 필연적 결과이다.

문: 모든 사람들이 동일하게 이기심을 가지고 있는가?

답: 그렇다. 왜냐하면 모든 사람은 자기를 보존하고 행복을 얻으려는 욕망을 가지고 있기 때문이다.

문: 행복이란 당신에게 무엇을 의미하는가?

답: 고통보다는 즐거움을 더 많이 느끼는 지속적 상태를 의미한다.

문: 이 상태를 얻기 위하여 무엇을 해야 하는가?

답: 이성을 갖고 이성에 의해 인도되어야 한다.

문: 이성이란 무엇인가?

답: 우리의 행복에 유용한 진리들의 인식이다.

문: 이기심은 우리로 하여금 항상 이러한 진리들을 추구하고 그 진리들에 따르게 하지 않는가?

---

19 『풍속 원리 또는 보편적 교리문답 Principes des mœurs, ou catéchisme universel』, 1798.

답: 그렇지 않다. 왜냐하면 모든 사람이 다 자기를 사랑할 줄 아
　　는 것이 아니기 때문이다.

문: 그것은 무슨 말인가?

답: 어떤 사람들은 자기를 제대로 사랑할 줄 아는 반면 어떤 사
　　람들은 자기를 제대로 사랑하지 못한다는 사실을 의미한다.

문: 자신을 제대로 사랑하는 사람들은 어떤 사람들인가?

답: 자신을 알려고 노력하며 자신의 행복을 다른 사람들의 행복
　　과 분리하지 않는 사람들이다.

　새로운 도덕에는 새로운 미덕들이 필요했고, 세 가지 미덕이 있
었다.

　관용(tolérance) ─ 관용은 처음에는 상거래의 규칙으로 상인들의
관행이었을 뿐이다. 예를 들어 기독교인의 돈과 마찬가지로 터키인
이나 아랍인의 돈도 냄새가 나는 것이 아니다. 후에 관용은 개신교
의 요구사항이 되었다. 개신교는 수백 만 명의 영혼에 영향력을 가
지고 있었고 개신교를 국교로 하는 나라들도 있었다. 가톨릭은 개
신교를 용납해야 했다. 그러나 보쉬에는 계속 관용을 거부했다. 그
것은 나약함이며 오류에 빠진 영혼들을 구출하기를 포기하는 것이
고 영적인 비굴함이며 기독교 세계에 퍼져 있던 독이다. 그러나
1689년 로크는 관용이라는 낱말에 영광스러운 의미를 부여했다. 이
제 관용은 더 확장되고 그 뉘앙스가 더욱 풍부해졌다. 관용은 정의
였다. 그리고 그것은 하나의 정신이 다른 사람들의 이성 속으로 들
어갈 수 있는 능력을 전제로 하기 때문에 지성이었다. 또한 그것은
우리의 불행에 대한 자각이었다. 우리는 모두 연약하고 실수할 가
능성이 있으므로 서로를 용서할 줄 알자는 것이다. 그것은 또한 사
회적 가치였다. 관용이 없다면 인간들은 다시 늑대가 되었을 것이

다. 그것은 사랑의 시작이었고 기도를 하게 만들었다. 그것은 심지어 그 내적 특징으로 깊은 변화를 경험하게 만들어 주었다. 왜냐하면 관용이란 자기보다 못한 사람에게 베푸는 관대함과는 달리, 어떤 사유의 형성 과정이나 어떤 행위의 동기 속에 들어 있는 다양한 요소들을 의식하는 것이며 우리가 동의하지 않는 견해나 우리가 부인하는 행위가 포함하고 있는 일말의 진리와 정의를 인정하는 것이기 때문이다. 관용은 결점을 찾기 위해서가 아니라 좋은 점을 부각시키기 위해 비교하는 것이다.[20] 관용은 점차 확산되었고, 사람들은 그 발전을 따라갈 수 있었다. 사람들은 적어도 그것이 곧 보편적인 것이 되리라고 기대했다. "여러분, 몇몇 대학 강단과 모든 학회에서 산문이나 운문으로 관용을 권면했을 때……, 우리는 자연에 봉사했고 인류의 권리를 회복시켰습니다. 오늘날 옛 예수회원이나 옛 얀센파 회원들 중 어느 누구도 감히 '나는 비관용적이다'고 말하는 사람은 볼 수 없습니다."[21] 커다란 시련들과 오랜 노력 이후에 관용은 승리를 거두었다. 그것은 삶의 불공정한 몇몇 측면들을 시정했다. 1781년 요제프 2세는 루터파를 위해서 「관용 칙령」을 발표했다. 1787년에 루이 16세는 칼뱅주의자들에게 시민적 권리를 돌려주었다.

선행(bienfaisance) — 선행은 더 새로운 개념이었다. 그것은 1725년 생-피에르 신부[22]가 만든 말이다. 그는 자선(charité)이란 말이 더럽혀져 그 의미가 상실되었다고 생각하며 새로운 용어를 원해 그 말

---

20 레싱, 『현자 나탄Nathan der Weise』, 1779.
21 볼테르, 「관용」 항목, 『철학 사전』・『백과전서에 대한 질문들』.
22 (역주) Abbé de Saint-Pierre(1658~1743): 프랑스의 외교관이자 작가로 계몽주의 철학의 선구자이다.

을 만든 것이다. "기독교인들이 적들에게 박해를 가하면서도 그들에게 자선을 베푼다고 말하며 이 용어를 남용하고, 이단들은 다른 이단들을 박해하면서도 기독교의 자비를 베푼다고 말하며, 가톨릭도 그와 같이 행하는 것을 보고 난 이후…… 나는 타인들에게 선을 행한다는 생각을 우리에게 정확하게 상기시킬 수 있는 다른 용어를 찾아보았다. 그리고 내가 이해하기에 선행이란 용어보다 더 적합한 것을 찾을 수 없었다. 원하는 사람들은 이 용어를 사용하시라. 이 용어는 내가 이해할 수 있고 의미가 모호하지 않다."[23]

인류애(humanité) ― 인류애는 그 충만한 의미를 갖게 되었기 때문에 새로운 미덕이 되었다. 이 말은 18세기 모럴리스트들에게 대표적인 미덕이었는데, 인류애란 그들이 생각하기에 항상 시작해야 하는 출발점이자 항상 되돌아가야 할 귀착점인 인간 조건, 따라서 그 모든 것을 담고 있는 인간 조건을 그들에게 상기시켰기 때문이다.

---

23 이 낱말의 역사에 대해서는 「선행」 항목, 『트레부 사전 *Dictionnaire de Trévoux*』, 1772.

제5장

정부

마키아벨리[1]는 인간 존재가 나쁜 재료로 만들어졌다는 생각을 어디서 갖게 되었을까? 마키아벨리는 비난받아 마땅하며 『군주론』은 불태워 버려야 한다. 그 서적은 국익이 정부의 원리가 되어야 한다는 그 잘못된 원칙이 온통 지배하는 불길한 책이며, 구구절절 독이 서려 있다. 유럽이 마키아벨리즘이라는 정신병으로부터 하루하루 치유되지 못한다면 절망적일 것이다.

그러나 피렌체의 서기관이었던 그 가련한 마키아벨리만이 오류를 범한 것은 아니었다. 여러 세기를 통해서 축적되어 온 모순들 중에서도 과거 정치의 원리들에는 특히 불합리한 점이 많았다. "친애하는 아리스티아스[2]여, 세상 전체가 정치의 오류를 보여 주는 광대한 그림만을 제공하고 있습니다."[3] 모든 사람들이 정치 이론에 뛰어

---

1 (역주) Niccolò Machiavelli(1469~1527): 이탈리아 르네상스의 인문주의 사상가이자 정치 이론가

2 (역주) Aristias: 포키온(실제 모델은 작가인 마블리)의 대화 상대로 등장하는 젊은 시민(실제 모델은 샤틀뤼 후작)

들었다. 권력에 어느 정도 참여해 본 사람들과 특히 전혀 정치 참여가 없었던 사람들, 그들의 존재 이유를 되찾고 싶어 하는 귀족들, 프랑스의 고등법원 판사들, 스페인의 법학자들, 이탈리아의 이론가들, 영국의 카페 사람들, 앙트르솔 클럽[4]의 진중한 토론가들, 세속 정치에 대한 로마 교황청의 처신을 옹호하거나 반대해야 하는 성직자들, 일류 작가들, 과거를 들여다보면서 내일을 생각하는 일류 역사가들과 소설가들과 에세이스트들과 철학자들. 그리고 홀베르[5]의 말과 그가 우리에게 남긴 그 주석 도자기 제작자 — 그는 자신의 친구들인 염색업자, 가발업자, 학교 선생 등과 함께 함부르크의 상황과 이후 유럽의 상황을 개혁할 클럽을 창립했다 — 의 풍자화를 믿어야 한다면 심지어 몇몇 도시들의 서민들까지도 그러했다. 그러는 동안 이러한 열기에 전염된 군주들도, 비록 그것이 그들 권력의 근간을 더욱 잘 보존하기 위한 것이긴 했지만, 마침내 개혁을 실행하기에 이르렀다.

정치는 순수한 도덕과 거의 구분되지 않았던 것 같다. 미덕이 정치의 원리이자 목적인 것 같았다. 비밀스러운 것은 아무것도 없고 모든 것이 투명하게 진행되어야 할 것이다. 선의가 군주와 백성의 관계, 국가의 대외 관계를 해결해 줄 것이다. 통치를 하는 사람을

---

3 마블리Mably, 「세 번째 대화」, 『포키온의 대화Entretiens de Phocion』, 1763.

4 (역주) 앙트르솔 클럽(Club de l'Entresol)은 1720년 영국의 클럽을 모방하여 파리에 세워진 사교 클럽으로 주로 정치·경제적 문제를 토의했다.

5 홀베르L. Holberg, 「정치적 땜장이Den Politiske Kandestøber」, 『희극 Comédies』, 1권, I, 코펜하겐, 1824; 프랑스어 번역, 『유럽의 연극Théâtre européen』, 1835; 『덴마크와 스웨덴의 연극Théâtre danois et suédois』, 1891.

위한 법과 통치를 받는 사람들을 위한 법이 따로 있는 것이 아니라 단 하나의 법이 있어야 할 것인데, 그것은 모든 사람에게 선을 존중하는 의무를 부여하는 것이다. 번영은 공화국의 미덕에 따를 확실한 보상이며, 반대로 역경은 공화국의 악덕에 반드시 뒤따르는 징벌일 것이다. 포키온[6]은 다시 아리스티아스에게 말한다. "당신의 이웃이 새로운 도시나 지방을 획득할 때, 당신은 새로운 미덕을 획득하십시오. 그러면 당신은 그보다 더욱 강력해질 수 있을 것입니다……." 여기서도 혼돈은 과학으로 변화될 것이다. 모든 개별적인 협약들에 선행하는 자연법으로부터 몇 가지 단순한 원칙들이 파생되고, 그 원칙들의 논리가 사실들에 부과될 것이다.

열정, 순진함, 순박함. 정치인들에게 부과되는 필요들에 대한 당당한 무시. 흥분된 연설, 근거 없는 주장들의 경쟁적 제시, 현실적인 것은 전혀 없음. 오랜 억압에 대한 반발이며 종이 위에 쏟아내는 내밀한 고백. 또한 사도들과 같은 열정, 전염력 강한 확신, 지속적인 승리, 추상적 원리들로부터 실천으로의 점진적 이행. 마지막으로 인간들의 정부에 주어진 새로운 추진력.

최초의 계약 개념은 소멸되지 않고 약간의 의미 변화만을 갖게 되었다. 어느 날, 무질서에서 생겨나는 악을 견디다 못해 지친 개인들은 자신들의 최소한의 권리를 희생하고 권력을 창시하는데, 그 권력은 단지 위임된 것일 뿐이고 권력을 받은 자가 자신의 의무를 이행하지 못할 때는 취소할 수 있는 것이었다.

---

6 (역주) Phocion(B.C. 402?~B.C. 318?): 아테네의 정치가이며 전략가 그리고 웅변가

아마도 처음에는 암묵적인 계약이었을 것이다. 문명이 발달하여 글을 쓸 수 있는 수단이 개발되자마자 계약이 성문화되었을 것이다. 그것은 아마도 관념적인 의미의 계약이었을 것인데, 어느 날 자신들의 약점과 필요를 의식하게 된 사람들이 넓은 들판에 모여 그들 중 가장 건강한 사람을 수장으로 지명했다고는 상상하기 어렵기 때문이다. 그러나 어쨌든 그것은 계약이었다. 그것이 대다수 사람들의 생각이었다. "사회의 기원이 두려움과 필요에 의해 결심이 선 개인들의 협약으로부터 생겨난다는 것은 명백하지 않지만, 그럼에도 불구하고 사람들을 사회 안에 결속시키며 사람들에게 이러한 결합의 필요성을 보여 주는 것은 인간이 나약하고 불완전하다는 감정이며, 따라서 이것은 튼튼하고 자연스러운 시민사회의 기초이자 시민사회의 유대이다. 이것이 바로 원시사회 계약이란 말로 우리가 의미하고자 하는 바이다."[7]

그러나 '자연'의 개념이 더 광범위해지고 더 많은 힘을 갖게 될수록, 정치적 자유에 대한 애착은 그 시대의 지배적인 요소들 중 하나로까지 성장하게 되었다. 어느 누구도 자연으로부터 다른 이들을 명령할 권리를 받지 않았기 때문에, 자유는 양도할 수 없는 재산이며, 모든 사람들의 마음속에 새겨져 있는 권리였다. 사람들은 이러한 자유가 완전하며 최고라고 생각하고 환희를 느꼈다. 사회생활에 의해 부과된 제한들, 법률의 준수와 국가가 요구하는 약간의 제약들조차 결국 자발적인 동의로부터 나온 것일 뿐이어서, 그 원리에서는 스스로를 다스리는 독립성의 표현이었다. 지복을 누리는 펠리시앵들이 사는 나라는 그 나라의 법이 갖는 절대적 지배력 아래서

---

7 윌리엄 블랙스톤William Blackstone, 『영국 법률에 대한 논평*Commentaries on the Laws of England*』, 1765~1769.

최고도로 자유로웠다.[8] "모든 시대는 그 시대를 특징짓는 정신을 갖고 있습니다. 우리 시대의 정신은 자유의 정신인 것으로 보입니다."[9] 평등의 정신은 매우 다양한 지류들의 합류로 물길이 더욱 넓어지고 있었다. 그것은 특권자들의 부정의에 대해서 아주 오래된 반항심을 갖고 있었다. 몽상가들은 황금시대의 행복한 시간이나 유토피아나 상상의 여행가들이 도달할 수 있었던 나라들에서 평등이 지배했을 것이라고 생각하며 평등을 권장했다. 어떤 이들은 평등이 신세계에서, 파라과이에서 다시 태어나고 있다고 생각하며, 예수회 신부들이 그곳에서 **푸에블로** 인디언들이 모두 공동으로 경작하며 수확하는 공동농장을 건설한 것을 치하했다. 사회적으로 점점 중요해지는 여성의 지위를 정당화하기 위해 평등의 정신이 내세워졌다. 즉 양성에게 동등한 권리와 의무가 있다는 것이다. 사람들은 원할 때면 자연의 개념으로부터 평등의 개념 또한 이끌어 낼 수 있었다. 엘베시우스는 태어날 때는 인간 사이의 차별이 없었는데, 오직 교육을 통해 원래는 모두 평등했던 종을 대표하는 사람들에게 불평등이 심어졌다는 사실을 입증하려고 시도하면서 사람들 사이에 큰 소동을 불러일으켰다. 평등의 개념은 더욱 깊은 곳, 더욱 깊은 원천에서부터 그리고 시대의 의지 자체로부터 터져 나왔다. 벤담[10]은 몇몇

---

8 르메르시에 드 라 리비에르Lemercier de la Rivière, 『행복한 나라 혹은 자신의 법률의 절대적 지배 아래 더할 나위 없이 자유로운 민족인 펠리시앵 사람들의 정부의 여행기 L'heureuse nation, ou relations du gouvernement des Féliciens, peuple souverainement libre sous l'Empire absolu de ses lois』, 1792.

9 「디드로가 다슈코바 공녀에게」, 1771년 4월 3일.

10 (역주) Jeremy Bentham(1748~1832): 영국의 윤리학자이자 법률학자이며 정치개혁자

다른 이들의 뒤를 이어서 유명한 경구 안에 그 정신을 포착했다. '최대 다수의 최대 행복.' 행복과 동시에 상당 부분의 행복이 달려 있는 공공사업의 방향이 더 이상 세금 분배관의 선택에 맡겨져서는 안 되었다. 행복은 모든 사람들의 권리가 되었다. '가능한 많은 사람들을 위한 가능한 가장 큰 행복.'

그러나 이러한 생각은 그 순수성을 잃어 갔고, 정부들에 의해 이용되었다. 정부들은 자신들이 징수해야 할 조세의 평등성이 문제가 될 때는 그것을 기꺼이 받아들였다. 또한 왕권의 힘을 존중토록 하거나 강화시키는 것이 문제가 될 때, 왕 앞에서 성직자들과 귀족 계급의 평등을 받아들였다. 그리고 수장들이 더 잘 섬김을 받는 것이 문제가 될 때 귀족 출신이든 평민 출신이든 공직자들의 평등을 받아들였다. 그러나 그것이 그들의 권위를 침해하려는 경향을 보이기 시작하면 그 생각을 부정하며 공격했다.

이러한 생각은 곧 제한에 부딪혔기 때문에 덜 강력해졌다. 정치적 평등은 받아들여졌지만 사회적 평등의 경우는 적용되지 않았다. 사람들은 대대적인 논증을 동원하여 사회적 평등은 실제적으로 실현 불가능할 뿐만 아니라, 논리적이지 않다는 것이 더욱 심각한 결점이라고 설명했다. 엄밀한 평등은 사람들 사이에 존재할 수 없었다. 그렇다면 우리의 이익과 이성은 우리에게 무엇을 명령했는가? 그것은 우리들 모두가 서로 행복하기 위해서는 각자의 권리, 각자가 상속으로 받은 혹은 직접 획득한 지위, 각자의 땅과 집을 유지할 수 있도록 해 주는 도덕적 평등과 같은 것에 만족해야 한다는 것이다. 달랑베르에 따르면, 철학자들, 적어도 이 이름에 걸맞은 이들을 비난하고 평등을 설교하는 것은 대단히 어리석은 일이다. 왜냐하면 평등이란 환상에 불과하기 때문이다. 돌바크 남작에 따르면, 자연은 그 구성원들 가운데 필연적이며 합법적인 불평등을 확립한다.

이 불평등은 사회의 불변의 목적, 즉 사회의 보존과 행복이라는 목적 위에 세워진다. 필란지에리에 따르면, 안전은 행복과 밀접하게 연결되어 있었다. 보존과 안녕(conservazione e tranquillità)이 그의 이상적 계획에 함께 기입된 낱말들이었다. 요약하면, 덕이 높은 사람은 악당과 평등하지 않으며 재사는 우둔한 사람과 평등하지 않고, 용감한 사람은 소심한 사람과 평등하지 않다. 젊은이와 노인, 운동선수와 허약한 자 사이에 신체적 불평등이 있듯이 인간 사이에는 정신적 불평등이 있다. 계급들을 평준화시키려는 것은 어리석은 일이 될 것이다. 다만 사람들이 법 앞에 평등하며 출생으로 인한 어떠한 특권도 부여하지 않는 것으로 충분하다. 평등은 그 점에서만 존재한다.[11]

더 이상 이탈리아의 오지 살렌토가 아니라 파리나 베를린이 문제되자마자 어떤 사회적 보수주의는 자신이 위험에 처했다고 느꼈고, 자기 보존의 반응을 보였다. 과학의 영역에서와 마찬가지로 사람들은 세계 또한 존재들의 거대한 사다리의 등급들 ― 그곳에서 각각의 동물과 식물과 광물은 변하지 않는 제자리를 차지하고 있다 ― 에 따라 조직되어 있다고 믿었다. 따라서 생물변이설을 이해하기에는 엄청난 그리고 혁명적인 노력이 필요했다. 마찬가지로 사람들은 계급들이 고정되어 있어야만 이른바 사회의 항구성이 보장될 것이라고 믿었다. 계급들은 사다리의 계단과 장기판의 칸들을 표상했다. 그것들이 질서를 유지해 주고 있었다. 그것들을 흔들고

---

11 「달랑베르가 프리드리히 2세에게」, 1770년 6월 8일; 돌바크, 『자연 정치』, 단락 32, 1773; 피에트로 베리, 「평등(Uguaglianza)이라는 낱말의 정의」, 『논쟁을 마치는 방식 *Modo di terminare le dispute*』; 가에타노 필란지에리, 『입법학 *La scienza della legislazione*』, 1권, 1783.

싶어 했던 사람들은 동시에 하늘의 뜻에 도전하고 인간들의 행복을 위태롭게 했던 사람들일 것이다. 『철학 사전』의 「평등」이라는 항목에 나타난 볼테르의 추론을 따라가 보자. 그렇다. 그들의 본성에 부여된 기능을 누리는 모든 인간은 평등하다. 동물적 기능을 잘 이행하고 오성을 발휘할 때 인간은 평등하다. 그러나 그들은 욕구를 가지고 있다. 그것을 만족시키기 위해서 어떤 조직이 필요하다. 따라서 인간들은 서로에게 종속된다. "사회에서 살고 있는 사람들이 두 계급으로 나누어지지 않기란 우리의 불행한 지구에서 불가능하다. 이 두 계급 중 한 계급은 지배하는 부자들이고 다른 계급은 섬기는 가난한 자들이다. 그리고 이 두 계급은 다시 천 개의 계급으로 나뉘고 이 천 개의 계급들 사이에는 또 미묘한 차이가 있다."

건널 수 없는 장벽은 소유의 장벽이다. "소유의 **법률은 필연적으로 평등에서 배제된다.**"[12] 시대의 특공대 역할을 한 몇몇 대담한 사람들이 이 법에 변함없이 부여된 신성불가침성에 놀란 것은 사실이다. 그들은 사회적 지위를 변경하지 않으면서 정치적 지위만을 변화시키자는 사람들의 제안에 대해서 분노하며, 이로부터 "끔찍하고 불필요한 혁명"[13]이 일어나게 될 것이라고 예언했다. 사실 1755년 모렐리는 『자연의 법전』을 발표했는데, 이 책에서 우리는 이러한 사회 혁명의 상세한 프로그램과 원리들을 볼 수 있다. 비정한 소유권은 세계를 가득 채우는 모든 범죄의 근원이므로 소유권을 폐지해야만 한다. 그러므로 "I. ― 한 개인이 필요에 의해서 혹은 즐기기

---

12 르메르시에 드 라 리비에르, 『정치사회의 자연적 · 본질적인 질서 *L'Ordre naturel et essentiel des sociétés politiques*』, 1767.

13 동 데샹 Dom Deschamps, 『진정한 체계, 혹은 비밀의 말 *Le Vrai système, ou le mot de l'énigme*』, 장 토마 Jean Thomas와 방튀리 F. Venturi가 출간, 1939.

위해서, 아니면 일상의 업무로서 현재 사용하고 있는 사물들을 제외하고 사회의 어떤 것도 그것이 특별히 혹은 소유로 누구에게 속해서는 안 될 것이다. Ⅱ. — 모든 시민은 공인이 되어, 공공의 비용으로 식사를 제공받고 부양받고 고용될 것이다. Ⅲ. — 모든 시민은 각자 자신의 힘, 재능, 나이에 따라 공익에 기여할 것이다. 이에 의거하여 분배의 법률에 부합하여 그의 욕구가 결정될 것이다……."

이렇게 되면 대지의 모든 곳에 그 제단들이 설치된 그 기괴한 거인은 끝장이 나게 될 것이다. 그의 발은 허무의 그림자 속으로 내려앉은 것 같고, 해골과 시체 더미 위에 서 있다. 그는 천 개의 머리와 수많은 팔들을 갖고 있는데, 손들 한편에는 모래와 수증기로 가득 찬 깨지기 쉬운 항아리들이 가득 들려 있고, 다른 한편에는 왕홀과 왕관들이 가득 들려 있다. 그의 가슴 위에는 여러 번 반복해서 '더'[14]라는 낱말이 씌어 있다. 이 파렴치한 거인은 죽을 것이다. 왜냐하면 인류는 자연으로 되돌아오면서 사회성이라는 오직 하나의 법만이 존재한다는 것을 이해하게 될 것이기 때문이다. 유일한 악덕은 탐욕이며 유일하게 해로운 제도는 소유권이다.

얼마 후 1776년 『입법론 De la législation』에서 마블리[15]가 판도라의 상자에서 나온 악을 치유할 '이 행복한 재화 공동체'를 이루자고 조언하고 있음도 또한 사실이다. 평등성은 사회적 삶과 마찬가지로 개인적 삶의 토대가 되어야만 한다. 그런데 소유권이 자리를

---

14 「떠다니는 섬들의 난파, 혹은 유명한 필파이의 바실리아드, M씨 (Morelly 라고 추정됨)에 의해 인도어로부터 번역된 영웅시 Naufrage des îles flottantes, ou Basiliade du célèbre Pilpaï, poème héroïque traduit de l'indien par Mr. M.」, 1753.

15 (역주) Gabriel Bonnot de Mably(1709~1785): 프랑스의 역사가이자 철학자로 공상적 공산주의를 주창했다.

잡게 되자마자 평등성은 존속하지 못한다. "나는 망설이지 않고 이 몹쓸 소유권이 재산과 신분의 불평등, 즉 모든 악의 제1원인이라고 간주합니다." — "인류를 괴롭히는 모든 불행의 제1원인이 무엇인지 아나요? 그것은 소유권입니다."

사실 영국에서도 동일한 종류의 생각들이 움트고 있었다. 1775년, 직업이 고본 장수인 토머스 스펜스[16]라는 한 활동적인 사람이 철학 협회에서 「인간의 진정한 권리 The Real Rights of Man」라는 보고서를 발표하며, 1814년까지 지속되는 혁명적 모험가의 역정을 시작했다. 그는 각 교구를 일종의 평등주의의 세포로 만들면서 사회를 재구성하고자 한다. 1780년, 라틴어와 그리스어 교수이며 인문학자이자 옛날 화폐 전문가인 윌리엄 오길비[17]는 『토지 소유권에 대한 에세이 An Essay on the Right of Property in Land』를 발표했다. 그 속에서 그는 각 개인에게 토지의 일부 소유를 허락할 토지법의 철학적 원리를 발표했다. 그러나 이러한 예외들은 별로 많지 않고 그 내용이 아직 명확하지 않고 희미했으며 미래의 공산주의를 아주 멀리서 그려 낼 뿐이었다. 이러한 예외들을 제외하면 18세기는 자신이 보기에 소유권에 내재되어 있다고 생각되는 적법성을 일반적이고 단호하게 주장했다. 자연 상태에서 인간은 인간에게 필요하다. 인간은 항상 협조자를 필요로 한다. 사회와 개인 사이에는 하나의 협약이 맺어진다. 사회는 그에게 행복을 보장해 주고, 개인은 사회의 영속성을 보장해 준다. 그런데 이러한 영속성은 불평등을 요구하고, 이것은 사람들 사이를 지배하며, 계속해서 지배하게 될

---

16 (역주) Thomas Spence(1750~1814): 영국의 초기 사회주의자
17 (역주) William Ogilvie of Pittensear(1736~1819): 스코틀랜드의 토지 개혁가

것이다. "언제나 필연적이며, 우리 행복의 조건 자체이기도 한 이러한 불평등에 대해서 결코 항의하지 말자."[18] 이상이 소유권 일반에 대한 것이다. 다음은 따로 중농주의자들이 구상했던 바와 같은 토지 소유권을 볼 것이다. 처음에는 하나의 보편적 사회가 있었다. 사람들의 수가 계속 늘어 감에 따라 대지에서 나오는 무상의 자연적인 생산물들이 부족해졌고, 경작을 해야만 살 수 있게 되었다. 경작의 의무로부터 토지를 분배해야 할 필요가 생겨났다. 이렇게 하여 소유권이 정당한 근거를 갖게 된 것이다.[19]

소유권은 정당한 근거를 갖게 되었으니, 그것이 자본이든 동산이든 토지이든 소유권을 침해하지 않도록 조심하자. 그로부터 연유하는 불평등을 인정하고 우리가 몸담고 있는 건물의 기초를 흔들지 말자. 잘못하면 우리 위로 무너질 것이다. 평등의 꿈은 공상가들에게나 맡겨 두자. 우리가 유일하게 이룰 수 있는 자유를 소중히 여기도록 하자. 자유를 향한 열정이 강할수록 그것을 얻기 위한 우리의 노력이 더욱 잘 모아질 수 있을 것이다.

우리는 각자의 이성에 따라 자유롭게 생각할 수 있고 말과 글로써 자신의 생각을 자유로이 표현하며 양심에 따라 원하는 대로 가톨릭교, 개신교, 불교, 이슬람교 등을 자유롭게 선택할 수 있을 것이다. 사람들은 신병이 자유로울 것이며, 재판관들은 귀족과 평민, 부자와 가난한 자 등을 차별하지 않고 재판을 할 것이다. 인간의 존엄성이 모든 곳에서 동일하게 수호될 것이다. 이동의 자유를 누리며 국내에 있을 수도 있고 아무런 장애나 방해 없이 국경을 넘을 수도 있을 것이다. 항해와 교역과 산업의 자유. 이 모든 자유들이 자유

---

18 돌바크, 앞의 책.
19 르메르시에 드 라 리비에르, 앞의 책.

국가란 하나의 이미지 안에서 확립되고 조화를 이루고 있었다.

전제군주제는 치욕이다! 그러나 직접 공격할 수는 없어서 그 대신 사람들은 고대 시대를 붙들고 늘어졌다. 맹렬한 토머스 고든은 『타키투스와 살루스티우스에 대한 정치론*Political Discourses on Tacitus and Sallust*』(1728)에서 카이사르, 아우구스티누스, 로마의 사악한 황제들, 자유라는 민중의 신성한 권리를 침해한 범죄자들에게 그의 분노를 쏟아 내며 그 본보기를 보여 주었다. 더 나아가 사람들은 동양의 전제군주제에서 절대 권력을 가진 독단적이고 해로운 정부를 비난했고, 터키, 몽골, 일본, 페르시아의 폭군들에게 치욕을 주었다. 아시아의 전제군주제에 대해서 사람들은 아무런 위험 없이 원하는 대로 온갖 비난을 가할 수 있었다. 그곳에서는 명예, 위대함, 영예, 심지어 관대함의 흔적 같은 것은 전혀 찾아볼 수 없었고, 오직 두려움만이 통치의 원동력이었다. 그곳에서 지식은 위험한 것이고, 경쟁심은 죽음을 불러왔다. 그곳에서 재주 있는 사람들은 비난을 받았다. 군주는 자신의 왕궁의 첫 번째 포로로서, 매일 궁정에서 더 어리석게 되어 갔고 권력을 대신에게 위임하고 과도한 어리석은 정념 속으로 빠져들어 갔다. 창궐하는 악덕에 의해 몰락한 나라는 사막으로 변해 갔다. 전제군주제는 죽음과도 같았다.

그 대신에 어떤 정체를 채택해야 할 것인가? 공화정, 귀족정, 군주정? 겉으로 보기와는 달리 선택은 그다지 중요하지 않았다. 정체들은 각각 장점과 단점을 갖고 있었다. 최상의 공화국은 법률의 안정성과 정부의 통일성을 통해 훌륭한 군주정에 가장 흡사한 것이었다. 가장 훌륭한 군주정은 공화국과 마찬가지로 그 권력이 독단적이지 않은 왕정이다. 빌란트의 아가톤은 그리스를 구성하는 여러 국가들에게서 일련의 실험을 거친 후에, 위장된 독재정치에 불과한 민주주의나, 민중에 대한 완전한 탄압을 통해서만 영속적인 토대

위에 확립될 수 있는 귀족정치, 그리고 모순되는 요소들로부터 탁월한 화합물을 끌어낸다고 자처하는 일종의 정치적 화학결합인 혼합 체제 등을 좋아하지 않았다. 결국 그는 군주정을 선호했다. 왜냐하면 계속해서 악한 왕들이 나올 확률은 거의 없으며, 한 명의 훌륭한 왕이 그의 선임자들이 저지른 악을 충분히 바로잡을 수 있기 때문이다. 일반적 견해가 그러했다. 사람들은 공화국에 경의를 표하기는 했지만 공화국의 자연스러운 환경은 고대였으며 작은 국가들에 특히 어울리는 체제라고 부연했다. 그러고 나서 사람들은 군주정으로 마음이 기울었고 심정적으로 군주정에 충성했다.

본질적인 것은 정부를 구성하는 어떤 요소들도 다른 요소들을 지배할 수 없어야 한다는 점이다. 현명한 균형이 지도자들의 권력 남용을 막기 위해 그들을 제어하며 무정부 상태를 피하도록 백성을 제어하기만 한다면 정치 형태는 상관이 없었다. 그 기계는 잘 조정되어 있어서 그 톱니바퀴 중의 하나가 우세를 보일 위험성이 있을 경우에 저절로 작동을 멈출 수 있도록 되어 있었다. 작용과 반작용이 있어서, 비상벨이 조금이라도 울리면 반작용이 즉시 작동한다. 전혀 권력을 갖지 못한 백성에는 약간의 권위를 부여하고, 통상적으로 많은 권력을 갖고 있는 왕들로부터는 많은 권위를 박탈했다. 특히 조심해야 할 것은 왕들이다. 그들은 항상 월권하고 권력을 남용하고 폭정을 할 태세가 되어 있기 때문이다. 그래서 사람들은 그들에게는 그들의 과거 권력의 흔적만을 남겨 주고, 그들의 역할을 감시자로 한정했다. 사람들은 왕들이 통치하는 대신에 그들의 통치가 가능한 한 가장 필요가 없도록 행동한다면 그들의 의무를 완수하는 것이라고 생각했다. 국가를 구성하는 여러 조직들 사이에서 중재를 하며 또 그중의 하나와 갈등을 빚을 경우에는 중재를 받으며, 왕들은 저울과 도끼를 빼앗겨 가고 있었다. 이제 그들에게는 오직 왕홀만이 남았는데, 백성들은 마지막 특혜로 왕홀을 그들에게 남겨 두었다.

세상에는 자유국가가 존재하여 번영을 이루고 권력과 행복을 함께 성취했다. 사람들은 하나의 이상으로 영국에 관심을 쏟았다. 입법, 사법, 행정의 삼권분립을 이룩한 그 정치체제는 얼마나 훌륭했던가! 그것은 영국 스스로의 생각이었다. 한 후원자가 윌리엄 블랙스톤이라는 학식이 풍부한 법학자로 하여금 역사와 이성을 통해서 영국 정부의 탁월함을 증명하도록 옥스퍼드에 헌법학 교수 자리를 마련했다. 그러나 유럽의 생각도 영국과 다르지 않았다. 이 행복한 섬나라를 방문했던 베아 드 뮈라,[20] 아베 프레보,[21] 르블랑 신부,[22] 볼테르 등은 그 정치적 장점을 칭송하며 돌아왔다. 제네바의 변호사인 로름 씨M. de Lorme는 경쟁자가 없는 이 정치제도를 유럽에 더 잘 알리기 위해서 책 한 권을 통째로 썼다. 대륙에서는 실현하지 못하고 꿈만 꾸고 있는 자유가 대서양에 피신해 자신의 성채를 갖고 있었다. 로마 초기의 영광도 그 앞에서는 색이 바랬다. 런던은 로마보다 우월했다. 영국 덕분에 자유는 인류에게 그 비밀을 드러냈다.

몽테스키외는 사상사의 이 순간을 영원히 고정시켰다. 몽테스키외가 『법의 정신』에서 왜 가장 훌륭한 국가는 최대의 안정성을 갖고 최대의 독립성을 보장하는 국가, 한 권력이 다른 권력을 통제하

---

20 (역주) Béat-Louis de Muralt(1665~1749): 스위스의 법학자이자 신학자로 스위스인들을 영국인들과 프랑스인들에 비교한 『영국인들과 프랑스인들에 대한 편지』를 썼다.

21 (역주) Abbé Prévost(1697~1763): 프랑스의 소설가로 『마농 레스코』로 유명하다.

22 (역주) Jean-Bernard Le Blanc(1707~1781): 프랑스의 성직자이자 작가

는 국가인가를 보여 준 사실을 모든 사람이 기억하고 있다. 영국은 모범 국가였다. 거기에서는 자유가 거울에 반사되듯이 나타났다. 영국 헌법의 훌륭한 미덕은 이제 역으로 그것을 만든 국민에게 작용하여 그 눈에 띄는 성격, 긴장된 의지, 주의 깊고 조바심 많고 불안해하면서도 세심하고 열정적이며, 굴하지 않는 사람들을 만들어 냈다. 영국인은 바다의 패권을 쥐었고 무역을 제패했으며 정신의 독창성을 획득했고 남성적인 문학과 예술의 완성을 보여 주었다.

국가는 하나의 법인이다. 개인이 다른 개인들을 만나면서 그들이 자신과 동일한 권리를 가지고 있다는 사실을 용인하며 그들의 존재를 그 자신에게 필요한 것으로 간주해야만 하는 것처럼, 국가는 주위에 다른 국가들이 있기 때문에 자연법의 적절한 적용에 따라 그들과의 관계를 설정해야 한다. 과거에 대외 정책을 조절했고 현재에도 아직 그렇게 하기를 원하는 관습들은 이제 더 이상 효력이 없다. 기독교와 같은 종교 사상, 유럽의 일부 국가들을 자신의 깃발 아래 규합할 제국의 전통, 각각 추종자들을 거느리며 서로 경쟁하는 지배적인 두 대가문의 결합, 보편적 군주제의 꿈, 그 어떤 것도 마침내 새롭게 등장한 원리들을 대체할 수는 없었을 것이다. "국가들은 본래 자유롭고 독립적이며 시민사회의 설립 이전에 자연 상태 속에서 함께 살았던 사람들로 구성되어 있기 때문에 국가들 혹은 주권국가들은 자연 상태 속에서 살아가고 있는 자유로운 사람들과 마찬가지로 간주되어야 한다."[23]

---

23 에머리히 드 바텔Emmerich de Vattel, 「서문」, 『국제법 혹은 국가들과 군주들의 일에 적용되는 자연법의 원리들 Le Droit des gens, ou principes de la loi naturelle appliquée aux affaires des nations et des souverains』, 1768.

그러므로 자연법은 개별 사회들보다 더욱 범위가 넓은 국가들로 이루어진 사회가 존재하고 있음을 전제로 한다. 그러나 이 사회는 질적인 측면에서는 개별 사회와 다르지 않다. 이 사회는 하나의 동일한 협약 위에 세워져 있다. 즉 그 구성원들은 자신들의 이득과 이익을 위해 모인 것이다. 따라서 그들은 그들의 최초 협정을 유지해야만 했다. 그 협정을 파기한다면, 그들은 단지 자신의 불행에 이르게 될 뿐이다. 한 마을, 한 도시, 한 지방의 시민들은 그들의 이웃에 대해서 권리와 의무를 갖는다. 또한 유럽과 세계의 다른 주민들에 대해서도 마찬가지이다. 왜냐하면 "인류의 보편 사회는 자연 그 자체의 소산, 즉 인간 본성의 필연적 결과이므로, 모든 사람은 그가 어떤 상태에 있든지 간에 그 사회를 발전시키며 그 의무를 완수해야만 한다. 그들이 어떠한 개별적인 단체에 가입했다고 해서 이러한 의무를 면제받을 수 없다. 그러므로 그들이 하나의 개별 국가를 형성하기 위해서 하나의 시민사회로 집결할 때, 그들은 자신들이 연합하는 이들에게 대해서도 개별적인 계약을 할 수 있지만, 인류에 대해서도 여전히 자신들의 의무를 져야 한다."[24]

물론 국가들의 존재는 새로운 이익을 만들어 내면서, 개인들과 개인들을 대립시키는 갈등보다 훨씬 더 심각한 이익의 갈등, 즉 전쟁을 야기했다. 그것은 끝없는 전쟁이었다. 피의 시냇물이 역사를 가로질러 흘러갔다. 한 집단이 강력해지고 공고해질수록 자신의 법을 강요하기 위해 더욱 기꺼이 무력에 의존했다. 유럽의 모든 국가들을 함께 또는 번갈아서 대립하게 만든 종교전쟁들, 유럽을 아시아와 아프리카에 대립시킨 정복전쟁들이 일어났다. 사람들은 이렇게 이어진 학살을 되돌아볼 때, 슬픔과 혐오감과 절망감을 느꼈다.

---

24 에머리히 드 바텔, 위의 책.

하지만 그것은 치유할 수 없는 악이 아니었다. 그 악을 완화하고 축소하여 지상으로부터 사라지게 만드는 일이야말로 바로 계몽주의 시대의 과업이었을 것이다. 모든 악들처럼 그 악은 오류의 결과일 뿐이었다. 그러므로 그 오류가 해소되면 그 악은 스스로 사라지거나 거의 사라질 것이다. 국가들 또한 계몽되어서 결과로부터 원인으로 거슬러 올라가 자신들의 오래된 적의의 원인을 발견한다면 자신들의 진정한 이익을 더욱 잘 이해하게 될 것이다. 형제들의 손에 무기를 들게 했던 편견들에 의해 더 이상 속지 않게 될 것이다. 곧 큰 평화의 여명이 떠오를 것이다.

생-피에르 신부의 『유럽의 영구 평화안 *Projet pour rendre la paix perpétuelle en Europe*』을 읽었을 때, 라이프니츠는 늙고 지쳐 있었다.[25] 유럽에 평화를 정착시키는 것이 그가 시도한 일이었는데 그것은 허망한 꿈들 중 하나로 끝나게 된다. 신부의 기획은 라이프니츠의 목적과 동떨어진 일이 아니었다. 왜냐하면 그는 젊은 시절부터 법, 특히 국제법을 열심히 공부했기 때문이다. 그러나 어쩌랴? 사람들에게는 수없이 많은 악들로부터 벗어나기 위한 의지가 부족했다. 어떤 군주, 아니 하다못해 어떤 장관이라도 그의 말을 들으려고 했던가? 스페인의 군주정을 프랑스 왕가에 도입하려던 소망이 50년에 걸친 전쟁의 근원이었다. 그것을 다시 부각시키려는 희망은 또 다른 50년 동안 유럽을 동요시킬 위험이 있었다. 이전의 모든 시도

---

25 『하노버 왕립도서관 원고에 따라 개정된 생-피에르 신부의 영구 평화안에 대한 견해 *Observations sur le projet d'une paix perpétuelle de M. l'abbé de Saint-Pierre, revu d'après le manuscrit de la bibliothèque royale de Hanovre*』, 라이프니츠 전집 Œuvres de Leibniz, 4권, 푸셰 드 카레유 출판사, 1862.

들은 실패했다. 그의 시도 역시 마찬가지였다. 일종의 국제법이 가톨릭교인들 사이에 확립되어 있었으며 예전에 법학자들은 이를 근거로 추론을 전개했다. 교황들은 영적 수장으로, 황제들은 기독교 사회의 세속적 수장으로 간주되어 왔다. 그러나 이제 서양에서의 종교개혁이 사태를 완전히 바꾸어 놓았고, 회복시킬 수 없는 분열이 발생했다. 다른 한편, 제국에서의 단결력 결핍은 황제가 너무 많은 권력을 갖고 있어서가 아니라 반대로 충분한 권력을 가지고 있지 못했기 때문에 발생했다. 그리고 라이프니츠는 죽음에 이르러서 인간이 행복해지는 것을 방해하는 숙명이 있다고 생각했다.

그러나 생-피에르 신부는 낙담하지 않았다. 1743년 죽을 때까지 그는 자신의 위대한 계획을 추진했다.[26] 전쟁이 야기하는 잔학함, 화재, 살인, 폭력에 대해 성찰하며 또 유럽의 국가들을 짓누르는 참화에 괴로워하며, 생-피에르 신부는 영구적으로 평화를 정착시키는 일이 완전히 불가능한 것인지 모색하기 시작했다. 영원한 계약의 현대적 형태와 다르지 않은 협약이 다음과 같은 조건으로 평화를 정착시킬 수 있지 않을까? 장차 차르와 대영주들 그리고 바르바리 해안의 군주들을 포함한 유럽의 모든 군주들 사이에는 영원한 연합이 있을 것이다. 이 연합의 주요 역할은 모든 것을 평온한 상태로 보존하는 것이다. 각 국가는 주권을 유지하며 연합은 국가들 간에 생길 수 있는 혼란을 억제하는 데 만족할 것이다. 어떤 영토도 연합으로부터 분리될 수 없으며, 어떤 군주도 두 국가의 군주가 될 수

---

26 생-피에르 신부, 『유럽 영구 평화를 위한 회고록 *Mémoire pour rendre la paix perpétuelle en Europe*』, 쾰른, 1712; 『유럽의 영구 평화안』, 위트레흐트, 1713; 『기독교 군주들 사이의 영구 평화안 *Projet de paix perpétuelle entre les souverains chrétiens*』, 위트레흐트, 1717.

없을 것이다. 그들의 전권공사들을 통해서 연합에 조인할 군주들과 이후 연합에 조인할 군주들은 이 서약으로 자신들과 자신들의 후임들이 상대방에 대해서 가질 수 있는 어떠한 요구도 자발적으로 포기했다고 간주된다. 연합의 어떤 구성원도 4분의 3의 동의를 받아야만 상호 간에 새로운 조약을 체결할 수 있을 것이며, 그것도 오직 평화조약의 도시에서만 그럴 수 있을 것이다. 이렇게 될 때, 연합은 상호 간의 약속을 실행하는 데 보증이 될 것이며, 이 약속을 달리 사용하는 이들은 연합의 적으로 선언될 것이다. 평화조약의 도시는 자유를 누리며 중립을 지킬 것이고, 그 도시는 위트레흐트, 제네바 또는 쾰른, 또는 엑스라샤펠(아헨)에 세울 수 있을 것이다. 중재와 화해와 중재재판 이후에도 연합의 적들이 여전히 남아 있다면, 그들은 투표에 의해 선출된 수장이 지휘하는 다국적 군대에 의해 격파될 것이다. 어떤 국가도 다른 국가보다 더 많은 병력을 유지할 수 없다. 각 국가가 권리로 가질 수 있는 병력의 수를 정할 것이다. 생-피에르 신부는 전권공사들의 선택과 파견, 의회와 사무국의 규정, 미래의 연합의 구성원들이 부담할 분담금 등 세부적 실행 사항까지 계속해서 모든 것을 미리 살펴본다.

느린 접근, 신중하게 작성하는 박식한 서한들, 암중모색, 신중한 행위, 시간이 해결하도록 내버려 두는 시대는 끝이 났다. 라이프니츠 자신이 내버려졌듯이, 영구적 평화와 교회들의 화해를 위해 그가 추구했던 방법은 포기되었다. 기껏해야 라이프니츠는 생-피에르 신부에게 선례들과 역사에 의지하라고 충고했을 뿐이다. 그러나 생-피에르 신부는 그렇게나 많은 조심성으로 몸을 무겁게 만들지 않으면서 당당하게 나아갔다. 원칙은 찾았다. 자연은 인간들의 행복을 원했다. 국제법은 이러한 자연의 의지를 표현했다. 평화는 그 진정한 본질에서 이해된 국제법으로부터 나와야 했다. 평화를 영원히 보장할 확실한 수단들을 가르쳐 주기 위해서는 약간의 논리로 충분했다.

그 사상들은 긴 성숙 과정이 그 막바지에 다다른 결과였으며 정치를 논리로 변화시킨 단순성을 띠고 있었고 우리 존재의 깊숙한 곳에 뿌리박은 몇몇 의지들에 응답했기 때문에, 유럽의 의식을 지배했다. 그 사상들은 구세계의 사상계를 정복한 후에 신세계에 자유를 주었다.

생-피에르 신부가 자신의 **평화안**을 위해서 애를 쓴 지 200년 후에 그의 안은 다시 채택되었다. 국가연합, 대표단 회의, 평화조약의 도시가 꿈으로부터 나와 행동이 된다. 다른 점이 있다면 그가 평화의 대의에 봉사하기를 원했던 군대가 창설되지 않았다는 것이다.

국가들 내부에서 이와 동일한 사상들이 정치적 문제의 여건들을 변화시켰다. 더 이상 군주의 권위와 상급 기관인 교회나 제국과의 관계가 아니라 통치자와 피통치자의 관계가 문제였다.

이 사상들은 신하의 개념을 바꾸어 놓았다. 사실 더 이상 신하는 없고 시민들만이 있었다.

이 사상들은 주권자의 개념을 바꾸어 놓았다. 영국까지도 국가를 국왕에게 종속시키는 것이 아니라 반대로 국왕을 국가에 종속시키는 관계의 본질을 적시할 필요를 느꼈다. 볼링브로크는 비록 보수파이고 토리당의 지도자였지만 1749년 출판된 『애국심에 대한 서한』에서 바로 이러한 일을 했다. 그는 자신이 속한 당에 활기를 불어넣기 위해서, 그리고 영국 군주정의 세습적 성격을 보존하기 위해서 자유주의의 이론을 보강한다. 그는 왕정은 일반법과 일반이익에 토대를 두고 있다고 설명한다. 왕정은 창조주에 의해 확립된 두 개의 법으로부터 나오는데, 그것들은 이성의 보편적 법칙과

각 국가가 스스로 복종하는 개별법이다. 혼란과 동요를 감수하면서까지 권력이 아버지로부터 아들에게로 계승되는 것은 이 두 번째 법을 무사히 지키기 위해서이다. 세습 군주정은 오직 그것이 가장 훌륭한 군주정 체제이기 때문에 존속되는 것이다. 게다가 왕권을 행사하는 사람은 자신이 통치하는 사람들로부터 신뢰와 애정과 존경을 받을 자격이 있을 때만 그 합법적인 신임을 계속 받을 만한 자격이 있는 것이다. '자유를 무상으로 증여함으로써 거기에서 자신의 안전을 찾는다.' 조국의 이익과 자신을 동일시하며 조국이 그들에게 내거는 조건들을 수락하는 '애국적인' 왕들 이외에는 다른 왕들이 있을 수 없다.

이 사상들은 여전히 완강한 저항을 보이는 나라들에서 혁명을 일으켰다. 아메리카의 혁명. 본국이 스스로 전파한 원리들을 식민지에 적용하기를 거부했을 때, 식민지는 연방국가인 미국이 되었다. 1774년 보스턴이 봉기했을 때 이렇게 해방전쟁이 시작되었다. 1776년 7월 4일 13개의 식민지는 독립을 선언했다. 정부는 피통치자들로부터 나오는 정당한 권위로부터만 생겨날 수 있다고 주장하는 선언문이 작성되었다. 영국이 굴복하고 베르사유 조약이 맺어졌다. 필라델피아 제헌의회는 헌법을 준비했고, 그것은 1787년 9월 17일 투표에 부쳐졌다. 사상사나 세계 정치사에서 주요한 사건이 기록된 것이다. 미공화국은 대서양 너머에서 뉴잉글랜드를 세운 용사들의 추억과 핏줄로, 또 그 언어와 문화와 종교 그리고 자신의 정치체제를 만들기 위해 로크나 몽테스키외로부터 직접 빌려 온 주의 주장 등을 통해 구대륙에 연결되어 있었다. 성조기를 국기로 한 공화국은 유럽의 일부인 동시에 유럽으로부터 분리되고 있었다. 미국은 따로 떨어져서 과거의 삶을 계속 이어 나갔다. 미국은 유럽과 동일하며 또한 유럽과 달랐다. 자신의 독립에 긍지를 가지며 기회가 있을 때마다 독립을 확인했지만 결코 과감히 끊지 못하는 하나의 끈이 있었으니 그것은 정신적 끈이었다. 미국은 18세기의 유럽이 그에게 그 가치를 가르쳐 준 재산, 즉 자유가 위협받는다고 느낄 때면 유럽으로 돌아왔다.

이론들이 가장 강력하게 표명되었지만 어떤 관습도 새로운 정신에 양보하지 않으려는 바로 그 프랑스에서 프랑스 혁명이 일어났다. 1770년 12월 루이 15세가 내린 구체제의 파리고등법원의 칙령은 다음과 같았다. "짐은 짐의 왕관을 오직 신으로부터 받았으며, 법률을 제정할 권리는 분할되지도 종속되지도 않고 짐에게 속한다." 1789년 8월 투표에 부쳐지고 1791년 헌법의 첫머리에 새겨진 인간과 시민의 권리선언은 다음과 같다. "사람들은 자유롭고 법적으로 평등하게 태어난다. 사회적 차별은 오직 공동의 유용성에만 그 근거를 둘 수 있다. 모든 정치적 결사의 목적은 인간의 소멸될 수 없는 자연권을 보존하는 것이다. 이 권리는 자유, 소유권, 압제에 대한 저항이다. 법은 일반 의지의 표현이다. 누구도 법에 의해 규정된 경우이거나 법이 정하는 절차에 의하지 아니하고서는 기소, 체포, 구금되지 아니한다. 사상과 의견의 자유로운 소통은 인간의 가장 소중한 권리들 중 하나이다. 그러므로 모든 시민은 자유롭게 말하고 글을 쓰고 출판할 수 있다. 권리의 보장이 확보되지 않고 권력의 분립이 확정되지 않은 사회들은 모두 헌법이 없는 사회이다." 이러한 사상은 철학자들의 작업의 귀결로서, 여기서 그 확정된 형태를 갖춘 것뿐이다.

제6장

교육

『에밀』(1762)이 출간되기 전에 사람들은 먼저 과거의 공세에 주목했다. 그러나 하나의 운동이 천천히 태동하여 1750년경에 급속히 성장한다. 1760년대에 들어서면서, "교육적 측면에서 유럽의 대중 사이에 일종의 동요가 감지된다……."[1] 철학자들은 교육학자들에게 설명을 요구했다. 설명이 만족스럽지 못하자 재차 요구한다. 철학자들은 영향력이 특히 강력한, 일반적 영향의 특수한 사례인 몽테뉴, 페늘롱, 로크 등의 도움을 받는다. 모든 사람들은 현자의 사상—더 이상 사회의 장식품인 교양인이 아니라 능동적인 시민들을 양성하는 데 목적을 두는 교육, 올바른 정신과 동시에 건강한 육체를 만들어 내는 데 목적을 두는 교육, 인간의 자연 발생적인 힘을 억압하기보다는 그것을 신장시키는 데 목적을 두는 교육—을 가까운 미래를 위해 거부해야 할 것인지 아니면 간직하고 있어야 할 것인지를 검토해야만 할 것이다.

---

1 라 샬로테, 『국립교육에 대한 시론 *Essai d'éducation nationale*』, 1763, p. 34.

여기에 샤를 롤랭[2]이 있다. 그는 교수였으며 콜레주 드 보베의 교장이었는데, 게다가 뛰어난 교장이었다. 준엄한 그는 얀센주의에 깊이 경도되어 있었다. 뛰어난 학자인 그는 콜레주 루아얄[3]에서 가르쳤다. 또한 그는 교육자로서의 영광을 누리고 있었다. 1726~1728년 사이에 출간된 그의 『공부론 Traité des études』은 4권 이상으로 구성되어 있었으며, 고전과 훌륭한 취향의 전통을 선호하는 사람들로부터 찬사를 받았다.

교육은 세 가지 목적을 가지고 있다. 교육은 젊은이들의 정신을 개발하며 그들에게 가능한 모든 지식으로 정신을 꾸며 준다. 교육은 젊은이들을 기독교인으로 육성함으로써 말하자면 본연의 임무를 넘어서 최고의 성과를 거두고자 노력한다. 약간의 그리스어와 함께 라틴어는 교육의 주요 구성요소가 되어야 했다. 샤를 롤랭이 자신의 개론을 라틴어로 썼다면 그는 훨씬 편안했을 것이다. 정말로 그는 프랑스어보다 라틴어를 더 유창하게 다루었다. 그러나 교수가 되고 싶지 않은 학생들, 앞으로 키케로 식의 연설을 할 필요가 없는 학생들도 생각해야 했다. 그래서 그는 프랑스어를 사용하기로 결정했고 프랑스 작가들로부터 나온 예문들을 인용하기로 했다. 그는 고대인들의 교훈과 전범을 통해 배우는 훌륭하고 오래된 수사학을 좋아했다. 그는 잘 알려진 방식에 의존하여 작성하는 웅변조의 화려한 글쓰기를 열거했다. 예를 들면 비교와 상투적 표현은 여기서 그가 자주 애용하던 수사법이었다. 롤랭이 작가들을 읽고 그에 대한 설명을 학생들에게 요구할 때, 그는 생각할 수 있는 가능한 발

---

2 (역주) Charles Rollin(1661~1741): 프랑스의 역사가이자 프랑스어 교수

3 (역주) 프랑수아 1세에 의해 건립된 공개강좌용 고등교육기관으로 지금은 콜레주 드 프랑스 Collège de France라고 불린다.

견들이나 정신의 자극적인 지적 모험보다는, 모든 장르들에서 그리고 절도 있는 것에서 숭고한 것에 이르기까지 모방만 하면 되는 모범들을 제시할 수 있음에 기뻐했다. 롤랭은 기회가 되면 서두에서 학생들에게 어떻게 적절한 청강생들이 되는지를 지적해 줄 것이다. 글의 전개에서 어떤 명료성이 지배적인가? 어떤 간결성, 어떤 진실한 태도, 어떤 숨겨진 의도나 기교 등이 지배하는가? 예술의 비밀은 거의 거장에게만 알려지기 때문이다. 한편 사상 그 자체보다는 형식이 훨씬 더 중요했다. 그리고 사상은 순진하게 언어적 훈련에 머물러 있었을 뿐이다. "사상이란 말은 상당히 모호하고 일반적인 낱말이다. 라틴어의 'sententia'[4]란 낱말처럼 여러 다른 의미를 지닐 수 있다. 우리들은 여기서 검토하는 것이 정신의 작품들에 들어가는 사상이며 바로 그 사상이 작품의 주요한 아름다움이라는 점을 충분히 알고 있다." 시(詩)도 이와 마찬가지이다. 베르길리우스나 오비디우스 등의 시인들로부터 길어 낼 수 있는 이미지가 얼마나 많은가! 암기해야 할 고상한 구절들이 얼마나 많은가! 아마 이러한 보물들은 대중적인 작가들에게서도 충분히 발견될 것이다. 다만 너무 엄격한 교육가들 몇몇이 이런 작가들을 금하고 있을 뿐이다. 하지만 우리가 교부들보다 더 엄격할 수 있을까? 그런데 그들은 대중적인 작가들에게서 문체를 배우는 것을 주저하지 않았다. 사상이라는 것이 사실은 담화의 장식에 불과한 것처럼, 시를 읽으면 수식어를 어떻게 사용하며, 반복 기법을 어떻게 도입하며, 긴 연설을 어떻게 이끌어 가는지 배우는 데 도움이 된다. 시적 감정은 전혀 문제가 되지 않았다.

샤를 롤랭은 삭막하지 않았다. 그렇지만 필요하다면 그는 쉽사

---

4 (역주) 라틴어로 '뜻, 문장, 관용구' 등의 의미를 지닌다.

리 더 그렇게 될 수 있었을 것이다. 그는 강압적이지 않았다. 그는 상냥하게 박식한 학자였다. 그가 하는 말을 듣다 보면, 그가 다루는 모든 소재들은 너무나 중요해서 특별한 주의를 기울여야 할 가치가 있는 것처럼 보였다. 추론과 증명에 대해 말할 때면 그는 이렇게 말했다. "이것은 가장 필요하고 없어서는 안 될 웅변술의 부분일 뿐 아니라 거의 웅변술의 토대라고 할 수 있다. 다른 모든 것들은 이것과 관계된다고 말할 수 있다." 우화에 대해서 말할 때면 또 이렇게 말했다. "문예 연구에서 내가 지금 여기서 말하고 있는 것보다 더 효용이 있고, 심화 연구의 가능성이 더 있으며, 어려움과 난제들로 인해 더 거추장스러운 분야는 없다." 그는 스스로 매우 진지한 확신에 차 있어서 그만큼 자신의 독자들에게 설득력이 있었다. 이것이 그의 강점이었다. 그보다 더 달변인 변호사를 찾아볼 수 없을 것이다. 그러나 그럼에도 불구하고 그의 자세는 권위자의 자세였다. 영광스러운 과거를 옹호하기 위해서 그는 시대의 비탈을 거슬러 올라가기를 자처했다. 내용은 거의 고전 인문학밖에 없었고, 취지는 신성한 기탁물을 전수해야겠다는 욕망이었다. 학생의 역할은 결코 염두에 두지 않았다. 학생들의 참여는 완전히 수동적인 것이며, 학생들이 할 일이란 그저 모방일 뿐이었다. 학생들의 지성, 심성, 영혼 속에는 스승이 그들에게 주입했던 전통적 가치만이 있었을 뿐이다.

그렇다고 처음에 수업을 시작하던 상태로 교실을 내버려 두지는 않았다. 때때로 그는 창문과 문을 반쯤 열어 두었다. 롤랭은 비록 "로크가 사람들이 항상 채택할 수는 없을 특별한 견해를 갖고 있으며 그리스어나 문예 연구를 소홀히 생각하여 그것들에 대해 충분히 조예가 깊지 않아 보임에도" 불구하고 그에 대해서 어느 정도 존경심을 품고 있었다. 샤를 롤랭은 전쟁 영웅들과 독재자들을 반대하면서 철학의 편을 들었다. 또한 학생들이 자신들의 선생들에게 의무가 있다면 선생들 또한 학생들에 대해 책임이 있다는 사실을 강조하고 선생들의 의무를 강조했다. 하지만 그의 논문이 출간된 시기, 매일같이 표명되는 수많은 요구, 그리고 그렇게나 많은 폭력과 반항 등을 생각해 볼 때, 그가 과거의 교양인들이나 단지 역사의 흐름을 거슬러 연장되고 있는 17세기를 상대하고 있다는 인상이 가장 지배적이다.

현재는 다른 것을 요구한다. 동시대인들은 자신들이 받은 교육과 그들의 아들들이 여전히 받고 있는 교육의 결점을 강조한다. 그들은 대중 중등교육 기관인 콜레주를 나와도 아이는 아무것도, 거의 아무것도 알지 못한다고 말한다. 라틴어를 떠듬떠듬 읽거나 몇 개의 그리스 낱말들을 내뱉을 뿐이다. 자기도 잘 이해하지 못하는 피브라크[5]의 4행시나 라퐁텐의 우화, 그리고 하나도 이해하지 못하는 교리문답을 암기할 뿐 그 이상은 없다. 그러고 나서 아이를 아카데미에 집어넣고, 승마, 무용, 검술, 음악 교사를 붙여 준다. 그래도 그는 기하학의 기초 지식 이외에는 알지 못한다. 뺄셈도 잘 못할 지경이다. 그리고 사교계에서 가장 피상적이고 어리석은 방법으로 자신의 교육을 완성한다……. 콜레주에 보내지 않고 반은 현학자이고 반은 하인인 개인 가정교사에게 맡겨질 경우, 아이의 무지는 그로 인해 더욱 심각해지고 그의 도덕성도 더욱 의심스럽게 될 뿐이다. 이 가정교사는 아이를 경쟁과 활기라는 미명하에 질투와 심술에 익숙하게 만들며 돈이 세상의 모든 것 중에서 가장 소중한

---

5 (역주) Guy Du Faur de Pibrac(1529~1584): 프랑스의 시인이자 외교가로 교훈적 내용을 담은 4행시로 유명하다.

것이라는 믿음을 갖도록 키운다. 재산을 가진 사기꾼이 아무것도 가지지 못한 덕이 높은 사람보다 더 우월하다고 확신하게 만든다. 학생을 공부하게 만드는 기이한 방법을 보면 다음과 같다. "학생에게 하나의 긴 번역 작문을 받아쓰게 한다. 학생은 그것을 라틴어로 옮기기 위하여 두세 시간을 보낸다. 선생에게는 편하게 보낼 수 있는 시간이 된다. 선생에게 학생의 많은 실수에 대해서 꾸짖지 않을 수 있는 신중함만 있다면 학생은 과제의 길이에 대해서 불평하지 않는다. 학생은 아주 느긋하게 한두 줄 쓰다가 곧 휴식을 취하고 다시 두세 줄을 적다가 장난을 친다. 그러다가 다시 작문을 들여다 보고는 조금 있다가 과일을 집어 먹고 하인들과 잡담하러 나간다. 다시 돌아와서는 친구들과 치고 박으며 놀다가 마침내 그럭저럭 맨 마지막 낱말까지 도달한다. 우연히 몇 줄을 잘 해결할 경우, 아버지에게 달려가서 자랑한다. 엉뚱하게 해결해 놓은 부분은 아버지의 웃음을 자아내며, 교정한 흔적들은 가정교사의 배려를 보여 주는 증거 역할을 한다. 그리고 번역 작문이 모두 잘 수정되었을 때 아버지는 오직 그것이 학생의 손에 의해 이루어진 것처럼 바라본다. 자신이 지나왔던 길을 다시 밟는 아이를 바라보며 아버지는 자신을 닮은 이 사랑스러운 아이를 통해 다시 태어나고 다시 젊어지는 듯한 유쾌한 경험을 한다.[6]

아이가 아카데미에 입학하고 사교계로 진출하지 않을 경우, 대학에 보내진다. 이는 또 새로운 불행이다. 왜냐하면 그는 아무것도 이해하지 못하면서 듣는 것을 받아쓸 뿐이기 때문이다. 그는 스콜라철학을 배우게 되어, 판단력은 전혀 훈련하지 않고 암기만을 하

---

6 크루자즈J.-P. de Crousaz, 『아동교육에 대한 새로운 좌우명들Nouvelles Maximes sur l'éducation des enfants』, 1718.

게 된다. 중세 식으로 학생에게 질문을 한다. 귀여운 앵무새 같은 학생들, 얼마나 많은 경우들? 귀여운 앵무새 같은 학생들, 얼마나 많은 생각들[7]? 수없이 많은 가능한 해답 중에서 교수는 오직 하나의 대답만이 정답이라고 생각하며 그 의미뿐만 아니라 형태까지도 강요한다. 이러한 행태는 양식(良識)에 대한 선전포고이다. 18세기의 한복판에서 단지 라틴어 문법에 대한 지식만을 갖고 있고 아리스토텔레스 논리학의 삼단논법만을 알고 있는 사람을 학자라고 부를 수는 없는 일이다. 지식의 양이 200년 전부터 증가되었으며 "우리들이 이전 시대의 희망과 상상을 넘어서 계몽된"[8] 것이 사실이라면, 또한 우리가 콜레주, 아카데미, 대학들의 관행을 개혁해야 하는 것도 사실이다. 이러한 생각은 나날이 힘을 발휘하며 긍정적인 요구사항으로 귀착되었다.

교육의 실질적 내용이 바뀌어야 했다. 공부해야 될 내용이 미래의 사제들을 위한 것이었다는 사실을 염두에 두어야 할 것이다. 교직에 들어갈 사람들에게 같은 교육 방식이 그대로 이어졌고, 교직은 사제직과 혼동되었다. 오늘날 이러한 사람들은 소수에 불과할 뿐이다. 이 과목들은 상당 부분 부자이며 한가한 미래의 신사들에게 적용되었다. 그러나 이들 외의 사회계층이 엄연히 존재했다. 귀족과 상류 유산계층의 자제들도 이제는 직업교육을 배워야 할 것이

---

7 크루자즈, 『아동 교육론 *Traité de l'éducation des enfants*』, 로잔, 1722.
8 윌리엄 워딩턴 William Worthington, 「이전 시대의 희망과 상상력을 넘어서서 계몽된 세대 Un age enlighten'd beyond the hopes and imaginations of former times」, 『인류 구원의 절차와 범위, 기획과 실행에 대한 시론 *An Essay on the Scheme and Conduct, Procedure and Extent of Man's Redemption*』, 1743.

다. 그렇게 되면 수많은 악덕들, 이를테면 자만심과 게으름과 낭비를 방지할 수 있을 것이다. 어쨌든 대부분의 사람들은 생계를 스스로 책임져야만 했고 젊은 시절부터 조지프 프리스틀리가 **활동적 삶의 비즈니스**[9]라고 부른 것에 관심을 가져야 했다.

이제부터 라틴어가 차지하는 몫을 상당히 줄여야 할 것이다. 훌륭한 라틴어 연구자가 된다고 삶에 무슨 도움이 될 것인가? 완전히 이 학문을 없앨 필요는 없다고 하더라도, 실질적으로 라틴어에 대한 호기심은 점점 사라지고 있었다. 라틴어를 보존하고 싶다면, 적어도 조금 더 신속한 학습 방법을 찾아내야 할 것이다. 대부분의 아이들에게는 죽은 언어를 배우기 위한 노고와 고통만을 의미하는 7년간의 시간을 더 이상 잃지 않도록 해야 할 것이다. 이렇게 얻은 시간은 자신이 살고 있는 나라의 언어에 훨씬 더 효율적으로 할애할 수 있을 것이다. 역사학도 자신의 자리를 요구하고 있었다. 고대사가 아니라 유럽의 정치사를 배워야 했는데, 정부의 일을 맡아 할 사람들이 국정에 부딪혔을 때 그들은 유럽의 정치사를 알지 못하고 있었기 때문이다. 역사 연구는 지리학에 대한 연구로 이어질 것이다. 물론 수학과 물리학을 위시하여 자연과학 등 과학을 소홀히 해서는 안 될 것이다. 외국어 학습에 대해서는 사람들은 조금 더 주저하는 듯했다. 그로티우스나 푸펜도르프 같은 사람들이 앞장서서 자연 도덕을 그리고 자연법을 도입할 것을 권했다. 어떤 사람들은 실제적인 직업 준비에 대한 관심에 몰두한 나머지 기술 공예의 습득

---

9 조지프 프리스틀리, 『시민적이고 활동적인 삶을 위한 인문교육 과정론*An Essay on a Course of Liberal Education, for Civil and Active Life*』. 이미 작성되어 있었지만 1764년에야 처음으로 출판되었다. 그림,《문학통신》, 5권, 1762년 5월, p. 81.

을 제안하기까지 했다. 아리스토텔레스를 읊조리는 것보다 자신이 신고 있는 신발이 어떻게 만들어지는지 아는 것이 청년에게는 더 소중한 일이 될 것이다. 콜레주 내에 여러 종류의 도구나 연장이 왜 없는 것일까? 그리고 콜레주 근처에는 장인들의 작업장이 왜 없는 것일까? 직조기술, 인쇄술, 시계제조술 등 여러 직업들을 아이들에게 보여 줌으로써 기계들을 돌아가게 할 수 있을 것이다.

교육의 정신이 변화해야만 한다. 1752년 바제도[10]는 개혁자의 경륜을 개시하는 글인 「자연적인 청년 학습 방법론Methodus erudiendae juventutis naturalis」[11]을 썼다. 물론, 한 번 더 영혼 안에는 천부적인 것이라고는 전혀 없으며, 영혼은 점진적으로 추상적 사유로 변형되는 감각의 기여 덕분으로 발전되는 것이다. 그러므로 교육은 심리적 삶의 법칙에 부합해야 한다. 교육은 점진적이어야만 한다. 교육은 형성 중인 영혼에 외부로부터 그리고 많든 적든 감추어진 엄격함을 갖고 주입되지 않고, 내부로부터 영혼의 움직임을 따라갈 것이다. 이러한 원칙의 결과는 엄청날 것이다.

피조물인 인간은 유아 시절부터 관심을 받아야 한다. 부모들은 아이가 아직 철들 나이가 아니라는 핑계로 하인들에게 아이를 내맡기고 소홀히 하지 말고, 아이를 세심히 관찰하면서 그가 발전하도록 이끌어야 한다. 아버지는 스스로 모범을 보여 아이에게 좋은 품행을 가르칠 수 있을 것이다. 아이가 덕이 무엇인지 알기 전에 그에

---

10 (역주) Johann Bernhard Basedow(1724~1790): 독일의 철학자이자 교육자

11 바제도, 「자연적인 청년 학습 방법론」, 『엉뚱하고 매우 우수한 청년의 교육 방법 Inusitate et optima honestioris juventutis erudiendae methodus』, 2장, 키엘, 1752.

게 지혜의 씨앗을 부여함으로써 시간이 지나 그 씨앗에 싹이 나도록 해야 할 것이다. 어머니의 역할도 마찬가지로 중요할 것이다. 이러한 덕이 얼마나 사랑스럽고 감미로운 것인지를 보여 주는 것은 어머니의 일이 될 것이다. 부모들은 둘 다 협력해서 교육이 시작되기 전에 이미 교육자의 역할을 할 것이다.

아이들은 육체를 갖고 있다. 아이를 눕히고 옷을 입히는 방법이 중요할 것이다. 특히 영양에 주의해야 한다. 달콤한 과자로 배를 잔뜩 채우는 소녀들, 오이 피클로 식사를 범벅으로 만들고 일찍부터 음주벽을 갖게 되는 도련님들을 우리는 너무나 많이 알고 있다. 소화불량에 걸린 아이들을 종종 보았고, 그 병보다 가끔 더 나쁜 치료약으로 그들의 소화불량을 치료하는 것을 보아 왔다. 식사 시간에는 실컷 마실 수 있지만 그 외의 시간에는 결코 마셔서는 안 될 것이다. 아이들은 건강하게 만들어 줄 일반 육류를 먹어야 한다. 그러나 뇌의 림프절에 스며들 액즙이 많은 요리들을 피하도록 해야 할 것이다. 부모들이 손님들을 대접해야 할 경우를 제외하고 아이들은 부모와 겸상을 해야 할 것이다. 아이들의 육체는 성장하며 체육 활동을 통해 유연성과 힘을 기르게 될 것이다. 자신들의 손발을 가지고 무엇을 해야 할지 모르는 무능력한 아이들을 더 이상 보지 않아도 될 것이다. 엄격한 양육을 통해 아버지들은 자녀들이 나날이 강건해지는 것을 볼 수 있을 것이다. 로크가 제안했고, 영국으로부터 도래한 모든 교육 방법들이 다른 나라로 퍼져 나간다. "영국의 학자인 로크는 이 모든 특징들에 대해 매우 상세하게 다루었는데, 내가 모든 면에서 이것들을 채택하지는 않을 것이다. 우리의 프랑스적인 우아함과 관습은 이 방법들이나 제안 모두를 받아들이지는 못할 것이다. 하지만 로크는 매우 좋은 방법을 소개하고 있어서, 적어도 기회가 될 때마다 대략적으로나마 그것들을 소개하고 지나가야 할 것이라고 생각한다."[12]

가정교사의 선택은 아무렇게나 이루어지지 않는다. 그에 대해 많은 자격들이 요구될 것이다. 먼저 소명이 있어야 한다. 학식과 도덕성이 필요하며 또 단호함과 신중한 태도가 요구된다. 여기에는 현자의 미덕들이 필요하다.

교육의 과정도 자연의 과정을 따라야 할 것이다. 자연에 순종하기 위해서는 어떻게 지식이 아이의 정신 속으로 들어오는지 또 어떻게 성인들 자신이 지식을 습득하는지 잘 관찰하면 된다. "최초의 감각이 최초의 지식이 된다……" 그러므로 "모든 훌륭한 방법론의 근본원칙은 감각적인 것으로부터 출발하여 점차적으로 지적인 것으로 올라가는 것이다. 단순한 것으로부터 출발하여 복합적인 것에 이르러야 한다. 원인들을 탐색하기 전에 현상들을 먼저 확실히 파악해야 한다."[13]

그렇게 어리석지 않았던 과거의 선생들은 16세, 18세, 혹은 20세의 청년에게 적합한 내용을 여섯 살배기 아이에게 가르치지 않는다는 것을 잘 알고 있었다. 그러나 그들의 정신의 경향은 규범적이었다. 모든 연령의 아이들에게 그들이 부과한 것은 규칙이었다. 미래의 신생들은 그들이 철학자들을 믿는다면 형성 중인 정신의 걸음을 하나씩 뒤따라갈 것이다. 그들은 미숙한 기능들이 깨어나는 것을 관찰할 것이다. 그들은 우선적으로 나타나는 기능인 호기심, 모방능력, 기억력 등을 만족시키게 될 것이다. 자연사에서는 먼저 나무, 과일, 새, 곤충 등을 아이에게 보여 줄 것이다. 천문학의 경우에는

---

12 퐁슬레 신부Père Poncelet, 「최초 시기」, 『아동교육을 위한 일반 원리 *Principes généraux pour servir à l'éducation des enfants…*』, 3권, 1763.

13 라 샬로테, 『국립교육에 대한 시론』, 1763.

낮과 밤, 달과 별에 대해 먼저 이야기해 주고, 물리학의 경우에는 흥미를 유발하는 실험으로부터 시작할 것이다. 라틴어 학습에서는 통사론부터 시작하지 않을 것이다. 그들은 천천히 그리고 신중하게 추상적 지식에 접근할 것이다.

새로운 교육은 사랑을 동반할 것이다. 깐깐한 비판, 계속되는 질책, 엄격함과 그에 수반되는 권태로움은 어린 영혼들을 질리게 만든다. 배움의 기쁨, 부모와 선생들이 받게 될 존경과 애정은 잘 이루어지는 교육의 자연적인 부산물이 될 것이다. 그전에는 그렇게나 거리낌 없이 이루어지던 체벌이 포기될 것이고 극단적인 몇몇 경우에나 겨우 사용될 것이다. 회초리가 지식을 가져다주지 않는다. 폭력은 원한과 반항심만을 낳을 뿐이다.

교육은 시민정신에 따라야 한다.

훈육과 교육은 다른 것이다. 교육이 월등히 가장 중요하다. 왜냐하면 교육이 잘 이루어진다면 건전한 시민들을 양성해 낼 것이기 때문이다. 여러 다양한 의견들의 분출 가운데 학교는 국가적 속성을 지녀야 한다는 의견도 표명된다. "모든 국가들에서 사람을 교육하는 기술은 정부의 형태와 매우 밀접하게 관련되어 있기 때문에 국가의 정체 자체에 변화를 주지 않고는 공교육에 변화를 가져오는 것은 불가능하다."[14] 교육은 정부와 닮는다. 독재 정부하에서는 교육이 가능하지 않다. 교육은 이중적인 이유로 정치의 완전한 일부가 되어야 한다. 교육은 정치를 만들고 정치에 의해 만들어지기 때문이다.

국가는 기회만 있다면 기꺼이 교육에 간섭하고자 했던 것 같다. 생-피에르 신부는 자신의 부서에서 국가의 공안을 맡을 장관의 권

---

14 엘베시우스, 「네 번째 담론」, 『정신론』, 17장.

한 아래 교육을 지도하는 상설 사무국을 신설할 것을 제안했다. 즉 현대의 정치 체계에 따라 설명하자면 교육부가 내무부에 소속되기를 원했던 것이다. 사람들이 알고 있듯이 예수회를 비난했던 라 샬로테 본인이 1763년에 『국립교육에 대한 시론』을 발표하며 무엇보다 먼저 예수회의 학교 운영권을 박탈해야 한다고 주장했던 사실은 단순한 우연의 일치가 아니다. 국가는 국민이 필요로 하는 것을 마련해 주어야 한다. 정부는 국가의 이익과 다른 이해관계를 가지고 있는 사람들에게 교육을 내맡겨서는 안 된다. 학교는 국가를 위한 시민을 양성해야 한다. 그러므로 학교는 국가의 헌법과 법률에 부응해야 한다. 학교는 신비적 개념에 의해 운영되고 있는데, 라 샬로테는 학교가 시민사회의 개념에 따라 운영되어야 한다고 요구한다. 신학생과 수도승으로 나라를 가득 채울 것이 아니라 시민들을 양성해야 한다. 공동선, 국가의 영예에 따라 미래의 세대들이 국가의 여러 직무들을 성공적으로 수행할 수 있도록 교육해야 한다. 교육에 관한 논문이나 고발장에서 라 샬로테는 그가 '수도원 정신의 악'[15]이라고 부르던 것을 공격했다. 바로 같은 시대에 개혁적인 군주들은 이론에는 그다지 신경 쓰지 않으면서 자유주의 국가가 하려고 하는 것을 실천했다. 즉 그들은 학교를 자신들의 행정의 일부로 만들었다.

요컨대, 진보적인 교육을 간절히 요청하지 않았던 근대주의자는 한 명도 없었다. 모유 수유의 문제, 아기들을 포대기로 꽁꽁 싸야 하는지 말아야 하는지를 아는 문제, 학교에서의 공동생활 체계 대신 개인 가정교사가 더 좋은지를 가늠하는 문제, 개인 가정교사를

---

15 라 샬로테, 앞의 책.

원한다면 책임 있는 교사를 어떻게 선택해야 하는지를 아는 문제, 배워야만 하는 육체노동 직업의 문제, 훈육에 대한 교육의 우월성의 문제 등 모든 문제들이 여러 차례 논의되고 다루어졌다. 마찬가지로 여성 교육도 다루어졌다. 이러한 생각들은 곧 자신들에게 활기를 불어넣어 줄 천재를 기다리고 초대하고 유도하고 있었다.

제7장

백과전서

예전에 한 비평가는 『백과전서』가 시대의 중대사였으며, 『백과전서』를 앞섰던 모든 것이 지향하고 있었던 목표이자 18세기 사상사의 진정한 중심이었다고 기록했다. 전 유럽적 관점에서 볼 때, 이러한 단언은 지나치다고 할 수 있지만, 영국에서 태동하고 파리에서 그 결정적 형태를 부여받은 후 스위스와 프로이센 등지로 전파되며 매우 다양한 나라들에서 그 빛을 발하며 복사되고 모방된 『백과전서』는 유럽의 대표적 힘들 중 하나라고 할 수 있다.

학문과 대중성, 우리는 오늘날 이 이중적 지향을 더 이상 받아들이지 않고 있지만 『백과전서』는 이 둘을 모두 지향했다. 우선적으로 『백과전서』는 계몽시대의 의지에 부응하는 확산 운동을 대표한다. 이것은 사상의 영역에서 철학의 개념과 민중의 개념을 연결하는 것 ─ **통속철학**(Populärphilosophie) ─ 을 두려워하지 않는 것과 마찬가지로 지식의 영역에서 대중적인 것을 배제하지 않고 오히려 대중성을 요청한다. 조심성, 난해함, 비밀은 『백과전서』의 취향이 아니었다. 이것이 내는 길 역시 재치 있는 귀족 계급으로부터 계몽된 부르주아 계급으로 이르는데, 이들은 사물의 비밀을 꿰뚫는 것

보다는 세상을 차지하는 데 관심이 있었다. "백과전서는 18세기의
철학자들이 그 자체로는 미지의 것으로 남아 있을 세계를 소유하는
방법이었다. 철학자들은 세계의 심원한 현실을 포착하기를 포기하
고 있는 그대로의 세계를 수용했다. 현명하게 그들은 사실들만을
수집하여 백과전서의 배열에 따라 정리하는 것으로 만족할 것이다.

"일단 그들이 파악한 것을 배열하고 나면 대상들의 세계가 기지
의 어떤 것, 과학적 데이터들, 즉 정식으로 확인된 사실들의 총체,
인간이 소유하고 인간에게 속한 무엇인가로 변화된 것을 보게 될
것이다."[1]

1775년 8월, 《트레부지》의 편집자들 중 한 명은 "사람들은 학자
가 되고 싶어 하지만 힘들이지 않고 학자가 되려고 한다. 특히 우리
시대의 특성이 그렇다"고 지적했다. 이 관찰은 정확했다. 사람들은
'힘들이지 않고 기하학을', 스승의 도움 없이 학문을 짧은 시간 내
에, 심심풀이로 라틴어를, 신속하고 재미있게 문법을 '배우고' 싶어
했다. 매번 사람들은 서비스를 받았고, 새로이 출간되는 책들은 매
력적인 제안을 했다. 쉽게 만들어진 수학, 선생도 공부도 고생도 없이
학자가 될 수 있는 새로운 방법론…… 의도는 변하지 않았고 표현도
거의 바뀌지 않았다. 34년이 흐른 후에, 《학자들의 신문》이 《트레부
지》와 같은 말을 들려준다. "우리는 알고 싶지만 고생 없이 짧은 시
간 내에 배우고 싶다. 아마도 그것이 매일같이 다양한 방법론들이
소개되며, 그렇게도 많은 요약본들이 세상에 나오는 이유일 것이
다."(1749년 11월)

---

1 그뢰튀젠B. Grœthuysen, 「백과전서」, 『프랑스 문학 개관, 17세기와 18세
   기 *Tableau de la littérature française, XVIIᵉ et XVIIIᵉ siècles*』, 1939.

사실 온갖 종류의 요약본들이 나왔다. 작가들의 책이 너무 두꺼우면 그것을 요약한 금언집(pensée)이 출판되었다. 『벨에 대한 분석』과 『몽테스키외의 정수』 등을 비롯해 수없이 많은 '정신'들이 출간되었다. "전도유망한 젊은 음악가인 블랭빌 씨는 『음악 예술의 정신』을 막 출간했다. 이러한 제목이 한창 유행이다. 『여러 민족들의 정신』, 『미술의 정신』, 『몽테뉴의 정신』, 『퐁트넬의 정신』 등. 『오늘의 정신』도 막 나왔다. 『법의 정신』에 대해서는 더 이상 말하지 않겠다. 사람들은 모든 것을 정제시켜 모든 것의 정신, 즉 정수를 추출하려고 하려는 듯이 보인다."[2]

　'지침서', '요약서', '총서', '사전' 들이 나왔다. 사전의 역사에 대해 이야기를 하자면, 그 내용의 점진적 변화에 주목해야 할 것 같다. 르네상스 시기에는 인문주의자들을 위해 고대어 사전들이 나왔고, 17세기에는 교양인들을 위해 각 국가의 근대어 사전들과 역사비평 사전들이 나왔다. 또한 다른 종류의 실질적 내용의 사전들, 즉 기술 사전, 상업 사전, 지리 사전 등에 대한 요구도 있었다. 사람들은 자신들의 정신을 자극하는 지식욕을 만족시킬 수 있도록 모든 것들을 담고 있는 사전을 하나 원했다. 백과사전이면서도 들고 다닐 수 있다면 이상적일 것이다. 그것이 불가능하다면, 무겁고 부피가 큰 사전이라도 좋다. 그러나 그것은 백과사전이어야만 한다. 선배들보다 운이 좋은 에프라임 체임버스[3]는 세상의 모든 지식을 『백과사전, 또는 기술과 과학의 만능사전 Cyclopaedia, or Universal Dictionary of Arts and Sciences』이라는 2절판 책 두 권에 담았다. 이 사전으로 그는 명성과 경제적 이익뿐만 아니라 영국의 위인들이

2　그림, 《문학통신》, 2권, 1754년 9월 24일, pp. 187~188.
3　(역주) Ephraim Chambers(1680?~1740): 영국 백과사전의 편찬자

묻히는 웨스트민스터에서 영원한 안식을 취하는 사후의 영광을 누리게 되었다.

이 모든 출판물들의 상황을 보고해야 할 그림은 여느 때처럼 투덜거렸다. 문학의 정수를 뽑는다는 문학적 화학자들이 얼마나 늘어날지 보는 일은 진정으로 끔찍한 것이었다. 문학이라는 나무를 갉아 먹는 애벌레들은 그 뿌리까지 먹어 치울 기세였다. 그는 자기 눈앞에서 일어나는 지적 지형의 변화를 이해하지 못한 채 투덜거렸다. 어떤 형이상학자가 어두운 방 한가운데에서 깊이 생각에 잠겨 존재의 비밀을 포착하려고 시도하던 시대는 이미 지나갔다. 현자의 돌을 발견하는 것보다 더욱 어려운 이러한 고독한 작업은 이미 포기되었거나 절망적인 몽상가들에게 맡겨졌다. 이제 사람들은 눈으로 보이는 현상의 세계를 발견하기 위해 나섰다. 눈으로 보이는 현상만이 유일한 현실이 되었다. 이전의 선원들은 대양의 심층부를 알고자 미친 듯이 힘든, 그러나 헛된 노력을 기울이지 않았던가! 그런데 이제 그들은 현명하게도 풍향, 암초, 항로와 항구 등의 정보가 담긴 유용한 지도를 만드는 데 만족하고 있지 않은가! 모든 사람들이 이 위대한 새로운 모험에 뛰어들기를! 그리고 모든 사람들이 어쨌든 그 효과를 느끼기를! 모든 사람들은 손만 뻗으면 서가 위에 알파벳순으로 정리된 지식을 얻을 것이다. 이 세기의 정신은 『백과전서』를 원했고 또한 주문했다.

달랑베르는 이를 이해했다. 디드로는 더 말할 것도 없는데, 그는 이 모든 상황을 이해했다. 그들은 방법론, 개론, 요약본, 총서들이 너무 넘쳐난다는 사실을 인정했다. 사전들이 너무 넘쳐나서 이것들에 대해 찬사를 보내기보다는 그 많은 사전들의 존재를 정당화해야 할 지경이 되었다. 그들은 '체감할 수 있는 유용성'을 근거로 이런 현상을 설명했다. 이미 시작된 변화를 인정하면서 그들은 이를 끝까지 밀고 나갈 것이다. 지식을 얻고 싶어 했던 궁인, 장교, 신사, 숙녀들까지 역시 그들을 반갑게 맞아들일 것이다. 그들은 바로 이 탐욕스런 독자들을 상대할 것이다. 그들은 과학과 기술에 대해 어떤 예비지식이 없는 사람이라도 이해할 수 있도록 그것들을 다룰 것이다. 각 주제에 대해서 꼭 알아야 할 것만을 설명하고 그 이상은 나아가지 않을 것이다. 전문용어의 어려움을 제거하여 어디서도 사람들을 당황하게 만들지 않을 것이다. 인용문을 번역하여 그것이 더 이상 어려운 상형문자가 되지 않게 할 것이다. 그들은 일반인들에게 도서관을 대신할 수 있는 모든 장르를 포함한 작품 — 전문적인 학자에게는 모든 장르에서 그의 전공이 제외된다 — 을 제공할 것이다. 하나의 동작, 몇 초, 낱말 하나를 찾을 시간이면 가장 무지한 자도 가장 교양을 갖춘 자가 될 것이다. 볼테르가 상상한 일화를 하나 예로 들어 보자. 루이 15세가 트리아농에서 소모임을 가지며 식사를 하고 있을 때, 사냥과 화약이 화제에 올랐다. 사람들은 아무도 화약의 성분이 정확하게 무엇인지 알지 못하고 있음을 알아챘다. 퐁파두르 부인은 볼에 바르는 연지가 어디서부터 온 것인지, 또한 그녀가 신고 있는 비단 양말을 어떻게 만드는지 알지 못했다. 그런데 이러한 무지를 해결할 방법이 있었다. 손짓을 하자 시종들이 『백과전서』 몇 권을 가지고 온다. 화약, 연지, 그리고 양말을 제조하는 직업에 대한 정보를 찾는다. 곧 각자는 오디세우스의 보석에 달려드는 리코메데스의 딸들처럼 책들에 달려들어 곧 자신들이 찾던 것을 발견한다. 변호사들은 거기서 자기들 소송의 판결문을 찾고, 왕은 왕권에 대한 내용을 읽는다. 다들 사전을 뒤적이는 동안 한 백작이 큰 목소리로 말한다. "폐하의 치하에 모든 기술들에 대해 알고 후대에 그것을 전할 수 있는 사람들이 있었다니, 폐하의 홍복이옵니다. 모든 것이 여기에 있습니다. 옷핀을 만드는 방법부터 시작해서 폐하가 소유한 대포를 주조하고 조준하는 법까지, 가장 작은 것으로부터 가장 큰 것에 이르는 모든 것이……."

유럽은 새로운 장을 열게 될 것이다. 가톨릭교회의 교리를 설명하고 있는 성 토마스 아퀴나스의 『신학 대전』은 철학자들에게는 이제 과거였고 곧 잊힐 책이었다. 반면 『문인 집단에 의해 만들어진 백과전서 혹은 과학과 기술과 직업에 대한 이론 사전 *Encyclopédie, ou dictionnaire raisonné des sciences, des arts et des métiers, par une société de gens de lettres*』은 새벽이었고 빛이었다. 그들은 '…… 해야 한다'라는 이러한 절박한 표현을 다시 썼다. 알려진 것들의 목록을 완성해야만 했고, 이를 위해서 모든 것을 검토하고 예외 없이 철저하게 모든 것을 갈아엎어야 했다. 예전의 유치함을 짓밟고 이성이 부인하는 우상들을 전복시키고 반대로 현대적인 가치에 영예를 부여해야 했다.

새로운 시대의 세례를 받은 이 사람들은 자유로워지기를 갈망했다. 그래서 이들의 작업은 군주의 업적이 아니게 되고, 믿음의 변화를 따라가지 못하며 느리게 진척되는 공공사업과도 전혀 닮지 않게 될 것이다. 그들의 일은 정부에 전혀 기대지 않고 진행될 것이다. 모든 아카데미들의 협조도 필요 없을 것이다. 아카데미란 협소한 모임에 불과하기 때문이다. 오직 박애의 감정과 모든 사람들의 이익을 기치로 협력자들은 뭉치게 될 것이다. 이 새로운 시대의 아이들은 흥미를 부추기는 재사나 지적 한량이 되고 싶지 않았다. 그래서 『백과전서』는 필요하지 않거나 이미 시의를 상실한 것은 다루지 않게 될 것이다. 그 안에서는 모든 것이 활동하고 살아 있게 될 것이다. 더 나아가 그들은 단지 설명하고 묘사하는 것으로 만족하지 않게 될 것이다. 목판이나 판화는 문명을 창조하는 끊임없는 노동의 구체적 형태들을 보여 주게 될 것이다. 이 시대의 아이들은 건축자가 되기를 원했다. 그들은 벨이 그랬던 것처럼 역사적 오류들을 조목조목 고발함으로써 과거에 시간을 빼앗겨 목표로부터 빗나가는 우를 범하지 않게 될 것이다. 그보다는 인간들의 도시에 필요한 자재들을 수집하고 조립하는 일을 하게 될 것이다. 이 시대의 아이들은 자신들이 모시는 신인 이성과 자연에 충실할 것이다. "오늘날 철학은 성큼성큼 나아가고 있으며 자신과 관련되는 모든 것들을 자신의 절대적 지배권에 복종시키고 있다. 철학의 어조는 압도적이며, 시작부터 권위와 전범이라는 멍에를 벗어던지고 이성의 법칙만을 고수한다. 그래서 사람들이 전적으로 만족하는 근본적이면서 교조적인 작품은 거의 하나도 없다. 그들은 기존의 작품들이 자연의 진리가 아니라 인간의 진리에 따라 만들어졌다고 생각한다. 그들은 감히 아리스토텔레스나 플라톤을 의심한다. 이때까지 가장 높은 명성을 누리던 저작들도 그 명성을 일부 잃어버리거나 혹은 심지어 완전히 잊힐 시대가 왔다…… 이것이 바로 이성의 진보가 발휘하는 영향력이다." 그 결과는 매우 중대할 것이다. 한편으로 이제 어느 누구도 백과사전이 시대에 뒤떨어진 것이 아니라는 사실을 의심할 수 없으며, 다른 한편으로 만약 어떤 천재지변으로 인해 모든 책들이 사라지게 되더라도 백과사전만 남는다면, 잃어버린 것은 아무것도 없으며 인간의 지식은 온전히 보존될 수 있게 될 것이다.

지구상에 산재해 있는 지식들을 모아 동시대인들에게 그 일반적 체계를 제시하며 자손들이 더욱 지식을 쌓아 더욱 유덕해지고 행복해질 수 있도록 자신들의 뒤를 따를 사람들에게 그 체계를 전수하고자 하는 그들의 이상에 대한 명확한 개념이 형성되기 전에도, 그들은 자신들의 임무의 막중함에 짓눌리기보다는 이러한 무한한 수확에 대한 기대에 도취해 있었다. 그로부터 초기의 열광, 대담한 선포, 약속, 문예와 과학의 공화국에 속한 사람들에게 보내는 호소들이 나왔다. 디드로와 그가 협력자로 삼은 달랑베르는 그 사업에 앞장섰을 때 돈에 대한 욕심으로 움직이지 않았다. 오히려 더 정확히 말하면 그들은 하나의 십자군, 철학의 십자군을 지휘하고 있었다. 1750년 10월 취지문이 인쇄되고, 1751년 7월 1일 사전의 첫 권이 나왔을 때 큰 기대와 전율이 있었다. 반대자들은 동맹을 맺고 곧 이 기획의 위험성을 알렸다. 사전의 출판이 한 번 이어서 두 번 정지되었을 때, 사람들의 흥분은 격화되었다. 우리는 그 사건의 전말을 너무 잘 알고 있어 그 이후의 진행 과정을 여기서 다시 돌아볼 필요는 없을 것이다. 디드로는 출판업자 르 브르통이 몰래 그가 쓴 항목을 삭제한 것을 발견하고는 고통스러워한다. "나는 죽고 싶을 정도로 상처를 받았다……." 마침내 1766년 1월, 뇌샤텔의 출판업자 사뮈엘 포슈는 핑계 삼아 거짓말로 제8권부터는 사전이 스위스에서 인쇄되었으며 구독신청자들에게 배포될 것이라고 발표했고, 유럽의 독자들은 이 핑계를 받아들이는 척했다. 아마도 모든 것이 평온하게 진행되었다면, 이러한 어려움이 없었다면, 중간의 싸움과 최종적 승리 ─ 그 승리는 최종적으로 보이지 않는다는 조건에서만 최종적인 승리였다 ─ 가 없었다면 아마도 『백과전서』의 중요성은 이처럼 크지 않았을 것이다. 하나의 극적 효과가 『백과전서』의 역사에 결부되어 있다. 『백과전서』는 이전 시대, 과거의 사상과 세력에 맞서 싸웠다. 새로운 삶이 시작된다…….

인간의 지식의 질서와 연결 관계를 제시하는 체계적인 사전이란 개념은 18세기가 아닌 다른 시대에서는 받아들일 수 없는 하나의 역설이었을 것이다. 사실 알파벳의 순서가 부과하는 무질서한 분석과 그 시대가 꿈꾸기를 원했던 종합을 어떻게 양립시킬 수 있겠는가? 체임버스가 이를 이미 시도한 바 있었는데, 프랑스의 『백과전서』는 더욱 훌륭히 성공할 것이라고 자부했다.

어떤 원리가 이 질서를 조직하고 연결 관계를 만들었을까? 신적 사고를 모방해야 했을까? 그렇지 않다. 학문의 분류에서 신학은 이제 매우 초라한 자리만을 차지하고 있었고, 이렇게 움츠러든 공간마저도 또한 나뉘어 있었다. 왜냐하면 사람들은 신학을 둘로 나누었기 때문이다. 자연신학은 이성이 산출하는 지식으로서의 신의 지식만을 가지고 있었고 따라서 넓이를 크게 차지할 수 없었다. 반면 계시신학은 계시된 사실에 적용된 이성과 다른 것이 아니었다. 계시신학은 그것이 가르치는 교리에 의해 역사와 연결되며, 교리로부터 추출된 결과에 의해 철학과 연결된다고 말할 수 있을 것이다. 달리 말하면 신학은 이성에 종속되거나 아니면 역사적 혹은 철학적인 것에 불과하므로, 폐위된 여왕과도 같았다. 제반 학문은 이제 신학과의 관계에 따라 분류되지 않을 것이다.

반대로 모든 초월적인 것이 배제된 만큼 인간적 사실만이 지배하게 될 것이다. 인간의 우위가 확정된다. 제반 학문은 인간 심리의 발전과의 관련하에서 분류된다. 우리들은 감각을 통해 우리의 존재를 알게 되고, 우리와 유사한 다른 사람들의 존재를 알게 된다. 하나의 사회, 도덕, 종교가 점진적으로 만들어진다. 선과 악에 대한 순전히 지적인 개념, 법의 원리와 그 필요성, 정신의 영성, 신의 존재와 신에 대한 우리의 의무, 한마디로 우리가 필요로 하는 진리들은 우리의 감각이 야기한 반성적 사유의 열매일 뿐이다. 한편, 고통을 피하고 쾌락을 추구하려는 수고, 우리의 신체를 보존할 필요성으로 우리는 우리를 위협하는 고통들을 예방하고 이미 우리에게 피해를 준 고통들을 치유하기 위하여 개별적이거나 집단적인 해결책들을 강구하게 된다. 먼저 농업과 의학이 태어났고, 마지막으로 가장 절대적으로 필요한 모든 기술들이 뒤를 따랐다. 그러므로 이론적으로든 혹은 실천적으로든, 인간은 스스로 그의 지식과 삶의 양식을 조직했다. 사람들은 연결 관계의 원리를 소유하고 있으며, 그 세부 내용을 설명하는 것으로 충분할 것이다.

우리가 지금까지 이야기해 왔던 모든 것으로부터 다음과 같은 결과가 도출된다. 즉 우리의 정신이 대상들에 대해 작동하는 다양한 방식들과 우리의 정신이 바로 그 대상들로부터 이끌어 내는 다양한 사용법 등은 일반적으로 우리의 지식을 서로 분별하기 위해 우리에게 제시되는 최초의 수단들이라는 것이다. 모든 것이 우리의 욕구에 연관된다. 그 욕구가 절대적 필요에서 나온 것이든, 아니면 취향과 즐거움에서 나온 것이든, 심지어 관례나 변덕에서 나온 것이든 말이다.

우리가 여기서 인용하고 있는 달랑베르는 뷔퐁이 자연 앞에서 취했던 태도와 같은 태도를 전체적 지식 앞에서 취할 뿐만 아니라, "인류가 참되게 연구해야 할 것은 인간"[4]이라고 말한 포프와 합류한다. 또한 인간에게 연구의 가장 고상한 주제는 인간이라는 레싱과도 합류한다.[5]

하지만 이렇게 말할 수 있다면, 훨씬 더 인간적인 또 다른 연결 원리를 찾는 일이 가능할 것인가? 우리의 감각과 성찰의 점진적 발전은 우리 자신에게조차 낯선 상황을 낳는다. 사실 우리의 욕구가 요구한 성취의 역사는 연속선을 따라 나타나지 않으며, 장애물들에

---

4 포프, 『인간론』, 2서(書).
5 레싱, 전집, 18, 헴펠 출판사, p. 25.

의해 단절되고 중간중간 정지될 수도 있다. 따라서 그것은 직선보다는 꼬불꼬불한 길, 일종의 미로와 비슷하다. 때때로 인류는 원을 그리며 제자리를 돌고 또 때로는 뒤로 돌아가기도 한다. 학문들은 서로를 잠식해 들어간다. 어떤 학문은 앞장을 서고 어떤 학문은 뒤로 처진다. 이로부터 상당한 혼란과 커다란 복잡함이 야기된다. 좀더 명료하고 신속한 안내가 필요할 것이다. 과거나 미래에서도 또 호텐토트족이나 파리 사람에게서나, 즉 시공과 관계없이 인간에게는 기억력, 상상력, 이성이라는 세 가지 주요한 기능이 존재하고 있다는 사실이 확인된다. 이것들이야말로 백과사전적 체계의 세 분야라고 할 수 있다. 기억은 역사를, 이성은 철학을, 그리고 상상력은 미술을 만들어 낸다. 그리고 역사, 철학, 미술은 또다시 하위 체계로 재분류된다. 『백과전서』는 결정적으로 이 두 번째 관점에 따른다. 왜냐하면 그것이 파악하는 사실은 우리 영혼의 점진적 발달보다도 훨씬 더 단순하기 때문이다. 사전의 각 낱말 뒤에 기록된 주의 사항들은 잎사귀를 잔가지에, 잔가지를 가지에, 가지를 중심 줄기에 연결하도록 해 주며, 그 중심 줄기는 모든 것들을 쳐 낸 가장 간결한 인간적 사실, 즉 인간의 기능 그 자체를 나타낸다고 할 수 있다. 그래서 두 위대한 스승, 유럽 과학의 스승인 베이컨과 유럽 사상의 스승인 로크는 『백과전서』의 질서를 세우는 생각이 나갈 방향을 결정했다.

사람들은 「서문」을 읽고 나서 외마디 비명을 질렀다. 지식이 더 이상 신으로부터 오는 게 아니라고! 신의 법이 더 이상 도덕의 기준이 아니라고! 그래도 달랑베르는 지고의 존재에 몇 줄을 할애했었다. 영혼과 육체의 결합과 더불어 영원한 문제인 정신과 물질이라는 두 원리에 대해 우리는 성찰을 해야만 하는데, 그 성찰은 우리를 전능한 지적 존재의 개념으로 인도한다. 심지어 그는 자연종교의 보완으로 계시종교의 필요성을 언급하기도 했다. 비록 보완이라는 표현이 그의 의도에 불경건한 성격을 부여하며, 그가 계시종교에 의해 전달된 진리는 현자들이 아닌 민중에게나 적합한 것이라고 말하는 것처럼 보이지만, 적어도 약간의 조심성을 유지하거나 약간의 대비를 했다. 디드로는 사전의 「백과전서」란 항목에 이르러 더 솔직한 자신의 모습을 드러낸다. 그는 이 작품의 기획 의도를 변호하며 주저 없이 인간을 우주의 중심에 놓고 있다.

지표면 위에서 생각하며 관조하는 존재인 인간을 제거한다면, 이 숭고하고 장엄한 자연의 광경은 슬프고 말 없는 광경에 지나지 않을 것이다. 세계는 입을 다물고 침묵과 권태가 세계를 차지할 것이다. 모든 것이 광대한 고독으로 바뀌고 그곳에서 아무도 바라보지 않는 현상들은 어렴풋이 그리고 은밀히 사라져 버릴 것이다. 인간의 존재야말로 존재하는 것들의 존재를 흥미롭게 만들어 주는 것이다. 이러한 존재들의 역사에서 이러한 생각을 따르는 것보다 스스로에게 더 나은 견해를 제시할 수 있겠는가? 이 세계 속에서 인간이 차지하고 있는 역할을 우리의 작품에서 그대로 소개하는 것이 좋지 않겠는가? 인간을 공통 중심으로 삼아야 하지 않겠는가?

태초에 신은 하늘과 땅을 만들었다고 성경은 말한다. 그리고 하늘과 땅을 창조할 때 신은 인간을 만들었다. 그런데 인간을 정의하면서 디드로는 성경과 신을 언급하지 않았다.

인간: 단수 명사. 느끼고 성찰하고 생각하는 존재로서 지구의 표면을 자유로이 거닐며 자신이 지배하는 모든 다른 동물들의

상위에 존재하는 것으로 보인다. 사회를 이루어 살며, 학문과 예술을 만들어 냈고, 자신에게 고유한 선함과 악함을 가지고 있으며, 스스로 자신을 다스릴 주인들을 받아들였고, 스스로를 위해 법을 만들었다…….

때때로 사람들은 『백과전서』가 기술과 직업에 부여한 중요성을 진정한 혁신으로 간주했다. 그것은 과학과 인문학 그리고 기술 공예 각각에 그 토대가 되는 일반 원리뿐만 아니라 그 실체를 이루는 가장 본질적인 세부사항들을 제공하고자 했다. 『백과전서』는 우리 지식의 체계적인 설명뿐만 아니라 실질적인 안내서가 되고자 했다. 그것이 『백과전서』의 두 번째 야망이었다.

이러한 관심을 보고 놀란다면, 미래에 가장 직접적으로 관여하고자 했던 당대의 경향들 중 하나를 알지 못하고, 그 선구자들을 기억하지 못하는 일이 될 것이다. 데카르트는 콜레주 루아얄이나 다른 공공건물에 장인들을 위한 다양한 교실들을 마련하고, 각 교실에는 거기에서 가르쳐야 할 기술에 필요하거나 유용한 온갖 연장들로 가득 찬 사물함을 설치할 것을 조언할 정도였다. 라이프니츠는 여흥과 놀이, 줄 타는 무용수, 곡예사, 불을 먹는 사람, 말들의 군무, 불꽃놀이 그리고 대중을 끌어 모으기 위한 다른 진기한 물건들이 있는 일종의 만국박람회를 기획했다. 사람들은 여기서 과학의 발전이 만들어 낸 도구들, 자연사의 수집품들, 해부의 현장, 카메라 옵스큐라, 물과 대기와 진공에 대한 실험들, 새로운 발명품과 기계들을 접하게 될 것이다. 『인간 오성론』에는 이미 기계공학에 대한 설명이 자리 잡고 있다. "기계공학이 아무리 터무니없고 경멸당하고 있다 해도(왜냐하면 이 이름은 세상에서 천대를 받고 있기 때문이다), 그리고 교양이 전혀 없는 사람들이 이에 종사하고 있다 하더라도,

나는 바로 이로부터 삶에 매우 유용한 기술들이 탄생하며 매일 같이 그 기술들이 발전하고 있다고 말하고 싶다." 이미 몇몇 사전들은 그 제목을 통해 과학과 기술을 다루고 있으며 심지어 그 사전들도 기술적일 것이라고 공표했다. 이미 능수능란한 기계공들이 자동기계들을 만들었고, 보캉송[6]은 과학 아카데미에 플루트 연주기를 제출했으며 이에 이어 헝가리 사람인 켐펠렌 파르카스[7]가 만든 '말하는 사람'도 나올 예정이었다.

사람들은 당시 얼마나 놀라운 기계들을 발명해 냈던가. 방적기가 더 이상 충분한 실을 공급해 줄 수 없는 지경으로 빨리 움직이는 직조기들이 발명되었고, 이어서 반대로 직조기들이 더 이상 이용할 수 없는 많은 실들을 뽑아내는 방적기들이 발명되었다. 석탄을 이용해서 광석을 녹이는 기계들도 있었다. 그중 가장 경이로운 발명은 증기기관이었다. 사실 1733년 존 케이는 베틀 북[8]을 발명했다. 1738년 존 와이어트와 루이스 폴은 직조기 특허를 취득했다. 1761년 제임스 와트는 실험을 시작해서 1767년에 마침내 성공을 이루고, 1768년 이번에는 자기가 특허를 취득했다. 18세기의 유럽에서 기계가 인간을 전반적으로 대체하기 시작했다. 인류의 역사에서 이보다 더 중대한 결과를 낳은 사건은 없었다.

그러므로 『백과전서』는 일반적인 움직임 속으로 편입되었으며, 이를 고양하고 찬양했다. 그것은 순수한 사상가들에게는 형이상학

---

6 (역주) Jacques de Vaucanson(1709~1782): 프랑스의 발명가로 각종 자동 악기와 자동인형을 만들었으며, 비단 공장의 감독으로 각종 직기의 개량에 힘썼다

7 (역주) Kempelen Farkas(1734~1804): 헝가리의 발명가

8 (역주) 존 케이는 영국의 방적 기사로서 직조의 속도를 2배 이상으로 만든 플라잉 셔틀(flying shuttle)을 발명했다.

만이 성찰의 가치가 있는 것으로 여겨지던 시대에 그들이 모르고 있었거나 멸시하고 있었던 기술 공예를 모든 독자들에게 알리게 될 것이다. 『백과전서』의 협력자들은 일상 용품을 판매하는 상점에 들어갔다. 더욱이 작업장을 찾아 제본공이 책을 어떻게 만드는지, 목수가 어떻게 상자를 만드는지, 유리 제조공이 병을 어떻게 부는지, 광부가 어떻게 석탄을 캐는지를 관찰하게 될 것이다. 랑그르의 칼 제조공의 아들인 디드로는 특히 관찰하고 질문하는 일을 맡았다. 그가 데생 화가들을 데리고 가면, 그들은 가장 단순한 부품들로부터 가장 복잡한 기계들에 이르기까지 모든 것을 모사하게 될 것이다.

사상의 이러한 변화가 기술 쪽으로 기울어지면서 사회적 변화가 수반되지 않을 수 없었다. 사람들은 기술 공예의 가치를 고양하면서 당연히 기술 공예에 종사하는 사람들의 사회적 신분을 더 높이 평가해야 했다. 우리는 『백과전서』로 인해 가치들의 등급을 재조정하지 않을 수 없었다. 왜냐하면 그것은 또 이렇게 말했기 때문이다. 여러분은 장인들을 더 이상 멸시해서는 안 된다. 그들은 여러분과 동등하다. 아니, 오히려 당신들보다 우수하다. 왜 여러분은 그들을 멸시하는가? 그것은 아마도 막연하고 무의식적인 원한으로부터 비롯된 것 같다. 최초의 불평등은 힘에 근거하고 있었는데, 사람들은 그것을 정신의 우월성에 근거를 둔 관습적인 불평으로 대체했다. 정신은 과거의 육체적 힘의 승리에 대해 복수를 하고 있는 것이다. 여러분의 멸시는 잘못된 생각에서 비롯된 것이다. 사람들은 기술 공예에 종사하거나 심지어 그것을 공부하기만 해도 체면이 손상되고, "연구하기는 힘겹고, 성찰하는 것은 역겨우며, 설명하는 것은 어렵고, 거래하는 것은 명예를 훼손하고, 그 수는 무한히 많으며 그 가치는 별로 없는 것"에 자신의 품위를 떨어뜨린다고 생각했다. "이러한 편견을 갖고 있는 한 도시에는 오만한 이론가들과 쓸모없는

명상가들이 많아지고 시골에는 무지하고 게으르며 거만한 전제군
주들이 넘쳐날 것이다." 인문학이 요구하는 지적 작업과 거기서 뛰
어나게 되는 것이 어렵기 때문에 인문학이 기술 공예보다 우월하다
면, 기술 공예는 그 유용성으로 인문학보다 우월한 것 역시 사실이
다. 정밀한 시계 부속들을 만든 사람은 대수학을 완성한 사람만큼
이나 존경을 받아야 한다. 혹은 훨씬 더 단호하게 말하자. "저울의
한쪽에 가장 존경받고 고상한 학문과 예술의 실제적 이익을 올려놓
고 다른 한쪽에는 기술 공예의 이익을 올려 놓으십시오. 그러면 그
양자에 대해 여러분이 부여했던 평가가 그 이익의 정당한 몫에 따
라 이루어지지 않았다는 것을, 그리고 실제로 우리가 행복해지도록
열심히 일한 사람들보다 우리가 행복하다고 믿게 하려고 열심히 일
한 사람들을 훨씬 더 칭송해 왔다는 것을 알게 될 것입니다."

행복해지고자 하는 의지, 즉시 행복해지고자 하는 의지가 이러
한 형태로 끊임없이 되살아나고 있었다. 지상의 지복에 기여하는
모든 이에게 영광이 있기를! 행복의 도구는 물질적 진보일 것이다.
경험주의는 사람들이 바치는 명예가 성찰에서 실천으로, 사유에서
행동으로, 머리에서 손으로 이동할 것을 요구했다. 기술 공예의 편
을 든 디드로는 자신의 원리원칙에, 자신의 형제들과 공유한 사상
에, 그 시대의 철학 정신에 충실했다.

『백과전서』는 많은 결함을 갖고 있었고 하루하루 그것이 드러났
다. 처음부터 그 반대자들은 『백과전서』가 예전에 나온 편집본이나
여기저기서 인용해 낸 서적이나 정기간행물에서 엄청난 부분을 차
용해서 출처를 밝히지도 않은 채 실었다고 비난했다. 그리고 그것
은 사실이었다. 사람들은 많은 오류와 어리석음이 여과 없이 백과
전서에 들어가 있다고 비난했다. 이는 틀린 말이 아니었다. 『백과

전서』의 협력자들은 온갖 부류의 사람들로 이루어져 있었다. 몇몇 천재들은 도와주겠다는 약속은 잘했지만 실제로 그만큼 약속을 지키지는 않았다. 무명의 일꾼들 중에는 할 수 있는 만큼만 하고 대단한 일은 할 수 없는 사람들이 많았다. 그래서 사전 항목들의 질적인 면에서는 현격한 부조화가 있었다. 주의주장에서도 부조화가 나타났으며 종종 모순을 보일 때도 있었다. 디드로는 뛰어난 지도자였지만 항상 편집장의 역할을 잘 수행했던 것은 아니다. 그 일에는 너무도 긴 인내가 필요했지만 그는 반복되는 것들을 그대로 통과시켰고 누락된 것들을 제대로 확인하지 않았다. 따라서 일이 진척됨에 따라 이제 실질적 책임은 그가 아니라 조쿠르[9]가 지게 되었다. 조쿠르는 교의의 통일성을 확보하기보다는, 모든 역경을 헤치고 사업을 진척시키며 원고를 달라는 인쇄공과 원고를 기다리는 식자공에게 원고를 제공하는 데 더 신경을 썼다.

그러나 결함들의 목록은 그만 들여다보고 본질적인 문제로 돌아가서 백과전서파를 판단해 보자. 좋은 사전은 시대의 사유 방식을 변화시켜야만 하는데, 그들은 그런 변화를 이끌어 냈는가?

어떤 항목들은 완벽하게 정통적이다. 사람들은 그것을 읽은 후 1779년 이탈리아 신부 조르지가 썼던 다음과 같은 글에 동의하고 싶을 것이다. "나로서는 백과전서파를 신을 믿지 않은 사람들의 단체로 여기는…… 사람들의 의견에는 전혀 동의하지 않는다. 「기독교」 항목이나 또는 동일한 종류의 몇몇 다른 항목들을 읽어 보기를 권한다. 그러면 그곳에서 종교는 존중되고 있을 뿐만 아니라 확고하게 옹호되고 있음을 보게 될 것이다." 그러나 조금만 깊이 검토해

---

9 (역주) Louis de Jaucourt(1704~1779): 프랑스의 의사이자 철학자로 『백과전서』의 주요한 협력자였다.

보면 생각이 바뀔 것이다. 교회가 마땅히 의심할 권리가 있던 항목들이 위험하지 않은 것은 맞지만, 거의 모든 다른 항목들의 경우에는 이런저런 방식으로, 예를 들면 짧은 부연 설명이나 심지어 일부러 말을 하지 않고 슬쩍 암시만 하는 방법을 통해서 기존의 교리들, 권위, 교조 등에 대한 적대감이 드러나고 있었다. 이 사전은 그대로 수용하고 기록하는 대신에 수많은 의혹들과 반항을 제기하고 있었다. 그것이 바로 첫 번째 변화였다.

두 번째 변화는 중대하다. 이 사전은 인간들의 도시에 잘 어울리는 것이다. 『백과전서』는 자기 나름으로 신적인 것의 의미를 사회적인 것의 의미로 대체하는 데 기여했다. 당시 형태를 갖추어 가고 있던 사회과학이 『백과전서』에서 완전히 개화되었던 것은 아니었다. 인간을 연구하려면 개인으로부터가 아니라 집단으로부터 출발해야 한다는, 사실로 확인된 사상은 『백과전서』에서 나타나지 않았다. 겨우 1767년에 이르러서야 애덤 퍼거슨[10]은 『시민사회의 역사론An Essay on the History of Civil Society』에서 가장 오래된 고대로부터 가장 가까운 현대에 이르기까지 지구의 전역에서 수집되어 우리에게 제공된 모든 증언들은 인류를 집단과 모임의 형태로서만 제시하고 있기 때문에, 이러한 사실로부터 출발해야만 한다고 발언할 것이다. 따라서 퍼거슨은 현대 사회학의 창시자라고 간주될 수 있을 것이다. 적어도 『백과전서』는 형성 과정에 있던 사회과학들을 종합적으로 검토하고 평가하고, 그 정신을 이끌어 내고, 그 윤곽을 만들었다. 이 사전에서 현대적 의미에서의 인간학은 완성되지는 않았지만 준비되고 있었던 것이다.

---

10 (역주) Adam Ferguson(1723~1816): 스코틀랜드의 철학자이자 역사가로 '스코틀랜드 계몽주의' 운동의 일원

조금 더 은밀한 영향을 추가해야 할 필요가 있을까? 『백과전서』
가 프리메이슨단의 기획이었을까? 프리메이슨단이 모든 인문학과
실용 학문의 사전을 출판할 기획을 가지고 있었음은 확실하다. 프
리메이슨단의 대(大)지부장인 람세[11]는 1737년 3월 31일에 발표한
담화문에서 명백히 다음과 같은 말을 했다. "우리는 이미 런던에서
그 작업을 시작했다.[12] 우리 동료들의 협력을 통해 몇 년 안에 그
작업을 완성할 수 있을 것이다. 우리는 여기서 기술적 용어와 그 어
원을 설명할 뿐만 아니라 또한 과학과 기술의 역사, 그 대원리들과
작업 방식 등을 제시할 것이다. 이와 같이 우리는 모든 나라들의 지
혜를 한 권의 책 안에 담을 것이다……." 레우스 백작의 가정교사인
겐사우 역시 1741년 람세가 자신에게 유럽의 모든 프리메이슨 단원
들에게 1인당 10루이의 기부금을 걷을 계획이라고 말했는데, 그 수
익은 우선 네 가지 분야의 인문학[13]과 역사학을 포함할 프랑스어로
된 백과사전을 출판하는 데 사용되었을 것이라고 보고했다. 그러나
이러한 가능성들을 확실한 사실로 만들어 줄 정확한 증거가 우리에
게는 아직 없다.

『백과전서』는 사람들에게 영향을 끼쳤다. 많은 신문기자들에게
공격당한 『백과전서』— 백과전서라는 이름의 여러 권으로 이루어진
두꺼운 책[14] — 는 그것이 어떤 형태로 나오든 또 어디서 나오든 교
회에 의해 금서로 지정될 수밖에 없었다. 왜냐하면 그것은 불신앙

---

11 (역주) Andrew Michael, chevalier de Ramsay(1686~1743): 스코틀랜드
    출신의 프랑스 작가이자 철학자
12 에프라임 체임버스의 『백과사전』은 1728년에 나왔으며 그는 프리메이슨
    단원이었다.
13 (역주) 수를 중심으로 한 수학, 음악, 기하학, 천문학을 말한다.
14 (역주) 교황 클레멘스 13세의 회칙에서 나온 말

과 종교에 대한 경멸로 이르는 잘못된 그리고 해롭고도 개탄할 만한 주의주장과 명제들을 담고 있었기 때문이다. 그러나 토스카나주에서는 루카 시와 리보르노 시에서 두 번에 걸쳐 재간행되었다. 왜냐하면 그곳에서는 레오폴트 대공의 후원이 있었기 때문이다. 그것은 매우 이익이 나는 훌륭한 출판 사업이기 때문에 또 다른 출판 기획들이 생겨났으며 '출판계를 술렁거리게 만드는' 자극이 되었다. 제네바에서도 재간행되었다. 그리고 다음에는 더욱 다루기 쉬운 형태로 나와 또 한 번 제네바에서 재간행되었고, 베른과 로잔과 이베르동에서도 간행되었다. 1782년부터 팡쿠크[15]가 『방법론적 백과사전 Encyclopédie méthodique』이란 이름으로 개정판을 냈다. 백과전서는 유럽으로 확산되고 있었던 것이다.

---

15 (역주) Charles-Joseph Panckoucke(1736~1798): 프랑스의 작가이자 출판업자

제8장

사상과 문학

문학이 겪은 가장 커다란 변화를 우리는 보았다. 문학은 사상의 전쟁터가 되었다. 그러나 인간들의 도시는 또한 아름답기를 원했다. 그 도시가 사랑했던 아름다움은 어떤 종류였는가?

의(擬)고전주의

사람들은 결코 자신이 원하는 만큼 새롭지 않다. 이것은 18세기가 인정하지 않았던 진실이지만, 그 결과를 감내해야 했다. 17세기의 선배들과 자신을 비교하면서, 18세기의 사람들은 복잡한 감정, 약간의 질투와 미묘한 존경을 느꼈다. 그들은 자신들이 더 크다고 말하면서 몸을 쭉 폈다. 그들은 사상과 과학에서 더 위대했지만 문학과 예술에서는 선배들과 어깨를 나란히 하는 데 성공하지 못했다고 고백했다. 그들은 자신들이 루이 14세를 미워하는 온갖 이유들을 설명했다. 그리고 설명이 끝난 후 루이 14세의 동상은 수많은 다른 동상들, 천재들의 동상에 둘러싸여 좌대 위에 올려져 있다고 고백했다.

그러므로 그들은 모방의 짐을 무겁게 끌고 다녔다. 그들은 규칙들을 검토하고 받아들이면서 그것들에 따랐다. 그들은 기존 장르들에서 이탈하지 않았는데, 정말로 다른 장르들을 찾기를 원했을 터이지만 찾지 못했다. 이리아르테,[1] 사마니에고,[2] 게이, 겔러르트[3]가 서로 앞을 다투어 라퐁텐처럼 우화를 지으려고 했다. 또한 고치,[4] 프리드리히 2세, 그리고 다른 많은 사람들이 앞을 다투어 퐁트넬과 페늘롱처럼 죽은 사람들에게 이야기를 시키게 될 것이다. 그리고 사람들은 부알로처럼 오드에 잘 계산된 정열을 집어넣으려고 했다. 바로 이것이 고체트[5]가 독일의 시인들에게 주문했던 것이다. 마침내 사람들은 앞을 다투어 서사시의 영광을 획득하려고 했다. 예를 들면 샤비에르 데 메네제스의 『엔히크의 노래 Henriqueida』,[6] 모라틴[7]의 『그라나다 공략 La Toma de Granada』, 오토 폰 쇠나이흐[8]의 『헤르만 Hermann』과 『새잡이왕 하인리히 Heinrich der Vögler』, 모든 나라에 또 다른 많은 작품들이 그러했다. 볼테르는 1723년부터 『가톨릭 동맹 혹은 앙리 대왕 La Ligue ou Henri le Grand』에서 그

---

1 (역주) Tomás de Iriarte(1750~1791): 스페인의 시인이자 우화 작가
2 (역주) Félix María Samaniego(1745~1801): 스페인의 시인이자 우화 작가
3 (역주) Christian Fürchtegott Gellert(1715~1769): 독일의 우화 작가이자 모럴리스트
4 (역주) Carlo Gozzi(1720~1806): 이탈리아의 우화 작가이자 극작가
5 (역주) Johann Christoph Gottsched(1700~1766): 독일 초기 계몽주의자이자 의고전주의의 대표적 문학이론가로 합리주의를 극단적으로 밀고 나가며 문학을 도덕적 교화의 도구로 간주해 보드머와 브라이팅어를 중심으로 하는 문학인들에게 공격을 받았다.
6 15세기 대항해 시대를 연 포르투갈의 엔히크 왕자를 노래한 서사시
7 (역주) Leandro Fernández de Moratín(1760~1828): 스페인의 문인
8 (역주) Christoph Otto von Schönaich(1725~1807): 독일의 문인

모범을 보인 바 있다.

나는 그 전투들과 그 관대한 왕을 노래한다
그는 프랑스인들을 행복하게 만들었고,
동맹을 깨고 이베리아족을 떨게 만들었으며,
자기 백성들의 정복자이자 아버지가 되었고,
정복된 파리에서 자신의 법을 경배하게 만들었고,
세상 사람들의 사랑의 대상이 되었고 왕들의 모범이 되었다.

시(詩)의 여신이여, 내게 말해 주십시오, 얼마나 집요한 증오가
앙리에 반대해 말을 잘 듣지 않는 프랑스를 무장시켰는가를,
그리고 우리의 조상들이 자신들의 파멸을 향해 달려가면서
왕들 중 가장 정의로운 왕보다 폭군들을 얼마나 더 좋아했는
가를…….

사람들은 볼테르에게 찬사를 보냈다. 오랫동안 침묵을 지켰던
서사시가 사람들이 자랑하던 그 프랑스인의 재능을 통해 목소리를
되찾았던 것이다.[9]
얼마나 많은 희극작가들이 몰리에르와 어깨를 견주려고 애를 썼
던가. 그리고 그 시도가 너무 위험했을 때 얼마나 많은 사람들이 그
를 모방하는 것으로 만족했는가. 데투슈[10]의 「거만한 사람 Le

---

9 《학자 신문》, 1724, p. 246.
10 (역주) Philippe Néricault Destouches(1680~1754): 프랑스의 배우이자
극작가

Glorieux」, 그레세[11]의 「사악한 사람Le Méchant」은 몰리에르의 「인간혐오자Le Misanthrope」와 「수전노L'Avare」의 생기 없는 후손들이다. 홀베르는 충분히 많은 지역적 모델들을 눈앞에서 보았고, 자신의 내면에서도 독창적인 희극들을 쓸 수 있는 충분한 영감을 갖고 있었다. 그가 로마 희극시인인 플라우투스나 몰리에르 쪽을 쳐다보지 않았다면 그리고 삼단일의 규칙을 어기는 것을 두려워하지 않았다면, 그의 희극들은 더욱 독창적이었을 것이다. 그렇게나 많은 죽은 이들이 영면을 취하러 간 무덤들 중에서 가장 북적이는 곳은 비극들이 묻힌 무덤이다. 볼테르의 「자이르Zaïre」와 같이 유명한 비극들, 며칠 저녁 동안 잘 버텼던 비극들, 단 한 번에 야유를 받는 영광과 순교자의 가시관을 얻은 비극들. 이것들은 이제 자신들의 무덤 위에 잊혀진 이름만을 갖고 있을 뿐이다. 「코스로에스Cosroès」, 「아리스토메네스Aristomène」, 「브리세이스Briseis」, 「외독스Eudoxe」, 「자뤼크마Zarucma」가 여기에 잠들어 있다. 너무나 많은 비극들과 희비극들이 있어서, 1761년에는 사전 하나를 아니 여기에 추가해 하나를 더 만들 정도로 많은 제목들을 보유하고 있었다. 유럽이 카토를 주제로 제시하면서 조직했던 유럽 내 비극 경연은 메로페[12]와 함께 다시 시작되었다. 그리고 이번에는 한 이탈리아인이 일등상을 받았다. 적어도 그의 동향인들은 그 연극이 1713년 6월 11일 이탈리아의 모데나에서 상연되었을 때 마침내 시

---

11 (역주) Jean-Baptiste-Louis Gresset(1709~1777): 프랑스의 시인이자 극작가

12 (역주) Merope: 그리스 신화에 나오는 메세니아의 왕 크레스폰테스의 왕비로 자신의 남편을 살해한 폴리폰테스의 아내가 되기를 강요받았다. 그때 몰래 키워진 그녀의 셋째 아들이 나타나 아버지의 살해범을 죽인다. 이 이야기는 비극들의 주제로 많이 사용되었다.

피오네 마페이[13]에게서 완벽하게 고전주의적인 극작가를 보았다고 자랑스러워하면서 그 작품이 그럴 만하다고 판단했다. 그렇지만 그의 동향인인 루이지 리코보니[14]는 코메디아델아르테(변덕, 웃음, 익살) 희극단의 명성 높은 단장이면서도 동시에 이탈리아 연극이 충분히, 결코 충분히 개혁되지 않았다고 탄식하는 생생한 역설을 제공하고 있었다. 프랑스 바깥에서 사람들은 코르네유[15]와 라신[16]은 한물갔다는 순진한 비명을 질렀다. 프랑스에서는 고대인들은 한물갔다고 했지만, 누가 그것을 믿었겠는가?

사람들은 계속 예전처럼 했다. 예전에 만들어진 놀이의 조건을 받아들였고, 약간의 수정만 가하면 — 비극에 사랑을 약간 덜 집어넣고 역사의 모든 시기들에서 빌려 온 주제들로 약간의 색깔을 더 넣으면 — 완벽함에 이를 수 있을 것이라고 생각했다. 사람들은 더 이상 훌륭한 몇몇 작품들을 오랫동안 준비하는 데 만족하지 못했고, 펜은 예전에는 몰랐던 속도로 종이 위를 미끄러져 나갔으며, 책은 바로바로 인쇄되었고, 열기가 예전의 위대한 평정을 대체했기 때문에 수백 권의 책이 나타났다 사라졌는데, 그것들은 심지어 장식을 위해 제본할 가치조차 없는 것이었다. 그래서 이렇게 과거가 연장되는 것을 확인하면서 오직 오래된 오류와 엄청난 손실만을 기입하고 싶어진다. 모든 것에서 무모함이 판쳤다. 그리고 순수 문학에 접근하자마자 소심함을 보였다.

그러나 이 정도에서 멈춘다면 잘못일 것이다. 의고전주의가 된

---

13 (역주) Scipione Maffei(1675~1755): 이탈리아의 작가이자 비평가

14 (역주) Luigi Riccoboni(1676~1753): 이탈리아의 배우이자 작가

15 (역주) Pierre Corneille(1606~1684): 프랑스의 극작가로 몰리에르와 라신과 더불어 프랑스 고전극의 대가로 꼽힌다.

16 (역주) Jean Baptiste Racine(1639~1699): 프랑스 고전 비극의 대표적 작가

고전주의의 지속은 유명한 모델들이 갖는 치명적인 힘, 찬란한 후광, 예전에 한 번 성공했던 것을 다시 시작하는 경향이 있는 사람들의 게으름에서만 나온 것이 아니다. 그것은 논리와 묵계와 동의를 내포한다. 그것은 이성이 창조된 것 전체에서 발견했던 질서의 산물이다.

"무엇인가가 존재했기보다는 선택된 것이 질서가 된다."[17] 법의 정신이 있었던 것처럼 문학의 합리적 정신이 있는 것이 틀림없었다. 고전주의는 장르들의 본성에서 파생되는 필연적인 관계들을 나타낸다. 장르들은 존재들의 거대한 사슬에 의해 부과된 자기 방식으로서의 위계질서였다. 이 점에서 철학은 고전주의에 계속 충실했는데, 이 둘은 정신착란의 적이었기 때문이다.

게다가 고전주의의 학설이 이미 프랑스에서 가장 훌륭한 결실을 맺었기 때문에 여전히 그로부터 생산되는 열매들이 맛이 없는 것이 사실이라 할지라도, 유럽의 다른 지역들에서는 사정이 같지 않다. 중요한 변화를 포함하고 있지만 본질적으로는 부알로의 『시 작법 Art poétique』을 반복하고 있는, 뒤늦게 등장한 시 작법들의 인상적인 목록은 그것이 어느 정도 유효하다고 생각되지 않는다면 정당성을 인정받기 어려울 것이다.

『비평론 An Essay on Criticism』(1711)

규칙은 "여전히 자연이지만 자연은 방법이 되었다." 이 간결한 표현이 무익하지 않다는 것을 포프 자신의 작품이 입증했다.

---

17 우츠, 「행복 Die Glückseligkeit」, 『서정시 Lyrische Gedichte』.

요한 크리스토프 고체트, 『비판적 시 작법론 Versuch einer Kritischen Dichtkunst』(1729)

고체트는 그리 대가가 아니었고 그의 저작의 내적인 재능을 통해 그를 방어하기란 쉽지 않았을 것이다. 그러나 그가 현학적일지 모르고, 소견이 좁은 것을 자랑스러워했고, 독일에 맞지 않는 프랑스 연극 모델들을 고집스럽게 제안했으며, 사람들이 그를 끝까지 따랐다면 위험했다 하더라도 어쨌든 그는 당시의 필요에 부응했다. 그는 규율을 요구했고, 그 규율의 제약은 시의 개화를 준비했다.

이그나시오 데 루산,[18] 『시학 Poetica』(1737)

여전히 그리스와 로마, 여전히 고전주의 이탈리아, 여전히 부알로의 프랑스, 여전히 규칙들이었다. 그러나 또한 완전히 구어체가 된 문학의 결점과 악취미와 과장과 미사여구의 공고리슴(gongorisme)에 반대하는 투쟁이 있었다. 그것은 스페인의 천재성에서 그 찌꺼기를 제거하기 위해 필요한 개선 작업이라고 할 수 있다.

포르투갈은 보편적인 사상의 운동에서 자신이 늦었다는 사실을 의식하고 있었다. 자신에게 고통을 주는 이런 결핍에 대한 대책으로 포르투갈은 이미 소진된 자기 자신의 전통을 따르는 방법을 택했다. 혹은 이탈리아의 아르카디아[19]를 모방하는 방법을 택하기도

---

18 (역주) Ignacio de Luzán(1702~1754): 스페인의 비평가이자 시인
19 (역주) 왕권의 보호를 받아 특권층을 중심으로 토론을 연 아카데미와는 달리 모든 시민들에게 토론의 장을 연 학회로 1690년 최초로 로마에 아르카디아 아카데미가 건립되었다.

했는데, 시를 활성화시키고 그것을 규방으로부터 끌어내 야외로 옮길 욕심으로부터 생겨난 이탈리아 아르카디아는 곧 남의 말을 되풀이하는 양들의 우리로 변질되었다. 그런데 1746년 루이스 안토니우 베르네이[20]가 쓴 『올바른 공부법 Verdadeiro Método de Estudar』이 등장했는데, 그는 포르투갈인들에게 더욱 잘 공부하고 생각하기 위한 방법을 제시했다. 1748년에는 프란시스쿠 주제 프레이리[21]의 『시 작법』이 나왔다. 고전주의의 효능은 아직 포르투갈에서 소진되지 않았다.

이 지속적인 노력에서 단순히 정신적 전파의 예를 보는 것은 매우 성급한 일일 것이다. 반대로 사람들은 고전주의가 아직 제대로 작용하지 못해서 그 역할을 요구하는 국가들에서 잇달아 나오는 호소의 목소리가 들린다고 생각했다. 그러나 점차 그 영향력은 전면적이고 배타적으로 되어 가는 경향을 보였다. 그것은 지적 해방의 원리가 되기를 멈추고 편견이 되었다. 마치 고전주의가 그 장악력을 너무 멀리 밀고 나가 그 지나친 지배력으로 인해 이에 대한 보복이 준비되었고, 고전주의는 나름대로 이를 불가피하게 만들어 사람들에게 문학적 변혁 이외에는 다른 방법은 남겨 두지 않았고, 그래서 독일의 계몽주의가 질풍노도운동(Sturm und Drang)을 촉발한 것처럼 당시 모든 상황이 돌아갔다.

당시는 수도나 지방의 대도시까지도 모두 아카데미를 두기를 원했던 시대였다. 영국조차 학사원에 40개의 자리를 마련해야 할 것

---

20 (역주) Luís António Verney(1713~1792): 포르투갈의 예수회 학교에서 교육을 받고 이탈리아에서 박사 학위를 취득하고 근대 철학을 공부했다. 『올바른 공부법』(1746)을 저술하여 당시의 포르투갈 교육을 혁신하기 위한 새로운 방법을 제시했다.

21 (역주) Francisco José Freire(1719~1773): 포르투갈의 문인

이라고 가끔 생각했다. 당시는 사람들이 언어와 문법과 철자를 근대화하기 위해 그것들을 재검토하는 시대였다. 또한 철학 비판 옆에서 당시 권력들 중의 하나가 된 문학비평이 그 존재를 드러냈던 시대였다. 종종 사람들은 문학비평의 엄격함에 반대했다. 바보, 어리석은 사람, 실패한 시인 등 아무나 목소리를 높이고 부당한 판단을 내리고 유명한 작가들을 공격할 권리를 가로챘다. 가장 능력 없는 사람이 가장 신랄하게 비판했다. 그러나 이러한 불평들은 비평을 위해 더욱 위대한 존엄성을 요구하고 비평에 창조 못지않은 예술적 성격을 부여하는 것만을 목적으로 삼았다. 비평도 잘하기만 하면 그것을 통해 웅변가나 시인이나 극작가만큼 유명해질 수 있었다. 그래서 일찍이 존재했던 위대한 비평가들 중 몇몇이 그때 나타났는데, 포프, 볼테르, 레싱이 그들이다. 그리고 이 비평가들이 사후의 명성을 위한 또 다른 칭호들을 획득했을 때, 그들 옆에는 순수 비평가들과 작가들이 있어서 그들이 불후의 명성을 얻도록 자신들의 권한을 행사했다.

주세페 바레티[22]는 아리스타르코 스칸나부에와 아리스타르크 에고르주뵈프라는 가명을 썼다. 그리고 자신의 비평지는 《문학의 채찍》[23]이라는 제목을 사용했다. 영국에 오랫동안 체류한 후 이탈리아에 돌아왔을 때 그의 채찍은 삼류 작가들의 등이 소리가 나도록 때렸다. 그는 아르카디아, 오직 죽은 사람들에만 관심이 있는 '골동품 수집가들', 자신들의 따분한 서적들이 더 잘 받아들여지게 만들기 위해 그것들을 화려한 헌사로 장식하는 허영심이 강한 사람

---

22 (역주) Giuseppe Baretti(1719~1789): 이탈리아 출신으로 영국에서 활동한 비평가이자 문인

23 《문학의 채찍 *La Frusta letteraria*》, 1763년 10월~1765년 7월.

들, 사소한 주제들에 대해 거창한 시를 쓰는 작가들, 소네트를 마구 지어 내는 작가들 — 그들이 말해야만 하는 것에 대해서라면 14행도 너무 많다 — 에게 선전포고를 했다. 자연스러움, 자발성이야말로 그가 문체에서와 마찬가지로 사유에서도 원했던 것이다. 양식이야말로 그가 내린 판단들의 원칙이었다. 전통에서 나쁜 것이 아니면 결코 선택하지 않는 옛날식의 현학자들과 아류들이 너무 많다. 정열적이고, 전투의 소음을 사랑하며, 타격을 가하기만 한다면 타격을 받는 것에 대해 그리 신경 쓰지 않는 그는 가차 없는 비평가를 상징했다. 만약 그가 런던 오페라 납품업자들의 일원이 되고, 영국 귀부인에게 이탈리아어를 가르치고, 더 나아가 오랫동안 사용될 이탈리아-영어 사전[24]을 쓰는 데 만족했더라면, 그는 문학적 영광의 정상 — 이는 당시 특히 애용되었던 이미지였다 — 으로 올라가는 작가들 사이에서 수수한 자리를 차지했을 것이다. 그러나 그는 자신의 채찍을 휘두르면서 군중을 뚫고 나가 아폴로 옆에 자신의 훌륭한 자리를 만들었다.

화가 레이놀즈는 후세를 위해 새뮤얼 존슨의 초상화를 그렸다. "넓은 어깨, 어깨 사이로 들어간 목, 육중한 턱과 좁고 주름진 이마와 두툼한 입술을 가진 뚱뚱한 얼굴, 질문을 던지는 듯한 찌푸린 시선, 심각하고 내향적이고 약간은 신랄한 표정……."[25] 새뮤얼 존슨은 작업에 착수해 밀턴을 공부할 것인데, 그의 방법은 어떤 것일까? 그는 매우 주의 깊은 전기로부터 시작하고 다음으로 작가의 다양한 작품들을 매우 꼼꼼히 검토한다. 그리고 그는 깊이 생각한다.

---

24 (역주) 그는 1760년 『영어-이탈리아 사전』을 출간했다.
25 루이 카자미앙Louis Cazamian, 「교조적 고전주의: 존슨」, 『영국문학사』 8권, 1장.

위대한 작품일수록 더욱 세심한 주의가 필요하다. 나는 『실낙원』을 검토하고자 한다. 그 작품은 지금 그의 의도와 관계하여 생각할 때 정신의 걸작들 중 1위를 요구할 수 있지만 그 실행에 관계해 생각할 때는 2위이다. 모든 사람들이 동의하듯이 서사 시인은 가장 찬란한 영광을 받을 만한 사람이다. 사실 시는 즐거움을 진실에 통합하는 기술이다. 그리고 명확히 서사시는 가장 즐거움을 주는 방법을 통해 가장 중요한 진리를 가르치려고 시도한다. 그러므로 나는 솔직히 말해서 내 비평의 중요성을 『실낙원』의 높은 중요성에 맞추어야 한다. 르 보쉬 신부[26]가 도덕성이 우선적으로 중요하다고 말할 때 그는 정말로 옳다. 이야기는 그 뒤를 이어서 그 도덕성을 예시해야 한다. 밀턴은 이 점에서 승리를 거둔다. 다른 사람들에게서 도덕성이 일종의 사건이거나 혹은 결과에 불과하다면, 그에게서 도덕성은 활기의 근원이다. 왜냐하면 그의 의도는 신이 인간에 대해 어떻게 행동했으며, 기독교의 특징은 어떻게 합리적인 것이며, 우리들은 어떻게 신의 법률에 따라야 하는가를 보여 주는 것이었기 때문이다. 그의 이야기 구성은 세계의 존재를 끌어들이는 것이지 단지 어떤 한 도시의 파괴, 한 식민지의 건설, 한 제국의 역사와는 관계가 없었다. 가장 유명한 서사시들의 주인공들도 그가 창조한 인물들 앞에서는 빛이 바랜다. 선한 천사와 타락한 천사, 타락 이전의 인간과 타락 이후의 인간 등 그가 만들어 낸 성격들은 감탄스럽다. 그럴듯함과 경이로움에 대해서는 말할 것이 거의 없다. 밀턴에게서 그럴듯함은 경이롭고, 경이로움은 그럴듯하다. 마찬가지로 음모에 대해서도 말할 것이 거의 없다. 왜냐하면 모든 일들은 하늘의 즉각적인 개입을 통해 일어나기 때문이다. 새뮤얼 존슨은 전통적 비평

---

26 (역주) René Le Bossu(1631~1680): 프랑스의 비평가

의 관점들이 존재하는 한 그것들을 채택했고, 구성 부분들, 정념, 어법 등 자신의 시각에 따라 발언했으며, 밀턴의 우수성을 주장하면서 자신의 작업 1부를 결론지었다. 그러나 공정한 비평은 또한 결함이나 불완전성을 지적할 의무를 갖는다. 그래서 그는 결산서의 2부를 작성한다. 『실낙원』의 구상은 인간의 활동이나 품행을 이해하는 데 어려움이 있다. 그래서 사람들은 시인이 사용하는 가장 커다란 효과, 즉 즐거움과 공포에서 인간적 흥미가 있음을 결코 느끼지 못한다. 주제는 묘사하기 불가능한 것을 묘사하라고 요구했다. 죄와 죽음의 알레고리는 잘못 만들어졌다. "이러한 어설픈 알레고리는 내게 가장 눈에 띄는 시의 결함들 중 하나로 보인다." 또한 서술의 전개에 대해서도 비난을 좀 가할 수 있다. 밀턴은 애디슨[27]이 지적했던 것처럼 수준이 고르지 못하다. 결국 그는 가끔 하늘에서 지상으로 내려와야만 했다. 그는 너무나 이탈리아인들을 모방했고, 아리오스토[28]를 따르고 싶다는 욕망으로 인해 자신의 작품에 걸맞지 않는 일화인 '광인들의 낙원'을 삽입하기에 이르렀다. 그는 말장난이나 표현의 애매함을 피하지 못했다. 바로 이러한 것이 찬탄할만한 완벽함과 균형을 맞출 수 있는 결점들이다. 그 균형이 고르다고 판단하는 사람들은 동정받을 만할 것 같다……

이것이야말로 하나의 방법론이다. 이것은 한번 길이 나면 그 길을 평온하고 확실하게 걷는 방식이다. 새뮤얼 존슨은 모든 작가들을 그들이 살아 있든 죽었든 동일한 척도를 갖고 판단한다. 그의 진

---

27 (역주) Joseph Addison(1672~1719): 영국의 수필가이며 시인이자 희극 작가이며 정치가이기도 하다. 그는 오랜 친구 스틸과 함께 잡지《스펙테이터 The Spectator》를 창간했다.

28 (역주) Ludovico Ariosto(1474~1533): 이탈리아 르네상스 시인

지함은 고위 성직자의 진지함과 비슷하다. 그는 이성이 강요하는 원칙들을 따른다. 그것은 고전주의의 규칙들을 내포하는 법전이고 선배들이 내린 비평의 판결로 이루어진 판례이다. 자신이 교리에 덜 밀접하게 결부되어 있다고 느끼는 일이 일어난다면 그는 그 이유를 말할 것이다. 이런저런 일탈을 그에게 권고하는 것도 여전히 이성, 더욱 독립적이고 덜 연역적인 그러나 언제나 상상력과 몽상과 열정을 불신하는 이성이다. 모범적인 도덕성을 내포하는 그의 의무는 이 적대적인 힘들을 멀리하는 것이다. 게다가 그는 그 효과들을 통해서 그 힘들을 알 뿐이지 그 자신 안에 갖고 있는 것은 아니어서 결코 자신이 그것들로 인해 혼란스럽다고 느끼지 않았다.

그가 셰익스피어에 접근할 때 그는 바로 고전주의의 본질, 고전주의가 포착하기를 원했던 영원하고 보편적인 진리에 대한 관심에 도달한다. 한 작품의 지속 기간은 사람들이 그것에 대해 느낀 존경에 기초를 두고 있다. 이제 셰익스피어의 연극이 그 사례인데, 그는 시간을 정복했다. 이러한 존경은 어떠한 장점들에서 나오는가? 셰익스피어는 어떤 사람보다도 인간 본성의 영원한 특징들을 반영할 줄 알았다. 그의 드라마는 삶을 완벽히 반영하는 거울이다. 사람들은 그가 창조한 로마인들은 진짜 로마인이 아니고 그가 창조한 왕들은 진짜 왕이 아니라고 말했다. 그것이 사실이라면 그것은 결점이 아니라 장점이다. 왜냐하면 그는 우연적인 것보다는 보편적인 것을 선호했기 때문이다. 또 다른 비난은 더욱 성찰을 요한다. 셰익스피어는 희극적인 것과 비극적인 것을 뒤섞었다. 그런데 그것은 여기서도 역시 있는 그대로의 삶을 더욱 잘 재현하기 위해서가 아니었던가? 그에게도 결점들이 없는 것은 아니다. 그는 도덕적 목적 없이 글을 쓴 것처럼 보이며, 그의 창작은 정성들여 다듬어지지 않았고, 그는 자신이 쓴 희곡들이 마무리되는 방식에 대해 신경 쓰지 않았으며, 지나치게 세련된 말을 쓰는 프레시오지테나 거친 농담을 피하지 않았고, 그의 작품에 등장하는 신사들은 예의범절로 볼 때 항상 광대와 구별되는 것은 아니다. 그러나 새뮤얼 존슨이 유죄판결을 내리는 데 망설이는 사항이 하나 있는데, 그것은 삼단일의 법칙을 어긴 것이다. 사실 그것은 연극을 삶에 접근시키기 위해 만들어졌기 때문에 셰익스피어가 그 법칙 없이 삶의 현실을 재현했다면 무슨 권리로 그에게 트집을 잡을 수 있을 것인가?

이미 영국에서 연극은 관객들에게 새로운 격정을 공급하고 있었다. 이미 소설은 사람들의 눈물을 짜내고 그 눈물은 한없이 쏟아졌다. 이미 시는 심성의 동요를 유발했고 시선의 축제를 기획하고 있었다. 단조로운 진부한 운문, 그림이 그려진 천으로 만들어진 배경에서 전개되는 목가와 전원시들, 영의 「이집트의 왕 부시리스 Busiris」와 펜턴[29]의 「마리안Marianne」, 규칙에 맞는 수많은 비극들은 끝장이 났다. 그것들은 찬사가 한창일 때 이미 죽었다. 우리가 예전에 좋아했던 것을 싫어하게 하고 어떤 미지의 행복에 대한 욕망으로 넘어가게 만드는 연속적인 리듬 속에서 또 다른 시대가 이미 드러났다. 벌써 고전주의에 대한 반항이 시작되었던 것이다. 그러나 새뮤얼 존슨은 자신이 결코 완전히 소멸되지 않는 원칙들을 대표하고 있기 때문에 이에 저항했다. 자신을 지키고 결코 항복하지 않을 이 포위된 성채의 대장에 어울리는 그런 종류의 위대함을 그에게 부여하자. 장애물들은 공격하는 사람들로 하여금 그들의 힘을 더 분명히 확인하도록 만드는 역할을 하는데, 일반적인 관점에서 장애물들이 갖는 그런 종류의 유용성을 그에게 부여하자. 특히 영원한 이성의 권리들을 나름대로 주장했다는 공로를 그에게 인정하자. 그

---

29 (역주) Elijah Fenton(1683~1730): 영국의 시인이자 번역가

는 사람들이 영원히 되풀이할 말을 확언했는데, 그것은 글을 잘 쓰기 위해서는 정확한 어휘와 확고한 문법이 필요하며 위대한 모델들에 굴복해서는 안 되며 이러한 위대함을 만들었던 것이 무엇인지 이해해야 한다는 것이다. 그리고 불명료함과 비일관성은 꼭 필요한 재능의 표시가 아니며, 문체와 정신과 영혼은 규율을 원한다는 것이다.

그의 나라는 다른 신들 쪽으로 기울었지만 그를 이해했다. 사람들은 그가 1747년부터 1755년에 걸쳐 대사전을 차근차근 공들여 만든 것에 감사했는데, 사전은 그에 의해 확정된 언어가 갖는 올바름과 명석함과 안정성을 의미했다. 사람들은 또한 그가 영국 작가들을 검토하고 그들에게 결정적인 작위를 부여한 것에 대해서도 감사했다. 그가 올드 체셔 치즈 술집에서 자신이 즐기는 에일 맥주나 포르투갈 포도주 한 잔을 마시면서 신탁을 내리면 그의 충실한 제자 보즈웰[30]은 경건하게 그 신탁을 거두었다. 그는 자신에 대해 사람들이 내리는 최종 판결이 어찌 되었든 적어도 사람들의 호의에 값하도록 노력했고, 영어를 정제해 순수하게 만들고, 더 나아가 영어 용법의 우아함과 리듬의 조화에 무엇인가를 덧붙이려고 애썼던 만큼, 그리고 정직함과 성실함의 모범을 보였기 때문에 자신이 헛되이 산 것은 아니라고 말하곤 했다. 그와 동시대인들은 자신에 대한 그의 판단을 승인했으며 그의 후배들도 이를 반박하지 않았다. 19세기에 칼라일[31]은 새뮤얼 존슨을 영국을 대표하는 영웅들 중 한 사람으로 들었다. 오늘날에도 여전히 우리는 그를, 그 자신의 표현을 다시 쓰자면 "미덕에 열정을 부여했고 진리에 신뢰성을 부여했

---

30 (역주) James Boswell(1740~1795): 스코틀랜드의 작가
31 (역주) Thomas Carlyle(1795~1881): 영국의 평론가이자 역사가

던 작가들 중" 한 사람으로 꼽는다.

지성의 문학

당시 지성은 감미로운 순간을 맛보고 있었다. 지성의 자유에는 아무런 장애물이 없었다. 전통도 존중도 신비도 없었다. 모든 사람들에게 심성은 사람들이 사용하지 않아 포기한 능력이었고 상상력은 미친 열정이었다. 순수한 다이아몬드인 지성만이 남아 있었다. 생각하는, 빨리 생각하는 큰 즐거움. 사람들은 다른 사람들이 모든 것을 이해할 때 그들에게 잔치를 베풀었고, 자신이 모든 것을 이해할 때 자기 자신을 위해 잔치를 베풀었다. 그 이전에 사람들은 어떤 균형을 원했는데, 지성은 그 한 요소에 불과했다. 그 이후에 사람들은 서정적이 되었기 때문에 지성적이기를 멈췄다. 이 두 시기 사이에서 사람들은 이성의 반짝거리는 화폐를 펑펑 소비했다. 사람들이 더 이상 간파하려고 시도하지 않았던 하늘 그리고 사람들이 그 깊이를 측량하기를 거부한 무의식의 심연 사이에 신비가 부재한 나라에 사람들이 자리를 잡았는데, 여기서 그들은 완벽히 편안하다고 느꼈고 그 나라를 더욱 아름답게 만들기 위해 빛을 비추었다.

지성은 궁정에 있었다. 왜냐하면 왕의 애첩들은 왕을 매혹시킨 후 바로 지성을 통해 자신의 자리를 지켰기 때문이다. 지성은 도시에도 있었다. 부르주아들 자신이 이성에 심취했기 때문이다. 지성은 널리 퍼져 있었다. 취향은 사람을 당황하게 하는 '뭐라 말할 수 없는 것'을 아직도 간직하고 있었지만 이성은 그것을 파고들었다. 이성은 예술과 문학을 파고들었고, 그것들의 가벼운 영혼이 되었다.

개인들과 국민들의 차이에도 불구하고, 그 대표자들의 몇몇에게서 유사성이 보였다. 동일한 명석함, 동일한 우아함, 동일한 섬세함. 그 조상은 늙은 퐁트넬로 아직도 생존해 있었다. 새로운 최초의 가족들 중 한 사람은 마리보였는데, 그는 신문잡지와 소설, 악당소설적인 것과 감상적인 것 등 모든 곳을 쫓아다닌 후 오직 연극, 지성적인 연극에서 자신의 재능을 발견했다. 그는 막 태어나기 시작한 끌림과 결정적인 고백 사이에 존재하는, 자신을 인정하는 데 시간이 걸리는 혹은 스스로를 부인하려고 시도하는 사랑과 합의된 사랑 사이에 존재하는 좁은 여백을 선택했다. 그런데 그가 중심 줄거리를 놓치는 척하다가 다시 찾는 즐거움을 위해 이 두 가장자리 사이에서 많은 우여곡절을 만들어 냈다는 것이 사실이라면, 그에게는 이 여백이 충분한 것이었다. 자연사학자들이 변태의 오랜 준비 과정을 연구하는 것과 마찬가지로, 그는 인물들을 자신들의 운명에서 멀어지게 만드는 것처럼 보이는, 그러나 사실은 그들을 운명으로 이끄는 일만 하는 미묘한 움직임을 발견했다. 그의 희극은 이상한 희극인데, 거기서 놀라운 사건들은 사람들을 놀라게 하지 못한다. 왜냐하면 사람들은 그 사건들이 기발하게 설명될 것이라는 사실을 잘 알고 있어서, 그 사건들은 단지 그 기발함으로 인해 중요하기 때문이다. 사건들은 존재하지 않으며 음모도 거의 없다. 눈요깃거리도 무대 장식도 전혀 없다. 심지어 자기 이름도 없는 기사들과 후작부인들, 그리고 예전 희극의 레퍼토리에서 나왔던 프롱탱이나 리제트라는 이름을 쓰는 하인들과 시녀들이 등장했다. 이렇게 모든 무거움에서 벗어난 마리보는 사랑에 지성을 섞어 넣는 이러한 독특한 모험을 추구해 성공한다. 처녀들, 주역을 맡은 미남 배우들, 관대한 아버지들, 하인과 하녀들 모두가 지성적이다. 그렇게나 많은 명민한 정신의 소유자들 사이에서 다양성을 불어넣기 위해 바보인 척하는 몇몇 시골 남자들까지도 지성적이며, 또한 자신이 담당하는 익살에 전념하지만 팔푼이 짓을 주책없이 할 때도 자신이 그런 것을 알고 있으며 바보처럼 보이기 위해 커다란 희생을 하고 있음을 보여 주는 아를르캥[32]까지도 지성적이다. 더 이상 의심도 가능한 책략도 존재하지 않을 때, 감정이 명백해졌을 때 막이 내리고 연극은 끝난다.

반대로 골도니[33]는 연극의 기법들을, 그것이 오래된 것이든 새 것이든 좋은 것이든 범용한 것이든 나쁜 것이든 모두 받아들인다. 자신이 속한 유랑극단 — 그는 그 극단이 없으면 살 수 없을 것이고 그 극단은 그가 없으면 살 수 없을 것이다 — 을 따라다니는 작가로서 그의 임무는 무거웠다. 그는 계속해서 희극을 제공해야 했으며, 어떤 때는 단 한 번의 사육제를 위해 16편의 희극을 제공해야 했다. 그는 끊임없이 글을 써야 했으며, 여배우는 다음 날 맡을 혹은 그날 저녁 맡을 자신의 배역을 기다리고 있었다. 그는 고생스럽게 일했지만 가난했다. 매일 저녁 야유를 받을 각오를 했고, 연극이 막을 내려도 할 수 없었다. 또 다른 연극은 다음번에 훨씬 더 성공할 것이다. 서로 다른 모든 조건들, 서두르기, 즉석에서 급히 만들기. 더 이상 파리 무대 위에서 제대로 올린 이탈리아 희극이나 프랑스 희극이 아니라, 이 도시에서 저 도시를 유랑하던 유랑극단의 낡은 짐수레만이 있었다. 마지막으로 유배와 불행한 노년…… 그럼에도 불구하고 통찰력이 있는 사람들과의 공통점이 있었다. 그는 하늘로부터 그리고 그의 시대로부터 신속하고도 확실한 안목을 부여받았는데, 그것은 사람들의 마음 가장 깊은 곳까지는 도달하지 못하며 그

---

32 (역주) 아를르캥Arlequin은 이탈리아의 희극 연극인 코메디아델라르테의 등장인물인 아를레키노Arlecchino에서 유래한 인물로 웃기는 하인 역할을 한다. 흔히 바보스럽고 똑똑치 못하며 게으른 성격의 소유자이다.

33 (역주) Carlo Goldoni(1707~1793): 이탈리아의 희극 작가로 한때 파리에서 프랑스어로 된 연극들을 올렸는데, 그중 대표작은 「부채」이다.

곳에 웃음이 만발한 가운데 갑자기 폭발할 수 있는 폭력이 도사리고 있다는 점도 파악하지 못하지만, 표면에 나타나는 것을 끌어내고 파악한다. 그리고 그것은 또한 인간적이었다. 그는 베네치아의 피아체타 광장에서 산보를 하며 한 나이 든 상원의원과 담소를 나누고 카페에 들어가고 사람들을 방문하러 간다. 그것으로 충분하다. 그는 익숙한 행위와 성격과 편집증을 기록한다. 그는 한순간 자신이 획득한 것을 자신의 희극에 옮기고, 그것을 적재적소에 배치하며, 그것에 어울리는 정확한 가치를 부여하고, 꼭 필요한 최소한의 기법을 통해 그것을 부각시킨다. 그 결과는 결코 대단치 않은 것이 아니어서, 종종 걸작이 탄생한다.

라몬 데 라 크루스[34]는 골도니의 스페인 사촌과 같다. 동일한 섬세함과 단순성에다 더욱 신랄한 약간의 풍자를 갖고 있었다. 그는 커다란 그림들에서는 성공을 잘하지 못했지만, 작은 그림들에서는 뛰어났다. 그는 **소장르**[35]의 거장이었다. 그는 마드리드 하층민의 생활 습관을 거리와 광장들에서, 라스트로 시장에서 축제일이나 일상적인 날들에 관찰하고 그것을 묘사하면서 "나는 글을 쓰지만, 받아쓰게 한 것은 현실이다"라고 말하곤 했다.

빌란트는 지성의 거장이 아닌가? 그는 너무나 지성적이어서 지성에 그리 집착하지 않았다. 그는 각 대상의 장점과 단점을 너무나 분명히 구분해서 그 대상에 회의적이 되었다. 그는 모든 위대한 작가들로부터 차용하지만 어떠한 것도 확실하게 붙잡아 간직하지 않는다. 그는 모든 영향력을 받아들였지만, 일시적으로 그가 선호했

---

34 (역주) Ramón de la Cruz(1731~1794): 스페인의 극작가이자 시인
35 (역주) 소장르(género chico)는 음악을 곁들인 짧고 가볍고 대중적인 스페인의 연극 장르이다.

던 각각의 작품에서는 자신이 선택할 수 있었지만 선택하지 않았던 것에 대한 아쉬움이 보인다. 그가 흥미를 갖는 것은 사유들의 일관성이 아니라 그것들을 검토하는 것이다. 그 사유들이 어떻게 만들어졌는지 그 방식을 알게 되자마자 그는 그것들에 더 이상 관심을 보이지 않고 떠난다. 심지어 그의 빈정거림까지 경쾌해서, 완전히 심각한 것으로 받아들여지지는 않는다. 그 빈정거림이 분노가 되려면 그가 비웃는 것에 대한 이해 부족이 전제되어야 할 것인데, 이해 부족이야말로 그에게는 중대한 결함이며 바보들의 악덕이다. 그의 소설들이 끝이 나지 않을 정도로 긴 것은 그가 목적지가 없는 산책자여서 길에서 마주치는 여러 가능성들이 그에게 제공하는 즐거움들을 늘리기 위해 가능한 한 늦게 자신의 숙소에 도착하기 때문이다. 그의 시들이 매력적인 산문에 불과하다면, 그것은 그 시들이 그에게는 사랑스러운 유희에 불과하기 때문이다. 그의 조국은 그리스가 아니며 심지어 문집에서 나오는 그리스도 아니다. 그의 조국은 차라리 지성을 집결 신호로 삼았던 그 유럽 공동체이다. 그가 충만한 삶을 상징하는 그리스 여신들을 노래한 것은 헛된 것이 아니어서,[36] 그 신들은 그의 소원을 거의 지나칠 정도로 들어주었다.

재치는 그 시대의 꽃이었다. 그것은 미묘한 본질로서 경구들에 몰려 있었고 풍자시들에 퍼져 있었고 소설들에 흘러들어 갔으며 사람들이 도처에서 그것을 공기처럼 호흡했다. 모든 다른 재능은 없다 하더라도 재치만 있다면 명성은 물론이고 거의 영광까지 보장하기에 충분했다. 나폴리 대사관의 별로 중요하지 않은 비서였던 갈리아니 신부는 데피네 부인과 돌바크 남작의 살롱에 들어왔고, 사람들은 그가 오기를 기다렸다. 그는 안락의자에 몸을 파묻고 거추

---

36 빌란트, 『무자리온 혹은 우아함의 철학』, 1768.

장스러운 가발을 벗어 자기 주먹 위에 놓고 말하기 시작했으며, 몸을 심하게 움직이고 몸짓을 하며 날뛰었다. 그는 시인 도라[37]가 자기 작품들 중 삽화본을 막 출판했는데 이 널빤지에서 저 널빤지로 갈아타면서 난파를 모면했다고 말한다.[38] 또한 18세기 전술가인 실바 씨M. de Silva가 쓴 『전략에 대한 단상』을 읽었는데, 그가 사도신경은 늘리고 십계명은 줄인 예수회원들과 똑같이 더욱 공격을 잘하기 위해서 총검은 더 길게 만들고 총은 더 짧게 만들기를 원했다고 말한다. 그는 프랑스 오페라를 세브르의 외곽지대 '소싸움 경기장'[39] 맞은편에 두어야 할 것인데, 그 이유는 커다란 소음을 내는 것은 도시 바깥에 있어야 하기 때문이라고 말한다. 그리고 가수 소피 아르누는 자기가 살면서 들었던 가장 아름다운 천식의 기침 소리를 낸다고 말한다. 또 오페라 홀에 대해서 사람들은 그것을 팔레 루아얄에서 튈르리 궁으로 이전한 것을 아쉬워했는데, 그 이유는 튈르리 궁의 홀이 소리가 잘 울리지 않아서였다. 그러나 그는 사람들과는 반대로 "그 홀은 정말 다행이구나"라고 소리친다. 그는 자기가 모시는 대사가 멍청하고 게으른데 그것이 차라리 잘되었다고 말한다. 왜냐하면 "그가 멍청하고 부지런하다면 얼마나 위험하겠는가." 사람들이 그에게 모순된다고 야단치면, 그는 자신은 워낙 잘못하는

---

37 (역주) Claude-Joseph Dorat(1734~1780): 프랑스의 시인이자 극작가

38 (역주) 널빤지(planche)는 또한 인쇄 도판을 의미하기도 한다. 그래서 '이 표현은 "이 도판 저 도판을 사용하면서 실패를 모면했다'는 의미를 동시에 갖는 것으로 보인다.

39 (역주) 세브르 거리 끝에 위치한 소싸움 경기장(spectacle du combat de taureaux)의 원래 이름은 '동물 싸움 경기장'이다. 이곳에서는 축제 날 황소, 멧돼지, 늑대, 곰, 사자, 호랑이들을 싸움시키는 구경거리가 벌어졌다. 개들과 황소들의 싸움이 가장 자주 열려 '소싸움 경기장'이라는 이름으로 불리기도 했다.

데 익숙해서 잘못할 때 물 만난 물고기같이 느껴진다고 말한다. 디드로는 소랭[40]이 나가면 갈리아니 신부가 들어오는데, 그 매력적인 신부와 함께라면 즐거움, 상상력, 재치, 광기, 농담, 그리고 삶의 고통들을 잊어버리게 만드는 모든 것이 넘쳐흐른다고 쓴다.

그러나 그 분야의 가장 저명한 대표자는 볼테르이다. 그는 너무나 완벽히 지성적이어서, 그가 이해하지 못할 때는 그가 이해하기를 원하지 않기 때문이다. 너무나 자연적으로 재기가 넘쳐 그는 재치의 가장 보기 드문 특질인 자연스러움을 재치에 덧붙인 것처럼 보인다. 끊임없이 흘러넘치는 풍부한 그의 재치가 어떤 것인지를 그 스스로는 다음과 같이 말한다.

이른바 재치란 새롭게 비교하는 것이기도 하고 또는 세련되게 암시하는 것이기도 하다. 후자에서 그것은 사람들이 어떤 관점에서는 분명히 제시하면서 또 다른 관점에서는 넌지시 의미하는 말의 남용이다. 전자에서 그것은 별로 공통점이 없는 두 생각의 미묘한 관계이다. 그것은 특이한 비유이며, 대상이 먼저 제시하지는 않지만 실제로는 그 대상 안에 있는 것을 찾는 것이다. 그것은 멀리 떨어진 두 사물을 결합하거나, 서로 연결되어 있는 것처럼 보이는 두 사물을 분리하거나 그것들을 서로 대립시키는 기술이다. 그리고 그것은 자신의 생각을 반만 말해 그것을 알아맞히게 하는 기술이다. 끝으로 내게 재치가 더 있다면 재치를 드러내는 모든 다양한 방법들을 당신들에게 말해 줄 수 있을 텐데.

---

40 (역주) Bernard-Joseph Saurin(1706~1781): 프랑스의 법관이자 시인이며 극작가로 계몽주의 철학자들과 교류를 가졌다.

시적 의미는 이러한 문학의 장점이 아니다. 진실로 이러한 문학은 산문을 요구했고, 사실 새로운 산문을 창시했다. 이것은 대가로서 산문을 다룰 줄 알았던 선배들의 고풍스러운 문장까지도 무겁다고 생각하고 그것을 파괴하고, 생각들로부터 생각들이 아닌 모든 것을 없애 버리기 위한 것처럼 비교와 이미지와 비유를 멀리하고, 어휘에서 불확실하고 부정확하고 의심스러운 낱말들을 제거했다. 이러한 방식들을 통해 그 이상적인 단순성으로 인해 즉각적으로 알아볼 수 있는 형태와, 애매한 용어들과 과잉의 문체로 인한 오해들을 배제하는 활기찬 그리고 항상 직접적이고 항상 재빠른 기법이 창시되었다. 이러한 문학은 필요 이상의 연결어와 너무 둔한 등위절과 단지 서투른 사람들에게만 유용한 매개항을 종종 삭제하고 빠른 속도로 자신의 목표를 향해 나아갔다. 이것은 매우 간결해서 사람들은 이를 찬양하면서도 이러한 찬양의 이유를 발견하기 어려웠고 "이것은 완벽하다"라는 말만 되풀이하는 것으로 만족해야 했다. 이것은 명석한 사유의 말 잘 듣는 하녀였고 전혀 속이지 않는 중개자, 아니 거의 중개자도 아니었다. 그 정도로 이것은 '혜택받은 철학의 시기'가 모든 것들에 적용하는 분석적 정신에 정확하게 일치했다. 프랑스에서 산문은 투명함 자체가 되었다. 그것에 만약 결점이 내포되어 있었다면 아마도 너무나 투명하다는 것이 그 결점이었을 것이다. 산문은 색깔이 없어지기 시작했다. 독일에서는 레싱의 문체가 갖는 밀도와 강력함에 이르게 될 작업이 완성되고 있었다. 이탈리아에서 그것은 전쟁이었다. 혁신자들은 그들의 문장을 파리의 유행에 맞추어 변형시키고 그들의 어휘에 프랑스식 어법을 집어넣는 것을 두려워하지 않았다. 언어순수주의자들은 이 불경한 자들에게 천벌을 내려 달라고 외쳤다. 이 불경한 자들이 도를 넘은 것은 확실하지만 언어순수주의자들 역시 그들대로 도를 넘었다. 서로 상반되지만 동시에 합치되는 그들의 공동 노력으로 유럽 전역에서와 마찬가지로 이탈리아에서도 현대적 산문이 태어나고 있었다.

사회적 즐거움의 문학

앞으로의 다른 시대들은 개인은 다른 사람들과 소통할 수 없는 것을 갖고 있다는 점에서 그에게 관심을 보이게 될 것이다. 그러나 이 시대는 그가 그의 형제들과 공통적으로 갖고 있는 것에 관심을 보인다. 이 시대는 사람들 사이의 유사성은 자연으로부터 오며, 차이는 관습으로부터 생겨나며, 관습에 대한 자연의 우월성은 시간적 선행성이라는 그 유일한 권리로부터 나타난다고 생각한다. 그러므로 그 시대는 분리하는 것이 아니라 통합하는 것을 연구하는 데 전념한다. 그래서 이집트인들과 페르시아인들을 우리 집단에서 배제하는 특징들이 아니라 그들이 이미 우리 집단에 포함되어 있음을 보여 주는 특징들을 강조한다. 마찬가지로 아프리카의 호텐토트족을 전형적으로 호텐토트 사람들로 만드는 독특한 표시들이 아니라 그들이 우리와 같은 심리를 가졌음을 보여 주는 특징들을 강조한다. 사회적 관계를 강화하는 것은 문학적 기능들의 하나이다. 작센 바이마르 공국의 공작부인 아말리아[41]는 빌란트에 대해 다음과 같이 말했다. "그는 자신의 글을 통해 그가 일반적인 사람의 마음을 알고 있음을 보여 준 만큼이나 인간 마음의 세세한 점과 개인들을 알지 못한다." 그 말은 일체를 이루는 마음은 아니더라도 적어도 일반적 정신을 만들려는 야망을 가졌던 다른 많은 사람들에게도

---

41 (역주) Anna Amalia von Braunschweig-Wolfenbüttel(1739~1807): 정치가이면서 피아노와 작곡 등 음악적 재능으로 유명하다.

적용될 수 있을 것이다.

'편지를 주고받다'라는 말이 이렇게 깊은 의미를 지녔던 적은 결코 없었다. 대화의 연장인 편지는 그 경쾌함을 간직하고 있었다. 편지를 쓰는 사람들은 살롱과 멀리 떨어진 곳에서 그곳에 대한 향수를 떠올리면서 그곳에서 여전히 말하고 있다고 생각했다. 막 도착한 편지가 여기 있다. 사람들이 모여 그 편지를 읽는다. "내 친애하는 기사여, 당신의 편지는 매혹적입니다. 그것은 내가 편지를 읽어 주었던 사람들 모두의 경탄을 불러일으켰습니다. 나는 가장 아름다운 시절의 당신 모습을 그대로 다시 봅니다." — "나는 달랑베르로 하여금 당신 편지를 샤틀레 부인과 미르푸아 부인에게 읽어 주도록 했습니다. 그녀들은 연달아 두세 번 다시 읽도록 시켰습니다. 그 편지에 질릴 수 없었습니다. 사실 그것은 걸작이었기 때문입니다."[42] 편지들은 온갖 주제를 다루는데, 그 편지들의 단순성은 언제나 감탄스럽다. 그것들은 결코 어조를 높이지 않는데, 만약 그 안에 조금이라도 수사의 흔적이 담겨 있다면 그 효과를 달성하지 못하고 비웃음을 사게 될 것이기 때문이다. 그것들은 오페라 극장에서의 마지막 공연, 새로운 비극, 사람들의 도착과 출발 등 일상의 소소한 사건들을 이야기한다. 퐁파두르 부인이 매우 아파 곧 죽을 것이라고 한다는 둥, 왕이 재정적으로 어려움을 겪는데 그것은 처음이 아니라는 둥. 그것들은 시중에 나온 서적들, 예를 들면 『프라드 신부의 변호』나 『백과전서』, 볼테르의 소책자들이나 리처드슨의 소설인 『파멜라』, 『클라리사』, 『찰스 그랜디슨 경의 이야기 *The History of Sir Charles Grandison*』 — 그 소설들을 서적상이 생각할 수 있는 것과 같은 사교계의 묘사 혹은 감리교 목사가 쓸 수 있는 것과 같은

---

42 「데팡 부인이 아이디 기사Chevalier d'Aydie에게」, 1755년 7월 14일.

사랑 이야기라고 불렀다 ─ 를 평가한다. 편지들은 정치를 평하고 종교의 문제들을 토론했다. 일반적으로 글을 쓰는 사람은 자신의 고통이나 절망, 자신의 심리의 특별난 점, 자신의 영혼의 예외적인 점에 대해 속내 이야기를 털어놓지 않는다. 또한 그는 자신이 가장 어두운 팔자를 타고 태어나 어떻게 가장 불행한 인간이 되었는지, 어떻게 아무도 그를 이해하지 못하는지, 어떻게 그가 자기 지인들 사이에서 외톨이가 되었는지, 어떻게 그가 운명이 영원히 머물도록 처벌을 내린 접근할 수 없는 섬에 살고 있는지 말하지 않는다. 반대로 일종의 모방을 통해 편지를 쓰는 사람은 편지를 받는 사람에게 자신을 맞추고 그의 성향과 기질을 취하며 자신의 무례함을 피하면서 그에게 정보를 제공하게 된다.

편지들은 파리, 런던, 베를린, 밀라노 혹은 로마에서 발송된다. 이러한 중심지에서 유럽 주변에 있는 먼 도시들에 이르기까지 편지들은 생각들이 유통되고 오가는 관계망을 구축한다. 러시아의 오지까지 자기 살롱의 정신을 운반하는 데팡 부인의 편지들, 그라피니 부인[43]과 스탈 부인[44]과 같이 조금도 가냘픈 여성 같지 않은 여성들의 편지들. 이후 전 세계에 걸쳐 더욱 솔직한 수많은 세비녜 부인[45]들이 등장했다. 프랜시스 버니[46]의 편지들과 콘스탄티노플과 동방

---

43 (역주) Françoise de Graffigny(1695~1758): 『페루 여인의 편지Lettres d'une Péruvienne』를 쓴 프랑스의 여성 작가.

44 (역주) Marguerite de Launay, baronne Staal(1684~1750): 프랑스의 여류 작가로서 회상록으로 유명하다.

45 (역주) Madame de Sévigné(1626~1696): 17세기 프랑스 고전주의 시대에 서간문학의 최고봉으로 꼽히는 편지들을 남겼다.

46 (역주) Frances Burney(1752~1840): 영국의 소설가이자 서한 작가. 그녀가 쓴 편지는 당시의 흥미 있는 사실들과 일화들을 전한다.

의 소식을 보낸 몬터규 부인[47]의 편지들, 나폴리로 돌아가 파리로 보내는 신호를 늘린 갈리아니 신부의 편지들, 호러스 월폴[48]의 편지들, 그리고 볼테르의 편지들이 없었다면 가장 생생하고 강렬했을 프리드리히 2세의 편지들. 당시 모든 작가들이 자신의 작품 옆에 그것에 버금가는 때로는 그것보다 더 나은 서한집을 남겨 놓았다고 말해도 과장이 아닐 것이다. 서한소설은 오늘날 우리에게 부자연스러워 보이지만 편지들이 고역이 아니라 하루하루의 즐거움이었던 시대에는 그것이 자연스러웠다.

『백과전서』에서 「주간의(Hebdomadaire)」 항목을 보자. "한 주일의. 예: 주간 신문, 주간 잡지, 이것들은 매주 배포되는 신문과 잡지이다. 이 모든 기사들은 무식한 사람들의 먹이이며 읽지 않고도 말하고 평가하고 싶어 하는 사람들이 의지하는 방편이며, 일하는 사람들의 재앙이자 환멸이다. 그것들은 훌륭한 사람으로 하여금 훌륭한 글 한 줄도 쓰게 한 적이 없으며 나쁜 작가들로 하여금 나쁜 작품을 만드는 것을 막게 한 적도 결코 없다." 그러나 이는 쓸데없는 독설이다. 그 유행이 점증하는 관계의 필요에 의해 초래된 것이라면, 어떻게 그것을 막을 수 있겠는가? 스틸[49]과 애디슨의 후계자들은 자국에서 큰돈을 벌었다. 1750년 새뮤얼 존슨이 정기간행물인

---

47 (역주) Lady Mary Wortley Montagu(1689~1762): 영국의 서한 작가이자 시인으로, 오스만 제국을 여행하는 중 쓴 편지로 유명하다.

48 (역주) Horace Walpole(1717~1797): 최초의 공포소설인 『오트란토 성』으로 유명한 영국 소설가. 1732년부터 1797년 사이에 쓴 그의 편지들은 20세기에 방대한 서간집으로 출판되었다. 이것은 자서전적인 기술 외에도 당시의 사회와 정치에 관한 관찰과 의견을 담고 있어 사료로서도 귀중하다.

49 (역주) Sir Richard Steele(1672~1729): 아일랜드의 작가이자 정치인으로 친구 조지프 애디슨과 함께 잡지 《스펙테이터》를 창간한 사람으로 기억되고 있다.

《한담하는 사람》을 출판했을 때 150개 이상의 정기간행물들이 영국 대중의 호기심을 충족시키기 위해 제공되고 있었다. 교화적인 신문들은 영국으로부터 시작해 도처로 퍼져 나가 더 늦게 이 세계적인 운동에 동참한 헝가리와 폴란드 같은 나라들까지 도착했다. 신문들은 독일에서 가장 유리한 환경을 만났다. 함부르크에서 《합리적인 사람 Der Vernünftige》이라는 제목의 시리즈 첫 호가 나온 1713년부터 1761년까지 같은 종류에 속한 182개의 잡지가 등장했다. 그런데 그것은 여전히 편집자와 독자들 사이에 오간 서한 장르였다. 그것은 모두 함께 자기 자신을 교육하고, 모두 함께 지적 혁신에 동참하고, 모두 함께 재물에 대한 경멸, 미덕의 가치, 행복에 도달하는 확실한 방법에 대한 진부한 이야기를 즐겼던 동일한 계급의 구성원들을 연결시키는 역할을 수행했다. 그리고 이 모든 잡지들로도 충분하지 않다는 듯이 국제적인 다른 잡지들이 사상의 운동 — 그 사상의 교환은 열광과 법이 되었다 — 을 촉진시켰다.

차츰차츰 소(小)장르들이 대(大)장르들을 대체했다. 사람들은 서사시에서 성공할 수 없어 짧은 서정시인 마드리갈에 만족했다. 연애를 주제로 한 짧은 시 작품이 긴 시들을 대체했다. 희극과 비극을 상연하는 데 싫증 난 사교계 인사들은 속담을 소재로 한 소희극으로 선회했다. 오페라는 희가극(opéra-comique)으로 줄어들었고, 칸초네는 칸초네타가 되었다. 마찬가지로 건축에서는 위풍당당한 익면이 붙은 커다란 성보다 편안한 별장을 선호했으며, 회화에서는 작은 그림들이 장대한 프레스코화의 뒤를 이었고, 가구류에서는 폭신한 안락의자가 등받이가 높은 고딕식 의자를 대신했으며, 살림살이에서 우아한 것이 커다란 것을 대체했다. 또한 문학에서는 취향이 더 이상 장중한 구성으로 나가지 않았다. 사람들은 계속해서 사유를 소중히 여겼지만, 겉멋을 부려 전혀 심각하게 사유하지 않은 척했다. 작가들도 역시 프레스코화를 포기하고 파스텔화와 미세화를 선택했다. 심지어 거대한 열정의 시대, 『인간론』이나 『백과전서』의 시대에서도 이러한 모순이 나타난다. 좀 더 정확히 말하자면 그것은 모순이 아니라 이제는 그것이 어떻게 혼합되었는지를 모를 기묘한 혼합물이다. 모든 작가들에게는 양면이 존재하는 것 같았다. 그 하나는 부자연스럽고 과장된 면이고, 그 하나는 미소가 만면하고 아주 편한 면이다. 예를 들면 그레세[50] 역시 두 얼굴을 갖고 있는데, 그 하나의 면모는 「배은망덕 L'Ingratitude」에 대한 그의 오드에서 볼 수 있다.

> 창백한 안색의 어떤 분노가
> 이곳에서 사악한 독액을 내뿜고 있는가?
> 그의 손은 부모를 죽인 검을 쥐고 있다
> 아그리피나[51]의 가슴을 열었던 그 검을
> 냉담한 망각, 불손함,
> 은밀한 증오가 조용히
> 이 뻔뻔스런 괴물을 둘러싸고 있다.
> 그리고 차례로 그들의 무정한 손은
> 그 타르타로스[52]에게 바치는 그의 술잔을
> 레테 강의 찬 물로 채워 버릴 것이다.

---

50 (역주) p. 306 각주 11 참조.

51 (역주) 로마의 폭군인 네로의 어머니인 그녀는 네로의 명으로 죽음을 당했다.

52 (역주) 그리스 신화에 나오는 신으로, 아이테르와 가이아 사이의 아들이다. 일반적으로 지하 암흑계의 가장 끔찍한 장소를 의미한다.

그러나 『초록 벌레 *Ver-Vert*』 혹은 『샤르트뢰즈 수도원 *La Chartreuse*』에서는 또 다른 면모가 나타난다.

가사 상태의 슬픔을
행복한 사고방식으로 정복한 나는
내가 묘사할 고통을
내 자신에게 우스운 놀이로 만들 줄 안다.
남은 생 동안
거의 유용성이 없는
이 아름다운 시는 이렇게
와서 가장 불쾌한 대상의
엄격함을 완화시키고
적어도 터무니없는 이야기로
진실의 권태로부터 우리를 구원한다.

천재들조차도 유행을 따랐다. 두 얼굴의 몽테스키외가 있는데, 그 하나는 『법의 정신』을 쓴 몽테스키외이고, 또 다른 하나는 법에 대해 말장난을 하는 몽테스키외이다.

사람들은 모순적인 광경들을 목격했다. 분할된 독일은 자의식을 갖게 되었다. 독일은 다른 민족들과 같이 하나의 문학을 갖기를 원했다. 독일 정신의 보루들 중 하나인 할레 대학으로부터 서로 친구인 세 명의 학생이 배출되었는데, 그들은 서정주의를 창시한 요한 빌헬름 루트비히 글라임,[53] 요한 페터 우츠[54] 요한 니콜라우스 괴츠[55]

---

[53] (역주) Johann Wilhelm Ludwig Gleim(1719~1803): 독일의 아나크레온 파(派) 시인

였다. 그런데 어떤 서정주의? 아나크레온[56]의 서정주의이다. 아나 크레온이 그들의 스승이었고, 그들은 포도주 찌꺼기로 얼굴이 더럽혀 진 주신(酒神) 바쿠스, 포도주, 축제, 미녀들, 사랑을 노래했다. 카를 빌헬름 람러[57]는 합리주의적 고전주의의 화신이었다. 그의 모범 은 누구였을까? 호라티우스였다. 무엇보다도 독일의 호라티우스라 고 불리는 것이 그에게는 가장 큰 기쁨을 안겨 주었다. 더욱 놀라운 것은 프리드리히 폰 하게도른[58]의 경우이다. 그는 고전주의를 그 가 장 높은 가능성들에까지 고양했다. 그는 언어와 문체를 정화시키려 고 애썼다. 그에게 시적 창조는 자신을 우주에 드러내거나 우주를 손에 넣어 자신 안에 가두려는 영혼의 노력이 아니라, 부분들이 전 체와 맺는 합리적인 관계이다. 그는 프랑스 학파에 들어갔다가 영 국 학파에 들어가 이 두 학파의 가르침을 이용할 수 있었다. 사실 그는 명석함과 단순함과 이해될 수 있는 것에 대한 감각을 획득했 다. 그러나 그가 획득하지 못한 감각이 있었는데, 그것은 깊이의 감 각이다. 그에게 경박함은 자신의 심각함과 양립 불가능한 것으로 보이지 않았고, 그는 경박함에 일종의 애정을 품고 있음을 시인했 다. 1739년 12월 28일 크리스티안 루트비히 리스코[59]에게 보내는

---

54 (역주) Johann Peter Uz(1720~1796): 독일의 아나크레온파(派) 시인

55 (역주) Johann Nikolaus Götz(1721~1781): 독일의 아나크레온파(派) 시인

56 Anacreon(B.C.582?~B.C.485?): 그리스의 서정 시인으로 술과 사랑을 주제로 한 아나크레온풍을 유행시켰다.

57 (역주) Karl Wilhelm Ramler(1725~1798): 독일의 시인으로 논리학과 문 학 교사로 근무하기도 했다.

58 (역주) Friedrich von Hagedorn(1708~1754): 독일의 시인으로 독일 시 에 새로운 경쾌함과 우아함을 소개해 높은 평가를 받았다

59 (역주) Christian Ludwig Liscow(1701~1760): 독일의 관리이자 독일 계 몽주의 시대의 풍자 시인

편지에서 그는 "관능의 빛이야말로 당신에게 모자라는 유일한 빛입니다. 그 빛이 있다면 당신은 완벽한 사람일 것입니다"라고 말한다.

이탈리아가 갖는 여러 모습 중 신중하고 의지가 강한 이탈리아가 있는데, 그 이탈리아는 자기 나라의 사상가들로부터 도움을 받아 경제적 개혁, 농촌 개혁을 구상했다. 동시에 하층민 전체가 조악한 시를 쓰고 무가치한 것들을 써 댔다. 결혼식, 탄생일, 세례식, 수녀 서원식, 잘 본 시험, 치유, 기념일 등은 그들이 글을 쓰는 원인이 되는 소소한 주제들이었다. 이탈리아에는 비가(悲歌), 칸타타, 오드와 소네트가 넘쳐흘렀다. 한심스러운 안이함으로 인해 할 일 없는 사람들이 펜을 들어 시들을 쏟아 냈다. 프랑스에서 사람들이 재미 삼아 뜨개질을 하거나 빌보케[60] 놀이를 하듯이, 그들은 재미 삼아 4행시나 8행시를 지었다.

가을이 왔건만 계속 시골에서 사는 피에르 마리아 델라 로사 후작부인에게. 네레의 가슴 위의 베일을 채웠던 그리고 필린데가 훔쳐 간 장식 핀을 위해서. 분홍색 치마와 푸른색 상의를 입었던 귀여운 요정에게. 매우 아름다운 크리나테의 카나리아에 대하여. 귀여운 강아지를 자신이 모시는 귀부인에게 보내면서…… 멋진 주제들이다. 사람들은 마치 소량의 코담배나 사탕을 선물하듯이 아침에 쓴 짧막한 서정시를 선사했다. 그리고 찬사나 존경처럼 시를 교환했다. 그것은 그 구성원들이 연극배우들을 닮은 — 그들은 분과 연지를 바르고 정해진 시간에 들어오고 나가며 맡은 대사와 역할이 있다 — 사회의 의례적 제스처였다. 정식 시인들은 그들의 불안정한 본질을 궁정인이라는 직업으로부터 끌어 왔으며, 아마추어 시인들은 무슨 일이 있더라도 파르나스로 오르는 행렬에서 그들의 자리를

---

60 (역주) bilboquet: 한쪽 끝에는 공받이가 있고 끈에 공이 달린 장난감

양보하지 않았을 것이다. 그리고 여류 시인들. 모든 사람들이 시를 지었다. 사람들은 자신들의 시를 아름다운 종이나 송아지의 가죽이나 장밋빛 비단 위에 인쇄했다. 사람들은 웃으면서 「어떤 고양이의 죽음에 대해 흘리는 눈물」 등의 걸작들을 수집했다. 사후의 아나크레온파 시인들과 호라티우스파 시인들은 독일보다도 적지 않았다. 단지 그들은 환상을 덜 품었을 뿐이다. 이러한 하루살이 시인들의 대표자들 중 한 사람인 푸르고니는 "나는 무엇인가?"라고 자문했다. "삼류 작시가 이외에 아무것도 아니며 절대 시인은 아니다." 그는 자신이 죽을 때 자신의 시도 함께 죽어 잊힐 것이라는 사실을 잘 알고 있었다.

> 내 시 구절들은
> 모두 나의 죽음과 함께
> 죽어 잊힐 것이다.

정말이지 어쨌든 지상에서의 삶을 즐겨야 했다. 사람들이 즐거움을 덧없다고 생각한다 할지라도 그것이 삶을 더욱 감미롭게 만들어 주기 때문에 그것을 경멸해서는 안 되었다. 사실 곧 사라질 화음들도 그 나름대로 지상으로부터 하늘로 올라가기로 되어 있는 행복한 교향곡에 들어갔다. 글라임이 말하는 것처럼 아나크레온이 걱정과 근심을 쫓아냈다. 하게도른이 말하는 것처럼 호라티우스는 사랑스런 철학자이며 디오게네스가 아니라 아리스티포스[61]이고, 인류의 친구였다. 왜냐하면 호라티우스는 볼테르가 친근하게 말을 거는 것

---

61 (역주) Aristippos(B.C.435?~B.C.356?): 소크라테스의 제자로 키레네 학파를 창시했는데, 그 기본 방향은 철저한 쾌락주의였다.

처럼 부드러움과 관능을 구현했기 때문이다.

> 향락적인 호라티우스여, 나는 오늘 당신에게 글을 쓴다,
> 부드러움과 우아함을 풍겼던 당신에게,
> 시에서는 자유자재이고 연설에서는 즐거운 당신은,
> 감미로운 여가와 포도주와 사랑을 노래했다.

또한 거만해진 관능은 자신의 자리를 요구했다. 마침내 그 세기의 인도자들이 표명한 그 주요한 생각들 중 몇몇이 그들을 따르던 대중에게까지 내려왔는데, 그것은 행복이 그 모든 형태로 이용되어야 하며 즐거움은 행복의 본질적 요소라는 생각이다. 당시 "문학이란 삶의 장식이며, 인간 본성의 목표인 행복을 구성하는 쾌락들 중의 하나이다. 즐거움이란 지고의 법이다."[62]

즐거움의 문학은 또한 에로틱한 시, 외설적인 콩트, 음란소설일 수 있다. 그러나 종종 그것은 우아함을 획득할 수 있었고 그러면 그것은 그 최고의 성공이었다. 그것은 천진무구하고 자신의 매력을 모르는 것과 같은 자연발생적인 우아함이 아니라, 그 특징이 아무리 난해하다 하더라도 그것이 너무나 미묘하고 섬세한 상태로 남아 있어서 그것을 만든 비결을 알 수 없는 그런 우아함이다. 경쾌한 음악의 순간, 눈앞에 전개되는 아라베스크 장식을 빠르게 훑어보기, 물결 없는 연못 위에 비치는 경쾌한 그림자. 즐거움의 문학은 섬광과 번개를 만들기 위해 복잡한 기계가 필요하듯이 거대한 기계들로부터 터져 나오기에 이르렀다. 사실 메타스타시오[63]가 그 완벽한 경지에 올려놓았던 오페라는 거대한 기계였다. 세상에서 가장 인공적

---

62 귀스타브 랑송, 「볼테르의 취향」, 『볼테르』, 5장, 1910.

인 장르인 오페라 대본을 생각하자. 그리고 바레티가 지적했던 것처럼 그것이 우선 음악가의 온갖 요구들에 다음으로 가수들의 변덕에 종속되어 있다는 점을 잊지 말자. 그다음에는 주어진 막에서 이 중창곡과 독창곡과 서창부를 위한 여지를 두어야 한다고 요구하는 엄격한 법칙들에 따라야 하고, 그리고 익숙하지 않거나 너무 격한 생동감을 주거나 유려함이 모자란 낱말을 용인하지 않는 어휘의 협소함에 따라야 한다는 점 역시 기억하자. 메타스타시오 자신에서 나온 또 다른 어려움을 덧붙여 말하자면, 그는 자신의 대본이 비극을 닮기를 원했고 아리스토텔레스의 이름으로 그것을 옹호했다. 그가 취할 수 있었던 경박한 자유들은 모두 이성에 기초를 둔 것이다. 제약의 모든 조건들. 그러나 우아함은 이 불쾌감을 주는 전체를 구원할 것이다. 심지어 때때로 그 우아함은 너무나 아름답고 매력적이어서 감동과 눈물을 유발시킬 것이다. 스탕달은 이렇게 말했다. "메타스타시오는 상냥한 재능으로 인해 관객에게 조금이라도 고통을 줄 수 있는 모든 것을 피하고 심지어 멀리하게 되었다. 그는 관객들의 시선에서 감정의 고통이 갖는 너무나 격심한 비통함을 멀어지게 만들었다. 결코 불행한 결말은 없다. 결코 삶의 슬픈 현실들은 존재하지 않는다. 가장 다정한 열정마저도 독살시키는 그 차가운 의심도 존재하지 않는다. 그는 열정에서 사람들에게 흥미를 주기 위해 필요한 것만을 취했지 쓰라리고 잔인한 것은 아무것도 취하지 않았다. 그는 관능을 고상하게 만든 것이다."

혹은 또 다른 실험을 통해서 우아함이 추구되었다. 자그마한 도구인 8음절 시구와 건조한 영혼인 볼테르의 영혼, 너무나 진부한

---

63 (역주) Pietro Trapassi (혹은 Pietro Metastasio, 1698~1782): 이탈리아의 오페라 대본 작가이자 시인

주제인 덧없는 시간의 흐름, 다가오는 노년과 당연히 받을 것을 요구하기 위해 도착하는 죽음을 상상해 보라. 그리고 이 모든 것은 모방할 수 없는 우아함의 힘에 의해 보상을 받을 것이다.

당신이 여전히 내가 사랑하기를 원하면
내게 사랑의 시절을 돌려주세요…….

『무자리온 혹은 우아함의 철학』(1768)의 저자인 빌란트처럼 그 시대의 사람들은 마음속에는 우아함을, 눈에는 쿠아펠[64]의 사랑을 담고 있었다.[65]

사실의 문학: 역사

여기에 그 시대의 사람들이 감행한 가장 어려운 시도들 중의 하나, 빨리 흘러가는 과거에서 사실을 추구하는 시도가 자리 잡고 있다. 그들은 자신들의 세계관을 완성하기 위해 그것을 시도해야만 했다. 우리는 그들을 주시하면서 사람들이 주저하지 않고 서양 사상사에서의 혁명이라고 불렀던 것이 이루어지는 것을 보게 될 것이다.[66]

역사 재창조를 원했던 사람들은 외부의 적들만 상대했다면 고생하지 않았을 것이다. 수사학 선생들은 많았지만 그리 일관성이 있지 않았다. 그들에게 역사는 단지 일련의 놀라운 사건들, 새롭고 이

---

64 (역주) Antoine Coypel(1661~1722): 프랑스의 역사화가

65 빅토르 미셸Victor Michel, 「하인제, 빌란트에 대해 말하다Heinse en parlant de Wieland」, 『빌란트*C. H. Wieland*』, 1938.

66 프리드리히 마이네케Friedrich Meinecke, 『역사주의의 발생*Die Entstehung des Historismus*』, 베를린, 1936.

상한 행위들, 온갖 종류의 드라마, 전쟁과 반란과 소요와 소송과 사랑에 불과했다. 그 수사학 선생들은 죽은 왕들의 서재에 들어가고 그들이 토의한 것들을 인용하고 그들의 연설을 전하고 그들의 성격을 묘사했다. 그것은 비극으로서의 역사였다. 이어서 롤랭[67]과 같은 편집자들이 등장했는데, 롤랭은 자신의 『고대사』를 더욱 아름답고 풍부하게 만들기 위해 모든 곳에서 표절하는 것을 주저하지 않았고 심지어 종종 발췌한 작가들의 이름을 언급하지도 않았으며 또한 필요한 경우 그들의 텍스트를 마음대로 바꾸었다고 고백했다. 그다음으로 뻔뻔한 사람들 혹은 어쩌면 순박한 사람들이 등장했는데, 그들은 아무 거리낌 없이 세상의 모든 민족들의 통사, 세속 역사, 자연사, 정치사, 종교사에 손을 댔다. 이와는 극단적으로 반대되게 역사를 알약으로 만드는 사람들도 있었다. 뷔피에 신부[68]는 인위적인 기억력의 실제 적용을 자랑했는데, '라비스마프(Rabismaf)'라는 단 하나의 낱말로 아라곤의 역대 왕들의 이름과 더 나아가 식민지들과 정복들까지 기억할 수 있었다. 사실 첫 글자가 이렇게 주어지면 이름들은 저절로 생각났다. 라미로(Ramiro), 알폰소(Alfonso), 바르셀로나(Barcelona, 1138), 하이메(Jaime), 시칠리아(Sicilia, 1276), 마르틴(Martin), 알폰소 5세, 가톨릭교인인 페르난도(Fernando) 5세. 뷔피에 신부의 모방자들은 그와 같이 프랑스 역사를 시로 만들었다.

파라몽은 로마 제국의 잔해로부터
420년 프랑크족의 국가를 세웠다.

---

67 (역주) p. 270 각주 2 참조.
68 (역주) Claude Buffier(1661~1737): 프랑스 예수회원으로 역사와 문법과 철학에 대한 많은 작품을 남겼다.

이교도 왕이지만 현명한 입법가로 알려진

그는 법을 만들고 그 사용법을 보여 주었다.

이 창시자는 결코 골 지방에 들어가지 않았다.

그는 살리카 법전으로 여인들로 하여금

왕위를 계승하지 못하도록 하고, 이는 계속 지켜졌다.

또 다른 교육자들은 다음과 같이 질의응답으로 작성된 교재를 갖고 역사 교육을 시켰다.

문: "루이 11세의 성격은 어땠습니까?"

답: "그는 정치적이었고 자신의 정념을 자기 뜻대로 통제했고 용감했으며 과도한 쾌락을 삼갔고 외관상은 심신이 깊어 보였지만 의심이 많고 복수심이 강하고 매우 엉큼했습니다. 그는 후세가 나쁜 군주들 중 한 사람으로 꼽은 강력하고도 절대적인 왕이었습니다……." 마침내 연대기적 목록과 개요의 저자들이 등장했는데, 이들은 날조된 사건들과 불확실한 연대기들을 확인도 하지 않고 얼기설기 덧붙여 놓았다. 진정한 역사가들은 존재하지 않았던 것이다.

그러나 개혁자들은 바로 자기 자신 안에서 자신들의 진정한 적을 발견했다. 그들은 오랜 인내가 필요하다는 사실을 잘 알고 있었지만 바빴다. 그들은 오직 박학에 의지할 수밖에 없다는 사실을 잘 알고 있었지만 박학을 좋아하지는 않았다. 읽고 탐구하고 정보를 얻는 것은 찬성이다. 그러나 고문서 보관소를 뒤지러 다니고, 자료들을 축적하고, 창고의 문이 저절로 열리지 않을 때 그 문을 부수고 들어가는 것은 그들에게 현학자의 일로 보였다. 그들은 발두스,[69]

69 (역주) Angelus Baldus de Ubaldis(1327?~1400): 중세 이탈리아의 로마 법학자

시오피우스,[70] 렉시코크라수스, 스크리블레리우스[71] 같은 현학자들을 싫어하면서도, 이 사람들을 진짜 학자로 혼동하는 경향이 있었다. "우리는 더 이상 보시우스,[72] 위에[73] 보르차르트, 키르허[74] 같은 현학자들의 시대에 살고 있지 않다. 박학, 까다로운 탐구는 우리를 피곤하게 만들고, 우리는 무겁게 깊이에 빠져 있기보다는 표면 위를 가볍게 달리는 것을 더 좋아한다."[75] 브로스의 의장[76]은 다음과 같은 이야기를 전한다. 그가 이탈리아의 모데나에 있었을 때 그는 한 시간을 내서 도서관, 이어서 중세 이탈리아의 유적들을 어둠 속에서 꺼낸 저명한 학자인 무라토리를 방문했다. "우리는 대머리에 하얀 머리카락이 네 가닥 남은 그 선량한 노인이 극도의 추위에도 불구하고 불도 없이 모자도 쓰지 않고 냉골의 좁고 긴 방에서 이탈

---

70 (역주) Scioppius(1576~1649): 독일의 석학

71 (역주) 렉시코크라수스Lexicocrassus와 스크리블레리우스Scriblerius는 실제 인명이 아니라 lexi(어휘)와 scribler(시시한 작가)를 장난 삼아 로마식 이름으로 만든 것이다. '발두스, 시오피우스, 렉시코크라수스, 스크리블레리우스'는 볼테르의 『취향의 사원 Le Temple du goût』에서 자신들이 이해하지도 못하는 낱말 하나에 대해 두꺼운 책을 편찬하는 주석가들로 등장한다.

72 (역주) Gérard Jean Vossius(Voss)(1577~1649): 역사, 철학, 신학, 그리스어를 가르친 네덜란드의 대학교수로 어원학 사전, 역사, 수사학, 문법에 대한 다양한 작품들을 출간했다.

73 (역주) Pierre-Daniel Huet(1630~1721): 프랑스의 박식한 학자이자 주교

74 (역주) Athanasius Kircher(1601 혹은 1602~1680): 독일 예수회원으로 박학을 자랑했고, 그 시대의 중요한 과학자들 중 한 사람이었다.

75 쿠와예 신부Abbé Coyer, 『읽히기 위한 논술 Dissertations pour être lues』, 1755.

76 (역주) 브로스의 의장(le président de Brosses)은 샤를 드 브로스Charles de Brosses를 칭한다. 그는 18세기의 사법관이며 역사가, 언어학자, 작가였다.

리아의 유물들과 골동품 더미에 둘러싸여 일하는 것을 발견했다. 사실 나는 그 추잡스런 무지의 세기들에 관계되는 모든 것에 유물 이라는 이름을 부여할 결심을 할 수 없다. 나는 논쟁적 신학을 제외 하고는 이러한 연구보다 더 신물 나는 것이 있다고 상상할 수 없 다."[77] 브로스의 의장은 뒤 캉주[78]나 무라토리 같은 학자들이 쿠르 티우스[79]처럼 자신을 바치면서 이 심연 속으로 뛰어들었다는 것에 는 동의했지만, 그들을 모방하는 데는 관심이 없었다.

이러한 헌신은 시간이 흐르면서 획득되며, 그 습관을 붙이게 된 다. 그러나 사실을 면밀히 조사하고 정화하고 모든 혼합물을 제거 하는 것은 섬세한 작업이다. 그런데 이러한 작업에 속하지 않는 특 성이 하나 있는데, 사람들은 이 작업에 그 특성을 너무나 밀접하게 결부시켜 마치 그것이 이 작업의 본질에 속하는 것처럼 보였다. 그 특성은 바로 도덕적 요소였다. 역사는 사람들의 행위에 무관한 것 이어서는 안 된다. 역사는 악덕이 패배하고 미덕이 승리하며 선량 한 사람들은 항상 보상을 받고 사악한 사람들은 항상 처벌을 받는 다는 사실을 보여 주어야만 한다. 바로 이것이 선조들이 반복했던

---

[77] 샤를 드 브로스, 「모데나에서의 체류」, 『이탈리아에 대한 사적 서한들Lettres familières sur l'Italie』, 53번째 편지, 1740.

[78] (역주) Charles du Fresne, sieur du Cange(1610~1688): 프랑스의 역사 가이자 언어학자이며 문헌학자

[79] (역주) 기원전 4세기경 포룸 로마눔의 한가운데에 땅이 꺼지면서 깊은 구 멍이 생겼는데, 신탁은 로마가 자신이 가진 것 가운데 가장 소중한 것을 구멍에 던지면 구멍도 메워지고 로마 제국의 영광도 영원히 지속될 것이 라고 전했다. 무공을 쌓아 이미 유명해진 젊은 영웅 마르쿠스 쿠르티우 스Marcus Curtius는 자신과 같은 영웅이야말로 로마가 지닌 가장 소중한 것이라 생각하고 구멍으로 뛰어들어 죽음의 신에게 자신을 바쳤다. 그러 자 곧 구멍이 메워졌다고 한다.

말이고, 1715년 이후 세대는 이 유산을 거부하지 않았다. 그 세대는 이렇게 전수된 도덕은 철학적이어야 한다는 말을 덧붙이면서 단지 이를 수정했을 뿐이다. 그래서 예전의 편견을 그 세대의 편견이 대체했고, 그 세대는 그동안 자신이 바라 왔던 최종적으로 남은 객관적인 도덕을 얻는 데 성공하지 못했다. 역사는 백성들에게 교훈을 주기보다는 어쩔 수 없이 사람들의 진면목을 보지 못하고 그들이 쓴 가면만을 보아야 하는 이른바 군주들이라고 불리는 그 불운한 사람들에게 교훈을 주게 될 것이다. 역사는 물론 교회에도 교훈을 주게 될 것이다. 역사는 반교권주의적이고 반교황주의적이게 될 것이다. 새로운 역사가들을 괴롭히는 지속적인 세력이 존재하고 있었기 때문에, 그들은 그들이 힘이 최대한 허락하는 한도 내에서 보쉬에에 반대하게 될 것이다. 그들은 중세를 이해해야 할 역사적 사실이 아니라 반박해야 하는 오류로써 파악하려고 애썼다. 그들이 이슬람교의 사실에 대해 이야기해야만 할 때면 그들은 이슬람교가 기독교인들에게 당한 모욕을 복수해 주어야만 할 것이다. 십자군 운동에 대해 이야기할 때는 그것을 격앙된 광기의 발작으로 다루게 될 것이다. 그들은 르네상스를 찬양할 터인데, 그것은 르네상스의 자체적인 장점들 때문이 아니라 그것이 이성의 세기를 열었기 때문이다. "역사란 사례들을 통해 우리가 공적이고 사적인 삶의 모든 상황들에서 어떻게 처신해야만 하는가를 우리에게 가르쳐 주는 철학이다. 그러므로 우리는 철학적 정신을 갖고 역사에 문의해야 한다."[80]

그러나 극복하기 가장 어려운 습관은 현재를 과거에 투사하고 현재에는 잘못이지만 과거에는 잘못이 아니었던 행위를 갖고 옛날

---

[80] 볼링브로크, 『역사 연구와 이용에 대한 서한 *Letters on the Study and Use of History*』, 세 번째 편지, 1752.

사람들을 처단하는 습관이다. 마치 순진한 사제가 "세계의 최초 시기로 옮겨가 주의 깊은 관찰자로서 검토하자……."고 말했던 것처럼 말이다. 그는 세계의 최초 시기들이 18세기의 기준에 따라 판단되어서는 안 된다는 것을 꿈에도 생각하지 않았다. 왜냐하면 그 기준들은 영원히 유효하기 때문이다. 어떤 오해 같은 것에도 괴로워하지 않고 이성주의자들은 "기원의 문제를 논리의 문제로 바꾸었다." 그들이 구체적인 것에 도달하기를 원하는 시기에 추상화는 그들을 호시탐탐 위협하고 있었다. 역사적 의미를 획득하기 위해 그들에게 필요한 것은 다름 아니라 그들이 진리에 대해 갖고 있는 생각에 대한 근본적인 변화, 그들의 정신적 태도에서의 대전환이었다. "물리와 수학의 근거는 도덕적 근거보다 더 중요해야 하는데, 이것은 마치 도덕적 근거가 역사적 근거보다 우월해야 하는 것과 같다."[81] 그들의 근본적인 확신은 바로 이런 것이었다. 그들이 앞으로 자신들에 맞서 이러한 위계를 뒤집는 데 성공하고 역사적 증거에 그 위엄을 돌려주는 데 성공하게 될 것인가?

그들의 확실한 의지들 중 가장 중요한 것은 다음과 같다. 역사는 더 이상 꾸며 낸 이야기인 우화가 아니라 과학이 될 것이다. **역사와 우화는 분리된 것이다.** 예전에 역사를 썼던 사람들은 그것으로 단지 흐린 거울을 만들었던 셈이다. 그들은 역사가 튼튼한 기초 위에 확립되지 못한다면 그 안에 모순적인 것들이 내포된다는 것을 생각하지 못했다. 역사는 **거짓말하는 귀신으로** 가득 차 있었고, 그로 인해 역사는 아이들을 위한 유모의 옛날이야기보다 덜 받아들여지게 되

---

[81] 디드로, 「스스로 대답하는 개종한 신도Le Prosélyte répondant par lui-même」, 『대원칙들에 대한 서문Introduction aux grands principes』, 전집 2권, p. 81.

었다. 이러한 오류를 고치기 위해서 우선 증거들을 고증하는 방법을 제정하는 것이 중요했다. 그래서 방법론들의 수가 늘어났는데, 모든 방법론들은 동일한 주장으로 귀결되었다. "역사를 말하는 사람은 자기 자신의 눈으로 본 증거들, 분명하고 의심할 수 없는 행위들, 믿을 만한 사람들의 보고에 의거한 사실에 충실한 진술, 정확하고 엄정한 사건들에 대한 이야기를 한다."—"모든 역사적 사실들은 그것이 그 시대의 여러 작가들에 의해 입증되었고 학식 있고 믿을 만한 사람들인 당대 저술가들의 저술에서 나왔다면 그리고 그 증거가 동일한 권위를 갖는 작가들에 의해 파기되지 않았을 때, 진실하고 확실한 것으로 간주되어야 한다." 『소설들에 반대해 정당화된 역사 *Histoire justifiée contre les romans*』(1735)에서 랑글레 뒤 프레누아[82]가 그렇다. 프리드리히 2세는 다음과 같은 말을 할 정도였다. "사람들이 사건들을 직접 보았거나 직접 체험했을 때만 그 사건들을 이야기하는 것이 최선일 것 같다." 그의 생각은 국가의 경영자들이나 군대의 수장들만이 그들이 이끌었던 사건들을 알고 따라서 기술하기에 유리한 위치에 있다는 것이었다. 직접 보지 못했다면 증언에 의지해야만 했다. 그러나 그때의 조건은 그것을 의심스러운 것으로 취급해야 하며, 그것이 믿을 만한 조건을 제시할 경우에만 그것을 믿는다는 것이다. 하틀리[83]와 그 이후의 프리스틀리는 어떤 주장이 마땅히 받아야 하는 신뢰성의 최대치와 최소치를 확립하기 위한 수학 공식을 제시했다. 그들은 이렇게 하면서 의식하지 못한 채 자신들의 기하학적 악마에 복종했는데, 그것은 앙갚음을 했다.

---

82 (역주) Nicolas Lenglet Du Fresnoy(1674~1755): 프랑스의 박식한 학자이자 역사가이자 철학자

83 (역주) David Hartley(1705~1757): 영국의 철학자

그리고 바로 이 악마는 진실한 것의 유일한 기준으로 진실하게 보이는 것에 만족하라고 조언할 때 또 앙갚음을 했다. 어쨌든 사람들은 더 이상 속지 않으려고 했다. 증인들은 어떤 사람이었는가? 그들은 어떤 가치가 있었는가? 그들에게는 식견이 있었는가? 예를 들면 그들은 대도시에서 살았는가, 혹은 그들이 거짓된 것을 보고한다면 그들을 반박할 수 있었을 이웃들의 시선 아래서 살았는가? 그들은 자신들이 기록한 행위들이 일어났던 시대에 살았는가? 무식하고 야만적인 어떤 지방의 오지에서 사는 모르는 사람들이 쓴 애매하고 공상적인 사소한 사실들을 믿지 않도록 조심하자. 차라리 상식 있는 사람이라면 아무도 의심할 수 없는 확실하고도 분명한 사실들, 예를 들면 카이사르와 폼페이우스 사이에 벌어진 파르살로스 전투나 터키인들의 콘스탄티노플 점령 등을 보존하자⋯⋯. 이 진리에 목마른 사람들은 너무 멀리 나가는 바람에 자신들의 열정에 사로잡혀 기꺼이 예전의 역사를 희생시켰을 것이다. 레베크 드 푸이[84]가 1723년 비명 아카데미 앞에서 로마의 최초 세기들의 불확실성에 대한 자신의 논문을 읽었을 때 그는 추잡하게 비쳤다. "유적들의 부족, 연대기 작가들의 무지나 기만으로 인해 우리는 로물루스, 초기의 왕들, 골루아족의 패배, 레굴루스와 같은 영웅적 공적들에 대해 확실한 것을 아무것도 모른다고 말할 수밖에 없습니다." 그러나 그는 곧 모든 사람들이 따르게 될 의견을 표명했던 것이다. 의심이 번져 나갔다. 초기 시대와 중세는 불확실해서 역사는 겨우 15세기에서나 시작해야만 할 것 같았다. 우리가 정말 확실하게 알고 있는 모든 것은 우리가 아무것도 모른다는 것이다⋯⋯. 그러나 이 정

---

84 (역주) Louis-Jean Lévesque de Pouilly(1691∼1750): 프랑스의 철학자로 비명 아카데미 회원

도에서 멈추었다. 왜냐하면 사람들은 회의주의라는 또 다른 위험에 위협당하고 있다고 느꼈기 때문이다. 우리는 입증된 증거에 의해 우리에게 확인된 것 이외에는 아무것도 모른다. 그리고 우리는 이 러한 안정성을 확보하기 위해 노력할 것이다.

두 번째로, 사람들은 자제했다. 중요한 작품들은 더 이상 무한 한 공간이나 무제한적 시간으로 뛰어들기를 원치 않았던 작품들이 다. 확고한 기념비는 요한 로렌츠 폰 모스하임[85]의 『고대와 근대 교회사 강요 4권』으로 초판은 1726년에 나왔다. 전문적 저술들로는 볼테르의 『칼 12세의 역사 Histoire de Charles XII』와 『루이 14세의 세기 Le Siècle de Louis XIV』, 윌리엄 로버트슨[86]의 『황제 카를 5세 치세의 역사 History of the reign of the Emperor Charles V』가 있다. 민족의 역사를 다룬 저술로는 몽테스키외의 『로마인의 흥망성쇠 원인에 대한 고찰 Considération sur les causes de la grandeur des Romains et de leur décadence』과 민족 역사의 한 시점을 다룬 에드 워드 기번[87]의 『로마 제국 쇠망사 The Decline and Fall of Roman Empire』(1776~1781), 민족들의 역사를 다룬 것들로는 데이비드 흄 의 『영국사 History of Great Britain』와 『튜더 가문 치세하의 영국 사 History of England under the House of Tudor』(1754~1778), 윌리엄 로버트슨의 『스코틀랜드의 역사 History of Scotland』(1759), 게다가 지역사로 유스투스 뫼저[88]의 『오스나브뤼크[89]의 역사 Osnabrückische Geschichte』가 있다.

---

85 (역주) p. 114 각주 18 참조.

86 (역주) William Robertson(1721~1793): 스코틀랜드의 역사가

87 (역주) Edward Gibbon(1737~1794): 영국의 역사가

88 (역주) Justus Möser(1720~1794): 독일의 법학자이자 역사가

89 (역주) 독일 북부 니더작센 주의 한 도시

세 번째로, 사람들은 기적적인 것을 거부했다. 사람들은 기적적인 것에 초자연적인 것을 포함시켰다. 신탁이나 초자연적 현상이나 예언이나 기적에 대해 이야기하지 않는 그리스인이나 로마인은 한 사람도 없다. 많은 신중한 작가들이 침착한 진지함을 갖고 그것들을 입증했다. 그리고 그들이 살던 시대의 민중은 그들을 믿었다. 그러나 이러한 미신들 중 어떤 것도 합리적 성격을 갖고 있다고 인정될 수 없다. 그것들은 시의적절하게 꾸며진 다음 미화되고 신앙의 대상이 되었는데, 사실은 통째로 거부되어야 할 비합리적인 믿음들이다. 성경까지도 추방의 명단에 그 이름이 올라가게 될 것이다.

버크는 기번에게 보낸 편지에서 "현재 인류의 위대한 지도가 펼쳐져 있다"는 말을 했다. 사실 이는 또한 그들의 요구들 중 하나였다. 역사를 전투들의 묘사나 외교적 책략들의 분석이나 영웅의 반열에 접근하는 개인들에 대한 찬양으로 채우는 일은 중지되어야 할 것이다. 역사의 주요한 목적은 문명의 연구일 것이다. 볼링브로크는 "인간은 모든 역사의 주제이다"라고 말한다. 뒤클로[90]는 말한다. "내가 쓰고 있는 역사가 군사적이거나 정치적이거나 경제적인 역사가 아니라면⋯⋯ 사람들은 내가 쓰고자 하는 역사는 도대체 어떤 것이냐고 물을 것이다. 그것은 인간들과 풍속의 역사이다." 볼테르는 말한다. "이것은 군사작전의 보고가 전혀 아니다. 더 정확히 말하면 풍속과 인간들의 역사이다." 이렇게 반복되는 주장들은 만족스럽고 그 주장들이 표현하는 변화는 극히 중요하다. 그 변화를 그 어느 것보다 가장 강력하게 보여 주는 것은 볼테르의 『풍속론 *Essai sur les mœurs*』이다. 보쉬에와 정반대의 입장을 취하겠다는 단호한 의도에 의해 왜곡되어 그 결과 자신이 비난하는 오류들 — 성급함,

---

90 (역주) Charles Pinot Duclos(1704~1772): 프랑스의 작가이자 역사가

여러 사람들의 손을 거친 간접 정보, 편집된 자료 — 에 빠졌지만 그 럼에도 불구하고 그 저서는 18세기의 기념비들 중 하나이다. 그리 고 그 「서문」에는 "나는 역사의 비통한 대상들이자 인간의 사악함 의 상투적 표현인 그렇게나 많은 불행들과 전투들을 되풀이 말하기 보다는 오히려 사람들의 사회가 어떠한 것이었으며 그들이 가족 내 에서 어떻게 살았으며 어떤 기술들이 발전되었는지를 밝히고 싶다" 라는 좌우명이 담겨져 있기 때문에, 그 저서는 미래에도 잊히지 않 을 것이다.

그러고 나서 그들은 "역사적 열정"[91]을 발휘하여 결정적으로 역 사를 만들려는 그들의 계획을 차질 없이 끝까지 추진할 수 있었을 까? 안정성과 정체성에 대한 믿음을 진보의 개념으로 대체할 수 있 었을까? 몽테스키외는 자신의 사적인 메모에서 비코의 이론, 즉 역 사의 순환 이론에 충격을 받았다고 말한다. 우선 여러 국가들은 야 만적이다. 국가들은 정복을 하고 문명국가가 된다. 이 통치 조직은 국가들을 확장시키고 국가들은 예절의 국가가 된다. 그리고 예절은 국가들을 약화시키고 국가들은 정복당하고 다시 야만적이 된다. 거 의 세계의 모든 국가들은 이러한 순환 과정을 밟는다……. 그런데 『로마인의 흥망성쇠 원인에 대한 고찰』에서 바로 그 몽테스키외가 탄생과 발전과 전락의 개념을 받아들였다. 위대함에서 쇠퇴로 이행 한다는 이러한 개념은 그 시대에 충격을 주어 이를 받아들이지 않 은 역사가가 거의 없을 정도였는데, 그것이 이 위대한 정신의 다양 한 영향력이 만든 가장 눈에 띄는 흔적들 중 하나이다. — 볼테르는 불안에 싸여 그의 역사서 한 페이지 이상을 비장감으로 물들이면서

---

91 요한 크리스토프 아델룽Johann Christoph Adelung, 『실용적인 유럽 국 가들의 역사Pragmatische Staatsgeschichte Europens』, 고타, 1762.

진보에 이르는 변화 과정을 판별할 수 있다고 믿었다. 그것은 매우 진행이 느리고 매우 어려우며 끊임없이 위협을 받지만 문명의 어떤 특혜받은 시기에 자신의 모습을 드러내는 진보이다. 얼마나 많은 혼란과 불행이 있었으며 얼마나 많은 피가 뿌려졌는가! 전쟁과 살인과 파괴의 성향이 항상 지상을 지배했다. 그렇지만 이러한 약탈 가운데서 은밀히 인류에게 활기를 불어넣으며 인류의 완벽한 붕괴를 막는 질서에 대한 사랑이 나타났다. "그것은 항상 자신의 힘을 되찾는 자연의 원동력들 중 하나이다. 바로 그것이 국가들의 법을 만들었다. 바로 그것을 통해 사람들은 로마에서와 마찬가지로 통킹과 타이완에서도 법과 법의 집행자들을 존중한다." 볼테르는 황량한 사막에 위치한 주거지와 비슷한 위대한 시대들 중 한 시대, 즉 알렉산드로스 대왕의 시기, 아우구스투스의 시기, 교황 레오 10세, 루이 14세의 시대에 이를 때 한숨을 돌리고 용기를 다시 내고 즐거워진다. 그는 그에게 희망을 허락하는 이 위대한 인간들에게 감사한다. 레싱에게 인류의 교육은 단지 천천히 진행되는 변화에 불과하다.[92] 이성은 설사 그것이 외부로부터 투사된다 할지라도 내적 이성에 의해 흡수된다. 내적 이성은 절대로 완벽히 패배하는 법이 없으며, 신의 진리와 인간의 진리가 널리 퍼지고 그 두 종류의 진리가 단 하나의 진리를 이루는 날까지 끈질기게 앞으로 계속 전진해 나갈 것이다. 그래서 레싱 다음에 헤르더[93]가 나타날 수 있었다.

그들이 출발할 때는 그렇게도 멀리 있었던 이 구체적인 것에 도

---

92 이러한 생각의 더욱 상세한 전개는 이 책 「3부」, 11장, pp. 591~595 참조.

93 (역주) Johann Gottfried Herder(1744~1803): 독일의 사상가이며 신학자이자 문예비평가로 합리주의를 비판하고 자연과 역사의 발전 속에서 신을 직관하는 입장을 취했다.

달한 것인가? 완전히 그렇지는 않았다. 역사는 아직 재생하지 못했다. 역사가들이 자신 안에서 없애는 데 성공하지 못했던 극적 감동에 대한 취향 때문에, 몇몇 역사가들은 무미건조함 때문에, 또 다른 역사가들은 웅변 때문에 현실의 생생한 단순성을 복원하지 못했다. 사실들은 그들에게 육체를 가진 실체로서 나타나지 않았다. 자신의 작은 조국 땅에 튼튼히 근거를 두고, 교향곡의 소리들을 분해하는 사람은 더 이상 총체적인 인상을 향유하지 못한다는 사실을 이해하며, 용감함에는 어느 정도의 비겁함이, 이타주의에는 어느 정도의 이기주의가 들어가 있다는 사실을 알면서 '현실 역사'에 접근했던 사람이 유스투스 뫼저이다. 그는 복잡성에 대한 감각을 갖고 있었고, 『오스나브뤼크의 역사』 집필이 진행될수록 이러한 감각을 더욱 많이 갖게 되었다. 그러나 그는 모든 사람들 중 가장 덜 유럽적으로 남아 있었는데, 그것은 그의 명성이 독일에서는 높았지만 더욱 널리 퍼지지는 않았고 그가 몽테스키외, 볼테르, 로버트슨, 기번 같은 역사가들과 비교할 때 무명으로 남아 있었다는 의미에서이다.

그들은 자신들이 결심했던 것만큼 일반 법칙을 통한 설명을 포기함으로써 그들 스스로 추방했던 형이상학에 다시 떨어지는 위험을 모면했던가? 그들은 그것을 포기하지 못했다. 아마 역사의 법칙은 이익, 이기심(self love)이었는지 모른다. 레날 신부가 『두 인도에서의 유럽인들의 상사들과 교역에 대한 철학적·정치적 역사』에서 원했던 것처럼 상업의 신이었을지 모른다. 또 어쩌면 어떤 '시대정신'일 수도 있고, 결과들의 동시 발생일 수도 있다. "세 가지가 끊임없이 인간 정신에 영향을 미치는데, 그것은 풍토와 정부와 종교이다. 그것이 세계의 비밀을 설명하는 유일한 방식이다."[94] 어쩌면 운

---

94 볼테르, 『풍속론』, 197장.

명일 수도 있는데, 그것은 매우 사소해서 거의 감지될 수도 없는 원인들과 측정할 수 없을 정도의 규모로 커진 결과들 사이의 현저한 불균형으로 표명되었다……. 그들은 최초 원인들로 거슬러 올라가지 않고 이러한 현상들을 해명하기를 원했다. 그런데 이렇게 말하고 보면 그들이 끈질기게 찾고 있었던 것이 바로 그 최초 원인이었다.

그 결과 그들은 완벽한 역사를 쓰지 못했다. 누가 언젠가는 그 완벽한 역사라는 것을 쓸 수 있을 것인가? 그렇지만 그들은 아주 어려운 상황에서 그리고 매우 영예롭게도 자신들이 맡은 일을 잘 수행했다. 그들은 박학이 약간 재미있을 때 그것을 좋아했다. 그렇지만 그들은 증거의 가치를 깨달았는데, 그것은 바로 자신들이 구축하려고 애썼던 확실한 자료에 기초하고 있다. 쓸데없는 부분을 제거하고, 장애물을 치우고, 거짓말을 고발하면서 그들은 미래의 길을 준비했다. 경험주의적이기를 원하고 오직 사실만을 받아들이는 그들의 철학과 그들을 추상과 선험적인 것과 현실이 따라야만 하는 대(大)체계들로 이끄는 그들의 자연적 성향 사이에서 그들은 싫든 좋든 항상은 아니지만 종종 자신들이 끌어낼 수 있었던 역사적 방법에 자신들이 내심 좋아하는 것을 희생했다. 그들은 걸작을 남겼다. 그것은 그 세기의 문학 전체에 자신의 표식을 남긴 지성이 받은 정당한 평가였다.

제9장

사상과 풍습

모험가

아무도 가만히 있지 못했다. 몽테스키외는 국가의 정치조직들을 연구하기 위해 유럽 여행에 나섰다. 디드로는 오랫동안 망설였지만 러시아를 여행했다. 어느 날 젊은 골드스미스는 대륙으로 떠나리라 결심했다. 그리고 정말 그는 돈도 후원도 정해진 여정도 없이 떠났다. 그는 오두막집 문 앞에서 플루트를 불어 농민들로부터 수프 한 사발과 곳간에서 잠자리를 얻었다. 문학가 홀베르는 골드스미스가 플루트를 믿은 것처럼 자신의 아름다운 목소리를 믿고 덴마크를 떠나 길을 나섰다. 그는 이 나라 저 나라를 지나는데, 파리에서 프랑스어를 배우고 옥스퍼드에서는 프랑스어를 가르쳤으며, 별것 아닌 것으로 불편해하지 않았다. 그 어떤 것도 충족시키지 못하는 그리고 언제나 새로운 것을 보기를 갈망하는 이 호기심 가득한 사람들은 유동성 그 자체였다. 유배는 그들에게 쓰라린 것이 아니었다. 타인의 계단을 올라가는 것도 고통스러운 것이 아니었고, 외국의 빵도 소금처럼 짠맛이 아니었다.[1] 조국 밖으로 내던져진 그들은 그 기회를 이용해 자신의 영혼을 새롭게 만들었다. 볼테르는 런던에서 그렇게 불행하지 않았다. 그는 영국의 언어와 문학과 풍속을 알게 되어서 그만큼 득이었다. 아베 프레보는 작정하고 엉뚱한 짓을 한 네덜란드에서 불행하지 않았다. 또한 행복한 섬 영국에서는 훨씬 덜 불행했는데, 그는 영국의 위대함을 찬양하는 송가를 부르면서 마지못해 그곳을 떠났다. 영국의 볼링브로크는 어려움 없이 일종의 프랑스 대영주가 되었다. 그는 자신의 성과 정원을 갖고 있었고, 지지자를 만들어 군림했다. 독일의 미학자 빙켈만[2]은 이탈리아에서 자신의 진정한 조국을 발견했다. 얼마나 많은 박해받던 철학자들이 베를린에 있는 프리드리히 2세 주변에 모여 즐거움을 얻었던가? 피난처의 비극적 이미지는 지워져 가고 있었다. 더 이상 추방당한 사람들은 없고 세계주의자들(cosmopolite)만이 있었다.

그 말은 16세기에 등장했는데 유행하지 못하고 17세기에는 거의 사라졌다가 18세기에 다시 통용되기 시작했다. 1721년 『트레부 사전』은 'cosmopolitain'이라는 형태로 그것을 정의했다. 그것은 당시 두 가지 어감을 내포하고 있었는데, 하나는 고정된 주거지가 없는 사람이라는 경멸적인 어감이었고 또 하나는 어느 곳에서도 이방인이 아닌 사람이라는 찬사의 어감이었다. 후자가 승리를 거두어 1755년 장-자크 루소는 "민족들을 분리하는 상상적인 장벽들을 넘어서는, 그리고 자신들을 만든 '최고의 국가'를 본받아 모든 인류를 박애로 감싸 안는 위대한 세계주의적 영혼들"에 대해 말한다. 세계

---

1 (역주) "너는 외국의 빵이 얼마나 짜며 타인의 계단을 오르내리는 것이 얼마나 힘든 일인지 알게 될 것이다."(단테의 『신곡』에 나오는 말로 유배 생활의 고통에 대해 언급하고 있다.)
2 (역주) Johann Joachim Winckelmann(1717~1768): 독일의 미학자로 고전 고고학과 미술학의 기초를 구축했다.

주의자는 예전에는 조국을 갖고 있지 않았기 때문에 경멸을 받았다면 지금은 복수의 조국들을 갖고 있기 때문에 존경을 받게 되었다.

그때부터 우리는 영원한 모험이 시대의 변화를 반영한다는 사실을 확인하면서 놀라지 않게 된다. 성소(聖所)에서 터키인들을 쫓아내기 위해 그리스도의 무덤을 정복하러 가는 것은 더 이상 문제가 되지 않았다. 먼 바다로 떠나는 탐험조차 위험성이 통제되어 상업적 항로와 조직적인 정찰로 축소되었다. 영웅적인 것은 이제 자신에게 할당된 문학 장르들, 마지막 피난처에 자리 잡는 것으로 충분했다. 모험은 쾌락과 우아함이 깃든 직업이 되었고, 단검과 비단과 레이스로 상징되는 모험가는 사회에서 자리 잡은 인물이 되었다.

그는 존경받는 집안 출신일 수도 있지만, 일반적으로 스스로 귀족 작위를 만들어 갖는 것이 더욱 확실하다고 판단한다. 유대인 거주지 출신인 로렌초 다 폰테[3]는 자신에게 세례를 주고 신학교에 입학시킨 주교의 성을 따랐다. 카사노바의 아버지는 임시 고용 배우였고 그의 어머니는 구두제조인 딸이었다. 주세페 발사모[4]는 시칠리아 출신으로 보잘것없는 부모 밑에서 태어나 악동으로 젊은 시절을 보냈는데, 자신의 평민 이름을 울림이 풍부한 호칭인 칼리오스트로로 바꾸었다. 왜냐하면 결국 알파벳 문자는 모든 사람들에게 속한 공동의 재산이기 때문이다.

그가 활약하는 장소는 대초원이나 바다가 아니라, 사기꾼들이 항상 위기를 벗어날 방도를 찾아내는 수도들인데, 때로 그는 사람

---

3 (역주) Lorenzo da Ponte(1749~1838): 이탈리아의 시인이자 오페라 대본 작가로 파란만장한 삶을 살다가 뉴욕에서 죽었다.

4 (역주) Giuseppe Balsamo, conte di Cagliostro(1743~1795): 이탈리아의 모험가

들이 지루해서 그의 존재가 무기력을 몰아내는 작은 궁정들을 더 좋아할 수도 있다. 그는 배은망덕한 자신의 출현을 곧잘 잊어버리고 도덕적 거리낌 없이 자신의 모든 매력을 발산하며 어느 날 저녁 어딘가로부터 나타나서 며칠 후 떠났는데, 자신을 맞은 주인들에게는 자신이 치를 계산을 지불하고 손해를 배상하는 수고를 남겨놓았다. 그의 체류는 결코 길지 않다. 그는 마주쳐 지나간 본느발 백작[5] — 그는 터키의 파샤가 되었다 — 처럼 유럽을 주유하고 이집트까지 그리고 동방까지 갔다. 또 뉴욕에서 이탈리아어 선생이 된 로렌초 다 폰테처럼 신세계까지 갔다.

그가 과시하는 일시적인 부는 어디에서 왔는가? 사실 그는 빈털터리고 그가 탄 마차는 그의 것이 아니다. 그에게 하인이 있다면 그는 공범이다. 그가 입은 옷도 외상이다. 그는 보증인도 없다. 그의 과거에 대한 정보를 사람들이 안다면 그것이 너무 추악해 사람들이 곧 그를 쫓아낼 것이다. 그러나 그의 외관은 번쩍거린다. 그는 겉으로는 교양 있어 보이며 자신이 라틴어와 외국어들을 안다고 말하며, 만능열쇠인 프랑스어에 정통하다. 기억력이 엄청난 그는 지나는 길에 잡동사니 지식들을 얻어 가졌고, 그는 그것으로 자신의 말을 교묘하게 장식한다. 가끔 그는 시인이고 심지어 오페라 대본을 쓸 수도 있다. 그는 음악과 춤을 안다. 그는 재치가 있으며 대단한 소식들과 자질구레한 험담을 옮기면서 대화를 나눈다. 여기에 인간들과 신을 두려워하지 않는 개성에서 나오는 뻔뻔함과 대담함과 힘을 덧붙이자.

모험가는 해체되고 있는 세계의 악덕을 이용한다. 위계질서는

---

5 (역주) Claude Alexandre, comte de Bonneval(1675~1747): 프랑스의 장교인 그는 이슬람으로 개종한 후 오스만 제국을 위해 일했다.

더 이상 확고하지 않았으며, 오래된 원칙들은 조롱받았고, 엄격함은 유행이 지났으며, 사람들은 우울한 미덕보다 사람을 즐겁게 만들 줄 아는 사람을 더 좋아했다. 자연히 그는 도박 테이블에 자리를 잡았고, 그가 앉으면 시합이 시작되었다. 속임수를 쓸 때 그는 혼자가 아니었다. 사람들은 그가 신중하지 못하게 카드 한 장을 자기 소매에 넣는 순간이 발각될 때만 화를 낼 것이다. 그런데 그는 능숙하다. 사람들은 계산하지 않고 돈을 펑펑 쓰고, 모험가는 쩨쩨하지 않다. 반대로 그는 적절하게 다이아몬드와 진주 목걸이를 선사한다. 그는 과시적인 몸짓으로 군주의 하인들에게 돈이 가득 찬 지갑을 던진다. 그는 내일이면 좋아지게 만들 수 있는 기분이 지금 나쁘다는 핑계로 시무룩한 모습을 보이지 않는다. 그는 모든 사람들이 그렇듯 이 미인에서 저 미인으로 옮겨 가면서 여성들을 정복한다. 그는 우연히 만난 자신의 친구들, 자신의 염복을 자랑하는 젊은 장교, 혹은 이제는 셀 수 없을 정도로 염복이 터진 늙은 방탕아 거의 이상으로 자주 여성을 바꾸었다. 그는 쾌락 면에서 변덕스러웠다. 18세기의 모험가 중 한 사람인 카사노바에게는 돈 후안의 새로운 화신, 색정적인 돈 후안이라는 평이 돌았다. 그리고 또 다른 모험가인 기사 데옹[6]에게는 일생 동안 남자였는지 여자였는지 모를 이러한 애매함을 유지했다는 평이 돌았다.

사람들은 그들을 가끔 국제정치의 비밀 요원들로 간주했다. 사실 종종 그들은 비밀 회합의 일원이었다. 당시에 종교적인 모험가의 한 사람인 람세를 볼 수 있는데, 그는 프리메이슨단의 지도자들 중 한 사람이었다. 아니 그 이상이었다. 이러한 존재들은 온갖 대학

---

6 (역주) Charles de Beaumont, chevalier d'Éon(1728~1810): 프랑스의 작가이자 외교관이며 간첩이다. 특히 여장 남자로 유명하다.

들에서 자신들이 무엇을 말할지 공부하고 온갖 군대들에 들어가 싸움을 하고 모든 대영주들과 가족같이 사귄 후 자신의 내면에 신비스러운 어떤 것을 갖게 된다. 환영의 범주에 속하는 것처럼 보이며 유성처럼 한순간 나타나 한순간 사라지는 이러한 존재들은 초자연적 힘의 지도자들이다. 여기서도 그들은 미신적인 맹목적 믿음의 기반을 이용하는데, 이는 이성에 의해 근절되지 않았고 오히려 18세기가 진행됨에 따라 이성에 보복을 가했다. 마술사, 강신술사, 신비술가, 최면술사, 예언자, 점성가 들은 보물을 발견하고 미래를 예언하고 늙은 귀부인을 젊게 만들어 그들에게 이팔청춘의 아름다움을 돌려줄 미약을 제조했다. 그들은 병자들을 고쳤고, 죽은 사람들을 부활시킬 지경이었다. 어떤 사람은 만병통치약을 갖고 있었고, 다른 사람은 현자의 돌을 발견했다. 그리고 또 다른 사람은 시간을 정복했다. 그는 자신의 하인에게 묻는다. "너는 그리스도가 십자가에 못 박힌 날을 기억하느냐?" 그러면 하인은 대답한다. "선생님은 제가 겨우 1500년 전부터 선생님을 모시고 있다는 것을 잊고 계십니다." 위대한 콥트파[7]인 칼리오스트로는 자신의 부인이 시바의 여왕이었을 때 그가 비결을 발견했던 불사의 영약을 마셨다.

그랬음에도 불구하고 그는 미쳐서 혹은 광기를 가장하고 지하독방에서 죽게 될 것이다. 왜냐하면 그 자신도 그랬고 그와 비슷한 사람들도 마찬가지로 끝까지 코미디를 이끌어 가지 못했고, 결말은 우울했기 때문이다. 그들은 낭비한 후 가난해졌고 그야말로 자유분방했다가 투옥되었고 사람들에게 환대를 받은 다음 날 버림을 받았다. 그들은 심지어 도덕적 양심을 되찾기 위한 후회도 하지 않았다. 그들에게는 아쉬움밖에 없었다. 가끔 운명의 아이러니로 그들은 불

---

7 (역주) 이집트에서 기독교를 믿던 주민들

평과 앙심으로 가득 찬 긴 노년을 오랫동안 살기도 했다. 그래서 마침내 벌을 받으면, 그들은 모진 벌을 받았다.

사회는 자신의 권리를 되찾고, 그들이 풍속을 문란하게 만든다고 보고 그들을 처벌했다. 그럼에도 불구하고 사회는 여전히 호의적인 환경을 제공했는데, 이러한 환경이 없었다면 그들은 번성할 수 없었을 것이다. 그들은 당대의 몇몇 생각을 극단적으로, 모순으로까지, 그리고 악덕으로까지 밀고 나갔다. 반짝이는 세기, 그들은 반짝이는 세기의 흠집이었다. 지성의 세기, 그들은 역마차를 훔친 것이 아니라 무장 강도 행각을 벌였다. 그들은 스스로 먹잇감이 되는 얼간이들에 대해 자신들의 명민함과 재치와 심리학을 이용했는데, 게다가 그들에게 상당한 경멸감을 갖고 있었다. 슈발리에 데 그리외[8]는 부자와 귀족들의 어리석음이 하층민의 훌륭한 수입원이라고 말했다. 그들은 그들 자신의 삶을 만드는 예술가였다.[9]

문학은 이러한 인간형을 이용했다. 소설에서 악한인 피카로는 모험가가 되는 경향을 보이고 있었다. 연극에서 골도니는 소재들을 잡을 준비를 하고 있었다. 어느 날 「어머니 자연Madre Natura」의 경이로운 효과들을 소재로 삼는 것과 마찬가지로 어느 날은 로크와 뉴턴의 제자인 「영국 철학가Il filosofo inglese」를 무대에 올리고, 마찬가지로 1751년 「명예로운 모험가L'avventuriere onorato」를 내놓았다. 그러나 문학은 생기가 없었고 문학의 성공은 살아 있는 모험가와 비교할 때 의심스러웠다. 왜냐하면 살아 있는 모험가는

---

8 (역주) 아베 프레보의 소설 『마농 레스코』에 나오는 남자 주인공

9 우리는 이 페이지들에서 슈테판 츠바이크Stefan Zweig가 카사노바에 대해 쓴 에세이 『그들 삶의 세 시인 Trois poètes de leur vie』(1937년 프랑스어 번역)을 사용했다.

자신에게 주어진 날들을 걸작으로 만들었기 때문이다. 그는 그날들을 자기가 원하는 대로 자신이 원하는 목적을 위해 이용하면서 자신의 입상을 각별한 정성을 기울여 조각했다. 모든 종류의 기념물들이 있었다. 『법의 정신』이나 『풍속론』도 그런 기념물들의 하나이고, 카사노바의 『회상록』 역시 여전히 18세기의 흔적을 갖고 있는 또 다른 기념물이다.

여성들

몽테스키외의 『그니드의 신전 Le Temple de Gnide』과 『파포스 여행 Le Voyage à Paphos』. 아니 그것들보다 알가로티의 『키테라[10]의 회의 Il Congresso di Citera』(1745). 사랑의 신은 세상에서 사라져 자신의 섬으로 은거하고, 최근 제기된 이의 — 여러 민족들이 사랑의 방식에 대해 논쟁을 벌이고 있었던 것이다 — 에 대해 회의를 소집했다. 그래서 각 민족은 각자 사랑의 신이 소집한 회의에 여성 대사를 파견한다. 드자지 부인은 프랑스를 대표하고, 레이디 그레이블리는 영국을 대표하고 베아트리체는 이탈리아를 대표한다. 보고 책임자의 역할은 '관능'에게 맡겨질 것이다. 물론 한 가지 점, 즉 자연이 사람들의 마음에 그 감정을 흘려 넣은 쾌락의 지배권은 이론의 여지가 없을 것이다. 레이디 그레이블리는 신랄하다. 영국 남자들은 여성들을 무시하고 지루하게 만든다. 드자지 부인은 변덕스러운 사랑을 찬양하고 구식 정열을 경멸하고 우아함과 재치가 양념으로 깃든 변덕이 더 낫다고 본다. **고통 없는 쾌락.** 베아트리체는 이상적인 아름다움의 숭배를 찬양한다. 아무도 정의롭다고 생각되는

---

10 (역주) 사랑의 여신인 비너스를 숭배하는 상상 속의 섬

동기를 옹호하지 않는다. '관능'은 논쟁을 요약하고 신의 의지를 전달한다. 남성이 사랑하는 여성을 선택하는 것은 그의 능력 밖에 있으며, 남성은 운명에 의해 그녀에게 끌린다. 그러므로 그가 할 수 있는 유일한 일은 그녀를 찬양하고 그녀의 경쟁자들의 결점, 즉 미녀 클로에의 목소리와 레스비아의 치아를 비난하면서 그녀의 마음에 드는 것이어야 한다. 하인이 되는 척해야 주인이 될 수 있기에 그녀에게 거역하지 않으려고 애써야 하며, 그녀를 즐겁게 해 주고, 재치 있는 편지, 침모와의 공모, 산책, 축제 등 정복의 사소한 방법들을 사용하며, 좋은 때를 선택해야 한다. 연인이 자기 경쟁자가 입은 새로운 유행의 드레스를 막 보게 된 그날 사랑을 고백하지 않도록 조심해야 한다.

바로 그것이다. 사람들은 환상을 가졌고, 고통 없는 쾌락을 가질 수 있다고 믿는 것처럼 보였다. 쾌락은 더 이상 굴욕적이지도 않았고, 어떤 타협에 의해 은밀히 용인된 것도 아니었고, 회개에 의해 그 죄가 소멸되는 것도 아니었다. 쾌락은 쉬워지는 동시에 영예스러워졌다. 쾌락이 쾌락에 이질적인 어떤 관념을 내포하고 있다면, 그것은 과시의 관념이었다. 품행에서의 자유분방함. 감각은 예선의 엄격함에 반기를 들었다. 예정설이나 원죄 등과 같이 귀찮은 가정은 가능한 한 배제되었다. 그리고 자연에 존재하는 모든 것은 선하며, 쾌락은 자연 안에 있고, 쾌락들 중 가장 위대한 것은 관능이라는 점이 받아들여졌다. 모든 여성들은 아니지만 유행에 따르는 여성들은 새로운 사랑의 기술에 따랐다.

변덕스런 절세의 미녀들은 분과 연지와 애교 점, 결이 굵은 비단, 비단과 화려한 옷감과 레이스와 보석을 갖고 가벼운 발걸음으로 최고의 신분을 향해 돌진했다. 사치가 그녀들을 위해 준비되었고, 그녀들의 주변에는 돈의 소용돌이와 같은 것이 만들어졌다. 무도회, 저녁, 야식은 계속되는 그녀들의 대연회를 구성하는 중요한 순간들이었다. 남성들은 그녀들이 일시적인 사랑의 대상 이상의 것이 아니라면 열의를 다해 그녀들의 욕망을 만족시켜 주었다. 무분별한 열정? 사랑의 맹세? 결혼에 대한 존중? 그것은 게임의 법칙에 들어 있지 않았다. 우스벡[11]은 프랑스에서만큼 질투하는 남편들의 수가 적은 나라는 이 세상에 없다는 사실을 확인하는데, 그 이유는 그들이 여성들의 정조를 믿어서가 아니라 반대로 자신들의 불운에 대해 매우 자랑스럽게 생각해서 이제는 그것을 어쩔 수 없는 것으로 받아들일 수밖에 없었기 때문이다. 앙골라 왕자[12]는 교육을 받았다. 그의 친구 알마이르는 그에게 권태에 대한 유일한 치료제를 추천하는데, 그것은 다름 아닌 갈아타기였다. 왕자는 곧 아름다운 여인들을 이 손에서 저 손으로 넘어가는 상업적 재산처럼 바라본다. "우리는 마음이 맞아 서로를 취했고 합의로 서로를 붙잡아 두고 있는데 나는 우리가 고통 없이 헤어질 것이라고 생각한다."[13] 외글레는 극장에서 기분이 좋지 않았다. 그녀는 매우 중대한 잘못을 저질러서 자신이 끝장이 났음을 느끼고 이제는 은거하거나 신앙에 파묻힐 일만 남았다. 사실인즉 그녀의 남편이 그녀의 거처에 와서 그녀에게 말을 거는데, 그녀는 남편을 다정하게 쳐다보고 그에게 웃음을 보이고 그의 손을 붙잡을 정도로 자제심을 잃었기 때문이다.[14]

---

11 (역주) 몽테스키외의 소설 『페르시아인의 편지』에서 주인공으로 등장하는 페르시아의 군주

12 (역주) 앙골라 왕자는 슈발리에 드 라 몰리에르Chevalier de la Molière가 쓴 『앙골라, 인도의 역사Angola, histoire indienne』의 주인공으로 사랑하는 여인에게 배신당한다는 요정의 저주를 받고 그 고통을 줄이기 위해 친구 알마이르Almaïr의 조언에 따라 바람둥이가 된다.

13 몰리에르, 「아그라에서, 모골 귀족의 은혜로」, 『앙골라, 인도의 역사』, 1749.

간단히 말하면 "섬세하고 변하지 않는 사랑은 이제 옛날 소설책에 서나 남아 있다."[15]

사실 첩실은 일종의 국가 제도가 되었다. 왕의 첩실들이 있는데, 루이 15세의 모든 첩실들 중 퐁파두르 부인이 있었다. 귀족의 첩실들. 변호사 바르비에는 다음과 같이 외쳤다. "뭐라고, 20명의 궁정 영주 가운데 부인 말고 다른 여인과 사는 사람이 15명이나 된다고!" 그렇다면 왕의 행실을 비난할 것이 있는가? 철학자들, 볼테르, 달랑베르, 디드로, 엘베시우스, 돌바크 남작 등 모든 철학자들의 첩실들. 다르장 후작은 수많은 첩실들을 두고 있었는데, 그는 포블라스[16]가 나오기 전에 포블라스처럼 살았다. 키노 양[17]이 말했듯이 정숙함은 자연이 단죄한 인위적 습관에 불과하며, 아마도 꼽추에 마르고 기형인 키 작은 난쟁이에 의해 고안되었을 것이다. 왜냐하면 사람이 잘생겼을 때는 몸을 감추는 것을 생각하지 않기 때문이다.

아마 파리 사회는 진보라는 말이 갖는 모든 의미에서 더욱 진보적이었던 것 같다. 그러나 편지나 회고록은 다른 나라들에서 이루어지는 일에 대해 우리에게 다른 증거들을 제공하는 것으로 보이지 않는다. 아무도 베를린과 포츠담의 풍습이 더욱 순수하다고 주장하

---

14 『보르도의 시민 트레사크 드 베르지 씨가 쓴 관습론 *Les Usages, par M. Tr. D. V., citoyen de Bordeaux*』, 제네바, 1762.

15 Madeleine d'Arsant de Puisieux, 『알자라크, 혹은 바람의 필요성 *Alzarac, ou la nécessité d'être inconstant*』, 쾰른에서 출판되고 파리에서 판매, 1762.

16 (역주) 장-바티스트 루베 드 쿠브레 Jean-Baptiste Louvet de Couvray가 쓴 호색소설의 주인공

17 (역주) Jeanne-Françoise Quinault-Dufresne, Mlle Quinault(1699~1783): 프랑스의 여배우

지 않을 것이다. 독일 궁정의 군주들도 첩실을 두었는데, 유별나게 보이지 않아야 해서 마지못해 두기도 했다. 영국의 풍습은 더 거칠고 야만스럽고 술기운을 포함하고 있었고, 부패는 통치의 한 방법이 되어서 사람들은 더욱 정직하게 고백했다. 볼링브로크는 자신이 함께하고 그 본을 보이는 악덕들이 마침내 헌법을 변질시키게 되지 않을까라는 걱정까지 했다. 그러나 차이는 단지 세련됨의 정도 차이에 불과했다. 캐롤라인 왕비가 죽어 가면서 조지 2세에게 자신이 죽으면 재혼하라고 졸랐다고 한다. 왕은 흐느껴 우면서 "아니, 나는 첩실들을 둘 거야"라고 대답했다. 죽어 가는 왕비는 "그래도 재혼하는 데는 상관없어"라고 말했다. 이탈리아는 똑같은 후렴을 부르면서 열정이 없는 애인, 환상이 없는 애인을 찬양한다.

예전에 사람들은 단 한 사람의 연인을 선택했지만,
이러한 시대는 더 이상 존재하지 않는다.

혹은 "너는 여인들이 자기 애인들을 카드 패로 보는 것을 모르니? 잠깐 그것들을 사용하다가 이겼을 때는 그것들을 내던지고 다른 패들을 요구한다……." 여행자들은 공인된 애인들이 가정생활에서 차지했던 자리를 기록으로 남긴다. 공인된 애인은 남편을 대신해서 남편 곁에 자리를 잡는다. 그는 부인의 몸단장에 참여하며, 그녀의 살롱 지정석에 앉고, 그녀와 함께 사람들을 방문하며, 극장에 함께 간다. 그녀에게 코코아차를 따라 주고, 그녀의 분통과 부채를 들어 주며, 그녀의 마차에 앉고, 그녀의 침실에 자유롭게 들어가며, 집에서 명령을 내린다. 이 봉사하는 기사 옆에, 구애하는 기사들, 자리를 빼앗으려는 기사들, 임시로 기사 역할을 하는 사람들 등 또 다른 기사들이 있을 수 있다. 모럴리스트들은 화가 나 고함을 쳤고 시인들은 조롱했으며 사람들은 분노하거나 비웃었지만, 공인된 애인은 꿋꿋이 버텼다.

　진실을 왜곡하지 않기 위해서는 여성들의 조건에 변화가 생긴 것은 단지 방종함이 되어 버린 자유나 도발이 되어 버린 애교를 통해서는 아니었다는 말을 곧, 아니 가능하다면 지금 해야만 한다. 한 시대의 풍속도를 이루는 대조적인 특징들 중 다른 특징들과 다른 색깔들이 등장하며 시각은 조망에 따라 변화한다. 여성들은 정신의 운동에 협력했고 심지어는 종종 그 운동을 끌고 나갔다. 그들은 작가와 학자들 옆에서 동등한 자리를 차지했다. 그녀들은 덜 현학적이었다. 지성이 있다고 한다면 그녀들에게는 더 자연스러운 지성이 있었다. 대개의 경우 그녀들은 자신이 있던 기숙학교에서 매우 무식한 상태로 나왔다. 그러나 이후 그녀들은 향학열에 불타올라 배워 나갔다. 그녀들이 열정을 쏟은 것은 사랑이 아니라 지식이었다. 볼테르가 동반자로 삼은 샤틀레 부인이 그랬다. 이 둘은 사교계를 떠나 사람들이 '시레의 끔찍한 고독'이라고 불렀던 고독 속에서 살면서 언제나 너무 협소하다고 본 자신들의 지식의 경계를 가능한 한 확장시켰다. 그들은 라틴어와 그리스어와 영어와 이탈리어로 된 서적들을 읽었고, 샤틀레 부인은 수학을 깊이 연구하고 모페르튀와 클레로[18]로부터 배웠던 것들을 계속 공부하기 위해 독일인 학자인 자무엘 쾨니히[19]를 불렀다. 볼테르가 물리학에 몰두하고 불의 성질을 논하는 과학 아카데미 경연에 참여했을 때 말하자면 그녀는 그의 경쟁자가 되어 협조했다. 그녀가 철학에 입문했을 때, 볼테르는 그녀의 관심을 로크 쪽으로 돌리려고 했고 그녀는 그의 관심을 라

18　(역주) Alexis Claude Clairaut(1713~1765): 프랑스의 수학자
19　(역주) Johann Samuel König(1712~1757): 독일의 수학자

이프니츠 쪽으로 돌리려고 했다. 그리고 그녀는 양보하지 않았다. 저녁을 이항식과 삼항식을 갖고 보내다니 이상한 커플이다. 이는 달빛 아래 몽상에 잠겨 눈물을 흘리는 두 연인이 낭만주의를 잘 보여 주는 것만큼이나 확실하게 18세기의 한 양상을 잘 보여 주고 있는 그림이다.

런던의 몬터규 부인[20]과 베네치아의 카테리나 돌핀 트론[21]과 스톡홀름의 부인 N...의 살롱, 유럽의 모든 살롱들 중 프랑스의 살롱, 대혁명 때까지 왕조처럼 대를 이어 내려온 프랑스의 모든 살롱들 중 포부르 생제르맹에 있는 데팡 부인의 살롱 등 살롱을 재현하는 그림 역시 마찬가지로 그 세기의 양상을 잘 보여 줄 것이다. 사람들은 살롱에서 거대하고 화려한 방이 아니라 내밀한 방을 보는데, 그 방은 물결무늬가 있는 황금빛 천으로 둘려져 있고 불꽃 색깔의 리본으로 장식된 같은 색조의 커튼들이 있다. 문을 통해 옆 침실을 일별할 수 있는데, 그곳에는 푸른색 벽지와 선반과 고급 도자기들이 보인다. 바로 그곳에 추위를 많이 타서 난롯가 옆 둥근 안락의자 ─ 그녀는 그것을 통이라고 불렀다 ─ 에 자리 잡은 데팡 부인이 있었는데, 그녀는 자신의 회합에 부를 수 있었던 유럽 지성계를 지배했다. 그녀의 지성과 능란한 말솜씨, 그녀가 갖고 있는 다양한 교양과 통찰력 있는 심리학, 사상이 혼합되는 세계주의적인 모임의 성격, 유희이자 예술이 된 대화의 매력은 문명화된 세계의 가장 먼 변방까지 알려져 있었다. 그녀가 자신의 낭독자였던 쥘리 드 레스피나스가 바로 자기 집 지붕 아래서 경쟁 관계에 들어갈 살롱을 만

---

20 (역주) Elizabeth Montagu(1718~1800): 영국의 사회개혁가이자 예술 후원자로서 살롱을 운영했다.

21 (역주) Caterina Dolfin Tron(1736~1793): 이탈리아의 여류 시인

들었고 그녀의 가장 친한 친구들이 자신의 살롱에 오기 전 그곳에서 모인다는 사실을 알았을 때, 그녀의 절망은 단지 여성의 질투심이나 배은망덕에 대한 앙심 혹은 쓰라린 배신감에서 생겨난 것이 아니었다. 사람들이 그녀에게서 훔쳤던 것은 그녀의 존재 이유였다. 다른 여인이 사람들을 모으고 그녀에게서 정신들의 교향곡을 지휘하는 특권을 빼앗은 것이다.

"각각의 세대와 각각의 세기는 후세가 보기에 각 개인의 삶처럼 하나의 특징, 내밀하고 우월하고 독특하고 엄격한 그리고 풍습에서 나와 행동을 지배하며 긴 시간을 두고 보면 그로부터 역사가 흘러나오는 하나의 법칙에 의해 지배되는 것처럼 보인다. 꼼꼼하게 연구하지 않더라도 우리는 18세기에서 이 일반적이고 지속적이고 본질적인 특징, 그 완성이자 얼굴이자 비밀인 한 사회의 최고 법칙을 알아본다. 이 시대의 정수, 세계의 중심, 모든 것이 퍼져 나오는 시발점, 모든 것이 흘러나오는 정상, 모든 것이 본받는 이미지, 그것은 여성이다."[22]

문인

문인들에 대해 우리는 높이 평가하게 될 것이다. 그들이 볼링 선수만큼 국가에 유용하지 않다고 말하는 것은 신성모독이 될 것이다. 반대로 그들은 '중요한 시민'이 되었다고 레날 신부는 확인한다.

문인은 자신의 직업으로 먹고산다. 바로 이것이 변화이다. 책은 수입이 생기는 물건이 되었다. 사람들은 이제 서적상에게 책을 주

---

22 공쿠르 형제Edmond et Jules de Goncourt, 『18세기의 여성La Femme au XVIIIᵉ siècle』, 9장, 1862.

는 것이 아니라 판다. 서적상과 저자 사이에는 계약이 이루어지는데, 서적상에게도 이익이 나지만 저자에게도 이익이 생기지 않는 것은 아니다. 1697년 드라이든[23]은 베르길리우스을 번역해서 1,400파운드라는 거액을 벌었다. 애디슨은 독자들로부터 생활비의 일부를 벌어들였다. 포프는 번역만 갖고도 부유해졌다. 『일리아스』와 이어서 『오디세이아』의 번역은 그에게 약 9천 파운드의 거액을 가져다 주었다. 그는 자기 능력으로 트위크넘의 별장, 정원, 인조석 동굴을 구입했다. 골드스미스는 부자로서의 삶을 살지는 않았지만 자신의 생활 조건이 향상되고 있다는 것을 의식하고 있었으며 선량하고 관대한 친구들인 독자들에게 큰 소리로 감사를 표명했다. 교양을 갖춘 사회의 구성원들은 모두 문인이 쓴 책을 구입하면서 그에게 사례를 하는 데 기여했다. 작가들에 대해 가난하다거나 굶주리고 있다고 농담하는 유행은 예전에는 재치 있다고 할 수 있었지만, 이제는 사정이 달라졌기 때문에 그런 유행도 한물갔다. 이제 작가는 자신의 후원자의 불만족이나 자기 집에 들어가서 밥을 굶는 불편함을 걱정할 필요 없이 저녁 식사를 거절하게 되었다. 심지어 그는 부자라는 것을 자랑할 수는 없지만 독립의 위엄성을 요구할 수는 있었다……. 사람들의 말에 따르면 르사주[24]는 자신이 쓴 소설과 연극으로 생계를 꾸린 최초의 프랑스인이다. 존 로의 금융사기 사건으로 파산한 마리보는 일을 해서 위기에서 벗어났다. 볼테르는 대영주였던 문인이었으며 사실 자본가이기도 했다. 그리고 바로 이 점에서

---

23 (역주) John Dryden(1631~1700): 영국의 시인이자 문학평론가
24 (역주) Alain-René Lesage(1668~1747): 프랑스의 소설가이자 극작가로 소설 『절름발이 악마』와 『질 블라스 이야기』로 유명하다.

그는 작가라는 개념과 궁색한 사람이라는 개념을 분리시켜야 한다고 생각했다.

독일에서 상황은 더욱 천천히 변화되었지만 거기서도 연극, 번역, 그리고 일반적인 돈벌이 수단이 된 신문들로 인해 작가들은 구속에서 벗어날 수 있었다. 출판업자 니콜라이[25]는 독일 계몽주의자들에게 구심점을 제공했다. 이탈리아에서 《일 카페》[26]의 작가들은 다음과 같은 질문에 대답했다. 도대체 왜 문인들은 과거에는 존경받았으면서 오늘날은 더 이상 그렇지 않은가? — 이는 잘못 제기된 질문이다. 왜냐하면 문인들은 현재에 대해 불평할 이유가 없기 때문이다. 독서의 취미는 광범위하게 확산되었고, 그들은 그것을 이용했다. 사람들은 시피오네 마페이, 루도비코 안토니오 무라토리, 프란체스코 알가로티에게 보상할 줄 알았다. 빈의 궁정은 메타스타시오에게 영예와 부를 안겨 주었다. 요컨대 유럽에서 문학이라는 직업과 관계되는 것에 받아들여지기만 하면 대중을 일깨우고 유용한 진리를 확산시키는 데 기여한 사람들은 어느 때보다 더 많은 명예를 받았다는 사실을 인정해야만 한다…….

이러한 변화는 문학의 내용과 형태 자체에도 영향을 미치지 않을 수 없었다. 사람들이 자신의 즐거움과 영예를 위해 책을 출간했을 때는 그들은 완전히 여유를 즐겼다. 그러나 식비와 집세를 지불하기 위해 책을 출간할 때는 많이 그리고 빨리 생산해야만 했다. 문인들은 원고를 쓰기 시작하자마자 다음 시작할 원고를 생각했다. 정기간행물들은 원고를 게걸스럽게 먹어 치웠다. 더 이상 작품이 천천히 무르익어 자연스럽게 쓰일 수 있도록 내버려 둘 시간이 없

---

25 (역주) Friedrich Nicolai(1733~1811): 독일의 문인이자 출판업자

26 「문학가들에게 바치는 명예에 대하여」, 《일 카페》, 후반부, 1765.

었다. 다른 한편 문인들은 독자들과 더욱 직접적인 접촉을 가졌고 그들의 삶에 더욱 가까이 참여했다. 특히 문인들은 자신이 더욱 자유롭다고 생각했는데, 중요한 점은 바로 그것이었다. 아직도 문예 후원자가 없는 작가의 생활 조건은 어려웠다. 축제날에 공주는 입장하고 주민들은 공주의 행렬이 지나가는 것을 보기 위해 길거리에 모여 있다. 오직 구두제조인만이 자기 가게에 남아 있다. 그의 가게에 들어와 놀라는 신문기자에게 그는 자신이 수고해야 하고 돌려주어야 할 구두들이 있고 생활비를 벌어야 한다고 설명한다. 그런데 신문기자 자신도 사정은 마찬가지이고 쉽게 신문기자로 빠지는 문인들에게도 사정은 마찬가지이다. 그는 다른 사람들이 쉬는 동안에도 끊임없이 일해야 한다.[27] 그러나 이 더욱 어려운 운명을 그는 더욱 고귀하다고 생각하기 때문에 받아들인다. 그는 그 어려움들과 함께 그 위대함을 본다. 그는 새로운 관점에서 자신의 일을 있는 그대로 사랑한다. 새뮤얼 존슨은 그레이[28]가 재미있는 사람이라고 말하는데, 그레이는 자신이 영감을 받았다고 느낄 때만 시를 쓴다고 자부한다. 존슨으로서는 규칙적으로 자신의 일을 해치우면서, 문학이 직업이 되었고 문예 후원제도는 끝났다고 생각하면서 행복해한다.

"작가가 된다는 것은 군인이나 관리나 성직자나 금융가가 되는 것과 마찬가지로 오늘날 하나의 직업이다."[29] 이념의 직업은 다음과 같은 문장을 중심으로 수행된다. 사람들은 각 시대에 걸쳐 간략하게 문인의 역사를 만들고 문인의 정의를 내리기 위해 애쓰지만

---

27 마리보, 《프랑스 스펙테이터 *Le Spectateur Français*》, 1722~1723, p. 5.

28 (역주) Thomas Gray(1716~1711): 영국의 시인

29 《작가 연감 *Almanch des auteurs*》, 1775.

그것이 그렇게 쉬운 것은 아니다. 사람들은 그의 정신적 지위를 확립한다. 그리고 결국 항상, 예전에 문학 공화국은 일반 복지와 무관한 일에 종사하는 애호가들에 의해 구성되었지만 지금은 그 구성원들이 하나의 기능을 수행하고 있다는 말로 되돌아온다.

그러므로 그들은 더 이상 고관대작들에게 봉사하지 않을 것이다. 철학자들이 보았던 것처럼 상황은 다음과 같다. 이 세상의 권력자들은 문인들을 먹여 살리고 보호하고 연금을 준다는 점에서는 그들의 동맹자이지만 문인들의 붓을 좌지우지한다는 점에서는 그들의 적이었다. 작가들은 완전히 관계를 단절하기를 바라지 않았고 특혜와 특권을 거부하지 않았다. 그러나 그들은 더 이상 주인과 노예의 관계를 원하지 않았다. 그들은 부자들과 귀족들을 자주 만나는 것도 그 나름의 유용성이 있다고 생각했다. 왜냐하면 그것이 조금도 노예 상태가 아닌 어떤 인간 처세의 중요한 부분을 관찰할 수 있기 때문이다. 이제 작가는 그렇게 오랫동안 자신을 지배해 온 사람들과 동등한 사람이 아닌가? 어떤 점에서 그는 더 우월하지 않은가? 사람들을 불사의 존재로 만드는 월계관 — 낡은 논거이지만 아직도 유용해 보인다 — 을 부여하는 사람은 바로 그가 아닌가? 그는 학문이라고 불리는 새로운 권력의 대표자가 아닌가? 그는 정신의 왕자가 아닌가? 그러므로 그로 하여금 예전 동맹의 관계를 바꾸게 하라. 대영주들을 무식한 사람들, 사정을 잘 알고 있으면서도 불공정하다는 한심스런 영예도 갖지 못하는 나쁜 재판관들 — 그들은 대개의 경우 실제로 그렇다 — 로 간주하게 해라. 이러한 노고를 치르기만 해도 그는 자기 자신의 가치를 인식하게 될 것이다.

원한다면 불평을 늘어놓는 족속이라 말해도 좋다. 향의 연기로 배를 채우는 허영심 많은 종족. 분열하며 반목하고, 그 자손들이 뭉치기는커녕 서로를 물어뜯을 종족. 가장 위대한 것과 가장 비천한 것을 동시에 포함하는 잡종. 그렇지만 이러한 종족이 자신의 결점들을 고치기만 한다면 이 종족에게는 비견할 바 없는 위엄이 약속될 것이다. 취미의 교육자, 사상의 통역자, 심지어 행위를 지도하는 선생님이 되는 것이 그의 일이다.

중농주의자인 케네[30]는 퐁파두르 부인의 주치의로 있을 때 그녀의 방에서 한 유력인사가 종교적 논쟁을 진정시키기 위해 격렬한 방식을 제안하는 말을 들었다. "왕국을 이끄는 것은 무력입니다." 케네는 무력을 이끄는 것은 누구냐고 묻고 사람들이 기대하는 것처럼 스스로 답했다. "그것은 여론입니다. 그러므로 여론을 움직여야 합니다." 작가들은 매일 여론에 영향을 주는 것이 일이므로 여론을 이끄는 사람들이다. 그들의 힘은 그곳에서부터 나온다. 그리고 사악한 인간들인 대영주들은 그 사실을 알기 시작했다. 그들은 가로등을 무서워하는 도둑들처럼 작가들을 무서워한다. 아무리 힘이 세다 하더라도 혹은 자신이 힘이 세다고 생각해도, 유럽 전역의 독자들에게 책이 읽히는 유리한 조건에 서서 펜 한번 놀려 눈부시고 지속적인 복수를 가할 수 있는 사람들을 결코 적으로 만들어서는 안 된다. 그래서 군주들은 그들을 경멸적으로 대하기보다는 인도자처럼 대해야 했을 것이다. 문인들은 군주들이 지금 백성들에 대해 갖는 영향력보다 자신들이 미래 세대의 운명에 대해 더욱 큰 영향력을 갖고 있다고 생각했다.

---

30 (역주) François Quesnay(1694~1774): 프랑스의 경제학자로 중농학파의 시조로 간주된다. 프랑스 경제의 재건을 위하여 농업 생산의 증강을 주장했고 이를 위해 중상주의적 통제나 비경제적인 조세제도를 폐지하고 자유방임 정책을 펼 것을 제안했다.

부르주아

18세기가 새로운 계급인 부르주아 계급을 성스러운 존재로 만들었다는 것은 일반적으로 받아들여진 사실이다. 이러한 사실을 경제적 관점에서 숫자나 부의 이동에 대한 연구나 물가의 하락이나 상승 혹은 대차대조표의 변동을 통해 검토하는 것은 우리의 일이 아니다. 그러나 그 사실이 어떤 점에서 사상사와 부합하는지를 살펴보는 것은 우리의 일에 속한다.

우선 호화스럽고 사치스러우며 국가의 최고 집단으로 남아 있기를 바라는 귀족 계급이 등장한다. 직위, 명예, 특권 등 귀족 계급은 어떤 것도 양보하기를 원치 않는다. 그러나 그 계급은 자신의 지위를 유지할 수 있게 만드는 부를 탕진하는 동시에 모든 도덕적 가치를 재검토하는 과정에서 그 지위를 잃어버린다. 지성을 이끄는 사람들이 귀족 계급의 존재 이유에 대해 이의를 제기한다. 귀족 계급은 가끔 그들의 노력을 고려하지 않고 고집스럽게도 그것을 가치 없는 것으로 간주하기도 하고, 가끔 철학자들과 연합하면서 그들의 노력을 두둔하기도 한다. 일부 귀족 계급은 항상 자기 자신의 파멸을 위해 일하는 것을 좋아했다. 어쨌든 귀족 계급은 스스로를 제대로 방어하지 못했고, 매일 귀족 계급에게서 우선권을 박탈하는 것을 목적으로 삼는 그리고 더 이상 모럴리스트들이 되풀이한 주제에 국한되지 않는 이데올로기적 비판 — 즉 귀족의 혈통은 귀족적인 감성보다 못하며, 미덕 없이 사는 귀족보다는 신사인 짐꾼을 더욱 존중해야 한다 — 에 대해 무응답으로 대응하거나 엉뚱한 대답을 했다. 더 이상 흔해 빠진 말이 아닌 논거, 즉 국가와 사회에 대한 근대적인 개념에 바로 들어맞기 때문에 다른 방식으로 더욱 적합한 논거가 정립되어, 영원한 특권을 누리는 특권계층이라는 개념에 맞서 퍼져 나갔다. 국가는 현재의 미덕만을 보상할 권리가 있으며, 사회는 그 번영을 위해 직접적으로 애쓰는 사람들에게만 감사해한다. 만약 국가와 사회가 부여하는 특권이 자손대대로 전해지면, 그것은 시민들 사이의 관계를 독립적으로 통제해야 하는 정의의 법에 반하게 될 것이다. 자신의 민족과 인류에 대해 지대한 공헌을 한 사람만이 진실로 고귀한 것이지 예전에 선조가 공동체 — 그 공동체 자체도 합리적인 원칙들에 따라 통제되지 않았다 — 에 크게 공헌했던 사람이 고귀한 것은 아니다. 권력은 모든 사람들에게 속하며, 사람들이 정해진 대표자들에게 맡기는 것은 단지 위임이기 때문에, 그들은 단지 임시적이고 철회될 수 있는 권위만을 가질 뿐이다.

그렇다면 더 이상 세습되는 특혜는 존재하지 않는다. 사람들은 좋은 사냥개들이 계속 좋은 사냥개를 낳을 때 좋은 사냥개 종을 보존하는 데 동의한다. 그러나 그 개들이 기대에 어긋나면 물에 빠뜨려 죽여 버린다. "작위, 고딕 양식의 성안에 보존된 낡아 빠진 귀족 족보가 그것을 물려받은 사람들에게 교회와 궁정과 법복 귀족과 대검 귀족의 가장 훌륭한 자리를 바라는 권리를 부여하는가? 더구나 그들은 그런 임무를 제대로 수행하기 위해 필요한 재능도 전혀 없는 상태에서 말이다. 예전에 전쟁에 나간 귀족들이 자신의 생명을 무릅쓰고 왕국을 정복하거나 지방을 약탈하는 데 공헌했다고 해서 수백 년도 더 흐른 지금 그들의 후손들이 자신들에게 예속된 사람들을 가혹하게 대할 권리가 있다고 생각할 수 있는가?"[31] 봉건 통치의 존재 이유가 더 이상 역사적으로 이해되지 않고 사람들이 그것을 단지 '체계적인 약탈'로밖에 간주하지 않으며, 실천만이 아니라

---

31 돌바크, 『도덕 정치 Éthocratie』, 10장, 1776.

이론적으로 유럽이 자신의 마지막 흔적을 지우려고 애쓰는 순간부터 귀족 계급의 역할은 끝난 것이다.

다른 한편 아직은 충분히 이성의 빛을 받지 못해서 이렇게 남겨진 귀족의 빈자리를 채울 수는 없을 것이라 생각되는 계급이 나타난다. 보수주의자들은 수많은 이유로 서민층이 지금 있는 자리에 아주 잘 있다고 판단한다. 만약 사람들이 그들의 지위를 올리면 그들의 안전 자체가 문제가 될 것이다. 자유주의는 이 서민층을 단지 수단으로 간주했다. 설사 고통을 받아야만 한다 하더라도 노동하기 위한 사람들이 있어야만 한다. 철학자들은 그들을 바라보면서 망설였다. 물론 런던 거리와 프랑스와 이탈리아의 농촌 일부에는 가난한 대중이 존재한다. 물론 오스트리아와 보헤미아와 헝가리에는 농민 반란들이 일어나고 있다. 그리고 세계를 개혁하려고 시도했던 사람들은 계속 이러한 고통을 동정했다. 그들은 어느 정도까지 사람들이 원숭이 취급을 받아야만 하는지 아는 것이야말로 큰 문제라고 말했다. 승리하는 편은 결코 이 민감한 문제를 제대로 검토한 적이 없었다. 그들은 계산이 틀리지 않도록 속임을 당한 편의 머릿속에 될 수 있는 한 가장 많은 환상들을 심어 넣었다. 그러나 결국 승리하는 편은 사기를 친 것이 아닌가? 사람은 그가 계몽되는 정도에 따라 진보할 수 있다. 그러나 계몽될 수 없는 사람들도 많고, 더디게 계몽시킬 수 있는 사람들도 많다. 그리고 계몽될 가치도 없고 앞으로도 영원히 계몽될 가치도 없을 사람들도 많다. 제3신분, 장인들까지는 기꺼이 친절을 베풀 수 있다. 그러나 제4신분은 아니다. 이른바 민중이라고 불리는 사람들은 적당한 교육을 요구하는 직업들을 갖고 있는 사람들과 육체노동과 매일매일의 피로만을 요구하는 직업들을 갖고 있는 사람들로 나뉜다. 두 번째 부류에 속하는 사람들은 휴식과 쾌락이라고는 대미사와 선술집에 가는 것밖에는 없는데, 대미사에서는 사람들이 노래를 부르고 선술집에서는 그들 자신이 노래 부르기 때문이다. 반면 더욱 격조 높은 장인들은 자신들의 직업을 통해 성찰하기에 이르며 스스로를 교육할 수 있고 사실 모든 나라에서 스스로를 교육하기 시작했다. 모든 관심을 받을 만한 성실한 사람들이란 사람들이 어떤 정신의 혁명으로 인도할 수 있는 사람들이다. 그러나 '천민'은 항상 천민으로 남을 것이다.

우리는 물론 행복의 이름으로 항의하는 몇몇 목소리들을 듣는다. 당신들은 행복이 보편적으로 공유되어야 한다고 말하지만 서민층은 행복한가? 당신들은 그렇지 않다는 사실을 잘 알고 있다. 토지에 딸린 농노나 자유 고용인에게 돌아오는 몫이라고는 고통과 불행과 질병밖에 없다. 노동자는 일이 없고 탐욕스러우며 아무 대가 없이 그들에게 일을 시킬 권한을 물려받은 주인들의 법을 어쩔 수 없이 따른다. 당신들은 하층민에게는 이성도 미덕도 없고 단지 본능만 있는 듯이 그들을 취급한다. 당신들에게 하층민은 동물과 마찬가지이고, 그들이 갖고 있는 인간의 얼굴은 단지 환상에 불과하다. 그러나 이것은 단지 예외적인 목소리들에서 나오는 항의들이었다. "민중의 권리에 미치지 못한 상태"[32]로 머물렀다는 것이 백과전

---

32 쿠와예 신부, 「민중의 본성에 대해」, 『읽히기 위한 논술』, 두 번째 논문, 헤이그, 1755; 레날 신부, 『두 인도에서의 유럽인들의 상사들과 교역에 대한 철학적 · 정치적 역사』, 17권, 31장, 1770.

　　로베스피에르, 《민족 신문 혹은 모두의 조언자 Gazette nationale ou Moniteur universel》, 공화력 2년 8월 18일 연설. 혁명력 2년 8월 19일 (1794년 5월 8일). "가장 중요하고 가장 유명한 당파는 백과전서파라는 이름으로 알려진 당파이다. 거기에는 몇몇 존경할 만한 사람들과 더욱 많은 숫자의 야심에 찬 사기꾼들이 포함되어 있었다. 그 지도자들 중 여럿이 국가에서 중요한 시민들이 되었다. 그 당파의 영향력과 정치를 모르는 사람

서파들에 대한 로베스피에르의 불만들 중 하나가 될 것이다.

사람들이 권리 박탈을 요구하는 귀족 계급과 아직 지위를 올릴 것을 결정하지 못한 천민 사이에 사회적 상승을 위해 18세기를 기다리지 않고 그 시대의 몇몇 사상에서 자신의 직위를 이미 발견한 계급이 자리 잡고 있었다. 그 존재 방식과 교리가 이미 결합되어 있었던 것이다. 사실 밑에 감춰져 있던 생각들 중 적어도 몇몇이 명확히 드러났다. 부르주아 계급은 이러한 생각들이 그 힘을 발휘해 저항할 수 없게 되었을 때 비로소 완전히 자기 자신이 되었다. 그것은 실증적인 것을 위해 초월적인 것을 포기하고 세계를 소유하기 위해 세계에 대한 사변을 버려야 한다는 생각이었다. 주베르[33]는 자신의 세대 바로 앞에 있었던 사람들을 생각하면서 잊을 수 없는 표현을 사용해 이렇게 말했다. "신은 마치 우리의 태양이 구름에 가려질 때처럼 자신의 안으로 은둔하고 자기 자신의 본질 안으로 숨어버렸다. 이 정신들의 태양은 그들에게 더 이상 보이지 않았다…… 황홀감의 부재와 고귀한 명상의 빈자리에서 그들은 더 이상 존재를 바

들은 프랑스 대혁명의 계기에 대해 완벽히 알 수 없을 것이다. 이 당파는 정치 분야에서 항상 민중의 권리에 미치지 못했지만, 도덕의 분야에서는 종교적 편견을 많이 넘어섰다. 그 우두머리들은 종종 전제주의에 대해 맹렬히 비난했지만 전제 군주들에게서 연금을 받았다. 그들은 궁정에 반대하는 책을 쓰기도 했지만, 왕들에 대한 헌사와 남성 궁인들을 위한 연설을 썼고 여성 궁인들에게 달콤한 말을 바쳤다. 그들은 자신들이 쓰는 글에 대해 자부심을 갖고 있었지만 응접실에서는 굽실거렸다. 이 당파는 위대하거나 재주 있는 사람들을 압도하는 유물론의 견해를 매우 열렬히 전파했다. 이기심을 체계화하면서 인간 사회를 속임수의 전쟁으로, 성공을 정의와 부정의의 척도로, 성실을 취향이나 예절의 문제로, 세상을 교활한 이기주의자들의 유산으로 간주하는 이러한 종류의 실천적 철학을 사람들이 접하게 된 것은 대부분 이 당파의 덕분이다."

33 (역주) Joseph Joubert(1754~1824): 프랑스의 모럴리스트이자 수필가

라볼 수 없어서 세상에 몰두했다."[34] 그것은 변함없이 자유의 사상이었고 우리는 그 힘을 보았다. 그것은 소유가 시민을 만든다는 생각이었다. 소유가 상업적인 것이든 토지에 속한 것이든 산업적인 것이든 그러한 생각은 바뀌지 않았다. 국가 내에 소유가 있는 모든 사람은 국가의 부와 이해관계가 있다. 『백과전서』는, 특정한 상황이 그런 사람들에게 부여하는 지위가 무엇이든 그것은 항상 소유자로서 그런 것이며 그가 발언을 해야 하거나 혹은 자신을 대표할 권리를 획득하는 것은 바로 그가 지닌 소유물에 비례해서라고 주장했다.

그래서 철학적 정신의 지지자들 대부분은 부르주아 계급에 속한다. 그래서 문학의 새로운 형태들은 부르주아 독자층에 호소한다. 그래서 문학은 그 경계선이 확정되지는 않았지만 부(富)라는 특징을 갖는 계급을 향해 사람들이 신속하게 올라가는 모습을 묘사한다. 「벼락출세한 농부」, 「벼락출세한 여자 농부」, 「벼락출세한 여자 농부 속편」, 「벼락출세한 군인」. 그래서 연극은 부르주아 귀족을 희화화하는 것보다 더 기꺼이 『런던 상인 The London Merchant』을 찬양한다. 의젓하고 무게를 잡는 이 상인은 일상적인 규범 위에 겹쳐지는 자기 나름의 상업적 도덕률을 갖고 있다. 극작가 릴로[35]는 런던 상인의 입을 빌려 상인의 성(姓)이 결코 귀족의 성이 갖는 품위를 떨어뜨리지 않는 것과 마찬가지로 귀족이 반드시 상인의 품격에서 배제되는 것은 아니라고 말한다. 그래서 최루성 드라마는 감상에 자리를 내주는 동시에 사회적 진화를 표시한다. 부르주아는

---

34 『조제프 주베르의 수첩 Les Cahiers de Joseph Joubert』, 앙드레 보니에 André Beaunier가 자필 원고를 모은 텍스트, 1권, 1938, p. 102.

35 (역주) George Lillo(1691/93~1739): 영국의 극작가

마치 삶을 쟁취했던 것처럼 자신의 직책을 쟁취한다. 대규모 산업의 도래는 아직 문학에 반영되지 않았고, 19세기가 되어야 비로소 그렇게 될 것이다.

프리메이슨

모순: 더 이상 교회를 원하지 않는 사람들이 눈에 잘 띄지 않는 예배소를 들락거렸고 더 이상 제례나 상징들을 원하지 않은 사람들은 제례나 상징들에 도움을 청했다. 입문식. 신전 전면에 세운 기둥들, 솔로몬의 신전을 상징하는 색칠한 천막, 불꽃 문양의 별. 직각자와 컴퍼스와 수평기. 더 이상 신비나 베일을 원하지 않으며 심지어 외부 협상도 공개적으로 이루어지기를 원하는 사람들이 절대적인 비밀에 가담했다. "나는 우주의 위대한 건축가와 이 영예스러운 단체 앞에서 프리메이슨 단원들과 프리메이슨단의 비밀을 절대로 누설하지 않으며 앞서 말한 비밀이 그 어떤 언어나 문자로건 폭로되고 새겨지고 인쇄되는 데 직접적이거나 간접적인 원인이 되지 않을 것임을 약속하고 책임집니다. 나는 이 모든 것을 약속하며, 이 약속을 어길 시 목이 잘리고 혓바닥이 뽑히고 심장이 찢기는 처벌을 받겠습니다. 모든 것은 바다의 깊은 심연 속에 매장될 것이고 내 육체는 태워져 재가 될 것이고 그 재는 바람에 날려, 사람들과 프리메이슨 단원들 사이에서 더 이상 나에 대한 기억이 존재하지 않을 것입니다." 합리적인 사람들이 아주 먼 옛날에서 신비주의의 요소들을 찾아 나서게 될 것이고, 그것이 이후 그 사람들 중 몇몇에게서 이성을 대체하게 될 것이다. 그리고 당파주의를 반대하는 사람들이 하나의 당파를 건립하게 될 것이다.

그러나 이러한 외관을 넘어서서 우리는 그들에게서 바로 그 시대의 정신을 다시 본다. 그들은 저승에 대한 희망으로 귀결되는 엄격함과 슬픔과 절망을 거부하는 새로운 삶의 개념에 따르고 있기 때문이다.

> 수많은 꽃들로 덮인 길 위에서
> 프리메이슨 단원은 삶을 거쳐 간다
> 쾌락을 찾고 고통을 피하면서.
> 그들은 언제나 에피쿠로스의 도덕의
> 달콤한 법칙을 따른다…….

바로 이러한 이유로 그들은 처음으로 만나는 회합에서 연회와 잔치를 벌이고 술잔을 돌리고 권주가를 부르기 시작한다. 그들은 가시 왕관을 버리고 그들의 이마에 장미꽃을 두른다.

그들은 사회를 바꾸고 싶어 하지만 권력이 없다. 그러므로 그들에게는 음모, 국제적인 음모가 필요하다. 그들은 뭉치고 형제가 될 것이다. 회원들 상호 간의 헌신은 그들의 규칙들 중 하나가 될 것이다. 어떤 도시에 도착하는 신봉자는 다른 신봉자들의 집에서 지원을 얻게 될 것이다. 그가 어떤 곤궁함에 빠지게 되면 그는 도움을 받게 될 것이다. 어떤 어려움에 처하면 사람들이 그를 꺼내 줄 것이다. 그가 어떤 신호를 하면 사람들은 그를 알아볼 것이다. 진정한 친구들, 훌륭한 우정, 완벽한 우정은 프리메이슨 지부의 이름들 중 종종 보이는 것들이다. 지역적 차이가 생겨나고 각국이 이 총동맹에 어떤 특정한 성격을 부여하는 경향을 보이면 수장들은 그들 권력의 조건인 통일성을 회복하기 위해 노력하게 될 것이다.

그들보다 더 그 시대가 갈망하는 정치적 자유를 갈구하는 사람은 없다.

자연의 외침, 친구여, 그것은 '자유'이다.

인간에게 그토록 소중한 권리는 여기서 존중받고 있다.

무질서 없는 평등과 방종함이 없는 자유

우리의 법을 따르는 것이 우리의 독립을 만든다.

폭군들과 전제주의 군주들에 대한 전쟁. 특권에 대한 전쟁. 그들이 인정하는 권위가 아닌 모든 권위에 대한 전쟁. "우리가 손에 들고 있는 수평기는 직위에 현혹되지 말고 사람들 안에서 인간성을 존중하도록 사람들을 평가하는 것을 우리에게 가르친다."—"프리메이슨 단원은 자유로운 사람이자 동시에 부자이든 가난하든 그들이 덕성스럽기만 하다면 그들의 친구가 된다."

프리메이슨 단원은 오랫동안 이신론자로 남아 있었다. 그들은 '반종교적인 자유사상가'도 '멍청한 무신론자'도 되어서는 안 되었다. 아마 '반종교적인 자유사상가'가 되어서는 안 된다는 규정은 프리메이슨단의 발전이 상당히 진행되었을 때까지 성직자들이 그들 편을 들 수 있었다는 사실을 설명해 주는 것 같다. 그렇지만 프리메이슨 단원은 반(反)기독교인이었다. 그는 "모든 사람들이 동의할 수 있는 이 보편적인 종교", 즉 자연종교를 신봉했다. 무신론자들이 그에게 왔을 때, 철학자들이 자신들이 벌이는 전투에서 그가 앞장서고 있음을 이해하면서 그를 가장 소중한 지지자로 보고 그들의 지부에 나타났을 때, 그는 그들이 이신론자이든 무신론자이든 기쁘게 맞아들였다.

이러한 유사한 생각과 의도와 의지 그리고 상호 간의 도움이야말로 신속하고 폭넓은 확산을 보장해 주었다. 1717년 6월 24일, 대중음식점인 구스 앤드 그리다이어른(Goose and Gridiron), 크라운(the Crown), 애플-트리(Apple-Tree), 러머 앤드 그레이프스(Rummer and Grapes)에서 회합을 갖곤 하던 4개 지부의 회원들이 런던의 대지부를 만들기 위해 모였다. 1723년 앤더슨[36]은 회에 정강을 만들어 주었다. 그때부터 프리메이슨단은 계몽주의 시대의 효모들 중 하나가 되었다. 회는 대륙에 지부를 늘려 갔고 유럽의 모든 나라들로 차례차례 퍼져 나갔다. 어느 날 이 점진적인 움직임의 지도를 그릴 수 있게 되면, 우리는 여기서 상업의 대도시들, 바다의 항구들, 수도들을 보게 될 것이다. 노선도는 어떤 때는 모험적인 전파의 시도에 따라 그려지기도 하겠지만 또 어떤 때는 시장과 이민과 침입의 전통적인 길을 따르게 될 것이다. 상인들, 외교관들, 선원들, 군인들 등 이리저리 돌아다니는 입문자들은 그들이 이동하거나 머무는 곳에 지부들을 세웠다. 심지어 이 수용소에서 저 수용소로 보내지는 전쟁 포로들과 순회연극단들까지도 여기에 포함된다. 영국 이름인 'free masons' ― 가끔 프랑스 사람들이 쓰는 대로라면 'fri-maçons' ― 이 한동안 계속 사용되었다. 1735년 로마에 망명했던 스튜어트 왕가의 지지자들에 의해 그곳에 설립된 최초의 지부는 그 규약에 가입하려면 영어에 대한 지식이 필요하다는 내용이 들어 있었다. 그리고 각국의 언어는 이 낱말을 받아들이면서 자국어로 옮겼다. 정부들은 프리메이슨단을 추방했고 교회는 유죄판결을 내렸다. 1733년 영국인들이 창설한 피렌체 지부는 로마 교황청의 종교재판소에 고발을 당하고 폐쇄되었다. 그리고 그 일원이었던 시인 크루델리[37]는 엄벌에 처해졌다. 1738년 클레멘스 12세가 내린 칙령

---

36 (역주) James Anderson(1678~1739): 스코틀랜드 장로파 목사이자 프리메이슨 단원

37 (역주) Tommaso Baldassarre Crudeli(1702~1745): 이탈리아 문인으로 계몽주의 신봉자

에 따라 프리메이슨단 전체가 기독교 세계로부터 추방당했다. 1751년 베네딕투스 14세는 유죄선고를 갱신했다. 그러나 프리메이슨단은 정부들과 교회에 도전했다. 계속 수가 늘어나는 지부에 명사들과 부유한 부르주아들과 자유직에 종사하는 회원들이 가입했다. 1738년부터 『체임버스 사전』은 항목에 '프리메이슨'이라는 말을 싣고 다음과 같은 설명을 덧붙였다. 프리메이슨 단원들은 당시 그 수로 보나 성격으로 보나 매우 고려할 만한 대상이다. 이 운동은 귀족의 가입으로 강화되었다. 카를로 에마누엘레 3세의 시종인 조제프 프랑수아 드 벨가르드는 샹베리에 최초의 지부를 설립하는데, 그 지부는 이후 조제프 드 메트르[38]가 그 일원이 되었고, 사부아와 피에몬테의 모(母)지부가 된다. 산세베로의 군주인 라이몬도 디 산그로는 나폴리 지회의 대지부장이 되었고, 당탱 공작, 클레르몽 백작, 샤르트르 공작은 프랑스 프리메이슨단의 대지부장이 되었다. 더욱 높은 신분의 사람들이 또 있었다. 독일의 여황제로 불렸던 오스트리아의 마리아 테레지아와 결혼하게 되는 프랑수아 드 로렌은 네덜란드에서 프리메이슨단에 입회했다. 프리드리히 2세는 그가 아직 왕태자였던 1738년 입회했다. 1744년 그는 베를린에 있는 오 트루아 글로브(Aux trois Globes) 지부의 대지부장이 되었다. 나폴리의 마리아-카롤리나 왕비도 프리메이슨 단원이었다. 처음에 여성들은 배제되었고, 단지 '덕이 있고 충성스럽고 출신이 훌륭하며 지긋한 나이의 신중한 남자들'만이 가입할 수 있었다. 사람들은 노예들이나 여성들, 도덕심이 결여되고 행동이 파렴치한 남자들을 원하지 않았다. 성품이 나쁜 남자들에게는 계속해서 문이 닫혀 있었다. 그

---

38 (역주) Joseph de Maistre(1753~1821): 사부아의 정치인이자 철학자이고 역사가이며 문인으로 유명한 프리메이슨 단원이었다.

러나 여성들은 선택된 몇몇 지부에서 받아들여졌다.

1778년 4월 7일 이 세력은 일종의 영예를 통해 주목을 받았다. 이날은 볼테르가, 1776년 파리에서 세워지고 엘베시우스와 랄랑드가 이끈 뇌프 쇠르(Neuf Sœurs) 지부의 단원이 된 날이다. 그는 입문 의례를 면제받고 자신을 찾으러 온 아홉 명의 대표자 위원회의 인도를 받으면서 프랭클린의 부축을 받아 홀에 입장했다. 그는 지부장들이 묻는 도덕과 철학의 질문들과 참석자들의 감탄 소리에 답변했다. 검은색 커튼이 벗겨지고 오리엔트(Orient) 지부가 찬란히 빛나며 등장했다. 신규 가입자는 선서를 하고 초심자로 받아들여졌다. 그는 엘베시우스의 단원 앞치마를 받았다. 이렇게 프리메이슨단에 볼테르가 들어왔는데, 그 지부 사람들은 자신들과 함께 그렇게 오랫동안 일했던 그가 아직도 프리메이슨단의 일원이 아니었다는 사실에 놀랐다.

철학자

삼단논법과 생략삼단논법을 밝히고 스콜라철학의 논법을 대단히 즐기는 '그러나' 박사와 '그러므로' 박사와는 아무런 공통점이 없다. 인기 없는 변호사와 유사하게 섬세한 궤변과 화려한 웅변을 사용해서 가장 단순한 자료들을 뒤죽박죽 복잡하게 만들어 버리는 데 그들의 기술을 사용했던 스콜라학자들과도 아무런 공통점이 없다. 넓은 소매가 달린 검은색 법복을 입고 도가머리 모양의 모자를 쓰고 학교들을 들락거리며 젊은이들에게 가정을 확실한 사실로 또 확실한 사실을 가정으로 바꾸는 기술을 가르쳤던 허수아비들과도 아무런 공통점이 없다. 바로 이런 철학자들은 암흑시대에 속했다. 과거가 그들을 감시하고 매장해서 그들이 다시 나타나 현재의 빛에 어둠을 던지지 못하도록 하라. 추상론의 전문가들인 형이상학자들과도 아무런 공통점이 없다. 자신들이 인생의 모든 문제들을 담담하게, 즉 느슨하게 받아들인다는 구실 아래 자신들을 위해 너무나도 명예로운 이름을 요구했던 이기주의자들과도 아무런 공통점이 없다. 사람들이 오해하지 않도록 지혜에 대한 사랑을 의미했기 때문에 잘 보존해야만 했던 낱말에 사람들은 구분을 하기 위해 새로운 형용사를 덧붙였다. 새로운 철학자들, 실천적 철학자들이 그것이다.

예전에는 그리고 돌아가면서 성인, 기사, 궁인, 신사가 인간성의 모델이었다면 지금의 모델은 철학자이다.

우리에게는 철학자에 대한 정의가 부족하지 않은데, 『백과전서』가 제공할 가장 명백한 정의만을 선택하자.

세상에서 물러난 무명의 삶, 어느 정도의 독서로 얻은 지혜의 몇몇 외관으로는 충분하지 않다. 심지어 계시종교의 문제에서 모든 편견을 거부하는 것도 충분하지 않다. 왜냐하면 그 경우에 당신은 결과를 원인으로 오해하는 것이기 때문이다. 그 원인은 더욱 심원하다. "철학자는 다른 사람처럼 인간기계이다. 그러나 그것은 그 기계적 구성을 통해 자신의 움직임에 대해 성찰하는 기계이다……그것은 말하자면 가끔 자기 자신을 조립하는 시계이다." 그러므로 검토의 정신은 본질적 특성이다. 모든 의견은 이 최초의 검사를 거쳐야만 한다. 자신들을 움직이게 만드는 원인들을 모른 채 움직이며 어둠 속에서 자신들의 정념에 따라 휘둘리는 대부분의 인간들에게 부족한 비판 정신은 이성에 속한다. 이성이 "철학자와 맺는 관계는 성 아우구스투스의 교리에서 은총이 기독교인과 맺는 관계와 같다."

"꿀벌들처럼 흩어지십시오. 그리고 다음에 우리 벌집에 다시 오

서서 당신의 꿀을 만드십시오." 사실 원칙들은 오직 사실들의 관찰에서만 나올 수 있을 것이다. 사실들로부터 확실하고도 제한된 과학이 도출된다. 사람들이 대상들로부터 각각의 판단이 전제로 하는 명료하고 정확한 인상을 받았다고 느낄 때 확신이 생겨난다. 대상의 성질이나 우리 기관의 나약함으로 인해 어떤 한계를 느낄 때는 정지해야 한다. 철학자는 이러한 확신을 즐기지만 또 이러한 제한으로 상심하지 않는다. 그는 자신의 정신에서 파악하는 현상을 제외하면 아무것도 확언할 수 없다. 그는 실체적 실재에 대해서는 침묵을 지켜야 한다. 이것은 잘된 일일 수도 있고 안 된 일일 수도 있다. 그는 자신을 있는 그대로의 존재로 받아들여야 하지 상상력이 보기에 그렇게 될 수도 있을 존재로 받아들여서는 안 된다. 그는 자신의 한계를 넘어서는 사항에 대해서는 결정적인 의사를 표명하지는 않지만, 자신이 물질과 정신이라는 두 가지 요소가 아니라 단 하나의 요소, 즉 사고를 부여받은 물질로 단일하게 구성되어 있다고 생각하는 경향을 갖는다. 공기는 자기 혼자서 소리를 만들어 낼 수 있다. 불은 자기 혼자서 열을 발생시킨다. 눈은 자기 혼자서 본다. 귀도 자기 혼자서 듣는다. 마찬가지로 뇌의 실체도 혼자서 사유할 수 있다.

환상과 성급함과 오만함의 오류를 인식하고, 자신이 결정한 확실한 방법에 의해서만 진리에 도달할 수 있음을 알고 있는 "철학적 정신은 모든 것을 그 진정한 원칙들로 결부시키는 관찰과 정확함의 정신이다."

그러나 그 정신이 성찰, 몇 세기 동안 지속되었던 지적 오류를 교정했다는 고독한 즐거움에 불과하다면, 그것은 공허한 기능만을 수행할 것이다. "우리의 철학자는 자신이 이 세상에 유배되었다고 생각하지 않으며 적대 국가에 있다고도 전혀 생각하지 않는다. 그는 검소한 현자로서 자연이 그에게 제공하는 재화를 향유하기를 원한다. 또 그는 다른 사람들과 함께 있는 데서 즐거움을 찾기를 원하는데, 그 즐거움을 찾기 위해서는 그것을 만들어야 한다. 그래서 그는 우연히 혹은 그가 선택해서 함께 살아가는 사람들과 어울리려고 애쓰며 동시에 자신에게 어울리는 것을 발견한다. 그는 사람들의 마음에 들기를 원하며 유용하게 되기를 원하는 성실한 사람이다. 그는 그로 하여금 성찰할 수 있도록 해 주는 은둔과 살 수 있도록 해 주는 사람들 사이의 교류 사이에서 자신의 시간을 분배할 줄 안다. 그는 인류애로 가득 차 있다. 시민사회는 말하자면 그가 지상에서 인정하는 유일한 신이다."

독실한 신자가 열광이나 이익에 따라 움직인다면, 철학자는 질서의 정신과 이성에 따라 움직인다. 그의 행동을 규제하는 동기들은 사심이 없고 자연적인 만큼 더 강하다. "불성실한 사람이라는 개념은 어리석음이라는 개념만큼이나 철학자라는 개념과 반대이다."

그는 아주 합법적인 야심, 자신의 권력을 확장시키려는 야심을 갖고 있다. 지상을 다스리는 일이 그에게 속한다면, 지상은 그로 인해 더 잘 돌아갈 것이다. "왕이 철학자가 되거나 철학자가 왕이 될 때 백성들은 행복할 것이다"라는 황제 안토니우스 피우스의 성찰은 완전히 옳다. 미신을 믿는 사람은 자신이 지상에 유배되었다고 간주하기 때문에 고위직을 잘 수행하지 못하며, 그의 왕국은 이 세상에 속하지 않는다. 반대로 드넓은 광장에서 키워진 현자는 오직 대중의 이익을 위해 일하게 될 것이다.

그는 자신의 정념을 부끄러워하지 않는 것처럼 물질적 이익을 경멸하지도 않는다. "그는 달콤한 생활의 편의품들을 갖기 원한다. 그에게는 꼭 필요한 물품 이외에도 신사에게 필요한 그리고 그로 인해 사람들이 행복해지는 여분의 것이 필요하다. 그것이 품위와 즐거움의 근본이다." 진실로 우리들은 그가 가난하다고 해서 그를 덜 존경하지는 않을 것이다. 그러나 우리는 그가 자신이 지고 있는 불행의 짐을 벗으려고 노력하지 않는다면 그를 우리 사회에서 추방할 것이다. 우리에게 개인의 안락함을 박탈하는 빈곤은 또한 우리를 감성의 모든 예민함으로부터 배제하고 교양 있는 사람들과 교류를 맺는 것을 어렵게 만든다. 결국 "철학자는 매사 이성에 따라 움직이며 그가 소유한 성찰과 정확함의 정신에 사회의 풍습과 특징들을 결합하는 성실한 사람이다." 철학자는 스스로를 바로 이렇게 보았다.

승리를 눈앞에 두고

1720년부터 1750년에 걸쳐 중단 시기가 있었고, 그사이 철학자라는 말은 아직 그 의미 전체를 담은 상태로 등장하지 못했다. 그 이후에서야 이 말의 의미가 분명해졌다. 이 말은 전투적인 당파에 귀속되었고, 이 당파는 자신들의 깃발에 이 말을 기입했다. 루소로 말하면 이 말을 거부하면서 분명히 그 당파가 지향하는 주의주장을 거부했던 것이다. 어떤 요소가 그 말에 더욱 풍성한 의미를 부여했다면, 그것은 오만함의 어감이었다. 1760년 유럽은 정복당한 것처럼 보였고, 철학자는 승리를 거두었다.

바로 이러한 사실을 철학자 자신들도 단언하고 되풀이해서 말했다. 그들은 어려운 고비는 넘겼고 약속의 땅이 보인다고 점점 더 떠들고 다녔다. 또한 전 세계적인 변화의 요인은 소멸되지 않았고 그 효과를 발휘하고 있으며 야만의 시대는 멀리 지나가고 있으며 18세기는 계몽되었고 이성은 정화되었고 대다수의 활동들을 수행하고 있다고 말했다. 시샘하는 사람이 무엇이라 말하든, 우리의 시대는 생각하는 사람들의 시대이며 우리에게 더 나은 미래를 약속한다. 점진적인 계몽의 빛은 그 빛을 꺼뜨리는 것이 자신의 이익이라고 생각하는 사람들의 눈까지도 조만간 강타하기 때문이다. 왕들이 우리보다 더 관용적이었음은 확실하다. 또한 광신을 혐오하는 세대가 성장하고 있었다. 언젠가 철학자들이 최고의 자리를 차지하게 될 것이고, 우리의 치세는 준비되고 있으며, 이 좋은 날들을 앞당기는 것은 오직 우리들에게 달려 있다. 이와 유사한 또 다른 표현들이 많이 등장하는데, 이것들은 보장된 승리, 곧 실현될 희망과 즐거움이라는 동일한 감정을 표명한다.

그들은 자유사상의 조국인 영국이 결정적으로 정복되었다고 생각했다. 프랑스에서는 대부분의 전략 거점인 살롱들과 아카데미가 확보되었다. 소르본 신학대학이라는 견고한 조직에도 심지어 균열이 일어났다. 세상 풍조도 철학에 동조하는 발언을 했다. 칼뱅을 거부할 뻔했던 "스위스에서 가장 풍요로운 부분"인 제네바 그리고 로잔은 네덜란드의 7개 연합 주(州)와 마찬가지로 "상당한 만족감을 주었다." 라틴 국가들은 더 굼뜬 것처럼 보였다. 로마는 저항했고 사람들은 로마를 격렬히 비난했다. 그러나 결국 밀라노와 나폴리는 계몽주의의 중심을 형성했고, 토스카나와 파르마도 반항하지 않았다. 이탈리아에서도 역시 철학이 나날이 진보하고 있다는 사실을 확인해 주는 이탈리아 사람들이 있었다. 스페인은 자신의 자연적인 힘에도 불구하고 자신을 어린 상태로 묶어 놓은 편견을 제거하기 시작했다. 그러나 이러한 개괄적인 검토에서 가장 만족스럽게 눈길이 머무는 곳은 북부 유럽 국가들이다.

오늘날 바로 북쪽에서 우리에게 빛이 오고 있다…….
왜냐하면 스칸디나비아는 이성의 편으로 넘어갔기 때문이다. 10년 후 폴란드는 완전히 속박에서 벗어나게 될 것이다. 프리드리히 2세와 러시아의 예카테리나 여제는 계몽주의 캠페인의 선두에 섰다. 놀랍게도 마침내 남부 유럽의 마지막 광신자들이 어쩔 줄 몰라 하는 일이 생겼다. 승리…… "거의 모든 유럽이 50년 이래로 변화했다……."[39] — "살아 있는 당신들, 특히 18세기에 삶을 시작하는 당신들은 자신을 자랑스럽게 여기시오."[40]

---

39 볼테르, 『관용론 *Traité de la tolérance*』, 4장.

40 프랑수아 장 샤틀뤼, 『공공의 행복에 대하여』.

제 3 부

해체

제1장

변화

우리는 이제 다른 광경을 목도하게 된다. 이 광경은 우리가 막 검토했던 일관된 의도를 통해 그 의도를 어느 정도 변질시키는 모순들을 우리에게 보여 줄 것이다. 우리는 실제로 다음과 같은 점을 이해해야 한다. 사상사를 끊임없이 변화하게 만든 추이들 중 하나는 어떻게 일어났는가? 어떻게 외부의 적이 아니라 내부 그 자체의 개입에 의해 하나의 학설이 사라졌는가? 어떤 이유로 가장 분명해 보이는 이론에 모호한 부분이 남아 있었고, 가장 논리적으로 보이는 체계에 모순이 남아 있었는가? 어째서 승리라고 선언을 했음에도 승리를 얻어 내지 못했는가? 어째서 인간의 행복에 도달하기 위해 막대한 노력을 기울였음에도 그것이 다시 한 번 실패로 끝나게 되었는가?

이 건설자들은 자신들의 설계도에는 어떠한 오류도 없다고 확신하고 있었는가? 이 철학자들은 자신들의 철학이 마침내 영구불변의 진리를 찾아냈다고 확신하고 있었는가? 그들은 먼저 그토록 완벽한 정의 속에 정신을 속박하여, 정신이 그 속에서 영원히 포로로 남을 수밖에 없으리라 확신하고 있었는가? 이것이 쾨니히스베르크[1] 출신 구두제조인 아들의 의견은 아니었을 것이다. 그들이 자신들의 학설을 다 제시하기도 전에 그는 자기 나름대로 그 학설을 무너뜨리고 있었다. 임마누엘 칸트는 로크, 버클리, 흄의 이론을 재검토했다. 그는 분명 그들의 견해에 동의했다. 형이상학은 인간 이성의 한계들에 관한 학문 이외에 다른 것일 수 없었다. 다만, 그는 그들이 한계들에 둘러싸인 힘의 특수성과 본질적 속성을 규정하는 데 소홀했다고 생각했다. 따라서 그들 이후 모든 것을 다시 검토해야만 했다. 인간의 지식을 최대한 모으는 것부터 시작하여 자연과학, 기하학, 역학, 천문학의 기초를 배움으로써 그는 결국 모든 문제들을 단 하나의 문제로 귀결시켰다. 그 문제는 해결된 것으로 간주되었으나 여전히 해결할 필요가 남아 있는 것으로, 바로 인식의 문제였다. 마침내 준비가 되자 그는 1781년『순수 이성 비판*Kritik der reinen Vernunft*』을 출간했다. 그 결과 정신은 외부에서 오는 빛을 기록하는 역할에만 국한되는 암실이 아닌 것으로 판명되었다. 정신은 세상의 데이터들을 굴절시키는 프리즘으로, 이 데이터들은 이러한 변환을 거쳐서만 우리 것이 된다. 감각은 선험적 형식에 따라 지각한다. 오성은 선험적 범주에 따라 연관 짓는다. 인식은 선험적 요소에 좌우되고, 선험적 요소는 인식을 구성한다. 우리는 더 이상 자연법칙의 노예가 아니었다. 심리학에서와 마찬가지로 윤리학에서도, 법칙을 만든 것은 바로 우리의 정신이다. 이 같은 혁명의 결과 이전의 모든 철학은 무너진 듯했고, 결국 플라톤 이후 중요했던 유일한 사상가인 현자 로크, 그 감탄할 만한 로크는 무시되기 시작했다. 이러한 변화는 어떻게 준비되었는가? 한때 유럽을 지배하는 것처럼 생각되던 경험주의의 해체는 어떠한 방식으로 시작되었

---

1 (역주) 칼리닌그라드의 옛 이름으로 칸트의 고향이다.

는가? 어디에 균열이 존재했는가? 시간이 흐르면서 어떠한 오류가 불거진 것인가? 그것은 언제나 원용하면서도 결코 명확하게 규정하지 않고 이런저런 뜻에 다 끼워 맞추었던 자연의 개념에 대한 애초의 오류가 아니었을까?

심장 혹은 감성에 더 이상 자리가 없었다는 것은 기정사실이었다. 심장은 이제 천천히 뛸 뿐이었고, 사람들은 이 방해꾼을 거의 침묵하게 만들었던 터였다.

아베 프레보, 『슈발리에 데 그리외와 마농 레스코의 이야기』(1731)

네덜란드에 이어 영국으로 도피한 후 재판에 회부되어 교수형을 당할 뻔했던 환속 수도사는 자신의 소설 속 주인공들에게 매우 강렬하고도 부드러운 감정을 부여할 수 있었고 그토록 마음을 흔드는 음악을 문장들 속에 흘려 넣어서, 사람들은 그의 소설을 읽을 때 눈물을 흘리지 않을 수 없다. 데 그리외의 이성은 마농의 미소에 녹아 버린다.

『파멜라, 혹은 보상받은 미덕』(1740)

우선 삶의 온갖 상황에 대한 서간집을 출간함으로써 저자가 되려는 야심을 가졌던 런던의 인쇄업자는 시골뜨기 처녀에게 펜을 쥐어 주고 그녀는 지칠 줄 모르고 편지를 써 내려 간다. 파멜라는 정절을 지키면서 젊은 주인으로부터 감내해야 했던 오랜 박해를 묘사한다. 영국 전체가 흐느껴 운다. 곧 클라리사의 불행이 파멜라의 곤경보다 한술 더 뜨게 될 것이다.

『신(新) 엘로이즈』(1761)

"오 쥘리! 섬세한 영혼이야말로 얼마나 치명적인 하늘의 선물인
가요!" 협잡꾼, 스위스 출신의 야만인, 글쓰기를 시작하기 전에 글
쓰기의 규칙들을 공부하는 수고조차 들이지 않았던 초보 음악가.
모든 사회 통념과 정반대의 입장을 취하며, 학문과 예술은 인류에
해를 끼쳤다고 선언하고, 사회 조건의 불평등에 이의를 제기하며,
열정을 찬양하고 고양하는 생생한 역설. 열정은 더 이상 집에서 키
우는 식물이 아니라, 어떤 것도 그 엄청난 성장을 막을 수 없는 야
생의 힘이 될 것이다. 열정은 지성이 구상했던 건조물을 붕괴시키
고 폭파시키고, 그 잔해 속에서 있는 것을 즐기게 될 것이다.

『젊은 베르터의 고뇌』(1774)

"나는 나 자신에게로 되돌아와 내 속에서 세계를 발견한다! 그
러나 그 세계는 선명한 상의 세계라기보다는 오히려 예감의 세계,
어렴풋한 파편의 세계이다." 베르터를 창조함으로써, 청년 괴테는
새로운 인간 유형을 제시한다. 베르터에게 사랑은 한 개인의 참을
수 없는 불안에 추가될 뿐인데, 그는 사회 때문에 성가시고 삶에 화
가 나서 무덤 너머 우주의 영혼 속으로 사라지고 싶어 할 것이다.

『자연 연구 Les Études de la nature』(1784)

베르나르댕 드 생-피에르[2]는 이기주의자이며 신랄하고 까다로
운 사람이지만, 겉으로 보기에는 매우 온화하고 흉금을 잘 터놓는
사람이다. 그는 아주 능숙하게, 문명화된 세계에서는 만난 적 없는

이상적 사랑을 섬이라는 무대에 가져다 놓는다. "우리가 이성이라고 부르는, 소위 우리 지성의 이 원리에 나는 반대한다……." 이성의 우위를 확립한 저서들이 잇달아 나온 시기조차 이렇게 삭막한 시기임에도 불구하고 이러한 열광, 이러한 풍요로움, 이러한 격렬함 등 모든 것이 존재했던 것이다. 여기서도 역시 획득했다고 믿었던 것을 변질시키는 변화의 행위가 분명히 나타난다. 어떤 심리적 필요에 의해, 처음에는 거의 눈에 띄지 않을 정도로 미묘한 어떤 작용에 의해, 어떤 반목만이 아니라 어떤 도움에 의해, 어떤 타협에 의해, 어떤 오해에 의해 계몽주의 철학자는 반계몽주의 철학자를 해방시켰고 감성적 인간을 풀어 주었던 것인가?

"로크에서 프리드리히 2세까지, 뉴턴에서 요제프 2세까지, 달랑베르와 볼테르에서 크리스티안 볼프와 유스투스 뫼저까지 사상은 너무도 다른 사람들을 연결하기 위해 거의 무한한 곡선을 거쳐야 한다. 그러나 우리는 이 그룹 전체가 같은 경향을 대표한다고 간주할 필요가 있다. 이 모든 사람들은 다소간 고대에 그리고 그 이전 시대에 적대적이기 때문이다. 이들은 모두 정도의 차이는 있을지언정 대체로 이성을 높이 평가한다. 모두들 인간의 삶을 행복하고 안락하게 해 줄 수 있는 조건들을 탐색하고 조장한다……."[3] 맞는 말이다. 이 사람들은 하나의 그룹, 또한 거의 동지 관계를 형성했다. 그들에게는 공통된 의지가 있었다. 그들은 같은 목표를 향해 같은 발걸음을 내딛는다고 믿고 있었다. 이미 그들은 약속의 땅을 눈앞

---

2 (역주) Jacques-Henri Bernardin de Saint-Pierre(1737~1814): 프랑스의 작가이자 식물학자로서 소설『폴과 비르지니 *Paul et Virginie*』로 유명하다.

3 굴라 세크푸Gyula Szekfü, 「계몽주의Les Lumières」, 발린트 호만Bálint Hóman · 굴라 세크푸, 『헝가리 역사』, 5권, 6편, 18세기, 3부.

에 두었고, 이미 그곳에 이르렀다. 그러나 와해되지 않는 그룹이란 존재하지 않는다. 그룹을 구성하는 개인들이 더 뛰어날수록 그들이 서로 잘 맞기란 더 어려운 법이다. 그들 각자는 더 진정한 진리를 발견하기 바라면서도, 동료의 진리는 받아들이려 하지 않는다. 이 경우, 모든 것을 좌우하는 문제이며 결정적으로 해결이 된 것처럼 보이는 인간과 신의 관계가 끊임없이 되풀이되며 재차 검토되었다. 결론은 상이했다. 그리고 그 결과, 계몽(Aufklärung)의 통일성 자체가 위협을 받게 되었다.

1802년, 교회의 문은 다시 열리고 결코 타종 소리 내기를 멈춘 적이 없었던 것처럼 좋은 울릴 것이다. 어느 산문시인이 "상상력의 온갖 매력과 마음의 온갖 흥미"를 내세우며 『기독교의 정수』를 집필하게 된다. 샤토브리앙[4]은 이성의 빛을 거부하면서 그림자의 풍요로움을 보여 줄 것이다. "신비로운 것 외에 삶에서 아름답고 감미로우며 위대한 것은 없다. 가장 경이로운 감정은 다소 막연하게 우리를 뒤흔드는 감정이다. 조심스러움, 정숙한 사랑, 고결한 우정은 비밀로 가득 차 있다. 서로 사랑하는 마음은 몇 마디 말로도 서로 통하는 것 같고, 그저 반쯤 열려 있는 상태인 것 같다. 성스러운 무지일 뿐인 순진무구함의 경우야말로 신비 중에서도 가장 말로 표현할 수 없는 것이 아닌가? 유년기는 아무것도 모르기에 그토록 행복한 것일 뿐이며, 노년기는 모든 것을 알기에 그토록 비참한 것이다. 노년기로서는 다행스럽게도, 삶의 신비가 끝날 때 죽음의 신비가 시작된다……." 철학자들이 파괴하고 싶어 했던 것이 이렇게 되살아나고 있었다. 그러나 만약 이신론이 의식의 욕구를 충족시켰더라

---

4 (역주) François Auguste René de Chateaubriand(1768~1848): 프랑스의 낭만주의를 연 작가이자 정치가

면, 신앙에 이르는 이 감정의 앙갚음이 이 정도로 요란했을까? 그리고 이신론이 그 자체로 완벽하게 일관성 있는 또 통일성을 제공하는 학설로써 저항을 했더라면? 이신론이 분열되어 자기 자신에게 반대하지 않았더라면? 이신론은 개인에 따라 혹은 국가에 따라 선택의 자유를 주어 결국 정신적인 무정부 상태로 표출되었는데, 만약 그렇지 않았더라면? 이신론이 갖고 있다고 주장하던 보편적인 가치가 가톨릭주의를 분산시키는 대신 더욱 광범위한 가톨릭주의를 복구하는 것이었다면? 그러면 사정을 달랐을 것이다.

따라서 우리는 이제부터 다음과 같은 점들을 검토해야 한다. 첫째, 세기의 원동력이었던 자연의 개념에 내포된 모순. 둘째, 감성적 인간의 철학적 기원. 셋째, 이신론에 포함되어 있는 상충하는 이신론들. 왜냐하면 이와 같은 순서로 계몽주의 철학이 역사적으로 붕괴되었기 때문이다.

제2장

자연과 이성

물론, '자연'과 '이성'은 일정한 관계를 맺고 있었다. 이보다 더 간단하고 확실하며 현자들이 자주 되풀이하던 말은 없었다. 즉, 자연은 이성적인 것이었고, 이성은 자연적인 것이었으므로 완벽한 조화를 이룬다는 것이다. 자연에 어떠한 기반도 두지 않은 심리학 개념이란 뿌리가 전혀 없어 돌풍 한 번에 휩쓸리는 북방의 숲과도 같았다. 반대로 인간의 영혼에 자연이 투영되고 그 법칙이 표현된 개념은 흔들리지 않았다. 그렇지만 인식에 안정을 부여한 방정식을 찾아냈다고 믿은 순간조차 당혹감이 여전히 나타나고 있었던 것은 무슨 까닭인가?

자연의 내용은 너무나도 풍부하고, 그 존재는 너무나도 복잡하며, 그 효력은 너무나도 강력하기 때문에, 하나의 공식에 자연을 가둘 수 없었다. 공식은 자연의 압력에 의해 산산조각으로 터져 버렸다. 현자들은 분석을 통해 자연을 설명하기 위하여, 학문을 통해 자연을 소유하기 위하여, 이제 자연이 쉽게 이해할 수 있는 개념이 되도록 만들기 위하여 그토록 많은 시도를 했다. 그럼에도 불구하고 확신을 갖고 한시름 놓았을 법한 바로 그 사람들이 계속해서 자연

에 여러 가지 의미들과 심지어 상반되는 의미들을 부여하고 있었
다. 이것을 느낄 때 그들은 세계에서 추방하고자 했던 불확실성을
자연 속에서 다시 발견했고, 그 때문에 답답하고 화가 났던 것이다.
그들은 때로는 자연이 자식들을 뒷바라지하기 위해 애쓰는 어머니
라고 말하기도 했고, 어떤 때는 자연은 종(種)에만 신경을 쓰기 때
문에 개체들은 극도로 무시한다고, 또 어떤 때는 자연은 어떤 것에
도 관심을 두지 않고 준엄하게 자신의 흐름을 따른다고 말하기도
했다. 자연은 재주를 부린 결과만을 우리에게 보여 주는 마술사처
럼 비밀스럽다고 말하기도 하고, 아주 쉽게 통하고 개방적이며 명
백해서 사람들이 그 속까지 읽어 낸다고 말하기도 했다. 자연은 의
지, 주의력, 조심성, 섬세함, 예민함이 있다고 말하는 동시에, 완벽
하게 무관심하거나 냉담하다고 말하기도 했다. 상반된 의미들을 합
하면 연이어 모순에 빠지게 되었고, 아이러니 혹은 실망의 감정 없
이는 장을 넘길 수 없는 일람표 앞에 놓이게 되었다.

　대체로 이것은 수사적 장식, 익숙해진 언어 습관, 은유일 뿐이
었다. 그러나 기본적인 설명처럼, 결정적인 논증처럼, 최고의 해답
처럼 이런 것들에 만족하고 있었다. 자연을 따르고 자연에 복종한
다고 되풀이하면 할수록 더 만족하면서도 의견은 덜 일치하게 되었
다. 한 사상사가가 매우 정확하게 지적한 대로[1] 시대에 따라, 개인
에 따라 모순을 표출하는 하나의 낱말에 이와 같이 관습적으로 의

---

[1]　러브조이A. O. Lovejoy, 「원시주의 역사에 대한 서언Prolegomena to the
History of Primitivism」, 러브조이와 보아스G. Boas, 『원시주의 역사에
대한 기여. 고대 원시주의와 그에 연관된 관념들Contributions to the
History of Primitivism. Primitivism and Related Ideas in Antiquity』, 볼티
모어, 1935.

지하는 것보다 서양의 의식을 더 혼란스럽게 만든 것은 없다. 계몽주의 철학자들은 이 혼란을 해소하기는커녕 더 증폭시켰다. 자연과 선, 자연 정치, 자연 도덕, 이 모두 모호한 결합이다. 우선 다른 모든 주장들을 준비한 주장에 대해 의구심이 존재하는데, 그것은 바로 자연과 이성이 동일하다는 것이다.

우리의 논리는 언제나 자연의 논리와 같은 것이었는가? 모호한 사상에 대한 최고 재판관이었던 볼테르는 자신의 법정에 이 견해도 소환했다. 우리의 팔이 1파운드의 무게를 들어 올리기 위해 거의 50파운드의 힘을 쓴다는 점에서, 심장이 피 한 방울을 짜내기 위해 엄청난 힘을 쓴다는 점에서, 잉어 한 마리가 하나 혹은 두 마리의 잉어를 낳기 위해 수천 개의 알을 낳는다는 점에서, 떡갈나무 한 그루가 셀 수 없는 양의 도토리를 맺지만 많은 경우 한 그루의 떡갈나무도 생겨나지 못한다는 점에서, 즉 이렇게 과도한 힘이 엄청나게 사용되고 낭비된다는 점에서 전혀 합리적이지 않다. 마찬가지로 자연은 대지의 4분의 3에 걸쳐 끔찍한 병을 통해 사랑의 쾌락을 오염시켰다. 그런데 이 병은 인간만이 걸리며, 유럽인의 방탕과 방종에 의해 들어온 것이 아니라 사람들이 순진무구한 상태로 살아가던 섬에서 생겨난 것이다. 이런 말을 듣고도, 이 이해할 수 없는 자연이 자신의 작품을 무시하는 것이 아니며 자신의 계획에 어긋나는 것이 아니라고 말해 보시오. 철학자(볼테르 자신)는 자연을 심문하고 자연에 간청했다. "당신은 누구인가, 자연이여? 나는 당신 속에서 살고 있소. 당신을 찾아 헤맨 지 50년이 되었는데, 아직도 당신을 찾지 못했다오!"—그러나 '자연'은 자신을 이시스라고 불렀던 고대 민족인 이집트인들이 이미 같은 질책을 했었다고, 그리고 누구도 벗길 수 없었던 베일을 자신의 머리에 씌웠다고 대답했다.

철학자

친애하는 어머니여, 왜 당신이 존재하는지, 왜 무언가가 있는 것인지 조금이라도 말해 주시오.

자연

수세기 전부터 제1원리에 대해 내게 질문한 사람들에게 대답한 것을 그대에게 답하겠네. "나는 그것에 대해 아무것도 알지 못한다."[2]

합창대 대부분은 같은 구절이 발견되는 찬가를 끈질기게 부르고 있었다. "자연은 진리에서 결코 멀어지지 않고, 자연과 진리는 어디서나 같은 것이며, 어디든 이성이 그 둘이 동일하다는 걸 보여 준다네. 자연과 지혜는 결코 다른 말을 하지 않는다네. 자연의 변함없는 걸음을 따라가면 당신은 틀리지 않으리." 합창대 대부분은 끈질기게 자연에 송가를 바쳤다. "자연은 밀, 호밀, 보리가 없는 곳에 애를 써서 대체 작물을 만들어 주었다네. 노르웨이와 독일의 몇몇 극빈한 지역에서는 썩지 않고 40년간 보존된 흙과 같은 것으로 빵을 만드는 방법을 가르쳤을 정도라네. 그 불행한 대지의 결핍을 개선하기 위해 자연이 취한 놀라운 대비책이라네." 합창대 대부분은 오래된 격언을 끈질기게 되풀이 노래했다. "자연은 더 이상 공백을 싫어하지 않았다네. 그것은 이미 낡아 빠진 것이라네. 하지만 자연은 언제나 무엇인가가 싫었는데, 이번에는 충만함이었다네. 자연은 어

---

2 볼테르, 「자연, 철학자와 자연 사이의 대화Nature. Dialogue entre le philosophe et la nature」, 『백과전서에 대한 질문들』, 1771.

떤 것도 헛되이 만들지 않았다네. 자연은 가장 짧은 지름길을 택한다네." 정말 지루한 반복이다.

그러나 합창단의 목소리들은 조화를 이루지 않았다. 목소리들은 말했다. 자연이 정확하게 무엇인지 당신이 우리에게 보여 주면 우리는 즉시 자연을 따를 것인데, 그것을 우리에게 보여 주지 않는군요. 당신은 한마디 말만 할 뿐이고, 그 의미의 범위를 알지도 못한 채 사용하면서 자신에게 극단적인 자유를 주고 있소. 당신은 당신 저서의 서두에 거창하게 그 말을 늘어놓지만, 당신이 단죄한 바로 그 형이상학적 횡설수설을 자기를 위해 사용한다고 생각하지는 않는 것 같소. 자연을 설명한다는 구실로, 자기들의 상상력 속에 세운 이해할 수 없는 체계를 사물의 진정한 원리로서 우리에게 제시하는 사람들을 멀리합시다…… 이 말썽꾼들은 현실의 존재로 되돌아갈 때마다 질서 속의 무질서를 확인하면서, 낭비하는 동시에 인색한 자연의 변덕을 기록하면서, 모순적이고도 매우 자연스러운 현상들의 무한한 다양성에 의해 정신을 차리지 못하면서 일종의 현기증을 느꼈다고 덧붙였다.

아마도 자연의 숭배자들은 경험론 자체로부터 최악의 어려움이 비롯되었던 것이 아니었다면 궁지에서 벗어났을 것이다.

경험론은 원칙적으로 우리가 실체에 도달하는 것은 근본적으로 불가능하고 따라서 그 주제에 대해 그 어떤 판단이라도 내리는 것이 불합리하다고 주장한다. 그러므로 감히 어떻게 이와 같은 실체에 특성을 부여할 수 있겠는가? 경험론자들은 논리적이 되기 위하여, 그렇게 자주 또 그렇게 기꺼이 선포했던 자신들의 무지에 만족해야 했다. 그들은 가장 용서받기 어려운 믿음의 덕을 통해서만 무지에서 벗어났다. 게다가! 그들의 인식은 그들의 영혼에서 인지하는 감각에 한정되어 있었기 때문에, 그들은 영혼의 외부에 어떤 존재가 — 그것이 자연이라는 이름이든 완전히 다른 이름이든 상관없이 — 있다고 가정할 자격이 없었다.

마침내 한 위대한 사상가가 등장하여 반론에 구체적인 모습을 부여했다. 버클리는 1713년에 『하일라스와 필로누스의 대화 세 마당 *Three Dialogues between Hylas and Philonous*』을 출간했다. 시간이 얼마간 흐른 뒤 번역이 되어 해협을 건너간 이 저서는 사람들을 당황하게 만들었던 것으로 보였다. 새벽, 다시 떠오르는 태양의 빛 속에서 정신의 친구 필로누스는 이리저리 명상에 빠져 있었다. 그는 물질의 친구 하일라스를 만났고 둘은 서로 의견을 나누었다. 필로누스가 자신의 신념대로 물질의 실체는 없다고 주장하는 것이 가능했는가? 물론, 그것은 가능했다. 비할 바 없이 능숙한 논증을 통해 증거를 제시했던 필로누스의 말을 믿는다면, 반박할 수조차 없는 것이다. 우리는 우리의 지각으로부터 외부 사물이 존재한다는 결론을 끌어낼 수 없다. 우리가 확신하는 것은 단지 이 지각뿐이기 때문이다. 어떤 과도한 열기가 우리를 뜨겁게 하고 고통스럽게 한다. 그렇다면 그 물체와 접촉하여 우리가 뜨거워졌으니 고통은 그 물체 속에 있다고 이야기할 것인가? 우리는 설탕이 달고 쑥은 쓰다는 것을 알고 있다. 그렇다면 단맛은 설탕 속에 있고 쓴맛은 쑥 속에 있다고 이야기할 것인가? 이 감각들은 우리 자신 속에 존재하고, 우리가 병에 걸리면 변화한다. 냄새의 경우도 마찬가지이고, 소리의 경우도 마찬가지이다. 우리의 고막을 때리는 공기의 움직임에 대해서 그것이 높거나 낮다고 이야기할 것인가? 색깔의 경우도 마찬가지이다. 우리는 우리가 사물에 지정하는 색깔이 사물 자체에 있는 게 아니라는 점을 잘 알고 있다. 우리에게 황달이 생기면 그 사물은 노란색이 된다.

하일라스가 이에 반발하고 상대를 침묵에 빠뜨릴 수 있는 논거를 찾으려고 해 봐야 소용이 없다. 존재한다는 것은, 지각하는 것이고 지각되는 것이다. 딱 그뿐이다. 군소리, 옛 용법, 무분별한 몽상들로 인해 우리는 우리 내부에 있을 뿐인 특징들의 토대를 찾아내도록 부추김을 받는다. 차라리 우리의 잘못이라고 고백을 하자. 결정적으로 우리는, 물질에 대해서 실증적이든 상대적이든 어떤 관념도 갖고 있지 않다는 것을 인정했다. 우리는 물질이 그 자체로 존재하는 것만큼이나 물질이 우연적 사건과 맺을 수 있는 관계들도 알지 못한다. 그러므로 우리 자신이 정한 경계에서 조금도 벗어나지 말도록 하자. 그러니까 마침내 설득된 하일라스가 말하는 것처럼, 그토록 오래전부터 우리에게 익숙한 표현인 물질이라는 표현은 어쩔 수 없이 보존하더라도, 물질이 의미하는 바는 명확히 하자. 관념이 결여된, 즉 정신의 외부에 존재하는 실체를 말하고자 한다면, 물질이란 전혀 존재하지 않는다. 그 존재가 지각되는, 감지될 수 있는 어떤 것이라는 의미로 이 낱말을 말한다면, 물질이란 존재한다.

약간 집요한 관념론자인 버클리는 기독교의 최대 이득을 위해 영국 청년과 아메리카 청년이 함께하는 신학교를 신대륙에 설립하려고 노력한 후 유럽에 돌아왔다. 그러고 나서 조국인 아일랜드에서 클로인의 주교로 임명된 이후 자신의 논증을 계속했다. 1744년 『시리스, 혹은 타르 수용액의 효능 및 그와 관련되고 그로부터 파생되는 여러 가지 다른 주제들에 대한 철학적 고찰과 연구』에서, 그는 가장 높은 산마루들까지 올라가 그곳에서 정신세계의 아름다움을 황홀하게 바라보았다. 그는 타르 수용액의 효능을 밝혔는데, 야만인들의 땅인 그곳에서 그 놀라운 효력을 배웠던 것이다. 타르 수용액은 혈액의 부패뿐만 아니라 위장 궤양, 소모성 기침, 피부질환, 종말증 및 히스테리 질환, 신장결석과 수종, 괴저와 괴혈병, 천연두, 통풍과 말라리아와 같은 모든 질병을 치료했다. 아이와 노인, 남성과 여성, 선원과 정착민 모두에게서 말이다. 그는 타르에서 타르가 함유하고 있는 각성제로 옮겨 갔고, 각성제에서 공기로, 공기에서 에테르로, 에테르에서 순수한 불 혹은 보이지 않는 불인, 에테르를 분배하는 지혜로 옮겨 갔다. 왜냐하면 규칙에 따라 또 그가 적절하게 발견한 목적을 위해 만물을 연관시키고 움직이게 하며 배치하는 비물질적인 요인의 존재와 그 즉각적 작용을 인정하지 않고서는 현상을 설명할 때 한 걸음도 나아갈 수 없는 것으로 보였기 때문이다. 역학 철학자들은 작용의 원인이 아니라 작용의 규칙과 방식을 그들 연구의 대상으로 간주하고 있었다. 역학적인 어떤 것도 원인이 아니며 원인일 수도 없기 때문이다. 엄밀히 말하자면 정신만이 원인이 될 수 있다. 버클리는 뉴턴의 인력을 부정하지 않았다. 그러나 버클리는 그것을 해석했다. 우주에서 일어나는 모든 움직임과 모든 변화가 인력에서 발생한다고 할 때, 공기의 탄성, 물의 움직임, 무거운 물체의 하강, 가벼운 물체의 상승이 같은 원리에 귀착된다고 할 때, 최소 거리에서 최소 미립자가 가진 느낄 수 없을 정도의 인력으로부터 응집력, 용해, 응고, 동물성 분비, 발효와 모든 화학 작용을 추론할 때, 이러한 원리들 없이는 세상에 어떤 움직임도 없을 것이고 원리들이 작용을 멈춘다면 움직임도 모두 멈출 것이라고 덧붙일 때, 그리고 이 모든 것을 말할 때, 우리가 알고 이해하는 것은 단지 물체가 어떤 질서에 따라 움직이며 물체가 자신의 움직임을 스스로에게 부여하는 것이 아니라는 사실뿐이다……

버클리는 철학자들을 성가시게 했는데, 그것은 그의 저서에서 보이는 호교론적인 부분 때문은 아니었다. '소인배' 같은 자유사상가들에 적대적이었던 그는 자신의 견해가 신의 존재에 대한 새로운 증거로 직접 귀결되기를 원했다. 감지될 수 있는 것은 정신 속에서만 실재하기 때문에, '정신'의 '실재', 즉 신을 인정해야 했다. 신을 믿지 않는 독자들은 이러한 논증을 중요하게 여기지 않았다. 이 논증은 독자들이 보기에는 그저 당연한 귀결일 뿐이었다. 그래도 이 버클리는 독자들에게 아주 거북한 존재인 듯했다. 버클리는 그들이 애초에 주장한 원리에서 비롯된 결과들을 끝까지 밀고 나간다는 점을 제외하고는 그들과 다르지 않은데, 그런 사람을 어떻게 반박할 것인가? 그를 웃음거리로 만들고, 이를테면 만 번의 포격에 의해 사망한 만 명의 사람들이 사실은 우리 오성이 느끼는 만 번의 두려움일 뿐이라고 말하는 것은 쉬운 일이었다. 또한 어떤 남자가 자신의 부인을 임신시킨다면 그것은 하나의 생각이 다른 생각 속에 자리를 잡고 그로부터 세 번째 생각이 탄생되는 것일 뿐이라고 말하는 것 역시 쉬운 일이었다. 화를 내는 것은 훨씬 더 쉬운 일이었다. 논리에서 벗어난 인간의 정신은 어디까지 갈 것인가? 외부 세계의 존재를 부정하다니 괴상망측하도다. 그 후에 사람들은 이 경우 조롱도 분노도 충분하지 않다고 인정할 수밖에 없었다. 『하일라스와 필로누스의 대화』 프랑스어 번역판 서두에는 거울 속 자신의 모습을 보고 그 모습을 잡으려고 애쓰는 어린아이를 그린 판화가 하나 있었다. 어린아이는 자신의 착각을 깨닫고 웃었다. 그러나 삽화의 설명문은 그 아이가 웃는 것은 잘못이라고 지적했다. **왜 웃는가? 너의 이야기인 것을.**

얼마나 끈기 있게 한 세기의 75년 동안 감각이 오로지 주관적인 것인지 아니면 감각은 우리 외부의 실재에 부합하는 것인지 알게 해 줄 반박 불가능한 사실을 찾았던가! 갑자기 시력을 되찾은 맹인이 감지될 수 있는 실재로서 거리를 지각하는지 누가 알겠는가?— 이 실험은 학자 몰리뉴 씨[3]가 먼저 고안하고 다음과 같은 말로 로크 씨에게 쓴 편지에서 그에게 제시했던 것이다. 선천적 맹인이 한 명 있다고 가정해 보십시오. 그는 현재 성인이며, 같은 금속으로 만든 거의 같은 부피의 정육면체와 구를 촉각을 통해 구별하는 법을 배웠기 때문에 각각을 만질 때 어느 것이 정육면체이고 어느 것이 구인지 알 수 있습니다. 정육면체와 구가 탁자 위에 놓여 있는데, 이 맹인이 우연히 시력을 되찾게 되었다고 가정해 보십시오. 정육면체와 구를 만지지 않고 눈으로 보면 그것들을 구별하여 어떤 것이 구이고 어떤 것이 정육면체인지 말할 수 있을지 물어봅니다…… "그는 그렇게 할 수 없을 것입니다." 몰리뉴가 대답했다. "그는 그렇게 할 수 없을 것입니다." 로크가 대답했다. "그는 그렇게 할 수 없을 것입니다." 버클리가 대답했다. 눈으로 보기 시작한 선천적 맹인은 처음에는 시력을 통해 거리에 대한 관념을 가질 수 없을 것이다. 그에게 태양과 별들은 그의 눈 속에, 아니 보다 정확히 말해 그의 영혼 속에 존재하는 것처럼 보일 것이다.

이것은 여전히 가정이었을 뿐이고, 실제로 존재하는 맹인이 어떻게 행동했을지는 알 수 없었을 때 실험의학이 철학에 도움을 주게 되었다. 외과의사 체슬든[4]은 백내장 수술 방법을 발견했다. 1728년 그는 나이가 열서너 살인 소년에게 이 수술을 시행하고 이를 기술했다. 그는 우선 소년의 한쪽 눈을 보게 해 주었다. 그런데 이 소년은 거리를 보지 못했으므로, 그가 만지는 사물이 자기 피부에 닿아 있는 것처럼 물체가 자기 눈에 닿아 있다고 믿었다. 두 달이 지난 후 그는 그림이 고체를 나타낸다는 것을 납득했다. 회중시

---

3 (역주) William Molyneux(1656~1698): 아일랜드의 자연철학자이자 정치 저술가

4 (역주) William cheselden(1688~1752): 영국의 외과의사

계 케이스에 있는 자기 아버지의 초상화를 발견한 그는 사람의 얼굴이 이토록 작은 공간에 들어간다는 것에 놀랐다. 그는 시야의 경계 너머에는 아무것도 없다고 생각했다. 다른 쪽 눈의 수술은 첫 수술이 있고 나서 1년이 지난 후에 시행되었다. 이 두 번째 눈과 더불어 환자는 한쪽 눈으로 볼 때보다 훨씬 더 큰 물체를 보게 되었다. 그는 적응을 해야 했다. 마침내 다른 환자들에게 시행된 유사 실험을 통해 같은 결과가 도출되었다. 거리 개념은 정신의 오랜 작용에 의해서만 획득되었던 것이다.

가장 위대한 정신의 소유자들이 시력을 되찾은 선천적 맹인들에 대해서 관심을 가졌다. 그들이 피할 권리도 의지도 없는 실험이었다. 디드로는 호기를 잡았다고 생각했다. 레오뮈르는 프로이센의 안과의사 힐머의 후원자가 되었는데, 힐머 역시 백내장 수술을 시행하고 있었다. 디드로는 중요한 순간에 입회할 수 있는 허락을 받았다. 그는 크게 실망했는데, 속임수일 뿐이었다는 사실을 알아챘다고 생각했기 때문이다. 수술은 벌써 끝났고, 맹인은 이미 보게 되었다. 그리고 철학적 관찰에 관해서는 모든 것을 다시 시작해야 했다. 그렇지만 "인간 정신과 철학에 수치스럽게도, 모든 것들 중에 가장 터무니없음에도 불구하고 가장 반박하기 어려운 학설"의 오류를 찾아내기 위해서는 버클리를 반박해야만 했을 것이다. 필로누스가 이탈하게 된 정확한 지점을 이와 같이 발견할 수 있을, 인간 정신의 전문가에게 도움을 청하는 것이 더 나았다.[5] 콩디야크[6]가 위기

---

5 디드로, 『눈이 보이는 사람들을 위한, 맹인에 대한 서한 Lettre sur les aveugles, à l'usage de ceux qui voient』, 1749.

6 (역주) Étienne Bonnot de Condillac(1714~1780): 프랑스의 경험론 철학자

에 처한 '자연'을 구하러 오도록 소환된 것은 바로 이러한 방식에 의해서였다.

그는 일에 착수했다. 그는 버클리를 반박하거나, 적어도 반박을 하려고 노력했다.[7] 우리의 모든 인식은 지각에서 온 것이고, 이것은 후천적인 것이다. 우리의 감각은 존재 방식일 뿐이고, 역시 후천적인 것이다. 그렇다면 우리는 우리 밖에 있는 사물의 존재를 어떻게 단언할 수 있는가? 우리는 여러 가지로 변화하는 우리 영혼의 상태들을 지각할 뿐이다……. 만약 우리의 감각이 후각, 청각, 미각, 시각의 감각일 뿐이라면, 우리는 여전히 곤란한 처지로 남아 있을 것이다. 우리는 자신이 냄새, 소리, 맛, 색이라고 생각할 것이다. 만약 우리가 여전히 움직이지 않는 채로 있다면, 촉각조차도 외부에 존재하는 모든 것에 관한 우리의 무지를 해소할 수 없을 것이다. 우리는 오로지 주위 공기가 우리에게 일으킬 수 있는 감각만을 지각할 것이다. 우리는 더위나 추위를 느낄 것이며, 즐거움과 괴로움을 느낄 것이다. 그러나 그것은 여전히 우리가 주위 공기도 어떤 다른 물질도 지각하지 못할 그러한 존재 방식이다. 우리는 우리 자신만을 느낄 것이다. 그러나 우리는 움직인다. 우리가 우리와 우리를 둘러싼 것을 때리면 특별한 종류의 감각을 느끼고 저항을 느낀다. 버클리의 이론이 무너져야 하는 것이 바로 이 지점이다. 이 저항은 우리 외부의 사물들에 의해서만 우리와 맞설 수 있다. 그러므로 외부 세계는 존재한다.

촉각에 콩디야크가 부여한 특수한 효능이 있다는 것은 따져 볼 만한 일이다. 그러나 확실한 것, 디드로가 원하는 것과 반대로 가는

---

7 콩디야크, 『감각론 *Traité des sensations*』, 1754, 여기서 우리는 「2부 개설서」를 따른다.

것, 거북함을 해소하기보다 가중시키는 것은 바로 콩디야크가 자신의 사유를 더 깊이 파고들수록 더 확실히 이시스와 피시스에 무관심해지고 다시 영혼에 관심을 기울이게 되었으며, 처음에 표방했던 경험론을 거쳐 유심론 쪽으로 더 경도되었다는 사실이다. 그는 로크의 계승자로 자신이 빚진 것을 고백했지만, 허리가 휠 정도로 빚이 무겁지는 않다고 생각했다. 여러 방식으로 자기 스승의 견해에 대해 수정을 가했는데, 특히 로크가 관념을 어떤 때는 알 수 없는 실재들의 이미지로 간주하기도 하고 또 어떤 때는 우리 감각의 내부 조합으로 간주하기도 했을 때 그에게 남아 있는 모호함에 대해 그러했다. 진리는 이제 그 관계들의 일치에서만 존재하기 때문이었다. 프랑스 철학자는 이 두 번째 해결책을 선택했고, 점점 더 자발적으로 이를 고수했다. 영혼 내부의 놀라운 광경은 그를 사로잡기에 충분했으며, 그는 영혼 밖에서 일어나는 일에 대해서는 알고 싶지 않았다. 정신적인 행위인 감각. 계층화되는 것이 아니라 조직화되어야 하는 감각들의 다양성. 감각들에 일반적 특성을 부여하는 기호들의 작용에 의한 감각들의 조직화. 언어가 제공하는 이 기호들에 대한 인식. 영혼의 논리학, 영혼의 대수학. 그에 따르면 이러한 것이 진정한 학문이었다. 버클리에 대한 반론은 결국 그의 행로에서 하나의 사건이었을 뿐이다. 그는 버클리를 포기했으나, 그가 자기 자신의 것으로 선택한 길 때문에 자신에게 도움을 요청했던 철학자들로부터 멀어지게 되었다.

자연에 대하여 설명할 때 버클리와 같은 적이나 콩디야크와 같은 불확실한 친구가 아니라 내부로부터 본가를 무너뜨리게 될 진짜 친구 혹은 형제가 개입하는데, 그가 바로 데이비드 흄이다.

그는 다양한 방식으로 계몽주의 철학자였다. 우선 그가 받았던 체포령에 의해서 그러했다. 24세의 나이에 법률과 상업을 버리고 고향 스코틀랜드를 떠나 프랑스로 와서 정착하고 자유롭게 정신을 수양하는 데 힘썼다는 것은 용기 있는 훌륭한 행위였다. 라플레슈 지역에서 1735년부터 1737년까지 머문 그는 『인간 본성론*A Treatise of Human Nature*』을 집필하여 첫 두 권을 1739년에, 세 번째 권을 1740년에 출간하게 되었다. 그는 전방위적인 호기심을 가졌고 자신의 주변에서 끊임없이 되풀이 제기되는 것을 보았던 모든 문제들에 대한 해답을 찾아내려는 욕망을 가졌다는 점에서 철학자였다. 그보다 더 형이상학적인 몽상과 거리를 두고 사실, 오로지 사실에만 집착하는 사람은 없었다. 당시 다른 많은 사람들과 마찬가지로 그는 사실들로부터 유일한 사실, 중심적인 사실 — 그것은 사물들에 대해 보편적인 설명을 제시해 줄 수 있고 그를 사상계의 뉴턴으로 만들어 줄 수 있을 것이다 — 을 추출하기를 바랐다. 그는 그 시대의 말투를 썼다. 그는 현학자가 아니었고 고대를 인용하지도 않았으며, 기술 용어들을 남발하지도 않았다. 어쨌든 그가 약간은 현학적이었다면 그것은 버릇없는 방식이었다. 사회성이 있고 사교적인 그는 공무에 초연하지 않았고, 그 반대로 완벽하게 공무를 이끌어 갈 수 있었다. 그는 열광, 감성, 미신, 기적에 대한 믿음, 일반적인 신앙에 반대했다. 즉 많은 것들에 반대했다. 추론하고 글을 쓰는 그의 방식은 명확함 그 자체였다. 그는 개념들을 가지고 재주를 부리는 것을 좋아했다. 그는 개념들에 자신이 원하는 모든 움직임을 전달하는 것처럼 보였다. 그러나 이러한 놀이는 위험한 것이었다. 문학계의 데뷔는 그의 기대에는 미치지 못했지만, 그 이후 그는 끈기를 발휘해서 영광에 이르렀다. 1763년 그가 이번에는 영국 대사의 비서로서 파리에 되돌아왔을 때, 사람들은 거의 열광적으로 그를 맞이했다. 초대받고 환대받고 축하받는 살롱의 친숙한 얼굴,

만찬을 주재하는 주인인 데이비드 흄은 성공한 철학자였다. 그런데 이 철학자는 철학을 파괴하고 있었다.

이미 그는 이신론자들에게 그들이 신교도들 중 가장 단순한 사람들과 마찬가지로 신인동형론의 유혹에 굴복했음을 보여 주었다. 흄은 그들과 의견을 같이하는 것으로 시작했다. 그들은 행위와 양립할 수 없는 전적인 의심으로부터 자신을 변호하기 위해 자연종교의 필요성을 당연히 선언했다. 회의주의는 인간이 어떤 순간들에 존재하는 상태 속에 영구히 존재한다는, 바로 이러한 오류에 기초하고 있다. 즉 그 상태는 계속 지속하지 못하는 것이다. 인간들 중 최고의 회의주의자라도 때때로 단언해야 할 때도 있고, 아니면 죽게 되어 있다. 따라서 어떤 믿음에 이르는 기회가 존재한다. 그런데 바로 이 이신론자들이 어떻게 그들의 지고의 존재를 상상했던가? 그들은 신의 속성에 대해 어떤 경험도 없다고 인정했다. 또 이 존재의 본질, 그가 존재하는 방식, 그 특성을 그들도 모르는 채로 있다고 인정했다. 그들은 거기에 머물렀어야 했다. 그런데 그들은 그들 자신의 모델에 따라 신의 지성을 생각해 냈다. 세계와 세계를 구성한 부분들을 주시하면서, 그들은 이 세계가 거대한 기계일 뿐이라고 인식했다. 이 기계는 더 무한한 수의 더 작은 기계들로 나뉘고 그것들 자체도 계산할 수 없는 하위 부분들을 포함하고 있었다. 그들에게 이 다양한 기계들은 그것들을 이전에 보았던 사람은 누구든지 경탄하게 할 만큼 공을 들여 서로에게 맞추어져 있는 것처럼 보였다. 전 자연에 걸쳐 정교하게 수단을 목적에 적용시킨 것은, 그 정도가 훨씬 더 광대하기는 하지만, 정확히 인간의 재간, 운명, 사유, 지성, 인간의 지혜의 산물들과 닮았다. 그러므로 결과들이 서로 닮아 있었기 때문에, 이신론자들은 유사하게 원인도 서로 닮았다고 추론하기에 이르렀다. 또 자연의 창조자는 훨씬 더 강력하고 자신의 위대한 작업에 적합한 능력을 소유하고 있음에도 불구하고 이를 테면 인간을 닮았다고 추론하기에 이르렀다. 이 귀납적인 논증에 의해, 그리고 오로지 이 논증에 의해, 자연종교의 신봉자들은 그 결점과 우스꽝스러움을 알아차리지 못하고 자신들의 입장을 옹호했던 것이다.

마찬가지로 조용하게, 확인하고 설명하면서 — 사물은 그러하고 달리 존재할 수 없으며, 이게 전부이다 — 흄은 우리의 이성을 공격한다. 우리는 인과성에 대한 개념을 우리의 이해력에 본질적인 것으로 간주한다. 인과관계는 우리 학문과 철학의 지지대이다. 사실 이 관계는 이 관계를 정당화하는 것을 아무것도 가지고 있지 않았다. 실제로 우리의 영혼을 들여다보자. 영혼은 실재하는 감각과 우리가 관념이라고 부르는 인상-기억을 담고 있다. 우리의 힘은 이 감각들과 이 개념들을 연결하는 것에 그친다. 그런데 우리는 이것들을 연결하면서 그것들 사이에서 논리적 관계를 가정하는데, 어떤 것도 우리에게 그 논리적 존재가 실제로 존재함을 보장해 주지 않는다. 우리는 시간에서의 연속성 이외에 결코 아무것도 아니었고, 아무것도 아니며 아무것도 아닐 것을 부당하게 인과성의 법칙으로 변환시킨다. 원인은 다른 대상이 뒤따라오는 대상이기 때문에 첫 번째 대상의 존재는 우리에게 두 번째 대상을 생각하게 만든다. 그러나 우리는 이 둘 사이에 필연적인 연결이 있음을 단언할 수 없을 것이다. 다음 두 명제, 즉 "태양은 내일 떠오를 것이다. 태양은 내일 떠오르지 않을 것이다"는 같은 정도로 가능하다. 우리는 결합이 적합한지에 대한 확신 없이 두 항을 하나로 묶는 데 익숙해졌다. 형이상학에서 권력, 힘, 에너지, 관계에 대한 개념들보다 더 모호한 것은 없다. "우리가 살고 있는 세계는 우리에게 기계를 감춘 대극장이다. 우리는 최초의 동기를 전혀 보지 못하고 사건들의 원인을 알지 못한다. 끊임없이 수많은 나쁜 일에 위협을 받는 우리는 언제나 나쁜 일을 예견하기 위한 지성이나 나쁜 일을 멀리하기 위한 힘이 부족하다. 우리는 삶과 죽음 사이, 질병과 건강 사이, 풍요와 빈곤 사이에서 끊임없이 떠다닌다. 은밀한 원인은 이 좋은 일들과 나쁜 일들을 인류에 흘려보낸다. 이 원인은 가장 덜 기대할 때 자주 작용하고 그 작용 방식은 불가사의하다."

그러므로 더 이상 학문은 없고, 단지 개별적인 사례들의 불확실한 반복만이 있을 뿐이다. 더 이상 철학은 없고, 단지 알 수 없는 것에 대한 자의적인 해석만이 있을 뿐이다. 더 이상 자연은 없고, 단지 거대한 미지만이 있을 뿐이다. 더 이상 자연법칙은 없고, 우리가 잘못 해석하는 외양만 있을 뿐이다. 더 이상 이성은 없고, 단지 감각의 혼란만 있을 뿐이다. 더 이상 판단은 없고, 단지 더 선명해 보이고 그 때문에 우리가 다른 것들보다 선호하는 인상들만 있을 뿐이다. 더 이상 자아는 없고, 단지 설명할 수 없는 현존들의 눈부심만 있을 뿐이다. 어떤 지혜—그 지혜의 반영은 우리의 지혜가 된다—에 의해 조정되는 세계에 대해 더 이상 이야기하지 말자. 단지 먼지 같은 현상들에 대해서만 이야기하자…….

유명한 흄 씨는 절대적인 회의주의자였다. 이 판에 뛰어들어 놀이를 하고 규칙을 따른 후 그는 전부 파괴하는 것으로 끝냈다. 그리고 가장 많이 잃은 사람은 그의 상대들이었다. 그러나 그는 슬퍼하지 않았고 낙담조차 하지 않았다. 쓰라림의 흔적은 전혀 없었다. 그의 추론—이 낱말이 어떤 의미를 포함한다면—은 순진해 보였다. 사람들은 그의 순진한 표정에서 거의 어떤 악의를 알아보지 못했다. 서서히 심연에 이르는 것이 즐겁다는 것을 별로 알아보지 못한 채, 사람들은 조금씩 심연으로 끌려들어 갔다. 실천의 측면에서 그는 전혀 혁명을 하지 않기 위해, 신전의 마지막 기둥이 그에게 무너지도록 내버려 두지 않기 위해 제때 멈추었다. 그는 어떤 겸손한 지혜를 권하며 자신이 그 예를 제시했다. 그것이 신중함이었는가? 그는 주위로 오염을 확산시키는 시궁창 속을 뒤지는 것, 페스트가 갇혀 있는 지하에서 페스트를 끌어내는 것이 위험하다는 것을 알고 있었다. 그는 사회에 해로운 진실 — 그러한 것이 정말 존재한다면 — 이 선량하고 유익한 오류에 굴복해야 한다고 공언했다. 그렇지 않다면 사람들은 당신을 박해한다. 그리고 당신에게 반박을 할수 없다면, 당신을 영원한 망각 속에 매장시키는 데 동의한다. 아마도 그것은 경멸이리라. 아마도 그의 회의주의는 그를 배신할 정도까지 나갔던 것 같고, 사람들이 품고 있는 환상은 별로 중요하지 않아서 그 환상을 같이 품을 마음을 먹을 수 없었다.

반대자, 저항자, 풍습을 어지럽히는 자들은 별로 중요하지 않다. 그들은 이성이 도출한 진리가 초월적인 가치를 가진다는 흔들리지 않는 신념에 대항해 아무것도 할 수 없는 것처럼 보였다. 진리는 명백히 드러나기 위해 고대의 권위도 근대의 권위도 필요로 하지 않는다는 그 특권이 분명히 되살아났다. 진리는 모든 개인들에게서 최고의 확실성을 가진 내면적 확신을 초래했다. 진리는 의무를 지우고, 그것을 알아보는 사람은 거부할 수 없게 되었다. 낮일 때 밤이라고 말하는 것이 우리에게 달려 있지 않은 것과 마찬가지로, 우리는 그 힘을 피할 수 없다. 명백한 것들에 대하여 우리의 자유는 더 이상 행사되지 않았다. 우리는 단지 그것들에 굴복하고 전적으로 동의하기만 하면 되었다. 그런데 경험론과 완벽하게 양립불가능하지만 경험론자들에게 이토록 친숙한 이러한 생각이 데카르트가 아니라면 어디에서 왔겠는가?

우리는 로크가 18세기의 주동자라고 말했고, 이 점을 부정하지 않는다. 그의 영향력이 정신의 모든 활동에 미쳤다고 말했고 이를 확고하게 반복했다. 많은 경우, 데카르트가 승자의 수레에 매인 노예처럼 표현된다는 것을 인정한다. 많은 텍스트들이 패자의 몰락을 단언한다. 새로운 것이 이전의 것을 대체하길 원하는 인간사의 법칙에 따라, 데카르트는 자신의 차례를 양보해야 했다. 예전에 스콜라철학의 성자들을 제압했던 그가 이제는 패배했다. 그는 자신의 시대를 구가했으니, 스콜라철학자들을 대했던 것과 같은 대접을 받고 사라지도록 해라. 그는 영혼의 소설을 썼지 영혼의 역사를 쓴 것이 아니었다. 그는 관념의 기원도 그 발생도 알지 못했다. 소용돌이 이론을 제시하며 자연에 대해 잘못 해석했다. 바로 같은 텍스트가 망상가 르네 데카르트를 비웃고 헐뜯는다. 그는 자신의 확신을 지키지 못했다. 그는 체계를 세우려는 준비를 하면서 그것을 진공의 학설 위에 세웠다. 그런데 한 친구가 그에게 이 가정이 궁정에서 유행이 아니라고 지적하자 자신의 계획을 바꾸었고 충만한 물질 공간을 선호했다. 데카르트가 물리학에서는 뉴턴에 가려졌고 철학에서는 로크에 가려졌다는 것을 보여 주는 데 많은 증거들이 일치한다. 또한 바로 동시대인들이 확정한 날짜를 받아들인다면, 소위 그의 공상들이 버려지는 것은 약 1730년대라는 것을 보여 주는 데 많은 증거들이 일치한다.

그러나 신빙성 있는 다른 증거들 덕분에, 첫인상으로 드는 생각보다는 그의 존재가 훨씬 더 유능하다는 것을 알 수 있다. 또한 우리는 완전히 죽은 사람들을 더 이상 공격할 수 없다는 것도 잘 알고 있다. 18세기는 로크의 세기이자 데카르트의 세기였다. 여기에 어느 정도 모순이 있다면, 그 모순은 우리에게 속한 것이 아니며 우리는 이를 기록해야 한다. 그러나 데카르트가, 그 영향력이 상당했고 특히 프랑스 사상계에서 그러했던 말브랑슈를 통해 계속 살아남았다고 말하지는 말자. 말브랑슈는 데카르트를 계승하고 그의 초기 구상들 중 몇몇에 충실했지만, 버클리의 관념론에도 맞닿아 있고 게다가 우리가 검토해야만 할 스피노자 철학까지 닿아 있기 때문이다. 데카르트는 데카르트로서, 그리고 다양한 방식으로 살아남아 있다.

우리는 먼저, 그의 정신을 옹호하기 위해 오래된 근위병들을 발견한다. 무장을 해제한 적이 없었던 퐁트넬. 수학에서나 문학에서나 누구든 데카르트처럼 생각하지 않으면 현재에 어울리지 않는다고 말했던 사람인 테라송 신부. 과학 아카데미 앞에서 죽을 때까지 데카르트의 사상을 지지했던 메랑.[8] 이유는 다양하지만 역시 그의 학설에서 출발했던 유심론자들과 유물론자들이 뒤이어 나타났다. 유심론자들은 신의 존재와 영혼의 비물질성을 증명했고 이성과 연합함으로써 자유사상을 쫓아냈던 데카르트에게 고마워하는 입장이었다. 주네스트 신부[9]와 같은 사람은 이 믿음의 방패 뒤로 피신할 수 있음에 행복해하며 그의 학설을 시로 만들었다.

> 행복한 광명을 위하여 나는 걷네.
> 자연의 신비는
> 어둠으로부터 빠져나와 내 앞에 올 것이네.
> 우리 사이에 한 인간이 나를 인도하기 위해 나타났네.
> 그의 『방법서설』로 우리가 가르침을 받자마자
> 더 잘 알려진 길이 진리로 인도하네……

---

8 (역주) Jean-Jacques Dortous de Mairan(1678~1771): 프랑스의 물리학자이자 수학자

9 (역주) Charles-Claude Genest(1639~1719): 프랑스의 성직자이자 시인

"데카르트가 나타났도다! 천재의 온갖 힘으로 무장하고 그는 홀로 감히 철학과 이성을 위하여 아리스토텔레스 철학에 예속된 세계와 맞서 싸웠다. 광대하고 고귀하고 심오한, 그러나 아마도 너무나 대담한 정신의 소유자였던 데카르트는, 그 자신이 진리에 도달하는 영광을 언제까지나 누리지는 못할지라도, 생각하는 사람들을 진리의 발견으로 이끌었다는 영광을 영원히 누리리라. 철학이 복권되고 엄청나게 진보한 것은 바로 이 탁월한 천재 덕분이다." 예수회 파라 뒤 팡자 신부[10]는 이렇게 말한다. 또 다른 예수회 폴리앙 신부[11]는 『데카르트와 뉴턴 사이의 평화론』이라는 세 권짜리 저작을 출간한다. 실제로 예수회 신부들은 그들의 교육에서 데카르트 철학을 추방하고 오랫동안 저항한 이후, 여기저기서 집요한 신봉자가 그들 사이에서 자신의 모습을 나타낸 것과 같은 방식은 아니었지만, 결국 데카르트 철학을 동지로서 받아들였다. 철학에서 말브랑슈와 데카르트를 제외하면 구원은 없다고 앙드레 신부는 말했다. 앙투안 게나르 신부[12]에 따르면, 데카르트는 다른 사람들에게 철학자가 되기 위해서는 믿는 것으로 부족하고 생각해야 한다는 사실을 선언하러 왔다. ― 그러나 무종교 쪽에서는 데카르트가 권위를 거부했고 최고 이성의 권리를 확립했음을 기억했다. 유물론은 데카르트에게 물질과 움직임이 제공되기만 하면 그가 세계를 건설할 수 있다고 자부했다는 점을 기억했다. 또한 라 메트리는 로크의 아류로 빈정거리기를 잘하는 삼류 철학자들, 데카르트를 비판하며 격분했던 구

---

10 (역주) François Para Du Phanjas(1724~1797): 프랑스의 예수회 신부이자 문인

11 (역주) Amié-Henri Paulian(1722~1801): 프랑스의 예수회 신부이자 물리학자

12 (역주) Antoine Guénard(1726~1806): 프랑스의 예수회 신부

댕 씨[13]와 그를 잘 이해하지 못했던 델랑드 씨[14]에 대항하여 그를 옹호했다. 사실 사람들은 그에게서 자신의 사유를 자유롭게 발전시키지 못했던 교활한 유물론자를 보아야만 했다. 그는 자신의 장점 자체가 자신의 운명에 도움이 되기보다는 해를 끼칠 수 있었던 시대에서 어쩔 수 없을 때만 영혼에 대해 이야기했다. 그는 동물의 영혼에 대한 끝나지 않을 토론을 개시했던 사람이다. 동물-기계에서 인간 기계론으로 이행하는 것은 그리 멀지 않았다. ― 따라서 데카르트가 명증성의 여인숙에 간판을 전혀 내걸지 않았기 때문에 각자는 그곳에서 자신의 의견을 개진할 권리가 있었다.

최근의 연구들은 『법의 정신』, 『백과전서』와 같은 주요 저서들에 대한 것이든, 유럽 각국을 통해 사상의 흐름을 뒤쫓는 것이든, '위대한 프랑스 철학자(Great philosopher of France)', '위대하고 창조적인 천재 르네 데카르트(Renato, genio grande e creatore)', '고귀하고 공훈이 큰 천재(sublime e benemerito genio)'의 지속적인 영향력을 들추어 내고 있다. 마찬가지로 최근의 연구들은 로크의 경험론도 데카르트의 합리론도 포기하지 않기 위해 들였던 노력을 보여준다. 1765년 로크가 결정적으로 승소한 것처럼 보이는 시기에 사람들은 신격화와 매우 흡사할 정도로 데카르트에게 용서를 빌었다. 아카데미 프랑세즈는 데카르트 찬가를 공모했다. 이 장르의 전문가인 앙투안-레오나르 토마가 상을 탔다. 그 논문의 낭독은 '놀라운 성공'을 거두었다. 토마는 아름다운 웅변조의 문장들을 나열하면

---

13 (역주) Mathieu Bernard Goudin(1734~1805): 프랑스의 사법관이자 수학자, 천문학자

14 (역주) André-François Boureau-Deslandes(1689~1757): 프랑스의 과학자이자 철학자

서, 100년 전 데카르트의 유해가 스톡홀름에서 파리로 돌아왔을 당시 철학자의 추도사를 낭독하는 것이 금지되었다고 회상했다. 그러나 오늘날 그 잘못을 시정하는 시대가 왔다고 회상했다. 물론 그가 내놓은 많은 생각들이 버림받았지만, 버림받지 않은 것은 사람들이 충실히 따랐던 그의 정신의 진행 방식이었다. 아리스토텔레스와 데카르트 사이에 천 년의 공백이 자리 잡고 있지만, 데카르트는 혁명을 수행했고 그 결과는 이제 멈춰질 수 없었다. 결론적으로 『방법서설』의 저자는 런던, 베를린, 라이프치히, 피렌체 어디에나 존재했다. 그는 상트페테르부르크에도 도달했다. ─ 1771년 스웨덴 국왕이 파리를 방문하여 아카데미의 영접을 받은 후 샹젤리제에서 데카르트와 스웨덴 여왕 크리스티나의 대화록을 선물 받았다.

샹젤리제에서 그의 혼령은 기뻐할 권리가 있었다. 왜냐하면 몇몇 사항들에서 그가 틀렸다고 기꺼이 인정하는 사람이라도, 그에게 반박하기 위해 사용한 무기는 그래도 여전히 그에게 속한다는 사실을, 또한 계몽주의 시대의 여명이었던 빛을 그에게 빚지고 있음을 인정했기 때문이다. 그는 방법적 회의를, 사유를 순서대로 이끄는 방식과 분석을, 명증성에 대한 믿음을, 이성의 초월적인 가치를 가르쳤다. 사람들이 그에게 진 빚은 여전히 막대했다…… 철학자들은 그가 신의 속성을 기초로 삼아 이성의 초월적 가치를 세웠다는 사실을 단지 잊고 있었을 뿐이다. 또한 그들이 너무나 자주 신의 속성은 그들의 이해 밖에 있다고 표명했기 때문에 데카르트의 보증은 논리적으로 무너졌을 수밖에 없었을 것이라는 사실도 단지 잊고 있었을 뿐이다. 그들은 원리를 부정하고 있었지만 순진하게도 그 결과는 보존하고 있었던 것이다.

아마도 사람들은 우리가 밝힌 사실 속에서 여전히 열려 있는 토론을 끝마칠 방식을 찾을 수 있을 것이다. 우리는 텐[15]이 얼마나 체계적인 단호함을 갖고 18세기 사상에서 순수한 추상을 보았는지를 안다. 또한 18세기 사상이 관찰된 사실에서 출발하여 다시 그 사실로 돌아오고, 실질적인 사회의 개혁에 이르는 것보다 더 관심을 갖는 것은 없었다는 점을 들면서 텐에게 가한 사람들의 반박이 정당하다는 것도 우리는 알고 있다. 이 사상이 모순되게도 합리론적이고 또한 경험론적이며 동시에 둘 다였다고 말하는 것은 잘못된 것일까? 우리의 정신에 선험적인 것은 어떤 것도 없다고 공언했다는 점에서 그것은 경험론적이다. 그러나 또 이성의 선험성을 믿었다는 점에서 그것은 합리론적이다. 자연은 기록된 우리의 감각에 불과할 뿐이라고 공언했다는 점에서 경험론적이지만 또 자연이 이성이라고 공언했다는 점에서 합리론적이다.

라이프니츠도, 스피노자도, 그들의 자리를 요구한다.

라이프니츠에 대한 거부는 동일한 조건에서 나타났고, 때때로 데카르트의 경우보다 훨씬 더 격렬한 표현으로 나타났다. 괴상한 생각, 교조주의적인 사람의 망상, 돌팔이의 어두운 공상, 기타 욕지거리들.

그러나 긍정적으로 보면, 사태는 매우 다르게 일어났다. 어느 날 이 커다란 주제에 대한 철저한 연구가 시작된다면, 그 연구가 택할 수 있는 방향들 중 몇몇을 우리가 보여 줄 수 있기를 바란다. 그 연구는 우선 시기적으로 데카르트의 입장과 라이프니츠의 입장이 어떻게 동일하지 않은가를 상기할 것이다. 데카르트가 이미 예전의 운동을 대표하고 그 운동을 파괴하는 일 없이 로크로부터 시작된

---

15 (역주) Hippolyte Taine(1828~1893): 프랑스의 실증주의자로서 문학비평가이자 역사가

운동이 그 위에 겹쳐졌던 반면, 라이프니츠의 출발점은 18세기가 이미 시작된 시기에 위치한다. 따라서 한쪽은 획득한 자산을 활용하는 것이 관건이고, 다른 한쪽은 최근의 자산이 출현하는 것이 관건이다. 라이프니츠는 1716년에 사망했다. 『신정론』은 『방법서설』 이후 73년, 『인간 오성론』 이후 20년이 지난 1710년에 출간되었다. 『단자론』은 1721년 라이프치히의 『학술 토의 *Acta Eruditorum*』에 처음으로 게재되었다. 라이프니츠의 논문들이 묻혀 있던 학술 출판물에서 그것들을 끄집어내기 위해, 라이프니츠 사상의 본질을 그의 직계 제자들의 독자보다 더 많은 독자에게 알리기 위해, 고체트, 조쿠르, 쾨니히, 뒤텐,[16] 라스페[17] 등등의 편찬자와 보급자와 선구자들의 작업을 통한 노력이 18세기 초에 계속되었다. 이것은 그 영향력이 그리 대단하지 않았다는 의미가 아니라 그것이 즉각적으로 감지될 수 있는 정도가 덜했고 사람들이 그 영향력을 더욱 찾아내야 한다는 의미이다. 또한 때때로 사람들이 그 영향력을 과소평가했음을 의미하는데, 그 까닭은 완숙기에 이르렀거나 완숙기를 지난 학설들 중에서 그 영향력을 다시 발견하는 것은 다소 어려움이 있었기 때문이다.

유럽은 공동체이길 원하면서도 각국은 개별적인 선호를 갖고 있기 때문에, 동일한 조사를 통해 프랑스는 본의 아니게 데카르트에 더 충실한 것 같았고, 영국은 로크에 더 충실하며 독일은 라이프니츠에게 더 충실하다는 사실이 주목받을 수 있을 것이다. 독일이 그의 사상을 한층 더 전파하게 됨에 따라 라이프니츠의 의식은 틀림없이 동시에 영향을 미쳤다. 라이프니츠는 단지 서정시, 그에게 헌

---

16 (역주) Louis Dutens(1730~1812): 프랑스의 작가이자 문헌학자
17 (역주) Rudolf Erich Raspe(1736~1794): 독일의 과학자이자 작가

정된 고체트의 오드, 우츠의 신정론에만 영감을 준 것이 아니다. 그는 독일의 영혼 속에 존재한다.

그러고 나서 사람들은 복합적인 감정에 주목하게 될 것이다. 너무나도 특출하게 강력한 천재의 존재에 대한 감정, 그를 충분히 이해하지 못하여 온전히 정당하게 평가할 수 없었다는 생각에 회한처럼 느꼈던 감정 말이다. 카스텔 신부[18]는 신문에 지나가는 생각, 계획, 약속만을 발표했고 결국 그렇게 탁월하지는 않았던 『신정론』을 썼을 뿐이었던 사람이 그토록 관심을 받을 만하다는 것을 확인하며 놀랐다. 그와는 아주 거리가 먼 달랑베르도 모든 장르에 대한 그의 대단한 안목, 경이로울 정도로 폭넓은 그의 지식, 그리고 무엇보다도 그가 자신의 지식을 명확히 밝힐 수 있었던 철학적 사유 덕분에 그가 받을 만한 찬사를 거부할 수 없었다. 디드로는 회개했다. 사람들은 그가 이 철학자에게 합당한 경의를 표하지 못했음을 불평했던 바 있었고, 이 불평은 아마도 어느 정도는 타당한 것이었다. 그런데 그는 이 실수를 바로잡았고, 그것도 아주 기꺼이 그렇게 했다. 그가 일찍이 위인들을 깎아내릴 생각을 했다고 하기에는 인류의 영예에 대한 그의 열망이 너무 컸다. 여하튼 후손에게 전해진 위인들의 저작은 그들에게 유리한 증언을 하리라. 그들은 계속 위대해 보일 것이며, 반면에 그들을 등한시했던 사람들은 아주 하찮게 보일 것이다. 에로 드 세셸[19]은 인류에게 영광이 되었던 천재는 네다섯 명밖에 없었다고 뷔퐁이 말했음을 우리에게 증언한다. "뉴턴, 베이컨, 라이프니츠, 몽테스키외 그리고 나." 뉴턴으로 말할 것 같으면, 그는 위대한 원리를 발견했다. 그러나 그는 그것을 증명하기 위해서

---

18 (역주) Louis Bertrand Castel(1688~1757): 예수회 신부이자 수학자
19 (역주) Hérault de Séchelles(1759~1794): 프랑스의 정치가

계산을 하면서 평생을 보냈다. 문체와 관련하여 그는 대단히 유용하다고 할 수 없다. 뷔퐁은 베이컨보다 라이프니츠를 중시했다. 그는 라이프니츠가 문제들을 자신의 천재성 끝까지 몰고 갔다고 주장했다.

그의 흔적이 자주 예기치 않은 방식으로 가장 다양한 사람들에게서, 노년의 무라토리에게서, 청년 튀르고[20]에게서 나타나는 것은 사람들이 그의 특정한 견해들을 그의 체계 전체에 연결시켜야 한다고 생각하지 않으면서 그것들을 종종 채택했기 때문이라는 점 또한 지적될 것이다. 여기서는 사람들이 벨의 부정적인 영향력에 대항해 그에게 도움을 요청한 것과 그의 사상이 지닌 타협적인 힘을 부각시킨 방식, 역사의 발전에서 그가 차지하는 위치, 다음 장에서 우리가 제시하려고 노력할 것이듯 낙관주의 확산에 그가 했던 역할, 그의 유명한 원리 — 충족 이유율, 힘의 경제 원리, 식별 불가능한 것들의 원리, 동일성의 원리, 그리고 어쩌면 다른 모든 것보다도, 존재의 거대한 사다리가 존재한다는 믿음을 확언한 연속성의 원리 — 가 원용된 빈도가 고려될 것이다. 어떤 의미에서 수학자이자 물리학자이지만 자연사학자는 아니었던 라이프니츠는 자연사에 활기를 부여한 사람이었다. 샤를 보네는 이렇게 말한다. "트랑블레 씨의 발견은 기관 체계에 대한 우리의 지식을 매우 확장시켰다. 그 발견은 말하자면 몇몇 철학자들이 자연의 산물에서 알아보았던 이 놀라운 단계적 상승을 명백히 보여 주었다. 라이프니츠는 자연은 비약에 의해 진행되지 않는다고 말했다. 이 위대한 인간의 형이상학이

---

20 (역주) Anne-Robert-Jacques Turgot(1727~1781): 프랑스의 경제학자로 루이 15세 때 행정관, 루이 16세 때 재정총감을 역임했다. 금융개혁을 실행하려고 했으나 특권계급에 의해 좌절되었다.

그를 폴립[21]과 같은 존재가 있다는 사실을 의심하도록 이끌었다는 것은 매우 주목할 만하다…… 형이상학이 자연을 설명하는 데 그처럼 적절한 것은 드문 일이다."[22]

그가 모든 곳에 존재한다는 점을 부정할 수 없게 만들 수많은 접근 방식 이후, 우리는 이렇게 그의 본질적인 역할에 이를 것이다. 라이프니츠는 형이상학의 설욕을 알렸다. 형이상학에 대해 반대하는 온갖 저주가 퍼부어졌음에도 불구하고, 존재의 신비에 대해 형이상학을 참조하지 않을 수 없으며 심지어 형이상학에 결정적인 발언을 요구하지 않을 수 없다는 점을 상기시키기 위해 그가 있었던 것이다. 우리는 그리 거북해하지 않으면서 데카르트와 로크를 동시에 채택한 후 그 위에 라이프니츠의 해결책을 채택한 사람들에 대해서만 이야기하는 것이 아니다. 물질을 물질로 설명하고 운동을 운동으로 설명하는 것이 소용없었기 때문에 어느 순간 이단자가 되어 버린 확고한 계몽주의의 신봉자들에 대해 이야기하고 있는 것이다. 순수 물리학 저서를 시작한 후 그 안에 슬그머니 형이상학을 밀어 넣고 라이프니츠의 신봉자가 된 샤틀레 부인의 경우는 아주 흥미 있는 사례이지만, 모페르튀의 사례는 이보다 더 흥미롭다. 그의 『유기체의 형성에 관한 시론*Essais sur la formation des êtres organisés*』(1754)은 유물론에서 출발하여 라이프니츠의 유심론에 도움을 청한다. 실제로 모페르튀는 이전의 수많은 시도들이 성공하지 못했기 때문에 이번에는 자기가 자연에 대한 설명을 시도할 것이라

---

21 (역주) 강장동물의 기본적 체형으로, 18세기에 폴립이 동물에 속하느냐 식물에 속하느냐는 과학적 논쟁이 벌어진 바 있다.

22 샤를 보네, 『유기체에 대한 고찰*Considérations sur les corps organisés*』, 1부, 12장. 그의 『라이프니츠주의의 관점*La Vue du Leibnizianisme*』, 전집, 1783년 판, 7권 참조.

고 말하면서 시작한다. 자연은 원소들의 존재로 설명이 되는데, 원소는 말하자면 물질 안에서 분할이 가능하고 결합이 되면 개체를 이루는 물질의 최소 부분이다. 남은 문제는 이 원자들이 조직되는 방식이다. 에피쿠로스와 루크레티우스가 상상했던 물질의 입자들이 어떻게 라이프니츠 이후 문제의 해결책을 제시할 것인지 알 수 없다. 인력과 같은 물질의 법칙조차 생명 현상을 이해하기 어렵게 만든다. 따라서 "어떤 지성의 원리, 우리가 욕망, 반감, 기억······이라고 부르는 것과 유사한 무엇인가"를 가정해야 한다. 오해하지 말자. 여기서 등장한 것은, 바로 단자(monade)이다. 그래서 라 메트리는 몹시 화를 낸다. 라이프니츠 학파들이 단자를 가지고 정신을 물질화하기보다 오히려 물질을 정신화했기 때문이다. 라이프니츠 학파가 샤틀레 부인을 화려하게 포섭한 이래 이 단자들은 모든 사람들에게 알려졌다. 이 학파는 나날이 세를 넓히고, 곧 새로운 데카르트가 나타나 정신이 너무나 자주 빠져 있는 모호한 말들로부터 형이상학을 정화해야 할 것이다.

스피노자.

동일한 혐오의 몸짓, 동일한 모욕의 소리, 동일한 반감이 그의 전기에 동반되었고, 『신학-정치 논고』, 『윤리학』과의 첫 만남에 뒤따랐다. 이 무신론자, 이 죄인, 이 죽은 개에 대해서도 마찬가지로 욕설이 나왔다. 무시하고 혐오할 수밖에 없는, 무한한 실체에 대한 이 이론, 철학이 사유한 이래 여태껏 사고된 것 중 가장 터무니없는, 무한에서 무한을 빼앗고 무에 이르는 이 체계에 대한 경멸 역시 마찬가지였다. 수치스러운 질병처럼 조금이라도 스피노자 철학으로 의심을 받으면 부인하는 방식도 동일했다.

이 골치 아픈 사람을 싫어한 사람들은 구교도와 신교도를 포함한 기독교인들뿐만이 아니었다. 벨을 추종하는 데 만족했던 철학자들 대부분은 스피노자에게서 등을 돌렸다. 볼링브로크도 볼프도 몰이해의 장벽을 넘어서려 노력하지 않았다. 콩디야크에게 스피노자는 자신이 내놓는 문제들에 대해 아무 생각도 없는 사람이었다. 그의 정의는 모호했고 그의 명제는 별로 정확하지 않았다. 그의 명제는 몽상의 산물이며, 사물의 인식에 이르게 할 수 있는 그 어떤 것도 포함하지 않았다. 이렇게 말하고 나서, 그는 다음과 같이 마무리한다. "유령이나 마법사들과 싸움을 벌이는 방랑 기사들만큼이나, 나 또한 거기서 생겨나는 귀신들을 공격하는 게 그리 분별 있는 행동이 아니었을 것이다." 어떻게 돌바크 남작 같은 사람이 더 잘 이해했었겠는가? "유대교회당 지도자의 박해와 학대가 없었다면, 스피노자가 아마도 결코 자신의 학설을 생각해 내지 못했으리라고 생각하는 것은 너무도 당연하다." 사람들은 부득이한 경우, 그가 자신의 단정한 품행을 통해 그리고 거짓된 미덕의 기만적인 화려함을 통해 자신의 학설이 담고 있는 무신앙을 아주 훌륭하게 덮어 버리는 위선자가 아니며 반대로 그의 삶은 순수했다는 점을 기꺼이 인정하고자 했다. 그러나 그의 철학은 비난을 초래했으며, 그는 그 비난을 모면하기 불가능했다. 그의 철학은 분명하지 않았고, 따라서 진실이 아니었다. 그의 철학은 이해할 수 없었는데, 오히려 그것은 몹시 다행스러운 일이었다. 이해할 수 있는 것이었다면 동조자들을 모았을 것이다. 어렴풋한 채로 그의 철학은 어둠 속에 남아 있었다.

그와 동시에 은밀한 작업도 진행되고 있었다. 그의 글을 처음부터 끝까지 싣지는 않았지만 요약한 비밀 수사본들이 돌았다. 오늘날 우리는 갖가지 제목을 지닌 이 많은 수의 수사본들이 그의 사상을 전달하는 역할을 한다는 것을 알고 있다. 소위 반론이라고 하는 것이 그를 소멸시킨다는 명목으로 그를 알리는 방법을 찾았다. 『페늘롱 씨, 베네딕트파 수도사 라미 신부, 불랭빌리에 백작에 의한, 베네딕투스 데 스피노자의 오류에 대한 반론』(브뤼셀, 1731). 불랭빌리에 백작[23]은 스피노자를 반박하는 척하면서 그를 설명했다. 미아들과 반항아들은 그에게서 자신들의 양식을 찾았다. 소규모 무리의 독립파들, 좀 더 정확하게 말하자면 활동적인 독립적 소모임이 그러했다. 때때로 저주받은 자의 확실한 신봉자임을 자랑했기 때문에 빈축을 사며 사회에서 엄청난 물의를 일으켰지만 굴하지 않았던 선동자도 있었다.

세기 중반 무렵에 변화가 일어난다. 그를 공격하는 사람도 그를 변호하는 극소수의 사람도 그의 학설이 지닌 역량을 정확하게 평가할 수 없다는 이러한 특징으로 인해 벌어지는 혼란 대신, 일종의 충족되지 않는 호기심이 생겨났고 이로 인해 사람들은 그 실체를 더 잘 알기 위해서 그의 저작들에 접근하게 되었다. 난관이 있어도 물러서지 않고 자신들이 연구하는 텍스트의 정수를 표현하려는 습성이 있는 성경 주석가들이 『논고』를 통해 『윤리학』에 도달하고, 이 두 권의 책은 그들의 성찰 대상이 된다. 그들은 더 이상 스피노자를 무신론자로 간주하지 않고 그를 있는 그대로, 범신론자로 바라본다. 혁명적으로 변한 분위기 속에서, 그가 만든 효모는 활력을 되찾고 움직인다.

그것은 움직이고, 계몽주의자·주석가·신문기자·철학자들의 사유에 스며들며, 가장 위대한 인간 레싱이 마침내 제시하게 될 우주에 대한 설명 속에 통합된다. 사상사에서 이러한 부활을 보는 것은 드문 일이었다.

---

23 (역주) Henri de Boulainvilliers(1658~1722): 프랑스의 역사가

자연은 이성과 동일하지 않다. 이것이 바로 오늘날 사상가들과
학자들이 우리에게 이야기하는 바이다. 그중에서도 특히 저명한 생
물학자인 샤를 니콜[24]은 말한다. "자연은 아름답지도 선하지도 않
다. 비논리도 이성도 모른다. 자연은 그저 존재한다." 이성의 결점
들 중 "가장 널리 퍼진 결점은 이성적 요소라는 자기 자신의 특성을
자신이 연구하는 현상들에 부여하는 것이다." 우리는 피상적인 관
찰과 무모한 상상의 어설픈 행위를 넘어섰다. 그러고 나서 우리는
만물에 이 이성을 적용했다. 터무니없었다. 우리 정신의 법칙일 뿐
인 법칙들을 현실에 부여했기 때문이다. "관계의 정확성은 우리 정
신의 일종의 창조물이며, 정신이 어쩔 수 없이 스스로에게 합리적
형태로 사실들을 재현하는 일종의 필연성이다. 인간의 정신은 현상
을 논리에 종속시키면서 현상을 왜곡한다." — "자신의 조잡한 영혼
을 주변의 존재들과 사물들에 투사하는 유아기의 인간들과 같이,
철학자들은 낡아 빠진 신의 이미지들의 이 마지막 잔해 속에 그들
이 가장 고상하다고 간주하고 전적으로 정신적이라고 생각한 그들
자신의 일부분, 그들 이성의 이미지를 갖다놓았다."[25]

계몽주의 철학의 내부에서조차 본질적인 부조화가 자리하고 있
는데, 그것은 이 철학이 단 하나의 학설 안에 경험론, 데카르트 철
학, 라이프니츠 철학, 심지어 스피노자 철학까지 녹여 냈기 때문이
다. 우리가 18세기의 사유라고 말할 사유를 제멋대로 만들어 내서
이러한 모순들로 채우는 것은 아니다. 절충주의자라고 자부했던 사

---

24 (역주) Charles Nicolle(1866~1936): 프랑스의 의사이자 미생물학자로
1928년 노벨의학상을 받았다.

25 샤를 니콜, 『자연, 생물학적인 개념과 도덕 *La Nature. Conception et morale
biologiques*』, 1934.

람은 철학자들 자신이었고, 우리는 단지 그들의 고백을 기록할 뿐이다. 볼테르는 이렇게 쓴다. "나의 친구여, 나는 항상 절충주의자였소. 모든 학파에서 나는 내 눈에 가장 그럴싸해 보이는 것을 선택했다오." 그리고 『백과전서』를 보자. "**절충주의**: 절충주의자는 선입관, 전통, 낡은 것, 전체의 합의, 권위, 한마디로 말해 많은 사람들 위에 군림하는 모든 것을 무시하며 용감히 그 자신에 대해 생각하고 가장 분명한 일반 원리들로 용감히 거슬러 올라가 그것들을 고찰하고 논하며 자신의 경험과 이성의 증거에 의거해서가 아니면 용감히 어떤 것도 인정하지 않는 철학자이다. 그가 공평무사하게 분석한 모든 철학 중에서 그는 용감히 그에게 속하는 개별적이고 길이 든 철학을 자기 것으로 삼는다……."

바로 이런 이유로 유럽은 인식론을 어느 정도 정리하기 위해 칸트가 필요했던 것이다.

제3장

자연과 선, 낙관주의

처음에 철학자들은 자연이 선이라고 믿었다. 그러나 그들은 더 심사숙고한 끝에 더 이상 그렇다고 믿지 않게 되었다.

왜 지상에는 이토록 많은 고통이 있는가? 왜 이토록 많은 불의가, 이토록 많은 범죄가 있는가? 지혜와 선의의 신이 존재한다면, 어찌하여 신은 악을 용인하고 악을 야기했는가? 욥 이래 어쩌면 아담 이래 이와 같은 물음은 하늘로 올라갔다.

이러한 질문을 종교적인 차원에서 전적으로 철학적인 차원으로 옮기려는 의지는 1702년부터 구체화되었다. 윌리엄 킹[1]의 저작 『악의 기원론*De Origine Mali*』이 당시 성공을 거두고 흥분을 자아냈던 것은, 여전히 모호하고 산만한 견해들을 더 단호한 방식으로 표출했고 또한 기독교의 이름으로 말하는 것을 거부했기 때문인데, 그럼에도 불구하고 저자는 굳건한 기독교의 수호자였다. 여전히 스콜

---

1 (역주) William King(1650~1729): 아일랜드 성공회 주교로 벨과 라이프니츠를 상대로 격론을 벌였다.

라철학의 라틴어를 묵직하고 강력하게 구사하면서, 이 성공회 주교는 독자들의 신앙이 아니라 독자들의 지성에 호소하는 방법으로 만약 신이 악을 용인하지 않았다면 신은 전능하지도 한없이 선하지도 않았을 것임을 증명했다. 왜냐하면 악은 결핍이고 부재일 뿐이기 때문인데, 그 결핍과 부재는 창조물들의 존재 조건 자체이다. 자신의 선의에 이끌려 신이 창조를 결정했던 순간에, 신은 완전을 창조할 수 없었고 단지 불완전만을 창조할 수 있었는데, 적어도 불완전은 무(無)보다는 우월한 것이다.

그러나 벨은 베르나르 씨가 킹의 저서를 분석한 글을 읽고 의혹을 쌓아 갔다. 신이 자신의 영광을 위하여 세계를 창조했다고 말할 수 있는가? 악이 불가피한 것이라고 말할 수 있는가, 정말로? 세계의 지배권을 서로 다투는 두 개의 원리, 선의 원리와 악의 원리가 있지 않을까? 그런데 이러한 가정까지도 옹호될 수 있는 것인가? 이러한 곤경 속에서 어떠한 체계를 채택해야 할까? 악의 기원은 모호하고 나일 강의 원천보다 더 찾기 어렵다. "그것은 우리 이성의 범위 밖에 존재한다."

성찰을 계속하면서, 바로 그 베르나르 씨와 함께 새로운 토론을 시작하면서, 그는 곧 같은 문제의 다른 형태에 이르게 되었다. 사람들이 우리의 귀에 못이 박히도록 되풀이하여 말하기 시작한 이 자연, 지혜롭고 선하다고 우리에게 단언한 자연이지만, 조금 더 자세히 살펴보는 게 적절할 것이다. 따라서 한편으로는 "자연으로부터 나오는 게 정확하게 무엇인지", 다른 한편으로는 "어떤 것이 선한지 알기 위해서 자연이 우리에게 가르쳐 주는 것을 아는 것으로 충분한지" 우리에게 말해 주어야 한다. 사람들은 아이가 아버지를 공경해야 하는 것은 그것이 자연에 따르는 것이기 때문이라고 우리에게 말한다. 그런데 "자연이라는 말보다 더 모호하게 사용되는 말은 거의 없다. 그 낱말은 때로는 이런 의미로 때로는 또 저런 의미로 온 갖 종류의 이야기 속에 들어간다. 그리고 어떤 명확한 개념에 연결 되는 경우는 거의 없다." 젊은이들에게서 선천적인 것과 후천적인 것을 어떻게 구별할 것인가?

그러나 무엇보다도 '이것은 자연에서 온 것이다. 따라서 선하고 정 당한 것이다'라는 결론이 확실치 않다. 우리는 인류에게서 순전히 자연의 산물이라고 의심할 수 없음에도 불구하고 자행되는 악들을 매우 많이 본다. 복수, 오만, 추잡함에 관하여 자연의 충동을 따라 가지 않는 것이야말로 지혜를 얻는 데 가장 필요한 것이 아닌가? 신과 인간의 법칙이 자연을 억제해야 하지 않았는가? 이것이 없다 면 인류는 무엇이 되었을까? 자연은 병든 상태이다.[2]

실제로 우리 존재의 가장 깊은 저항을 어떻게 극복하고 명백한 사실 자체를 어떻게 부인할 것인가? 전쟁과 학살의 공포를 어떻게 줄이고, 어떻게 환자들에게 그들이 생각하는 것보다는 덜 아프다고 믿게 하며, 어떻게 어머니들에게 요람 속 아이의 죽음에 눈물을 흘 리는 것은 잘못이라고 믿게 할 것인가? 따라서 기독교의 신랄함에 서 합리적인 평온함으로 이행하기 위해 이번에는 섀프츠버리[3]가 개 입했다.

그의 차례에서 우리는 그가 어떻게 삶의 비극성을 누그러뜨렸는 지 보았다. 또한 어떻게 그가 신성을 인간성에 귀결시켰는지, 어떻 게 "자연에는 악의가 없다"고 썼는지도 보았다. 1707년부터 1711년

---

2 『시골 사람의 질문에 대한 대답 *Réponse aux questions d'un provincial*』, I, 74장과 다음을 볼 것. 같은 책 95장과 다음을 볼 것.

3 (역주) Anthony Ashley-Cooper, 3rd Earl of Shaftesbury(1671~1713): 영국의 정치가이자 철학자

까지 짧은 기간 동안 어떻게 그가 관점을 바꾸려고 노력했는지 보았다. 이제 모든 것은 자유, 친밀함, 안락함 — 아름다운 무지개가 보장하는 지상의 행복일 뿐이었다.

그렇지만 그의 영향력이 아무리 강력하다 할지라도 비전문적인 아마추어 한 명으로는 충분하지 않았다. 라이프니츠가 그를 도우러 왔다. 그의 학설의 모든 부분에서 두려움에서 벗어나기를 갈망하는 사람들의 마음을 가장 널리 사로잡았던 것은 피에르 벨의 회의주의와 그의 이원론을 막기 위해 그가 내세운 논증을 포함한 부분으로, 흩어져 있는 그의 글, 논문, 편지, 토론, 답변에서, 더 상세히는 『신의 선의, 인간의 자유, 악의 기원에 관한 신정론*Essais de Théodicée sur la bonté de Dieu, la liberté de l'homme, et l'origine du mal*』 (1710)에서 볼 수 있는 부분이다. 우선 그는 자연재해와 성가신 고통이 차지하는 자리를 축소했고 옛날 어휘를 사용하여 그것들을 물리적 악이라고 명명했는데, 이것은 이미 덜 고통스러운 것처럼 보였다. 형이상학적 악, 즉 우리가 인간의 특별한 관점의 악이라고 부르는 것은 사물의 보편적인 질서 속에서 볼 때 악인 것은 아니다. 하나의 선(線)은 굴곡, 기복, 상승점과 변곡점, 중단 그리고 다른 변화들을 가질 수 있다. 따라서 그 선의 한 부분만을 특별히 고려한다면 거기서 아무런 규칙이나 비례를 볼 수 없다. 그렇지만 불규칙하다고 판명된 그 선으로부터 기하학자는 비례와 조화를 찾아내어 그 선이 내포한 방정식을 만들 수도 있을 것이다. 우주 속에서 우리에게 수치스러운 결점인 듯 보이는 것도 다르지 않다. 전체를 판단하기에 우리의 시야는 너무나 좁다. 우리가 이러저러한 세세한 것에 한탄하는 것은 전체적인 설계도를 알아볼 수 없기 때문이다.

도덕적 악이 남아 있었다. 우리의 결함과 악행, 우리의 비겁함과 죄악, 그 끔찍한 자기만족, 심지어 죄에 대해 우리가 느끼는 병적인 취향, 겉으로는 보기에는 더할 나위 없이 순수한 우리의 의도를 망가뜨리려는 타락, 우리 안에 있는 벌레의 작용을 정당화해야 했다. 이 악을 설명하기 위해 라이프니츠는 웅대한 그림을 그렸다. 그는 무(無)에서 존재로 이행하는 데 합당한 세계를 하나 선택하기 전에 신이 마음속에 그린 바대로 수없이 많은 가능한 세계들을 환기했다. 그는 이 신의 선택 자체를 보여 주었는데, 신은 미래들 중 자신이 보기에 가장 적절한 미래, 불완전성을 가장 적게 포함한 미래를 출현시켰다. 이성이 그 필연성을 포함하는 이 차이 ― 이것은 피조물과 창조주의 차이를 구성하기 때문이다 ― 내에서, 전체를 구성하는 요소들 중 하나가 될 수밖에 없는 악이 자리를 잡는다.

지혜만큼이나 무한한 선(善)에 결합된 궁극의 지혜는 반드시 최선을 선택할 수밖에 없다. 더 작은 악이 일종의 선인 것과 마찬가지로, 더 작은 선이 더 큰 선에 방해가 된다면 최소의 선은 일종의 악이기 때문이다. 그리고 더 잘할 수 있는 방법이 있다면, 신의 행위에는 고쳐야 할 무엇인가가 존재할 것이다……

따라서 우리의 세계는 가능한 세계들 중에서 가장 덜 나쁜 세계이다. 혹은 긍정적으로 말하자면 가능한 세계 중 최선이다. 멤피스의 신전에 구(球) 위에 구가 놓인 형태의 높은 피라미드가 있었다. 한 여행객이 이 피라미드와 이 구(球)들에 대해 신전을 담당하는 사제에게 질문을 하자, 여기에는 모든 가능한 세계들이 있는데 가장 완벽한 것은 꼭대기에 있다고 대답했다. 세계들 중 가장 완벽한 것을 보고 싶어 하는 여행객은 피라미드 맨 위로 올라갔다. 그의 눈에 큰 충격을 준 첫 번째 것은 바로 루크레티아를 능욕하고 있는 타르퀴니우스였다.[4] 우리는 탄성을 내지르게 되는데, 이 상징의 깊은 의미를 더 잘 이해해 보자. 타르퀴니우스가 루크레티아를 욕보이지 않았다면, 로마 공화국은 탄생하지 않았을 것이다. 그러면 로마 문명은 그 형태를 갖추지 못했을 것이고, 지상 전체로 확산되지 못했을 것이다. 또한 싹트기 시작하는 기독교에 그 발전의 틀을 제공해 주지도 못했을 것이다. 따라서 이 무시무시한 범죄는 본질적으로 불완전한 세계 속에 자신의 자리를 차지해야만 했던 것이다. 그렇지만 그와 동시에 이 범죄는 더 큰 선의 요소가 되어야만 했다. ─이와 같은 악의 합리적인 적용을, 사람들은 마치 기다렸던 친구처럼 인정하고 소중하게 여겼다. 크리스티안 볼프는 이것을 공식화하여 독일 대학들의 교수들에게 전달했다. 그동안 프랑스 사람들은 다음과 같은 글을 읽을 수 있었다. "이 세계는 가능한 세계들 중 최선의 세계로, 최대의 질서 안에서 가장 많은 다양성들이 지배하는 세계이다. 세계를 지배하는 것으로 보이는 악에서 이끌어 낸 반론들 모두는 이 원리에 의해 사라진다."[5]

악은 폭이 덜 넓었고 깊이가 덜 깊었다. 악은 이해할 수 있는 것이었다. 이 점에 대해 완전히 동일하지는 않지만 유사한 논증이 동시대인들에게 나타나 같은 의미로 작용했다. 점진적으로 우주를 확장시키는 존재의 거대한 사슬은 존재하는 것의 정당한 영속성과 논리적 가치라는 생각을 함축했다. 포프의 『인간론』 속에서 철학은 시가 되었고 감정이 되었다. 가능한 모든 세계 중에서 무한한 지혜

---

4 (역주) 루크레티아는 로마의 장군 콜라티누스의 아내로 미모와 정절로 유명했다. 고대 로마 시대 마지막 왕의 아들인 섹스투스 타르퀴니우스는 그녀를 겁탈했고, 그녀는 아버지와 남편에게 복수를 부탁하고 자결했다. 이에 분개한 로마 시민들의 봉기로 타르퀴니우스가 추방되어 왕정은 종결되고 로마 공화제가 성립되었다고 한다.
5 샤틀레 부인Madame du Châtelet, 『물리학 입문Institutions de Physique』, 1740.

는 최선의 세계를 선호했다는 것을 알지 못하는 자는 제정신이 아니오! 무에서 출발하여 신에 이르는 이 존재의 거대한 사슬 속에서 당신은 당신 자리에 있군요! 당신은 어찌하여 신이 당신을 더 크게 만들어 주지 않는지 묻고 있소. 그보다는 오히려 어찌하여 신이 당신을 더 작게 만들지 않았는지 자문해 보시오. 당신은 유한하다는 것을 알고 있고, 사물의 무한성의 극소한 일부분만을 알아볼 수밖에 없다는 것도 알고 있소. 그런데 당신은 정의를 판단한다고 주장하고 있군요! 더 섬세한 능력들을 당신이 얻는다면, 그것들은 아마도 당신의 불행에 기여할 것이오. 침묵을 지키시오. 받아들이시오. 자연이 원한 질서를 표현하는 완전무결한 계획 속에서 모든 변화는 결국 일반적인 조화를 무너뜨리고 혼돈을 초래할 것이오. 포프는 독자를 그의 조건에 어울리는 겸허함으로 이끌었고, 그에게 교의를 제시했다. 그는 독자의 가슴속 가장 깊은 곳에 자신의 믿음의 법칙을 새기고자 했을 것이다.

> 모든 자연은 단지 그대가 모르는 예술
> 모든 우연은 그대가 볼 수 없는 방향
> 모든 불화는 이해되지 않은 조화
> 부분적인 모든 악은 보편적인 선
> 그리고 교만과 오류를 범하는 이성에도 불구하고
> 한 가지 진실은 분명하니, 존재하는 것은 모두 옳도다.

우리는 행복을 요구하며 이보다 더 정당한 것은 없다. 그렇지만 이 행복은 개인적인 것이 아니라 사회적인 것이어야 하고, 요컨대 치료제에 일정 분량의 독이 들어가는 것처럼 우리의 개별적인 고통이 거기에 들어갈 수 있다는 것을 잘 이해하자. 그러고 나서 건강을 획득하고 유지하면서 또 영혼의 평화와 미덕에 의해서 우리 인류가 열망하는 이 행복을 구축하자. 틀림없이 악당들은 번성하며, 틀림없이 의인들은 여느 때보다 이르게 제거될 것이다. 그래도 우리를 넘어서는 보편적인 계획에서는 존재하는 것들은 모두 좋다는 것 역시 사실이다. 마치 우리의 동의를 강제할 다른 방법이 없는 것처럼 시인은 주문의 힘을 지닌 문구를 반복한다. "존재하는 것은 모두 옳도다……." 겉으로 볼 때는 지나치게 단순한 문구 밑에 얼마나 많은 복합성이 숨어 있는가! 포프는 라이프니츠로부터 모든 것을 취하지는 않았다. 포프가 라이프니츠와 전적으로 일치했던 것도 아니다. "모든 것은 가능한 최소의 악이다."—"모든 것은 좋다." 이 두 가지 문구는 감지될 수 있는 차이를 내포하고 있다. 그러나 이 시기에 이러한 차이들은 일반적인 흐름 속에 녹아들었다.

거의 동시기인 1734년, 독일어로 쓰인 문학이 또한 악의 기원을 탐색하는 데 시 한 편을 바쳤다. 알브레히트 폰 할러는 단지 의사, 해부학자, 식물학자, 생리학자이기만 한 것이 아니었다. 그는 또한 시에 관심을 쏟았다. 심지어 그는 영국인들에게 철학적 시를 쓸 수 있는 사람들은 그들만이 아니라는 것을 보여 주고자 했다. 서정적이고 교훈적인 작품 「알프스Die Alpen」에서 그는 산이 우리가 생각하는 것처럼 무시무시한 것이 아니라 웅대하고 아름답다는 것을 보여 주었고, 이 시 덕분에 그는 명성을 얻었다. 그는 자신의 활동을 계속 이어 나갔고, 그에 의해서 스위스는 이미 참여한 많은 나라들의 뒤를 이어 대논쟁에 참여하게 되었다. 그리고 이로부터 3부작시 「악의 원천에 대해서Über den Ursprung des Übels」가 나온다.

침묵이 지배하는 언덕에서 당신의 발치에 펼쳐진 풍경을 응시할 때, 당신은 기쁨만을 확인한다. 당신은 지상의 주민들이 행복하기 위해서 세상이 창조되었다는 인상을 받는다. 보편적인 선은 자연에 생명력을 불어넣는다. 그러나 당신이 당신 영혼의 소리를 듣는다면, 깊이 생각해 본다면, 삶을 있는 그대로 생각한다면 이 행복은 당신이 보기에 얼마나 허망하고 거짓된 것 같겠는가! 비참한 피조물인 우리는 죽음을 향해 걸어 가는 동안 형벌을 선고받았다.

비참한 죽을 운명의 인간들이여. 고통을 받기 위해 만들어진 존재들이여!

경고를 받은 사람의 눈에는 모든 것이 변화한다. 그는 선이 자신의 영역을 구축한 것 같은 곳에서조차 이제는 악만을 볼 뿐이다. 이 기쁨의 찬가는 곧 열렬한 질문으로 바뀌고, 여기에 인간의 모든 운명이 걸리게 된다. 오 선하신 신이여! 오 정의로운 신이여! 어찌하여 당신은 영구히 고통받는 세계, 영구히 죄를 짓는 세계를 선택했습니까?

자기 자신의 지혜가 내리는 조언을 따르면서 이 신은 완벽에 가장 가까운 세계를 선택할 수밖에 없었기 때문에, 세계가 잠재성에서 존재로 이행하게 만들기 위해서 가장 합당한 것을 택했기 때문에,

많은 세계들 중 가장 합당한 세계가 현실이 되었기 때문이다.

주제는 반복되며, 언제나 동일하다. 신은 논리적으로, 일련의 단계에 따라 그 자신에서 무(無)로 진행하는 존재의 긴 사슬을 창조했다. 우리는 그 균형과 조화 속에서 우리가 포착할 수 없는 거대한 전체의 일부를 이룬다. 신은 자신의 지근거리에 천사들을 두었다. 조금 더 낮은 곳에, 영원과 무(無)에 동시에 속하는 천사이자 짐승인 인간들을 두었다. 인간들에게 신은 육체의 의식과 도덕적 의식

을 부여했다. 인간들에게 신은 두 가지 원동력, 즉 그들 자신에 대한 사랑과 이웃에 대한 사랑을 부여했으며, 이 두 가지는 모두 인간들이 그들의 행복을 추구하도록 도와준다. 모든 것이 선을 위해 조직되어 있지만, 신이 피조물들에게 자유를 남겨주었던 것으로부터 악이 도래했다. 그로부터 완벽을 지나치게 갈망하는 천사들의 전락이, 그로부터 아담의 원죄와 전락이, 그로부터 우리의 가장 미미한 저항과 과오가 생겨났다. 그러나 의무를 완수함으로써 신의 계획 내에서 머무는 자들은 행복하도다!

우리는 지금, 그 구성요소들이 서로 대립하면서 묶여진 매듭이 풀려 자신들의 자유를 다시 되찾기 이전, 어떤 화합이 이루어지는 것처럼 보이는 사상사의 희귀한 순간들 중 한 순간에 자리 잡고 있다. 철학은 고통스러운 수수께끼에 대해 납득할 수 있는 설명을 찾으려고 노력했고, 찾는 데 성공을 거두었다고 생각한다. 경건주의자들은 그에 동의한다. 모럴리스트들은 미덕을 안심시켰다고 철학에 감사를 표한다. 시인들은 이제 대조를 위해서만 검은색을 사용할 뿐이고 장밋빛과 푸른색을 아낌없이 사용한다.

눈물을 흘리고 애쓰고 죽기 위해 태어난[6]

인간의 비참함을 표현하기 위해 매튜 프라이어가 솔로몬에게 부여했던 우수에 찬 어조를 그들은 감사의 찬가로 바꾼다. 아주 유복한 보수주의자들, 기질이나 신앙이나 전통에 따라 토리당원인 사람

---

6 (역주) 영국의 시인이자 외교관인 매튜 프라이어Mattew Prior(1664~1721)가 쓴 「솔로몬, 세상의 무상함에 대하여Solomon on the Vanity of the World」에 나오는 한 구절

들이 도움을 주러 온다.[7] 결국, 세상은 그리 나쁘지 않게 돌아간다. 가난한 사람들도, 노동자들도, 하인들도 있어야 한다. 그렇지 않으면 위계질서는 전복될 것이고, 신사들은 더 이상 시중을 받지 못할 것이며, 나태는 방종과 궁핍 그리고 황폐를 초래할 것이다. 일시적으로 개인들과 국가들을 하나로 묶는 전반적인 공모에 아직 하나의 낱말이 부족했으니, 그것은 바로 **낙관주의**이다.

　학설을 통해 고안된 낙관주의는 1737년 2월 《트레부지》에 처음으로 등장했다. 『트레부 사전』은 1752년에, 아카데미 프랑세즈의 『사전』은 10년이 지나 이 낱말을 받아들였다. 그런데 이 마지막 시기에 베를린 아카데미는 그 시대의 지적 생활에 중대한 역할을 한 현상논문 대회들 중 하나를 통해 이 낱말을 이미 승인했다. 실제로 1753년에 베를린 아카데미는 1755년의 현상논문 주제를 다음과 같이 제시했다. "**모든 것은 좋다**라는 명제에 내포된 포프의 학설을 검토하길 요구한다. 첫째, 이 명제를 만든 사람의 가설에 따라 명제의 진정한 의미를 밝힐 것. 둘째, 이 명제를 낙관주의 혹은 최선의 선택이라는 학설과 비교하고 그 관계와 차이점을 정확하게 드러낼 것. 셋째, 마지막으로 학설을 확정하거나 뒤집는 데 가장 적합하다고 생각하는 이유를 내세울 것." 여기서 보듯, 베를린 아카데미는 각자에게 자기 몫을 돌려주려고 했다. 라이프니츠에게 속하는 것은 라이프니츠에게, 포프에게 속하는 것은 포프에게. 상은 아돌프 프리드리히 폰 라인하르트[8]에게 수여되었고, 그의 논고는 곧 독일어

7　신사 솜 제닝스Soame Jenyns, Esq. 『악의 성격과 기원에 대한 자유로운 탐구A Free Inquiry into the Nature and Origin of Evil』, 1757.

8　(역주) Adolf Friedrich von Reinhard(1726~1783): 독일의 법학자

로 번역되어 출간되었다.[9] — 1755년, 이 해는 리스본에서 지진이 발생한 해였다.

그해에 자연은 단지 어떤 전염병이나 태풍만을 일으킨 것이 아니라, 예외적으로 항구적인 선의 법칙을 저버리고 지축을 뒤흔들었다. 리스본, 그림 같은 경치에 주민들이 전통적으로 친절하고 온화한 매혹적인 도시. 암스테르담과 런던에 이어 항구가 유럽에서 세 번째로 큰 번영하는 도시, 성당과 수도원으로 가득 차 있고 미사와 기도, 예배 행렬에 열중하는 기독교의 도시가 유린당했던 것이다. 만성절인 11월 1일, 지진이 주택과 건물과 성벽들을 허물어뜨렸다. 해일이 그 뒤를 이었다. 마침내 인류는 재난에 덧붙여 할 수 있었던 짓을 실행에 옮겼으니, 그것은 약탈이었다.

이 소식에 동요된 학자들은 더 열심히 지진의 불가사의한 원인을 찾기 시작했다. 예를 들어 이웃 스페인에서는 페이호오 신부가 지진을 전기 물질로 해석했다.[10] 이 소식은 악, 물리적 악까지도 일소하는 데 몰두했던 철학자들을 당황하게 만들었고, 그들은 자신들의 사변 속에서 잊어버린 것 같았던 현실로 이렇게 다시 돌아오게 되었다. 이 소식은 특히 모든 전환점에서 우리가 다시 만나는 사람

---

9 아돌프 프리드리히 폰 라인하르트, 『포프의 완벽한 세계의 이론 체계와 라이프니츠의 체계에 대한 비교, 그리고 최상의 세계 학설에 대한 연구 *Vergleichung des Lehrgebaüdes des Herrn Popes von der Vollkommenheit der Welt, mit dem System des Herrn von Leibniz, nebst einer Untersuchung der Lehre der besten Welt*』, 라이프치히, 1757; 「최상의 세계 학설에 대한 논문 Abhandlung von der Lehre der besten Welt」, 프랑스어에서 옮김, 비즘, 1757.

10 베니토 헤로니모 페이호오, 『지진의 물리적 원인에 대한 새로운 체계 *Nuevo Systhema sobre la causa physica de los terremotos*』, 1756.

을 뒤흔들었으니, 그는 바로 볼테르이다.

볼테르는 라이프니츠의 명성 외에는 그에 대해 아직 알지 못했을 때 처음에는 그를 존중했다. 볼테르에게 약간의 지적인 질투를 불러일으킨 변덕에 의해 샤틀레 부인이 이 독일 형이상학자의 학설에 이상하게 심취했을 때 볼테르는 그를 더 자세히 들여다보았다. 샤틀레 부인은 로크와 위대한 뉴턴에 만족해야만 하지 않았던가? 그래서 그는 라이프니츠를 좋아하지 않았다. 그러나 라이프니츠의 이론 중 그가 보기에 받아들일 수 있을 만한 부분이 있었으니, 그것이 바로 그 구원자인 낙관주의였다. 그는 실제로 죽음을 바라는 사람은 별로 없기 때문에 이 세상에서 악보다는 선이 더 많다고 추정했다. 또한 신의 백성들 중 몇몇이 불행하다는 것을 구실로 삼아 인류의 이름으로 고소를 하고 우주의 지배자를 부인하는 것은 잘못일 것이라고 생각했다. 따라서 라이프니츠는 이 점에서 약간의 도움이 될 수 있었다. 그의 단자들은 전적으로 터무니없었지만, 탄탄한 추론에 근거한 그의 낙관주의는 그렇지 않았다.

그에게 의구심이 일었다. 이 확신의 가치에 대해 그 자신이 안심하는 것이 필요했다. 그는 결정하는 데 어려움을 겪은 『흘러가는 대로의 세상 Le Monde comme il va』(1746)의 주인공 바부크와도 같았다. 페르세폴리스[11]에는 손을 볼 것들이 많았다. 제국을 지배하는 정령들 중 하나인 이튀리엘은 죄악에 빠진 이 수도를 파괴하는 것이 바람직한지 아닌지 생각한다. 현지에 사절로 파견된 바부크는 망설이며 찬반양론을 비교 검토한다. 마침내 그는 자신의 입장을 결정한다. "그는 도시에서 가장 뛰어난 주조공에게 온갖 금속, 토

---

11 (역주) 소설에 등장하는 가상적 도시로 실제 모델은 파리이다.

양, 가장 값비싼 보석들과 가장 싸구려 돌들로 이루어진 작은 동상을 만들게 했다. 그는 그 동상을 이튀리엘에게 가지고 갔다. 그가 말했다. "이 아름다운 동상 전부가 금과 다이아몬드가 아니라고 이 것을 깨뜨리실 것입니까?" 이튀리엘은 이 암시를 이해했다. 그는 페르세폴리스를 바로잡으려는 생각조차 하지 않고 '흘러가는 대로의 세상'을 그냥 내버려 두기로 결정했다. 그는 말했다. '왜냐하면 모든 것이 선은 아니지만 그만하면 괜찮기 때문이다.'"

볼테르의 소설은 언제나 사상을 내포하고 있다. 『자디그Zadig』(1747~1748)에서 동양의 모든 우화들이 그의 걱정을 씻어 없애지 못한다. 자디그는 현명하고 선하며 정의롭지만 불행하다. 그는 부유하고 건강하며 잘생겼다. 그의 정신은 명민하고, 그는 올곧고 충직한 마음을 갖고 있다. 행복을 누리는 데 필요한 모든 것을 갖고 있다. 그러나 여성들도, 고독한 삶도, 학문도, 권력도 그가 찾는 지복을 주지 못한다. 갈망, 질투, 어리석음, 잔혹함이 그를 악착같이 따라다니고, 이 재앙에서 저 재앙으로 그를 끌고 다니며 가장 비참한 상태로 몰고 간다. 도대체 삶은, 논리적이라는 장점조차 없이 너무나도 이상하게 구성되어 가장 하찮은 이유가 가장 가공할 결과로 귀결되는, 일종의 잔혹한 소극(笑劇)에 불과할 뿐인가? 그래서 자디그는 이러한 생각에 잠겨 마침내 인간들을 "실제 존재하는 그대로, 작은 진흙 원자 위에서 서로를 잡아먹는 벌레들처럼" 보게 된다. 그때 그의 여행에 동반하는 흰 수염이 난 은자가 개입한다. 은자는 가장 분별 있게 말을 하면서도 가장 기이하게 행동을 했으니, 두 방랑객을 매우 환대한 어느 부잣집에서 에메랄드와 보석으로 장식된 금제 수반을 훔쳐서 바로 그것을 그들에게 아무것도 주지 않은 구두쇠에게 주는가 하면, 인심이 좋은 주인의 저택에 불을 지르고 그들에게 은신처를 제공한 자비롭고 덕성스런 어느 미망인의 젊은 조카를 살해한다. 자디그가 놀라는 것은 지금부터이다. 은자는 변신을 하여 천사 제스라의 모습으로 나타나, 이야기에 등장하는 각각의 일화로 인해 더욱 필연성이 강화되는 설명을 마침내 제시한다. 우리의 이성에 비추어 이해할 수 없는 이 범죄들은 우주적 질서에서는 그렇지 않다. 이 범죄들은 선을 많이 낳으면서 선의 총합을 증가시킬 것이다. 실제로 사치스러운 이는 더 조심할 것이고, 구두쇠는 손님들에게 더 신경을 쓰게 될 것이기 때문이다. 또한 불이 난 저택 아래 막대한 보물이 감춰져 있었다. 그리고 젊은 조카는 자신의 숙모를 죽였을 것이다. 이처럼 이 명백한 악들은 가능한 세계들 중 최선의 세계에서 자신들의 존재 이유를 갖는다…… 그러나 이러한 설명을 듣고도 자디그는 전적으로 만족하지는 못한다. "하지만 선만 존재하고 악이 전혀 없다면? ─ 제스라가 답한다. "그러면 이 땅은 다른 곳이 될 것이다. 일련의 사건들은 다른 차원의 지혜가 될 것이다. 그리고 완벽해질 이 다른 차원은 악이 접근할 수 없는 지고의 존재의 영원한 처소 안에 있을 수밖에 없을 것이다……" "그러나" 하고 자디그는 말한다. "그러나라고 말을 했을 때 천사는 이미 열 번째 천구로 날아갔다. 무릎을 꿇은 자디그는 '신의 섭리'를 찬양하고 복종했다." 이처럼 1748년에 볼테르는 여전히 순응할 의향이 있었다. 그러나…….

그가 리스본의 재난에 대해 알게 되었을 때, 엄밀히 말해 해결되었기보다는 밀려났고 끝났다기보다는 약화된 악의 문제가 이와 같은 비극적 형태로 다시 나타났을 때, 불확실했던 그의 확신은 흔들렸다. 그는 고통스러웠다. 그의 「리스본 재난에 대한 시」는 매우 서툴지만 그럼에도 불구하고 비장하다. 이 화재와 이 폐허를 바라보자. 이 신음과 이 비명에 귀를 기울이자. 피해를 입은 사람들이 무고한 사람들과 의로운 사람들임을 고려하자. 우리는 비통한 목소리로 모든 것은 선하다고 여전히 용감하게 말할 것인가? 사자(死者)의 후손들이 재산을 불릴 것이고, 집을 다시 지으면서 석공들이 돈을 벌 것이며, 잔해 아래 파묻힌 시신들이 짐승들의 먹이가 될 것이라고 넌지시 말하는 것은 신성모독이 될 것이다. 포프는 존경과 감탄을 받을 만하다. 그렇지만 그의 명제에 충실하게 남아 있을 수는 없을 것이다. 지상에는 악이 존재한다는, 훨씬 오래된 이 서글픈 진실로 돌아와야 한다. 모든 것이 선하다는 말이 절대적인 의미로 해석되고 미래에 대한 희망이 없다면 그것은 우리 삶의 고통에 대한 모독일 뿐이다. 좀 더 사적인 편지에서 볼테르는 포프의 절대적 표현을 규탄하면서, 심지어 라이프니츠의 상대적 표현까지도 더 이상 만족하지 않을 날을 기다렸다. "포프가 한 모든 것이 선하다는 말은, 불행한 사람들에게는 하지 않는 게 좋은 농지거리일 뿐이라는 사실을 느껴야 합니다. 런던에서 100명의 사람 중 동정을 받아야 할 사람이 적어도 90명은 됩니다. 그러니 모든 것이 선하다는 말은 인류를 위해 만들어진 것이 아닙니다……."(1756년 6월 20일)

『캉디드, 혹은 낙관주의. 랄프 박사의 독일어 번역. 서력 1759년 민덴에서 박사 사망 시 주머니에서 발견된 부록 추가』— 프리드리히 2세는 근대의 옷을 입은 욥이라고 말했으며, 베르니스 추기경[12]은 소설『캉디드』는 낙관주의 체계를 우스꽝스럽게 만들었다고 말했다.

경쾌함과 치밀함. 정확하고 깊이가 있으며, 심리의 진실성에 의해 강한 인상을 주면서도, 매우 초연한 태도와 신속한 방식으로 이

---

12 (역주) François-Joachim de Pierre de Bernis(1715~1794): 프랑스의 정치가이자 추기경

루어져 스스로를 진지하게 여기지 않는 것처럼 보이는 관찰. 수고 스럽게 재고하지 않고 자신의 재물을 마구 뿌리는 대부호처럼 상술 하지 않고 대충 보여 주며 사물들을 환기시키고 재빨리 넘어가는 독특한 기법. 수없이 많은 신랄한 말들과 떨리는 가벼운 독설. 가차 없는 지성과 인정사정없는 반어법의 유희. 번득이는 상상력에 의해 새로워지고 활기를 띠게 되는 모든 오래된 방식들, 여행, 유토피아, 구대륙과 신대륙에서의 모험, 난파, 화형, 이상향. 무거움을 모두 제거하고 쓸데없는 매개를 모두 제거함으로써 비롯되는 일종의 흥분 상태. 꼭두각시들의 몸짓, 우스꽝스러운 인형들이 추는 죽음의 무도. 이것이 바로 『캉디드』이다. 그리고 이러한 반짝임으로 은폐된 깊은 슬픔이 있다. 수많은 농담들 앞에서 웃을 수밖에 없다. 그러나 차곡차곡 쌓인 농담들은 절망으로 귀결된다. 사람들은 눈이 부시다. 그러고 나서 우리의 희망과 환상이 침몰하는 커다란 검은 강물이 다시 나타난다.

가련한 캉디드! 더 불쌍한 퀴네공드! 우스꽝스러운 팡글로스! 팡 글로스는 온갖 어려움에도 불구하고 모든 것은 선(善)이라고 고집스럽게 거듭 말하고, 충족 이유의 원리와 예정 조화의 원리에 의해 설명되지 않는 것은 아무것도 없다고 끝까지 주장한다. 질병, 익사, 화재, 부정행위, 범죄도 예외는 아니다. 매를 맞고, 교수형을 당하며, 화형에 처해지고, 해부를 당하고, 노예 신분으로 전락해 터키인들의 갤리선에서 노를 저어도, 여전히 그의 최초 생각은 남아 있다. "그는 말한다. '결국 나는 철학자이기 때문에, 내가 한 말을 취소하는 것은 바람직하지 않다. 라이프니츠는 틀릴 수가 없다.'" 지상이 제공하는 광경은 끔찍하다. 그것은 전쟁, 학살, 억압, 절도, 강간뿐이다. 과거에도 마찬가지였다. 미래에도 언제나 마찬가지일 것이다. 매는 비둘기를 발견하면 언제나 잡아먹었고 마찬가지로 언제나 잡아먹을 것이기 때문이다. 그러나 모든 것은 최선의 세계 속에서 아주 훌륭하다.

이러한 풍자화를 통해 낙관주의는 조롱을 받는다. 카캉보가 "낙관주의는 무엇입니까?"라고 물었다. ─ 캉디드가 대답했다. "유감이도다. 그것은 모든 것이 악일 때 모든 것이 선이라고 주장하는 열정이다." ─ 캉디드가 말했다. "그렇지만 약간의 선은 존재한다." ─ 마르탱이 말했다. "그럴 수도 있습니다. 하지만 나는 선을 알지 못합니다." ─ 그리고 이와 같은 질문이 등장한다. "여기가 가능한 세계들 중 최선이라면, 나머지 세계들은 무엇이란 말인가?" 마지막에 볼테르가 자신의 등장인물을 움직이는 실을 잡아당기는 것에 싫증이 나서, 등장인물들을 흩뜨리는 것만큼이나 쉽게 그들을 순식간에 모을 때, 무리는 어느 소작지에 모이게 된다. 캉디드는 몸이 좋지 않다. 아름다웠던 퀴네공드는 검은 안색에 젖가슴은 수척하고 눈가에 주름이 지고 팔은 붉고 비늘처럼 일어났다. 팡글로스는 흐리멍덩한 눈에 코끝은 물어뜯기고 입은 비뚤어졌으며 치아는 검고 격렬한 기침으로 고통을 받으며 힘을 쓸 때마다 치아를 하나씩 뱉어 내는, 농포(膿疱) 투성이의 부랑자가 되어 있다. 삶이 그들을 이렇게 만들었다. 그들은 마침내 커다란 비밀을 발견하는데, 그 덕분에 그들의 비참한 나날들의 나머지를 평온하게 보낼 수 있을 것이다. 왜냐하면 그들은 자신들의 정원을 가꿀 것이기 때문이다. 이것은 날림으로 대강 해치운 결말이 아니다. 이 결말은 불가피한 체념이라는 생각과 노동에 대한 호소를 포함하고 있는데, 노동은 우리에게서 세 가지 거대 악인 권태, 악덕, 궁핍을 멀리 쫓아낸다. 그리고 이 정원 자체는 우리 한계의 상징이다. 그런데 이웃에 방해받는 일 없이, 바람의 애무를 받거나 바람으로 고통받지 않고 비를 심하게 맞는 일 없이 자신의 정원을 가꾸는 것이 가능한가? 울타리 너머를 바라보는 일 없이, 지평선을 응시하는 일 없이, 별들을 향해 고개를 드는 일 없이? 치료제는 경험론적 사고의 어떤 양상에 잘 들어맞는 다. 그렇지만 이것은 부득이한 해결책일 뿐이다. 이는 패배를 고백 하는 것이며 승승장구하는 악에 조금이라도 덜 붙잡히기 위해 몸을 움츠리는 방식에 불과하다. 그리고 충족 이유로는 더 이상 설명하 는 데 충분하지 않은 이해할 수 없는 세계를 수용하는 것이다.

『캉디드』 이후 소송에 대해 판결이 내려지고 유죄선고를 받는 다. 낙관주의가 갑자기 사라졌다는 말은 아니다. 하나의 교리는 부 상을 입었을 때조차도 오랫동안 명맥을 유지한다.

그러나 대다수의 동시대인들은 이제 오직 빈정거리는 웃음과 함 께 게다가 또 항의와 앙심을 품은 어조로만 이 낱말을 발설했다. 데 피네 부인의 비서는 1771년 11월 11일의 편지에서, 멋대로 후작부 인의 소식을 전하면서 그녀의 몸이 편치 않다고 설명한 후 이렇게 덧붙였다. "모든 것이 선이라고들 합니다. 이 명제는 내가 거기서 아무것도 이 시점에서 절대적으로 아무것도 이해할 수 없는 만큼 멋집니다…… 모든 것은 좋다. 그러나 나는 이렇게 말합니다. 그것 은 좋지 않다." 그런데 데피네 부인 자신은 모라 씨의 객혈에 대해 이야기하면서, 갈리아니 신부에게 모라 씨가 요절하게 되어 있는 사람들의 부류에 속해 있다는 점을 설명하면서 "모든 것이 좋다는 말은 그 정도로 틀리다"(1772년 6월 6일)고 했다. 농담을 잘하는 이 신부 쪽에서는 모든 불가능한 세계들 중 최선에 대해 이야기했다.

동맹은 해체되었다. 호교론자들은 **모든 것이 좋다**라는 주장에서 그들이 파악한 결정론을 기독교인들이 경계하도록 했다. 유물론자 들은 다른 관점에서 생각했다. 자연은 선의 범주와 악의 범주를 모 른다. 존재하는 모든 것은 필연적으로 존재한다. 신은 불완전성이

자리를 차지하는 여백을 창조하지 않았다. 왜냐하면 창조도 신도 없기 때문이다. 영원한 법칙은 종들이 보존되기를 원했고 그 이상은 아무것도 없었다. 그 영원한 법칙에게 개체들의 고통은 의미가 없었다. 철학자 족속의 뒤를 이을 준비가 되어 있는 정열적인 족속은 자신들의 우수를 노래하고 고통을 즐기도록 내버려 두라고 요구했다. 회의주의자들은 처음의 태도로 되돌아왔다.

악은 어디에서 오는가? 아! 내가 점점 더 살필수록
악의 기원이 무엇인지 더 모르겠네.[13]

그러고 나서 사람들은 그저 계속해서 고통을 겪었다. 불안한 행복이라 하더라도 애인과 함께 행복을 맛보았다가 애인이 죽는 것을 보았던 사람은, 자신의 고독을 저주했다. "일이나 사회에 지쳐 — 이런 일은 제게 순식간에 일어납니다 — 제 자신과 있게 되었을 때, 가능한 세계들 중 이 최선의 세계에서 지금처럼 고립되었을 때, 저의 고독은 저를 공포에 빠뜨리고 아연실색하게 만듭니다. 그리고 저는 자신 앞에서 지나가야 할 긴 사막과 그 사막의 끝에 놓인 파멸의 심연을 바라보면서 거기서 자신이 그 심연에 빠지는 모습을 보고 슬퍼하며 자신이 빠진 이후 자신을 기억해 줄 단 하나의 존재를 발견하길 바랄 수 없는 사람과도 같습니다."[14]

18세기가 흘러감에 따라 그 세기는 자신의 뒤에 자신이 사랑했던 것을 남겨 두었다. 거대한 개혁의 야심들은 낙관주의가 자신들

---

13 프리드리히 2세가 죽기 몇 년 전 집필한 「신의 실재하지 않음에 관한 시 *Vers sur l'inexistence de Dieu*」, 전집, 1848년 판, 14권.
14 「달랑베르가 프리드리히 2세에게」, 1777년 2월 27일.

을 위해 제시한 타협을 고발했다. 칸트는 가장 의미심장한 방식으로 선회했다. 그는 우선 모든 것은 가능한 세계들의 최선에서 아주 훌륭하다고 믿었다. 지진이 났어도 그는 의견을 바꾸지 않았다. 그에게 지진은 지상에서 우리 삶의 조건의 논리적인 결과인 것처럼, 약간의 선이 거기에서 생겨날 수 있는 악처럼 보였다. 왜냐하면 리스본의 주민들은 조가(弔歌)를 부르는 반면, 보헤미아의 퇴플리츠 주민들은 치료에 도움이 되는 온천물이 늘어나 성부와 성자를 찬미하는 「테데움(Te Deum)」을 부를 충분한 이유가 있을 것 같기 때문이다. 1759년에도 그는 『낙관주의에 대한 몇몇 성찰들에 대한 시론』에서 엄정한 논증으로 라이프니츠를 도와주었다. 그러나 그는 입장을 바꿀 것이다. 그는 얼마 후 이 시기에 썼던 글들을 부인하면서 사람들이 그것들을 전혀 고려하지 않기를 부탁하기에 이른다. 마침내 그는 신정론에서 모든 철학적 시도가 실패했음을 선언할 것이다.[15]

---

15 『참사를 계기로 살펴본, 지난해 말경 서유럽 여러 나라를 강타한 지진의 원인에 대하여 *Von den Ursachen der Erderschütterungen bei Gelegenheit des Unglücks, welches die westlichen Länder von Europa gegen das Ende des vorigen Jahres betroffen hat*』(1756); 『1775년 말 대지를 뒤흔들어 놓았던 지진 사태 때의 진기한 사건들에 대한 이야기와 자연 묘사 *Geschichte und Naturbeschreibung der merkwürdigsten Vorfälle des Erdbebens, welches am Ende des 1755sten Jahres einen großen Theil der Erde erschüttert hat*』(1756); 『몇몇 시대 이래로 감지된 지진들에 대한 계속적인 관찰 *Fortgesetzte Betrachtung der seit einiger Zeit wahrgenommenen Erschütterungen*』(1756); 『낙관주의에 대한 몇몇 성찰들에 대한 시론 *Versuch einiger Betrachtungen über den Optimismus*』(1759); 『신정론에서 모든 철학적 시도들이 실패하는 것에 대해서 *Über das Mißlingen aller philosophischen Versuche in der Theodizee*』(1791); 『순수 이성의 한계 내에서의 종교 *Die Religion innerhalb der Grenzen der bloßen Vernunft*』(1793).

그러나 인식론에서처럼 전폭적인 분리를 강조할 사람은 그가 아니었다. 「리스본 재난에 대한 시」를 읽으면서, 장-자크 루소는 인간의 자연적인 선량함에 대한 자신의 깊은 믿음에 상처를 입었다. 그리고 그는 펜을 쥐고 그 저자에게 길게 답장을 썼다. 1756년 8월 18일자 편지에서, 그는 볼테르가 의견을 바꾸면서 자신에게 불러일으킨 동요를 드러냈다. "포프와 라이프니츠가 나에게 말했습니다. '인간이여, 참으시오. 당신이 겪는 고통들은 당신의 본성과 이 우주의 구조에서 비롯되는 필연적인 결과라오. 우주를 다스리는 영원하고 자비로운 존재는 그로부터 당신을 보호하고자 했을 것이오. 그는 가능한 모든 체제들 중에서 최소의 악과 최대의 선을 결합한 것을 선택했소. 혹 필요하다면 같은 이야기를 훨씬 더 노골적으로 말하겠는데, 그가 더 잘 만들지 않았던 것은 더 잘 만들 수 없었기 때문이라오.' 그런데 지금 당신의 시는 뭐라고 말합니까? '불행한 이여, 영원히 고통을 받으라. 그대를 창조한 신이 존재한다면, 그는 아마도 전능할 것이고 따라서 그대의 모든 고통들을 예방할 수 있었을 것이다. 그러니 고통이 끝나리라고 결코 기대하지 마라. 왜냐하면 고통을 겪고 숨을 거두기 위해서가 아니라면 왜 그대가 존재하는지 알 수 없기 때문이다.'"

그러나 루소가 그렇기 때문에 팡글로스 박사를 찬양했던 것은 아니다. 그보다는 오히려 문제의 설정을 바꾸었다. 왜냐하면 자연은 선하게 남아 있다 해도 인간이 악하게 되었기 때문이다. 인간의 사악함, 후천적인 사악함에 대해 그가 제안하게 되는 치유책은 바로 '사회 계약'이다. 유럽은 자신의 말을 번복하고 모든 것이 좋은 것은 아니라고 인정한 후 가능한 세계들 중 최선이 아닌 세계를 다시 손보려고 시도하게 되는데, 바로 이러한 이유 때문에 유럽은 장-자크 루소가 필요했던 것이다.

제4장

자연 정치와 계몽군주제

자연 정치의 어려움…….

몽테스키외의 『페르시아인의 편지』에 등장하는 어느 현명한 혈거(穴居) 노인이 권력을 제안받고는 비 오듯 눈물을 쏟는다. 그때까지 그의 혈거인 형제들은 완벽한 평등 속에서 살아왔고, 권력은 미덕에 부과하고자 했던 멍에였기 때문이다.

키루스는 왕위 수업을 받는 데 24년을 보냈다. 그는 메디아 왕국으로 갔고, 메디아 왕국의 사치와 나약함에 물들 수도 있었지만 그렇게 되지 않았다. 그는 페르시아 만 연안으로 갔고, 그곳에서 조로아스터가 몸소 승려들의 지혜를 그에게 알려 주었다. 지혜의 땅 이집트에서는 사람들이 그를 위해 반신반인인 연금술사 헤르메스 트리스메기스토스의 기억을 되살려 냈다. 스파르타에서는 레오니다스 1세가 그에게 군기(軍紀)를 보여 준다. 아테네에서는 솔론이 그에게 아테네 정체(政體)의 규범들을 가르친다. 크레타 섬에는 미노스의 규범들을 배우고 피타고라스와 이야기를 나누기 위하여 갔는데, 피타고라스는 그에게 황금시대에 관한 오르페우스의 교리를 설명한다. 키프로스에서는 거의 머물지 않고 파포스의 신전을 떠났다. 무역이 성행하는 티레에 가서 철학자가 되었고, 행복한 백성들을 용이하게 다스렸으며, 군대의 무력보다는 덕성의 위엄으로 동방 전역을 정복했다.

마찬가지로 이집트에는 테라송 신부가 쓴 『세토스』의 주인공 세토스가 있었다. 또한 프랑스의 아키텐에는 요한 미하엘 폰 로엔의 『법원의 정직한 사람 혹은 폰 리베라 백작의 사건들 *Der redliche Mann am Hofe, oder die Begebenheiten des Grafen von Rivera*』의 주인공 리베라 백작이 있었다. 준수한 용모에 현명하고 교양 있으며 매우 합리적이었던 리베라 백작은 궁정의 부름을 받아 마지못해 가게 되었는데, 젊은 군주가 악독한 것은 아니었어도 아첨꾼들에 둘러싸여 부패하고 왕국의 행정은 궁정 대신에게 넘겨 버렸다는 것을 알고 있었기 때문이다. 국가는 몰락해 가고 있었다. 장인은 신음하고 있었으며, 농부는 자신의 쟁기를 버리고 도시로 몰려들어, 쓸모없는 기술을 배우며 이득을 얻기 위해 자신의 순진함을 이중성격으로 바꾸고 있었다. 리베라 백작은 때맞추어 도착했다. 그는 리카티앵족을 무찔렀고 자신의 승리가 임박한 순간에 전투를 중지시켰다. 그는 왕에게 신체 단련, 야외 생활, 소식(小食)을 권함으로써 병든 왕을 구했다. 그는 왕의 정념을 가라앉혔고, 왕에게 의무의 감각을 찾게 해 주었다. 음모를 좌절시키고, 반역자의 가면을 벗기고, 사랑과 우정으로 그의 나날들을 채우는 평화의 전사, 그는 이제 행복만을 맛보았다.

순수한 미덕에 의해 완전히 고취되지 않는 정치는 모두 자멸했으며, 더 자유로운 나라가 될수록 문명은 더 발전했고, 문명이 더 발전할수록 더 강한 나라가 되었고, 미덕을 확립하는 데 네댓 개의 좋은 법이면 충분했다고? 이것은 너무도 순진한 이야기들이고,[1] 너무도 순진한 격언들이다. 어째서 법을 제정하고 그에 따라 불의와 악을 박멸하기 위해 몇몇 철학자들이 모이지 않았던가? 이것은 너무도 순진한 후회이다.

그러나 국왕들이 국왕 노릇에 그리 진저리를 치지는 않는다는 것을 인정해야만 했다. 공화정에서 주장관 혹은 총독도 마찬가지였다. 어느 곳이든 장관들, 대신들, 지방장관들, 서기들도 마찬가지였다. 반대로 아무리 사소한 명령을 내리는 사람이라도 누구든 눈물을 흘리며 이 해로운 권력을 거부하기는커녕 우리 인류의 가장 고질적인 습관에 따라 그 권력을 굳게 지킨다는 사실을 기꺼이 인정해야 했다. 아마도, 결국은 최강자의 권리 이외에 다른 권리가 없었을 것이고 세상은 강자들의 전당일 것이다. 아마도 자연법칙은 약육강식이라는 사실에 기반을 두었을 것이다. 심지어 정치적 자유를 얻을 수 있었다면 그것이 만병통치약이 되었을 것이라는 점도 확실하지 않았다. 그리고 그대로 남아 있을 다른 예속을 생각하지 않고 정치적 자유로부터 모든 것을 기대한다는 것은 위험하기조차 했을지도 모른다. 사회 개혁은 정치 개혁과 병행되어야 했을 것인데, 사회 개혁과 정치 개혁의 부조화 때문에 어느 날 큰 혼란이 도래할지 모른다. 어떤 사람들은 고대 노예제는 좀 더 부드러운 이름을 얻었을지는 몰라도 그대로 지속되고 있다고까지 말했다. 일꾼들, 도시와 농촌의 날품팔이꾼들은 사실상 노예였다. 이름을 바꿔서 그들이 얻었던 것이라고는 고작 굶어 죽을까 걱정하며 매 순간 고통받는

---

1 몽테스키외, 『페르시아인의 편지』, 50, 14, 1721; 람세, 『새로운 키루스의 교육 혹은 키루스의 여행 *La Nouvelle Cyropédie ou Les voyages de Cyrus*』, 1727; 테라송 신부, 『세토스』, 1731; 요한 미하엘 폰 로엔, 『법원에서 정직한 사람 혹은 폰 리베라 백작의 사건들』, 1740; '철학자 대장(capitaine philosophe)'의 이론은 파올로 마티아 도리아Paolo Mattia Doria, 『철학자 대장 *Il Capitano filosofo*』(1739)에 설명되어 있다.

것이었다. 사람들은 그들이 자유인이라고 말하곤 했다. 사실, 그들은 더 이상 누구에게도 속하지 않았지만 그들에게 관심을 갖는 사람도 더 이상 없었다. 백과전서파가 국가에서 가장 비참하지만 가장 찬양할 만한 계급을 잊어버렸다고 로베스피에르가 백과전서파를 공격하게 될 때가 머지않았다.

시작된 전쟁을 멈추기 위해 한 손에는 올리브 가지를 들고 다른 손에는 비둘기를 든 채, 이미 대치 중인 두 진영 사이에 뛰어드는 것으로는 충분치 않았다. 멋진 연설을 들어도 병사들은 자신들의 총을 버리지 않았고, 장교들은 자신들의 검을 부러뜨리지 않았다. 실제로 협정에 서명한 후에도 군주들은 아주 간단히 그것을 찢어버렸다. 사망 전해인 1742년, 생-피에르 신부는 유럽의 평화를 회복하고 평화를 영구히 고착하는 방법에 관한 저작을 프로이센 국왕에게 또 보냈다. 그런데 이때는 오스트리아 왕위 계승 전쟁이 한창 중이었다. 1766년에 어느 선량한 사람은 평화를 지지하기 위해 가장 연설을 잘하는 연사를 위해 600리브르의 상을 만들었다. 단지 한 명의 연사뿐만 아니라 세 명의 연사를 위해 단지 하나의 상이 아니라 아카데미 프랑세즈, 베른 인쇄 협회, 네덜란드 문학회가 수여할 세 개의 상이 마련되었다. 더 기민했던 프랑스인들은 누구보다도 먼저 판단을 내릴 준비가 되어 있었고, 아카데미는 라 아르프[2] 씨에게 상을 수여했다. 그러나 그렇게 많은 웅변에도 불구하고, 평화는 결코 오늘내일 일이 아니었고 여간해서는 이루어지지 않았다.

몇몇 사유들, 몇몇 논고들, 관대한 생각들에 힘입어 모든 것이 선의 방향으로 매우 신속히 이루어진 것은 아니었다. 최소한의 개

---

[2] (역주) Jean-François de La Harpe(1739~1803): 프랑스의 비평가이자 극작가

선이라도 이루기 위해서는 시간이 필요했다. 사람들은 현실을 쉽게 바꾸리라고 생각했지만, 엄청난 어둠의 힘들에 대항해 헛되이 싸우고 있다는 느낌을 갑자기 받기도 했다. 때때로 그림은 자신의 문학 비평 속에서 넌지시 암시한 훌륭한 계획들의 한복판에서 멈춰 서곤 했다. 그때 그의 사유는 우수에 찬 문체로 나타났다. 브루투스, 카시우스, 키케로, 카토 같은 사람들도 어쩔 수 없었으니, 이 위인들이 아무리 훌륭한 의견을 부르짖었어도 로마의 쇠퇴를 막지 못했다. 우리는 이제껏 출현했던 세기들보다 우리의 세기가 더 양식 있다고 믿으며 우리 세기를 찬양하지만, 이것은 우리의 착각이다. 비이성의 오랜 폭풍우가 지나고 평화로운 철학의 제국이 나타나 인류의 평안과 안녕, 행복을 영구히 정착시키리라고 믿는 것은 잘못된 생각이다. 감미로운 잘못이지만 고백할 수밖에 없는 잘못인 것이다. "우리가 우리 세기에 아무리 우월성을 부여하더라도, 그 우월성은 소수의 선택받은 사람들만을 위한 것이고 백성은 결코 그에 해당되지 않는다. 국가들의 정신은 끝없이 변하지만, 인간의 본질은 언제나 변함이 없다. 인간 조건이 이렇게도 비참하므로 진리와 행복이 인간의 존재에 필수불가결한 것으로 보이면 보일수록, 인간은 어느 시기에나 불행과 기만 속으로 더욱더 이끌려 간다." 그림은 어떻게 역사가 오래전부터 그의 친구 철학자들과 그 자신을, 영원히 실현 불가능한 것으로 남게 될 이상적 완벽이라는 망상으로부터 벗어나게 해 주지 못했는지 자문한다. 마음의 안정을 찾기 위해 그는 자신이 당대의 소크라테스라고 부르는 친구 디드로를 보러 갔다. 디드로는 그에게 미덕과 이성의 절대적 영향력, 철학 정신의 진보에 대해 유창하게 이야기했다. 그가 말을 하는 동안 어느 하인이 방으로 들어와 떨리고 짓눌린 목소리로 외쳤다. "폐하께서 승하하셨습니다!" 이날은 다미앵이 왕을 시해하려고 습격한 날이었다.[3]

이것은 미뉴에트의 모습이었다. 군주들이 철학자들에게 인사를 하고, 철학자들은 군주들에게 인사를 한다. 마치 권력자들은 자신들의 권위를 실추시키려 노력하는 작가들을 박해했고 또 여전히 박해하고 있다는 것을 잊어버린 것 같았고, 마치 작가들은 전제군주에 대항해 날리던 또 여전히 날리고 있는 맹렬한 수사(修辭)들을 잊어버린 것 같았다. 그들은 여러 세기 전부터 왕들은 백성들이 짊어진 사슬들을 만드는 것 외에는 어떠한 것에도 노력을 기울이지 않았다고 말했으면서도, 바로 그 왕들에게 굽실거리고 있었다. 전제군주제는 단지 거기에 형용사 하나를 덧붙여 계몽 전제군주제[4]로 불리기만 해도 의미가 바뀌었다.

물론 여기서 복잡한 사실이 문제가 된다. 그리고 이 계몽군주제와 계몽주의 철학 사이에서 어느 정도는 오해를 해명하는 연결점들을 발견할 수 있다. 계몽군주들은 특권들에 맞서 싸웠고, 그로부터 행위의 공통성이 생겨났다. 그들은 여전히 매우 뚜렷했던 봉건제도의 흔적들을 파괴하면서, 평등을 목표로 하는 광범위한 개혁을 시도했다. 진보를 신봉하는 그들은 자신들의 백성이 번영을 누리는 데 도움이 될 수 있는 모든 경제적 조치들을 취했다. 계몽주의는 그들의 통치가 빛을 발하는 데 유용했다. 특히 그들이 실행한 행정의 중앙집권화는 무질서 대신에 질서를 확립했다. 질서는 보편적 이성의 반영이다. 그들은 국가를 합리화했다. 일단 이성을 내세우자 이성은 그들의 행동에 정당성을 부여했다. 고대의 수학자 유클리드 역시 전제군주였다. 사람들은 심지어 지배하는 것은 가장 강건한

---

3 (역주) 사실 루이 15세는 다미앵Damiens의 공격을 받고 부상을 입었을 뿐이다.

4 (역주) 보통 우리말로는 '계몽군주제'로 옮겨진다.

정신, 가장 명철한 지혜, 가장 확실한 지혜의 일이라고 말할 수도 있었다. 그래서 계승권은 자연법에 의해 그들의 인격 안에서 비준되었다. 게다가 유용성의 도덕 외에 다른 도덕이 없다면, 왜 더 큰 나라가 일반 이익의 정도가 더욱 적은 나라를 지배할 수 없겠는가? 그 정복 자체가 결국 더 큰 합계의 행복을 축적한다면, 어떻게 그 나라를 어긋나게 행동했다고 비난하겠는가?

그러나 타협의 가능성이 어떠했든 간에, 타협의 가능성은 인간의 모든 활동을 지배하는 절대국가냐, 아니면 자유국가냐 하는 타협 불가능한 대립을 단지 은폐하게 만들었을 뿐이다. 자유국가의 이론가들은 전제국가의 대표자들과 결탁하면서 자신들의 정치 철학을 저버렸다. 자연을 억압하거나 아니면 자연의 움직임에 맡겨야 한다. 최대한의 개입 아니면 최소한의 개입. 영구불변한 법칙의 자연발생적인 힘, 아니면 모든 것 심지어 법까지도 지배하는 인간의 의지.

하나의 정부 형태가 유럽 대륙에 부과되었는데, 그 형태는 헌법, 권력의 균형, 이 권력들 중 하나가 우세하게 될까 의심하는 불안과는 아무런 관계도 없었다. 프리드리히 2세가 군인-왕[5]을 계승했던 1740년에 그 운명은 결정지어졌다. 반(反)마키아벨리론[6]과는 작별이었다. 수련하는 것, 충동적 성격을 고치는 것, 전장에 대해 갖는 근본적인 공포 그리고 두려움을 억누르는 것, 인간들을 더 잘 이용하기 위해 그들의 결점을 아는 것, 자신의 신체까지 제어하는

---

5 (역주) 프리드리히 빌헬름 1세의 별명
6 (역주) 프리드리히 2세는 국왕이 되기 전 마키아벨리가 제시한 권모술수를 지향하는 르네상스적인 군주 상에 반대하는 『반(反)마키아벨리론』을 썼지만, 즉위 후 그가 펼친 정책은 예전 자신의 주장과는 상반되는 것이었다.

것, 그리하여 그의 영혼이 신체에 '걸어라'고 말할 때 걷도록 길들이는 것, 비길 데 없는 지성의 재능을 최선으로 행사하는 것, 능구렁이들 사이에서 점점 더 능구렁이가 되는 것, 강자들 사이에서 점점 더 강자가 되는 것, 대외 정책, 전쟁 지휘, 행정, 재정, 산업, 심지어 교육까지 손에 쥐는 것, 가장 세부적인 것에 이르기까지 모든 것을 단 하나의 의지에 결부시키는 것, 물려받은 빈약한 유산을 유럽 열강들 중 하나, 그리고 가능하다면 유럽 최고의 강대국으로 변모시키는 것, 이러한 것이 프리드리히 2세의 과업, 그것도 의식적인 과업이었다. 그는 단지 '국가'의 종복만이 아니라 '국가'였기 때문이다. 세기 내내, 그의 개성보다 더 인상적인 개성은 없었다. 세기는 감탄하며 그를 돌아보았다. 시인, 음악가, 라인스베르크의 딜레탕트, 통풍으로 사지가 일그러지고 담배로 코가 더러워진 누추한 복장의 늙은 프리츠[7] 등 얼마나 많은 모습들이 단 하나의 존재 안에 결합되어 있는가! 전투 중 저녁이 되면 라신을 낭송하고 자기 자신이 라신의 주인공이라고 생각하는 장군. 사륜마차의 문 앞에서 시장과 판사들을 부르며, 농민들에게 농지, 암소, 소금에 대해 질문하는 나그네. 냉소적이고 건방지고 짓궂고 빈정대며, 돈 한 푼을 아낄 궁리를 하는 쩨쩨한 사람이자 천재. 부하들을 자신의 집무실에 출두하게 해서는 그들에게 거의 자기 자신에게 요구하는 만큼을 요청하는, 지칠 줄 모르는 관료. 상수시 궁전의 철학자. 금지된 타격을 가해서라도 오스트리아, 프랑스, 영국을 결정적으로 제압하는 교활한 외교관. 그리고 그가 보이는 또 다른 수많은 모습들은 모두 각양각색의 수단을 통해서 최강대국 프로이센이라는 동일한 목적을 향해 나아간다.

---

7 (역주) 프리드리히 2세의 별명

그의 맞은편에 그의 적수인 마리아 테레지아가 있다. 그리고 마리아 테레지아가 성 프란시스코파 예배당의 합스부르크 왕가 묘소에 안치되었을 때는, 그의 아들 요제프 2세가 있었다. 그는 아버지 이길 원했던 전제군주로서, 신성한 소명처럼 자신의 역할을 맡으며, 모든 사람들을 행복하게 만들려고 노력했지만 소용이 없었기에 탄식을 하기도 했다. 통일을 이루는 것, 중앙집권화하는 것, 합리화하는 것, 이것 역시 그가 열정적으로 시도하는 것이었다. 그래서 그는 모든 것을 보고 모든 것을 감독하며 모든 것을 변화시키기 위해 빈에서 부다페스트, 프라하, 브뤼셀로 뛰어다녔다. 그는 때로 개혁이 즉각 이루어지기 위해서는 법령들을 공포하는 것으로 충분하다고 생각하면서 법령들의 근본적인 효력을 믿기도 하고, 때로 개선을 위해 뒤엎기도 했다. 또 공익에 대한 열의와 열정으로 감동을 주기도 했다. 제멋대로이고 신경질적이며 성미가 급했던 그는 인간들이 천사가 되기를 거부하고, 계몽주의와 신이라는 이중의 후광을 입은 그들의 '황제'를 자비로운 대천사로 간주하기를 거부하는 것을 보고 절망을 느끼며, 격무에 시달리다 피로와 쇠약으로 병을 얻어 죽어 가고 있었다. 그러나 그는 모든 것을, 심지어 '교회'까지도 '국가'의 주도권 아래 놓기 위해 최선을 다했다. 1763년 그가 단지 권력을 계승할 준비를 하고 있었을 때, 널리 반향을 일으켰던 책인 페브로니우스Febronius의 『교회의 지위와 로마 교황의 합법적인 권한에 대하여』가 출간되었다. 페브로니우스라는 이름 아래는 트리어의 보좌 주교 혼트하임[8]이 숨어 있었는데, 그는 아주 신경을 써서 그보다 더 잘 유지되었던 익명은 별로 없을 정도였다. 그가 주장하는 견해는 기독교 세계에 위기를 불러일으킬 수 있었다. 그 견해가

---

8 (역주) Johann Nikolaus von Hontheim(1701~1790): 독일의 주교

주장한 바는 교황의 군주정이 찬탈의 연속일 뿐이며, 그것을 주교들의 귀족정— 그 자체도 사제들과 신도들의 민주정으로부터 위임된 것이다—으로 대체할 시기가 왔다는 것이다. 교황은 행정권을 유지하겠지만 입법권은 더 이상 그에게 속하지 않을 것이다. 보편적 교회에 적용되는 교리들을 발표하는 것은 보편공의회의 몫이 될 것이다. 이 개혁을 실행하기 위하여 교황 자신이 개입해야 하며, 고위 성직자들, 신학자들, 그리고 군주도 개입해야 할 것이다. 군주에게는 가장 중요한 역할이 부여될 것이다. 국민들의 최고 지도자로서 군주는 교황과 교회의 수탈로부터 국민들을 보호해야 할 것이다……. 이것은 이제껏 로마에 대항하여 등장했던 모든 주장들에 의해 강화된, 얀센주의와 자연법의 혼합물이다. 종교가 독자적인 권력이 아니라 군주들의 지배를 받는 조직이 되기를 원한 군주들에게, 이 기회는 그냥 놓치기에는 너무나 아까운 것이었다. 따라서 페브로니우스의 수제자는 요제프 2세였다.

예카테리나 2세는 자신의 개인적 행실에 대해서는 본능에 따라 움직였다. 그리고 그녀의 총신들은 그녀의 본능이 얼마나 까다로운지 알고 있었다. 그러나 그녀는 자신의 최고의 지성, 정치적 수완, 그리고 의지를 러시아 국가를 위해서 그리고 가장 위대한 러시아의 이익을 위해서 바쳤다. 그녀는 두 가지 목표를 달성하기 위해 매진했는데, 그것은 대외적으로는 폴란드를 파괴하고 터키를 약화시키며 스웨덴을 분할하는 것이었으며, 대내적으로는 직계 전임자들이 제국에 남겨 놓았던 무정부 상태를 자신의 권위로 대체하는 것이었다. 예카테리나 대제는 표트르 대제의 과업을 계승할 것이다. 세귀르 백작[9]은 그녀가 천재적 여성이라고 말했으며, 리뉴 공[10]은 그녀

---

9 (역주) Louis-Philippe de Ségur(1753~1830): 프랑스의 외교관이자 정치가

가 루이 14세처럼 "대담하고 다정하며 의기양양하다"고 말했다.

다른 군주들도 계몽군주들에 속했는데, 스웨덴의 구스타프 3세,[11] 덴마크의 크리스티안 7세,[12] 폴란드의 스타니스와프 아우구스트, 더 나아가 스페인의 카를로스 3세 등을 들 수 있다. 그리고 군주들이 충분하지 않았을 때, 그들을 도운 대신들이 있었는데, 카를로스 3세 곁의 아란다 백작,[13] 주제 1세 곁의 폼발,[14] 파르마의 뒤 티요,[15] 나폴리의 타누치[16]가 그들이다. 강력한 개인들, 철학자들이 이상적인 왕으로 묘사했던, 텔레마코스의 파리한 아들들과는 정반대이다. 이 오만한 사람들에게, 국가 이성 외에는 다른 이성을 알지 못하는 이 현실주의자들에게, 마키아벨리 『군주론』의 계승자들에게 영국 정체를 숭배하는 사람들은 미소를 보냈다. 요제프 2세에게는 조금 덜 기꺼이 미소를 보냈다. 예수회를 추방했던 폼발에게는 기꺼이 미소를 보냈다. 왜냐하면 사람들이 되돌아온 곳이 항상 이곳이었기 때문이다. 교회에 대항한 공격의 함성은 하나로 뭉쳤다. 아란다 백작, 뒤 티요, 타누치에게도 기꺼이 미소를 보냈다. 예카테리나 2세의 경우 그들은 과장법에 이를 정도여서, 가장 굽실거리는 조신들보다 더 찬사를 늘어놓았다. 북방의 예카테리나 대제는 바빌

---

10 (역주) Charles-Joseph de Ligne(1735~1814): 벨기에의 외교관이자 문인

11 (역주) Gustav Ⅲ(1746~1792): 스웨덴 국왕

12 (역주) Christian Ⅶ(1749~1808): 덴마크와 노르웨이의 왕

13 (역주) Pedro Pablo Abarca de Bolea, conde de Aranda(1718~1798): 스페인의 정치가

14 (역주) p. 151 각주 41 참조.

15 (역주) Léon Guillaume Du Tillot(1711~1774): 프랑스의 정치가로 1759년부터 파르마 공국의 수상이 되었다.

16 (역주) Bernardo Tanucci(1698~1783): 이탈리아의 정치가

로니아의 전설적인 여왕 세미라미스Semiramis에 비견되었다. 알가로티[17]는 러시아의 눈밭에서 천국을 발견했다. 카를로 가스토네 델라 토레 디 레초니코[18]는 대제에게 자신의 『18세기 철학에 대한 고찰Ragionamento sulla filosofia del secolo XVIII』(1778)을 헌정했다. 철학과 권력 사이에 동맹이 조인된 것이다. 대제는 자신의 백성들에게 법전을 주려는 의사를 표명했었고, 그러한 목적으로 모든 지방에서 온 대표들을 모스크바에 소집했으며, 그들에게 국가가 군주를 위해 만들어진 것이 아니라 군주가 국가를 위해 만들어진 것이라고 말했다. 그녀는 사법을 개혁하고 근대적인 교육을 조직할 것을 고려했다. 자신의 궁정과 수도를 아름답게 만들기 위해 예술가들을 초청했고, 손자의 가정교사로 백과전서파 사람을 물색했으며, 달랑베르가 되지 않자 공화주의자인 스위스 사람을 채용했다. 살롱을 이끌던 여인들 중 한 사람이었던 조프랭 부인과 사적인 편지를 교환하기도 했다. 로버트슨이 저작 『카를 5세의 역사』를 출간한 후, 대제는 그에게 금으로 된 코담뱃갑을 하사하며 자신이 여행할 때 그 책이 몽테스키외의 『법의 정신』과 함께 길동무였다는 사실을 알렸다. 또한 마르몽텔의 『벨리사리우스Bélisaire』를 번역하게 했다. 그녀의 피후견인이자 손님 디드로는 여행을 결코 좋아하지 않아서 상트페테르부르크로의 여행이 그가 떠난 단 한 번의 여행이었는데, 그의 열정을 표현하는 것을 들어야만 했다. "폐하께 결점이 있다면 그것은 폐하께서 너무도 선량하시기 때문입니다. 폐하의 성격, 의지, 행동에 전제적인 것은 전혀 없습니다. 소위 자유국가라는

---

17 (역주) 알가로티는 1769년 『러시아 여행』을 썼다.

18 (역주) Carlo Gastone della Torre di Rezzonico(1742~1796): 이탈리아 작가

곳에서도 사람들은 자신의 노예근성을 느낄 수 있지만, 폐하가 계신 그곳 소위 노예국가라는 곳에서 자유를 호흡합니다."— 그러나 철학자들이 가장 좋아하는 인물은 레비아탄 국가의 대표자인 프리드리히 2세였다. 대왕께서는 가장 위대한 로마의 황제들보다 더 위대하다고 그들은 말했다. 대왕은 자신이 다스리는 백성들에게 지복을 가져다주었고, 유럽에 모범을 제시했으며, 미래 세대의 행복을 준비했다, 등등. 인생의 의미를 발견하려고 시도하는 체계적 이론들을 연구하는 수고를 아끼지 않았던 대왕 자신 역시 철학자이기 때문이다. 진정으로 문예를 사랑하고, 심지어 어떤 면에서는 전문가이기 때문이다. 자유사상 때문에 박해를 받은 사람들을 자신의 아카데미에 받아들였기 때문이다. 자신의 몫으로 '파렴치를 타도하는 데' 기여하기 때문이다. 이신론자이고, 그 정신의 기저를 보면 이신론자들보다 더 진보적인 무신론자이기 때문이다. 천재성이 있기 때문이다. 이 모든 이유들 때문에, "만국의 철학자들과 문인들은 오래전부터 전하를 자신들의 지도자이자 본보기로 생각하고 있습니다, 폐하……"[19]

프랑스 대혁명을 통해 철학의 원리들이 실행될 때 이 군주들과 그들의 후계자들이 어떻게 처신할지 우리는 알고 있다. 그들이 맺게 될 신성동맹도 안다. 이미 개별적인 문제들에서 그리고 바로 군주들 자신에게 직접 말을 하지 않을 때, 찬사를 보내던 사람들은 자신들의 동맹자가 자연 정치를 실행하는 방식에 대해 일말의 의혹들을 제기하지 않을 수 없었다. 슐레지엔 침공을 정당화하는 것은 그들에게 간단하지 않았다. 고양이로 변신한 여성이 생쥐를 향해 달려가는 것과 마찬가지로, 군주 역시 자신의 취향에 맞는 지역을 보

---

19 「달랑베르가 프리드리히 2세에게」, 1763년 3월 7일.

자마자 철학자의 외투를 벗어 던지고 검을 잡는다. 가까이서 본 솔로몬은 다소간 환멸을 불러일으켰다. 그의 언어는 사전으로 해석될 필요가 있었다. "나의 친구여"는 "나의 노예여"를 의미했다. "친애하는 나의 친구여"는 "당신은 내게 정말 상관이 없소"라는 뜻이었다. "당신을 행복하게 만들 것입니다"는 "내가 당신을 필요로 하는 한 당신을 용서할 것입니다"로 이해하시오. 예카테리나 2세가 권력을 잡기 위해 부군을 살해했다는 소문이 돌았다. 덮어 버리는 것이 나은, 난처한 소문이었다. 이와 같은 학생들에 대해서는 너무 자랑해서는 안 되었다……. 어쩔 수 없다. 친구들을 있는 그대로 사랑해야만 했다. 비록 그들이 정복 전쟁을 감행하더라도, 백성들 중 가장 좋은 자원을 활용하여 점점 더 강력한 군대를 보유하더라도, 맹세한 신념을 저버린다 해도, 폴란드를 나눠 가진다 해도 말이다. 오류는 여기에 있었다. 철학은 왕들을 이용한다고 믿었지만, 정작 철학을 이용한 것은 바로 왕들이었다.

제5장

자연과 자유: 법은 사물의 본성에서
유래하는 필연적인 관계이다

자연 도덕의 난관들…….

자연이 언제나 선이든 악이든 결국 그것들을 승인하고 만다는 것은 확실한 것이었던가? 소식(小食)하는 사람은 결코 탈이 나지 않고, 향락주의자는 언제나 병에 걸린다는 것, 악인은 항상 양심의 가책 때문에 응징을 받는다는 것, 도둑은 이성에 눈뜨자마자 자신의 잘못을 깨닫고 자신이 훔쳤던 것을 서둘러 되돌려 준다는 것도 확실한 것이었던가? 결국 진정한 도덕은 있는 그대로의 자연, 그 무심함과 맹목성에 대한 항의이지 않았던가?

마찬가지로 사익이 예외 없이 공익에 연결된다는 것은 확실했던가? 꿀벌의 이익이 꿀벌 떼의 이익과 결코 구별되지 않는다는 것도? 자신의 『우화』에서 정확히 반대 주장을 했던 사람으로 맨더빌이 있었다. 사람들은 이 교훈적 우화를 곧 잊어버리지 않았다. 책을 참조하지 않더라도 또 매일매일의 삶을 바라보기만 해도 어느 상인이 파산을 하면 손님이 그의 이웃에게 간다는 것은 명백한 사실이 아니었던가? 모든 국민들의 지혜에 따르면 어떤 이의 불행은 또 다른 이의 행복이 된다. 결국 사물의 근원 자체에 이르면, 도덕성과 이익, 심지어 사회적 이익까지도 서로 전혀 다른 것처럼 보였다. 실제로 순수 도덕 속에서 무사무욕은 필연적인 요소처럼 포함되어 있었다. 당신이 그 대가로 이익을 기대하는 사람에게만 좋은 일을 해주는 것이 아니라, 당신이 아무것도 기대하지 않는 사람, 심지어 당신이 잘못되길 바라는 사람에게도 좋은 일을 해 주시오.

에피쿠로스는 좋은 스승이었는가? 복권된 쾌락의 추구는 정확히 어디에서 멈출 것인가? 예전의 엄격함에는 존재 이유가 없었다. 어느 광인이 인간 의식에 엄격함을 강요했던 것은 이유가 없는 것이었는가, 아니면 우울한 기질 때문이었는가, 아니면 인간 혐오 때문이었는가? 이제부터 작가들은 더 이상 위대함이 아니라 안락함을 추구하는 새로운 건축물처럼 도덕을 다루었고 누구도 더 이상 자제하려 하지 않았는데, 그것이야말로 가장 시류에 맞지 않은 것이었다. 그 결과 빠르게 도덕적 해이가 생겨났음을 인정하지 않을 수 없었다. "어떤 명예심과 용맹심이 우리 사이에서 점점 사라지고 있다. 철학은 성공을 거두었다. 영웅적 행위와 용맹에 대한 오랜 생각과 기사도의 소식은 사라졌……. 내세에 대한 무관심은 이생을 나태하게 이끌고 우리를 무감각하게 만들고 노력을 요하는 어떤 것도 할 수 없게 만든다."[1] — 이것은 프랑스 사람들에 대한 것이다. 다음은 영국 사람들에 대한 것이다. "자유에 대한 사랑, 명예와 조국의 번영에 대한 열정, 영광을 향한 욕망은 전반적인 무관심, 비굴한 복종, 부(富)에 대한 격렬한 욕망으로 바뀌었습니다……."[2] 세기 전체에 대해서 말하자면 "당신에게 언짢은 말을 하고 싶지 않고 꽤나 무관심하게 만사를 보고 있으므로, 이 세기만큼 타락한 세기는

---

1 몽테스키외, 『수첩 Cahiers』, 그라세 출판사, p. 53.
2 볼링브로크, 『애국심에 대한 서한』, 두 번째 편지, 1749.

결코 없었다는 말을 굳이 당신에게 하지는 않겠소. 아마도 공정하자면, 이 세기의 타락에서 광기에 속하는 것은 치지 말아야 할 정도요. 어쨌든 이보다 더 저속한 세기는 전혀 없었다고 생각하오."[3]

도덕규범집 — 정치학처럼 사람들이 남성생식의학에 결부시켰던 날부터 그렇게나 단순해져야만 했던 이 학문 — 은 규범집에 손을 댄 후 작업이 극도로 어렵다는 것을 느낀 사람들의 당혹감 때문에 미완성인 채로 남아 있었다. 사람들은 교조주의적 도덕을 물리쳤고 그것의 경직성을 규탄했으며, 그것이 인간 외부의 명령에서 비롯된다고 비난했다. 그러나 교조주의적 도덕을 제쳐놓고 그것을 자연의 도덕으로 대체하려고 한다는 것이 합의되었을 때, 끝없는 질문이 되살아났다. 각자가 자기 방식대로 해석하는 이 자연은 무엇을 원했던가? 그때부터 더 이상 하나의 도덕이 아니라 여러 도덕들이 존재했다. 불분명한 신탁을 해석하는 데 열중하는 해석자만큼 도덕들이 많아진 것이다. 사람들의 의식이 혼란에 빠졌다는 것은, 당시 잇따른 다양한 시도들이 보여 주는 바이다. 가장 최근에 나온 논설은 언제나 선배들의 논증들을 수정하거나 허물어뜨리는 것부터 시작했기 때문에 모럴리스트들은 사람들이 막 구축하려고 노력한 것을 무너뜨리고는 이번에는 자신들의 저작이 무너지는 것을 기다리곤 했다. 이것은 재능과 열의의 막대한 소비였고, 결국 뒤죽박죽으로 귀결되었다. 사람들은 만장일치의 찬성을 이끌어 내고 결국 진리라는 느낌과 감미로운 휴식을 영혼에 부여하는 강력한 추진력들 중 하나가 생겨나기를 바라고 있었지만, 바람과는 반대로 학파와 개인

---

3 뒤클로, 『이 세기의 풍습에 대한 고찰*Considérations sur les mœurs de ce siècle*』, 1751.

들의 논쟁들을 보고 있어야 했다. 사람들은 어떤 원리를 더 이상 따라서는 안 되는지는 명확하게 이해했다고 믿었지만, 따라야 할 원리에 대해서도 더 이상 알지 못했다.

결정적이면서도 각기 다른 해결책을 제공한 모든 논설들 중 단지 몇 가지만을 살펴보자. 1726년 글래스고의 윤리학 및 자연철학 교수였던 프랜시스 허치슨[4]은 저작 『아름다움과 미덕의 관념의 기원에 대한 탐구*An Inquiry into the Original of Our Ideas of Beauty and Virtue*』를 내놓았다. 출발점은 여전히 변함이 없었다. 우리를 행복하게 만드는 데 기여하는 진리 외에 중요한 진리는 없다는 것은 인정한다. 그러나 어떤 수단을 선택할지에 관해 어려움이 시작되었다. 이성은 너무 나약하여 이성에 호소할 수 없었고, 이성에서 도덕을 끌어내고자 했던 사람들, 가령 스토아학파는 성공을 거두지 못했다. 순수하고 단순한 감각에 호소할 수도 없었으니, 감각이 즐거운지 아니면 불쾌한지는 우리에게 달려 있는 문제가 아니었기 때문이다. 감각은 수동적이었다. 그러나 섀프츠버리가 이미 지적한 감각, 도덕성과 미에 대해서 우리가 결정을 내릴 수 있게 하는 데 완전히 적합한 특별한 성질의 감각, 여섯 번째 감각, 내부의 감각이 존재했다. "조물주는 모럴리스트가 상상하기 좋아했던 수단들보다 훨씬 더 확실한 수단을 통해, 즉 우리가 우리 존재의 보존에 주의하도록 이끄는 본능만큼이나 거의 동일한 정도로 강력한 본능을 통해 우리를 미덕으로 인도했다……."

---

4 (역주) Francis Hutcheson(1694~1746): 아일랜드 출신의 철학자

루이-장 레베크 드 푸이, 『유쾌한 감정들과 미덕에 결부된 즐거움에 대한 성찰*Réflexions sur les sentiments agréables, et sur le plaisir attaché à la vertu*』(1736)

실제로 본능과 감정은 우리를 덕으로 인도하기 위해 이성보다 더 효과적인 수단들을 이용한다. 그러나 아마도 본능과 감정은 정신의 영역에 속하지 않을 것이다. 자연은 여기서 베일에 싸여 있기 때문에 오직 가설만을 표명할 수 있는 상태에서, 우리는 즐거움을 주는 대상이 뇌의 섬유들을 약화시키거나 피곤하게 만들지 않으면서 그것들을 작동시킨다고 생각해도 무방하다. 또 고통스러운 것이 뇌의 섬유들에 타격을 주고, 지루한 것은 뇌의 섬유들을 무기력한 상태에 빠지게 한다고 생각할 수도 있다. 그래서 미와 선에 대한 지각은 물질의 움직임으로 귀착된다.

데이비드 흄, 『윤리와 정치론*Essays, Moral and Political*』(1741)

허치슨이 합리적인 도덕이 부질없음을 입증할 때, 그는 옳다. 우리가 참과 거짓을 분간할 수 있게 해 주는 능력은 우리가 선과 악을 분간하게 해 주는 능력과 같은 것이 아니다. 도덕은 지성적 존재들에게는 기하학 명제들만큼 변함없이 참인 것으로 보일 불변의 관계 위에서 확립되는 것이 아니라, 개별적 존재 각각의 정신적 취향과 관련 있다. 그러나 허치슨은 자신의 원리를 끝까지 관철시키지 못했다. 실제로 이 개인적 감정의 올바름을 무엇으로 알아볼 것인가? 타인이 인정하는 어떤 동의나 어떤 반대에 의해서이다. "우리는 사람들이 만장일치로 찬성할 행위는 모두 덕행이라고 부를 것이며, 비난과 비판의 대상이 될 행위는 모두 악행이라고 부를 것이다……." 데이비드 흄이 허치슨을 비웃길 바란다면, 그는 달리 말하지 않을 것이다. 그러나 그는 비웃은 것이 아니다. 그는 자신의 노선을 끝까지 밀고 나가며, 그가 이성을 파괴했던 것처럼 도덕을 와해시킨다.

애덤 스미스, 『도덕 감정론*The Theory of Moral Sentiments*』(1759)

도덕적 사실을 설명해 내야 하는데, 여태까지 실마리가 없었다. 허치슨은 틀렸으며, 흄은 진실을 얼핏 보았지만 진실을 파악하지는 못했다. 도덕성은 우리 동료들이 표명하는 찬성 혹은 반대가 아니라 우리가 느끼는 감정, 다른 사람들의 마음속에 유사한 감정을 찾거나 혹은 찾지 못하는 감정 속에 존재한다. 우리는 그것을 용어의 어원적 의미에서 공감이라 부를 것이다…….

이 짧은 목록은 인상적이다. 우리가 보았듯이 계몽주의 철학의 논리에 따라 어떤 도덕의 윤곽이 그려지고 있었는데, 이 논리는 이미 그 자체에 이중의 요소를 포함하고 있었다. 하나는 합리적인 요소로, 미덕은 우주 질서의 반영이기 때문에 미덕을 갖추어야 한다는 것이다. 다른 하나는 경험적 요소로, 우리의 감각은 우리가 선을 추구하고 악을 멀리해야 한다고 우리에게 알려 주기 때문이고, 우리의 제1법칙은 우리 존재를 보존해야 한다는 법칙이기 때문이며, 우리 존재는 우리 존재가 구성하고 있는 사회, 우리 존재가 빌려준 원금의 이자를 되돌려 주는 사회에 도움을 청하지 않고서는 유지될 수 없기 때문에 미덕을 갖추어야 한다는 것이다. 그러나 그와 동시에 다른 철학자들은 같은 전제를 받아들이면서도 근본적으로 다른 결론에 이르렀는데, 그들은 본능에 의존하면서도 각자가 자기 방식대로 그 내용과 의미를 바꾸어 버렸다. 게다가 일반적 관점은 비할 바 없이 더욱 복잡하다. 잉글랜드와 스코틀랜드가 독립적인 도덕을 구축하기 위한 노력을 끝마치지 않았을 때, 독일은 또 다른 노력을 시작하고 있었다. 안내서로서 등장하게 되어 사람들에게 읽히고 재발간되며 권장이 되거나 비판을 받는 걸출한 저작들 사이에서 다른 많은 이단들을 고려해 보자. 『백과전서』처럼 교의적인 것이 되고 싶어 하는 집단 속에서, 이 도덕들은 양립 불가능하다고 생각하는 것처럼 보이지 않고 서로 잘 지내고 있었음을 기억하자. 우리가 제러미 벤담,[5] 제임스 오즈월드,[6] 토머스 리드[7]의 연구들을 저버리는 순간에도 이론들이 계속해서 급증하고 있었음도 기억하자. 그러면 우리는 애덤 스미스의 순진한 고찰이 내포하는 깊은 의미를 이해할 것이다. 그리고 그의 고찰 이전에 등장했던, 자연적 원칙들에 근거를 둔 모든 체계는 어느 정도는 적절했지만, 자연에 대한 부분적이고 불완전한 시각에서 유래하기 때문에 어느 정도는 옳지 않았다는 사실도 기억하자.

자연이 합리적이지 않은 것과 마찬가지로, 자연이 선하지 않은 것과 마찬가지로, 자연이 이러저러한 정치 형태에 유리하게 작용하지 않는 것과 마찬가지로, 자연은 덕성스럽지 않았다. 그리고 자연 도덕의 반대자들은 그 지지자들이 출발하는 지점부터 오류가 있다는 것을 그들에게 잊지 않고 주지시켰다. 미덕이 인간에게 천부적

---

5 (역주) Jeremy Bentham(1748~1832): 영국의 철학자이자 사회개혁가로 모든 입법의 목표는 '최대 다수의 최대 행복'이어야 한다는 공리주의를 처음으로 주장했다.

6 (역주) James Oswald(1703~1793): 스코틀랜드 학파에 속한 철학자

7 (역주) Thomas Reid(1710~1796): 스코틀랜드의 철학자로 스코틀랜드 학파를 이끌면서 데이비드 흄의 회의적 경험론을 거부하고 '상식 철학'을 옹호했으며 당시의 주관주의 흐름에 반대해 합리론적 윤리를 지지했다.

이라고 말하는 것은, 곧 전 인류가 허위라고 알고 있는 주장을 표명하는 것이었다. 반면 타락한 자연에 맞서 싸우는 것이 광기나 잔혹함이 아니라 지혜와 사랑이라는 것은 사실이었다. 또한 의식을 가진 존재가 맹목적인 자연의 가장 격렬한 움직임을 억누르는 것을 의무로 삼는다는 것도 사실이었다.

사실 개별적인 경우에 관해 자연의 의견을 물을 때, 자연은 그렇다고 대답하거나 아니라고 대답했다. 자살은 정당한 것이었는가? 그렇다, 자연이 허용한 것이었기 때문이다. 누군가가 자신의 존재가 너무도 지긋지긋해져 견딜 수가 없다면, 그래서 자살을 한다면, 그는 자신에게 이러한 고통을 부과했지만 고통을 끝낼 방법 또한 제시한 자연의 의지를 끝까지 따르는 것이다. 여기서 계약에 대해 이야기하지 않도록 하라. 계약이 짐이 되는 날, 계약을 준수하는 것은 더 이상 문제가 되지 않는다. 자연은 계약 당사자들 사이에서 상호 이득을 가정한다. 이득이 중단되면, 계약도 중단된다. 자살은 정당한 것이었는가? 아니다, 자연은 종의 유지를 바라는데, 개인이 자살을 하면 이 법칙을 위반하는 것이기 때문이다. 자연은 자신의 피조물을 보존하려는 경향이 있으며, 피조물에게는 세계 전체에서 자신의 역할을 끝낼지 결정할 권한이 없다. 하나의 논쟁 — 18세기에 수많은 예들을 보았던 논쟁들 중 하나로 그 세기는 이런 기회가 있을 때마다 자신의 지적 열정이 되살아나는 것을 느꼈다 — 이 지속되었는데, 그것은 요한 로베크[8]의 『자살의 철학적 이용*Exercitatio philosophica de morte voluntaria*』(1736)이 불러일으킨 논쟁이었다. 여기서 그는 브루투스와 카토 같은 사람들을 비겁하다거나 미쳤다고 비난하거나, 하물며 범죄를 저질렀다고 비난해서는 안 된다고

---

8 (역주) Johan Robeck(1672~1739): 스웨덴의 철학자

주장했으며 또 소크라테스의 죽음은 강요된 것이라기보다는 오히려 자발적인 것이었다고 단언했다. 로베크의 말은 맞기도 하고 틀리기도 했다.

보브나르그가 비장한 것은 그의 삶을 대변하는 비통한 이미지들이 연속되기 때문이다. 그는 사랑받지 못한 아이였고, 이해받지 못한 청소년이었으며, 작은 주둔지의 권태 속에 빠진 근위 연대(聯隊)의 젊은 중위였다. 그는 묻혀 있던 자신의 가치를 전쟁 중에 찬란히 드러낼 기회를 찾기 원했던 전투원이었다. 그러나 그는 패배자가 되었고 장애인이 되었다. 꿈을 잃어버린 채, 기침을 하고 눈이 더 이상 보이지 않으며 얼굴에 천연두 자국이 있는 병자는 파리로 와 빈민가의 초라한 여관에서 32세를 마지막으로 고통스러운 생애를 마감한다. 그의 기품과 용기 그리고 조심스럽게 계속되는 탄식은 비장하다. 그가 뤽상부르 정원을 거닐 때, 그곳에서 감춰진 비참함에 짓눌린 불행한 사람들, 가난의 수치를 감춘 노인들, 영광이라는 망상을 헛되이 품고 있는 젊은이들, 비천한 처지에서 벗어나기 위해 무모한 책동을 꾸미지만 성공하지 못하는 야심가들에 둘러싸여 있을 때, 그의 영혼은 흔들리고 동요되며 자신이 이 불우한 사람들의 형제라고 느낀다. 그러나 그가 입술로 내뱉은 말은 분노의 외침이 아니라 연민의 외침이다. 생존을 위한 그의 투쟁은 비장하다. 그는 자신의 이름이 영원한 난파 속에 침몰하지 못하게 막을 것이라고 확신할 수 없는 몇몇 생각들, 고찰들, 시론들을 병에 넣어 바다에 띄워 보낸다. 그가 선택한 형식 자체가 비장하다. 가장 덜 개인적인 형식, 더할 나위 없이 그리고 한결같이 객관적이고자 하는 듯 보이는 형식, 각각의 단편이 끝없는 고백에서 떨어져 나온 부분일 뿐인, 고백과 회한으로 가득한 형식. 그에게 자신의 낙인을 찍으려

애쓰고, 자신의 사상적 지도자들과 애독서들과 체계들을 그에게 강요하려고 애쓰는 그 세기의 영향력은 비장하다. 그러나 그 세기는 깊이 명상에 잠기고 자신의 본질에 부합하지 않는 것을 거부하며 자신이 사랑하고 원하는 것만 받아들일 수 있는 영혼의 깊은 은신처에 다다르지는 못했다.

그러므로 때때로 전율하지 않을 수 없는 매우 순수하고 간결한 형식 아래, 마침내는 전적으로 그 자신에게 속하게 되는 도덕이 형성되는 순간들이 발견된다. 그는 자연에 대해 환상을 품지 않았다. "국왕들 사이에서, 백성들 사이에서, 개인들 사이에서 최고 강자는 최고 약자에 대한 권리를 가지며, 동물, 물질, 자연의 요소 등도 같은 규칙을 따른다. 따라서 우주에서 모든 것은 폭력으로 실현된다. 그리고 우리가 이 질서를 비난하는 것은 겉으로 보기에는 어느 정도 정당한 것 같지만, 사실 이 질서는 자연에서 가장 보편적이고 가장 절대적이며 가장 확고부동하고 가장 오래된 법칙이다." 마찬가지로 그는 행복에 대해 환상을 품지도 않았다. 인생은 어느 정도는 가혹하다. 출생의 불공정성, 특히 되는대로 주어지거나 거부되는 것 같은, 거의 극복할 수 없는 부의 불공정성은 운명의 혜택을 받지 못한 사람들의 삶을 잔혹하게 만든다. 그렇지만 행동을 해야 한다. 현재는 우리에게서 빠져나가고 우리의 뜻에 반해 사라진다. 우리의 생각은 소멸하게 마련이며, 우리는 그 생각을 붙잡을 수 없을 것이다. 사물들의 끊임없는 흐름에 끊임없이 다시 시작하는 것으로 맞서는 지칠 줄 모르는 활동 속에서가 아니라면 우리에게는 방책이 없다. 따라서 지속의 방향 쪽으로 행동을 해야 한다. 우주를 파괴하는 힘이 아니라 우주를 보존하는 힘에 참여하면서 행동을 해야 한다. 타락, 쇠퇴, 소멸과 싸우며, 실제로 악을 물리치는 미덕의 방향으로 행동을 해야 한다. 계속해서 되풀이되는 전투에서 미덕이 패배한다면, 악의 치유책은 미덕과 함께 사라질 것이고, 악은 우리 인류의 소멸을 야기할 것이기 때문이다. 악도 존재하고, 미덕도 존재한다. 악에 내기를 거는 것은 죽음에 내기를 거는 것일 터이다. 사람들은 악에는 잘 속아 넘어갈 수 있지만 미덕에는 잘 속을 수 없다. 가장 유용한 인간은 창조하고 회복시키는 이 미덕의 가장 숭고한 예들을 제시하는 인간, 바로 영웅인 것이다. 영웅은 밑바닥으로 마지못해 나가지 않는다. 그는 다른 사람들을 파국으로 이끄는 초라함의 희생자가 아니다. 그는 어쩌면 극단적일 수 있지만 위대함에서 극단적이다. 그는 가장 좋은 보답, 그를 중상하기를 좋아하는 사람들마저도 부러워하는 상, 영광이라 불리는 상을 받는다. 그는 인정 많고 자비로우며, 필요할 경우 허물없기까지 하다. 그러나 그는 그 약점을 알고 이해하며 공유하는 인류와의 교류를 잃지 않으면서, 인류를 인도하기 위해 인류보다 더 높이 올라갈 줄 안다. 그는 우리 존재의 불순함에서 순수한 요소를 끌어내어 그것을 찬양하고 빛나게 한다. 그는 방황하는 선원들이 길을 찾는 캄캄한 바다에서 그들을 인도하는 별이 된다.

이전에는 영웅주의를 비방하는 데서 기쁨을 느꼈던 사람들 모두에게, 이후에는 계속해서 그 가치를 떨어뜨릴 사람들 모두에게 도전이 던져졌다. 도도히 밀려오는 타협을 받아들이길 거부했던 고결한 정신의 항의. 가장 어렵고 가장 고귀한 것을 선택하지 않는다면 도덕은 전혀 존재하지 않는다는, 영원히 진실한 이 격언의 환기.

자유의지인가, 아니면 결정론인가? ─ 모든 것은 이 질문에 대한 대답에 달려 있었다. "나는 자유의 교리를 공들여 유지하는 것 외에는 세속적이든 기독교적이든 공중도덕을 전혀 알지 못한다."[9]

사람들은 두 합창대의 노래를 번갈아 듣는다고 생각했고, 그중 두 번째가 힘과 용기에서 이겼다.

첫 번째 합창대가 말하길, 우리는 자유롭고 이질적이다. 우리는 자유로우며, 구원에 이르는 길과 천벌에 이르는 두 개의 서로 다른 길 사이에서 신은 우리가 선택을 하도록 내버려 두었다. — 우리는 자유로우며, 지고의 존재는 우리를 그가 실을 잡아당기며 조종하는 꼭두각시로 만들 수 없었을 것이다. — 우리는 자유롭다. 우리가 자유롭지 않다면 어떤 정부도 가능하지 않을 것이다. 통고, 지시, 명령, 형벌, 보상은 무용지물이 될 것이다. 떡갈나무에 오렌지 나무가 되라고 설교하는 편이 나을 것이다. 경험이 우리에게 인간을 교정하는 것이 가능하다고 입증하기 때문에, 인간은 꼭두각시가 아니라고 결론을 내리자. — 우리는 자유롭다. 아마도, 우리의 생각은 우리의 감각에 의해 결정될 것이다. 그러나 우리의 행위는 그렇지 않다. 그러므로 자유는 우리의 생각이 우리에게 내리는 지침에 따라 행동하거나 행동하지 않는 능력으로 정의된다. — 우리가 자유롭지 않다 해도 마치 우리가 자유로운 것처럼 모든 일이 일어날 것이다. 따라서 우리가 자유롭다고 생각하자. 여기서 문제가 되는 것은 감정의 진실로, 그 유일한 증거는 육체의 존재에 대한 증거와 유사하다. 독립적인 존재들이라 하더라도 그것들은 우리가 우리의 독자성에 대해 가지고 있는 인식보다 자신들의 독자성에 대해 더 생생한 인식을 가질 수는 없을 것이다. 우리가 보다 우월하고 필연적인 권력에 복종한다 하더라도, 사태는 그 때문에 변하는 것이 없을 것이다. 그래도 사람들은 도둑들을 수감하고 살인자를 교수형에 처하

---

9 테라송 신부, 『정신과 이성의 모든 물체들에 적용되는 철학*La Philosophie applicable à tous les objets de l'esprit et de la raison*』,1754, p. 96.

는 일을 계속할 것이다. 이러한 문제에서 앞으로 더 나아가길 바란다는 것은, 칠흑 같은 망망대해에 뛰어드는 것이다.[10]

우리는 자유롭지 않다. 영혼은 수동적이고, 외부에서 오는 요소들도, 이 요소들의 결합도 바꾸지 못한다. 행동은 조종된 생각의 결과이기 때문에 비슷하게 조종을 받는다. 따라서 인간은 필연적 행위자이다. — 우리는 자유롭지 않으며 맹목적이고 물리적인 힘에 종속되어 있는데, 그 힘은 자신이 움직인다는 것을 알지 못한 채 움직이면서 모든 존재들에게 생기를 부여한다. 세계는 거대한 기계이며, 우리는 그 기계의 미세한 톱니바퀴를 이룬다. 우리에게는 특권적 성격이 없다. 우리는 생애의 어떤 순간에도 우리 자신에게 속하지 않는다. 우리가 하게 될 행위는 언제나 우리 과거의 후속이다. 숙명은 자연이 확립한 불변의 질서이다. 기적의 가능성을 부정하는데, 어떻게 자유를 인정하겠는가? — 이와 같이 말을 하던 무리는 1717년 항상 참조되는 결정론의 지침서인 『인간 자유에 관한 철학적 탐구 *A Philosophical Inquiry concerning Human Liberty*』를 출간했던 앤서니 콜린스부터, 1770년 『자연의 체계』를 발표한 돌바크 남작에 이른다. 이들은 자존심의 감정에 대한 그들의 부정을 미묘하게 표현했다. 우리는 동물에 부과되는 필연성보다 훨씬 더 많고 복잡한 필연성을 겪는다. 바로 이것이 우리가 동물보다 우월한 점이니, 기뻐하자. 자신의 법칙 안에 모든 것을 이끄는 이 놀라운 운명, 떨지 말고 이 운명을 바라보자. 심지어 자신들이 명확하게 규정도 내리지 못하는 무관심의 자유[11]를 갖고 있다고 생각하는 나약한

---

10 달랑베르, 「도덕 Morale」, 『철학 개요』, 7.

11 (역주) 여기서 무관심이란 인간의 선택이 어떤 동기에 의해 결정되지 않는 완전히 자유로운 선택이라는 점을 강조한다.

정신들을 본받지 말자. 불가피한 우리의 사슬을 즐겁게 짊어지자. 그리고 때가 되면, 항의하지 말고 망자들의 거대한 무리 속으로 사라지자. 원인과 결과의 무한한 그물을 통해 이 사건에서 저 사건으로 옮겨 가면서, 혁명과 파국을 유발시킬 정도로 발전해 나가는 사소한 사건과 말과 몸짓의 행동을 계속 따라갈 때 거기에는 일종의 놀라움, 거의 즐거움이 있다. 우리가 원인과 결과 사이의 우스꽝스러운 불균형을 자각할 때 그리고 선량왕 앙리 4세의 암살이 어느 날 갠지스 강가에서 어느 브라만이 발을 헛디딘 것에 달렸음을 알 때, 숙명에 대해 심지어 조롱할 수도 있다.[12]

"자유의 항목은 철학에서 뜻하지 않은 장애물입니다."[13] 모든 이들 중에서 도중에 그 장애물을 만났지만 그것을 치울 수 없었던 사람에게 곧바로 갑시다. 왜냐하면 그는 법의 정신, 영구불변한 법칙

---

12 볼테르, 『어떤 브라만과 예수회원의 대화 *Dialogue d'un Brahmane et d'un Jésuite*』. 브라만: "당신이 보시는 바와 같이 저는 당신의 선량왕 앙리 4세께서 비통하게 승하하신 중요한 원인 중 하나입니다. 보시다시피 저는 아직도 괴로워하고 있지요…… 운명이 어떻게 일을 꾸몄는지는 다음과 같습니다. 왼발을 내딛다가, 불행히도 저는 제 친구인 페르시아 상인 에리반을 물에 빠뜨렸고, 그는 익사하고 말았습니다. 그에게는 아주 어여쁜 아내가 있었는데, 아르메니아 상인과 재혼을 했지요. 부인에게는 딸이 하나 있고, 딸은 어느 그리스인과 결혼을 했습니다. 이 그리스인의 딸은 프랑스에 정착했고, 라바야크의 아버지와 결혼을 한 것입니다. 이 모든 일이 일어나지 않았더라면, 프랑스 왕가와 오스트리아 왕가의 사건들이 다르게 돌아갔을 거라고 느끼시겠지요. 유럽의 체계는 바뀌었을 겁니다. 독일과 터키의 전쟁 결과는 달랐을 것이고요. 이 결과는 페르시아에 영향을 주었을 것이고, 페르시아는 인도에 영향을 주었을 겁니다. 보시다시피 모든 것이 제 왼발에서 비롯되었고, 제 왼발은 우주에서 일어나는 과거, 현재, 미래의 다른 모든 사건들에 연결되어 있었지요."

13 오일러, 『독일 왕녀에게 보내는 서한 *Lettres à une princesse d'Allemagne*』, 여든세 번째 편지, 1760년 12월 13일.

의 본질을 발견할 수 있다고 장담한 바 있었기 때문입니다. 그런데 그 영구불변한 법칙은 결정론을 내포하고 있었던가요, 아니면 우리의 의지에 자리를 남겨 두었던가요?

드라마란 낱말은 몽테스키외의 성격에 어울리지 않을 것이다. 그는 때때로 본의 아니게 서정적이었지만 결코 극적이지는 않았다. 그는 자신이 결코 빠져나오지 못하는 곤란한 처지에 있음을 의식했었다고 말하자.

법은 사물의 본성에서 유래하는 필연적인 관계이다.

필연적인: 이 낱말은 중요하다. 주어진 풍토와 주어진 개인 사이에는 불가피한 관계가 존재한다. 개인은 위도, 지질 구조, 지표, 지표의 산물, 하늘, 바람이 요구하는 바가 될 것이다. 중국인은 중국의 풍토가 요구하는 바가 될 것이며, 당신은 중국인도, 아프리카인도, 아메리카인도 바꾸지 못할 것이다. 우리 세계의 어떤 주민도 바꿀 수 없다. 달도, 태양도, 은하수도 마찬가지이다.

이 필연성은 유일한 것이 아니다. 그것은 우리를 짓누르는 수많은 필연성들 중 하나에 불과하다. 살펴보자. 많은 영국인들이 자살을 한다는 것은 확인된 사실이다. 왜 그런가? 그 광기는 신경 체액의 투과가 부족해서 생기는 것이다. 체액이 더 이상 투과되지 않고, 기계의 추동력이 작용하지 않는 채로 있으면 기계가 자기 자신에 싫증을 낸다. 영혼은 고통을 전혀 느끼지 않지만, 사는 데 어려움을 느낀다. 그래서 영국인은 자살을 하는 것이다. 북방 민족들은 원기 왕성하고, 남방 민족들은 생기가 없다. 이것은 신경섬유의 문제이다. 신경섬유는 추위나 더위의 영향에 따라 변화한다. "찬 공기는 우리 신체 신경섬유의 말단을 수축시킨다. 이것은 신경섬유의 탄성을 증가시키고 혈액이 말단에서 심장으로 돌아오는 것을 돕는다. 찬 공기는 또한 신경섬유의 길이를 줄이고, 따라서 이를 통해 신경섬유의 힘을 더 증가시킨다. 이에 반해 더운 공기는 신경섬유의 말단을 이완하고 신경섬유의 길이를 늘인다. 따라서 신경섬유의 힘과 탄성을 약화시킨다." 이러한 이유 때문에 동양 사람들은 언제나 유약하고, 향락적이며, 전제 권력에 복종하게 마련이다. 그리고 북유럽 사람들은 언제나 원기 왕성하고 활기차다.

『법의 정신』에서 신경섬유가 이러한 역할을 하는 데 우리가 놀란다면, 우리는 몽테스키외의 마음을 아프게 할 것이다. 그가 그 부분에 관심이 컸기 때문이다. 감각이 우리의 모든 활동의 원인이라고 말하기는 쉽다. 그러나 어떻게 감각이 활력이 되는가? 신경섬유를 통해서이다. 신경섬유는 감각을 파악하고 되살린다. 신경섬유가 유연하고 가늘수록 외부에서 일어나는 것을 더 생생하게 영혼에 알려 주고, 과거의 감각을 더 용이하게 영혼에 상기시킨다. 영혼은 거미집 한가운데에 있는 거미와도 같은데, 그것은 가는 실을 통해 그 실을 흔드는 감각들 즉 외부 사물들의 존재를 알아차리며 또한 반대로 실에 운동을 전달할 수 있다. 이를 더 확실하게 알기 위해 보르도 아카데미의 일원인 학자가 실험에 몰두했다. 여기서는 그가 양의 혀 쪽으로 몸을 숙이고 현미경으로 그 입자를 관찰하는 생생한 모습을 보아야 한다. "나는 육안으로 양의 혀가 돌기로 덮여 있는 것처럼 보이는 부분에서 그 외부 조직을 관찰했다. 현미경을 통해서는 이 돌기들에서 작은 털들, 솜털 같은 것을 보았다. 돌기들 사이에 말단에 의해 작은 붓들처럼 형성된 모뿔들이 있었다. 이 모뿔들이 주요 미각 기관인 듯하다. 내가 이 혀의 절반을 얼렸더니, 육안으로는 돌기가 현저하게 감소한 것을 발견했으며, 돌기들의 몇몇 대열 자체는 막 속으로 들어갔다. 현미경으로 조직을 관찰했지만, 더 이상 모뿔을 볼 수 없었다. 혀가 해동됨에 따라 육안으로 보았을 때 돌기들은 다시 일어나는 듯했다. 그리고 현미경으로 보았을 때 작은 신경섬유의 집합들이 다시 나타나기 시작했다." 양의 혀나 시베리아 사람들이나 마찬가지로, 결빙은 신경섬유의 말단에 영향을 미치고, 이 작용은 사람들을 조건 짓는다. 몽테스키외에게 어떤 순간에 물질을 통해 법의 정신을 설명하려는 유혹은 그만큼 강했다.

적어도 그가 원칙적인 선언을 했을 때 그는 이러한 유혹을 단호하게 뿌리쳤지만, 세부적인 전개 과정에서는 자주 이러한 유혹을 다시 보게 된다.

맹목적인 숙명이 이 세상에서 우리가 목격하는 모든 결과를 낳았다고 말한 사람들은 아주 터무니없는 말을 한 것이다. 실제로 맹목적 숙명이 지능을 갖춘 존재를 만들었으리라는 말보다 더 터무니없는 것이 무엇이겠는가?

맹목적 숙명, 그렇다. 그러나 여기서 더 미묘한 다른 위험이 나타난다. 그 위험은 몽테스키외가 첫 번째와 대조하는 매우 유사한 공식 속에 포함되어 있다.

원초적 이성이 있으며, 법은 원초적 이성과 여러 가지 존재들 사이의 관계, 이 각양각색의 존재들 사이의 관계이다…… 이와 같이 자의적 행위인 듯 보이는 창조가 무신론자들의 숙명만큼이나 확고부동한 규칙들을 가정하고 있다…….

몽테스키외는 자신이 중요하게 여기는 생각을 『페르시아인의 편지』에서부터 표명했으며, 『로마인의 흥망성쇠 원인에 대한 고찰』의 토대로 삼았다. 그런데 그의 합리적 숙명은 스피노자의 숙명과 닮아 있었다.

이것은 바로 그의 위대한 저작이 출간되었을 때부터 정통 교리 옹호자들이 파악했던 바이다. 그리고 그들은 『윤리학』의 정신을 재현했다고 단호하게 그를 비난했다. 자신을 향해 들고 일어난 비평가들에 맞서 『법의 정신을 위한 변호』를 출간하지 않을 수 없었던 몽테스키외는 이 점에 대해서도 자신은 스피노자주의자가 아니라고 해명을 해야만 했다. 여기서 그의 반박은 아주 맹렬하다. 물질계와 정신계를 명백하게 구별하는 데 유의했고, 신이 창조자이자 관리자로서 우주와 관계를 맺고 있다고 말했던 그가 어떻게 스피노자주의자이겠는가? 창조자이자 관리자로서의 신은 범신론의 반대편에 있다. "나에게서 이 중상모략을 거두어 주시오. 나는 결코 스피노자주의자였던 적도 없고, 앞으로도 절대 그럴 일이 없을 것이오."

사실, 매우 거침없는 그의 개성은 '자아'와 무한한 실체의 신을 구별하지 않는 체계를 싫어하고, 그 체계를 단지 이 실체의 방식들 중 하나로 생각한다. 그리고 사적인 그의 『수첩』에서 우리는 이 점에 관해 논증하고 있는 그의 모습을 볼 수 있다. "뭐라고! 어느 위대한 천재가 사람들이 매우 설득력이 있다고 하지만 모호하기만 할 뿐인 온갖 종류의 수학적 추론을 사용해서, 내 영혼을 내 육체의 존엄성으로만 한정시키고 내가 벌레처럼 죽을 것이라는 사실을 나에게 납득시키려고 한다고! 내가 가장 개인적이라고 생각하는 모든 것을 나에게서 빼앗아 간다고! 물 입자가 바다에 사라지는 것 이상으로 내가 공간 속에 사라질 것이라고! 바로 그 철학자가 나를 위해서 내 내면의 자유를 파괴하고 싶어 한다고! 그는 내 모든 행동들의 동기를 빼앗고 내게서 모든 도덕을 털어 준다. 그는 내가 대악당이 되어도 죄가 없고 어떤 사람도 그것이 나쁘다고 생각할 권리가 없을 정도로 나를 영광스럽게 만든다. 나는 이 철학자에게 감사할 것이 많다……."

이러한 말로 그는 논증하고, 이러한 열정을 갖고 스피노자에 대항한다. 위대한 사람의 말에 의심을 품지 말자. 동시대의 의견을 고려하지 말자. 그가 부인하는 학설이 상당 부분은 아니더라도 적어도 어떤 흔적에 의해 『법의 정신』에 드러난다는 인상은 배제하자. 그러나 우리는 다른 존재를 인정하지 않을 수 없으니, 그것은 바로 스토아학파의 존재이다. 스토아학파에게 세계는 이성과 필연이었다. 몽테스키외는 스토아학파와 그 자신과의 관련성에 대해서도 부인했는데, 이번에는 마지못해 하는 듯했고 열의가 없으며 그 정도도 미약했다. 마치 아주 소중한 친구들을 친구가 아니라고 부정하면서도 그들에게 계속 집착하는 사람처럼 말이다. 그는 매우 자주 그들의 도덕을 찬양했고, 가장 저명한 그들의 대표자들을 칭찬했으며, 그들을 따랐던 로마 황제들에 감탄했다. 또한 그가 기독교권에서 태어나지 않았더라면 그는 그들 제자들 중 하나였을 것이라고 매우 공공연하게 떠벌렸다. 그는 준비 작업을 하면서, 키케로에게서 발견한 그들의 경구들 중 하나인 "법은 위대한 주피터의 이성이다"를 첨부할 정도로 그들에게 너무나도 허물없이 접근했으므로 관계를 끊는 것은 어려운 일이었다. 그들에게나 그에게나, 우주는 합리적인 원인, 그 자체에 원인들의 연쇄를 포함하는 단일한 원인의 결과였다. 그들에게나 그에게나, 모든 것은 필연적인 관계, 결과의 관계, 그리고 정의의 관계였다.

인간의 자유가 해방될 수 있도록 그는 얼마나 묘기를 부려야만 했던가! 그 불변의 법칙에 자신이 제시한 예외들을 정당화하기 위해 노력하는 시작 단락만큼 고통스런 대목이 어디 있겠는가!

정신적 세계가 물질적 세계만큼이나 잘 지배된다는 것은 어림도 없는 소리이다. 실제로 정신적 세계 또한 본래 변하지 않는 법이 있다 하더라도, 물질적 세계가 법칙을 따르는 것처럼 그 법을 한결같이 따르는 것은 아니다. 그 이유는 지성이 있는 개별적 존재들이 본래 제한적인 지성을 갖고 있으며 따라서 오류에 빠지기 쉽기 때문이다. 다른 한편, 그들이 자기 힘으로 행동하는 것은 그들의 본성에 따른 것이다. 그러므로 그들은 최초의 법을 한결같이 따르지는 않는다. 심지어 그들이 스스로에게 부여하는 법마저 그들이 언제나 따르는 것은 아니다.

이는 첫 번째 생각보다 더 스토아철학적인 생각으로서, 즉 정신적 세계에서 법의 이상은 물질적 세계의 법칙의 완벽함을 모방한다는 것이다. '지성이 있는 개별적 존재들은 본래 제한적인 지성을 갖고 있으며, 따라서 오류에 빠지기 쉽다.' 이것은 라이프니츠적이라고 할 수 있는 생각으로, 인간 본성이 완벽하다면 그것은 신성에 합류하게 될 것이다. '그들이 자기 힘으로 행동하는 것은 그들의 본성에 따른 것이다.' 이것이 바로 문제가 되는 것이다. 마찬가지의 부자연스러운 결합이 이어지는 전개 부분에서 나타나는데, 이 부분은 『법의 정신』의 서두에 장엄하기는 하지만 아주 힘들게 인위적으로 건축한 스토아철학이라는 회랑을 놓는 것만을 목적으로 한다.

인간은 물질적 존재로서, 다른 물체들과 마찬가지로 변하지 않는 법칙의 지배를 받는다. 지성적 존재로서 인간은 신이 세운 법을 끊임없이 위반하고, 자신이 만든 법도 바꾼다. 인간은 스스로 행동해야 한다. 그렇지만 인간은 제한적 지성을 갖는 존재이다. 인간은 모든 유한한 지성처럼 무지와 오류에 빠지기 쉽다. 인간이 가진 빈약한 인식, 인간은 그것마저 잃어버린다. 지각할 수 있는 피조물로서, 인간은 수많은 열정에 쉽게 사로잡히게 된다. 이러한 존재는 매 순간, 자신의 창조자를 잊어버릴 수 있었다. 신은 종교의 법을 통해 인간에게 그 사실을 상기시켰다. 이러한 존재는 매 순간, 자기 자신을 잊어버릴 수 있었다. 철학자들은 도덕의 법을 통해 인간에게 그 사실을 알려 주었다. 사회 속에서 살기 위해 만들어졌음에도 인간은 사회에서 타인들을 잊어버릴 수 있었다. 입법자들은 정치적인 시민법을 통해 인간이 자신의 의무를 되찾도록 해 주었다.

이게 다가 아니다. 결국 인간은 위대한 주피터의 이성을 개선할 수 있었고, 최초의 법보다 우월한 법을 만들 수 있었다. 스토아학파의 시대에 인간 본성은 자신으로부터 놀라운 학파를 만들어 내기 위해 노력을 기울였는데, 이 학파는 마치 하늘이 결코 볼 수 없던 곳에서 대지가 태어나게 만든 그런 식물들과도 같았다. 마찬가지로 몽테스키외의 세기는 사물들을 발견했던 상태 그대로 남겨 두지 않을 것이고, 인간 본성은 새로운 노력을 기울일 것이다. 이 세기는 이전 세기들이 버리지 못했던 억압을 아마도 축소하고 폐지할 것이다. 개인의 권리를 존중하게 만드는 법을 배울 것이다. 또한 침해할 수 없는 것이 될 바로 그런 보장들로 개인을 둘러쌀 것이다. 백성과 군주는 똑같이 절제할 것이다. 실천적 지혜가 오류를 해소할 지성의 노력에 추가될 것이다. 몽테스키외는 아마도 우리를 원인이 아니라 단지 결과가 되게끔 강요할지 모르는 이러한 결정론에 더 이상 걱정하지 않고, 자유의 십자군 안에서 자기 자신의 자리를 잡았다. 그의 작업을 통해 모든 사람이 자신의 의무와 자신의 군주와 자신의 조국과 자신의 법을 사랑할 새로운 이유를 가질 수 있다면, 자신이 위치하는 각각의 나라와 정부와 직위에서 행복을 더 잘 느낄 수 있다면, 명령을 내리는 사람들은 자신들이 명령하게 될 것에 대해 지식을 쌓고 복종하는 사람들은 새로운 복종의 즐거움을 찾을 수 있다면—몽테스키외는 인간들 중 가장 행복한 사람으로 죽음을 맞을 것이다. 그는 인간들 중 가장 행복한 사람으로 죽음을 맞을 것이지만, 다른 사람들에게 운명—그것이 비록 합리적이라고 해도—과 진보를 화해시킬 임무를 남겼다.

제6장

감정: 불안
그리고 인간 내부의 감정적 힘

　감성적 인간과 이성적 인간. 두 가지 인간 유형이 서로를 교체하면서 등장한다. 하나가 오면 다른 하나는 간다……. 그러나 이렇게 단순한 도식으로 상황이 일어나지 않았다면? 두 가지 유형 사이에 모종의 공모가 있었다면? 철학이 감정이 표현되도록 도와주었고 심지어 감정이 승리하는 데 기여했다면?

　매우 무미건조한 작가들이 자신들의 저서에서 감수성과 감상(感傷)에 자리를 내주었던 것. 비극이 정념을 때로는 애정을 폭넓게 활용했던 것. 이를테면 셰리든[1]과 같은 사람이 감성과 날카로운 비평을 번갈아 내세웠던 것. 골드스미스[2] 같은 사람이 유쾌함과 비장함 사이를 오가는 말투로 웨이크필드의 목사와 그의 가족을 묘사했던 것. 이러한 예들을 우리는 전혀 이용하지 않겠다. 왜냐하면 우리들

1　(역주) Richard Brinsley Sheridan(1751~1816): 아일랜드 출신의 극작가이자 정치가

2　(역주) 골드스미스는 베스트셀러 소설인 『웨이크필드의 목사 The Vicar of Wakefield』(1766)를 썼다.

은 심리란 복잡한 것이며 그 시대의 작가들은 때때로 그 사실을 기억했다고 말하게 될 것이기 때문이다. 그리고 이것은 너무도 명백한 진실일 터이다.

우리는 감상적인 것이 철학자에게서 단호하게 등을 돌렸어도 철학자는 감상적인 것에 수줍게 손을 내밀었다는 사실 또한 이용하지 않을 것이다. 철학자가 웅변적이었다는 것, 그것은 그 나름의 서정적인 방식이었다. 철학자는 목소리를 떨기까지 했다. 철학자에게는 비장한 분노가 있었다. 비록 철학자가 열광, 미덕을 위한 눈부신 열광의 적이라 하더라도 말이다. 철학자는 우리의 불가사의한 자아가 정확하게 무엇인지 자주 자문하지는 않았는데, 이 자아를 이루는 요소들은 계속해서 붕괴 중이었지만 그럼에도 불구하고 자아는 그 동질성을 지키고 있었다. 끊임없이 변화했지만 언제나 그대로였다. 그러나 철학자는 때때로 질문을 던지고는 스스로 이 신비한 자아는 아마도 지성이 이해하는 사실이 아니라 사람들이 느끼는 어떤 역동성일 것이라고 대답했다. 철학자는 진실에는 직관적인 가치가 있다고 생각했다…… 그러나 우리는 너무도 드문 이 접점들은 검토하지 않을 것이다. 우리는 더 흔하고 더 보편적인 행위들을 모색하겠다.

구체적인 것을 다루는 과학은 사람들이 눈을 뜨게 만들었다. 식물을 채집하기 위해서는 바로 풀밭과 숲으로 가야 했고, 때로는 산의 최고 급경사면을 올라가야 했다. 어떤 움직임이 발생하면 사람들은 존재의 형태들을 관찰하게 되었는데, 그것들은 우선 관찰의 대상이 되었고 뒤이어는 감탄의 대상이 될 정도에 이르렀다. 25세에 린네가 라포니아의 식물상을 현장에서 연구하려고 결심하고 1732년 5월 12일 북문을 통해 웁살라를 떠날 때, 그는 봄을 들이마신다. "하늘은 맑고 무더웠다. 잔잔한 서풍이 대기를 서서히 식히고 있었다. 흑점 하나가 서쪽에서 올라왔다. 자작나무 싹이 트기 시작했다. 잎이 처음으로 나무에서 움트고 있었으나, 느릅나무와 물푸레나무는 여전히 나목이었다. 종달새는 하늘에서 노래를 부르고 있었다. 1마일 떨어진 지점에서 우리는 숲으로 들어간다. 종달새는 우리를 따라오지 않지만, 전나무 꼭대기에서 지빠귀는 사랑 노래를 부르기 시작한다." 이렇게 스웨덴의 온화한 봄을 누릴 수 있는, 여전히 소심하고 추위를 많이 타는 젊은 학자는 단지 세기의 가장 위대한 식물학자가 되는 것에 그치지 않을 것이다. 야외를 그리는 화가로서, 그는 자연에 대한 감정의 역사에서 중요한 자리를 차지할 것이다. 실험실의 화가인 뷔퐁 역시 중요한 자리를 차지할 것이다. 1740년부터 그는 관객의 눈이 결코 비슷한 것을 본 적이 없는 것 같은 일련의 이미지들을 보여 줄 것인데, 삽화가들은 이것들을 곧 정확하게 그리러 올 것이다.

과학은 세계의 표면과 심층을 바꾸었다. 세계는 몇몇 사막과 대조되는 채소밭과 과수원으로 아주 작아서, 기껏해야 영국식 정원에 불과했다. 과학은 탐구를 통해서 세계의 거대함을 보여 주었다. 거의 불안할 정도로 과학은 그 거대한 세계에서 기이한 동물상과 식물상의 운집을 파악했고, 세계에 생명이 넘치도록 만들었다. — 세계는 최근에 만들어진 것이어서, 약소하게도 몇 천 년밖에 되지 않았다. 과학은 놀라운 과거로 세계를 풍부하게 했다. 태초의 혼돈, 해수의 작용, 수위가 낮아지는 대양, 빛에 모습을 드러내는 최초의 능선들, 불의 작용, 활화산, 작열하는 맹화, 갑자기 파인 구렁, 침강 대륙 전체를 갑자기 솟아오르게도 만들고 사라지게도 하는 지진, 이 모든 것이 놀라운 출산의 작업이었다. 과학은 "이 광대한 우주가 포함하고 있는 셀 수 없을 정도로 많은 천체들"로 세계를 풍부하게 했다. 또한 과학은 세계를 뒤틀린 거대한 폴립으로 만들고, 어떤 필수 기관이 없어 탄생부터 죽음을 면할 수 없는 운명인 기형의 존재들에 대해 언급하며, 매 순간 거대한 건축물을 만들고 그것을 붕괴시키는 셀 수 없이 많은 분출, 시작도 끝도 없이 지칠 줄 모르는 물질이 분출하는 많은 양의 원자들 등 묵시록의 광경에 도전하는 광경들을 제공하면서 모든 가능성들로 세계를 풍부하게 했다. 과거에 세계는 고정되어 있었다. 반면, 바로 이 과학은 세계가 연속적으로 진화하는 광경에 익숙해질 것을 요구했다. 자연은 더 이상 안정적이지 않았다. "언뜻 보기에는 자연의 위대한 작품들이 변질되거나 변화하지 않는 것 같지만, 또 가장 불안정하고 가장 일시적이기까지 한 자연의 산물 속에서도 자연은 언제나 끊임없이 그대로인 것 같지만, 매 순간 자연의 최초 모델들이 우리가 보기에는 새로운 표현으로 다시 나타나기 때문에, 더 가까이서 관찰하면 자연의 흐름이 완전히 똑같지 않다는 것을 알아차릴 것이다. 자연은 감지될 수 있는 변이와 연이은 변질을 받아들이며, 심지어 형태와 물질의 새로운 결합과 변화에 동참하기도 한다는 것을 알게 될 것이다…… 자연은 여러 가지 상황 속에서 존재했다. 지표면은 연이어 다른 형태들을 취했다. 하늘조차도 변화했고, 물질계의 만물은 정신계의 만물처럼 연속적인 변이의 끊임없는 운동 속에 존재한다."[3]

여기서는 낭만주의 시가 애용하게 될 주제들 중 하나의 기원을 강조하자. 자연의 힘들이 갖는 이 운동들을 에테르 안에 투사하면 우리는 라마르틴의 시각을 가지게 될 것이다. 창조물 중 맨 아래 대상부터 신에 이르는, 존재의 대사다리를 가정하자. 진화와 윤회(輪廻)를 따라가자. 그러면 우리는 마찬가지로 빅토르 위고의 철학을

---

3 뷔퐁, 『자연의 시대들 *Les Époques de la nature*』, 1774.

사로잡고 있는 시각을 가지게 될 것이다.

우고 포스콜로[4]와, 워즈워스와 콜리지가 초기에 보였던 태도, 때때로 키츠가 보였던 태도, 그리고 언제나 바이런이 보였던 시적 반항의 태도는 다른 원인들에서 비롯된 것이지만 또한 18세기 사상에서 비롯된 것이기도 하다.

포스콜로의 소설 『야코포 오르티스 최후의 편지 Ultime lettere di Jacopo Ortis』에는 "그는 자신이 사랑하는 자유를 찾으러 간다"[5]는 시구가 있다. 바로 이 자유에, 야코포 오르티스의 조상들, 그와 동시대인들, 그의 후계자들이 모두 열중한 것이다. 합리주의는 인간에게서 보편적인 가치만을 고려하길 원했고, 합리주의야말로 보편적 가치의 전형이었다. 그리고 권위, 전통, 외부에서 유래한 규칙에서 인류를 벗어나게 함으로써, 합리주의는 인간의 사슬을 풀어 주었다. 인간은 자기 자신에서 비롯되는 영감 이외에 다른 영감을 필요로 하지 않고 자기 행위의 주인이 되었다. 인간은 자기 자신의 법정 앞에서가 아니면 자기 행위에 책임을 질 필요가 없었다. 최초의 자유는 다른 모든 자유들을 끌고 들어왔다. 다음과 같은 레날 신부의 말은 사람들이 처음에 논리적이라고 생각할 것보다 더욱 논리적이다. "클라리사는 러블레이스에게 '내 몸에 손을 대면 죽어 버리겠어요'라고 말했다. 그러나 나는 내 자유를 해치려는 사람에게 '가까이 오면 단도로 찌르겠소'라고 말할 것이다. 아마 내가 클라리사보다 더 잘 생각했을 것이다."[6] — 개인은 자유롭다. 생각은 자유롭다.

---

4 (역주) Ugo Foscolo(1778~1827): 낭만주의적 색채가 강한 이탈리아의 시인이자 소설가

5 (역주) 단테 『신곡』에서 나오는 시구의 인용

6 레날 신부, 『두 인도에서의 유럽인들의 상사들과 교역에 대한 철학적 · 정치적 역사』, 11권, 1770.

열정은 자유롭다. 문학적 표현은 자유롭다. 우리가 권위를 찾으려 애쓰고 위대한 선조들을 본받으려고 고집하는 것은 잘못이다. 있는 그대로의 모습을 다시 나타내 보이자. — 먼 과거에 애착을 느끼고, 종교적으로는 신정(神政), 정치적으로는 보수였고, 따라서 계몽주의의 유산을 거부한 낭만주의 일파가 존재했던 반면, 자유주의적이고 심지어 무정부주의적이기까지 한 낭만주의, 셸리의 낭만주의, 스탕달의 낭만주의 또한 존재했다고 주장하는 것은 더 이상 역설이 아니다.

이러한 자료들을 기억하고, 다른 작업에 참여하자. 그것은 아름다움을 인지하고 더 나아가 창조할 수 있게 하는 비합리적인 힘의 존재를 계속 노력을 기울이며 찾아내는 데 전념하는 심리학의 작업이다.

아름다움이란 무엇인가? 집요한 심리학자, 논리학자, 형이상학자에다가 당연한 것처럼 자신들의 말을 하길 원하는 화가, 조각가, 판화가, 심지어 풍자 화가까지 추가되었던 만큼, 그리고 이렇게 혼란이 심해졌던 만큼, 그것은 여전히 해결하기 어려운 문제이다. 그토록 매혹적인 이 아름다움이 과연 무엇인지, 아름다움의 토대, 본성, 정확한 개념, 진정한 관념이 무엇인지, 절대적인 것인지 아니면 상대적인 것인지, 프랑스에서 좋아하듯 중국에서도 좋아하는 아름다움이 있는지, 지고의 아름다움과 우리가 이 세상에서 보는 평범한 아름다움의 규칙과 표본이 존재하는지 어떤 모임에서 물어보라. 그러면 생각은 뒤섞이고, 의견은 나뉘며, 가장 잘 알고 있다고 믿었던 삼라만상에 대해 헤아릴 수 없는 의혹이 싹틀 것이다. 상대방이 해명하도록 조금이라도 질문을 던지기만 하면, 대부분은 어떻게 답을 해야 할지 알 수 없을 것이다.[7]

물론 궁지에서 벗어날 방법, 심지어 궁지에 빠지지 않을 방법까지도 있었다. 고전적 학설에 아주 만족하는 것으로 충분했다. 아름다움은 진리의 반영이다. 그러고 나서 입을 다물기만 하면 그만이었다. 아름다움은 모든 시대와 모든 나라에 적용되었고, 자연이 유일한 것처럼 아름다움은 유일했다. 사람들은 자연을 모방하면서 혹은 자연을 모방했던 스승들, 즉 완벽한 모범들을 모방하면서 진리를 포착했다. 이러한 엄격성을 약간 포기하고 진리의 대체물로서 내적 논리에 의존하고 있는 '진실임직한 것(le vraisemblable)'을 제시하더라도, 아름다움은 언제나 합리적인 성격을 유지하고 있었다. 결국 크루자즈가 말한 바와 같이 통일성, 규칙성, 질서, 비례로 인해 절도를 갖는 다양성은 키메라같이 혼합된 괴물이 아니다.[8]

그러나 이것이야말로 이단자들이 이의를 제기했던 것이다. 실제로 바퇴 신부[9]처럼 정통파들이 매우 격분했던 이단자들이 존재했다. 그리고 주요한 질문 자체가 부차적인 많은 질문들로 나뉘었기 때문에, 고전적 교의를 공격하는 비방들이 한 무더기의 세부적인 답변들에 스며들었는데, 각각의 답변은 처음의 믿음을 흔드는 데 기여했다. 취향은 아름다움을 결정한다. 그러나 취향은 무엇인가? 그것은 전적으로 지적인 작용 외에 결코 다른 것이 아니라고 줄기차게 말하기는 정말로 어려웠다. 설명이 부족할 때 의존할 수밖에 없는, 그 자체로 불가사의한 무엇인가를 내포하고 있으며 그 이름 자체로 지성을 괴롭히는 "무엇인지 모를 것"은 무엇인가? 잘 파악되지 않는 것처럼 보이는 숭고함은 무엇인가? 천재성이란 무엇인

---

7 앙드레 신부, 「첫 번째 논문」, 『아름다움에 대한 시론 Traité sur la beau』, 1741.

7 앙드레 신부, 「첫 번째 논문」, 『아름다움에 대한 시론 *Traité sur la beau*』, 1741.

8 크루자즈, 『아름다움에 관한 시론 *Traité du beau*』, 1715.

9 (역주) Charles Batteux(1713~1780): 프랑스의 성직자이자 학자이며 자유기고가

가? ― 그리고 유사한 흐름 속에서 본질적으로 시란 무엇인가? 거짓된 시에 대하여 진실된 시란 무엇인가? 우리가 사용하는 형식들로 귀착되지 않는 형식들이 외부로부터 몰려든다. 또한 우리는 깊은 과거 속에서 우리의 형식들로 귀착되지 않는 형식들을 언뜻 본다. 그러나 이 형식들은 시라는 이름을 요구한다. 그림은 무엇인가? 조각은? 건축은? 오래된 정의만으로는 더 이상 충분하지 않았다.

따라서 학자, 문인이자 세계인이었던 안토니오 콘티[10]가 파르나스의 섭정들에게서 지적했던 정신 상태에 대한 다수의 반란이 일어났다. "그들은 데카르트 씨의 정신과 방법을 문학에 도입했고, 감성적 특성과 무관하게 시와 웅변을 평가한다." 감성적 특성은 틀림없이 인정될 필요가 있었다. 의고전주의의 영향을 받으면서도 감성적 특성에 대한 선호를 다소간 유지하지 않을 수 없었던 영국, 이탈리아 같은 국가들은 자신들에게서 감성적 특성이 영원히 존재한다는 사실을 강조하길 좋아했다. 취향상 교회분리주의자인 영국의 이론가들이 반항적인 설명을 거듭하는 동안 시인인 마크 에이킨사이드[11]는 1744년에 「상상의 즐거움The Pleasures of Imagination」을 노래했다. 나도 이 시가 무미건조한 시라는 것은 인정한다. 교훈적이고, 베르길리우스와 호라티우스를 본받았음을 자랑스럽게 생각하며, 포프의 리듬을 되찾은 것에 만족하는 시이다. 그렇지만 이 시는 그래도 이성의 세계를 아름다운 이미지들로 이루어진 세계로 바꾸었고, 그 아름다움이 우리에게 불러일으키는 즐거움에서 독특한 성격을 이끌어 냈다. 그리고 동의하는 우리의 마음을 감동시킬 수 있

---

10 (역주) Antonio Schinella Conti(1677~1749): 이탈리아의 역사가이자 수학자이며 철학자

11 (역주) Mark Akenside(1721~1770): 영국의 시인인자 물리학자

는 매력을 분석했으며, 마침내 새로운 여신의 서사시를 노래했다.

당신, 선율이 아름다운 모든 젖가슴을 가진 미소 짓는 여왕
관대한 환상이여……!12

이탈리아 교조주의자들이 아무리 최고 이성에 집착한다 하더라
도, 그들은 이성이 영혼 속에 자신을 제외한 어떤 것도 남아 있게
내버려 두지 않을 정도로 전제적인 것은 바라지 않았다. 반대로 그
들은 상상적이고 감성적인 다른 능력들에도 자리를 요구했고 그 영
향력을 강조했다. 아마도 그들의 논문과 서한은 스위스에서 보드머13
와 브라이팅어14가 고체트의 불모성에 대항해 시도한 저항에 영감
을 주었을 것이다.

아름다움은 객관적인 것보다 주관적인 것이 되어야 했다. 절대
적인 것보다 상대적인 것이 되어야 했다. 어떤 존재론적 개념에 좌
우되기보다 우리 존재의 양상에 좌우되어야 했다. 경험주의가 그렇
게 요구했기 때문이다. 아름다움이란 무엇인가? 뒤보 신부15는 순
수한 열정이라고 대답했다. 우리는 열정을 느낄 필요가 있지만, 종
종 열정으로 인해 고통을 겪는다. 예술의 기능은 열정과 함께 야기

---

12 「상상의 즐거움The Pleasures of Imagination」, 1권, 9~10행. "너, 조화
   로운 모든 젖가슴을 가진 웃음 짓는 여왕이여, 남성들에게 관대한 상상력
   이여……."
13 (역주) Johann Jakob Bodmer(1698~1783): 스위스의 비평가이자 시인
14 (역주) Johann Jakob Breitinger(1701~1776): 스위스의 문학가이자 문헌
   학자
15 (역주) Jean-Baptiste Dubos(1670~1742): 프랑스의 역사가이자 미학자로
   예술적 아름다움의 상대성을 강조했다.

되는 고통이 사라진 열정을 우리에게 마련해 주는 것이다. "화가와 시인은 우리에게 진짜 열정을 불러일으킬 수 있는 대상의 모조품을 제시하면서, 이 인위적인 열정을 우리에게 불러일으킨다." 우리를 즐겁게 할 용도로 마련된 공간에서 입다[16]의 딸이 당한 끔찍한 희생을 그린 그림은 유쾌한 그림보다 더 우리의 마음을 사로잡는다. 단도, 희생자, 흐르는 피를 보면 우리는 공포를 느낄 것이다. 그러나 이 고통스러운 행위를 묘사한 것은 현실에서 느낄 수 있을 고통을 제거하면서도 그 감정적 특성을 유지한다.[17] 이 대답은 사람들 사이에서 검토되고 거부당하기도 하고 받아들여지기도 하면서 먼 길을 가야 했다. 후에 피에트로 베리가 되풀이했는데, 만약 인간들이 완벽하게 건강하고 쾌활하다면 미술은 존재하지 않을 것이다. 그러나 미술은 우리의 내밀한 고통들에서 우리가 잠시 벗어나도록 해 준다. 우리가 모르는 이 고통들이 우리 기관(器官)에 미치는 신체의 생리적 작용으로부터 비롯되든지, 아니면 우리에게 여전히 모호한 정신적 감각에서 유래하든지, 이 고통들은 암암리에 우리를 괴롭힌다. 우리의 조사에서 벗어나도 괴로움은 여전히 존재한다. 아름다운 음악, 아름다운 그림, 아름다운 희곡이 이 고통에서 우리를 벗어나게 한다. 예술가에게 최고의 솜씨는 약한 정도의 고통스러운 느낌을 교묘하게 유발하는 것이기까지 하다. 오로지 그 느낌을 멈추게 하기 위해서 말이다.[18]

---

16 (역주) 입다는 「판관기」에 등장하는 이스라엘의 판관으로 암몬인의 공략에서 이스라엘을 구원했는데, 이 과정에서 자기 딸을 번제물로 바쳤다.

17 뒤보 신부, 『시와 미술에 관한 비판적 성찰 *Réflexions critiques sur la poésie et sur la peinture*』, 1719.

18 피에트로 베리, 『즐거움과 고통의 본질에 대한 논문 *Discorso sull' indole del piacere e del dolore*』, 1773.

아름다움이란 무엇인가? 합리적 도덕에 이의를 제기했던 주인 공인 프랜시스 허치슨은 원래 사실에서 논리적으로 출발하자고 대답했다. 감각에서 출발하자. 감각들 중 어떤 것들은 고유한 성격이 있어서 다른 어느 것으로도 환원될 수 없다. 그 감각들은 우리 안에 있는 감정, 아름다움에 대한 감정과 관계가 있다. 이 내면의 능력은 원리, 비례, 원인에 대한 지식, 혹은 대상의 사용에서 비롯되는 즐거움과는 완전히 다른 즐거움을 야기한다. 이성은 우리에게 어떤 이점을 보여 주거나 안다는 사실에 동반되는 기쁨을 우리에게 가져다주면서, 이 즐거움에 추가될 수 있다. 그러나 이성은 그 본질에 속하지 않는다. 결국 우리에게 이 내면의 감정이 없다면, 건물, 정원, 의복, 장신구가 적절하고 유용하며 편리하다고 생각하겠지만, 결코 그것들이 아름답다고 말하지는 않을 것이다.[19]

사람들은 다시 시작하고, 돌이 손에서 빠져나가 다시 떨어지는 것처럼 종종 다시 뒤로 돌아오곤 했다. 그러나 우리가 이미 그토록 많은 예들을 발견한 바대로 사람들은 악착스럽게 돌을 다시 들어 올렸다. 사람들이 정립하려고 애쓴 학문은 1735년 마침내 그 이름을 얻었다. 볼프의 제자이자 성경 주석가의 형제였던 알렉산더 고틀리프 바움가르텐[20]이 자신의 박사 논문「시의 본질에 대한 몇 가지 양상들에 관한 철학적 성찰」에서 이 학문을 미학이라고 부른 것이다. 여전히 묻혀 있던 이 낱말은 더 완비된 개론서로서 1750년 바움가르텐이 그 첫 권을 발간한 『미학 Æsthetica』에서 다시 꺼내져 전면에 내세워졌다. 이 저작이 걸작은 아니었다. 몇 가지 점에서는

---

19 프랜시스 허치슨, 『아름다움과 미덕의 관념의 기원에 대한 탐구』, 1725.
20 (역주) Alexander Gottlieb Baumgarten(1714~1762): 독일의 철학자이자 미학자로 미학을 철학의 한 분과로서 독립시켰다.

이전의 몇몇 저작보다 덜 과감한 작품일 정도였다. 중요한 것은 이름 그 자체였는데, 그 이름은 예술 이론(*theoria liberalium artium*)이라는 독자적인 분과를 만들려는 의지를 표현하고 있었다. 또한 중요한 것은 바움가르텐이 여전히 이러한 감각적 지식이 합리적 지식보다 더 열등하다고 상정하고 있다 하더라도, 그 감각적인 지식이 언증받았으며 그 권리를 요구하고 있다는 생각이었다.

이성만이 아름다움을 창출하고 판단한다는 주장을 이성으로부터 박탈하기 위해 들였던 모든 노력, 이러한 특권을 우리 정신의 특별한 범주에 부여하기 위해 펼쳐진 모든 활동, 해상 감시인이 새로운 땅을 알리는 것처럼 페이호오 신부가 스페인 대중에게 천명했던 발견, 그것이 바로 「인간 내부의 새로운 능력 혹은 감정적 힘의 발견」에서 표현되었다.

생계 유지를 위해 맹인의 안내인 역할을 했던 변변치 못한 구두 제조인의 아들, 그럼에도 학교에 다니게 되었고 자기 스승들에게는 그리스어가 금보다 더 보기 힘들다고 하면서 그들이 뮤즈의 친구가 아니라고 비난한 소년, 함부르크에서 학자 파브리치우스[21]의 장서를 매물로 내놓았다는 것을 알게 되자, 길을 떠나 필요한 경우 끼니를 거르면서까지 경매에 참여하여 그리스어 책 몇 권을 산 청년, 옴이 오른 아이들에게 읽기를 가르치지만 호메로스 안에서 기도를 하며 자신의 고통을 잊는 교육자, 자신의 고대 지식을 완성하려는 열정만으로 겨우내 『일리아스』와 『오디세이아』를 세 번이나 다시 읽은 사서, 로마에서 작은 직무를 수행할 생각으로 가톨릭 신자가 된

---

21 (역주) Johann Albert Fabricius(1668~1736): 독일의 언어학자이자 성경 연구가

루터파 신자, 라틴의 땅인 이탈리아, 이탈리아를 밟은 날부터 비로소 삶을 시작한다고 생각한 브란덴부르크 사람, 이 요한 요아힘 빙켈만은 숙명적인 움직임에 의해서인 것처럼 고전 고대 쪽으로 향해 나간다. 그런데 놀라운 것은 단지 이러한 소명뿐만 아니라, 그가 그리스의 아름다움의 최고 완벽함에 이르는 방식이다. 그는 모든 바로크, 그리고 동시대인들이 좋아한 조악한 헬레니즘까지도 단번에 거부한다. 페리클레스 시대의 고귀한 석상들을 응시하면서 그는 외친다. 이것이야말로 진정한 아름다움이다. 단순한 성격을 지닌 진정한 아름다움이 존재함을 인정하시오. 해수면에 풍랑이 거세게 일어도 깊은 바다는 여전히 고요한 것과 마찬가지로, 이 석상들의 모습은 열정의 한가운데에서도 흔들리지 않는 영혼을 언제나 나타내고 있다. 어떤 것도 석상들의 평화로운 조화를 깨뜨리지 못한다.

　물론 헤르쿨라네움의 고대 유적이 발견된 것은 사람들에게 막대한 영향력을 행사했다. 그러나 이 발견은 서서히 이루어졌을 뿐이다. 사람들이 지나간 삶의 무대를 단번에 보게 된 것은 아니었다. 청동상과 대리석상들이 한 점씩 발굴되었다. 복원은 긴 시간에 걸쳐 계속되었다. 반면『회화와 조각에서 그리스 작품의 모방에 관한 고찰』(1755)과 『고대 예술사』(1764)는 갑작스런 계시와도 같았다. 아무런 숨김없이 완전히 순수한 그리스가 드러났을 뿐만 아니라 예술에 대한 모든 개념도 수정되었다. 예술은 피조물들 모두가 그런 것처럼 진화했다. 예술은 인간이나 식물처럼 태어나 나이가 들어 죽음을 맞았다. 예술을 잘 이해하기 위해서 예술의 점진적인 노력을 따라가야만 했다. 비록 서투를지언정 예술의 최초 표시들을 사랑하고, 예술이 맞은 난숙기의 결실을 사랑하되 쇠퇴에 따르는 우수를 느껴야 한다. 불확실한 시작과 슬픔에 찬 끝 사이에서 완벽함의 이미지를 지상에 고정시킨 걸작들을 충일하게, 감사하는 마음으로 사랑해야 한다. 예술은 더 이상 잘 적용된 방법의 불가해한 산물이 아니었다. 사람들은 예술이 싹트고 꽃을 피우며 시드는 모습을 보았다. 예술은 생명 현상이었다.

생각해 봐야 할 흥미로운 문제가 있다. 감정이 우리 능력의 평형을 깨뜨리고 합리적 규율을 거부하며 삶을 서정시로 변화시킬 정도로 폭발하기 훨씬 전에, 우리가 그 이름을 상기시켰던 열정적인 주인공들이 무대에 등장하기 훨씬 전에, 이미 1690년 『인간 오성론』이 나오자마자 욕망의 인간이 자신의 권리를 선언했다는 것이다. 로크는 영혼이 수동적이라고 주장했다. 그리고 이 첫 번째 주장은 아직 완전히 전개되지는 않았지만 중대한 결과를 내포하고 있었다. 그러나 그는 또한 영혼이 능동적이기도 하다고 주장했는데, 그것은 영혼이 감각이 제공하는 소여들을 검토하기 때문이다. 그런데 이 활동의 원리는 불안, 즉 욕망이다.

만약 존재한다면 인간에게 즐거움을 줄 무엇인가가 결핍되어서 인간이 그 자신에게서 느끼는 불안, 이것이 우리가 욕망이라고 부르는 것이다. 그리고 욕망은 이러한 불안이 더욱 격렬해지면 더욱 커지고 덜 격렬하면 더 적어진다. 그리고 여기서 말이 나왔으니 하는 말인데, 불안이 인간들의 일과 활동을 유발시키는 유일한 자극제라고까지는 말하지 않더라도 주된 자극제라고 말하는 것은 아마도 쓸데없는 말이 아닐 것이다……

로크의 계승자이자 개혁가인 콩디야크는 욕망의 심리학을 강조한다.

욕망한다는 것은 우리의 모든 욕구 중에서 가장 절실한 것이다. 따라서 하나의 욕망이 충족되기가 무섭게 우리는 또 다른 욕망을 품는다. 우리는 흔히 한꺼번에 여러 욕망을 따른다. 혹 우리가 그렇게 할 수 없는 경우, 현재 상황 때문에 우리가 마음을 열 수 없는 욕망들은 다른 때를 위해 준비해 둔다. 그러므로 우리의 정념은 다시 생기고 이어지며 증식된다. 그리고 우리는 이제 욕망하기 위해 또 욕망하는 만큼만 살아간다.

그는 여기에 권태의 심리학을 보탰다. 지각할 수 있는 능력을 부여받자마자 살아 움직였던 대리석상은 그가 처했던 행복한 상황들을 기억한다. 그때부터 무감각한 상태는 대리석상에게 견딜 수 없는 것처럼 보였다. 대리석상이 느끼는 고통의 이름이 바로 권태이다. 권태는 지속되고 커진다. 권태는 고통만큼이나 가혹한 것이 된다. 그리고 영혼은 권태를 해소하는 데 적합한 존재 방식들을 향해 분별없이 나간다. 인간들 대부분은 권태에 대한 두려움 때문에 행동하고 생각한다. 권태가 두려운 탓에 그들은 강렬한 감정을 찾게 된다. 비록 이 감정 때문에 그들이 과도하게 동요하고 고통을 받더라도 말이다. 권태 때문에 민중은 그레브 광장으로 모여들고 사교계 사람들은 극장으로 달려간다. 권태는 할머니들로 하여금 서글픈 신앙 행위를 영위하고 고해를 하도록 부추긴다. 권태는 조신(朝臣)들을 음모에 빠뜨린다. "그러나 권태가 가장 큰 역할을 하는 것은 특히 관습에 의한 것이든 정부 형태에 의한 것이든 거대한 열정이 사슬에 묶여 있는 사회 안에서이다. 따라서 권태는 보편적인 원동력이 된다." 양식 있는 사람들은 열정적인 사람들보다 열등하다. 더 이상 열정적이지 않는 순간부터 바보가 되기 때문이다. 열정적이지 않다면 시인이 될 수 없을 것이다. "감정은 시의 영혼이다." 누가

이 문장들을 말했는가? 어떤 확신에 찬 낭만주의자인가? 이 문장들은 엘베시우스의 저서 『정신론』 속에 기록된 것이다.

결국 자연에서 무엇이든지, 심지어 낭만주의까지도 찾을 수 있었다.

제7장

감정: 원시주의와 문명

때때로 문명인은 그 자신에 대해 싫증을 느낀다. 그는 자신이 직접 지지 않았지만 어깨를 짓누르는 짐을 던져 버리고 싶어 한다. 매우 오랜 노력, 세련됨, 복잡함이 문명인이 견딜 수 없게 되는 이 무게를 구성한다. 그는 이제 인위적인 기교의 귀결일 뿐이다. 그의 삶은 안락하지만, 그는 자신의 삶이 타락했다고 생각한다. 혹은 이 안락함 자체에 마음이 상해서, 이를 무기력이라고 부른다. 문명인은 단순함을 열망한다. 맨바닥에서 자고 간소한 죽으로 저녁을 때우면서 섬세한 관습을 거스른다 해도 그는 꺼리지 않을 것이다. 그를 정화시켜 줄 맑은 물은 어디에 있는가?

18세기의 인간은 다른 많은 인간들과 마찬가지로 파도가 일렁이듯 왔다가 사라지는 이러한 감정을 느꼈다. 랑크레[1] 혹은 게인즈버러,[2] 불[3] 혹은 치펜데일[4]은 자신의 살롱에서 먼 바다의 바람을 소망

---

1 (역주) Nicolas Lancret(1690~1743): 프랑스의 화가로서 오를레앙 섭정 시대의 가벼운 희극적 분위기를 탁월하게 묘사했다.

2 (역주) Thomas Gainsborough(1727~1788): 영국의 화가로 풍경화를 그리는 데 많은 정열을 쏟았고, 말년에는 바다 풍경화도 그렸다.

했다. 극장 좌석에 편안하게 자리를 잡은 그는 미개인 아를르캥[5]의 익살에 박수갈채를 보냈다. 도피 수단은 지금도 결코 많지 않지만, 당시에는 거의 있지도 않았다. 이후 사람들은 감정의 자극, 감각의 일탈, 광기를 통해 말로 표현할 수 없는 것과 믿을 수 없는 것을 발견하길 바랄 수 있었지만, 당시에는 그런 방법들을 찾아내지 못했고 이국 취미 혹은 경이로움 이외에는 이용할 수 있는 것들이 거의 없었다. 마법사와 마술사를 비웃으면서도 그는 잔에 담긴 물에서 미래를 들여다보았으며, 대화를 하려고 죽은 자들을 불러들이곤 했다. 하지만 변변치 않은 수단들에 불과했다.

그래서 그는 시간의 흐름을 거슬러 올라가기를 꿈꿨다. 그는 스파르타 사람들과 함께 살았다. 그는 호메로스에게서 완벽에 도달하기 위해 약간의 수완 외에는 부족한 것이 거의 없는 시인의 모습을 보는 것을 그만두었다. 대신 그는 고대 그리스의 풍속을, 암소와 염소와 양이 몇 마리나 있는지 알고 자신들의 식사를 몸소 준비하는 왕들을, 남편이 입는 옷감을 잣는 아레테 왕비[6]를, 냇가에서 집안의 빨래를 하는 나우시카 공주를 부러워했다. 지나간 시대로 더 멀리

---

3 (역주) André-Charles Boulle(1642~1732): 프랑스의 가구 디자이너

4 (역주) Thomas Chippendale(1718~1779): 영국의 가구 디자이너로 로코코 취향을 바탕으로 한 치펀데일 스타일을 창시했다.

5 (역주) 「미개인 아를르캥Arlequin Sauvage」은 프랑스 작가 루이-프랑수아 들릴 드 라 드르브티에르Louis-François Delisle de la Drevetière (1682~1756)가 1721년 쓴 연극으로 미개인 아를르캥은 자연의 순수한 시선으로 문명사회를 비판한다.

6 (역주) 그리스 신화에 따르면 아레테는 파이아케스족의 왕비이며 공주 나우시카는 그녀의 딸이다. 호메로스의 『오디세이아』에서 오디세우스는 파이아케스족의 나라에 표류해 도움을 받아 고향으로 돌아간다.

거슬러 올라가면서, 그는 '선량한 미개인'을 만났고 그를 사랑했다.

선량한 미개인은 '자연'의 손에서 나왔다. 사람들은 접근하기 어려운 지역에서 태초의 모습 그대로 존재하는 선량한 미개인을 여전히 만날 수 있었다. 그렇지만 유감스럽게도 사람들은 유럽인들의 부조리한 풍습들을 나날이 원시인에게 강요하기를 원했다. 마침 어느 여행자가 그에게 더 선명한 색, 더 거친 입체감, 더 호전적인 기질을 부여했는데, 그것은 마치 그를 새로운 시대에 선물로 제공하기 위한 것처럼 보였다. 그 여행가는 바로 1716년에 모험으로 가득한 행로를 마감했던 라옹탕 남작[7]이다. 이 반항아는 캐나다에서 왕의 군대에 복무하고 나서 백인들을 버리고 아메리카 원주민들 곁에서 지냈으며, 선명한 초상화에 일찍이 자신의 친구 원주민들을 그렸던 것들 중 가장 생생한 모습들을 모아놓았다. 그들은 멋지고 민첩하며 강건하고 지구력이 있었다. 그들은 자연의 풍속과 자연종교에 계속 충실했으며 네 것도 내 것도 알지 못하고 모든 악의 근원인 돈을 모르며 학문과 예술을 경시했기 때문에 행복했다. 그에 반해 라옹탕은 푸른 의복에 붉은 양말을 신고, 검은 모자를 쓰고 흰 깃털 장식에 초록빛 리본을 단 우스꽝스러운 문명인의 캐리커처를 보여주었다. 문명인의 예절, 인사, 절, 굽실거림, 과장된 어법은 기괴했다. 신체는 조미료와 자극적인 기호식품으로 쇠약해지고, 특히 영혼은 미신에 중독되었다. 적을 미개인이라고 부르면서 적을 모독한다고 생각하던 비참한 프랑스 사람들이여! 벌거벗은 인간은 미덕, 진리, 행복을 구현했다. 판관, 승려, 고급 관리가 있어 이미 부패했던 중국 사람들, 시암 사람들을 찬양하는 것으로는 충분치 않았다.

7　(역주) Louis Armand de Lom d'Arce, baron de Lahontan(1666~1716): 인류학과 민족학 작가로 퀘벡에 대한 여행기를 써 유명해졌다.

구세계에 안녕을 고하고 휴론족 원주민이 되어야 했다.

라옹탕의 대변자였던 무정부주의자 아다리오[8]의 뒤를 이어 다른 상징적인 인물들이 등장했다. 칠흑같이 검은 피부와 법랑질의 치아를 지닌 첫 번째 주인공 오루노코는 소설가 애프라 벤[9]이 영국에 도입했다. 오루노코는 소설에서 연극으로 옮겨 갔다. 그러나 백인들의 배신이 중요한 자리를 차지하고 있는 오루노코의 불행은 여성 미개인인 야리코[10]의 불행과 비교하면 대수롭지 않은 것이었다. 잉클이라는 이름을 가진 금발의 생기 발랄한 영국 상인은 예의 바르고 태도가 정중했는데, 서인도제도에서 매매를 하기 위해 런던에서 배에 올랐다. 그의 동료들은 도중에 기착한 섬에서 학살을 당했다. 그동안 아름다운 야리코는 그를 맞이하여 상처를 치료하고 그에게 음식을 가져다주고 동굴에 숨겨 주었는데, 이 모두는 사랑 때문이었다. 마침내 어느 영국 선박이 멀리서 나타나 다가왔다. 잉클은 배에 올랐다. 아가씨의 열정에 감동한 그는 연인을 데리고 갔다. 그러나 그는 그 모험에서 자신이 잃었던 시간과 돈에 대해 깊이 생각했다. 그래서 잉클은 그녀가 자신의 아이를 임신했음에도 불구하고 그녀를 노예상인에게 팔아 버렸다. 소설, 비극, 드라마, 오페라, 시, 서간 시, 서간체 시가, 우화, 노래, 회화, 소묘, 판화가 이 이야기를 널리 퍼뜨리고 대중화했다. 사람들은 2장 접이의 그림을 보았는데, 배신자, 비열한 인간, 파렴치한은 바로 유럽인이었으며, 고귀하고

---

8 (역주) 아다리오Adario는 라옹탕의 『미개인 아다리오와의 대화』에 등장하는 휴론족 추장이다.

9 (역주) Aphra Behn(1640~1689): 영국 최초 여류 소설가 겸 극작가로 수리남을 무대로 노예 문제를 다룬 소설 『오루노코Oroonoko』(1688)를 썼다.

10 (역주) 조지 콜맨 2세George Colman the Younger(1762~1836)는 「잉클과 야리코Inkle and Yarico」(1787)란 희극 오페라를 썼다.

자비로우며 불행한 영혼은 바로 자연의 딸이었다.

인류가 일탈의 죄를 저질러 그에 대한 처벌을 받고, 인류가 자신의 진정한 운명에서 멀어질수록 그 일탈은 더욱 심각해진다는 생각. 공들여 만든 것과 심사숙고된 것과는 대조적으로 단순함과 자연발생적인 것의 가치를 주장하는 것. 창조의 근원에서 혹은 아직까지 타락에 물들지 않은 공간에서 이상적인 모범을 찾으려는 의지. 과거로 거슬러 올라가면서 행복을 발견하려는 희망. 또한 현재에 대한 반항, 부적응, 후회, 향수와 같은 감정들, 거의 감각에 가까운, 신선함에 대한 커다란 욕구, 현실을 경시하고 꿈의 아름다움을 과거로 옮기는 이미지. 이러한 것들이 원시주의라고 불리는 복합적인 힘에 들어가는 요소들이다.

이미지, 감정, 의지, 생각은 동시에 대조적인 콤플렉스를 형성하기에 이른다.

인간의 최초 상태는 미개인의 상태였다. 이성의 빛 속에서 활짝 꽃피는 고귀한 피조물인 인간을 얼핏 보는 대신 원시시대에 어떤 일이 일어났는지를 발견하려고 노력하는 사람은 동물과 별로 구별되지 않는 존재들, 언어도 제단도 무덤도 없이 대지의 거대한 숲속을 유랑하며 야생동물과 먹이를 놓고 다투는 야만적인 무리를 상상할 수도 있다.

자연 상태에 머물러 있던 인간들은 다른 사람들이 그들에게 부여하는 아름다움을 지니고 있기는커녕 혐오감을 불러일으킨다. 호텐토트족보다 더 확실히 미개한 미개인들은 없다. 이로쿼이어족은 그들과 비교하면 모양을 내는 편이다. 호텐토트족은 납작코에 몸은 기름과 검댕으로 덮여 있다. 그들의 머리카락은 역한 기름 냄새를 풍긴다. 트쿠아소우는 아름다운 크놈쿠아이하의 매력을 찬양한다.

"그는 헤사쿠아의 흑돼지를 솜털로 덮은 흑옥만큼 빛나는 그 얼굴 빛의 반짝이는 색깔에 사로잡혔다. 그는 그 코의 뭉그러진 연골을 응시하면서 찬양에 넋을 잃었고, 배꼽까지 내려가는 그 유방의 물 렁물렁한 아름다움에 매료되어 바라보았다." 크놈쿠아이하는 자신 의 매력에 공들인 치장을 더한다. "가장 윤이 나는 흑단같이 빛나는 그 얼굴은 붉은 흙 자국들로 기분 좋게 다양한 모습을 갖게 되어, 곳곳에 별이 뿌려진 밤의 어둠을 닮았다. 팔다리에는 재를 뿌렸고, 사향고양이 분비물의 재로 향이 나게 했다. 팔다리 주위에는 암송 아지의 반짝이는 창자가 얽혀 있었다. 목에는 새끼 염소의 위로 만 든 주머니가 걸려 있었다. 타조의 날개가 그녀의 뒷부분의 풍만하 게 돌출한 엉덩이를 가리고 있었고, 앞부분은 사자의 뾰족한 귀로 만든 앞치마를 입고 있었다."[11] 선량한 미개인의 이상적인 이미지 와 얼마나 대비되는 캐리커처인가! 게다가 학자들은 선량한 미개인 은 결코 존재하지 않으며 존재한 적도 없었다는 사실을 지적했다. 반면 역사책과 기행문을 보면 매우 다른 야만 종족들이 많이 존재 함을 확인할 수 있으며, 대부분은 여전히 사납고 때에 따라 식인종 이기도 하다고 지적했다. 이러한 사실에 비추어, 최초의 인류는 짐 승과도 같다고 주장하던 **야수파**는 **반야수파**를 물리치고 우위를 점 했다.

기교는 나쁜 평판을 얻었지만 예술은 신성시되었다. 기교는 자 연을 질식시키지만, 자연은 예술로 교정될 필요가 있었다. 이것은 매우 뿌리 깊은 확신이어서, 조형적인 혹은 문학적인 아름다움의 표현들을 고무했고, 수많은 개론에서 개진되었으며, 구성의 원칙을 규정했고, 심지어 하나의 개념에 두 가지 개념을 결합하려고 애썼

---

11 레싱, 『라오콘』, 25부, 1766.

다. 즉 우리가 지니고 있는 모든 개념은 자연적이므로, 예술은 자연적인 것이라는 것이다. 일반적으로 진정한 자연은 예술이 변형시킨 자연이라고 생각되었다. 예술에 의해 자연은 확장되고 수정되며 연마된다는 것이다. 자연은 엉겅퀴와 가시덤불을 잘라 내고 장미와 포도를 증가시킨다. 진정한 자연은 메마른 산이 아니라 오히려 경작된 밭이다. 때때로 자연 자체가 예술가로 간주되었는데, 자연이 자신이 결정한 계획에 따라 작업하고 자신이 만들어 내는 산물의 싹을 묵묵히 준비하며 모든 생명체의 형태를 구상하고 지속적인 움직임에 의해 일정한 시간 내에서 그 생명체를 완성시키기 때문이다. 자연의 첫 창조는 실패했다. 낙담하지 않고 자연은 다시 시작하여 우리가 찬양하는 숙련된 질서에 도달한다.

이상적인 것—그것이 없으면 우리는 고통스럽다—이 과거의 유산이었는지 반대로 미래의 희망이었는지, 우리의 운명선이 내려가고 있었는지 아니면 올라가고 있었는지, 우리가 어떻게 해도 되살릴 수 없을 행복한 시절을 우리가 지나온 과거에서 찾는 대신에 우리 여정이 끝나는 미래에서 기다려야 하지 않을지 누가 알겠는가? 여기에 진보의 개념이 개입했으며, 바로 그래서 사람들은 그 세기의 사상 속에서 진보의 고무적인 가치를 표명했고, 1750년 12월 11일 소르본의 신사들 앞에서 튀르고가 발표한 진보의 첫 공식적 선언을 상기시켰다. 자연은 끊임없이 탄생하고 소멸된다. 반대로 "그 기원부터 검토된 인류는 철학자가 보기에 각각의 개인처럼 그 자체로 유년기로부터 발달하는 하나의 거대한 전체인 듯합니다. 풍속은 부드러워지고, 인간의 정신은 명확해지며, 고립된 나라들은 서로 가까워집니다. 무역과 정치는 마침내 지구의 모든 부분들을 연결합니다. 그리고 인류라는 거대한 전체는 평온과 혼란, 선과 악을 번갈아 거쳐 가면서 비록 느린 발걸음일지라도 더 큰 완벽함을 향해 계속 나아갑니다." 이 거대한 흐름을 형성하기 위해 합류한 하천들이 어느 수원에서 솟아올랐는지 검토해 보도록 하자.

신구논쟁은 그리스·라틴 고전 작가들의 특권에 이의를 제기했고, 더욱 내면적으로는 반항을 정당화하는 이유를 내세우기에 이르렀다. 사실은 충분히 확실하다. ─라이프니츠는 연속성의 개념을 찬양했다. 그리고 이것은 또한 시간의 작용을 필요로 하는 진보의 요소들 중 하나일 수 있었다. ─학문은 발전하고 있었으며, 이것은 이론의 여지가 없는 것이었다. 학교를 다니는 어린이는 기하학에 관해서 피타고라스 자신보다 더 많은 지식을 알고 있었다. 새로운 유형의 지식인 모든 형태의 자연사는 단지 우리의 한계를 넓히는 데 도움이 될 뿐만 아니라 우리가 무한에 이를 수 있게 하는 방법을 마련해 주었다. 그리고 동시에 그것은 우리의 힘을 확실하게 만들어 주었다. ─물질적 진보도 마찬가지로 분명했다. 우리 조상들은 짐작조차 할 수 없던 다량의 편리한 물품들을 우리들은 마음대로 사용할 수 있었다. 수공예는 그 양을 늘렸고 가격을 낮췄다. ─정치적 진보는 더 최근의 일이었다. 정부들은 자신들의 진정한 규칙들을 발견하기 시작했고, 한 세기 후에는 내부의 균형과 국제적인 중재가 시민들의 안전을 결정적으로 보장하게 될 것이다. ─사회적 진보라는 관점은 아직은 더 새로운 것이었지만 적어도 그 이론은 생성되고 있었다. 우리가 서로서로를 필요로 한다는 인식은 우리를 더 인간답게 만들어 줄 것이다. 행복은 동등하게 분배되지는 않지만 더 많은 개인들에 확대될 것이다. 복지는 더 보편적인 것이 될 것이며, 분업은 노고를 감소시킬 것이다.

그 분위기는 반대자들마저도 받아들이고 굴복할 정도였다. 원죄, 에덴에서 쫓겨난 아담, 그의 불쌍한 후손에게 영원토록 남은 저주에 대한 기억은 약해지고 있었다. 선한 신은 심판자인 신을 이겼다. 몇몇 기독교인은 결코 그 극한에 도달하지 않겠지만 천국의 기쁨 근처까지는 성장할 진보에 동조했다. 신의 완벽함은 지상에서 인간이 점점 더 완벽함을 향해 다가가는 것을 허락할 의무가 있었다. 신의 지식은 자연의 질서에서 최초로 나온 것보다 뒤이어 나온 것이 더 훌륭하다는 것을 알고 있었다. 신의 지혜는 우리 운명을 개선하기 위해 우리가 재량껏 사용할 수 있는 수단들을 창조했고, 우리가 그것들을 활용하는 것을 금지할 수 없었다. 사실 신의 진리는 종교의 발전에 유리하게 작용했다. 다신교에 뒤이어 일신교가 나타났다. 일신교에 뒤이어 유대교가 나타났다. 유대교에 뒤이어 기독교가 나타났다. 성스러운 기탁물을 맡을 민족의 선택은 공들여 준비되었다. 진정한 신앙은 오직 점진적으로만 전파되었지만, 여전히 전파되어야 했다. 교회는 판도를 점차 넓혀야 했다. 개인의 영혼 역시 암흑에서 점진적인 광명으로 나아갔다. 따라서 우리가 더 타락한 시대에 살고 있다는 생각은 불경이었을 것이다. 아니 어째서 전반적인 움직임에 동참하지 않겠는가? 현재가 이전 시대보다 더 계몽되었다는 확신은 우리의 발걸음을 재촉할 것임에 틀림없다. 이러한 발전이 유래한 곳은 영국이다. 그런 식으로 말한 속인들과 목사들은 자신들의 논증이 신앙이 없는 사람들, 특히 신이 모습을 드러내기 위해 티베리우스의 통치를 기다렸다는 믿음은 터무니없다고 지적했던 틴들[12]에 반박하는 데 도움이 된다고 확신하고 있었다. 틴들과 그의 추종자들은 두 개의 진리가 존재하지는 않는다고 말하곤 했다. 기독교가 영원한 진리와 하나로 뒤섞이든지, 아니면 기독교가 진리가 아니라는 것이다. 이제 그들의 반대자들이 두 개의 진리가 존재하지는 않는다고 대답했다. 그러나 점진적인 진리는 존재한

---

12 (역주) p. 86 주 4 참조

다. 모든 것은 서서히 일어난다. 기독교도 계시도 마찬가지이다. 진보는 영혼들의 세계를 지배하는 법칙이다.[13]

마침내 사상의 모든 표시들을 전파하면서 경험적 이성이 움직였다. 경험적 이성은 선천적인 것이 아니었고, 어떤 면에서는 스스로를 형성하고 강화하며 완성시켰다. 레싱은 개인들의 발전 과정을 인류 역사에 이동시키면서, 또 이성을 완만한 변화로 해석하면서 진보의 개념에 결정적으로 기여했다.

이 모든 여건들이 결합되어 확신을 가져다주었다. "우리는 우리 조상보다 무한히 더 낫다. 예전보다 더 많은 미풍양속, 예절, 지식, 인류애가 있다. 프랑수아 1세[14] 치하의 우리 선조들은 미개했고 그들의 풍속은 야만적이었다. 오늘날 모든 것은 호전되었다. 생-피에르 신부가 진보에 대해서 인류가 조금씩 보편 이성을 향해 진보해 나가고 있다고 말한 것은 전적으로 옳은 듯하다." 한 유럽인 관찰자, 프랑스와 독일을 두루 여행했으며 네덜란드에서 생활했던 스위스인 장-프랑수아 부아시의 발언에서는 단호한 확신의 어조가 포착된다. 이제 진보는 확인되었으니 그것을 미래로 투사하는 작업으로 이행하는 일, 불연속적인 진보에서 연속적인 진보로 그리고 믿음으로서의 진보에서 이론으로서의 진보로 이행하는 일이 남아 있을 뿐일 것이다. 이것이 후일, 콩도르세[15]의 『인간 정신의 진보에 관한 역사적 개관Esquisse d'un tableau historique des progrès de l'esprit

---

13 로널드 크레인Ronald Salmon Crane, 「영국 성공회교의 호교론과 진보의 개념Anglican Apologetics and the Idea of Progress」.《현대 문헌학 Modern Philology》, 1934.

14 (역주) François 1ᵉʳ(1494~1547): 프랑스 르네상스 시대를 연 국왕

15 (역주) Marie-Jean-Antoine-Nicolas de Caritat, marquis de Condorcet (1743~1794): 프랑스의 철학자이자 수학자

humain』(1794)으로 나타날 것이다.

이미 우리는 태어나기 시작하는 낱말들에 대해 세례 증서를 만들어야만 했다. 여기 하나가 더 있다. 프랑스어에서 **문명**(civilisation)은 형사소송을 민사소송으로 이전하는 활동을 지칭하는 법률 용어였다. 법적인 의미를 완전히 잃지는 않은 채, 이 낱말은 고인이 된 블랑제 씨[16]의『그 관습에 의해 베일을 벗은 고대 *L'Antiquité dévoilée par ses usages*』(1766)에서 처음으로 야만 상태와 법을 따르는 상태 사이의 차이점을 드러냈다. "미개 종족이 문명화될 때, 그들에게 고정되어 취소될 수 없는 법을 주는 것으로 문명화 행위를 끝내서는 결코 안 된다. 그들이 자신들에게 제공되는 입법을 계속되는 문명 과정의 한 단계로 간주하도록 해야 한다……." 고(故) 블랑제 씨의 저서를 돌바크 남작이 출간했기 때문에, 그 저자가 둘 중 누구인지는 알 수 없지만, 어쨌든 몇 년 후에 그 낱말의 통용되는 의미가 우리가 오늘날 여전히 그 낱말에 부여하는 의미가 된 것은 사실이다. 이 낱말은 위계질서의 정점에 위치했다. 가장 낮은 곳에는 미개 (sauvagerie)가 있고, 그 위에는 야만(barbarie)이, 그 위에는 예의와 예절이, 그 위에는 '현명한 질서 유지'가, 맨 위에는 문명이 있다. "법, 정치 행정의 영역에서뿐만 아니라 도덕, 종교, 지성의 영역에서도 이성이 승리하고 꽃을 피운 것이다."[17]

추상적인 낱말과 그 정의 대신, 우리가 원시 상태 세계의 커다란

---

16 (역주) Nicolas-Antoine Boulanger(1722~1759): 프랑스의 기술자이자 문인이며 철학자

17 뤼시앵 페브르Lucien Febvre,『문명, 한 낱말과 한 계열에 속하는 생각들의 진보 *Civilisation. Évolution d'un mot et d'un groupe d'idées*』, 1930.

결핍과 문명화된 상태의 승리를 그리는 데 도움이 되는, 생생하고 재치 있으며 신랄한 삽화를 원한다면, 볼테르의 「세속인Le Mondain」(1736)과 「세속인 옹호La Défense du Mondain」(1737)에서 훨씬 더 빨리 그 삽화를 찾아낼 것이다. 우리 선조들은 가난했다. 가난하다는 것은 찬양받을 일인가? 그들의 삶은 검소했다. 미덕이어서라기보다는 무지 때문인 것이다. 킹킨나투스[18]가 자신의 경작지로 되돌아간 것은 그가 더 잘할 수 있는 일이 없었기 때문이다. 페늘롱이 과찬했던 이타카 섬이나 살랑트[19]에 대해서는 더 이상 우리에게 이야기하지 말기를. 어떤 일이 있어도 우리는 그런 곳에서 살고 싶지 않았을 것이다. 황금시대는 철기시대에 지나지 않았다. 지혜의 나무의 열매, 선악과를 아직 맛보기 전인 낙원에서 최초의 부부가 누리는 천복은 허상이다.

> 친애하는 아담, 나의 미식가, 좋은 아버지,
> 에덴동산에서 무엇을 하고 있었는지?
> 이 어리석은 인류를 위해 일하고 있었는지?
> 나의 어머니, 이브를 어루만지고 있었는지?

---

18 (역주) 킹킨나투스Lucius Quinctius Cincinnatus는 기원전 6세기경 활동했던 로마의 정치가로 공화국이 위기에 처했을 때 아무런 사욕 없이 나라를 위해 일하다가 위기가 끝났을 때 권력을 내놓음으로써 명성을 얻었다. 그는 조그만 농장에서 일하다가 독재관으로 임명되어 단 하루 만에 적군을 무찌르고 다시 자기 농장으로 돌아갔다고 한다.

19 (역주) 페늘롱의 소설 『텔레마크의 모험』에 나오는 어떤 왕국의 수도로 텔레마크의 스승은 당시 전쟁 중에 있었던 이 나라의 평화를 회복하고 이 새 나라에 공정하고 현명한 법률을 주려고 시도한다. 페늘롱은 여기에서 상업과 행정에 관한 규칙 제정, 사치와 무용한 예술의 폐지, 농업의 존중, 검소한 생활로의 복귀 등 자신의 정치적 견해를 풀어놓았다.

두 분 모두 내게 털어놓으시지요

손톱은 길고, 거무튀튀하며 때가 끼었다고,

머리카락은 약간 헝클어져 있었다고,

얼굴은 누렇게 뜨고 피부는 어두운 구릿빛이었다고,

품위가 없다면 가장 행복한 사랑도

더 이상 사랑이 아닌, 수치스러운 욕구.

곧 사랑놀이에 지친 나머지,

참나무 아래 앉아 그들은 점잖게 먹는다네

물과 함께 좁쌀과 도토리를.

식사를 마치고, 그들은 맨바닥에 잠드네.

이것이 바로 자연 그대로의 상태.

오늘날 쾌락은 행복하고 섬세한 수많은 형태로 우리에게 제시된다. 우리는 전 세계가 우리에게 보내는 산물을 향유한다. 미술은 우리 눈을 매혹하기 위해 경쟁한다. 우리는 아름다운 저택에 살며 아름다운 정원을 거닌다. 사륜마차, 향수가 뿌려진 목욕탕, 우아하게 시중을 받는 식탁, 맛있는 요리, 샴페인, 밤참, 모두 우리 것이다. 우리가 위선 없이는 부정할 수 없을 것을 인정하자. 우리 각자가 감히 이렇게 외치기를.

지상 낙원은 내가 있는 곳이다…….

사람들은 두 갈래 길 사이에서 망설이고 있었는데, 특히 특별한 경우가 문제일 때 그러했다. 예를 들면 문예는 유용한가 아니면 유해한가? 이 부의 산물이 풍속을 타락시키고, 풍속의 타락이 제국의 몰락을 야기하는 것은 사실이었다. 그리고 이 취향의 산물이 인생을 아름답게 만들고, 아름다움의 기쁨이 없다면 인간은 동물 중 가장 비참한 존재라는 것 역시 그만큼 사실이었다. 사치의 문제를 논할 때는, 사람들이 갈피를 못 잡곤 했다. 아무나 펜을 쥐고 옹호론 혹은 비판론을 써 댔다. 그것은 결코 끝나지 않는 장광설이었고, "어리석음의 무궁무진한 창고"였다. 사치는 그 자체로 위험하다고 하는 사람들도 있었고, 사치는 통치가 잘되지 않는 나라에서만 위험해질 뿐이라는 사람들도 있었다. 두 가지 사치가 있는데, 하나는 비난받을 만한 것이었고 다른 하나는 유덕한 것이었다. 또 두 가지 사치가 있는데 하나는 귀족적이었고 다른 하나는 대중적이었다. 여기에 또 두 가지 사치를 들 수 있는데, 처음 하나는 정당한 것이고, 또 다른 하나는 뽐내려는 욕망이 더 이상 값을 치를 수 없는 장신구를 마련하라고 부추기는 순간부터 부당한 것이 되었다. 다른 사람들은 사치는 현실이기 때문에 그것에 대해 갑론을박하는 것은 소용이 없다는 결론을 내렸다. 좋든 나쁘든 받아들여야만 한다는 것이었다. 엘베시우스는 원시적인 풍속과 삶의 조건의 평등에 찬성하면서도 또한 사치를 옹호했다. 돌바크 남작은 사치를 비난하면서도 문명을 옹호했다. 원시주의에 대한 광범위한 조사에서 유발된 그리고 18세기 영국의 하위 문학, 즉 대중소설, 싸구려 전단, 삼류 시인의 시들을 상대로 방금 실시된 연구는 그 모든 경향들에서 막연하게 수용된, 유행하는 철학의 전파를 보여 주고 있다. 그리고 동일한 저서들에서 세계는 타락하고 있다는 견해와 세계는 진보하고 있다는 견해가 사이좋게 나란히 발견되는 것은 그리 놀라운 일이 아니었다.[20] 동일한 주인공이 내면적 분열을 느끼지 않고 이제는 사라진 과거의 행복한 자연과 앞으로 올 미래의 행복한 자연을 향해 가고 있었다.

그러나 이것은 이 어두운 분야에서만 존재하는 것이 아니다. 대낮에 그리고 화려하게 자연창조적 힘으로서의 '자연(Physis)'과 '반

자연(Anti-Physis)'이 맞붙었다. 그리고 자연이 유럽의 감성이라는 영역에서 승리를 거두었던 순간에도 반자연은 그 행동의 영역에서 사라지지 않았다.

18세기 중반 무렵 실제로 정치경제학상의 큰 변화가 일어나고 있었다. 중농주의가 중상주의의 뒤를 잇게 되었던 것이다. 이러한 중상주의의 영향력이 모두 소진되기까지는 300년 이상의 시간이 필요했다. 그 기간 동안 중상주의는 뿌리를 내렸고, 정부들의 지지를 얻었으며, 단호하게 중상주의를 적용했던 위대한 대신 콜베르를 배출했고, 결국 중상주의를 공식화했던 이론가들을 낳았다. 국가의 부는 귀금속에 대한 능란한 정책으로부터만 발생할 수 있었다. 따라서 이 귀금속의 쟁취는 '국가'에 위임되어야 했다. 국가는 무역수지가 국가에 이익이 되도록 수출을 조장하고 수입을 줄일 것이다. 모든 사람이 동시에 이익을 얻을 수는 없으므로, 국가는 이웃 나라와의 경쟁에서 이기기 위해 필요한 조치라면 모두 취할 것이고, 이웃 나라에 대해 주도권을 확립할 것이다. 그런데 이제는 끝이었다. 중상주의자 그룹인 믈롱,[21] 뒤토,[22] 베롱 드 포르보네,[23] 그리고 무

---

20 로널드 크레인, 『원시주의와 그에 연관된 사상들의 기록 역사*A Documentary History of Primitivism and Related Ideas*』, 1권, 아서 러브조이 · 조지 보아스, 『고대 원시주의와 그에 연관된 관념들*Primitivism and Related Ideas in Antiquity*』, 볼티모어, 1935; 로위스 휘트니*Lois Whitney*, 『18세기 영국 대중문학에서 원시주의와 그에 연관된 관념들*Primitivism and the idea of Progress in English Popular Literature of the Eighteenth Century*』, 볼티모어, 1934.

21 (역주) Jean-François Melon de Pradou(1675~1738): 프랑스의 경제학자로 중상주의 운동의 선구자로 간주된다.

22 (역주) Nicolas Dutot(1684~1741): 프랑스의 경제학자로 경제 현상의 양적 연구의 선구자로 간주된다.

역에 관한 그들의 시론과 견해는 다른 그룹인 구르네,[24] 케네, 미라보,[25] 튀르고, 르메르시에 드 라 리비에르[26]에게 자리를 넘겨주었다. 박식하고 말을 잘하고 신규 동조자들의 신뢰에 고무된 이 그룹은 새로운 실천과 새로운 철학을 동시에 주장했다. 그들은 창조적 힘으로서의 자연을 찬양했다. 사람들은 꽤 오랫동안 금과 은이 부를 이룬다고 생각했지만, 토지, 오직 토지만이 생산하는 힘을 갖고 있었다. 산업은 불안정하고 외국에 이전 가능하며 항상 어떤 변화에 의해 위협받기 때문에 비생산적이었다. 번영을 하더라도 이차적인 노동이므로 토지가 산출하는 것을 오로지 가공할 뿐이었다. 무역은 토지가 산출하는 것을 오로지 이전시킬 뿐이므로 비생산적이었다. 자본소득은 비용이 드는 기만적인 선취 재산일 뿐이므로 비생산적이었다. 반면 토지는 생산을 했고, 그것도 매년 생산을 했다. 그 부를 증가시키는 동력은 농업이었다. 세계의 번영은 토지소유권에서 유래했다. 이 원리 위에서 정치와 도덕, 심지어 교육까지 모든 것이 조직될 수밖에 없었다.

중상주의는 특히 영국의 흔적을, 중농주의는 프랑스의 흔적을 지니고 있었다. 따라서 중농주의는 하나의 이데올로기였다. 제약은 최소한으로 한 채 법칙이 스스로 작용하게 방임하는 자유주의, 계

---

23 (역주) François Véron Duverger de Forbonnais(1722~1800): 중농주의에 큰 영향을 준 프랑스의 경제학자이자 재정가

24 (역주) Jean Claude Marie Vincent de Gournay(1712~1759): 프랑스의 경제학자로 자유무역의 주창자이며 동시에 프랑스 중상주의의 선구자이다.

25 (역주) Victor Riquetti de Mirabeau, marquis de Mirabeau(1715~1789): 프랑스의 중농주의 경제학자로 저서『농사 철학』에서 유명한 케네의 '경제표'를 해설하여 중농주의 경제학의 발전에 공헌했다.

26 (역주) Pierre-Paul Lemercier de la Rivière(1720~1793): 프랑스의 중농주의 경제학자

몽이 되면서 이성의 방향으로 작용하는 계몽군주제, 소유권의 신성한 성격, 각자의 이익이 모두의 이익 등 우리가 돌아가며 제시한 모든 사상들이 그 설교 작가들의 설교 속에서 다시 나타났다. 이 모든 사상들 중, 특히 결국 인정받은 몇몇 원리들 덕분에 보편적 개혁이 쉽게 실현되리라는 생각이 두드러졌다. 스스로 실현되는 경향이 있는 선을 속박하지 않는 것보다 더 쉬운 것은 없다. 가장 넓은 제국의 행복을 보장하는 데 충분한 지침이 기껏해야 50~60페이지에 담길 수 있었다. 따라서 자연은 여기서 다시 한 번 개입해야 했다. 그리고 실제로 여기 자연이 있었다. 자연은 계절의 순서에 따라 파종기나 수확기를 알려 주며, 방목장에 비를 내리고 과수원에 볕을 내리며, 인간이 조금이라도 간청하기만 하면 지치지도 않고 진정한 재산을 불려 주기 때문에, 먹여 주는 선량한 어머니처럼 보였다. 중농주의자는 자신이 자연 질서의 기본 법칙 속에 포함되어 있다고 느끼는 사람이며, 중농주의는 자연의 법전이다.

중농주의 진영의 정기간행물인 《경제 신문 Journal économique》은 이웃 나라들의 지지를 기쁘게 기록하고 있다. 피렌체에는 농업 아카데미가 설립되었다. 스웨덴은 자연과 국가의 농지를 연구하고 그 활용을 관리하는 것이 주요 임무인 아카데미를 만들면서 그 지혜의 위대함을 찬양하게 했다. 독일이라는 거대 집단은 경제적 역할에서 영국을 모방하는 데 몰두했다. 네덜란드는 공화국에서 토지 소유자들에게 중요한 위치를 부여해야 한다는 사실을 이해했다. 따라서 유럽은 루이 15세가 개혁의 운명을 결정하게 될 실험을 시도했을 때 특히 관심을 기울였다. 개혁이 효력을 발휘하기 위하여 곡물의 가격이 적절해야 했다. 곡물의 가격이 적절하기 위하여 수요와 공급의 법칙이 작동해야 했다. '방임하고 묵인하시오.' 1763년 5월의 선언과 1764년 7월의 고시는 왕국 내 곡물 유통의 자유와 외국 수출의 자유를 확립했다. 그 결과 난관과 착오들에 봉착했고, 여러 지방에서 식량이 부족하여 역행적인 조치가 초래되었다. 1769년에 재무장관으로 임명된 테레 신부[27]는 완전히 보호무역주의로 되돌아가지는 않았지만 막 채택된 지 얼마되지 않은 조치들을 제한했다. 그는 1774년 실각했고, 튀르고가 그 대신 임명되자 커다란 희망이 되살아났다. 구르네의 친구, 리모주를 관리하면서 역량을 발휘했던 행정관, 자신이 다스릴 때는 파산도 증세도 부채도 없을 것을 계획에 명시했던 철학자이자 대중의 친구인 튀르고는 열렬히 환영을 받았다. 그러나 얼마 가지 않아 백성을 굶주리게 하여 공격을 받고 인기를 잃어 그는 1776년 5월 12일 해임되었다. 그리고 그가 중농주의를 완전히 받아들인 것은 아님에도 불구하고 중농주의는 그의 몰락에 의해 붕괴되었다.

중농주의는 프랑스 특유의 이유들로 전부 설명되지는 않았다. 1776년, 이 해는 애덤 스미스가 『국부의 본질과 원인에 관한 연구 *An Inquiry into the Nature and Causes of the Wealth of Nations*』를 출간했던 해이다. 애덤 스미스는 모든 사람들과 같이 자연에서 출발했다. 인간은 거듭 자연의 법전을 따르기만 하면 되었다. 다만 자연의 법전은 다른 언어를 말했다. 여기서 지고의 가치는 노동이 되었다. 이미 방직공장의 소음이 울려 퍼지고 있었다. 이제 기본 단위는 이미 가족이 아니라 공장이었다. 이미 경제생활의 중심은 이동되었고, 이미 산업 시대는 시작되었다. 그리고 이미 산업 시대에 의해 세계에 또 다른 진보들과 또 다른 악들이 태동하고 있었다.

---

27 (역주) Abbé Joseph Marie Terray(1715~1778): 프랑스의 성직자이자 정치가로 1769년부터 1774년에 걸쳐 루이 15세의 재무장관을 역임했다.

제8장

디드로

　"루소를 그 시대 철학자들과 대조적으로 정의하려고 노력할 때, 한 사람 때문에 난처해진다. 그는 바로 자연의 숭배자, 감각을 지닌 기계, 영감의 원천, 디드로이다. 일반적인 용어로 말하자면, 그는 루소를 포함하고 루소의 분신이며 종종 루소와 혼동되는 듯하다……."[1] 딱 잘라 분류를 하고자 할 때 — 이쪽은 '이성', 저쪽은 '감성' — 디드로가 방해가 되는 것은 사실이다. 그러나 정신과 영혼의 변화를 뒤따라가려고 시도하는 사람에게 디드로는 유용하고 필수 불가결하다. 왜냐하면 그는 앞으로 곧 점점 더 대립을 보일 두 가지 힘의 불안정하고 일시적인 공존을 보여 주기 때문이다.

　사람들은 디드로와 함께 사는 데서 얼마나 기쁨을 느끼는가! 회색 플러시 천으로 만든 커다란 프록코트를 입고 주머니에는 책을 잔뜩 집어넣은 모습, 혹은 그 묘사를 통해 후대에 전해 준 낡은 실내복을 입은 모습은 너무나 생생하다. 아주 소박하고 솔직하며 잘난 척할 줄 모른다. 사람들은 그의 속내 이야기를 강요하고자 하는

1　귀스타브 랑송Gustave Lanson, 「장-자크 루소」, 도입부, 『프랑스 문학사』.

불청객처럼 보이지 않는다. 왜냐하면 그의 말에 귀를 기울이는 것
으로 충분하기 때문이다. 그는 스스로 하루 종일 고백을 한다. 가라[2]
가 그를 찾아왔을 때 한마디 끼어들 틈이 없었던 것처럼 말이다. 디
드로는 입법 계획을 대략 세운 후, 드라마와 비극의 주제 대여섯 가
지 중 하나를 선택하게 하며, 타키투스와 번역에 대한 자신의 견해
를 설명하고, 테렌티우스의 한 장면을 연기하며, 야식을 먹다가 즉
석에서 만든 노래를 흥얼거리고, 희극을 하나 낭송하고 나서, 이 청
년 가라와 대화를 하면 좋은 점이 많다고 말하면서 그와 작별 인사
를 나누는 것을 괴로워했다. 생각, 계획, 일거리와 꿈이 혼란스럽게
뒤섞여 부글부글 끓어올랐다. 그를 잘 알고 있던 루소는 어느 날 데
피네 부인에게 편지를 쓴다. "그가 나를 보러 오려고 할 때마다 어
쩔 줄 모르겠습니다. 그는 백번이고 그럴 계획을 세우겠지만 한 번
도 그를 못 볼 테니까요. 그가 원하는 것을 하게 만들기 위해서는
집에서 끌어 내어 강제로 붙들고 와야 할 사람입니다." 또 한번은
이렇게 쓴다. "나로서는 아침의 디드로는 언제나 당신을 보러 가고
싶어 하지만, 저녁의 디드로는 결코 당신을 못 보았을 것이라고 생
각합니다. 때로는 그에게 류머티즘이 도진다는 것도 알 것입니다.
그러니 그가 태양 가까이에서 커다란 두 날개를 움직이며 날아다니
지 못할 때, 그는 네 다리를 움직이지 못한 채 건초 더미 위에 있습
니다." 아침의 디드로, 저녁의 디드로, 날아다니는 디드로, 네 다리
의 디드로, 이는 아주 탁월한 시각이다. 그는 또한 인심이 아주 후
하다. 돈, 시간, 수고, 심지어 글까지도 내주면서 자신의 모든 재산
을 아끼지 않는다. 자신의 글에 필사적으로 집착하지 않았던 드문

---

2 (역주) Dominique Joseph Garat(1749~1833): 프랑스의 변호사이자 철
학자이며 정치인

문인들 중 한 사람이다. 글을 그냥 내버려 두거나, 인쇄하지 않거나, 친구들에게 넘겨 주거나, 열매를 많이 맺는 큰 나무에 열린 100개의 열매 중 떨어진 열매 하나처럼 저버릴 수 있었다. 원하는 사람은 그것을 주워 가져도 괜찮다. 그는 약간 굼뜨고 저속하다. 단 한 번의 야식에 두세 가지 종류의 술은 빼더라도 붉은색 샴페인, 밝은색의 발포성 샴페인, 카나리아 제도의 포도주 여러 병을 마시고, 식사 후에는 배가 불룩해지는 것을 느끼고 윗도리의 단추를 잠그느라 전투를 벌인다. 그는 경솔한 사람이어서 자기와 관계가 없는 일에 금세 끼어든다. 허물없는 성격이어서 아낌없이 포옹을 하거나 우정의 표시로 손바닥으로 사람을 치는 일을 남발한다. 귀찮게 굴기도 한다. 그러나 결코 인색하거나 위선적이거나 시샘이 많지는 않다. 따라서 그의 결점조차도 우울하지 않다. 아주 창의적이고 지식과 상상이 넘치므로, 아마도 더 심오한 천재성을 발견할 수 있을 것이다. 그러나 더욱 풍요로운 천재성은 아니다.

그에게서 평화롭게 대비를 이루고 있는, 그리고 그가 그 부조화로 인해 고통받지 않고 축적해 나가는 풍성함. 왜 그가 고통을 받겠는가? 그는 그토록 많은 다양한 힘이 그에게 몰려들고 또 그에게서 나오는 것을 느끼며 기뻐한다.

제사(題詞). "내 부모님은 당신들 뒤로 철학자 드니라고 부르는 아들을 남겨 두셨소. 그게 바로 나요."

그는 '철학자' 드니이다. 그는 형제들의 일부이다. 그가 자신의 주위로 형제들을 모았기 때문에 그들 모두를 안다. 그는 그림, 엘베시우스, 달랑베르, 콩디야크, 돌바크 남작과 같은 몇몇 이들의 막역한 친구이다. 그는 몽테스키외를 찬양하며, 그에게 정중히 경의를 표했다. 그는 성격이 너무도 다른 볼테르를 그다지 좋아하지는 않는다. 그러나 볼테르는 그를 계몽주의 수도원의 선두주자들 중 하나로 인정하기 때문에 그를 높이 평가한다. 그래서 볼테르는 그를 아카데미에 입회시키길 바랄 것이다. 만약 『백과전서』를 지탱하고 있는 그가 아카데미 프랑세즈 회원에 속한다면, 철학자 진영은 그로 인해 강화될 것이다. 디드로는 철학자로서 아주 야심만만하다. 판사는 재판을 하고, 철학자는 옳고 그름이 무엇인지 판사에게 가르친다. 군인은 조국을 지키고, 철학자는 조국이 무엇인지 군인에게 가르친다. 사제는 사람들에게 신에 대한 경건한 마음을 권하고, 철학자는 신이 무엇인지 사제에게 가르친다. 군주는 모두를 다스리고, 철학자는 군주의 권위의 기원과 한계가 무엇인지 군주에게 가르친다. 그가 지배자라면 철학자의 머리를 시민의 왕관으로 장식할 것이다. 시민들의 생명을 구했기 때문에(*ob servatos cives*).[3]

지식은 여전히 지표면을 덮고 있던 어둠의 커다란 반점들을 해소하리라고 우리가 인용했던 비유를 만들었던 사람도, 또 '실험'이 거인이 되어 오류의 신전 기둥들을 뒤흔드는 것을 보여 주기 위해 우리가 상기했던 상징을 만들었던 사람도 바로 그다. 기하학에서 수리물리학으로, 수리물리학에서 자연사로 이행하면서 그는 학문의 변화 자체를 따라갔다. 그는 해부학과 생리학에 열중했다. 그는 섬유, 조직, 신경, 뼈, 기관을 연구했다. 그는 살이 떨리고 피가 도는 것을 보았다. 그는 인간에 대해 말할 권리를 형이상학자로부터 빼앗아 의사에게 일임했다.

그의 도덕론을 연구하는 것은 거의 모든 철학의 주장들과 망설임을 다시 보게 되는 것이나 마찬가지이다. 도덕적 문제에 대한 취

---

3 (역주) 아우구스투스 시대의 동전에 시민의 왕관과 함께 새겨져 있는 명문(銘文)

향, 도덕학, 합리적 도덕, 본능적 도덕, 개인의 이익을 인류의 이익에 연결하는 도덕. 게다가 도덕률을 만들어 내는 데 성공하지 못하는 아쉬움, 도덕의 상대성에 대한 인식, 현자와 대중에게 동일한 도덕이 들어맞지 않는다는 우려, 무엇보다도 도덕성의 가능성 자체를 배제한 결정론의 확산. 운명론자 자크[4]의 주인은 자신이 자유롭다고 생각하고 싶었을 것이다. 그러나 운명론자 자크가 내놓은 논거 때문에 저울은 아니라는 쪽으로 기울었다. 우리는 일반 질서, 각각의 존재의 개별적 구성에 어울리는 바 그대로 존재한다. 우리는 우리에게 영향을 미치는 규범을 전혀 바꿀 수 없다. 그러므로 철학적으로 말해서 자유가 무의미한 낱말이라면, 찬사나 비난을 받을 만한 어떤 행위도 없을 것이고, 악덕도 미덕도 없을 것이며, 보상하거나 처벌해야 할 것도 전혀 없을 것이다.

바로 이 디도로가 전제군주를 맹렬히 비난했고, 인간은 이론의 여지없이 정치적 자유에 대한 권리를 가지며 시민들은 자신들의 자유 중 일부를 기꺼이 포기하여 단지 자신들의 대표에 지나지 않는 권력에 위임하는 데 동의한 것이라고 선언했으며, 안전과 소유권을 옹호했다. 또 교육에 관해서는, 수도원 교육을 대체하기 위한 의무적이고 비종교적인 '국가' 교육, 현재 사용되는 언어들로 라틴어를 대체할 교육, 가장 단순한 것에서 가장 복잡한 것으로 옮겨가면서 교사들이 아이들의 지성 발달을 지켜볼 교육, 과학자와 농민과 경제학자 등 한마디로 국가에 유용한 시민들을 양성할 교육, 기술 공예와 그 피보호자들이 높이 평가될 교육을 권장했다. 모든 방면에 호기심이 많았던 그는 모든 사람들처럼 미술의 원리를 탐구했고, 플라톤과 성 아우구스티누스, 섀프츠버리, 허치슨, 바퇴

---

4 (역주) 디드로의 동명소설 『운명론자 자크 *Jacques le Fataliste*』의 주인공

신부, 앙드레 신부, 볼프와 하게도른[5] 등 읽을 수 있는 모든 사람의 책과 또 다른 몇몇을 읽었으며, 그렇게 많은 이견에 몹시 당황하고서 다음과 같은 말로 아름다움을 정의하기로 결심했다. "나의 외부에서, 내 오성 안에서 관계 관념을 불러일으키는 데 필요한 것을 그 자체 안에 포함하는 모든 것을 아름다움이라고 부른다. 나와 관련해서는, 이러한 관념을 불러일으키는 모든 것을 아름다움이라고 부른다." 관계는 "하나의 존재 혹은 하나의 성질이 다른 존재 혹은 다른 성질의 존재를 전제로 하는 한, 이 존재 혹은 이 성질을 고려하는 오성의 작용"이 된다. ─"관계의 지각 속에 아름다움을 위치시키면, 세계가 만들어진 날부터 오늘날까지 이르는 그 진보의 역사를 알게 될 것이오."

이 디드로는 반교권주의를 자신의 삶에서 주된 활동으로 삼지는 않았다. 그는 그래도 커다란 소송을 벌여 그리스도를 가장 격렬하게 고발한 사람들 중 하나였다. 그는 우선 이신론을 주장했지만 곧 이신론을 넘어섰다. 신을 믿지 않는다면, 왜 우주에 존재하는 세계들 사이로 신을 쫓아 보내는가?[6] 솔직하게 신을 부인하는 것이 낫다. 그는 그렇게 했고 무신론자가 되었다. 디드로를 스승으로 충실히 따른 네종처럼 그는 신의 이미지가 사라지면, 잠잠해진 땅은 행복하리라고 생각했다. 신에 대하여 그는 분노, 고통, 격분을 느꼈다. 그 증거로서 그는 인간 혐오자에 대한 이야기를 꺼냈다. 인간

---

5 (역주) Christian Ludwig von Hagedorn(1712~1780): 독일의 작가이자 미술가로 드레스덴과 라이프치히 미술 아카데미의 관장을 역임했다.

6 (역주) 디드로는 『인간이라는 제목의 엘베시우스의 작품에 대한 반박』에서 가상의 에피쿠로스에게 "신을 믿지 않는다면, 왜 우주에 존재하는 세계들 사이로 신을 쫓아 보냅니까?"라고 물어보는데, 에피쿠로스는 우주에는 많은 세계들이 존재하고 신들은 이 세계들 사이에서 거주한다고 말했다.

혐오자는 동굴 안에 몸을 피한 후 인류에 복수할 방법을 곰곰이 궁리했다. 그래서 이 인간 혐오자는 '신! 신!'이라고 외치면서 동굴에서 나왔다. "그의 목소리는 이 끝에서 저 끝으로 퍼졌고, 사람들은 서로 언쟁하고 서로 증오하며 서로 목을 베어 죽이기 시작했다. 이 가증스러운 이름이 발설된 이래 사람들이 한 짓이 바로 이런 일이었으며 세상이 끝날 때까지 이런 짓을 계속할 일이다." 유물론자로서 그는 에피쿠로스와 루크레티우스의 원자론을 믿었으며, 모페르튀가 원자들에게 부여했던 혼란한 감수성과 지성을 원자들의 속성으로 간주했다. 그리고 그는 세계의 생성과 파괴를 바라보는 것을 축제처럼 즐겁게 생각했다.

우리가 그의 성격의 이러한 양상을 말하는 것으로 그친다면, 그는 죽어서도 이의를 제기할 방도를 찾을 것이다. 반 로[7]가 그의 초상화를 그렸을 때, 그는 만족하지 않았다. 반 로는 얼굴만을 그렸다. 그런데 디드로가 말했다. "나는 내게 영향을 미치는 기분에 따라 하루에 백 가지 얼굴이 있었습니다. 나는 차분하거나 슬프거나 몽상적이거나 상냥하거나 격렬하거나 열정적이거나 열광적이었습니다. 내 영혼의 다양한 인상은 너무도 순식간에 내 얼굴에 잇달아 나타나기 때문에, 화가의 눈이 매순간 다른 얼굴을 발견하고 이를 놓치고 맙니다." ― 그의 정신도 마찬가지이다. 그는 모든 것을 사랑하는 사람이었다. 그가 좋아하는 형태는 감정의 토로였다. 그리고 토로 다음으로는 대화였다. 그에게는 긍정하는 목소리와 반박하는 목소리가 공존하고 있었고, 그와 타자의 관계에서 보면 기교적인 수식이 아니라 언제나 타자 안에 약간의 그가 있었고 그의 안에 약간의 타자가 있었음을 인정하자. 라모의 조카와 그의 대화 상대

---

7 (역주) Charles André van Loo(1705~1765): 프랑스의 화가

자인 철학자가 언제나 그러했는데, 이는 디드로가 결단력이 없었기 때문이 아니라 이후 만초니[8]가 화제로 삼게 될 인물처럼 그가 긍정과 부정 사이에서 상반되는 의견을 가졌기 때문이다. 실제로 그는 분명하게 입장을 정했다. 그러나 그의 지성은 너무도 폭이 넓어서, 포기해야 하는 것의 일부에 대해 언제나 아쉬워했다. 많은 동시대인들이 고정시켰다고 믿었던 단순하고 순박한 진리에 대해 그가 삶의 운동을 대립시켜 그 진리를 유동적인 것으로 만들었으며, 또 그의 사상이 자신에게 떠오른 정보들을 공격하면서 자기 마음대로 변형시킨 세계에서 왕으로 군림할 때까지 그 정보들로부터 저항성을 빼앗았다고 하는 사람들의 말은 너무나 적절한 것이다. 디드로 안에 있는 모든 디드로들에 대한 심원한 설명이다. 이제『백과전서』에 의해 계몽주의 시대의 선구자였던 사람은 떠나자. 그리고 질풍노도(Sturm und Drang)의 주창자들에게 행사한 공개적 영향력에 의해 유럽 낭만주의의 선도자들 중 하나였던 사람을 보도록 하자.

또 다른 제사. "자연이 감성적인 영혼을 만들었다면, 아시겠지만 그것은 바로 내 영혼이오……."

그는 우선 상상력이 풍부한 영혼의 소유자였다. 끊임없는 분출, 밑그림, 주제, 전개, 여담에 대한 집착, 단 하나의 작품 속에 들어있는 여러 작품들. 자신이 창조한 것에 비해 현실이 약간 보잘것없다고 생각하는 강력한 힘. 집구석에 편안히 자리를 잡은 상상력이 풍부한 인간은 몽상을 부풀린다. 그는 눈앞에서 보고 싶다고 해서

---

8 (역주) Alessandro Manzoni(1785~1873): 이탈리아의 낭만주의 시인이자 극작가이며 산문가로 이탈리아의 가장 중요한 작가들의 한 사람으로 간주된다.

여행을 할 필요는 없다. 안락의자에서 벗어나지 않고도 몽상에 아주 잘 빠질 수 있는데, 왜 다락방에서 지하실까지 내려오고 지하실에서 다락방까지 다시 올라가겠는가? 초대에 응하기 위해 시골에 가는 데 동의한다 하더라도, 그는 미묘한 뉘앙스가 이미 내포되어 있는 몽상적인 성격을 그곳으로 가져간다. 그는 친구 돌바크의 성 그랑발에서 창문을 통해 북풍으로부터 집을 보호하는 작은 숲을, 가시덤불, 골풀, 이끼, 조약돌 사이로 흐르는 시냇물을 바라본다. 그 경치는 한눈에 그에게 '그림 같고 야생적으로'으로 보였다. 밤이면 침대에 누워서도 그는 세차게 부는 바람 소리, 홈통을 두드리는 빗소리, 거칠게 나무를 뒤흔드는 폭풍우 소리, 요란히 흐르는 여울 소리를 들으며 기쁨을 느낀다. 자신의 고향인 랑그르와 옛 애인이 사는 부르본이 아니라면 그는 더 멀리 가지 않을 것이다. 노년에는 맹세에도 불구하고 러시아에 가게 되기도 하지만 말이다. 그럼에도 그는 인간의 획득물에 그림 같은 자연을 포함시키는 데 크게 기여할 것이다. 그는 그림이라는 우회로를 통해 미술 살롱에서 보았던 풍경들인 바위, 절벽, 폐허, 일몰, 달빛, 특히 난파를 아주 잘 묘사하여 그의 글을 읽은 운 좋은 사람들은 마침내 그를 접촉한 것에 감동을 느낄 것이다. 누가 예술가에게 다음과 같이 조언했던가? "자연을 찾기 위해서만 너의 작업실을 떠나라. 자연과 함께 들판에서 살아라. 해가 뜨고 지며 하늘이 구름으로 물드는 모습을 보러 가라. 양 떼들 틈에서 초원을 거닐라. 이슬방울로 반짝이는 풀을 보라……."[9] 그 사람은 바로 디드로이다. 누가 다음과 같은 방식으로 시를 이끌었는가? "시는 무언가 거대하고 야성적이며 야생적인 것을 원한다."[10] 바로 디드로이다.

---

9 디드로, 『1765년 살롱 *Salon de 1765*』, 로테르부르.

그의 마음은 끓어오른다. 그는 전율하고, 자신이 느끼는 것이 무엇인지 알지 못한다. 그는 자신이 너무나 슬프다고 느끼고, 너무나 행복하다고 느끼기 때문이다. 존재 전체가 동요하고, 그의 흥분은 눈물로 표출된다. 디드로는 딸을 결혼시키면서 딸을 잃은 슬픔에 눈물을 흘린다. 딸이 행복한 모습을 보자 애정의 눈물을 흘린다. 부모님의 죽음을 생각할 때 절망의 눈물을 흘린다. 디드로는 너무나 화가 나서 머리를 쥐어뜯고 벽에 머리를 찧기도 한다. "한 번 흥분한 마음이 연이어 며칠 동안 동요할 정도로 결코 내가 화를 내지 못한다는 점이 나쁜 것이다." 디드로는 만족한 이성이 안겨 주는 평온한 상태에 머물러 있지 않는다. 그의 평소 기질은 과도하다. 그는 감수성의 열기로 들뜬다.

이러한 감수성은 스스로 부끄러워하기는커녕 자신의 격정을 자랑스럽게 여긴다. 누군가 그 격정을 공유하지 않는다면, 이 누군가는 정말 불쌍한 사람이다. 감수성은 부르짖는다. "오 나의 친구!" 감수성은 살아 있는 사람을 부른다. "오 나의 소피!" 그리고 죽은 사람을 부른다. "오 세네카여!" 감수성은 폭식하고 뒤죽박죽으로 만들고 고조된다. 감수성은 허세를 부리고, 비장함을 과장하며, 흐뭇하게 자신의 모습을 바라보고 자신의 목소리를 듣는다. 이러한 감수성은 특별나고 독특하며 치명적이다. 감수성에 의해 드라마를 넘어서 멜로드라마에 이른다.

이러한 능력이 억제되지 않고 발휘됨으로써 그는 친구들과 다르다. 예를 들면 불이 얼음과 다르듯이 그는 달랑베르와 다르다. 이 능력은 무신론자인 디드로에게 가톨릭교의 예식에 대한 찬사를 불러일으킨다. 성 금요일의 경배나 성체첨례의 행렬에 참여하며, 행

---

10 디드로, 「풍속론」, 『드라마적 시에 대하여 *De la poésie dramatique*』, 18장.

렬의 장엄함을 보면서, 사제들의 노래와 군중의 답창을 들으며, 종교 의식에서 발산되는 위대함과 어둠과 장중함과 우수에 감동을 받았다면, 누가 무감각한 상태로 남아 있을 '터무니없이 엄격한 인간'에 항의하지 않겠는가? 그래서 그는 기독교의 적이면서도, 종교는 감동적이므로 진실하다는 것을 보여 주길 바라는 호교론의 활동을 별 생각 없이 거든다. 그는 유물론자이면서도 정신의 우위를 굳게 믿었다. 그는 결정론자이면서도 소피 볼랑[11]에 대한 사랑을 생각할 때 그것이 자신의 개인적인 선택과 무관한 원인에서 비롯된 결과라는 것을 용납하고 싶지 않았고, 그 사랑이 어느 혜성이 지나는 것과 관계가 있다고 했을 네종에게 분개했으며, 자신의 마음이 부인하지 않을 수 없는 철학에 몹시 화를 냈다. 그는 전제군주의 반대자이면서도 러시아의 예카테리나 2세에게 열광했다. 그는 이익의 도덕을 신봉하면서도 감정의 도덕만을 실천했을 뿐이다. 그는 선량한 사람에게는 모든 것이 허용된다는, 이미 아베 프레보가 유감스러운 방식으로 설명했던 그 원칙을 공언했다. 이 미학자는 아름다움을 합리적인 관계로 한정했다. 동시에 그는 혁명을 일으켰는데, 그것은 그가 자신의 많은 편견들, 주제의 편견, 유용성의 편견, 도덕의 편견, 철학의 편견, 이상의 편견, 그 밖의 많은 편견들을 넘어서 기교에 맞서 진정성을 그리고 관습에 맞서 예술가의 "내면의 수호신"을 옹호하는 데 이르렀고, 또 다른 사람들이 '이성적이 되시오'라고 말할 때 '감동하시오'라고 말하면서 예술의 정서적 가치를 선언하는 데 도달했기 때문이다. 마찬가지로 그는 무대의 정서적 가치를 찬양했다. '오 냉담한 관객이여, 눈물을 흘리기 위해서가 아니라면,

---

11 (역주) Sophie Volland(1716~1784): 프랑스의 서간문 작가로 디드로의 연인으로 유명하다.

왜 극장에 왔는가?' 그는 희열을 느끼며 눈물을 흘렸다. 그는 파멜라와 클라리사가 겪은 불행에 대한 이야기를 읽으며 눈물을 흘렸다. 그리고 공간 너머로 그는 눈물을 흘리며 리처드슨을 포옹했다.

우리의 심리적 삶이 분석에서 벗어나는 소소하고 모호한 지각에 의해 고무되지 않는 한, 모든 것은 분석에 굴복할 것이다. 방법이 활기가 없고 둔중해서 독창적인 방식으로 흔들리고 움직이며 활동하는 창의력보다 너무나 열등한 방식이 아닌 한, 모든 것은 방법에 의해 이루어져야 했다. 재능과 비교했을 때의 방법은 꾀꼬리의 노래와 비교했을 때 뻐꾸기 우는 소리와도 같았다. 아마도 완전히 확실하지는 않았지만 그렇게나 매력적인 가설들과 체계들 속으로 끝없이 뛰어드는 것은 얼마나 유쾌한 일이었는가! 그는 자신의 감수성을 한없이 작은 것, 분할 불가능한 물질의 입자에 부여했고, 또 그것을 별들에까지 투영했다. 감수성에 의해 그는 죽음에 도전하길 바랐다. 두 연인의 육신을 가두었던 대리석은 부스러져 흙에 섞일 것이다. 흙은 식물 세포의 양분이 될 것이다. 식물은 살아 움직이는 동물 세포의 양분이 될 것이다. 동물 세포들 중 두 연인은 아마도 언젠가 서로 알아보고 재회할 것이다. 그의 철학적 사색은 서정시의 태도를 취하고 있었다.

살로 이루어진 두 사람이 나누었던 첫 맹세는 가루가 되어 부서지는 바위 밑에서 있었습니다. 그들은 한순간도 같지 않은 하늘을 변하지 않는 사랑의 증인으로 삼았습니다. 모든 것은 그들의 내면에서 그리고 그들 주위에서 지나갔고, 그들은 마음이 부침에서 벗어났다고 생각했습니다……[12]

---

[12] 디드로, 『운명론자 자크』, 전집, 6권, 117.

이 시에는 단지 행이 없을 뿐이며, 뮈세[13]가 자신의 『추억 Souvenir』에서 이 시에 행을 부여할 것이다.

> 그렇습니다, 첫 입맞춤,
> 그렇습니다, 두 사람이 지상에서 나눈 첫 맹세는
> 바람에 잎을 떨군 나무 밑동에
> 가루가 되어 부서지는 바위 위에 있었습니다.
>
> 그들은 덧없는 기쁨의 증인으로 삼았습니다.
> 매 순간 변화하는 언제나 흐린 하늘을,
> 그리고 자기 자신의 빛이 계속해서 삼켜 버리는
> 이름 없는 별들을……

우리는 '자연'이라는 낱말을 중심으로 다양한 의미들이 축적되는 것을 보았는데, 이 의미들을 규합하길 원한다면, 다는 아니더라도 적어도 상당수의 의미들을 디드로의 글에서 찾는 것은 어려운 일이 아닐 것이다.

디드로에게 순간, 나날, 기질, 변덕, 성찰, 이론, 체계를 따르는 자연은 우리 외부에서 일어나는 현상들의 총체이다. 우리의 오성은 그 이미지가 그려지는 작은 틀이다. ─ 자연은 창조된 것이다. 자연을 위해 거대한 신전을 세워야 할 것이며, 그 신전에는 모든 동물과 모든 식물의 대표자들이 나타날 것이다. ─ 자연은 선하며 배려로

---

13 (역주) Alfred de Musset(1810~1857): 프랑스의 시인이자 소설가이며 극작가로 19세기 전반의 낭만파 시인으로 유명하다. 관능적인 우수와 시대의 고뇌를 노래했다.

가득 차 있다. 자연은 때때로 가장 평범한 조건의 인간에게 예민한 영혼과 아주 섬세한 마음을 넣어 주는 일을 좋아한다. ─ 자연은 예술가이다. 자연은 하늘에 푸른색을 마련해 놓았고, 녹색으로 봄에 대지의 외투를 만들었다. 예술은 자연이 그 효과의 관련성을 우리에게 숨기는 섬세한 방식을 모방한다. ─ 자연은 자신이 무엇을 하는지 알고 있다. 자연은 존재 이유가 없는 형태, 치료제가 없는 고통은 만들지 않으며, 심지어 국민의 불행에 제한을 두지 않는 정부도 만들지 않는다. ─ 자연은 능숙하다. 자연은 사랑과 증오가 가공할 만한 것이길 바랐는데, 자연의 목적이 존재들을 창조하고 보존하는 것이기 때문이다. 인간의 열정에서 나오는 에너지는 언제나 이 이해관계에 적합하다. ─ 자연은 가장 작은 세부에도 관심을 둔다. 자연은 세포 조직을 준비하고, 이 도움으로 질병과 위험에 대한 막을 만드는 것이 사실이다. ─ 자연은 정의롭다. 자연은 사회에 반하는 행위를 벌한다. 방탕한 사람이라면 수종에 걸릴 것이다.

자연은 무심하다. 종(種)이 번식하기만 한다면 자연은 만족한다. 자연은 선과 악을 모른다. ─ 자연은 변덕스럽다. 종은 개체로 구성되는데, 자연은 개체에는 전혀 관심이 없다. ─ 자연은 불규칙하다. 어떤 때는 오랫동안 둔하고 기진맥진한 것처럼 있기도 하고, 또 어떤 때는 위대한 인간들을 만들기 위해 노력하기도 한다. ─ 자연은 이상한 오류를 저지를 수 있으며 위험에 처했을 때 좋은 해결책이 무엇인지 언제나 조언해 주지는 않는다. ─ 자연은 배신을 한다. 항상 자연의 매력을 신뢰하지 않도록 조심하시오. ─ 자연은 잔인하다. 자연은 우주의 법칙과 잘 맞지 않게 만들어진 존재들을 말살시킨다. ─ 자연은 출생부터 인간을 쫓아다니는 지칠 줄 모르는 적이다. 인간은 살고 싶다면 다른 인간들, 그의 형제들과 힘을 합쳐 자연과 싸워야 한다. 자연은 부도덕하다. 살아 있는 모든 것은 남을 희생시키며 자신의 이익을 추구한다. 자연은 일관성이 없다. 자연은 맹목적이다. 자연은 그저, 원하지 않지만 존재한다. 엄밀히 말해, 자연은 존재하는가? 우연적인 배열을 증식시키고 연결하는 자연은 그 자체로는 존재의 이유가 없다. 우리의 지각이 그것에 도달할 수 있을 것인가? 감지될 수 있는 현상의 몇몇 원인들은 우리의 지각과 관계가 없다…….

그러나 그토록 많은 의미들 — 우리는 그 목록을 남김 없이 다루었다고 주장하지 않는다 — 중에서 우세해 보이는 의미가 하나 있다. 자연은 개인을 고무하고 찬양하며, 우주 전체와 대립한다 하더라도 개인에게 특권적인 위대함을 부여하는 뿌리 깊은 본능이다. 이 본능이 없다면, 강렬한 성격도 독창적 유형도 천재도 없다. 본능이 없다면, 우리는 유동하는 사태의 물결 속에 휩쓸릴 것이다. 실제로 우리는 우리가 차지하는 자리도 우리에게 할당된 시간의 실제적 한계도 모른 채 흘러간다. 우리는 하루살이처럼 흘러간다. 세계는 끊임없이 스스로를 파괴하는 쪽으로 가는 혼합물이며, 잇달아 와서 나아가고 사라지는 존재들이 빠른 속도로 연속되는 것이다. 그러나 적어도 개인은 자신이 지닌 힘의 강도에 의해 지속적인 시간이 그에게 거절하는 것을 얻는다. 바로 이 본능이 없다면, 우리는 노예무리 속의 노예 하나가 될 것이다. 개인은 자연발생적인 것과 후천적인 것 사이, 야성적인 것과 타락한 것 사이에서 타협을 만들려고 노력할 수 있으며, 오두막집과 궁궐 사이의 중간 형태의 거처를 지어서 살고 싶어 할 수 있다. 그러나 이러한 타협에 만족한다고 생각한 바로 그 순간에 그는 소리를 지르며 도망친다.

자연의 후예는 노예 상태를 몹시 싫어한다.
권위라면 모두 가차 없이 반대하는 사람,

그는 멍에에 분개하고, 속박에 모욕을 느낀다.

자유는 그의 '소원', 그의 외침은 바로 '자유'.

사회의 굴레를 무시하고

그는 아주 오래된 특권을 몰래 요구한다.

방정한 품행과 관례적인 표정이

그의 맹렬함을 가리는 베일 역할을 해도 소용이 없다.

위선적인 우아함,

우리 속 사슬에 묶인 호랑이의 순응은,

현자의 눈을 속이지 못한다.

그리고 도시의 성벽에서,

그는 쇠사슬에 묶인 채 몸을 흔드는

야만인을 알아본다.[14]

따라서 열렬한 자유 신봉자는 문명인의 모습 아래 감춰진 자신을 되찾는다. 그는 부갱빌이 자신의 배가 닿은 행복한 섬에 체류한 내용을 담은 이야기를 읽고 전율한다. 그는 영혼 깊숙이 남아 있는 이 "무엇인지 모를 야성"이 요동치는 것을 느낀다. 그는 원시생활의 모든 쾌감을 맛보는 타히티 사람이 다시 되고 싶어 한다. 그러나 그는 그럴 수 없음을 잘 알고 있다. 그리고 이 지점에서 사회뿐만 아니라 그 자신에 대한 투쟁, 낭만주의적 인간을 괴롭히는 투쟁이 시작된다. "우리가 겪은 불행의 거의 전부를 요약한 역사를 알고 싶습니까? 자, 다음과 같습니다. 자연인이 한 사람 있었습니다. 사람들은 이 자연인 속에 인공적인 인간을 밀어 넣었습니다. 그리고 동굴 안에서 평생 지속되는 내전이 일어났습니다. 어떤 때는 자연인이

---

14 디드로, 『엘뢰테로만 *Les Eleuthéromanes*』, 1772.

더 강합니다. 또 어떤 때는 도덕적이고 인공적인 인간이 자연인을 쓰러뜨립니다. 이 경우에나 저 경우에나, 그 슬픈 괴물은 찢기고 불로 달군 집게로 살이 지져지고 고문을 받고 줄로 묶여 수레바퀴 위에 눕혀집니다. 영광에 대한 거짓 열광이 그를 흥분시키고 도취시키든지, 거짓 치욕이 그를 굽히고 쓰러뜨리든지, 그는 끊임없이 탄식하고 끊임없이 불행을 느낍니다."[15]

디드로가 뱅센 성의 망루에 수감되어 있는 동안 루소가 면회를 와서 디종 아카데미의 공모전 주제인 '학문과 예술의 진보는 풍속을 타락시키는 데 기여했는가 아니면 풍속을 순화하는 데 기여했는가?'를 알려 주었다. 그때 지략이 뛰어난 디드로는 그에게 사회 통념과 정반대의 입장을 취하고, 유럽의 심리를 전복시키도록 그를 이끌게 될 행로를 시작하라고 권했을까? 아마도 우리는 그날 정확히 무슨 일이 일어났는지 결코 알 수 없을 것이다. 그러나 그가 개입했을 것이라는 생각은 논리적으로 가능하다. 그 순간부터 "나는 망했다"고 장-자크는 말한다. 그 순간부터 삶을 대하는 새로운 태도가 만들어졌다.

---

15 디드로, 『부갱빌 여행기 보유』, 전집, 2권, 1772, p. 46.

제9장

이신론: 볼링브로크와 포프

이와 같이 계몽주의 철학자들은 자연에 의지함으로써 발생하는 문제들을 해결하지 못했다. 이와 같이 이성이라는 여신의 힘에 대립되는 힘은 그들의 눈앞에서, 그들 사이에서, 때로는 그들 덕분에 맹위를 떨쳤다. 이제 우리는 아마도 가장 심각한 오해에 접근하게 될 것인데, 이것은 인간성과 신성의 관계에 대한 것이기 때문에 그들의 학설을 붕괴시켰다. 종교는 여전히 지속될 것이고, 무신론자는 그 적이었다. 그러나 교리가 없는 종교, 교회가 없는 종교가 존재할 수 있을까? 종교가 결속하는 것이라면, 결속하지 않는 종교가 존재할 수 있을까? "결정을 내려야 할 중요한 문제는 이러한 이신론자들로 이루어진 일부 병력이 독립적인 부대를 이루는 것인지 아닌지를 아는 것이다…… 왜냐하면 여기에는 신전도, 제단도, 희생도, 지도자도 없기 때문이다. 공통의 깃발을 전혀 따르지 않으며, 일반 규칙도 전혀 알지 못한다. 다수는 다소 수가 많고 언제나 독립을 열망하는 무리들로 나뉜다."[1] 사실 '나는 신을 믿는다'는

---

[1] 디드로, 『회의주의자의 산책 *La Promenade du sceptique*』, 1747.

너무도 단순한 이 단언 속에서, 사람들은 자신들이 도달하고자 했던 가톨릭 신앙 대신 분산과 고립과 넘을 수 없는 차이에 이르게 되었다. 정확히 어떤 신을 믿을 것인지 여전히 알 필요가 있었다. 자세히 들여다보면, 하나의 이신론이 존재했던 것이 아니라 서로 다른 이신론, 대립적인 이신론, 심지어 서로 논쟁을 벌이는 이신론까지 여러 이신론들이 존재했음을 확인하게 된다. 포프의 이신론은 볼테르의 이신론이 아니며, 볼테르의 이신론은 레싱의 이신론과는 매우 거리가 멀다. 그러므로 신앙의 동질성은 결정적으로 사라졌다.

젊었을 때는 방탕아였다. 자신의 방탕을 감출 노력도 하지 않고 단지 자신의 덕행으로 방탕을 벌충하길 바란다고만 말했던 파렴치한. 염복이 많은 남자, 착실한 삶을 택했을 때조차도 여성들에 대한 취향을 유지했고 기꺼이 여자를 유혹하려는 태도를 취했던 여성들의 친구. 자신의 지위에서 무엇을 해야 하는지 알았던 영국 귀족. 호화로운 생활양식, 소비, 낭비, 성채, 정원, 초대, 사교 모임, 친구들, 손님들. 거리를 나타내기에 꼭 알맞은 정도로 약간 거만한 태도를 배제하지 않았던 사교성. 오랫동안 권력을 행사한 역량 있는 정치인. 아마도 더 유리한 지위인 야당 지도자 자리를 차지했다가 권력을 상실한 정치인. 그는 능숙하게 정당을 주도하는 방식도 양심의 정확한 가격도 알고 있었다. 그래서 타고난 성향과는 별개로 이로부터 그가 명령하거나 매수했던 사람들과 일반적으로 유사한 인간들에 대한 거의 감지할 수 없는 경멸이 그에게 생겨났다. 그는 교양인이었고 특히 겉모습이 그러했다. 민첩하고 명석한 지성. 읽은 것을 적절히 활용할 수 있는 기억력을 갖고 있었고 또 독서를 많이 했다. 그는 탁월한 연설가, 놀라운 달변가인 듯하다. 우리는 그를 잘 이해했기를 바란다. 그의 책들은 약간 실망스럽기 때문이다. 그가 살아 있을 때도 이미 사람들은 처음 읽을 때는 마음에 들지만 두 번째 읽을 때는 마음에 덜 드는 것 같은 인상을 가졌다. 그는 자신의 글을 출간하기보다는 오히려 버려 두었다. 그는 촘촘한 책보다는 편지, 시론, 소책자들을 썼다. 두 번의 긴 망명 기간을 이용하여 프랑스를 제2의 조국으로 삼았고, 모국어와 마찬가지로 프랑스어를 구사한 세계인. 철학자이지만 자신의 학설이 대중보다는 특권층에 더 적절하다고 여겼으며, 실생활에서 자신의 학설을 항상 활용하지는 않았다. 보수당의 중추인 토리당원은 무언가를 보존해야 한다는 것을 잊지 않으면서도, 그는 자신의 사상이 원하는 만큼 멀리 가도록 내버려 두었다. — 이 사람이 바로 앤 여왕의 은혜로 볼링브로크 경이 된 세인트 존 자작이다. 그보다 더 유명한 이름은 거의 없었다.

시인. 아동기에는 영국, 프랑스, 이탈리아, 라틴, 그리스의 시인들과 함께 살았을 뿐이다. 청소년기에는 운문으로만 글을 썼다. 청년기에는, 그의 시가 손에서 손으로 전해져 여러 사람들로부터 찬탄을 자아냈다. 23세에는 당대 최고의 작가로 평가받았던 천재였다. 신들은 그에게 심오한 사상도, 뛰어난 창조적 상상력조차도 주지 않았다. 그러나 신들은 그에게 리듬과 조화를 주었다. 극도로 예민하고 불안한 사람이었다. 바람이 불면 그는 폭풍우, 자신에게만 밀어닥치는 폭풍우를 상상했다. 애무마저도 그에게는 할퀸 상처 같았다. 칭찬은 어떤 교활한 의도를 숨기고 있었다. 그의 삶은 사건도 없었고 외부에서 보면 매우 행복해 보이지만, 고통의 연속이었다. 그는 언제나 상처를 받은 대신 남에게 상처를 주었다. 심지어 그는 기다리지 않고 선수를 쳤다. 그 후에 그는 남에게 당한 부당한 일에 불평을 하곤 했다. 그는 허약한 불구의 몸이었다. 교황주의자의 아들이자 그 자신 교황주의자인 그는 귀족 학교에서 교육을 받지 않앉다. 찬양, 성공, 재산이 그의 소심함과 고독의 본래 기억을 지울 수는 없었다. 일개 나사 상인의 아들이었음에도 불구하고 귀족들의 대접과 환대를 받은 그는 문인들로 하여금 자신의 우울한 기질의 대가를 치르게 만들었다. 문인들은 질투 때문에 그의 연이은 성공마다 흥을 깨는 장본인들이었다. 그는 문인들이 자신에게 타격을 주길 바란다고 생각했기 때문에, 그들의 급소를 찌르려고 애를 썼다. 그는 적인 사람들, 적이었을 것 같은 사람들, 언젠가 적이 될 것 같은 사람들, 자신에게 아무런 말도 하지 않는 사람들을 적이라 불렀다. 아무 말이 없다는 것은 곧 침묵으로 자신을 박해한다는 것이었다.

프랑스어 번역자 중 한 사람인 실루에트 씨[2]가 쓴 것처럼 포프 씨는 가장 위대한 영국 시인이며, 일찍이 출현했던 가장 훌륭한 천재들 중 한 명이었다.

일찍부터 그는 볼링브로크를 알았다. 볼링브로크가 프랑스에서 돌아와 미들섹스 주의 돌리에 정착했을 때 교류는 다시 시작되고 강화되었다. 포프의 거주지인 트위큰햄은 멀지 않았으므로 이웃하고 있었다. 시인에게 부족했던 것은 오로지 철학에 접근한 적이 없었다는 것이다. 이것은 기이하고 거의 용서할 수 없는 예외였다. 운문으로 철학을 하지 않았던 사람은 자신의 의무를 전부 완수한 것이 아니었다. 볼링브로크는 그에게 이 점을 알려 주고 그의 스승이되어, 거의 초조하기까지 한 그의 호소에 응답했다.

---

2 (역주) Étienne de Silhouette(1709~1767): 프랑스의 고위 관료로 알렉산더 포프와 워버턴의 몇몇 작품들을 번역했다.

그러면 오세요, 나의 친구! 나의 천재! 서두르세요!
오 시인의 스승, 노래의 스승이여!

귀족과 작가는 기하학적인 형태의 작은 길들이 나 있는 광대한 공원을 산책한다. 나이가 들어 살이 찌고 활동과 쾌락에서 오는 피로가 얼굴에 흔적을 남긴 볼링브로크. 그 얼굴은 후일 암으로 초췌해질 것이다. 추위를 많이 타는 병약한 포프는 경건하게 권고를 듣는다.

그 권고는 다음과 같다. 당신의 뮤즈가 비할 바 없는 노래를 계속하게 하시오. 하지만 더 이상 사람들의 무료함을 달래고 사람들을 즐겁게 해 주는 것에만 그치지 않게 하시오. 당신의 뮤즈가 사람들을 깨우치고 개선하게 하시오. 뮤즈에게 더 합당한 과업이 이제 시작되어야만 하기 때문이오. 나는 많은 책을 찾아보았소. 암흑시대의 산물이자 야행성 조류인 스콜라철학. 오만하며 형이상학에 미친 사상가 성 토마스 아퀴나스. 사상가들 가운데 가장 무익하고 비현실적인 정신의 소유자 중 하나인 라이프니츠. 그 밖에 온갖 종류의 다른 책들. 동굴 벽에 관념의 환영을 비추는 잘못을 저지른 플라톤. 공상가 소크라테스. 너무 경직된 스토아학파. 너무 유약한 에피쿠로스학파. 하지만 진실을 만나지 못했소.

그래서 난 내면 속으로 내려갔소. 그곳에는 내가 무분별하게 따랐던 도깨비불보다 더 확실한 인도자가 나를 기다리고 있었다오. 나는 열중해 봐야 소용없는 부차적인 관념을 모두 버렸고 단순한 원리에 이르렀소. 내 이성에 귀를 기울였소. 이번에야말로 우리를 대신해 판단할 수 없다고 입증된 사람들의 권위를 이성의 권위로 대체할 가치가 있지 않소? 우리 스스로 판단합시다…… 진정한 인식은 초자연적인 계시의 설명할 수 없는 결과가 아니라오. 학문이 학문답기 위해서는 위에서 와서는 안 되며 아래에서 와야 하오. 학문은 신적인 것이어서는 안 되며 인간적인 것일 필요가 있소. 이러한 관점에서 볼링브로크는 결정적인 경구를 표명한다. 존재의 진실은 인식의 진실이다. 사실, 그리고 사실만이 인식을 지배하며 진실에 이른다.

내면의 관찰을 통해 우리가 그 존재를 알 수 있는 이 이성에 기초하여 우리들의 의견을 모으자. 이성은 너무도 취약하고 제한되어 있어서 우리가 초월적인 것을 찾는 것을 막는다. 이 약점과 제한을 발견하자마자 그것들을 끊임없이 명시하자. 우리의 오류와 불행은 우리가 스스로 우리 자신을 초월한다는 주장에서 비롯되기 때문이다. 만약 우리 인류가 수없이 많은 세대들을 걸쳐 존재한다 하더라도, 그리고 이 세대들이 먼저 진행한 탐구를 항상 계속한다 하더라도, 인류는 언제나 사물의 비밀을 간파할 수 없을 것이고 실체와 본질과 근본 원인에 도달할 수 없을 것이다. 그리고 인류는 세계, 삶, 인류가 입은 육신의 원인을 알지 못한 채로 그 존재를 멈추는 것을 피하지 못하고 지표면에서 사라질 것이다. 이성은 지적 작용의 도구로서 아주 귀중한 우리의 자산이다. 그러나 초자연적인 가치들을 파악하고자 하는 한 오류의 주범이다. 이성은 접근 가능한 사실들, 오로지 이 사실들에만 적합하다.

그러므로 우리의 지식은 현실적이 되기 위해 피상적이어야 한다. 우리의 인식은 신이 무엇인지는 알 수 없지만 신이 존재한다는 것은 알 수 있다. 실제로 인식은 우리의 영혼 안팎에서 그 존재가 입증되는 자연법칙을 인지한다. 앞의 경구만큼이나 결정적이며 결론을 담고 있는 경구가 등장한다. 자연과 진실은 어디에서나 동일하고, 이성은 어디에서나 자연과 진실이 똑같다는 것을 보여 준다. 이성은 우리에게 사실들 속에서 질서를 나타내며, 이 질서는 진실의 보증이다. 또한 신의 존재에 대한 보증이다. 이 질서를 원했던 어떤 정신적 존재 없이 질서 있는 창조를 가정할 수는 없을 것이다. 이러한 확인은 우리의 도덕적 삶에 대한 요구에 충분하다. 실제로 이러한 확인 덕분에 우리는 신에게 응당 돌려야 하는 존경과 감사를 바치게 된다. 그리고 또 이러한 확인을 통해 우리는 우리 내면에서 품는 감정과 우리의 이익에 일치하여, 타인이 우리 자신을 대우하길 바라는 대로 타인을 대우하라는 권유를 받는다.

청년 시절부터 볼링브로크에게는 이러한 확신이 있었고, 이는 망명 생활 동안 더 여물었다. 그는 신앙에서 멀어졌지만, 프랑스 석학 레베크 드 푸이가 그에게 권한 무신론을 거절한 바 있었다. 그는 중도적인 철학에 이르렀고, 이제 포프가 이를 전파하게 되었다.

『인간론』의 첫 번째 서간시는 1733년 2월에 발표되었다. 두 번째와 세 번째도 같은 해에 익명으로 발표되었다. 포프가 그 성공을 확신할 수 없었기 때문이다. 네 번째 서간시의 경우 이번에는 그의 이름으로 서명이 되었으며 1734년 1월에 나왔다.

이것은 신앙고백, 그것도 분명한 신앙고백이었다. 처음으로 이 신론은 시가 되었다. 철학자들의 은신처를 빠져나와 아름답게 치장하고 군중 속으로 나아갔던 것이다. 『인간론』은 아주 순수한 언어와 적합한 표현법으로 써져서, 영국은 이를 걸작으로 받아들였다. 외국도 받아들여 번역을 하기 시작했다. 운문본과 산문본, 모작, 주석이 계속해서 나왔고, 같은 모험을 시도하기 위해 다른 해석자가 나타났다. 1762년에는 여러 언어로 번역한 한 권의 책이 출간되었다. 이 책은 여러 번 재판되는 보기 드문 행운을 누렸다. 『인간론』의 인기는 세기말까지 그리고 그 이후에도 지속되었다.

이것은 새로운 종교에 대한 신앙고백이었으며, 여론은 이에 대해 잘못 생각하지 않았다. 1737년부터 나라 안팎에서 명망이 높았던 로잔의 목사 장-피에르 크루자즈가 저서 전체를 할애하여 그에게 반박했다. 다음 해 그는 작품의 프랑스어 해석자 중 한 명인 레넬 신부[3]에 반대하는 또 다른 저서로 반박을 가중시켰다. 반박의 내용은 포프가 라이프니츠의 낙관주의를 공유하는 것은 잘못이었다, 포프는 숙명론의 교리를 따랐다, 포프가 — 아마도 완전히 이해하지 못한 채 — 불경한 사람들의 집단에 속한다는 것이었다. 격렬한 성격의 워버턴은 처음에는 그의 동향인을 혹평했으나, 그가 공격받는 것을 보고 분기충천하여 그의 열렬한 옹호자가 되었고 크루자즈의 반론에 반박했다.

　너무도 위대한 이름을 물려받은 가련한 루이 라신[4]! 그는 열의에 차 있었다. 그에게 부족한 것은 재능뿐이었다. 매우 신실한 기독교도였던 그는 무신론이 확대되는 것을 목격하고 격류에 저항하고자 했다. 그는 보쉬에와 파스칼에게서 영감을 받았다. 시를 통해 그는 은총의 교리를 설명했고, 시를 통해 신앙을 옹호했다. 그는 1742년 「종교」라는 시에서 책임자들 몇몇을 선별하고 『인간론』을 규탄했으며 포프에게 두 개의 서간시를 할애해 주는 영광을 베풀어 주기까지 했다. 네덜란드에서 그에게 동의를 보낸 루소[5]에게 설명했듯이, 그것은 영국에서 그가 가장 유명한 시인인 포프 씨의 작품들을 원본으로 읽을 수 있는 행운을 누렸기 때문이 아니다. 따라서 그는 확신할 수 없는 포프의 진짜 견해들을 공격한다고 주장하지

3　(역주) Jean-François Du Resnel du Bellay(1692~1761): 프랑스의 성직자이자 문인이며 번역가

4　(역주) Louis Racine(1692~1763): 프랑스의 시인으로 고전주의 시대의 유명한 비극 작가 장 라신Jean Racine의 막내아들이다.

5　(역주) Jean-Baptiste Rousseau(1669?~1741): 프랑스의 시인이자 극작가

않았다. 그러나 그는 잘 이해되든 잘못 이해되든 사람들이 포프의 『인간론』을 읽은 이후 널리 퍼지게 된 견해들을 공격했다. 루이 라신의 시는 뛰어나지 않았다. 그럼에도 불구하고 그의 시는 높이 평가받았고 재판(再版)되었으며 번역되었다. 오래전에 페늘롱이 개종시킨 기사(騎士) 람세는 '영국의 호메로스'를 옹호했다. 포프의 의도는 본성이 타락한 이후 모든 것이 고통받고 또 고통받아 마땅하며 복원될 수 없는 타락한 존재의 상태에 매우 용의주도하게 그리고 조화롭게 맞추어져 있다는 것을 보여 주는 것뿐이었다. 얀센파인 고티에 신부[6]는 스피노자의 제자라며 포프를 반대했다. 투르느민 신부[7]는 모든 것을 독으로 바꾸는 타락한 사람들에게만 해가 되리라며 『인간론』에 호의적이었다. 요컨대 격렬한 논쟁이 벌어졌고, 이는 오래 지속되었다.

포프는 당연히 고통을 받았다. 이 온갖 시끄러운 소리에 당혹한 그는 워버턴에게 자신을 변호해 준 것에 대해 열렬히 감사를 표했고, 람세에게 개입해 달라고 부탁했으며, 루이 라신에게 자신의 입장을 밝히기 위해 편지를 썼다. 자신의 신조는 스피노자, 심지어 라이프니츠와도 완전히 상반된 것인 반면 파스칼 씨, 캉브레의 대주교 페늘롱과 유사하다고 생각했다는 것이다. 게다가 자신이 진심임을 명백하게 증명하기 위해 「우주의 기도The Universal Prayer」(1738)라고 제목을 붙인 찬가를 발표했다. 악의를 가진 사람들은 그가 복음 정신에 충실하다는 것을 잘 알게 되리라.

---

6 (역주) Abbé Louis Gaultier(1746~1818): 프랑스계 이탈리아인으로 여러 권의 교육학 저서를 집필했다.

7 (역주) René-Joseph Tournemine(1661~1739): 프랑스의 예수회원이자 문학비평가

그러나 그는 사람들을 진정시키려는 의도를 제대로 성공시키지 못했다. 그가 기도했던 신은 만물의 아버지라도, 혹은 창조 이전에 존재했더라도 성인들과 '야만인'들과 현인들이 구별 없이 경배하는 신이었다. 그의 이름은 여호와, 주피터인 동시에 우리 주님이었다.

> 어느 때 어느 곳이든
> 성인들, 야만인들, 현인들이 경배하는
> 만물의 아버지!
> 여호와, 주피터, 혹은 주님!

　따라서 그는 사람들을 더 자극시키기만 했다. 그의 찬가는 이신론자의 '기도'라고 불렸다.

　이것은 신앙고백이며 기도였다. 여기서는 볼링브로크의 거의 모든 가르침이 발견되었지만, 전체적으로는 얼마나 달랐던가! 설령 어조만 달랐다 해도 말이다. 그리고 사상 자체는 얼마나 불분명하고 혼란스러웠던가! 『인간론』은 우리의 취향이 바뀜에도 불구하고 여전히 우리에게 감동을 준다. 왜냐하면 우리는 여기서 예민한 감수성, 이성이 강요하는 규범에 완전히 만족하지는 않는 영혼의 감수성을 느끼기 때문이다. 그 감수성은 확신한다고 말하자마자 재차 확신하는 것이 필요하다. 포프는 무슨 일이 있어도 자신이 설득시키기를 원하는 대화 상대자에게 말을 걸고 부르고 야단을 치고 때로는 화를 낸다. 그 정도로 그는 상대방이 완고하다고 생각한다. 결코 말을 하지는 않지만 처음부터 끝까지 존재한다고 감지되는 이 적수는 시인 자신, 벗어나거나 회피하는 그의 의식의 일부분과 다름없다. 우리는 이 모순들에, 안전 — 그는 늘 이러한 안전을 주장하지만 결코 도달하지 못한다 — 을 뒤흔드는 시의적절하지 못한 절망에 감동을 받는다. 자주 반복되는 문구는 절대적으로 명확하다. 그 문구는 이어지는 시행들 속에서도 또 단 한 줄의 시행 속에서도, 이보다 더 강력하게 그리고 더 조화롭게 표현할 수 없을 명제를 포함한다. 이보다 더 쉽게 기억 속에 각인되는 교훈시는 아마 이 세상에 없을 것이다. 인간은 받아들이고 만족해야 한다. 인간은 우주 속에서 딱 제자리에 놓여 있다. 인간은 그 자신의 지성보다 무한히 더 우월한 지성을 인정해야 한다. 그 지성은 자신이 아는 것을 확실히 알고 자신이 하는 것을 잘 한다. 인간은 지고한 존재를 믿어야 하며, 이 지고한 존재는 공공의 안녕이라는 목적과는 다르게 세계를 구성할 수 없었을 것이다. 이 학설의 사항들 각각은 표현되기 위해 결정적인 격언을 발견한다. 그리고 이 확고부동한 형식은 동요, 주저, 의심, 호소, 거부와 기묘한 대조를 이룬다.

시적 이신론. 여전히 모호한 상태의 이신론. 포프는 "겉으로 보기에 정반대인 학설들의 양극단 사이를 항해하기를, 모든 학설들을 차용한 온건하면서도 일관성이 있으며 간결하면서도 완벽한 도덕 체계를 세우기를" 원했다. 그러나 그가 만들어 내는 데 성공했던 것은 일관성이 없는 혼합물이었다. 당연히 사람들은 그에게서 다신교, 범신론, 숙명론, 그리고 집요한 가톨릭이 섞여 있는 것을 보았다. 사실 그는 전적으로 행복하지만 타락한 자연 상태에 대해 이야기하면서, 이와 같이 원죄에 대한 믿음을 전제로 하도록 내버려 두기 때문이다. 토머스 드 퀸시[8]는 무정부 상태의 실현이라고 언급할 것이다. 텐은 "모순되는 철학의 혼합", 루이 카자미앙[9]은

---

8 (역주) Thomas de Quincey(1785~1859): 영국의 수필가이자 비평가
9 (역주) Louis Cazamian(1877~1965): 프랑스의 문학비평가로 영국 문학의 전문가

"가장 뛰어난 그의 철학 논고인 『인간론』은 동시대의 영감으로 생기를 부여받아 돋보이는 진부한 생각들로 이루어져 있다……."고 평할 것이다.

그것은 불순한 이신론, 정확히 말해서 사람들이 배제하고 싶어 하는 심리적 여건들 중 몇몇 — 합리적 자명함보다는 의지의 노력과 신비의 수용 — 이 그 안에서 계속 끈질기게 유지되었던 이신론이었다.

제10장

이신론: 볼테르

그가 존재하지 않았다면, 18세기의 성격이 같았을까?

그는 이신론에 지울 수 없는 자신의 흔적을 남겼다. 이신론을 다시 만든 사람은 바로 그다. 혹 다른 비유를 원한다면, 음료를 여과한 사람은 바로 그다. 그의 작업이 끝나자 순수하고 맑은 액체만이 남아 있었다. 이를 판단하기 위해서 영국 이신론에 대한 입문서들 중 하나인 울러스턴의 『자연종교 개설』을 다시 읽어 보기를. 1722년 처음 발간된 이 저서는 원본과 번역본 모두 큰 성공을 거두었다. 그러나 정제된 볼테르와 비교하면 객설, 잡동사니일 뿐인 듯하다. 그 길고 지루한 설명 대신, 이제는 어린아이조차도 잊지 않을 정도로 간결한 추론과 명민하고 단순한 표현들이 등장한다. 이것은 법률의 힘을 갖는 명령적인 판결이다.

목적인(目的因)에 대한 논증을 강조한 사람도 바로 그다. 인간을 제자리에 두는 데 그치지 않고 인간에게 즐거움을 선사한 지고한 존재에 인간이 감사를 표한 것도 바로 그를 통해서이다.

인간들이여, 그에게로 가라, 감사하는 마음으로
우리의 욕망을 채워 주려고 신경을 쓰는 자연은
즐거움의 목소리로 여러분을 이 신에게로 부르네.
누구도 아직 신의 호의 전부를 찬양하지 못했네
신은 단 한 번 움직임에 의해 물질을 인도하지만
신이 인간들을 인도하는 것은 즐거움에 의해서라네.[1]

거부를 명확히 밝힌 사람도 바로 그다. 신을 믿자. 그러나 신의 본성에 대해 이야기하는 것은, 신이 작용하는 방식에 대해 이야기하는 것은 거부하자. 황궁 앞에 있는 귀뚜라미는 건물이 귀뚜라미들보다 더 강력한 누군가에 의해 존재한다는 것을 인정한다. 그러나 이 누군가에 대해 입에 올릴 정도로 귀뚜라미는 그렇게 어리석지 않다.[2] 이러한 지혜를 본받자.

혼자의 힘으로 존재하는 미지의 존재가
얼마 전에 무에서 세계를 끌어냈든,
영원한 물질을 마련했든,
물질이 그 존재 속에서 유영하든,
혹은 그 존재가 물질과 무관하게 다스리든,
그토록 자주 어두워지는 그 불씨인 영혼이
우리 감각들 중 하나이든, 혹은 감각들 없이 존재하든,
당신은 보이지 않는 그 존재의 수중에 있네……[3]

---

1 볼테르, 「인간에 대한 다섯 번째 담론Cinquième discours sur l'homme」, 1739.
2 볼테르, 「중국의 교리문답 강의Catéchisme chinois」, 『철학 사전』, 1764.

따라서 영혼에 대해서 생각해 보려고 하지 않을 것이다. 내가 무엇을 아는가? 내세에 대해서도 내가 무엇을 아는가? 단언하고 싶을 때마다 원래 사실로서 인정된 무력함을 다시 한 번 확인하게 될 뿐이다.

교리의 '신조'를 공식으로 정리한 사람도 바로 그다. 이를 포함하는 데 한 페이지면 충분한데, 그것은 바로『철학 사전』의 '유신론자' 항목이다.

유신론자는 선하고도 강력한 지고의 존재가 존재하여, 생장하고 느끼며 생각하는 연장(延長)을 갖는 존재 모두를 창조했고 그 종(種)을 영속시키며 가혹하지 않게 죄를 벌하고 친절하게 유덕한 행위에 보답한다고 굳게 확신하는 사람이다.

유신론자는 어떻게 신이 벌하고 어떻게 은혜를 베풀며 어떻게 용서하는지 알지 못한다. 어떻게 신이 행동하는지 안다고 뽐낼 만큼 아주 무모하지는 않기 때문이다. 그러나 그는 신이 행동하고 있으며 그가 정의롭다는 것을 알고 있다. 신에 대한 이의가 있다고 해서 그의 믿음이 흔들리는 것은 전혀 아니다. 그 이의는 커다란 이의에 불과할 뿐 증거는 아니기 때문이다. 그는 몇몇 결과와 몇몇 외관만을 알아볼 뿐이지만, 이 신에 복종한다. 그리고 보이는 사물로 볼 수 없는 사물을 판단하면서, 그는 이 신이 모든 시공간에 퍼져 있다고 생각한다.

이 원리 속에서 나머지 우주와 결합된 그는 서로 반박하는 모든 종파들 중 그 어느 것도 신봉하지 않는다. 그의 종교는 가장 오래되고 가장 널리 퍼진 것이다. 왜냐하면 신에 대한 단순한

---

3 볼테르, 「자연법에 관한 시 Poème sur la loi naturelle」, 1부의 초반부, 1756.

경배가 세계의 어떤 체계들보다 선행했기 때문이다. 모든 민족들이 서로 이해하지 못하는 동안 그는 그들 모두가 이해하는 언어로 말을 한다. 그는 중국의 베이징에서 기아나의 카옌에 이르기까지 형제가 있고, 현자들을 모두 자신의 형제로 간주한다. 그는 종교가 난해한 형이상학의 견해나 무익한 체제 속에 존재하는 것이 아니라 경배와 정의 속에 존재한다고 생각한다. 선을 행하는 것이 바로 그를 숭배하는 것이다. 신에 복종하는 것이 바로 그의 교리이다. 이슬람교도는 그에게 외친다. "메카를 순례하도록 노력하시오!" 성 프란체스코회의 수도사는 그에게 말한다. "로레타의 성모 성당으로 여행하지 않는다면 그대에게 화가 있을지어다!" 그러나 그는 로레타와 메카를 비웃고, 극빈자를 돕고 압제에 신음하는 사람을 보호한다.

이신론을 설명하면서 자신의 기술로 이신론을 도와주었던 사람도 바로 그다. 어떠한 신인동형론(神人同形論)도 용납하지 않는다고 말하면 대다수 독자들이 이해할 가능성은 별로 없을 것이다. 그러나 당신은 이렇게 쓰면 그들을 즐겁게 할 것이오. "어느 날 내게 일어난 일에 대해 당신에게 이야기해야만 하겠소. 나는 정원의 끝에 정자 하나를 막 짓게 했소. 풍뎅이와 대화를 하고 있는 두더지의 목소리가 들렸다오. 두더지가 말했소. '아름다운 건축물이군요. 이 공사를 한 건 아주 힘센 두더지가 틀림없어요.'— 풍뎅이가 말했소. '농담도 잘하시네요. 이 건물을 지은 건 재능이 넘치는 풍뎅이라고요.' 그때부터 나는 결코 논쟁하지 않기로 결심했소."[4] 당신 생각에 이신론이 보편적 가치를 지닌다고 말한다면, 당신은 추상적인 개념

---

4 볼테르, 「신」 항목, 『철학 사전』, 1764.

에 머물러 있을 것이다. 하지만 이렇게 쓴다면 구체적이고 생생할 것이다. "나는 모든 구절들을 열람했는데, 이 구절들을 통해서 다음과 같은 사실들이 입증된다. 예를 들면 중국인, 인도인, 스키타이인, 그리스인, 로마인, 게르만인, 아프리카인, 인도인, 백인, 흑인, 황색인, 홍색인, 양털이 난 머리, 머리털이 난 머리, 수염이 난 턱, 수염이 없는 턱과 같이 소르본 구역에 살지 않았던 사람들은 모두 당연한 듯이 무자비한 영벌을 받았다는 사실과 신이 이 선한 사람들 중 단 한 사람만 동정할 수 있었다고 생각할 수 있는 것은 오직 잔인하고 가증스러운 영혼밖에 없다는 사실이다."[5]

모든 사람들 중에서 진리를 명확성의 유의어로 만든 사람도 바로 그다. 그의 예술에 사상이 배어 있다는 점에서 그리고 쉬지 않고 다음과 같이 자문했던 점에서 그는 철학자였다.

정신, 공간, 물질은 무엇인지,
영원, 시간, 동력, 빛은 무엇인지
기이한 질문들……[6]

멀든 가깝든, 고대이든 근대이든 그의 호기심을 자극하지 않거나 그의 관심을 끌 만한 것처럼 보이지 않는 철학이란 없었다는 점에서 그는 철학자였다. 그러나 철학자가 감히 자신의 가설로 우주

---

5 볼테르, 「벨리사리우스에 관한 두 번째 일화Seconde anecdote sur Bélisaire」, 1767.

6 볼테르, 「인간에 대한 두 번째 담론Deuxième discours sur l'homme」, 1739.

의 창조에 필적하는 창조를 하는 대담한 사람들, 우리가 갇혀 있는 감옥에 전대미문의 새로운 것을 향한 통로를 내려고 하는 사람들, 우리에게 신비에 대해 완벽한 설명을 제시하는 사람들을 의미한다면, 볼테르는 철학자의 부류에 속하지 않는다. 가장 단호하게 형이상학에 대한 위대한 거부를 표명했던 사람은 항상 그다. 그는 스피노자에 가까이 갔다가 뒤로 물러났다. 바뤼흐 스피노자여, 나는 당신에게 중상모략을 일삼던 사람들이 뭐라고 말하든 간에 당신이 모범적인 삶을 살았다는 것을 잘 압니다. 보통 '무신론자'라는 낱말에 부여하는 개략적인 의미로 볼 때 당신이 무신론자가 아니었다는 것도 잘 알고 있습니다. 당신이 현기증이 날 정도로 높게 비상했다는 것 역시 잘 알고 있지요. 그렇지만 나는 당신을 따르길 거부하고 당신을 부인합니다. 당신은 명확하지 않기 때문입니다. 라이프니츠여, 나는 당신이 천재였다는 것을 잘 압니다. 당신이 사방에서 조화를 찾고 도처에서 연속성을 보았으며 악을 설명하기 위해 악 자체를 공격하는 것을 두려워하지 않았다는 것도 잘 알고 있습니다. 그렇지만 나는 당신을 좋아하지 않습니다. 게다가 당신은 약간 우스꽝스럽고 약간 약장수 같으며 당신 자신의 생각이 무엇인지 잘 알지 못했다고 말하겠습니다. 당신이 모호한 인식에 대해 이야기했기 때문에, 당신이 말하는 단자란 분명하지 않기 때문에 나는 당신을 비웃습니다. 볼프여, 당신은 방대하고 말이 많으며 갑갑합니다. 프로이센의 왕태자가 당신을 다소 높게 평가했음에도 당신을 존경하기를 거부합니다. 당신은 명확하지 않기 때문입니다. 그러나 로크는 간결하고 명확합니다. 그러므로 나는 로크의 지혜로 만족할 것입니다…….

그는 이 방향으로 너무 멀리 나아가서 더 이상 일관성이 없었다. 그에게는 자신의 조립물을 구성하는 각각의 조각이 옆의 조각들과 그리 잘 들어맞지 않는다 할지라도 그 자체로 투명하기만 하면 충분했기 때문이다. 로크주의자인 그는 우리 영혼에 선천적인 것은 아무것도 없다고 단언했다. 단 그 조건은 선천적 경향이 존재하지 않는다는 것이다. 그런데 이로 인해 모든 것은 다시 문제가 된다. 그는 도덕적 규범의 효력을 굳게 믿었지만, 성찰을 더해 갈수록 자유에 대한 확신이 줄어들었다. 그가 보기에 도덕성과 숙명은 똑같이 명확한 두 가지 원리인 것 같았다. 그리고 이 원리들이 서로 잘 들어맞지 않는다면, 어쩔 수 없는 일이다. 그가 신뢰한 미지의 신은 선인에게 보상하고 악인을 벌할 것이다. 그러나 그는 선인이 보상을 받고 악인이 처벌을 받게 될 내세가 존재하는지에 대해서는 의심스럽게 생각했다. 진리에 명확성 이외에 다른 특성을 부여하지 않기 위해서는, 분석이 면밀히 검토하는 사실만이 유일하게 진실로 남는다. "명확한 사상들의 혼돈"은 그의 사상 전체에 부여되었던 가장 정당한 정의들 중 하나로 남아 있다.

그가 확실하지 않은 것, 지각되지 않는 것, 무의식적인 것의 영역 주변에 이르자마자 불편하게 느끼는 것과 마찬가지로, 그는 변화와 시간의 모호한 압력과 생성의 노력에 무관심했다. 고정된 것은 이해 가능하다. 고정된 언어, 고정된 종(種), 고정된 자연. 이성은 고정된 것이었으며, 동시대인들과 그 자신이 이성에 부여했던 형태 외에 결코 다른 형태를 지녔던 적도 없고 지닐 수도 없을 것이다. 현재는 과거를 비출 것이다. 일찍이 양립할 수 없는 두 개의 언어가 있었다면, 그것은 비코의 언어와 볼테르의 언어이다.

그는 이신론에서 볼링브로크가 부여했던 귀족적이며 거의 회의적인 성격과 포프가 부여했던 시적인 성격을 제거하고, 이신론을 삶과 행동에 밀접하게 끌어들였다. 그는 삶에 대해 환상을 품지 않았다. 그리고 자주 삶의 불완전함에 대해 비통한 감정을 느끼며 삶을 바라보았다. '행복이란 무엇인가(*Quid est felicitas*)?' 적들은 당신을 악착스럽게 따라다니고, 친구들은 당신을 배신하며, 당신이 사랑하는 여성들은 당신을 속이거나 죽음을 맞는다. 인류의 역사는 생각하기 끔찍하다. 『풍속론』의 저자가 이를 묘사하려고 쓴 문장들 중 몇몇을 모으면, 하나의 논고가 만들어진다. 동방의 학살, 신세계의 학살. 온갖 종류의 전쟁, 그리고 가장 끔찍한 전쟁들 중에 종교전쟁이 있다. "내가 방금 쓴 것은 뱀과 호랑이의 역사인가? 아니다. 이것은 인간들의 역사이다. 호랑이와 뱀은 자기 종을 전혀 이런 식으로 취급하지 않는다."―"온 세계가 살육의 무대일 뿐인 시기가 있는데, 이러한 시기는 너무나 빈번하다."―"이 세계에서 대사건의 역사는 거의 죄악의 역사이다."―"인간들의 비참한 조건이 이러하므로, 가장 탁월한 치료제도 독으로 변해 버렸다."―'정의란 무엇인가(*Quid est justitia*)?' 죄인은 보상을 받고 의인은 고통을 받는다. 젊은이와 어린이는 영문을 모른 채 죽음을 맞는다. 늙은이는 비참하다. 원인과 결과의 불균형 속에 우스꽝스러움이 있다. 헛되고 헛되도다.

'진리란 무엇인가(*Quid est veritas*)?' 영원한 무지이다. 우리 정신의 한계는 우리의 코앞이다. 강이 바다에 이르는 속도보다 더 빠르게 인간은 오류에 이른다. "빌라도가 예수에게 말했다. '진리란 무엇인가?' 이렇게 말하고 나서 그는 나갔다. 빌라도가 대답을 기다리지 않고 나간 것은 인류에게 슬픈 일이다. 그렇지 않았다면 우리는 진리가 무엇인지 알 수 있을 텐데."[7] '가장 확실한 것들 중에서도 가장 확실한 것은 의심하는 것이다(*De las cosas mas seguras, la mas segura es dudar*).' 단지 의심은 서글플 뿐이다. 요컨대 자연이 인간

---

7 볼테르, 「진리」 항목, 『백과전서에 대한 질문들』, 1772.

에게 두 가지 탁월한 해독제, 즉 노동에 대한 사랑과 즐거움을 주지 않았다면, 오래전에 그는 절망으로 죽었을 것이다.

그러나 우리의 책임이 아닌 해악을 전혀 바꾸지 못하므로, 적어도 우리가 우리 자신에게 가하는 해악은 줄이자. 지혜와 절제로 스스로를 지키고, 우리에게 주어진 이득인 세련된 문명과 정신의 독립을 더 의식적으로 이용하자. 그리고 여기서 — 그의 선배들은 거의 하지 않았던 일인데 — 그는 삶의 방향으로 직접 개입한다. 그는 그의 일반 원칙을 위하여, 동시에 그 실효성과 가치의 문제가 제기되는 구체적 적용을 위하여 전투를 벌인다. 그는 더욱 유용한 부의 생산과 덜 나쁜 행정과 더 정의로운 법을 얻으려고 애쓰지 않는다면, 부당하게 단죄받은 불행한 사람들을 구하지 못하거나 그들의 사후 명예를 회복시키지 못한다면, 자신의 임무를 완수하지 못했다고 생각한다. 그는 세 번째 해독제를 사용한다. 그것은 바로 행동이다.

파스칼과 맞서 싸우길 원했던 사람도 바로 그다.[8] 파스칼에 대해 "끊임없이 우리 행복을 비난하는 이 암울한 모럴리스트들 중 하나"[9]라고 스스럼없이 규탄한 다른 사람들이 그러했듯이 단지 지나가는 말로만 그러했던 것이 아니라, 또한 가차 없는 결투를 통해 그러했던 것이다. 사람들이 그에게 가했던 공격으로 그가 죽지는 않았다. 그러나 볼테르는 파스칼을 죽이게 될 것이며, 이것은 그의 영광이 될 것이다. 그는 결투장에서 파스칼에게 도전장을 던질 것이

---

8 볼테르, 「파스칼 씨의 『팡세』에 대한 지적Remarques sur les *Pensées* de M. Pascal」, 『철학 서한』, 25번째 편지, 1734.

9 애덤 스미스는 "끊임없이 우리 행복을 비난하는 이 암울한 모럴리스트들 중 한 사람"으로 파스칼을 들고 있다. 『도덕 감정론』, 3부, 1759.

고, 유럽은 관객이자 심판이 될 것이다. 그는 파스칼을 이 결투장으로 끌고 가 그를 쓰러뜨리고 최후의 일격을 가할 것이다. "가라, 가라, 파스칼이여, 내게 맡겨라!" 그는 파스칼이 너무 거대하다는 것을 알았다. 잘됐다. 새총으로 그는 이 골리앗을 넘어뜨릴 것이다.

그는 다가가서 껑충껑충 뛰며 뛰어오른다. 그가 허울뿐인 존경에서 모욕으로 변할 열정을 억누르려고 해 봤자 헛일이다. 우선 그는 조용조용 말하려고 애쓴다. 그는 실례를 무릅쓰고 단지 『팡세』의 몇 문장을 수정할 것이다. 잘 알다시피 『팡세』는 일종의 미완성 상태로 남아 있었기 때문이다. 그는 『팡세』를 교정함으로써 저자에게 더 나아가 종교에도 도움을 줄 것이다. 그러나 그는 이러한 태도를 유지할 수 없었다. 그가 논증을 인용할 때마다 그는 동요하고 그의 분노는 치솟는다. 이제 허울뿐인 침착함은 끝이다. 곧 그는 한마디도 빠짐없이 반박한다. 그것은 모든 질서에 반하는 것이라고, 파스칼은 말한다. 그것은 모든 질서에 따르는 것이라고, 볼테르는 답한다. 몽테뉴가 자기 자신을 그리려던 계획은 어리석었다고, 파스칼은 말한다. 몽테뉴가 그렇게 했듯이 자기 자신을 있는 그대로 그리려던 계획은 매력적이었다고, 볼테르는 말한다. 그는 자신의 적에게 말을 건다. 어떻게 파스칼 씨와 같은 사람이 이와 같이 잘못된 진부한 생각에 빠질 수 있었는가? 그는 파스칼의 문체를 완전히 횡설수설이라고 공격한다. 그는 사상에 이르러서는, 이 생각은 형이상학만큼이나 터무니없고, 저 생각은 약간 부적당하고 유치하며, 또 다른 생각은 광신적이라고 말한다. 인간은 천사도 짐승도 아니며, 불행하게도 천사가 되기를 바라는 사람은 짐승이 된다고, 파스칼은 말한다. 정념을 억제하는 대신 줄이기를 바라는 사람은 천사가 되길 바라는 것이라고, 볼테르는 말한다. 그리고 그는 파스칼이 짐승이 된다는 것을 빈정대며 암시한다.

비장할 정도로 타협할 수 없는 대립의 성격이 조금씩 드러난다. 한쪽에는 구상될 당시의 고통과 공포의 흔적이 여전히 남아 있는 『팡세』가 있다. 그리고 이 단편들의 밀도는 인간적인 경험 전체 — 방종한 삶, 불안, 탐구, 질병, 회심, 신앙을 돕기 위한 학문과 지식, 또한 마침내 신을 찾아 확신을 갖고 그리스도의 좁은 팔로 뛰어들어 이후 영원한 확신을 갖는 사람의 희열 — 에서 유래한다. 또 다른 한쪽에는 고통스럽지만 승리를 거둔 경험이 의심에서 해방된 그의 영혼에 제시하는 해결책을 형제들에게 제안하는 개종자가 있다. 한쪽에는 올리브 산(감람산)의 고통을 다시 체험하고, 골고다 언덕을 올랐던 인간이 있다. 그리고 세계에 대한 종교적 설명이 있다. 우리 안의 비참함, 차례차례로 목이 잘리기 위해 지하 독방을 나서는 죄수들인 우리를 부르는 죽음, 우리를 타락시키는 원초적 결함, 우리 존재의 가장 깊은 내면에 존재하는 이러한 타락을 치료하거나 단지 경감하는 것은 불가능하며 우리에게 남은 방법이란 단지 외면하고 잊어버리기 위해 기분을 전환하는 것밖에는 없다는 사실. 우리의 위대함, 어렴풋한 기억과 욕망.

우리가 이러한 모순을 해결하고 이 신비를 해명할 수 있는 유일한 설명이 있다. 기독교, 우리가 신의 손에서 나왔을 때 우리의 행복한 조건, 우리에게 주어졌던 선택의 자유, 죄의 선택, 속죄. 기독교는 문제의 모든 여건을 고려하기 때문에, 이성과 직관에 의해 동시에 입증되기 때문에, 예언과 기적에 의해 결국 확인되기 때문에 우리에게 진리를 보증하는 유일한 종교이다. 그리고 그것은 모든 부분이 서로 연관되는 전체이자 우리 운명에 의미를 회복시키는 해결책이다.

그의 적수인 볼테르는 반발하면서, 그것은 "고상한 인간 혐오자"가 갖는 모든 견해들이라고 정면으로 되받아친다. 죄에 대한 감정은 다른 편견들과 마찬가지로 하나의 편견일 뿐이다. 그렇다, 우리는 때때로 고통을 받는다. 그러나 이 법칙은 완화할 수 없을 정도로 절대적인 것은 아니다. 이기심은 우리 존재를 보존하기 위하여 우리에게 부여되었다. 마음을 끄는 즐거움이 우리를 기다린다. 풍요롭고 문명화된 도시인 파리와 런던이 지하 독방이나 무인도와 닮았는가? 어떤 불가사의도 없다. 인간은 창조의 질서 속에서 제자리에 있다. 거기서 벗어나려고 애쓸 때 외에는 사리에 어긋나지 않는다. 인간은 자신의 조건을 사실로서 받아들여야 한다. 현자라면 신을 마주 보는 방법을 알지 못한다고 해서, 삼위일체의 신비를 풀 수 없다고 해서 목을 매지는 않을 것이다. 차라리 네 개의 다리와 두 개의 날개가 없다고 절망하는 편이 나을 것이다. 우리의 최초 본성의 위대함에서 남아 있는 그리고 우리로 하여금 인간의 비참함을 잊게 해 줄 수 있는 오락을 찾게 만드는 비밀스런 본능은 없다. 오히려 우리가 다른 사람들에게 가서 그들과 사회를 만들도록 부추기는 비밀스럽지 않은 본능이 있다. 따라서 실총(失寵)과 전락을 상상할 필요는 전혀 없다. 삯마차를 끄는 말이 겪는 고난이 말들은 모두 예전에 크고 살이 쪘으며 결코 채찍질을 받은 적이 없다는 증거가 되지 않는 한, 그리고 그 고난이 말들 중 한 마리가 감히 너무 많은 귀리를 먹을 것을 생각한 이래 그 후손들 모두가 삯마차를 끄는 벌을 받았다는 증거가 되지 않는 한 말이다. 우리가 단지 절대를 원했다는 구실로 우리로 하여금 모든 것을 잃게 만들 위험이 있는 내기는 존재하지 않는다. 절대란 무엇인가? 상대적인 것만 있을 뿐이다. 이 내기에서 오직 선택된 사람들 몇몇만이 이득을 볼 것이다. 신이 소수의 사람들을 위해서만 왔다면, 신을 믿지 않는 편이 더 나을 것이다. 우주가 경배하며 우리들이 이성을 사용하여 도달하는 분노 없는 신은 기독교도들의 신과 다르게 위대하다. 균형이 잘 잡힌 뇌 속에 직관, 황홀, 도취를 위한 자리는 없다. 심성은 이성이 알지 못하는 자기 나름의 이유들을 갖고 있다고 말하는 것은 터무니없으며, 표현 속에 모순이 있는 것이다. 거칠고 어리석은 민족의 전통을 제외하고는 전통은 없다. 예언도 없고, 기적도 존재하지 않는다. 이러한 신념들, 우리 정신의 제한적인 힘과 인간 존재의 현실을 정확히 측정할 때 우리가 가질 수 있는 신념들에서 힘을 찾을 때, 우리는 우리 운명의 진정한 의미를 이해하게 될 것이다.

그러므로 가능한 핑계는 더 이상 없었다. 양쪽 집단의 사람들 중 어느 쪽에 속하길 바라는지 알아야 했다. 삶에 대한 두 가지 해석 중 선택을 해야 했다. 진리가 있으되, 볼테르에게는 자연적인 진리가, 파스칼에게는 초자연적 진리가 있었기 때문이다.

그는 영원히 청년인 것 같았다. 그는 70세였고, 80세였다. 그리고 그는 자신의 무덤가에서 여전히 껑충껑충 뛰고 있었다. "나는 뱀장어처럼 유연하고 도마뱀처럼 민첩하며 다람쥐처럼 언제나 일을 합니다."[10] 그의 성격 역시 여전히 유연하고 민첩했다. 그러나 바퀴는 계속 돌아갔다. 분명히 그는 "죽은 사람처럼 야위고 몹시 추했다." 그러나 그는 "변화무쌍한 그의 불같은 영혼"에서 어느 것도 잃지 않았다. 그 자신은 이렇게 쓰고 있다. "피갈 씨는 내 얼굴을 본뜨러 올 것이다. 그런데 내게 얼굴이 있어야 할 터인데, 사람들은 거의 얼굴의 자리만 알아보겠지. 내 눈은 세 치나 움푹 들어갔고, 내 뺨은 어디에도 붙어 있지 않은 뼈에 들러붙은 오래된 양피지 같다. 몇 안 되던 치아도 다 빠졌다." 그래도 그는 전투원의 힘과 지휘관의 의지를 유지하고 있었다. 그는 철학자들을 지휘했고, 그들

---

10 「볼테르가 다르장탈 백작Comte d'Argental에게」, 1739년 10월 26일.

에게 일치를 설교했으며 전략을 가르쳐 주었다. "그는 지대(地代), 십일조, 종속된 사람들, 신하의 서약, 영지, 장기 임대차인, 직접 소유지, 사형까지 포함하여 하급, 중급, 상급의 모든 영주 재판권을 갖고 있는 페르네의 영주였다." 그가 이에 대해 별로 자랑스럽게 여기지 않은 것은 아니었지만 그는 무엇보다도 자신이 유럽의 제후들 중 하나라고 느끼는 것에 자부심을 가졌다. 그가 쓴 편지는 모두 사람들의 손에서 손으로 전해졌고 그가 쓴 대목은 모두 사람들의 정신에 영향을 주었으며, 그가 쓴 책은 모두 유명해졌다. 그는 시간과의 싸움에서 자신이 이길 것을 확신하면서, 카드놀이에서 왕을 석 장 가지고 있다고 자부했다. 여행을 하는 사람은 누구나 그를 찬양하러 오는 것을 자기의 의무로 삼았다. 아버지들은 자식들이 그 위대한 인간을 감탄하며 바라볼 영광을 가졌었다고 언젠가 이야기할 수 있도록 자식들을 그에게 데려왔다. 누군가 순례를 하지 않을 때마다, 팔켄슈타인 백작 — 다름 아닌 미래의 황제 요제프 2세가 쓰던 가명 — 이 여정을 건너뛰며 그냥 지나갈 때마다 그는 무례하다며 화를 내곤 했다. 이제껏 그보다 더 자신이 불멸하리라고 확신했던 사람이 있었던가?

다만 결정(結晶) 현상이 그의 정신에서 일어났다. 1760년 무렵 그는 자기 성찰을 했고 그 결과 그가 바뀐 것이 아니라 강경해졌다는 점이 적절하게 지적되었다.[11] 그는 마음을 닫고 정신을 집중했다. 리처드슨이 세상에 내놓았던 감정에 대한 호소를 그는 듣기를 거부했다. 30년 전에는 그가 변화된 영국적 사고방식을 도입한 선구자였다면, 그는 더 이상 그 변화를 따르지 않았다. 웨슬리[12] 운동

---

11 노먼 토리Norman L. Torrey, 『볼테르와 영국 이신론자들 *Voltaire and the English Deists*』, 1938.

에 대해 그는 전혀 고려하지 않았다. 셰익스피어조차도 더 이상 천재적인 야만인이 아니라 그냥 야만인일 뿐이었다. 거친 재료들의 혼합이지만 그래도 그 속에서 금과 다이아몬드가 빛난다고 자신이 인정했던 단테는 이제 일종의 미치광이일 뿐이었다. 그가 보기에 동시대 이탈리아인들은 가령 베티넬리[13]와 같이 자신처럼 생각하는 고상한 취향을 가진 재능 있는 몇몇 작가들, 그리고 셰익스피어에 대해 표변했다고 자신을 비난한 바레티와 같이 자신을 비판하는 잘못을 저지른 어리석은 몇몇 비평가들로 나뉠 뿐이다. 그는 이탈리아를 부흥시킬 방법을 찾던 이탈리아의 노력에 대해 아무런 관심이 없었다. 독일 문학의 각성에 대해 그는 생각도 하지 않는 채로 있었다.

그와 동시에 기독교에 대한 그의 반대는 강화되고 격화되었으며 고정관념이 되었다. 그토록 매력적이고 섬세하며 절도 있던 정신의 소유자는 그가 말했듯이 파렴치한 것을 타도하는 것이 문제가 되자마자 난폭하고 과도해졌다. 자신의 신조가 곧 결정적인 승리를 거두게 될 것이라 믿고 그로 인해 대담해지고 흥분했든지, 그가 여전히 감지하고 있던 끈질긴 저항 때문에 화가 났든지, 또는 이 저항이 그 자신의 내면에서 그리고 그 자신에 반하여 더 뿌리 깊었기 때문에 저녁마다 적이 어찌할 도리 없이 패배했다고 선언했음에도 불구하고 아침마다 적을 무찌르기 위해 전투를 재개할 필요를 느꼈든지, 그는 젊었을 때부터 자기 내면에 있던 반감을 격노로까지 끌어올렸고 그것은 이제 강박이 되었다. 신자들에게는 암스테르담, 런

---

12 (역주) John Wesley(1703~1791): 영국의 신학자이자 감리교의 창시자이다.

13 (역주) Saverio Bettinelli(1718~1808): 이탈리아의 종교가이자 작가

던, 파리, 베를린의 인쇄소들보다 더 가공할 페르네의 공장에서, 예술가의 재능과 과격파의 열의가 동시에 나타나는 소책자들이 지칠 줄 모르고 흘러나오고 있었다. 그는 부정을 열 번, 백 번이 아니라 천 가지 다른 형태로 표현했다. 따라서 세기의 일반적 특징이었던 강박관념은 그에게서 존재 방식이 되었다. 그는 강박관념에서 벗어나길 바라지도 않았고 더 이상 벗어날 수도 없었다. 성경은 위대하지도 아름답지도 않았다. 복음서는 이 땅에 불행만을 가져왔을 뿐이다. 교회는 온통 예외 없이 부패하거나 미쳤다. 광신도가 아니었던 신앙고백자는 단 한 사람도 없다. 가장 순수하고 가장 고귀한 사람들도 진창 속으로 끌려갔다. 아시시의 성 프란체스코마저도 그의 부드러운 후광을 빼앗기고 정신이 나간 빈자가 되었다. 희화적인 단순화, 언급을 회피하거나 왜곡하면서 결코 적의 논거에 빠지지 않으려는 의지, 지칠 줄 모르는 반복, 바로 이러한 것들이 그의 방식들 중 몇 가지였다. 그가 세계 도처에 두 손 가득 내민 설교, 입문서, 논설, 대화, 이야기 중 이것이나 저것을 읽을 때면, 언제나 더 쉬워 보이는 기법, 언제나 더 매력적으로 보이는 생생함, 언제나 자연스러움에 더 가까운 문체에 감탄하게 된다. 그리고 열 개나 스무 편의 글을 읽으면 선전가의 구조를 감지하게 된다. 그는 성경을 보면 사탄이 그리스도를 어느 산으로 데려가서 지상의 모든 왕국들을 보여 주었다고 하는데 산꼭대기에서 지상의 모든 왕국을 보는 것은 불가능하기 때문에 믿어서는 안 된다고 말하고, 또는 교회가 신도들에게 금요일마다 육식을 금하라고 요구하기 때문에 믿어서는 안된다고 말하는 등, 그답지 않게 이러한 저급한 방식을 앞서서 사용했다. 필요한 경우 그는 역겨운 말도 마다하지 않았는데, 더러운 예들이 아니라면 쉽게 그 예들을 들었을 것이다. 그는 이와 같이 스스로의 품위를 손상시키면서 스승인 벨의 명예를 지키지 못했는데,

벨은 전통과 권위와 신앙에 덜 적대적인 태도를 보이지는 않았지만 언제나 고귀한 모습을 유지했다.

마블리는 말했다. "그는 우리를 가르치기 위해 서로 다른 인물들을 얼마나 만들었던가? 그는 자신의 이름으로는 거의 나타나지 않으면서, 때로는 신학자, 철학자, 중국인, 프로이센 국왕의 사제, 인도인, 무신론자, 이신론자가 된다. 무엇이 안 되겠는가? 그는 모든 사람들, 심지어 이성보다는 농담이나 조롱에 더 마음이 움직이는 사람들을 위해 글을 쓴다."[14] 사실 반어법이야말로 그가 좋아하는 무기였다. 그가 누구도 그에 필적하지 못했고 아마 누구도 그에 필적하지 못할 정도로 반어법을 사용했다. 그는 주로 과장을 공격한다는 이유로 반어법을 사용했다. 그러나 그는 결국 어떤 대상에 대해서든지, 우상만이 아니라 사라지면 인류의 품위를 떨어뜨리고 빈약하게 만들 가치들, 격정들, 열정들에 대해서도 무차별적으로 반어법을 사용하기에 이르렀다. 그는 이해하지 못할 것을 앞에 두고 웃는 습관을 가질 미숙하고 거친 부류에게 이러한 반어법을 물려주게 된다.

그는 초인적인 외양을 띠고 있었다. 그는 적(賊)그리스도 ─ 이렇게 부른 사람은 디드로이다 ─ 였다. 그러나 유럽 일부는 이제 그에게서 "증오의 천재"[15]만을 보았기 때문에 더 이상 그 정도까지 그를 따르지 않았다. 심정에게서 이성이 거부했던 즐거움을 요구하고자 했던 사람들만이 아니라, 그의 수많은 적들뿐만 아니라, 그의 친구

---

14 마블리, 『이성의 발전과 진보와 한계에 대하여 *Du développement, des progrès et des bornes de la raison*』, 전집, 15권, p. 7.

15 코르프 H. A. Korff, 「볼테르는 증오의 천재이다 Voltaire ist des Genie des Hasses」, 『18세기 독일 문학계에서의 볼테르 *Voltaire im literarischen Deutschland des 18. Jahrhunderts*』, 2권, 하이델베르크, 1918, pp. 235 이하.

들 중 몇몇도 두려움을 느끼며 그를 버렸다. 계몽주의 지지자들 중 제노베시 같은 사람은 그가 자신을 위해 권장한 원칙인 '서로서로 사랑하시오'와 반대되는 폭력을 사람들 사이에서 부추겼다고 비난했다. 알레산드로 베리와 같은 사람은 그들의 의견을 따르지 않는 사람들에 대해 할 수만 있었다면 종교재판소를 세웠을 이 프랑스 철학자들에 대해 이야기했다. 니콜라이, 멘델스존,[16] 아우구스트 빌헬름 슐레겔,[17] 요한 아우구스트 에버하르트[18]와 같은 사람들은 그가 자신들의 대의를 해칠 위험이 있다고 평가했다. 볼테르는 결국 그들을 불안하게 만들었던 것이다.

달랑베르는 사람들이 삶의 고통을 피해 습관적으로 피난하곤 했던 십자가가 걸려 있는 낡은 가옥의 맞은편에 언젠가 다른 건물을 세우기를 꿈꿨다. 그는 그 다른 건물의 이점을 보여 주게 될 것이다. 자기 도면의 논리와 그 거처에서 누리게 될 안락함을 강조하게 될 것이다. 그리고 나서 선택은 자유롭게 주어지게 될 것이다. 이쪽이든 저쪽이든 원하는 사람은 그곳으로 들어가게 될 것이다. 사람들은 과거를 비난하지 않았을 것이고, 서로 헐뜯지 않았을 것이며, 타인의 신념이 내린 결정을 존중하면서 자신의 신념이 내린 결정을 따르게 될 것이다. 이것은 아마 너무나 아름다울 것이다. 이것은 우리 인류의 습관과는 너무도 동떨어진 태도였다. 포프를 넘어 톨런드와 콜린스의 이신론과 합류한다는 점에서 프랑스의 이신론은 본

---

16 (역주) Moses Mendelssohn(1729~1786): 독일의 계몽주의 철학자

17 (역주) August Wilhelm Schlegel(1767~1845): 독일 낭만주의 운동의 이론가이자 작가이며 시인이자 철학자

18 (역주) Johann August Eberhard(1739~1809): 독일의 철학자이자 사전 편집자

질적으로 공격적이었다. 이제 반교권주의만을 영혼의 양식으로 삼았고, 반교권주의를 자신의 유일한 강령으로 만들었으며, 반교권주의가 정부를 개선하고 사회를 완벽하게 만들며 행복으로 인도하는데 충분하리라고 생각했던 종족이 18세기에 탄생하여 이후 계속 살아남았다는 사실, 이 사실에 대해 책임을 져야 하는 사람이 많이 있지만 이 사람들이 모두 백과전서파 진영에 있는 것은 아니다. 그러나 어느 누구도 볼테르와 같은 정도로 그것에 책임이 있지는 않다.

제11장

이신론: 레싱

고트홀트 에프라임 레싱은 몇몇 형제 같은 특성 때문에 영국과 프랑스의 사상가들과 유사했다. ― 명확성, 누가 그것을 그보다 더 바랐겠는가? 그는 행복한 만남 덕분에 즐기면서가 아니라 자신의 작업과 인내와 의지에 의해서 명확성에 도달했다. ― 비평, 누가 그것을 그보다 더 충실하게 실행했겠는가? 그는 개인적으로 텍스트가 자신에게 도전장을 내민다고 느꼈으며, 인간적 약점에 대한 동정 없이 텍스트의 작가들을 공격했다. 그에게서 인간은 생각 외에는 거의 의미하는 것이 없었기 때문에 그는 자신의 적수들에 대해 아무것도 그냥 넘어가지 않았고, 잘못된 생각에 대해서는 가차 없이 다루었다. 그 자신이 이렇게 말했다. "나는 자발적으로 아름다움을 창조하는 그 특권적 존재들 중 하나가 아니며, 마술사도 마법사도 아니다. 나는 비평가이며, 바로 비평에 의해 예술에 이른다." ― 너무나 많은 무모한 주장들이 세계를 돌아다니고 있어서 균형을 회복시키기 위해서라도 그는 기꺼이 반대편을 택했다. 기존의 여론들을 상대로 그는 자발적으로 반란을 일으켰다. 독일 저작물의 4분의 3에 달할 정도로 수많은 종교를 옹호하는 글들을 읽고 그는 곧 나머지 4분의 1을 알고 싶어 했다. 모든 비난에 대해 그는 공소를 제기했다.

또 자신의 형제들과 마찬가지로 그는 믿을 수 없을 만큼 읽고 연구하며 모색했었다. 그가 학생일 때 스승들 중 한 사람은 그를 보고 먹이로 두 배의 몫을 필요로 하는 젊은 말이었다고 말했다. 그는 계속해서 두 배 혹은 네 배의 먹이를 먹어 치웠다. 이러한 관점에서, 그에게는 어떤 간행물이든 모두 읽기 좋은 것으로 보였다. 설령 그것이 단지 어리석음을 쫓기 위해서였을 뿐이라고 해도 말이다. 그러나 그는 꼭 알아야 할 필요는 없는 것, 다른 사람들이 알지 못하는 것, 중심에서 벗어나 있고 가장자리에 있는 것을 특히 좋아했다. 그래서 통상적인 지식 이외에 참신하고 예상치 못한 것을 많이 섭렵한 덕분에, 마침내 자신이 마음대로 사용할 수 있는 엄청난 무기고를 갖게 되었고 전투를 벌일 때 그것을 아낌없이 사용했다. ― 그는 자신의 형제들처럼 지칠 줄 몰랐다. 필요에 의해서 지칠 줄 몰랐는데, 그가 할 수 있는 한 오랫동안 글을 써서 먹고살았기 때문이다. 또 취향에 의해서도 지칠 줄 몰랐으니, 극작가, 미학자, 신학자, 철학자, 언론인이기도 했다. 게다가 시작하거나 혹은 기획했지만 끝을 내지 못한 작품들을 위한 다수의 단편, 습작, 자료들을 사후 남겼다. ― 책과 원고는 그가 글을 멈추고 삶의 공기를 들이마시고 돌아올 때에만 온전히 흥취가 있었다. 전투적이고 기복이 많은 삶, 자신을 가득 채우기 위하여 모험과 자유분방한 생활을 비롯해 수많은 경험을 인간에게 가져다줄 삶을, 그는 얼마나 소중히 여겼는가! 그는 우리 각자에게 부여된 짧은 옷감을 창조적 상상력 없이 재단하지 않았다. 성직이 그를 기다리고 있었고, 그는 라이프치히 대학으로 진학하여 그를 교단으로 이끌어 줄 공부를 했다. 그런데 그의 독실한 가족은 그가 강의실보다 노이버[1]의 극장 무대 뒤에서 훨씬 자주 눈에 띄며, 희곡을 번역하기도 하고 그 자신이 직접 희곡을 쓰기도 한다는 것을 알고 분노했다. 대학생 고트홀트 에프라임은 더 이상 수줍거나 서투르지 않으며, 변변치 못한 신학생의 모습은 이제 버리고 사교계에 자주 드나들며 검술과 춤을 배우는 것부터 시작하리라고 결심했다. 책들은 확고한 그의 확신들 중 하나였다. 그러나 책들로 좋은 학자를 만들 수 있지만, 결코 그것만으로는 인간을 양성할 수는 없을 것이다. 책에서 얻은 차가운 지식은 머릿속에서 죽은 문자들만을 인쇄할 뿐이다.

이 최초의 위기에 이어 다른 많은 위기들이 뒤따르게 될 것이다. 충동이 그를 사로잡으면, 장소를 바꾸어야 한다. 그는 작별 인사도 없이, 자신이 진 약간의 빚은 잊어버린 채 이사를 한다. 그는 떠날 것이며, 이미 떠났다. 라이프치히에 정착한 후 명성을 얻기 시작하다가 베를린으로 간다. 베를린을 떠나 라이프치히로 다시 돌아올 것이며, 또 라이프치히를 떠나 유럽 각지로 여행을 시작할 것이나, 전쟁 때문에 첫 여정에서 여행은 중단될 것이다. 군인들 사이에서도 더할 나위 없이 편안함을 느끼는 군인 체질을 가진 이 사람, 프로이센 정부에서 브레슬라우의 요새를 지휘하는 타우엔친 장군[2]의 비서가 된 이 사람은 여전히 레싱이다. 밤이면 그는 카드놀이를 하고 신속하게 게임을 진행한다. 누군가 그의 열정을 비난할 경우, 그는 냉정하게 카드를 칠 것이라면 카드를 칠 필요가 없다고 답한다. 그래도 그는 언제나 책을 읽고 여전히 연구하며 생각하고 자신의

---

1 (역주) Friederike Caroline Neuber(1697~1760): 독일의 여배우로 1727년 프랑스 고전극을 모범으로 삼아 독일 연극을 발전시키고자 했던 고체트의 이념에 동조하여 라이프치히에 극단을 결성했다.
2 (역주) Friedrich Bogislav von Tauentzien(1710~1791): 프로이센의 장군

주변에서 괴짜들을 관찰하는데, 이 괴짜들은 그의 희곡 중 가장 훌륭한 작품인 「민나 폰 바른헬름Minna von Barnhelm」에 등장하는 인물들의 성격을 그에게 제공할 것이다. 새로운 공백. 그는 더 이상 정부, 군대와 아무 상관이 없다. 그는 함부르크 극장의 고문이 되었다. ― 그런데 이러한 변화는 변덕이 아니며, 그의 자유를 보증하는 것이다. 약자들은 일, 관습, 주변에 얽매이는 것을 어쩔 수 없이 혹은 기꺼이 받아들인다. 강자들은 정체되어 위태롭다고 느끼자마자 빠져나온다. 사슬을 끊자. 문턱을 넘자. 우리가 좋아했던 것과 결별하자. 그리고 매번 다시 우리 자신이 되자! 재산을 구하지 말자. 모험을 한 번 할 때마다 레싱의 돈은 줄어드는데, 그에게 돈은 가치가 없어서 돈을 쓰고 게다가 헤프게 쓰기 때문이다. 그러나 모험을 할 때마다 그의 인간성은 더욱 풍부해진다.

독창적 상상력, 유연성, 독특한 맛 같은 내면의 몇몇 재능은 그에게 부족했다. 그는 엄격했으며 때로는 거만했다. 그의 성격은 교육적인 현학적 태도의 흔적을 내포하고 있었다. 그는 자신의 밭을 고르고 나서 초원이나 산, 나무나 꽃을 바라보지 않고 밭고랑을 따랐다. 그는 자연을 관조하면서 마음의 안정과 기쁨을 찾는 친구 에발트 크리스티안 폰 클라이스트[3]를 찬양했다. 그로서는 기분 전환이 필요할 때, 자신과 같은 부류의 친구들과 문학이나 철학을 논하려고 술집에 가곤 했다. 그가 감정이 없어서가 아니다. 그의 빈정거림, 분노, 격정은 이를 충분히 입증하고 있다 그러나 확실히 그는 감상적인 사람은 아니었다. 클롭슈토크[4]가 그를 성가시게 했고, 다

---

3 (역주) Ewald Christian von Kleist(1715~1759): 독일 시인
4 (역주) Friedrich Gottlieb Klopstock(1724~1803): 독일 시인으로 『젊은 베르터의 고뇌』에서 베르터가 로테와 같이 웅장한 자연을 느꼈을 때 떠올랐던 시인이다.

른 사람들은 천사 같았지만, 그는 젊은 베르터의 열정에 대해서 그저 그런 공감 외에는 느끼지 못했다. 그는 사랑에 별로 자리를 내주지 않았다. 누구에게도 보여 줄 수 없는 편지를 어느 여성에게 결코 써 본 적이 없다고 말하던 남자인 그가 진정으로 사랑을 했을까? 지적인 이야기 외에 다른 속내 이야기를 한 적이 있을까? 단지 꿈만 꾸었을 뿐인가? 그러나 그는 속내 이야기나 꿈 없이도 사랑을 했다. 그는 이해하기 어려운 여성이라는 종에서 가능한 최선이라고 선택한 동반자와 뒤늦게 결혼을 했다. 에바 쾨니히[5]가 그와의 사이에서 낳은 아이는 며칠 후에 죽었고, 산모의 목숨까지 앗아갔다. 레싱은 몹시 괴로워했고 감동적인 탄식을 내뱉었다. 많은 걸 바라지 않았고, 단지 다른 사람들에게 허락된 만큼 조그만 몫의 행복을 바랐을 뿐이었는데, 그마저 거부되었다고. 그러나 무엇보다 그가 아쉬워한 것은, 세상에 나타났다 사라진 이 지성의 가능성이다. 그는 자신의 십자가를 질 것이다. 그리고 십자가의 무게를 덜기 위해 다시 일하기 시작할 것이다. 신학과 문학의 일거리로 만들어진 약간의 아편이 그가 하루하루를 보내는 데 도움이 될 것이다. 그는 다시 예전의 모습, 진군하는 이성이 될 것이다.

그의 친구들 중 하나인 뮐리우스[6]는 《자유사상가 Der Freigeist》라는 이름의 정기간행물을 발행했다. 이 이름은 레싱 자신의 마음에 들 수 있었을 것이다. 그는 자유로운 정신의 가계에 속했다.

그러나 레싱이 자신이 살았던 시대의 흔적을 지니고 있다 하더라도, 그는 무리 전체와 구별되는 사람들에 속한다. 그는 지휘한다.

---

5 (역주) Eva König(1736~1778): 독일 여류 문인
6 (역주) Christlob Mylius(1722~1754): 독일의 문인으로 레싱과 교분을 나누었으며 그의 드라마 역사 연구를 도왔다.

공통의 생각과 견해들 몇몇에 대해, 우리는 그가 경멸하는 태도로 반기를 드는 것을 본다. ― 로크가 철학에서 주도권을 갖는 사상가라고? 포프가 형이상학자라고? 그는 어깨를 으쓱한다. 그는 그들을 걸리버의 나라에 남겨 둔다. 그리고 그는 다른 중요성을 지닌 다른 동료들인 라이프니츠와 스피노자를 자주 접한다. ― 볼프에 대해서는 빈정거림을 멈추었다. "보통 독일에서 체계적 저작은 전혀 부족하지 않다. 일반적으로 받아들여진 몇몇 정의들을 선택해서 그로부터 가장 아름다운 질서에 맞추어 우리가 확립하기를 원하는 모든 것을 끌어내는 것은 우리가 세계의 모든 나라에 도전할 수 있는 기술이다." 어떤 실용주의가 필요하다는 것에는 찬성이다. 마비 환자가 치료에 효과 있는 전기 충격을 받을 때, 그는 옳은 사람이 놀레[7]인지 프랭클린인지, 아니면 둘 다 아닌지 묻지 않는다. 그러나 그로 하여금 사실을 설명하기 위해서는 그것을 확인하는 것으로 충분하다고 믿게 하지 말라. 당신은 군중의 마음을 끌려고 애쓴다. 당신의 재능이 그러하다면 좋다. 그렇지만 대중에 영향을 끼칠 사람들에게 영향을 끼치는 사람들은 우월한 부류이다. 사실이든 아니든, 재치가 넘치는 사람들의 눈부심과 사상가들의 지지를 수반하는 견고한 논증은 별개의 문제이다. 오로지 문학에 전념하거나 플루트를 연주하는 데 온 시간을 보낸 사람이 인생의 막바지에 이를 때, 그는 자기 자신에 만족하고 결연히 무덤 문을 넘을 생각을 하는가? 자명한 이치는 레이스로 장식할 필요가 없다. 또 마음에 들 수도 있고 안 들 수도 있는데, 마음에 들지 않는 것이니, 마음에 들지 않는 사람들은 할 수 없는 것이다. 그들은 구제불능이니 말이다. 불순한 사람

---

7 (역주) James Antoine Nollet(1700~1770): 프랑스의 물리학자로 특히 전기를 연구했다.

들이니 그래 봐야 소용없다. 더러운 지우개를 쓴다면 지우는 게 아무 소용이 없다.

그는 고대의 아름다움에 대해 그가 바라는 새로운 사실들을 제시해 줄 빙켈만의 저서를 초조하게 기다렸다. 그리고 그는 빙켈만을 찬양할 만반의 준비가 되어 있었다. 그러나 그에게서 찬양은 그의 예리한 정신을 무디게 할 정도로 그리 열렬하지는 않았다. 그런데 빙켈만은 그의 예술사에 아름다움의 이론을 추가했다. 하나 더 말이다. 그는 그토록 많은 저서들 이후에도 예술의 원리가 그가 인정할 만큼 적절한 깊이를 갖지 못했다고 말했다. 또 아름다움은 자연의 불가사의들 중 하나로 남아 있으며, 자신이 결국 그에 대해 결정적인 설명을 제시하려고 한다고 말했다. 그때 그는 신의 본질을 개입시켰다. 이 아름다운 작품들은 신의 본질을 인간적으로 표현한 것이다. "지고의 아름다움은 신 안에 존재한다. 인간의 아름다움에 대한 관념은 지고의 존재, 단일성과 불가분성의 관념 때문에 우리가 물질과 구별하게 되는 이러한 존재에 얼마나 부합하고 조화를 이루냐에 따라 완벽해진다. 아름다움에 대한 이러한 개념은 마치 불의 작용에 의한 물질의 추상적 본질과도 같고, 마치 신의 지혜가 창조한 이성을 지닌 최초의 피조물의 형상을 본떠서 자신을 위해 하나의 존재를 만들려고 애쓰는 정신과도 같다."

이 점에 대해 레싱은 갑옷을 입고 싸움을 시작했다. 그는 자신이 존경하는 뛰어난 인물에게 덤벼드는 것을 좋아했다. 아무것도 하지 않고 오류를 묵인하는 것은 불가능하다. 그리스 예술이 어떤 형태로 존재하든 아름다움의 원형이라고 인정하는 것, 그 원리를 모든 예술, 특히 시에 부과하길 원한다고 인정하는 것은 불가능하다. 아마도 거대한 뱀이 둘둘 감고 있는 라오콘과 그의 아들들은 표정과 몸짓, 전체적인 태도에서 위엄을 지킬 것이다. 조각상은 용모를 피

폐하게 만들면서 추해지게 될 고통을 당연히 재현할 수 없을 것이다. 그러나 소포클레스의 필록테테스[8]는 비명을 통해 고통을 표현하는 것을 두려워하지 않는다. 호메로스의 주인공들은 울부짖고 탄식하며 화를 낸다. 따라서 두 가지 예술 사이에 차이가 있음에 틀림없다. 화가와 조각가는 어떤 순간을 유일하게 만들고, 그들 예술의 방식은 그들에게 이러한 선택을 강요하기 때문이다. 이 순간은 그들에게서 항구적인 가치를 부여받으므로, 그들은 우리가 일시적이라고 간주하는 것 중 어떤 것도 그 순간에 부여해서는 안 된다. 그러나 시인의 경우 그는 단 한 순간에만 몰두하지 않는다. 그는 자기 마음대로 하나의 줄거리를 그 발단에서부터 포착하여 따라가고 그 끝까지 이끌어 간다. 따라서 시는 남용되지 않는다면 조형예술과 동일시될 수 없다. 그리고 그 차이는 단지 시간의 전개에 따르는 것만이 아니다. 티만테[9]가 「이피게네이아의 희생」에서 일그러지고 뒤틀리며 흉한 형태로밖에 그릴 수 없었을 아가멤논의 얼굴을 베일로 감추었을 정도로 고대인은 평온한 아름다움만을 사랑했던 반면, 근대인은 자신의 취향을 넓혔다는 사실만으로 설명되지 않는다. 차이는 특수한 것이다.[10]

레싱은 여러 형태로 자신의 논증을 되풀이했고 동일한 결론에 이르렀다. '내 원칙은 그 힘에 있다. 연속된 시간은 시인의 영역이며, 공간은 화가와 조각가의 영역이다.' 그래도 '시는 **그림과 같다**'라

---

8 (역주) 그리스 신화에 나오는 포이아스의 아들로 헤라클레스에게 활과 화살을 받았으나 훗날 맹세를 어겨 다리에 치명상을 입었다. 소포클레스의 「필록테테스Philoctetes」도 이 이야기를 다룬 비극이다.

9 (역주) 티만테Timanthe는 기원전 4세기경의 그리스 화가로 「이피게네이아의 희생」이라는 그림으로 유명하다.

10 레싱, 『라오콘: 또는 회화와 시의 경계에 대하여』, 1766.

는 오랜 동맹을 깨기 위해 힘이 덜 필요한 것은 아니었다. 수많은 미학 주제에 관한 사회 통념을 뒤엎기 위해서는 바로 이 같은 투사의 활기, 투지, 끈질김이 필요했던 것이다. 실제로 이 투사는 우상들을 넘어뜨리는 일을 계속했다. 다른 예술보다 더 유연한 시는 추함을 일종의 구성 요소로 사용하면서 추함을 재현할 수 있었다. 우스꽝스러운 것에서는 무력한 추함, 무시무시한 것에서는 잔혹한 추함을 사용하면서 말이다. 다른 예술보다 더 풍요로운 시는 정의의 균형, 단단함이 기대고 있는 기둥, 절제의 제동 등 신화적 속성들을 필요로 하지 않았다. 시는 그 정도로 표현이 결핍되지는 않았다. 시는 비너스, 마르스, 혹은 주피터와 같이 보편적으로 널리 알려진 유형들로 항상 되돌아오는 것에 국한되지 않았다. 엄밀한 의미에서의 창의력이란 조형예술가에게는 별로 중요하지 않았으며, 평범한 주제는 이들을 난처하게 만들기보다는 오히려 이들에게 도움이 되었다. 반면 시인에게 창의력은 제작보다 더 중요했다. 레싱은 자신의 길을 가면서 셰익스피어를 복권시켰고, 규칙들을 약화시켰으며, 교조주의를 고발했고, 자발성의 권리를 확립했으며, 살아 있는 사람들을 위해 아무리 저명하다 하더라도 이미 죽은 사람들과 닮지 않을 것을 허용해 달라고 요구했다. 그러나 무엇보다도 그가 수행한 작업은 시의 해방이었다. 교훈적인 것이 시의 본질은 아니다. 세심하게 묘사하는 것이 시의 본질은 아니다. 할러는 자신의 시「알프스Die Alpen」에서 너무나도 묘사를 많이 해서 독자의 상상력이 더 이상 발휘될 수 없었다. 아리오스토는 알치나[11]의 초상이 지닌 특성을 여러 절에 분산시키는 대신에, 우리에게 몽상의 자유를 남겨 주

---

11 (역주) 아리오스토의 작품인 『성난 오를란도 *Orlando furioso*』에 등장하는
    여자 마술사

었을 몇몇 터치만을 보여 주었어야 할 것이다. 시에는 시가 말하는 것이 있었다. 또한 더 강력한 요소, 시가 말하지 않는 것, 시가 암시하는 것이 있었다. 진정한 시란 말로 표현할 수 없는 것이었다.

그런 식으로 그는 언제나 자신의 기량을 내보일 각오가 되어 있었다. 그러나 모든 것이 달려 있는 종교 문제의 해결보다 더 그의 관심을 끄는 것은 없었다.

그의 내면에는 목사였던 그의 아버지와 그의 선조들의 영혼이 살아남아 있었다. 그들은 기계적으로 자신들의 직무를 다하고 신도들에게 영성체를 주고 교회에서 설교하는 데 그치지 않고, 믿음을 신앙생활의 유일한 양식으로 삼았던, 신앙의 옹호자들이자 신의 아이들인 신자들과 사도들이었다. 이러한 유산은 제멋대로 청산하지 못한다. 교리를 버리는 날조차도 유산을 간직하고 사랑한다. 종교는 심각한 것이다. 종교를 비웃는 사람은 그저 시야가 좁은 사람일 뿐이다. 이러한 주장에 대해 레싱의 생각 역시 다르지 않았다. 종교는 농담을 허용하지 않는다. 종교는 진리의 한 형태이며, 진리는 비웃지 않는다. 물론 그는 종교에 교묘하게 스며들었던 불순물을 걷어 내는 것이 일종의 의무라고 생각했다. 그래서 그는 미신을 규탄한 집단에 속했다. 그는 십자군에 반대하는 의견을 제시했다. 그는 십자군이 로마 교황 정치의 걸작이며, 광신의 그 잘못의 책임을 져야 하는 가장 끔찍한 박해로 귀착되었다고 말했다. 예전에는 그럴 필요도 없는데도 세속의 의무를 무시하고 즐겁게 죽음 앞에 몸을 던지면 미치광이들이라도 모두 순교자의 칭호를 부당하게 얻을 수 있었다면, 자신이 사는 시대는 건전한 이성의 목소리가 너무 크게 울려 퍼져서 그런 일이 없다고 선언했다. 그는 무지한 수도사들과 교활한 주교들을 어두운 필치로 그렸다. 그리고 그가 보기에 십자군의 기사들, 때를 잘못 맞춘 순교자들, 나쁜 사제들은 그 자체로 영원한 가치를 나타내는 종교의 본질을 구현하지 못했다.

자기 식으로 이신론자인 그는 다른 이신론자들, 유행을 따르고 심원한 철학에 대해 아무것도 모르며 분별 있는 기독교인이 아니라 이치에 어긋나는 말을 하는 횡설수설하는 제자들을 양성하는 사람들과 자신을 구별해 달라고 요구했다. 그는 운명적으로 인생 초반에 볼테르를 만나 그를 싫어하게 되었다. 볼테르가 베를린에게 있을 때, 그는 리시에라는 이름의 프랑스어 선생을 비서로 고용하고 그에게 번역가의 역할을 할 수 있는 독일인 한 명을 구해 달라고 부탁했다. 리시에는 자기 친구들 중 하나인, 매우 똑똑하지만 또한 매우 가난했던 청년 고트홀트 에프라임 레싱을 추천했다. 처음에는 상황이 나쁘게 흘러가지 않았다. 그러나 리시에가 경솔하게도 레싱에게 『루이 14세의 세기』의 원고를 빌려주었다. 볼테르는 자신의 재산을 돌려줄 것을 요구했다. 그런데 레싱은 그 작품을 갖고 베를린을 떠났던 것이다. 친구의 요구에 그는 반은 정중하고 반은 빈정대는 답장을 보냈다. 원고를 갖고 있을 생각은 결코 없었다. 그러나 끝까지 다 읽지 못했고, 그렇게도 완벽한 작가의 작품을 끝까지 알고 싶은 유혹을 물리칠 수 없었다. 하물며 그걸 번역할 생각도 없었는데, 계획이 이미 실행 중임을 알고 있었기 때문이다. 볼테르 씨의 글을 잘 번역하기 위해서는, 악마에게 항복해야 했을 것이다. 게다가 그는 대수롭지 않은 일에 크게 분노하는 것이 문제라는 인상을 받았으며, 리시에는 곧 용서를 받을 것이라고 확신했다. 그때 볼테르는 레싱에게 직접 편지를 썼다. 그는 레싱이 원고를 갖고 사라지지 않도록 그를 구슬리는 한편, 사건을 가볍게 여기지 않을 것이며 볼테르 자신이 반환을 요구하기 위해 법원에 호소할 수밖에 없다면 레싱 씨의 경력에 해가 될 것이라고 경고하며 그를 위협했다. 이번에는 격분한 레싱이 라틴어로 쓴 답장을 보냈다. 답장 원문은 소실되었지만 그는 후일 볼테르가 그것을 동네방네 말하고 다닐 이유가 없었다고 말한 바 있다. 원고는 반환되었고 언쟁은 종지부를 찍었지만 작가의 경력을 시작한 그의 영혼에는 반감이 남았는데, 그것은 그 사람의 내면에서 커지고 높아질 수밖에 없게 될 것이다.

당시는 독일 사상이 자신의 특수한 성격 — 그것을 우선 자신에 대해 다음에는 이웃 나라들에 대해 단언하는 것이 관건이었다 — 을 의식하는 경향을 보이고 있는 시기였다. 독일 사상은 아직은 어렴풋이 그리고 단지 엘리트층에서만 이러한 성격과 자신의 위엄을 단언하는 행위는 생존권을 전제로 하고 그 결과는 이러한 권리에 대한 공적인 인식을 가져야 하는 것이라고 느꼈다. 분리되고 분할된 무수한 소국들. 그러나 오랜 준비 이후 어느 순간에 정치 자체가 표명할 수밖에 없을 공동의 영혼을 향한 노력도 있었다. 사람들은 조국이 최초로 호소하는 민족적 사상을 표명하기를 원했던 것이다.

독일 계몽주의자들은 유럽을 계몽주의로 이끄는 운동에 참여하길 바랐지만, 거기서 길을 잃기를 바라지는 않았고 반대로 자신에게 특수한 역할을 남겨 놓기를 원했다. 그들의 말에 따르면, 영국인들은 그들이 멈춰 서는 어느 한계까지만 철학자였다. 그들은 자부심이 너무 강해서 독일인들의 저서를 읽지 않았고, 안락한 생활을 너무 좋아하여 생각을 파고들지 않았다. 프랑스인들은 명석하고 경쾌하며 피상적이었다. 영국인들은 감각으로 철학을 논했고, 프랑스인들은 정신으로 철학을 논했다. 독일인들만이 이성으로 철학을 논했다.[12] 그 제목만으로도 일종의 강령 역할을 하는 《일반 독일 총

---

12 「모제스 멘델스존이 레싱에게」, 1758년 2월 20일.

서 *Allgemeine Deutsche Bibliothek*》는 베를린 사람들과 프로이센 사람들뿐만 아니라 게르마니아 전체의 독자들과 협력자들에게 호소하는 것이었는데, 여기서 독일인들은 다른 어떤 나라도 차지할 수 없을 자리를 차지할 수 있다고 썼다. 실제로 그들은 조용하고, 너무 격렬한 몽상에 그냥 끌려 들어가는 것을 거부한다. 자연은 그들에게 탐구의 취향을 불러일으켰다. 그들은 정신의 방황에 불과한 기만적 의혹과 격앙된 상상력의 과도한 열광 사이에 위치하고 있다. 사람들은 그들의 민족적 성격이 어떤 민족적 성격도 갖고 있지 않은 것이라고 비난한다. 이제는 그들이 민족적 성격을 갖기를 원해야 한다.[13]

이렇게 생각하는 독일에서도 레싱은 제1시민이었다. 그는 자신이 스스로의 국제성을 거리낌 없이 표방하는 세계의 시민이라고 생각했다. 애국자라는 평판을 얻고 싶은 마음이 전혀 없었으며, 누구보다도 그것을 바라지 않을 사람이었다. 애국심에 대해서 어떤 생각도 없었으며, 이러한 영웅적인 약점 없이도 얼마든지 잘 지냈다. 사실 그는 뼛속 깊이 독일인이었으며, 독일의 새로운 정신을 창조한 사람들 중 하나였다. 라이프치히, 베를린, 함부르크. 그가 불쑥불쑥 자리를 잡는 각각의 도시들은 하나의 민족이 형성되는 위대한 모험 속에서 각자의 기능이 있다. 라이프치히는 지적 생활의 중심지, 서적, 유행, 예법, 연극, 비평의 중심지였다. 베를린은 프리드리히 2세의 재능으로 활기를 띤 도시였다. 함부르크는 국제무역 시장이었다. 타우엔친 장군의 정부 비서, 술을 많이 마시고 큰돈을 건

---

13 항목 1, 《일반 독일 총서》, 1765; 항목 1, 같은 잡지, 6권, 1768; 「『독일 민족정신에 대해서 *Von dem deutschen Nationalgeiste*』의 비평」, 프랑크푸르트 암 마인, 1765; 『독일 민족정신에 대해서』, 린다우 암 보덴제, 1766.

도박을 즐기는 레싱은 프로이센과 독일의 결정적인 시련인 7년전쟁에 참전하게 된다.

더 이상 스승들의 견해를 되풀이하길 바라지 않으며 젊은이들의 영혼을 일깨우는 교수들, 자신들의 동료 상당수가 신을 가르친다고 생각하면서도 이제는 일그러진 신의 그림자만을 보기 때문에 무신앙이 확대된다고 생각하는 목사들, 신성한 나무를 소생시키기를 바라는 학자들과 주석가들, 자신들의 정신으로 교육 잡지를 활성화한 비평가들, 이 모든 사람들이 낡은 교리 아래 숨이 막히는 독일을 본다고 불평했다. 그래서 레싱은 그들의 요구에 부응했다. 부당하게 이교 창설가라고 오해받아 비난을 받는 사람들을 옹호하는 것, 박해자들에 대항하여 모라비아 형제회[14]의 대의를 지지하는 것, 매 경우마다 바리새인에 대항하여 사마리아인 진영을 선택하는 것, 이것이 그의 기쁨이었다. 그러나 그토록 많은 언쟁들 사이에서 하나의 언쟁이 특히 유명했는데, 그것은 그가 극도로 신랄한 비평을 가해 극도로 적들의 분노를 샀기 때문이다. 당시 그는 브룬슈비크 대공의 도서관 사서 자리를 어쩔 수 없이 받아들여 볼펜뷔텔에 있었다. 그는 42세로 그렇게 나이가 많지 않았다. 그러나 그는 싫증이 나서 자신이 불행하다고 느꼈다. 운명에 대항한 투쟁에서의 패배, 보잘것없는 처지, 호의적인 피난처, 결국 받아들인 속박…… 이때가 바로 그가 루터 교리에 대항해 명백한 도발을 감행했던 시기였다.

사무엘 라이마루스[15]는 고향인 함부르크의 김나지움에서 아시

---

14 (역주) 중부 유럽에 위치한 모라비아에서 생겨난 신교의 지파

15 (역주) Hermann Samuel Reimarus(1694~1768): 독일 문인이자 철학자로 대표적인 이신론자

아 언어를 가르치는 현명하고 온화한 교수였다. 파란이 없는 나날을 보내는 것에 만족하는, 좋은 남편이자 좋은 가장인 그는 그 존재가 맑은 인간의 모습 그 자체였다. 그는 자연종교에 우호적이며 무신론에 반대하는 것으로 평가받는 저서들을 집필했으며, 특히 벌레들의 놀라운 조직은 지고한 존재의 지혜 외에는 설명될 수 없다는 것을 지적했다. 이 의인은 자신의 최후가 다가오는 것을 평온하게 바라보았다. 1768년 2월 19일, 그는 고별 만찬을 위해 몇몇 마음에 맞는 친구들을 집으로 초대해 저녁 식사를 함께했다. 3일 후 그는 병이 들었고, 1768년 3월 1일 죽음을 맞았다.

그런데 그의 사상의 가장 깊숙한 부분은 감추어져 있었고, 그는 자신이 작성한 원고인 「신의 이성적 숭배자들을 위한 변명 Schutzschrift für die Vernünftigen Verehrer Gottes」에서 이를 털어놓았다. 몇몇 측근이 알고 있다기보다는 추측을 했던 이 원고는 레싱이 그 내용을 알 기회가 없었다면, 그리고 1774년, 1777년, 1778년에 저자의 이름을 제시하지 않고 원고의 몇 구절들을 『무명인의 단편Fragmente eines Ungenannten』으로 내놓지 않았다면, 아마도 영원히 알려지지 않았을 것이다.

그는 장 멜리에 같은 사람이 아니다. 라이마루스에게는 그와 같은 격정, 증오, 파괴적 분노가 없다. 그는 주 예수와 그 사이의 개인적 논쟁을 종결짓지 않으며, 차츰 모든 것을 태워 버리는 원한 때문에 자신이 타들어 가도록 내버려 두지 않는다. 반대로 그는 가시덤불을 헤치면서, 무신앙자와 우상숭배자 무리를 내쫓으면서, 악과 고통의 기원을 고발하면서, 그가 계시종교에 대한 믿음을 파괴할 때도 하늘과 땅을 정화하는 것이라고 생각하면서, 신에게 다가가고 있다고 진심으로 믿는다. 그는 놀랍게도 자신에 대해 확신을 갖는다. 그는 분명히 보기를 원한다고 되풀이한다. '나는 사물들을 명확히 밝히기를 원한다.' 그리고 그는 '각각의 사물은 있는 그대로 존재한다. 하나의 사물은 존재하는 동시에 존재하지 않을 수는 없다'라는 또 다른 믿음을 갖고 있는데, 그에게는 그것을 통해 이성의 기본적인 규칙들을 완전히 표현할 수 있는 것처럼 보인다. 이렇게 준비한 후, 라이마루스는 열렬한 외침, 질문, 호소를 통한 자신의 비평 작업을 기꺼이 중단하고, 구약성경의 검토에 착수한다. 아! 사람들은 얼마나 쉽게 오류에 빠지는가! 세대를 거듭하는 동안 그토록 명백하게 모순되는 사실들이 진실로 간주된 것이 어떻게 가능한가?—본질상 선하고 지혜로운 종교는 선하고 지혜로운 중개인들만을 가졌을 것이다. 그런데 성경의 인물들을 보라. 다윗을 보라. 그들은 선하지도 지혜롭지도 않았다. 그들은 복수심이 강하고 욕심이 많으며 부도덕했다. 따라서 유대교 전통에 의거한 종교는 선하고 지혜로울 수 없을 것이며, 진실일 수도 없을 것이다. 모든 것이 그토록 직접적으로 신에 종속되는 역사는 세상에 없다. 신의 명령을 위탁받은 사람들이 그 명령을 받기에 그토록 부적절한 역사도 없다. 그러므로 문제가 되는 것은 유대교 역사이지 신의 역사가 아니다. 인간에게 도덕적 행동 규범을 부여한다고 주장하는 종교는 모든 사람이 이해할 수 있고 기안과 내용이 완벽하게 결정된 명확한 규칙들을 표명해야 한다. 그런데 성경은 이러한 가르침을 포함하지 않는다. 성경은 심지어 영혼이 불멸이라고 간주하지도 않는다. 그러므로 성경의 계율은 신의 계시에서 나온 것이라고 할 수 없을 것이다.

라이마루스는 신약성경에 대해서도 다르게 처리하지 않는다. 유일한 진리를 담고 있어야 할 것이지만 4명이 작성하여 시간, 공간, 하는 이야기, 실행된 사건이 바뀌는 신약성경은 모순이 내포되어 있으므로 완전히 신뢰할 수 없을 것이다. 이번에는 개신교가 검토의 대상이 된다. 은총에 의한 구원의 교리는 합리적인가? 원죄에 대한 믿음은 합리적인가? 개신교는 가톨릭과 마찬가지로 비합리적이다. 그 둘 모두는 종교인들이 오늘날 돌아가야 할 자연법칙을 왜곡한 인간의 사기이다.

레싱이 발굴했던 저서는 이와 같다. 따라서 그는 몇 년간 계속될 소란을 야기했다. 목사인 멜히오르 괴체[16]는 도전에 응했다. 그는 편협함과 완고함의 화신이었다. 신을 모독했다는 이유로 동료, 친구마저도 고발했던 사람이다. 요컨대 대단한 적수였는데, 레싱은 그가 비타협적이었기 때문에 어느 정도는 그를 존중했다. 괴체는 그에 대해 기독교계의 처벌을 간청했고, 신성모독자에 대한 벌을 요구했다. 그러나 레싱은 멈추지 않았다. 설교, 탄원, 소책자, 서적, 모욕, 위협도 그를 자극하게 만들었을 뿐이다. "나는 이 단편들을 출간했고, 또 출간할 것이다. 세상의 모든 괴체 같은 인간들이 나를 지옥 밑바닥까지 떨어뜨릴지라도."

그러나 그가 이렇게 격분한 태도를 취했을 때조차도, 자신이 그 자체로 종교의 적이라고 생각하지는 않았다. 그는 신성한 것들을 웃음거리로 만드는 농담을 하는 사람들을 계속해서 무시했다. 철학자들 중 미신을 핑계 삼아 신앙을 공격하는 사람들의 한심한 술수는 그에게 비참해 보였다. 그는 인류 최초의 시대부터 신을 숭배하고 기도하는 사람들이 잘못했다고 생각하지는 않았다. 그는 '신의 교회'가 사제들 그리고 그들과 공모한 왕들이 생각해 낸 지독한 음모로 세워졌다는 지나치게 단순한 견해를 조금도 공유하지 않았다. 믿음의 요구란 원초적이고 본질적인 사실이기 때문에, 이를 부정하

---

16 (역주) Johann Melchior Goeze(1717~1786): 독일의 신학자이자 목사

는 사람들은 미숙했다. 오로지 해야 할 일은 신의 본질을 결정짓고 신을 그 자신이 아닌 것으로부터 구해 내며 신에게 그의 진정한 의미를 부여하는 것이었다.

이를 위해 레싱은 그 이전에 또 그 주위에서 표명된 생각들 중 몇몇을 계승하고, 그 생각들에 자신의 정신이 지닌 고유한 흔적을 남겼다. 종교는 받아쓴 글자, 성경이나 코란 같은 것으로부터 유래하지 않으며, 종교는 내면의 진리이고, 신은 우리 영혼 속에서 어떤 개인도 반대할 수 없는 보편적이고 영속적인 이성의 존재라는 생각. 믿음은 신학 이전의, 신학에 종속되지 않는 신앙의 행위였다. 종교는 신학이 존재하기 전부터 존재했다. 신학이 더 이상 존재하지 않을 때도, 종교는 여전히 계속해서 존재할 것이다.

그는 도덕성이 종교라는 생각을 계승했다. 출판업자인 친구 니콜라이가 『장인 세발두스 노트한커의 생애와 사상 *Das Leben und die Meinungen des Herrn Magister Sebaldus Nothanker*』(1773~1776)이라는 제목의 소설에서 말했듯이, 가장 엄격한 의미로서의 교리에 만족하며 적선하고 예배당을 짓기 위해 돈을 모은다 할지라도 가난한 사람들에 대해 엄격하고 불행한 사람들에 대해 냉혹하며 자신처럼 생각하지 않는 사람들에 영벌을 예정하는 목사라면, 그는 역시 나쁜 목사이다. 반대로 당신이 이단자나 교회분리자라고 선고를 받는다 하더라도, 당신의 삶이 고결하고 주변에 선행을 실천한다면, '인성을 지닌 신'이기도 한 '이성의 신'의 마음에 들 것이다. 어떤 교회에도 속하지 않지만, 하나가 아닌 여러 문을 통해 천국에 들어갈 수 있다고 말하면서 그들의 형제 모임에 모든 사람들을 맞아들이며 배고파 죽을 지경인 사람에게 세례 증명서를 요구하기 전에 먼저 먹을 것을 주는 암스테르담의 콜레지안트파[17]는 루터파 중 가장 정통파보다 더 진정한 종교에 가깝다.

레싱은 베를린 시기 그의 또 다른 친구 모제스 멘델스존이 『파이돈*Phédon*』(1767)에서 설명한 바와 같이, 이성의 상승에 대한 생각을 계승했다. 멘델스존의 파이돈은 그 역시 라이프니츠와 스피노자를 읽었고 소크라테스로 하여금 다음과 같은 말을 하게 한다. "우리는 이성적 존재들이 갖는 더욱 완벽한 상태를 향하는 이 저항할 수 없는 경향에 따라 그 존재들의 완벽함이 창조의 최고 목표라고 생각할 충분한 근거가 있다. 우리는 단계적으로 올라갈 수 있고 조금씩 완벽하게 성장할 수 있으며 이러한 성장 속에서 자신들의 행복을 찾을 수 있는 합리적인 존재들이 존재하도록 이 거대한 우주가 만들어졌다고 말할 수 있다."

끝으로 그는 종교의 지속적인 본질과 혼동하면 안 되는 국지적·민족적·일시적 요소가 어떤 종교에서든지 존재한다는 젬러의 생각을 계승했다. 그러나 젬러는 끝까지 레싱을 따르지 않았고, 심지어 그를 맹렬히 비난한 사람들 편이 되었다. 왜냐하면 레싱이 대담하게도 이 밑그림들을 완성했고 여기에 생성의 철학을 보태면서 그 전체를 변형시켰기 때문이다.

실제로 그에게 계시란 무엇인가? 인류의 점진적인 교육 외에 다른 것이 아니다. 이것이 그가 1780년에 출간한 주저의 제목 『인류의 교육*Die Erziehung des Menschengeschlechts*』이다.

계시가 인류와 맺는 관계는 교육이 개인과 맺는 관계와 같다. 교육이 이미 인간 안에 존재하는 것 외에 아무것도 인간에게 주지 않

---

17 (역주) 콜레지안트파(Collegiants)는 17세기 네덜란드에서 생겨난 신교 모임이다.

지만 그것을 더 쉽고 빠르게 제공하듯이, 계시도 인류가 스스로 도달할 수 있는 것 외에 아무것도 인류에게 주지 않지만 인류에게 애매하게 제시된 풍요로움을 되찾는 것을 돕는다. 계시란 전격적인 것이 아니다. 계시는 시간을 이용한다. 최초의 인간이 유일신의 관념을 부여받았음에도 불구하고, 전달되긴 했지만 발견되지는 않은 이 관념이 순수한 상태로 지속되는 것은 불가능했다. 그래서 인간은 우상숭배, 다신교에 몰두했다. 그런데 이것들을 연대순으로 그리고 다시 자기 자리에 되돌려 놓는다면 무시해서는 안 된다. 왜냐하면 이것들은 이미 미래 발전의 대략적인 가능성이기 때문이다. 신이 새로운 방향을 알려 주러 오지 않았다면 이 일탈은 수백만 년 동안 지속될 수 있었을 것이다. 신은 유일신의 생각을 전달하기 위해 어떤 민족, 가장 무지한 민족인 이스라엘 민족을 선택했다. 그리고 이러한 진보는 상당한 것이다. 그러나 일체성의 초월적인 개념에서 아직 얼마나 멀리 떨어져 있었는가! 어린아이 같은 이 민족은 어린아이 같은 민족에 적절한 교육 외에 다른 교육을 받을 수 없었다. 그동안 다른 민족들은 이성에 의거하여 자신들의 여정을 계속했다. 많은 민족들은 뒤처져 있기도 했고, 몇몇 민족들은 앞서 있기도 했다. 이스라엘 민족들은 페르시아인의 국가 안에서 노예 상태에 있으면서 그들의 믿음을, 더욱 훈련된 이성이 알고 숭배했던 것과 같은 존재자들의 존재라는 개념에 따라 조절했다. 계시는 그들의 이성을 인도했다. 그리고 이제는 이성이 계시의 진전에 기여했다. 이는 이 두 가지 힘이 주고받은 상호적인 첫 도움이었다. 창조자가 보기에는 이러한 상호 영향은 매우 적합했으므로, 이것이 없다면 계시나 이성 둘 중 하나는 무익해질 것이다. 유대인들이 신을 더 잘 아는 법을 배웠던 것은 이러한 접촉에 의해서이다. 영혼의 불멸에 대하여 그들의 성경에는 암시와 지시가 존재했다. 그러나 대다수에게는 너무나 격이 높은 이 신앙은 이 단계에서 몇몇 개인들의 전유물로 남았다. 성경의 가치는 이러한 밑그림에 있으며, 성경은 넘어서야만 하는 개론서에 불과하다.

그 개론서는 극복되었다. 그리스도가 온 것이다. 신약성경은 첫 번째 책보다 우월한 두 번째 책이다. 그러나 그것은 몇 세기 동안 인간 지성을 도와주고 사로잡았지만, 영원히 지속될 수는 없을 것이다. 전진은 계속될 것이다. 우리는 신의 본질에 대해, 우리의 본성에 대해, 우리와 신의 관계에 대해 더 정당하고 더 진실에 가까운 생각들을 갖게 될 것이다. 우리는 미덕을 그 자체로 소중히 여기게 해 줄 사심 없는 도덕성을 향해 나갈 것이다. 레싱은 우리에게 먼 미래의 전망을 드러낼 때 서정적이 되며 예언자의 어조를 띤다. 완성의 시대가 도래할 것이다, 틀림없이 도래할 것이다. 예전에는 사람들의 관심을 모으기 위해 필요한 것처럼 보였던, 신의 마음에 달린 미래의 보상에 대한 기대 없이도 선이기 때문에 인간이 선을 행할 시대가 도래할 것이다. 개론서부터 우리에게 약속된 새로운 복음의 시대가 틀림없이 도래할 것이다. 신이여, 인간이 감지할 수 없는 걸음을 내딛으소서! 이러한 감지할 수 없는 특징 때문에 당신이 뒤로 물러나는 것 같을지라도 내가 당신에 대해 실망하지 않게만 해 주십시오! 가장 짧은 선이 직선이라는 것은 사실이 아닙니다. 당신에게는 당신의 영원한 길로 이끌어야 할 많은 것들이 있습니다.

엄격하고 비타협적인 레싱이 이렇게 열광하는 것은, 아마도 현재는 씨앗의 상태로 있지만 미래에는 수확하게 될 은혜를 세속 사회에 펼치기 위하여 배은망덕과 몰이해와 적의의 한가운데에서 일하고 애쓰는 사도들에 그 자신이 속하기 때문일 것이다. 그의 영혼 속에서는 유일신과 뒤섞여 있는 계시의 신, 이성의 신이 작용한다. 수수께끼처럼 시작하여 인류의 도덕적 운명에 대한 신앙 행위로 끝나는 대화[18] 속에서 그가 자신의 고유 업적을 제시했다고 생각할 수 있다. 두 대화자 중 하나는 자기가 프리메이슨 단원이라고 선언하는데, 그것은 그가 프리메이슨단의 어떤 지부에 속하기 때문이 아니라 정확히 말해서 그가 어떤 입문식도 겪지 않았고 어떤 선서도 하지 않았으며 어떤 의식도 따르지 않았기 때문이다. 무슨 뜻인가? 인간의 행복을 보증하기 위해 확립된 세속 사회들은 그 목표를 벗어난다. 그것들은 의견 대립과 전쟁을 경험하고, 프랑스인, 영국인, 독일인, 스페인인, 이탈리아인, 러시아인 등, 국민들을 서로 대립시킨다. 각각의 국가 내부에서도 결함을 파악하는 것은 쉬운 일이다. 악습, 특권, 부자와 빈자의 대립이 지속된다. 따라서 자신의 종족과 시대에 대해 편견에서 자유로운 현자들이 존재하는 것이 중요하다. 그들은 가장 행복하다고 생각되는 시민조차도 벗어날 수 없을 고통을 치유할 것이다. 그들의 진전은 느리지만, 세기를 거듭하며 확대될 것이다. 그들은 평화와 정의와 사랑을 위해, 선행이 결국 자발적이 될 때까지 그리고 사람들이 보상에 대한 기대 없이 또 처벌에 대한 공포 없이 선을 실천할 때까지 일할 것이다.

이것이 죽음이 임박한 시기에 레싱이 그렸던 모습이다.

레싱은 이신론자였다. 그러나 같은 낱말에 완전히 다른 의미를 부여하고, 실증 종교들, 특히 기독교에 대해 감사와 존중을 간직하며, 실증 종교들에서 진리를 향한 감동적인 노력과 천천히 진행되는 영적 정복 과정의 한 단계를 본 이신론자였다. 볼테르는 『불랭빌리에 백작의 만찬Diner du comte de Boulainvilliers』의 세 번째

---

18 『에른스트와 팔크. 프리메이슨단에 대한 대화Ernst und Falk. Gespräche für Freimaurer』, 1778; 속편, 1780. 레싱은 1781년 2월 15일 사망했다.

대화에서 다음과 같이 썼다. "사람들은 종교에 관해서는 의식주에 대해 취했던 행동과 정반대되는 행동을 취했소. 우리는 동굴, 오두막집, 동물의 가죽으로 만든 옷, 도토리로 시작해서 뒤이어 빵, 몸에 좋은 요리, 양모와 비단으로 지은 옷, 깨끗하고 안락한 집을 갖게 되었소. 그러나 종교에 대해 말하자면, 우리는 도토리, 동굴, 동물의 가죽으로 되돌아갔소." 이는 지나치게 단순한 생각으로, 사람들이 인류의 전진을 설명하기 위해 일찍이 생각해 냈던 가장 대단한 가설들 중 하나가 지금 이러한 생각에 대립된다.

레싱은 이성의 사도였다. 그러나 이는 내재적인 동시에 초월적인 이성, 자신의 작업에서 때때로 직관을 이용하는 이성, 심지어 몇몇 신비주의자들 — 그 이성은 이러한 신비주의자들을 단지 너무 성급한 선배들로 간주한다 — 의 섬광을 거부하지도 않는 이성의 사도였다. 따라서 그는 선배들이 그 가치와 존재마저도 부정했던 힘을 복권시켰다.

레싱은 독일 계몽주의 거장들, 그것도 이름 높은 거장들 중 한 사람이다. 그러나 그는 계몽주의의 본질을 변질시켰다. 다른 사람들에게 계몽은 그 세기, 빛의 세기의 특권이었다. 레싱에게 계몽은 여러 시대의 기저에서 이미 미약하게 빛났고 현재가 강화시켜 주었을 뿐이며 무한한 미래에도 여전히 정화될 빛이었다. 다른 사람들에게 그것은 그들이 증명하고 확립한 확고하고 결정적인 그 무엇이었다. 레싱에게 그것은 생성이었다. 다른 사람들에게 그것은 그들의 진리가 아닌 것을 거부하는 것이었다. 레싱에게 그것은 전체를 받아들이고 해석하는 것이었다. 다른 사람들에게 그것은 형이상학과 믿음의 돌이킬 수 없는 패배였다. 레싱에게 그것은 형이상학, 그리고 거의 믿음이었다.

이미 종교개혁은 신앙의 단일성을, 그 복원을 위해 실행된 모든 노력이 아무리 집요하더라도 소용이 없을 정도로 파괴했다. 그러나 이제 이것은 다른 문제였다. 신앙의 단일성은 더 이상 면 추억 외에 다른 것일 수 없었다. 현자들은 각자 여전히 간직하기를 원한 신의 본성을 자기 식으로 해석했다. 이 각양각색의 주의주장들이 군중의 정신에 이르렀을 때, 이것들은 약화되고 해체되어 결국 사라져 버렸다. 이제 신도 대중은 더 이상 없었고, 그들 중 몇몇 반역자들과 무관심한 사람들만이 있었다. 기독교 세계는 이제 분열되기만 한 것이 아니라 뿔뿔이 흩어지고 해체되었다. 이제 죽을 수밖에 없는 이 삶에서만 자신의 행복을 찾고 행복을 비천하게 해석하는 무리가 남았다. 그들은 이제 행복을 유복함, 물질적 만족, 게다가 심지어 쾌락 속에서만 찾았다. 무신론은 부정해야 할 신이란 낱말을 가정하기 때문에 그들은 무신론자조차도 아니었다. 그들은 더 이상 아무것도 아니었다. 그들은 자기 자신의 의식에 몰두했지만 더 이상 의식이 없었다. 사회생활이 부과하는 의무를 제외하면, 그들은 더 이상 자신에게 의무가 있다고 느끼지 않았다. 그들은 자신들의 권리만을 기억했을 뿐이다. 수천, 수십만, 수백만의 사람들이 포프와 같은 사람의 불안과 유사한 어떤 것도 더 이상 느끼지 못했고, 이제 볼테르에게서는 그의 파괴적인 면모만을 보았으며, 전혀 레싱의 성찰을 따르고 그의 비상에 동행할 수 없었으므로, 기원으로서든 종말로서든 신성의 개념을 잃어버렸다. 바로 이것이 이신론의 결말이었다.

결론

유럽과 가짜 유럽

사람들은 유럽이란 정확히 무엇인가에 대해 알지 못했다. 동쪽으로는 그 경계가 불분명했다. 내부에서는 유럽에 살던 민족과 관련하여 언제나 동일한 경계를 가진 적이 없었다. 그 이름조차도 설명이 잘 되지 않았다. 황소로 변신한 제우스는 아게노르의 딸인 에우로페가 동무들과 함께 페니키아의 해변을 거닐 때 그녀를 납치했다. 그는 이 미인에 경의를 표하며 세계의 어느 부분 하나를 유럽이라 불렀다는 것이다. 이는 헤로도토스조차도 이미 믿지 않았던 가공의 이야기이다. 그러나 분명한 생각이 없었으므로 사람들은 매우 강렬한 감정을 느꼈다. "유럽은 모든 면에서 나머지 세계를 능가한다." 아마도 유럽은 아시아, 아프리카, 아메리카보다 넓지 않을 것 같았는데, 사람들은 이에 대해 약간 유감스럽게 생각했다. 그래서 이 크기가 작은 것은 여러 가지 위대함의 이유들로 상쇄된다고 재빨리 덧붙였다. 아무리 유럽이 명확하지 않다 하더라도 그래도 그것은 경이로운 전체(ein bewunderwürtiges Ganze)'[1]를 형성했다. 유

---

1 요한 크리스토프 아델룽, 「잠정적인 서문」, 『실용적인 유럽 국가들의 역사』, 고타, 1762, p. 4.

럽은 공통의 법들이 있었다. 또한 반항적 의식의 기저에서도 파괴되지 않는 기억, 유럽을 기독교 세계로 만든 공통의 종교가 있었다. 유럽은 "여러 나라들로 분화된 일종의 거대한 공화국을 구성하고 있었는데, 그 나라들 중 어느 나라는 왕정이었고 또 어느 나라는 혼합 정부였으며, 어느 나라는 귀족 정부이고 또 어느 나라는 인민 정부였다. 그러나 모두가 서로 소통하고 있었고, 같은 종교를 기반으로 하고 있으며, 세계의 다른 지역에는 생소한, 같은 공법 규범과 정치 원칙들을 갖고 있었다."[2] 그리스인들이 그들 사이에서 서로 다툴 수는 있지만 단 하나의 도시에 사는 주민들처럼 품위와 예절 관계는 잃지 않은 것과 마찬가지로 혹은 그 이상으로, 유럽인들은 서로 싸우고 분열될 수는 있지만, 결속된 상태를 유지했다. 요컨대 "18세기가 하나의 국가, 하나의 민족으로부터 그 명성을 획득하는 것은 아니다. 그것은 유럽의 모든 국민, 모든 나라 덕분이다. 그리고 이 때문에 그 명성이 그토록 위대하고 흥미로우며 진실한 것이다……."[3]

고결한 중국인들과 현명한 이집트인들은 계속해서 찬양을 받았다. 그러나 중국도 이집트도 오래전에 했던 약속을 지키지 못했다고 인정해야 했다. 이 두 나라는 무기력한 상태로 머물러 있었던 반면, 서양의 정신은 지칠 줄 모르는 호기심을 나타냈다. 이 정신은 결코 멈추지 않았으므로, 현재를 기준으로 그리스인들과 라틴 민족까지 앞질렀다. 오래전에도 빛나는 중심지들이 있었지만, 그 수는 적었다. 아테네와 로마가 번영했던 시기에는 아무것도 그 두 도시

---

2 볼테르, 「머리말」, 『루이 14세의 세기』, 2장.

3 『18세기 작가들의 정신과 특성 Esprit et génie des écrivains du XVIIIe siècle』, 암스테르담.

들의 영광을 능가하지 못했다. "파리는…… 야만적인 소도시였을 뿐이다. 암스테르담은 습지, 마드리드는 사막에 불과했다. 라인 강 우안부터 보트니아 만까지 모든 것은 야만이었다."[4] 따라서 근대 유럽은 고대 유럽보다 더 나았다. 얼마나 많은 특권이 유럽에 마련되었는가! 군사력 면에서 막대한 지출, 군대의 대규모 투입, 부대의 수, 그것들의 유지. 농업의 발달, 온화한 기후, 북쪽 끝의 토지를 제외하면 비옥한 토양. 풍부한 교통로들에 힘입은 상업의 발전. 인구밀도와 도시의 번영. 그러나 무엇보다도 지적인 우위가 있었다. 학문, 미술, 수공예는 재화를 늘려 주었다. 이성의 제국은 보편적인 것을 지향했고, 어리석은 국가적 허영심을 바로잡았으며, **천박한 성격**을 파괴했다. 유럽은 세계에서 철학적이고 생각이 있는 지역이었다.

그 후손들이 결점이 없었기 때문이 아니다. 우여곡절이 많았던 그들의 역사는 끊임없는 혁명의 역사였고, 그들의 연대기는 불행과 광기와 범죄의 연속이었다. 사치로 타락한 그들은 자신들이 정복했던 식민지의 주민들을 가혹하게 착취했다. 그럼에도 불구하고 그들은 자신들을 자랑스럽게 생각할 권리를 유지하고 있었다. 왜 아시아인들과 아프리카인들은 그들의 항구에 도달해서 그들의 영토를 정복하고 현지 군주들에게 그들의 권위를 강요하지 못했는가? 그 이유는 유럽인들이 가장 강했기 때문이다. 유럽인들이 가장 강했던 것은 그들이 가장 지혜로웠기 때문이다. 가장 지혜로웠기 때문에 그들은 가장 진보된 단계의 문명을 나타냈다.[5]

---

4 볼테르, 「7번째 대담」, 『철학 대화 *ABC*』, 1768.
5 새뮤얼 존슨, 『라셀러스』, 11장, 1759; 몽테스키외, 『수첩』, 그라세 출판사, pp. 65 이하.

그들은 그들의 영역, 비할 데 없는 그들의 영역을 가장 확실하게 차지하기 위한 것처럼 여행을 했다. 여행의 성격이 바뀌었는데, 이제 그것은 호기심이 너무 많은 어느 괴짜의 변덕이 아니라 견습, 공부, 교육의 보충이 되었다. 이것은 유럽인들의 학교였다. 영국인들은 가정교사의 인도로 그랜드 투어(grand tour)를 수행했다. 독일인들은 외국으로 자신을 연마하러 가야만 그들의 교육이 완성된다는 것을 알았다. 이탈리아인들과 프랑스인들은 어디든지 있었다. 러시아인들은 이전 세대가 그 출현으로 놀랐던 그 기이한 모스크바 사람들이 더 이상 아니었다. 그들은 서양의 대도시들, 특히 파리에 즐겁게 러시아 돈을 쓰러 왔다. 사람들은 이제 더 이상 자기 고향을 떠나면서 커다란 위험이 있는 모험으로 가득한 탐험 속으로 뛰어든다는 생각을 하지 않았다. 도로는 더 좋아졌고, 교통은 더 편해졌다. 심지어 밤에도 통행하기 시작했는데 이것은 혁명이었다. 마을의 문은 폐문 시간에도 닫히지 않았고, 역마차의 마부들은 이제 어두운 길을 과감하게 내달렸다. 시간이 반으로 절약되었다. 세련된 사람들은 넓은 사륜마차를 만들게 했고, 리슐리외 공작은 자기 마차에 세 종류의 전식을 담은 찬장에다가 침대까지 두었다. 1742년 슈아지르루아를 떠나는 순간에 그는 시트를 덮히게 했고, "30명의 사람들 앞에서 침대에 들어 리옹에서 깨우라고 말했다"고 전해진다. 우리가 무대에 올렸던 모든 배우들, 그들이 이동하는 모습을 보여 주기 위해 그들을 다시 보여 주어야 할 것 같다. 18세기에 여행에 미치지 않은 문인은 거의 없다. 가장 둔한 작가인 새뮤얼 존슨조차도 자신의 집과 안락의자, 그리고 좋은 술집 올드 체서 치즈에 있는 자신의 자리를 떠나 대륙을 보러 떠났다. 디드로조차도 마침내 파리를 떠나 상트페테르부르크로 가는 것에 동의했다. 심지어 세습 지위에 충실한 군주들도 여행을 다녔다. 스웨덴의 왕자는 파리의 오페라 극장 칸막이 좌석에 있었을 때 부왕의 승하 때문에 자신이 구스타프 3세가 되었다는 것을 알았다.

그들은 유명한 자연사 전시실들과 명소들을 방문했다. 물을 머금은 바위 앞에서, 창조의 불안한 장난인 화석과 괴수 앞에서 탄성을 질렀다. 학자들의 검소한 집을 방문했고 아카데미의 회의에 참석했다. 성당의 높이를 재고 탑의 계단 수를 세었다. 극장에 자주 드나들었고, 특히 이탈리아에서는 결코 오페라를 놓치지 않았는데, 음악을 대단히 즐겼기 때문이다. 돌아간 후 자신의 나라에서 연주하게 하려고 페르골레지[6]의 최근 악보를 짐 속에 챙겨 가면서 기뻐했다. 그들은 화가와 조각가들의 작업실에 들어가 그림과 조각상을 구매했으며, 고대 메달 역시 수집했다. 유럽의 수도들이 있었다. 자신이 이상하게도 자유롭다고 느껴지며, 마음대로 나타나고 또 아무도 모르게 사라질 수 있었던 파리. 경이로운 것들의 집합지. 각 지방의 가장 좋은 것이 융합된 곳. 온화한 풍속과 친절한 주민 덕에 모든 도시들 중에서도 여행객들에게 호의적인 도시. 호텔에 투숙하는 외국인들이 만나던 곳. 파리, 빛들 중의 빛의 도시. 감미로운 베네치아, 쾌락과 유혹과 매력. 카니발과 가면, 곤돌라 뱃놀이, 놀음, 성당의 이름을 지닌 극장, 수녀원 안에서까지 열리던 음악회, 산마르코 광장의 간이 무대, 궁정에서 손님들을 맞던 화류계의 여인들. 베네치아, 근대의 시바리스.[7] 로마와 성(聖)주간. 나폴리와 봄. 게르만 문화와 라틴 문화가 공존하며, 동방으로 통하던 관문인 빈.

안내서, 설명서, 여행안내서, 게다가 여행 관련 총서까지도 계

6　(역주) Giovanni Battista Pergolesi(1710~1736): 이탈리아의 작곡가
7　(역주) 시바리스Sybaris는 이탈리아 남부와 시칠리아 섬을 포함하는 마그나그라이키의 주요한 도시이다.

속해서 성장하는 여행의 취미를 기록했다. 게다가! 외국인은 희극
의 한 유형이 되었다. 영국인 루느빌 경, 프랑스인 르 블로 기사, 스
페인인 돈 알바로 데 카스티유, 이탈리아인 보스코 네로 백작은 무
대에서 서로 맞섰다. 「런던의 프랑스인」과 「보르도의 영국인」이 상
연되었다. 사람들은 다른 나라의 주민들을 너무 단순화된 이미지로
상상하길 좋아했는데, 때로는 정당하지만 대개의 경우 잘못된 이
이미지는 너무나도 고정되어 있어서 시간이 지나도 더 이상 지워지
지 않았다. 파리의 생탕투안 구역이나 생드니 거리를 결코 떠나지
않더라도, 과묵하고 철학적이며 우울하고 언제나 부유하며 언제나
너그러운 영국인이 무대에 등장하는 것을 볼 수 있었다. 언제나 미
술의 친구인 이탈리아인. 언제나 고귀하고 자존심이 강한 스페인
인. 사람들은 이상하지만 파기할 수 없는 공동체에 속한다고 느꼈
다. 이탈리아식 오페라, 프랑스식 살롱, 영국식 홍차, 게다가 영국
식 아침까지, 관습은 다른 지역들로 이동했고, 마침내 '유럽의 공통
적 관습'이 이야기되었다.

　개인들은 사생활이나 관심사, 연애보다는 정신의 흐름에 대한 소
식을 전하는 편지를 주고받았다. 이러한 책이 곧 출간되었고, 이러
한 비극이 곧 야유를 받았다. 학계도 교류를 했다. 고용된 작가들은
새로 나온 파리의 물건들을 독일 군주들에게 알려 주는 역할을 맡았
다. 예전에는 현지 자원의 총람이었던 정기간행물들은 산 너머 바다
너머의 서적들에 대한 비평으로 뒤덮였다. 《영국 총서 *Bibliothèque
anglaise*》, 《게르만 총서 *Bibliothèque germanique*》, 《이탈리아 문학
신간 잡지 *Journal des nouveautés littéraires d'Italie*》, 《외국 잡지
Journal étranger》 등 또 다른 정기간행물들이 교류를 북돋우기 위
해 특별히 창간되었다. 《학술 유럽 *L'Europe savante*》, 《유럽 문학사
Histoire littéraire de l'Europe》, 《유럽 학자 이론 총서 *Bibliothèque*

raisonnée des savants de l'Europe》,《세계 총서 혹은 유럽 대신문 *Biblioteca universale o gran Giornal d'Europa*》,《유럽 문학 에센스 *Estratto della letteratura europea*》,《문학 유럽 *L'Europa letteraria*》, 《유럽 문학 신문 *Giornale letterario d'Europa*》,《유럽의 역사와 문학과 경제에 관한 일반 소식란 *Correo general historico, literario y económico de la Europa*》 등 또 다른 정기간행물도 제목에 이르기까지 유럽적 성격을 내세웠다. 어느 이탈리아 잡지가 말하듯이 이러한 간행물들을 읽으면서, "예전에는 로마 사람, 피렌체 사람, 제노바 사람, 혹은 롬바르디아 사람이었던 사람들은 모두 그럭저럭 유럽인이 되었다."[8]

학교에서 외국어를 거의 교육하지 않았을 때, 사람들은 외국어가 지식인들의 교류에 필수적이 된다는 것을 삶 속에서 깨닫자 외국어를 배우기 시작했다. 문법서가 등장했다. 다른 저자가 그 무지한 이전 저자의 오류를 지적하면서 이번에는 훨씬 더 유익한 문법서를 내놓을 때까지, 이 판에서 저 판으로 문법서는 긴 행로를 따랐다. 경쟁자들이 서로 손해를 입히기보다는 오히려 두 가지 문법서를 하나로 합치는 일도 있었는데, 이는 구매자에게도 좋고 판매자들에게도 바람직한 일이었다. 마찬가지로 수많은 사전들이 등장했다. 또한 발췌본과 선집도 등장했다. 언어 교사는 가장 변변찮은 건달부터 저명한 작가까지 있었다. 바레티는 런던에서 이탈리아어 교사였다. 골도니는 파리에서 이탈리아어 교사였다.

얼마나 번역이 많았는가! 17세기부터 18세기까지 그 추이를 조금이라도 따라가기만 하면 번역이 얼마나 많아졌는지를 알 수 있다! 외국어도 모국어도 알지 못하는 대담한 사람들의 무지가 각인

---

8 《일 카페》, 첫 번째 기사, 1764.

된, 오류, 오역, 실책투성이 번역들. 상업적인 기획들, 궁핍한 사람들이 탐욕스러운 출판업자들을 위해 일하는 가내수공업 공장들. "협잡꾼이 고향에서 끌어내어 아름다운 옷을 벗기고 멀리 떨어진 지역에서 팔려고 하는, 누더기를 걸친 이 비참하고 불운한 사람들처럼"[9] 취급된 걸작들. 전권을 가진 사람들로 불리며, 스스럼없이 원작자들의 결점은 잘라내고 파렴치한 매력은 강조하면서 자신들이 원작자들보다 더 우월하다는 생각까지 하는 오만한 번역가들. 너무 많은 충돌 없이 미지의 것에서 알려진 것으로 이행해야 했으며, 반감을 불러일으키지 않고 이국적인 흥취를 맛보게 해야 했기 때문에, 아름답기는 하지만 원문에 충실하지 못한, 필연적으로 충실하지 못한 번역. 바로 있는 그대로, 그 번역들은 통용되었다. 그리고 그 영향에 의해 세계 문학이 구성되고 있었다.

관계들이 이와 같이 증가함에 따라 어떤 질서, 어떤 가치의 위계, 그리고 정점에서는 동의된 권위가 더욱 필요해졌다. 정해진 어떤 시기 동안에, 이 고도의 기능을 충족시키기 위해 유럽이 선택했던 대국은 프랑스였다고 생각될 수 있었다. 정치적 힘이 없다면 문예는 지원을 받는다고 느끼지 못하는데, 프랑스는 정치적 힘이 있었기 때문이다. 또 프랑스는 그 수가 많았고 여기저기 퍼져 나갔기 때문이다. 프랑스는 그 뒤로 오랜 문화적 전통이 있었고, 루이 14세와 그가 거느린 별처럼 많은 천재들이 있었기 때문에 이전 세기부터 자신을 본보기로 내세웠다. 플레야드 파(les pléiades)[10]가 사라진

---

9 라 바르 드 보마르셰La Barre de Beaumarchais, 『진지하고도 익살맞은 편지들Lettres sérieuses et badines』, 19번째 편지, 1729, 2권, 2부.

10 (역주) 르네상스 시대의 롱사르와 뒤벨레를 비롯한 7명의 시인을 일컫는다. 우리말로는 '칠성(七星)시인'이라고도 한다.

이후 일반적으로 그러하듯이 그 빛이 어두워지는 대신, 프랑스는 새로운 광채를 얻었다. 코르네유와 라신, 보쉬에와 페늘롱의 위력이 소진되기도 전에 프랑스의 하늘에는 다른 별들이 나타났다. 상승기는 계속되었다. 그리고 프랑스의 영광을 만드는 작가들은 이제 경쟁심을 자극하는 특성까지 가졌으니, 그들은 근대였다. 그보다 더 강렬하고 대담하며 곧 공식화되고 지지를 받으며 동시대의 사고방식에 부과된 생각을 전파하려는 것은 없었다. 그래서 프랑스는 유산으로 받은 문학적 주도권을 유지했고, 실질적인 기여를 통해 이 특혜를 정당화했다. 다른 나라 사람들 거의 모두는 프랑스와 비교될 때 뒤져 있다는 느낌을 받았다. 이렇게 뒤진 것을 따라잡길 원할 때 그들이 처음 추진한 것은 프랑스를 안내자로 간주하는 것이었다. 통제하는 동시에 영감을 주며, 사람을 안심시키는 안정성과 동시에 삶 그 자체인 움직임을 나타내는 나라의 예외적인 특권! 사람들은 프랑스가 두각을 나타냈고 여전히 나타내고 있는 고전 장르에 필적하려고 애썼다. 동시에 재빨리 그리고 과감하게 프랑스처럼 생각하고자 했다. 이때가 바로 프랑스어 특유의 어법인 갈리시슴(gallicisme)이 외국어들에 침투한 시대였고, 사람들이 이것에 대해 부끄러워하기는커녕 자랑스럽다고 말하던 시기였다. 왜냐하면 이미 그토록 순수하고 그토록 명확하며 그토록 세련된 프랑스어는 이성의 표현 자체가 되었기 때문이다. 누가 이전의 순수주의에 대한 어떤 집착에 의해, 어떤 국가적 편견에 의해 프랑스어를 밀어 내겠는가? 또 프랑스어 어휘에서 다른 말들을 끌어오고 프랑스어의 분석적 표현법을 택하는 것을 거부하겠는가? 이때가 바로 네바[11] 강가에서까지 베르사유에서처럼 프랑스어를 쓰고, 많은 작가들이 모

---

[11] (역주) 상트페테르부르크를 흐르는 강이다.

국어를 버리고 모국어보다는 어느 나라에서든 읽을 수 있는 우아한 언어, 철학의 언어를 선호했던 시기였다. 이때가 바로 베를린 아카데미가 1784년 상의 주제로 다음과 같은 질문들, "무엇 때문에 프랑스어는 유럽의 공용어가 되었는가? 무엇 때문에 이러한 특권을 받을 만한가? 또 이러한 특권을 지니고 있다고 생각해야 하는가?"를 제시하고, 독일인 슈바프[12]의 논문과 함께 프랑스의 지적인 주도권을 확고히 한 리바롤[13]의 논문에 시상했던 시기였다.

"프랑스인들은 150년 훨씬 전부터 사회를 가장 잘 알고 사회의 어떤 제약이든 가장 먼저 벗어났던 국민이었다……."[14] 동일한 우위를 설명하는 다른 특권이 있었다. 유럽이 하나의 사회를 형성해야 했다면, 프랑스는 여기서 또한 유럽에게 이상을 제시했다. 파리는 이야기하고 두각을 나타내며 단지 남이 떠드는 것을 듣기만 해도 기분이 좋은 커다란 살롱과 같았다. 거기서 사는 즐거움을 누렸던 사람들은 그곳을 영원히 떠났을 때 잃어버린 낙원에 대한 향수를 간직했다. 갈리아니 신부가 그랬는데, 그는 본의 아니게 나폴리로 돌아와야 했을 때 더 이상 마음을 달래지 못했다. 그곳에서 삶은 과거가 그 예를 보여 주는 삶보다 더욱 멋지게 설계되어 있는 듯했다. 그곳에는 **인간적인 교류**(*commercio umano*),[15] 더욱 인간적인 교류가 확립되어 있었다. 사람들은 모든 곳이 이러한 예를 따르기를 바랐을 것이다. 각국의 귀족, 상류 부르주아는 이 행복한 건축물

---

12 (역주) Johann Christoph Schwab(1743~1821): 독일의 철학자로 1784년 「프랑스어의 보편성에 대한 논문」으로 리바롤과 공동으로 베를린 과학 아카데미 대상을 받았다.

13 (역주) Antoine de Rivarol(1753~1801): 프랑스의 작가

14 볼테르, 「언어Langues」 항목, 『철학 사전』.

15 「프루고니Frugoni가 알가로티에게」, 파르마, 1758년 10월 13일.

을 지을 수 있었던 사람들을 자기 나라로 끌어오기 위해 최선을 다했다. 이것은 가옥을 정비하고 사람들이 몸치장을 하며, 요리사, 소믈리에, 가발 제조업자, 재단사들이 작업하는 것으로 시작되었다. 프랑스인들처럼 머리에 컬을 하고 옷을 입으면서, 그들의 거동을 따라했다. 생토노레 거리의 재단사들이 파리에서 최근 유행하는 옷을 입은 인형이 가게 진열창에 진열되도록 외국 대도시들에 보낼 때, 그들은 자신들의 몫만큼 사회적 영향력을 행사했던 것이다. 여성용 모자 제조인들도, 무용 교사들도 마찬가지였다. 이러한 경향은 궁정과 수도를 넘나들고 때로는 한곳에 정착을 하기도 한 희극 배우들에 의해 지속되었다. "부인께서 우리 연극을 보신다면, 아주 우스운 공연을 즐기실 수 있을 겁니다. 아이들이 다니는 학교가 보일 겁니다. 모두가 고개를 숙인 채 눈앞의 책을 보기만 하면서 공연을 보기 위해서는 결코 시선을 돌리지 않습니다. 그들은 프랑스어를 배우며 만족하는 것 같습니다."[16] 이러한 경향은 계몽주의 시대에 그 자신들 또한 프랑스식 유럽을 구축하려고 애쓴 각종 장르의 예술가들에 의해 지속되었다.[17] 경험상 그 당시 프랑스 국외에서 시민권을 획득했던 갈리시슴을 분야별로 분류한다면, 그것이 어떻게 잘 먹고 잘 입고 잘 보이며 예의 있게 행동하고 사교계의 인사처럼 말하는 법에 속하는지, 그리고 또한 어떻게 정신의 세련된 정신에 기여하는 심리적 도덕적 뉘앙스를 나타내는지 알게 된다. 갈리시슴은 처음 나타났을 때의 혼란이 지난 후 일관성 있는 전체를 이루며, 전술, 대화법, 조각을 하거나 그림을 그리는 법, 생각하는 법, 생활

---

16 「갈리아니 신부가 데피네 부인에게」, 나폴리, 1773년 1월 16일.

17 루이 레오Louis Réau, 『계몽주의 세기의 프랑스식 유럽L'Europe française au siècle des lumières』, 1938.

의 지혜 등 기술의 개념을 내포한다.

심지어 세계인(cosmopolite)이라는 낱말의 의미를 잘못 아는 특이한 현상이 일어나기도 했다. 실제로 세계인은 설령 자신은 모른다고 해도 프랑스식으로 생각하는 사람이 되었다. 세계인은 어느 종족의 일원으로 어느 종(種)에 속하면서 또한 어떤 나라, 모든 나라의 문명인들을 포함하며 구성원들이 언어공동체, 더 나아가 생활공동체로 결합되었다고 느끼는 한 나라의 시민이었다. 그 극단적인 사례는 모든 사람들 중에서도 가장 빛났던 사람인 벨기에의 귀족 리뉴 공에 의해 나타났다. 그는 자신이 조국이 너무 많아서 정확히 어느 나라 사람인지 더 이상 모른다고 말한다. 그는 상트페테르부르크에 있을 때와 마찬가지로 빈에 있을 때 완벽하게 편안하다고 느낀다. 끊임없이 움직이는 그에게 유럽은 이제 그가 아무런 제약 없이 돌아다니는 여러 여인숙들이 들어선 대로일 뿐이다. 사실 그가 말하고 쓰는 언어, 정신의 특성, 품행, 그의 전 존재를 통해, 그는 자신이 도처에서 만나는 또 어디서나 그에게 허물없이 함께한다는 환상을 심어 주는 엘리트, 파리와 국제도시(Cosmopolis)를 혼동하는 엘리트에 속한다.

"그 당시 어떤 동일한 경향이 서유럽 전체를 돌아다니면서, 르네상스, 인문주의, 추후 낭만주의 때와 필적할 만한 정신적 통일성을 실현했다."[18] 적어도 이 통일성은 실현되기를 원했다. 유럽 정신을 재현하려는 시도가 있었다. 거리 때문에, 언어의 특수성 때문에, 개인주의 때문에 일반적인 움직임에서 배제되는 것 같은 주변 국민

---

18 루돌프 메르츠Rudolf Mertz, 「프랑스인들과 맺은 흄의 우정과 사상의 운동Les Amitiés françaises de Hume et le mouvement des idées」, 《비교문학 잡지Revue de Littérature comparée》, 1929.

들까지도 조금씩 동조했다. 먼저 칼 12세[19] 이후 외부와 단절될 수밖에 없었던 스웨덴은 마비 상태인 것처럼 보였지만 사실은 홀로 내실을 다지는 시기로 접어들었다. 곧 스웨덴은 린네를 통해 유럽 전체의 학술 활동에 기여했다. 궁정 시인 올로프 달린[20]은 유행하는 장르에서 유행하는 주제를 다루었다. 1750년에 노르덴플뤼히트 부인[21]은 스톡홀름에서 처음으로 문학 살롱을 열었다. 헝가리의 경우, 많은 수의 학생들이 드나든 네덜란드 대학을 통해서나 또 다른 학생들이 볼프의 철학을 배운 독일 대학을 통해서, 또 예수회와 성모 마리아회를 통해서, 빈을 통해서, 파리와의 직접 교류를 통해, 새로운 시대의 원동력이 된 이 이성의 다양한 대표자들을 통해서 근대화되었다. 폴란드는 분열되어 있었고 무정부 상태였으며 이웃 나라들의 탐욕에 맞설 수 없어 무너질 위기에 처해 있었으나, 스타니스와프 아우구스트 왕의 즉위 이후 비장하게 과업에 착수했다. 폴란드는 오래된 결점에 만족하게 만들었던 사르마트주의[22]를 버리고, 구원의 수단이 될 사회 개혁의 비결을 외국에서 입수하고, 교육 체계를 바꾸며, 『백과전서』에게 철학을, 콩디야크에게 논리를 묻고, 활력을 되찾게 될 것이다. 폴란드는 국가들의 명단에서 곧 자신

---

19 (역주) Karl XII(1682~1718): 스웨덴의 국왕으로 그의 사후 스웨덴의 절대 왕권은 무너졌다.

20 (역주) Olof von Dalin(1708~1763): 스웨덴의 시인이자 역사가이자 궁인으로 스웨덴 계몽주의에 강한 영향력을 발휘했다.

21 (역주) Hedvig Charlotta Nordenflycht(1718~1763): 스웨덴의 여류 시인으로 여성의 권리 신장을 위한 활동을 벌이기도 했다.

22 (역주) 폴란드의 귀족 계급은 자신들이 사르마트란 고대 동양의 유목민족의 후손이며 진정한 폴란드 민족이라는 배타 의식을 갖고 있었는데, 이를 사르마트주의(sarmatisme)라고 한다. 이 용어는 15세기부터 18세기에 걸친 폴란드 왕국 귀족들의 문화와 생활방식을 가리키기도 한다.

을 사라지게 만들려고 하는 영토 분할의 와중에서도 막대한 노력을 기울이며 속도전에서 승리하기를 희망했다. 만약 속도전에서 패한 다 해도, 적어도 끈질긴 의지를 확보해 그것을 미래에 맡길 것이다. 러시아는 동방 쪽을 바라보면서도, 표트르 대제의 전통으로 돌아가 기 위해 유럽의 예술가들, 학자들, 기술자들, 철학자들의 도움을 받 았다.

그 결과 이상적인 지도가 모습을 드러냈다. 중심에는 받는 것 이 상으로 주는 국가, 그 언어로는 각양각색의 국민에게 그들이 바라 는 의사소통 수단을 제공하고 그 사상으로는 감탄을 불러일으키는 프랑스가 있었다. 프랑스 가까이에는 마치 프랑스를 도와주기 위해 서인 듯, 출판업자와 신문이 있는 네덜란드와 '중개자 헬베티 아Helvetia mediatrix', 즉 스위스가 있었다. 다소 멀리에는 그들의 산물의 특성을 따르지만 세계 지도에서 프랑스 주위를 끊임없이 맴 도는 다른 국가들이 있었다. 전체적으로 보면 하나의 정신적 질서, 하나의 유럽적 질서가 존재했다.

이것은 단순한 외관이 아니었다. 이것은 현실의 양상들 중 하나 였다. 그러나 유일한 것은 아니었다. 유럽이 통일성을 모색한다는 사실은 확실하다. 동시에 유럽이 분열된다는 사실 또한 확실하다. 따라서 유럽은 늘 그랬듯이 할 수 있는 최대한으로 분열되었다. 스 위스인들 혹은 폴란드인들, 포르투갈인들 혹은 모스크바 사람들에 대해 이야기하던 작가들은 그들을 정의할 때 어떤 무례한 수식어를 덧붙이는 것을 결코 잊지 않았다. 언제나 그러나가 등장하여 마치 칭찬의 효과를 중화하거나 없애기 위해서인 것처럼 장점들을 열거하 는 것을 제한했다. 모레리[23]의 『역사 사전Dictionnaire historique』의 「유럽」 항목을 펼치면, 곧 일반적인 이 편견의 예를 발견할 것이다.

"프랑스인들은 예의 바르고 재치 있으며 너그럽지만 예민하고 변덕스럽다고들 한다. 독일인들은 근면 성실하지만 둔하고 포도주에 너무 빠져 있다고들 한다. 이탈리아인들은 유쾌하고 섬세하며 말투가 다정하지만 질투가 많고 배신할 가능성이 있다고들 한다. 스페인인들은 과묵하고 신중하지만 허풍이 심하고 지나치게 허례허식에 물들었다고들 한다. 영국인들은 무모할 정도로 용감하지만 거만하고 건방지며 가차 없을 정도로 자존심이 강하다고들 한다……." 모두 빠지지 않고 이런 대접을 받는다. 외국 인물들을 무대에 올리기 좋아하는 사람들 중 하나인 부아시[24]의 희곡을 훑어보자.

나는 정처 없이
독일과 스위스를 돌아다녔는데,
그곳에서 같은 잔을 돌려 가며
차례로 술을 마시는 법과
모든 사람들과 정말 엉망진창으로 취하는 법을
마지못해 배웠다.
그 후 네덜란드를 구경했는데, 그곳에서 재치, 매력,
쾌락은 상상적 존재 같았다.
진정한 처세술, 사람들 마음에 드는 주요한 방법은
언제나 유익하게 교제하는 법이다.
나는 이탈리아를 일주했는데,
그곳에서 열흘 동안 음악회로 살았다.
혹은 디저트만 먹고 살았다…….[25]

---

23 (역주) Louis Moréri(1643~1680): 프랑스의 학자
24 (역주) Louis de Laus de Boissy(1743~1799): 프랑스의 극작가

프랑스어를 제1언어로 삼았던 프랑스어 전문가들 중 한 명인 카라치올리[26]의 『이성의 유럽 유행 *Voyage de la raison en Europe*』(1772)을 읽어 보자. 이성은 말한다. "내가 특히 좋아하는 사람들에게 하듯 유럽인들에게 분배한 지성의 빛이 전혀 어두워지지 않았는지, 여전히 나의 법칙을 숭배하는지 봅시다." '친절한 철학자'를 구현하는 '이성'은 실망하는데, 그것은 네덜란드가 여전히 남다른 미덕을 가지고 있었음에도 쇠퇴하고 있고 그곳에서의 교류는 너무 비천한 관심을 불러일으키기 때문이다. 포르투갈인들은 섬세하지만 스콜라철학만 고집한다. 스페인인들 중에서는 몇몇 비범하고 고귀한 사람들이 있지만 그들은 게으름 때문에 얼이 빠져 있다…….

프랑스인들이 우월성을 가로채기 때문에, 비판은 그들에게 특히 가혹해질 것이다. 미식과 포도주, 여성을 좋아하는 '장 드 프랑스 Jean de France'에 대한 비난. 칭찬과 얼버무림, 파리의 흔적을 지니지 않은 모든 것에 대한 경멸을 담은 표현 때문에 짜증이 나게 하는 몽쉬 Monsù에 대한 비난. 아양을 떨며 신의가 없는 맘셀 Mamselle에 대한 비난. 파탕쿠르 씨 M. de Fatencourt와 레프하프트 Lebhaft에 대한 비난. 게다가 '프랑스 악당'에 대한 비난, 가짜 귀족 작위를 과시하며 명문가에 비집고 들어가 그들을 속이려는 협잡꾼에 대한 비난. 리코 드 라 마를리니에르 씨 M. Ricaut de la Marlinière에 대한 비난! "흔히 프랑스인은 돈을 모두 탕진한 후에, 자신에게 행운을 약속해 주지 않는 파리를 떠난다. 사기꾼은 그의 재단사에게 자기 빚을 남기고, 게르만 국가에서 한 달에 2플로린을 받는 언어 교사가 된다…….''[27] 요컨대 이 허영심 강한 프랑스인들

---

25 부아시, 「총각 남편 Le Mari garçon」, 1742.

26 (역주) Louis-Antoine Caraccioli(1719~1803): 프랑스의 자유기고가 작가

은 근대 세계의 야만인일 뿐이다.

이렇게 적의를 드러내는 논쟁이 폭발한다. 파리는 영국인을 로스트비프[28]라고 비웃었다. 런던은 복수심을 품고 파리의 멋쟁이 청년을 소극에 등장시켜 비웃을 것이다. 이 청년은 장신구를 벗고 허름한 내복을 내보일 것이다. 가발을 벗은 그의 머리는 옴과 고약으로 덮여 있는 것처럼 보일 것이다. 그의 주머니에는 갉아먹은 빵 부스러기, 조금씩 먹은 양파 약간, 이가 반은 나가 있는 때가 낀 빗이 발견될 것이다.[29] 월폴은 런던 극단을 엄격하게 규제했지만, 프랑스 극단에게는 현지 배우들과 경쟁할 수 있게 해 주었다. 극단은 1738년 10월에 첫발을 내딛는다. 하층민은 문을 부수고 좌석을 점령한 후 침입자들에게 야유를 보내며 여러 가지 물건과 단도를 던진다. 밖에서는 유리창과 등을 깨고 극장의 정면을 때려 부셨다. 아마도 사람들의 감수성을 가장 깊이 건드리는 음악이 문제될 경우, 논쟁은 끊임없이 전개된다. 1752년에 어느 이탈리아 극단이 파리의 오페라 극장에 자리를 잡는다. 프랑스 음악은 자신의 성역까지 위협을 받는다고 생각한다. 전투가 시작되고, 적수들은 서로 대체한다. 왕의 좌석 쪽에는 정부 관계자, 보수주의자, 라모[30]의 지지자들이 자리 잡았고, 왕비의 좌석 쪽에는 철학자, 개혁가, 이탈리아 부

---

27 주세페 고리니 코리오 후작, 『인기 있는 여자를 따라다니는 프랑스 사기꾼 *Il fripon francese colla dama alla moda*』, 밀라노, 1730.

28 (역주) 로스트비프는 영국이 기원인 음식이고 영국인들이 좋아하는 음식이기 때문에 영국인들은 로스트비프라고 불린다.

29 자샤리Zacharie, 「손수건, 장렬하면서도 익살스러운 시 Le Mouchoir, poème héroï-comique」, 세 번째 노래, 후버 번역, 『독일 시선』, 1766.

30 (역주) Jean-Philippe Rameau(1683~1764): 프랑스의 작곡가이자 음악 이론가로 '부퐁 논쟁' 때 프랑스 궁정 오페라를 지지했다.

풍 극단(Bouffons)의 지지자들이 자리 잡았다. 노래와 소책자와 비방문의 전쟁이 벌어진다. 사람들은 오페라 극장의 안뜰에서 이탈리아인들을 옹호하는 장-자크 루소를 상징하는 인형을 불태운다. 이탈리아인들이 자리를 뜰 수밖에 없을 때도, 흥분은 가라앉지 않고 논쟁은 계속되었다. 1773년에는 글루크[31] 파와 피치니[32] 파의 구도로 모든 것이 다시 시작된다. 이 격렬한 사람들에게 침묵을 부과하기 위해서는 대혁명이 필요해질 것이다.[33]

결국 때로 말다툼을 벌인다 하더라도 가족이라면 그 테두리에서 충분히 잘 지낼 수 있다. 그러나 바로 가족 그 자체가 변화하고 있었다. 우리가 조금 전에 이야기했던 지도에 새로운 지적 중심지들을 기입해야 한다. 베를린은 서적의 도시 라이프치히를 앞서는 경향을 보일 것이다. 드레스덴은 미술의 도시, 함부르크는 무역의 도시가 될 것이다. 런던은 정확하게 파리를 앞서는 경향을 보일 것이다. 오랫동안 독일의 문예는 무시당했다. 학문과 법학은 괜찮다고 하자. 그러나 시는 그렇지 않았다. 어떻게 북방의 야만인들이 뻔뻔하게도 자리를 요구하겠는가? 그들의 지성은 조잡했고, 그들의 언어는 발음할 수 없는 것이었다. 그들에게는 유럽에서 반향을 불러

---

31 (역주) Christoph Willibald Gluck(1714~1787): 독일의 작곡가로 근대 오페라의 출발점이 되었다. 그는 틀에 박힌 이탈리아 오페라에서 벗어나 음악극의 성격을 지닌 새로운 오페라를 개척했다. 한 이탈리아의 오페라 애호가가 나폴리의 피치니를 파리로 불러 글루크와 경쟁시켰는데 그는 이 경쟁에서 이겨 확고부동한 지위를 얻었다.

32 (역주) Nicola Piccini(1728~1800): 이탈리아의 작곡가로 글루크의 개혁 가극을 배척하는 인사들의 지지를 받으며 이탈리아식의 희가극으로 대항했으나 성공하지 못했다.

33 아베 프레보, 《찬반 Pour et Contre》, 80호.

일으켰던 작가가 한 사람도 없었는데, 그렇지 않다면 사람들은 그를 알았을 것이다. "당신의 파르나스 산 위에 있는 창조적 정신의 소유자의 이름을 내게 알려 주십시오. 즉 자기 자신의 자산에서 약간의 호평이라도 받는 저술을 끌어낸 독일 시인의 이름을 내게 알려 주십시오. 그런데 당신은 내 도전을 받아들일 수 없을 겁니다."[34] 그러나 도전은 받아들여졌고, 사람들은 이 본격적인 독일 문학의 출현을 점진적으로 기록해야 했다. 1750년에 그림은 다음과 같이 쓴다. "약 30년 전부터 독일은 노래 부를 시기만을 기다리는 작은 새들의 새장이 되었다. 아마도 조국의 뮤즈를 위한 이 영광스런 시기는 멀지 않은 듯하다……." 1752년에 빌펠트 남작[35]은 『과학과 문예와 예술에서 독일인들의 발전 *Progrès des Allemands dans les sciences, les belles-lettres et les arts*』을 출간한다. 1753년에 그림은 다음과 같이 쓴다. "독일어 번역에 대한 관심은 나날이 느는 것 같다……." 1762년에는 다음과 같이 쓴다. "독일의 시와 문학은 파리에서 유행하게 되었다…… 12년 전에 독일 시인에 대해 이야기 했다면, 아주 바보 같아 보였을 것이다. 이러한 시대는 바뀌었다……." 1766년에 도라는 『독일 시의 개념』에서 다음과 같이 쓰고 있다. "오 게르마니아, 우리의 아름다운 날들은 끝나고, 그대의 날들이 시작되리라." 1766년 후버[36]는 『독일 시선』을 출간한다. 총서는 낯선 이름의 작가들인 우츠, 겔러르트, 라베너,[37] 하게도른,

34 모비용·Mauvillon, 『프랑스와 독일 서간집 *Lettres françaises et germa-niques*』, 1740.

35 (역주) Jakob Friedrich von Bielfeld(1717~1770): 독일의 작가

36 (역주) Michael Huber(1727~1804): 독일의 문인이자 문학과 미술 전공 역사가

37 (역주) Gottlieb Wilhelm Rabener(1714~1771): 독일의 풍자 산문 작가

리히트버[38]와 고려해야 하는 다른 작가들의 작품들을 독자에게 소개한다. 후버는 "겨우 16년 전쯤만 해도 독일 시는 프랑스에서 아직 완전히 미지의 영역이었다"고 쓴다. 이 단시간에 사람들은 무지에서 심취로 넘어갔다.

문제가 된 것은 종의 변화였다. 헬베티아의 목자인 게스너[39]는 부자연스러움과 대비되는 단순함, 인위적임과 대비되는 자연스러움, 무미건조한 아양과 대비되는 진정성을 알렸다. 클롭슈토크는 음유시인들의 시와 종교시를 알렸다. 빙켈만은 아름다움에 대한 다른 견해를 알렸다. 청년 괴테의 『젊은 베르터의 고뇌』는 새로운 인간 유형에 대한 감탄과 모방을 수많은 독자들에게 제시했다. 프랑스의 풍요로움과 너무도 다른 독일의 풍요로움은 사람들이 구별하기를 요구했으며, 선택을 해야 했다. 1761년에 피에몬테 사람 데니나[40]는 『문학사론 *Discorso sulle vicende della letteratura*』에서 독일인들에게는 몇 줄 할애하지 않는다. 그가 보기에 독일인들 중 유일한 시인은 스위스인 할러였다. 1763에 글래스고에서 그의 『문학사론』 재판(再版)이 발간되고, 1767년에는 이 재판이 『예전과 근대의 문학 발전 개관 *Tableau des révolutions de la littérature ancienne et moderne*』이라는 제목으로 번역이 된다. 이번에는 수정이 이루어졌다. 먼 과거에 독일인들은 라틴어만을 사용하여 자신들의 학술 저작을 집필했었다. 20년 전 그들에게 통속어로는 대단히 기상천외한 몇몇 시들만이 있었다. "이제 그들은 유럽에서 가장 박식하고 가장 많은 문학을 갖고 있는 국민들과 어깨를 나란히 하길 바라는 듯하

---

38 (역주) Magnus Gottfried Lichtwer(1719~1783): 독일의 우화 작가
39 (역주) Salomon Gessner(1730~1788): 스위스의 시인
40 (역주) Carlo Denina(1731~1813): 이탈리아의 작가이자 역사가

다."그들이 직면한 위험이 하나 있다면 그것은 프랑스인들과 영국인들의 과도한 모방이었다.

실제로 이제 영국인들이 모방의 대상이 되었다. 영국인들은 가장 저명한 철학자, 이신론의 무리들, 기발한 호교론자들, 많은 모럴리스트들, 게다가 드라이든과 포프와 같은 제2의 고전주의자들까지 유럽에 배출한 것으로 만족하지 않았다. 그들은 자신들의 예를 따라 미지의 길에 이르렀다. 그들은 디포, 스위프트, 리처드슨, 필딩,[41] 스몰렛,[42] 스턴, 영, 그레이, 허비,[43] 오시안[44] 같은 사람들을 전파했다. 그것은 전적으로 독창적인 문학이었고, 그들은 질과 양을 겸비했다. 마르지 않는 섬에서 끊임없이 새로운 메시지가 출발했고 대륙에서는 이를 열심히 받아들였다. 독일이 프랑스인들을 거부하기 시작하면서 자신의 스승으로 간주한 사람이 바로 영국인들이었다. 독일은 영국의 자유사상가들, 교화적인 언론인들, 소설가들, 극작가들, 시인들의 교훈을 경청했다. 이미 다른 많은 사람들이 그랬듯 우츠가 시인들이 동시대의 파르나스 산으로 오르는 이미지를 채용해 말했던 것처럼, 독일인들은 꽃향기를 풍기며 호메로스 석상에 이르는 사람들이 가장 많이 다니는 길을 따라가기보다는 울퉁불퉁한 오솔길로 접어들어 길 끝에서 검은 대리석으로 만든 영국 석상을 발견했다. "영국의 부와 군대가 유럽의 균형에 행사하는 영향력만큼이나, 영국 정신은 오늘날 독일의 파르나스 산에 영향력을

---

41 (역주) Henry Fielding(1707~1754): 영국의 소설가

42 (역주) Tobias Smollet(1721~1771): 영국의 풍자소설가

43 (역주) James Hervey(1714~1758): 영국 작가

44 (역주) 스코틀랜드 시인 제임스 맥퍼슨James Macpherson은 고대 게일어 시인 오시안Ossian의 작품을 번역해서 「핑갈Fingal」과 「테모라Temora」를 발표했는데, 오시안의 작품이 실재하는지는 확인되지 않았다.

행사하는 듯하다. 런던은 예전 파리의 지위를 차지하고 있다."[45]

절도, 고상한 취향, 균형, 성스러운 규칙에 대한 복종. 영국인들은 이러한 구속을 거부하고 자신들의 자유로운 재능으로 돌아가는 기쁨을 누렸다. 구체적인 것에 대한 이해, 비록 우울하고 음산하더라도 축제인 상상력의 축제, 감수성의 소요, 마음의 동요는 추상적 지성과 철학적 이성의 지배와 대비를 이루었다. 그런데 이 경쟁자가 앞으로 나아가는 동안 프랑스는 무엇을 하고 있었는가? 프랑스는 경쟁자를 받아들이고 초대하며 환대했고, 자신의 장점들과 정확히 반대를 나타내는 장점들에 호기심, 공감, 호의를 표했다. 프랑스는 영국에 미친 듯 심취하게 되었고 새로운 유행을 따랐다. 그 이상이었다! 프랑스는 스스로 영국과 유럽의 가교가 되었다. 번역을 통해서 너무 무거운 영국 서적을 프랑스는 가볍게 해 주고, 너무 무질서한 것을 정돈해 주고, 너무 긴 것을 줄여 주었다. 프랑스가 치장을 해 주었으므로 영국 서적은 더 이상 고객을 놓치지 않았다. 파리에서 짧게 체류한 이후, 영국 서적은 라틴 국가들과 또 게르만 국가들을 향해 다시 출발했다. 프랑스를 매개로 이탈리아인, 스페인인, 포르투갈인, 그리고 독일인이 적어도 세기 중반에 이르기까지 영국 문학을 경험했다. 따라서 주도권을 요구하는 사람들 자신이 주도권을 무너뜨리려고 기꺼이 노력을 했던 것이다. 영광의 전파자로서 우리가 제시했던 두 이웃 나라는 그들과 동시에 그들의 방향을 바꾸었다. 네덜란드인 유스투스 판 에펜[46]이 수행한 작업은 아주 특징적인 것이다. 그는 프랑스어를 이용하여 영국의 신문들과 영국의 걸작들을 알렸다. 스위스도 변화한다. 베른에서 프랑스어로 베아

---

45 후버 번역, 「도덕 서한Épitres morales」, 『독일 시선』, 4권, p. 202 이하
46 (역주) Justus van Effen(1684~1735): 네덜란드의 수필가이자 언론인

드 뮈라[47]는 영국이 프랑스보다 우위에 서기 시작했다고 공표한다. 취리히에서 보드머와 브라이팅어는 새로운 독일 문학의 주창자가 되고, 할러는 영국을 모범으로 삼아 철학시를 창안한다. 제네바는 파리처럼 영국에 심취하게 된다.

전성기는 끝났다. 프랑스가 매혹당했고 스스로 혁신해야 할 필요성을 느꼈기 때문에, 외국 손님의 단골 공급자로서 손님들이 요구하는 이러한 물품들을 빠뜨릴 수는 없기 때문에, 또 이러한 이유들로 그 모든 기획에는 열성이 있었기 때문에, 프랑스는 유럽이 프랑스의 지적 우위에서 해방되는 데 도움을 주었다. 프랑스는 자신이 찬양하면서도 자신에게는 없다고 부인하는 어떤 정신과 직면하고 있음을 거의 알아차리지 못했다. "영의 『야상(夜想) 시집』은 여기서 성공을 거두었습니다"라고 리코보니 부인이 개릭[48]에게 편지를 썼다. "이것은 프랑스 정신에서 반박할 여지가 없는 변화입니다." 대개의 경우 프랑스는 이 본질적인 차이를 모르는 듯했다. 프랑스는 영국이 계몽주의 철학의 확산을 정지시켰다는 것을 알지 못했다. 프랑스가 투쟁의 동반자로 인정한 볼링브로크, 흄, 기번을 환대하는 동안 영국의 여론이 청교도적인 믿음으로의 회귀를 지지하기로 정했다는 것을 알지 못했다. 1723년에는 『독실하고 거룩한 삶에 대한 진지한 요청 A Serious Call to a Devout and Holy Life』을 발간하고, 1731년에는 『이성의 진상 The Case of Reason』을 발간한 신비주의자 윌리엄 로[49]의 이름이 18세기의 프랑스에서 언급되자마자 그에 의해서 자연의 인간과 이성의 인간이 규탄을 받았다. 자연은

---

47 (역주) p. 260 각주 20 참조.

48 (역주) David Garrick(1717~1779): 영국의 극작가이자 배우

49 (역주) William Law(1686~1761): 영국의 신비사상가

피와 살과 죄일 뿐이었다. 이성은 외부에서 온 인위적인 빛일 뿐이었다. 반면 신의 은총에 의해 내부에서 빛을 얻은 기독교도는 홀로 진리와 생명에 이르렀다. 1738년부터 지금까지와 다른 새로운 신념을 찾았던 존 웨슬리[50]를 18세기 프랑스가 우연히 알게 되었을 때, 그에 대한 경멸만을 내보였다. 그는 일생 동안 매일매일 뉴캐슬의 광부들이나 브리스틀의 방직공들, 런던의 빈민들, 혹은 이 도시 저 도시에서, 또 이 마을 저 마을에서 구세주에 대한 믿음을 잃어버렸던 사람들에게 계속해서 교리를 가르쳤다. 그는 비탄의 밑바닥으로부터 그리스도의 이름으로 부활의 희망을 그들에게 돌려주었다. 서민들 사이에서 펼친 신앙 운동의 결과 영국은 감리교를 통해서 도덕적 토대를 되찾았다.

따라서 우리는 수렴되는 힘 이후에, 유럽 의식의 통일성과 대비를 이루는 분산되는 힘을 보기 시작한다. 생각지도 못한 일들이 생긴 것이다.

민족자결의 원칙이 선언되고 민족주의가 뚜렷해진 것은 19세기임에 틀림없다. 그러나 민족주의는 이전 세기에 준비된 것이다. 개념보다 앞선 어렴풋한 감정이란 얼마나 깊고 강력한 것인가! 그 감정은 외부의 영향들 중 자신에게 유용하고 자신이 간직할 요소들을 자신이 제거할 수 있을 특유하지 않은 요소들과 구별하는 데 얼마나 능한가! 각각의 나라는 그 존재를 고수하며 결국 언제나 그 고유의 법칙을 따르는 유기체인 듯하다. 우리가 검토했던 나라들 중 자신의 개별적 존재의 안전을 우선적으로 확보하기를 원치 않았던 나라는 하나도 없었다. 또한 모든 나라들은 프랑스의 사상과 형식이라는 보조수단을 오직 더욱 강력히 자기 자신이 되기 위해 사용해

---

50 (역주) p. 568 각주 12 참조.

야 하는 임시적인 방법으로 간주했으며, 오직 스스로를 해방하기 위해서만 지적인 주도권에 복종했던 것이다.

오래전부터 통일성을 획득한 나라들 중 하나인 스페인을 예로 들자. 근대사에서 처음으로 스페인은 프랑스화가 된 것처럼 보인다. 스페인에는 루브르에 위치한 아카데미와 유사한 아카데미가 필요했다. 실제로 외국 학자들과 직접적으로 교류하는 빌레나 후작Marquis de Villena의 자극을 받아, 스페인 왕립 아카데미가 1714년에 설립되고 사전 편찬 작업을 시작하여 첫 권이 1726년에 발간된다. 스페인에는 《학자 신문》을 모범으로 삼은 정기간행물이 필요했다. 실제로 《스페인 문인들의 일기 Diario de los Literatos de España》가 1737년부터 발행되고 여러 다른 것들이 그 뒤를 잇게 될 것이다. 스페인은 자신의 재능을 고상한 취향에 복종시켜야 했다. 요컨대 고전극과 3단일의 법칙을 따르는 규칙에 맞는 훌륭한 비극들이 있어야 한다. 칼데론[51]과 로페 데 베가[52]를 부인하려는 스페인인들이 있다. 스페인인들이 물려받은 훌륭한 유산들 중 하나인 성사극(autos sacramentale)[53]이 어떤 공연에서든 배제될 것을 요구하고 관철하려는 스페인인들이 있었으며, 1765년 6월 11일자 왕령은 성사극의 금지를 명령했다. 여성들, 심지어 **멋쟁이**(petimetres) 남성들까지 보란 듯이 프랑스풍 유행을 따랐다. 언어는 프랑스어 표현들로 장식된다. 권력을 쥔 대신들은 프랑스 사상에 물들어 있다. **친프랑스파**(afrancesados)의 승리였던 것이다.

---

51 (역주) Pedro Calderón de la Barca(1600~1681): 스페인의 극작가

52 (역주) Lope de Vega(1562~1635): 스페인의 극작가

53 (역주) 종교적 알레고리에 기초한 스페인의 고유한 연극 작품으로 성찬의 신비를 주제로 애용했다. 칼데론의 「세계라는 거대한 연극」이 그 예이다. 이러한 연극들은 16세기와 17세기에 상연되다가 1765년 금지되었다.

보다 정확히 말해서, 이것은 피상적이고 너무 단순한 삶이었다. 프랑스에 심취한 사람들은 오랜 저항을 물리치고 이 깨지기 쉬운 승리를 거두었지만, 그 승리에는 미래가 없다. 파리에 대한 과장된 찬사에, 프랑스인들을 향한 비난과 교황권 지상주의자들을 모방할 정도로 너무나 무분별한 스페인인들을 향한 욕설이 화답한다. 결국 사람들은 지속적인 특징을 지닌 유일한 작품들은 민족정신을 나타낼 수 있는 작품들이라는 사실을 깨닫는다. 가령 라몬 데 라 크루스의 소희극들, 니콜라스 페르난데스 데 모라틴[54]의 희극들이 그러하다. 외국의 영향은 민중에게도 하층 부르주아에게도 귀족 계급 전체에게도 작가들 모두에게도 도달하지 못한다. 어림도 없다. 그 영향은 저항 없이 바로 도달한 제한적 수준에서 멈춘다. 누군가 스페인의 영광을 공격한다면, 곧 방어자들이 나타날 것이다. 이탈리아 비평가들과 스페인 예수회 사제들 사이의 논쟁은 의미심장한 일화이다. 스페인 예수회 사제들은 우리가 보았듯이 정말이지 갑작스럽게 추방되어 대부분 이탈리아로 피신했다. 그런데 이탈리아인들은 오래된 비판을 되풀이한다. 세네카와 마르티알리스[55]가 이미 로마에 악취미를 들여와서 결국 라틴 문학을 오염시켰으며, 근대에는 공고라[56]가 계속 그러했다는 것이다. 그 점에 대해서 후안 안드레스 Juan Andres, 토마스 세라노 Tomás Serrano, 하비에르 람피야스 Javier Lampillas 신부 등 스페인 예수회 사제들은 글을 쓴다. 이

---

54 (역주) Nicolás Fernández de Moratín(1737~1780): 스페인의 극작가로 레안드로 페르난데스 데 모라틴의 아버지이다.

55 (역주) Marcus Valerius Martialis(40?~104?): 스페인 출신 고대 로마의 시인

56 (역주) Luis de Góngora y Argote(1561~1627): 스페인의 시인

추방당한 사람들은 국가가 본인들에게 저지른 잘못은 잊은 채 민족의 명예를 열렬하게 변호한다. 또한 추방당한 예수회 사제인 후안 프란시스코 마스데우 신부[57]는 1783년부터 기념비적인 저작 『스페인의 비판적 역사 *Historia critica de España*』를 출간하는데, 1권에서 그는 조국의 장점은 조국의 고유한 자산으로부터 나온 것이지 외국에서 받은 것이 아님을 밝히면서 조국의 영광스런 자격들을 나열한다. 노회한 스페인이 그토록 쉽게 흔들리지 않는 것은 사실이다. 그 기질이 지닌 특성들은 너무도 깊이 각인되어 있어서 일시적인 유행 때문에 사라지지 않는다. 스페인이 악착같이 독립을 유지하면서 그 자신으로 남아 있고자 하는 것은 나폴레옹에 맞서는 투쟁에서 곧 입증될 것이다.

18세기에는 훨씬 이전부터 시작된 영국의 민족주의가 존재한다. 또한 1765년 드 벨루아[58]가 「칼레의 포위 Siège de Calais」를 상연할 때 찬연히 나타나는 프랑스의 국가주의가 존재한다. 관객은 걸작에 박수를 보내고 눈물을 흘리며 소리를 지른다. 작품의 내재적인 가치 때문이라기보다는 작품이 자극하는 감정 때문이다. "이것은 아마도 국가에 그 자신을 위해 관심을 불러일으키는 기쁨을 안겨 준 최초의 프랑스 비극일 것이다." 더 이상 왕국과 전혀 혼동되지 않는 조국이 문제가 되자, 범세계주의의 희미한 흔적들은 안녕을 고한다.

---

57 (역주) Juan Francisco Masdeu(1744~1817): 예수회원으로 스페인의 역사가

58 (역주) Pierre Laurent Buirette de Belloy(1727~1775): 프랑스의 극작가이자 배우

조국에 냉담한 얼어붙은 이 심장들을 증오하노라.
그들은 완전한 평화 속에서 조국의 불행을 보고
세계 시민이라는 거창한 이름을 자랑하나니……

　그러나 자기 나라의 문학이 국가라고 불렸던, 아직 분할되어 있
던 두 대국에서보다 이 민족 감정이 더 격렬한 곳은 어디에도 없었
다. 우리가 알다시피 이탈리아는 얼마나 분할되어 있었는가. 거의
모든 종류의 정부가 이탈리아에서 나타났다. 이 지방에서 저 지방
으로 건너갈 때 온통 경계와 세관밖에 없었다. 이탈리아는 이질적
인 부분들로 이루어져 있어 더 이상 서로 합칠 수 없을 것 같았다.
그러나 이탈리아는 정치적인 약점을 자각했다. 이탈리아는 고통을
겪고 아쉬워하며 이미 어렴풋하게 희망을 가졌다. 아무리 프랑스화
되었다 하더라도, 이탈리아는 프랑스인들이나 혹은 다른 국민들이
자신을 공격할 때마다 몸을 떨었다. 이탈리아의 연극, 시, 철학, 학
문의 질이 낮다는 것은 사실이 아니었다. 예술의 우위 하나만으로
도 이탈리아에 그 생존권을 보장하는 데 충분했을 것이다. 이탈리
아가 맹목적인 모방에 국한되어 있었다는 것도 사실이 아니었다.
이러저러한 지방의 수도들, 가령 밀라노에서 밀라노 사람이 아닌
이탈리아인을 외국인으로 취급했다는 것은 정확한 사실이 아니었
다. 이탈리아인은 이탈리아라면 어디든 자기 나라에 있었던 것이
다. 마치 영국인이 영국에 있고 네덜란드인이 네덜란드에 있는 것
처럼 말이다.[59] 흔히 시인들은 로마 제국과 비교되는 현재 이탈리아
의 쇠퇴라는, 유럽 전체에서 다루는 진부한 주제를 되풀이하곤 했

---

59 리날도 카를리G. Rinaldo Carli, 「이탈리아인의 조국에 대하여*Della patria
degli Italiani*」,《일 카페》, 1764~1765, 3분기, pp. 12~17.

다. 그러나 그들은 자기 방식대로 그 주제를 다루었다. 언제나 유효한 귀족 작위를 환기하며 미래에 대한 신뢰를 잃지 않았다.

우리가 정말 부당하게도 이러한 호소들과 문학적 주장들과 요구들을 고려하지 않는다 하더라도, 어떤 심리적 사실은 분명하게 남을 것이다. 인종의 뿌리 깊은 특성을 연구했던 사람들이라면 그들이 보기에 이 라틴 영혼에서 지배적인 특성들 중 하나인 것 같은 어떤 실용적인 양식(良識)을 강조하는 것을 결코 잊지 않았다. 실제로 그것은 여기서 그 어떤 이데올로기로도 환원할 수 없는 것처럼 보인다. 자유, 평등, 진보, 정말 좋은 말이다. 그러나 이 낱말들이 촉구하는 원칙들의 이론적 가치 이상으로, 이탈리아는 그것들의 개별적인 적용을 생각한다. 이탈리아는 세계를 개혁하기 전에 자기 자신을 개혁하기를 원한다. 이탈리아는 자유주의 국가에 심취한 것은 아니어서, 비록 권위주의적이더라도 자기 이익을 위해 노력하길 원하는 정부들과 의견 일치를 볼 수 있다. 나폴리가 공화정이든 절대 왕정이든, 중요한 것은 그곳에서 국민에게 과도하게 짓누르는 봉건제에 효과적으로 맞선다는 사실이다. 이탈리아에게 평등은 균등하게 되는 것이 아니라 계급들이 더 잘 조직되는 것이다. 진보는 세금이 더 공평하게 분배되고, 토지대장이 확립되며, 상업과 농업에 편의가 제공되는 것이다. 이탈리아에는 절대적인 정신의 소유자들은 별로 없어서 돌바크 남작에 상당하는 사람은 찾아봐야 소용없을 것이다. 이탈리아는 조상 대대로 내려오는 종교를 없앨 필요를 느끼지 않는다. 극단주의로부터 이탈리아를 보호하는 온건한 회의주의 —그것이 설령 무신앙의 회의주의일지언정— 때문이든, 전통을 존중하기 때문이든, 교회 행정을 믿음의 본질과 혼동하는 일 없이 그 행정의 악습을 개선하는 데 만족하기 때문이든 말이다. 이탈리아의 위대한 업적 —파리니, 피에트로 베리, 베카리아의 활동— 은 사회적이거나 경제적이다. 이탈리아에서 계몽주의 철학은 혁명의 형태로 표출되지 않을 것이며, 즉각 이득이 되는 점진적 변화의 형태로 표출될 것이다. 그때부터 이탈리아가 국가적 통일에 대한 명확한 계획을 갖고 있다고 간주하는 것은 정확한 사실이 아니다 하더라도, 어쨌든 정치적 부흥의 기원인 **이탈리아인 기질**(italianità)이라는 맹렬한 감정이 존재하고 있었음을 인정해야 한다. 이탈리아 통일운동인 '리소르지멘토(Risorgimento)'는 18세기부터 시작된다.

전면적인 거부를 천명했던 두 번째 국가는 독일이다. 독일의 작가들은 외국에서 자신들에게 내리는 호의적이지 않은 모든 판단에 대해 동일한 감수성을 공유했다. 자신들을 정당하게 평가하지 않는다는 생각에 대해 동일한 앙심과 분노가 있었다. 높은 자리, 더 나아가 첫 번째 자리를 요구하는 방식도 동일했다. 게다가 한 작품이 너무나도 강력해서, 그 안에 모든 공격을 집약해 놓았다. 여기서 우리는 레싱을 다시 발견한다.

함부르크는 자기 극장을 가지기를 원했다. 단장에게서 예술적인 견지에서 일반적으로 실패를 하는 원인이 되는 돈을 벌 걱정을 덜어주려는 애호가들도 있었다. 그들은 단장 곁에서 모든 금전적인 활동에서 자유롭고 배우들의 채용도 무대도 행정도 신경을 쓸 필요가 없으며 정신적으로 단체를 이끄는 것만을 유일한 임무로 가질 지도자를 한 사람 원했다. 레싱만한 적임자는 아무도 없었고, 따라서 그가 임명되었다. 1767년 4월 22일, 그는 『연극론*Dramaturgie*』의 첫 권을 발간했다. "이 작품은 상연될 모든 작품의 비평지가 될 것이며, 시와 극예술이 여기서 이룰 수 있을 모든 진보를 한 걸음씩 따라갈 것이다."

실제로 그는 상연된 작품을 하나씩 따라가면서, 왜 크로네크[60]의 「올린트와 조프로니아Olint und Sophronia」가 훌륭하지 않은

지, 반대로 왜 요한 엘리아스 슐레겔**61**의 「착한 여인들의 승리Der Triumph der guten Frauen」는 그의 마음에 드는지 이야기했다. 다만, 무대를 차지할 만한 독일 희극이 별로 없었고 비극도 없었다. 그래서 프랑스 레퍼토리의 도움을 받을 수밖에 없었으므로, 함부르크 국민 극장은 레싱이 없었다면 프랑스의 우위를 확고하게 만드는 데 쓰이는 예기치 않은 결과를 빚었을 수도 있다. 그는 르냐르**62**와 당쿠르**63**에게는 너그럽고 디드로의 시민극에는 호감을 표현했지만, 고전 비극에는 가차 없었다. 도대체 이 오만한 고전 비극은 결코 사멸하지 않을 것인가? 고전 비극이 박수를 받을 때마다 그는 그것이 왜 박수를 받으면 안 되었는지를 제시하곤 했다. 고전 비극의 장점이 찬양을 받을 때마다 그는 고전 비극의 오류를 강조하곤 했다. 고전 비극은 생기가 없고 관습적이며 기교만 부릴 뿐, 강렬한 정념을 그릴 수도 성격을 자연스럽게 만들 수도 없다는 것이었다. 몇몇 규칙들은 이성의 변함없는 여건들에 부합한다는 의미에서 결정적으로 가치가 있었다. 아리스토텔레스는 유클리드가 그의 정리에 부여했을 때와 같은 확신을 가지고 규칙들을 공식화했다. 그렇다! 프랑스인들은 규칙을 따랐다고 믿었지만 전혀 그렇지 않다. 그들은 규칙을 왜곡했던 것이다. 요컨대 프랑스인들의 연극 전부는 이치에 맞지 않았다. 엄밀히 말하자면, 프랑스 연극은 존재하지 않았다.

---

60 (역주) Johann Friedrich von Cronegk(1731~1758): 독일의 시인이자 극작가

61 (역주) Johann Elias Schlegel(1719~1749): 독일의 작가이자 비평가로 아우구스트 빌헬름 슐레겔의 숙부이다.

62 (역주) Jean-François Regnard(1655~1709): 프랑스의 극작가

63 (역주) Florent Carton Dancourt(1661~1725): 프랑스의 극작가이자 배우

레싱은 자신이 원했었을 것보다 훨씬 자주 볼테르의 비극을 들을 수밖에 없었다. 「세미라미스Sémiramis」나 「알지르Alzire」, 혹은 (마페이의 작품보다 훨씬 못한) 「메로페Mérope」의 경우 형편없었다. 뭐라고! 또 볼테르? — 여전히 볼테르. 그리고 레싱은 그 이유를 이야기했다. "비평가에게 다음의 격언을 따르는 것보다 더 좋은 방법은 없는 듯하다. 우선 싸울 적을 찾아라. 그러면 그는 점차 자신의 주제에 이르게 될 것이고 그 나머지는 덤으로 오게 될 것이다. 그런 이유 때문에 나는 숨김없이 인정하는바, 이 저작에서 결정적으로 프랑스 작가들, 특히 볼테르 씨를 공격할 것이다. 그러므로 이번에도 가볍게 인사를 한 다음 방어 준비 조심!" 하지만 이러한 형 집행도 그에게 충분하지는 않다. 그가 훨씬 더 위대한 다른 작가, 프랑스 비극의 창시자 자체인 피에르 코르네유를 몰락시키고 싶어 하기 때문이다. 레싱은 그가 위대한 코르네유라고 불리는 것을 용서할 수 없다. 그는 거대한, 괴물 같은 코르네유라고 불러야 했을 것이다. 진실이 없는 위대함이란 없다. 단지 그의 비극이 나쁠 뿐만 아니라, 그는 사후에 스스로를 정당화하기 위해 자신이 아리스토텔레스의 규칙들을 따랐다고 믿게 하려고 했다. 그는 신의 없이, 일단 작품이 하나 끝날 때마다 자신이 쓴 연극론들에서 그리스 철학자의 사상을 "근본적으로 잘못된 방식으로" 해석했다. 따라서 코르네유는 첫 번째 파괴자이자 책임자로 프랑스인들에게 연극이 없음에도 불구하고 연극이 있다는 환상을 세계에 심어 준 사람이다. "나는 여기서 감히 사람들이 원하는 것으로 간주할 제안을 하나 하겠소. 내가 그보다 다시 더 잘 쓸 수 없을 위대한 코르네유의 작품을 나에게 하나 들어 보시오. 누가 내기를 하겠습니까?"

누구도 내기에 응하지 않았다. 함부르크 극장이 단명했을 뿐이다. 『연극론』의 마지막 권은 1769년 4월 19일에 나온다. 신랄하고 현학적이며 불공평하다고도 할 수 있을『연극론』은 그럼에도 아주 열정적이고 대단히 확신에 차 있으며 독창적이어서, 영원히 위대한 비평서로 남는다. 『연극론』은 역사적 순간을 기록했다. 최고의 영광인 연극마저 부정할 정도로『연극론』은 프랑스의 천재성에 대해 노골적으로 반항한다. 코르네유, 라신, 볼테르가 차지했던 자리에 레싱은 '거인' 셰익스피어를 놓았는데, 그는 세밀화와 같은 프랑스 비극과 비교하면 프레스코화와 같았다. 그는 심지어 스페인의 '연극(Comedia)'에도 도움을 청했는데, 그것은 관습적이지 않았고 길들여지지 않은 영혼을 표출했기 때문이다. 프랑스의 명성과 맞서기 위해서는 분노한 레싱에게 그렇게나 많은 동료들, 독일 동료들 말고도 영국과 스페인 동료들이 필요했던 것이다.

또 이탈리아가 가지지 못한 것은 바로 조국의 화신이었다. "힘을 움직이는 지성과 의지"라고 규정된 위대한 인간, 그 사람은 바로 프리드리히 2세였다. 세기 중반에 급증한 독일 서정시를 선입견 없이 읽는 사람이라면 누구든지 그토록 많은 바쿠스풍의 오드, 아나크레온풍의 오드, 혹은 교훈적인 오드, 그저 뜻이 없는 오드 가운데서 예전의 용맹한 게르만인들과 그들의 힘과 미덕과 독립심에 대한 암시를, 현재 압제에 시달리는 게르마니아에 대한 탄식을, 통일에 대한 호소를 발견하고 놀라게 된다. 아직은 서투른 이 시인들은 이미 민족적이며 모든 곳에서 명확히 드러나는 동일한 감정을 표현하는데, 이 감정은 프리드리히 2세를 둘러싸며 결정(結晶)을 맺을 것이다. 1758년에 묶여 나온 글라임의 『어느 프로이센 척탄병의 군가 *Preussiche Kriegsleïder eines Grenadiers*』는 걸작은 아니다. 그러나 프로이센이라는 개념에서 독일이라는 개념으로 이행하는 것을 볼 수 있다. 글라임은 자신이 핀다로스나 호라티우스와는 다르다고 선언하면서 군인이나 전투원인 척한다. 그는 근대의 티르타이오스[64]

였다. 그는 전쟁, 영웅주의, 조국을 위해 목숨을 잃어 같은 나라 사람들의 기억에서 영원히 살 만한 사람들의 용맹함을 찬양한다. 그는 프리드리히 대왕의 영광을 기념한다. "승리여! 신은 우리와 함께 있다!" 프로이센은 오스트리아를 물리치고 독일을 해방시켰다.

> 프리드리히 대왕께서 혹은 신께서 그를 통해
> 대업을 이루셨을 때
> 오만한 빈을 정복하셨고
> 독일을 해방시키셨노라⋯⋯.

그런데 이 독일인 정복자가 프랑스어가 아니라면 어느 언어를 가장 기꺼이 사용할 것인가? 프랑스어가 아니라면 어느 언어로 글을 쓸 것인가? 이 마지막 문제점 점 또한 명확히 밝혀야 한다.

프리드리히 2세, 『조국애에 대한 편지 혹은 아나피스테몬과 필로파트로스의 서한*Lettres sur l'amour de la patrie, ou correspondance d'Anapistémon et de Philopatros*』(1779)

왕은 그의 친구인 철학자들의 몇몇 경향에 대해 불안해하며, 가능한 명확하게 납득시키려 한다. 아나피스테몬은 친구 필로파트로스의 집에 초대를 받았다. 자신의 집으로 돌아간 그는 행복하게 머무른 것에 대해 친구에게 감사한다. 그는 지난 저녁 친구와 함께 사회의 유대와 사회 구성원의 의무에 관해 대화를 나누었다. 그는 이렇게 무거운 주제에 대해 깊이 생각해 본 적이 결코 없었다. 필로파

---

64 (역주) 티르타이오스Tyrtaîos는 기원전 7세기경 스파르타의 비가 시인이다.

트로스는 편지를 통해 최선을 다해 가르치고 싶어 할 것인가?

그래서 필로파트로스는 회의주의자이자 쾌락주의자이며 세계동포주의자인 아나피스테몬에게 훈계를 한다. 그는 꿀벌의 이익이 꿀벌 무리의 이익과 분리될 수 없으리라는 점을 증명하는 것을 목적으로 하는 관례적인 논증을 되풀이한다. 그러나 우리에게 중요한 것은 그가 사회라는 막연한 개념을 조국이라는 분명한 개념으로 대체한다는 것이다. 아나피스테몬이 다음과 같이 묻는다. "사람들이 진정으로 조국을 사랑하는 것이 가능합니까? 소위 이 사랑이라는 것은 인간들에게 불가능한 완벽함을 요구하기 위해 어느 철학자 혹은 법을 만드는 몽상가가 만든 것이 아니겠습니까? 어떻게 사람들이 국민을 사랑하기를 바라십니까? 어떻게 우리 왕국에 속한 어느 지방을 본 적도 없는 사람이 그 지방의 안녕을 위해 희생을 하겠습니까? 이 모두를 간단히 말하자면 전혀 알지 못하는 것을 열렬히 그리고 열광적으로 사랑하는 것이 어떻게 가능한지를 내게 설명해 달라는 것입니다." 그러자 프리드리히 2세 자신인 필로파트로스는 다음과 같이 답한다.

사회의 이익이 당신의 이익이오. 당신은 알지 못하는 사이에 조국과 아주 단단하게 연결되어 있으므로, 당신이 스스로를 조국으로부터 격리시키거나 분리시킬 때 당신은 스스로 당신의 잘못을 느끼지 않을 수 없을 것이오. 정부가 만족스럽다면, 당신은 번창하게 될 것이오. 정부가 고통받는다면, 그 불운의 내용이 당신에게 미칠 것이오…… 그러므로 애국심은 관념적 존재가 아니라 실제로 존재하오.

아나피스테몬은 반박한다. 어떤 백과전서파에 대해 이야기하는 것을 들었는데, 그는 지구가 우리 인류의 공동 거처이고, 현자는 세계시민이며 어디에서도 마찬가지로 잘 지낸다고 주장했다는 것이다. 어느 문인이 그 앞에서 같은 말을 했고, 그것은 그의 마음을 사로잡았다. 작은 나라의 이름 없는 일원이기를 그치고 세계의 일부가 되는 것이 근사하지 않은가?

그러자 필로파트로스는 흥분한다. 이 백과전서파들, 그리고 그들을 따르는 문인들은 때때로 바보 같은 말을 한다. 온 지구가 인간들의 거처이다. 좋다. 그렇게 자명한 진리를 과장하면서 상술하는 것은 불필요하다. 현자는 세계시민이다. 좋다. 그렇기 때문에 그가 어느 것에도 집착하지 않고 지루하게 세계를 돌아다니는 떠돌이, 필연적으로 방랑자가 되어야 한다는 법은 없다. 조국이 몸소 백과전서파들 앞에 나타나 그들에게 이렇게 말한다면, 그들은 뭐라고 할 것인가? "내가 세상에 낳은 배은망덕하고 타락한 자식들이여, 내가 너희들에게 가득 채워 준 은혜에 대해 계속해서 무심할 것인가? 너희들은 조상들을 어디에서 받았는가? 그 조상을 낳은 것은 나다. 그들은 양식을 어디서 얻었는가? 마르지 않는 나의 비옥함에서이다. 그들의 교육? 그것은 내 덕이다. 그들의 재산과 소유물? 그것을 준 것은 내 토양이다. 너희들 자신도 내 품에서 태어났다……." 조국이 그에게 이렇게 말한다면, 그는 다음과 같이 답할 것이다. "애정과 감사로 깊은 감명을 받은 제 심장은 당신을 사랑하기 위해 당신을 보고 들을 필요가 없었습니다. 그렇습니다. 고백하건대 제 모든 것은 당신 덕분이며, 따라서 당신만큼이나 저도 다정하게 또한 끊을 수 없게 당신에게 연결되어 있습니다. 제 사랑과 감사는 제가 살아 있는 한 끝이 없을 것입니다. 이 삶 자체도 당신의 재산입니다. 당신이 제게 이 삶을 돌려 달라고 요구하신다면, 기꺼이 당신에게 바치겠습니다. 당신을 위해 목숨을 바치는 것은 인간들의 기억 속에서 영원히 사는 것입니다. 저는 당신을 섬길 때면 제 자신을 영광으로 채우지 않을 수 없습니다……." 필로파트로스는 자신의 감정이 고양된 것에 대해 사과한다. "친애하는 친구여, 나의 열정이 이끌고 간 이 열광적인 동요를 용서하시오. 당신이 본 것은 아무런 가식이 없는 나의 영혼이오……."

『독일 문학과 그것에 대해 비난할 수 있는 결점들에 대해; 그 원인들은 무엇이며 어떤 방법에 의해 그것을 수정할 수 있는가 *De la littérature allemande, des défauts qu'on peut lui reprocher; quelles en sont les causes, et par quels moyens on peut les corriger*』(1780)

바로 이 프리드리히 2세는 독일인들이 그가 외국 문학에 심취하는 것에 놀란다는 사실을 알고 있다. 그는 자신을 해명하며 거의 자신을 정당화하려고 한다. 따져 보자. 우리 독일은 아직 완숙기에 이르지 않았다. 아직 공용어조차 없다. 어떻게 독일이 걸작을 낳겠는가? 우리의 선조들은 조국을 강하고 번영하게 만들면서 그들의 임무를 잘 완수했다. 이것이 완수해야 할 첫 번째 일이었으며, 장식에 대한 배려는 그다음에야 오는 것이다. 오늘날 일반적인 사람들은 이 영광스러운 조국을 빛낼 수 있는 모든 것에 대해 확고한 취향을 가졌기 때문에, 명예의 전당에 들어가기를 바란다. 그렇지만 우리는 이 성취를 받을 자격이 있어야 한다. 따라서 우리 작가들은 고대의 고전주의자들과 제2의 고전주의자들인 프랑스인들의 학교에 들어가도록 해야 한다. 그들이 "캐나다의 야만인들에게 어울리는 우스꽝스러운 소극"에 불과한 셰익스피어 같은 사람의 비극을 모방하지 않도록 조심하도록 해야 한다. 형편없는 영국 작품들을 가증스럽게 모방한 것이 아니라면, 오늘날 무대에 올라온 「괴츠 폰 베를리힝엔Goetz von Berlichingen」[65]은 무엇인가? 그러나 1층 입석의 서민들은 열렬히 박수갈채를 보내고 이 '역겨운 진부함'이 반복되기를 요구한다……. 이러한 말로 프리드리히 2세는 자신을 정당화하며 미숙한 독일 문학을 인정하지 않는다. 그는 바뀌지 않는다. 그는 언제나 애국심에 충실할 것이다. 그러나 문학적 대성공에 대해서는 단지 그것을 준비해야 한다고 생각한다. 문학적 대성공은 장래에나 오게 될 것이다. 오늘날 독일어로 글을 쓴다는 것은 스스로를 가두는 것이다. 프랑스어로 글을 쓰는 것이 바로 자신에게 유럽 전체를 여는 것이다.

유스투스 뫼저, 『독일 말과 문학에 대해*Über die deutsche Sprache und Literatur*』(1781)

대왕의 논문으로 유발된 감정을 표현한 글들 중 이것이 가장 훌륭하다. 오스나브뤼크의 역사가인 유스투스 뫼저는 아주 정중하며 심지어 존경심을 보이기도 한다. 그는 절도를 지킬 줄 안다. 그가 독일인들에게는 그들에게 공통적인 조국으로 아직 문학적 조국만 있음을 아쉬워하고 바로 이 아쉬움 때문에 아직 태동하지 않은 정치적 동질성에 대해 암시를 할 때, 그는 완벽한 신중함을 유지하고 있다. 그럼에도 그의 어조는 분명하다. 그는 아주 확고하게, 프리드리히 대왕이 벗어난 것 같은 방식을 보여 준다. 독일인들의 발전이 더딘 것은 프랑스의 모델들을 충분하게 모방하지 못한 탓이 아니다. 반대로 그들이 감히 본인들의 재능에서 영감을 얻지 않은 것에서 비롯된다. 독일 튜턴족의 숲에서 자라는 커다란 떡갈나무보다

---

65 (역주) 1773년 발표된 괴테의 희곡

프랑스식 정원을 더 좋아하는 것이 잘못이다. 외국의 온실에서 시든 식물들은 결코 독일 토양에서 잘 자라지 못할 것이다. 「괴츠 폰 베를리힝엔」은 민족의 역사에서 영감을 받았고 그 때문에 작품이 아름답다. 프랑스식 비극의 특징은 부자연스러운 단순함이다. 프랑스식 비극은 연이은 제거와 추상화의 결과물이다. 반면 청년 괴테의 독일 드라마는 다양한 삶의 모습을 재현한다. 예술에 대한 두 가지 견해 중 두 번째 견해가 더 바람직하다는 것은 이론의 여지가 없다. 세계에 대한 두 가지 견해. 독일 문학이 지금부터 개화했기 때문에 미래의 약속의 땅에서나 활짝 피리라고 믿는 것은 또 다른 잘못이다. 클롭슈토크, 뷔르거,[66] 괴테가 그 증거이다. 언어 자체는 현실적인 근거 없이 순화되었기 때문에 빈약하지만 민중의 어휘와 표현법을 사용하면서 풍요로움을 되찾는다. 레싱 그리고 괴테도 다행스럽게도 이 샘에서 물을 길었다. 따라서 대왕이 잘못 생각한 것이다. 아마도 독일에서 일어난 변화가 아직 확실하지 않았을 때 또 대왕이 알가로티와 볼테르의 제자였을 때, 이전 시기에 대해 변론을 썼기 때문일 것이다. 지속을 보증하는 독일의 힘을 신뢰할 때마다 그리고 독일의 고귀한 심성을 보여 줄 때마다 대왕은 얼마나 위대한가! 그러나 대왕이 외국의 모델들과 경쟁하길 원할 때, 모든 분야에서 1위인 대신 이제 겨우 2위이니, 아주 애석한 일이다.

유럽 각국은 프랑스로부터 그 특권을 빼앗기 위해 저항하고 거역하고 투쟁한다. 언어, 문학, 철학은 나날이 성장하는 민족 감정의 힘을 표현하는 일을 담당한다. 국가들은 자신의 개별적인 삶으로 삶의 의지를 표명한다. 동요되지 않는 스페인, 로마의 통일성을 되찾으려는 이탈리아, 정신적으로 스스로를 구성하는 독일, 사상으로

---

66 (역주) Gottfried August Bürger(1747~1794): 독일의 서정시인

대륙을 정복한 영국. 여기서 유럽의 여론을 이끌어 나갔던 나라들만을 이야기하기는 하지만, 리바롤이 프랑스 세계(le monde français)라고 말할 시기가 도래했다고 차분하게 글을 쓸 때 그가 잊어버린 몇몇 요소들이 있다.

현존하는 하나의 민족에게서 영감을 받은 정신적인 조화는 없을 것이다. 심지어 일종의 문화 공동체도 위협을 받았다. 위대한 고전주의 시대에 유서 깊은 가문의 자제들은 모두 카이사르, 티투스 리비우스, 베르길리우스와 함께 살았다. 그들은 한니발과 스키피오 사이에서 망설였다. 그들은 플루타르코스의 영웅들을 본받기를 꿈꿨다. 도시들 중의 도시 로마는 그들의 도시였다. 이 아이들이 흩어져 성인이 되었을 때, 그들이 완전히 길을 잃은 것은 아니었다. 그들이 공동으로 생각했던 지속의 순간, 공간 속에 하나의 간격이 남아 있었다. 공동의 추억, 그들이 현재를 판단했던 공동의 기준이 남았다. 그들은 함께 행복한 섬에서 산 적이 있었고, 그 추억을 되찾았다. 그러나 새로운 교육, 근대의 욕구, 각자가 개인적인 꿈에 따라 상상할 수 있는 진보의 추구는 그들을 연결시켜 주고 있었던 이 과거를 파괴하는 경향이 있었다.

정치적인 조화는 없을 것이다. 기껏해야 일시적인 제휴가 있을 뿐이지만, 이것도 언제나 이루어졌을 때 해체되었다. 현명한 철학자들이 국가를 다스리지 않을 것이며, 오히려 완고하고 의기양양한 마키아벨리가 다스릴 것이다. 세계 평화는 없을 것이다. 단지 휴전이 있을 뿐이고 휴전 기간 동안 서로 더 잘 죽이는 수단을 찾으면서 전쟁을 준비할 것이다. 실제로 학문은 바랐던 대로 인간의 힘을 증강시켜 주겠지만, 동시에 파괴력도 증강시킬 것이다. 18세기는 결국 대혁명의 전쟁들로 막을 내릴 것이고, 19세기는 제국의 전쟁들로 시작될 것이다.

그리고 전쟁, 혁명, 대재앙이 점점 확대되며 계속될 것이다. 정의하기 어려운 지리적 사실, 불분명한 유사성, 하나의 전체를 이루려는 의지, 이데올로기적인 기획, 진정한 통일의 혜택 덕분에 가혹하게 느낀 고통이 약해지게 될 미래에 대한 열망, 이러한 유럽에 이해관계와 정념의 혼돈 상태인 가짜 유럽이 대비될 것이다. 온 세계는 결국 뒤죽박죽이 될 것이다.

정신의 영역에서 확인해야 할 다른 사항은 없는가? 이 혼란, 이 신랄함, 이 끝없는 투쟁, 이 폭풍우, 이 난파, 이 잔해 외에 정녕 다른 것은 없는가? 오직 이를 곳은 절망밖에 없는가? 그러나 유럽은 파괴할 수 없는 어떤 힘을 가져야 한다. 전대미문의 대재앙 가운데서도 유럽은 계속해서 살아 나가기 때문이다.

우리는 1680년에서 1715년에 이르기까지 유럽 사상사의 시기를 연구하면서 그 힘이 무엇인지 자문해 보았다. 그 힘은 우선 서로 다투는 이웃들의 격렬함이라고 말한 후에 우리는 덧붙여 물었다. "유럽은 무엇인가? ─ 그것은 결코 만족하지 않는 사유이다. 자기 자신에 대해 가차 없는 유럽은 결코 멈추지 않고 두 가지를 계속해서 추구한다. 하나는 행복을 추구하는 것이다. 다른 하나는 유럽에 더 필수적이고 더 소중한 것인데, 바로 진리를 추구하는 것이다. 유럽은 이 이중의 요구에 부합하는 것처럼 보이는 상태를 발견하자마자, 자신이 아직 확실하게 잡은 것이 아니어서 오직 일시적인 것과 상대적인 것 외에 얻은 것이 없음을 보게 된다. 그리고 유럽은 자신의 영광과 고뇌를 이루는 탐색을 다시 시작한다." 그렇다. 상황은 그런 식이었다. 18세기도 그런 식이었고 이후에도 아마 그런 식으로 흘러갈 것이다. 온갖 환멸을 헤쳐 나가며, 영원한 구원의 원리를 찾을 것이다.

해소되지 않는 진리에 대한 갈증. 바로 이것이 비참함 속에서도 존재하는 유럽의 위대함이다. 이러한 점에서 유럽은 다른 어떤 대륙보다도 더 인간 조건을 구현한다. 유럽은 존재하는 것 혹은 필연적으로 존재해야 하는 것을 인정하지 않으며, 열반에 빠지지 않는다. 유럽은 안락함을 배가하며 사유를 잠재우는 메커니즘을 신뢰하지 않는다. 유럽은 비겁하지 않다. 순응하지 않고 그냥 받아들이지 않는다. 돌은 산을 따라 미끄러져 벌판에까지 떨어졌다. 산꼭대기로 돌을 다시 끌어올려야 한다. 그러므로 유럽은 자신의 과업을 다시 시작한다. 자신의 임무를 완성하는 데 너무나 비싼 값을 치른다고 결코 생각하지 않는다. 유럽이 여전히 추구할 때 유럽은 창조하며, 유럽이 여전히 신을 믿고 있을 때 유럽은 신성을 모독한다. 낙담은 일시적인 것이다.

유럽인들은 언제나 불안하다고, 볼테르는 말한다.[67] "자유의 특성은 외부의 힘에 각 부분을 굴복시키고 복종시키는 것을 매우 어렵게 만든다"고 몽테스키외는 말한다.[68] 그리고 레싱은 이렇게 말한다. "인간의 가치를 만드는 것은 그가 가지고 있는 혹은 가지고 있다고 믿는 진리가 아니라 그가 진리에 다가가기 위해 기울이는 진지한 노력이다. 실제로 계속 성장하는 인간의 완벽함을 만드는 힘이 커지는 것은 진리의 소유에 의해서가 아니라 진리의 추구에 의해서이다. 소유는 편안하게, 게으르게, 오만하게 만든다. 신이 오른손에는 온전한 진리를 쥐고 있고 왼손에는 진리를 향한 영원한 열망을 움켜쥐고 있다면……. 그리고 신이 나에게 "선택하라"고 말한다면, 나는 겸허하게 왼손을 고르고 이렇게 말할 것이다. "아

---

67 볼테르, 전집, 22권, 가르니에 출판사, p. 491.
68 몽테스키외, 『법의 정신』, 17권, 6장.

버지, 주시옵소서. 순수한 진리는 오로지 당신만을 위한 것이기 때문입니다!"[69]

혹은 20세기 인간의 목소리를 통해서 달리 표현하자면 다음과 같다.[70]

그는 유럽이 실제로 자기에게 무엇인지 이해하기 시작했다. 유럽은 그에게 그의 과거를 나타낼 뿐만 아니라, 그가 그것에 대해 아는 것, 그가 자신의 피 속에 지닌 것과 더불어, 3억 명의 인간의 과거를 나타냈다. 그를 낳은 지역뿐만 아니라 북해와 지중해 사이 모든 지역의 이미지와 형상, 지역의 환경과 역사와 변화, 그리고 그가 살았던 이러저러한 도시뿐만 아니라 수백 곳의 도시들과 그 도시들 속의 교회, 궁정, 성, 예술작품, 도서관, 위인들의 흔적까지도 말이다. 그의 삶에서 여러 세대의 기억들과 연결되지 않은 그리고 그와 동시에 태어났던 기억들과 연결되지 않은 사건이 단 하나라도 존재했던가? 인간의 이해를 초월하고 그를 존경으로 채우는 관념인 유럽은 2000년 전부터 하나의 전체로 이루어진 존재, 페리클레스와 노스트라다무스, 테오도리쿠스[71]와 볼테르, 오비디우스와 에라스무스, 아르키메데스와 가우스, 칼데론과 뒤러,[72] 페이디아스[73]와 모차르트, 페트라

---

69 레싱, 『답변 *Eine Duplik*』, 전집, 16권, 헴펠 출판사, p. 26.

70 바서만 J. Wassermann, 기도 J.-G. Guidau 번역, 『마우리치우스 사건 *L'Affaire Maurizius*』, 1930.

71 (역주) Theodoricus(453?~526): 동고트족의 테오도리쿠스는 비잔티움 제국을 대신하여 서로마 제국을 멸망시킨 오도아케르와 전쟁을 벌여 비잔티움으로부터 동고트 왕의 지위와 서로마 제국의 섭정을 인정받았다.

72 (역주) Albrecht Dürer(1471~1528): 독일의 판화가이자 조각가이며 화가

73 (역주) Pheidias(B.C. 490?~B.C. 430): 초기 그리스 고전주의 조각가

르카와 나폴레옹, 갈릴레이와 니체 등 셀 수 없이 많은 무리의 빛나는 천재들과 역시 셀 수 없이 많은 또 다른 무리의 악마들, 동등한 어둠 속에서 자신과 상응하는 것을 찾으며 그 어둠 속에서 빛나며 검은 광석 찌꺼기로부터 황금 단지를 탄생시키는 모든 빛, 이 모든 것이었다. 변동, 연쇄, 점진적인 변화와 함께 대재앙, 고귀한 영감, 혁명, 암흑기, 풍속과 유행, 모든 사람을 위한 공동선. 정신, 유럽은 바로 그것이다.